현대 영어교육학 연구의 지평

현대 영어교육학 연구의 지평

초판 1쇄 인쇄 2014년 8월 25일
초판 1쇄 발행 2014년 8월 30일

편 자 권오량
펴낸곳 서울대학교출판문화원
펴낸이 성낙인

책임편집 최유식
디자인 최선아

출판등록 제15-3호

주소 151-742 서울 관악구 관악로 1
대표전화 02-880-5252 | 팩스 02-888-4148
마케팅팀(주문상담) 02-889-4424, 02-880-7995
이메일 snubook@snu.ac.kr
홈페이지 www.snupress.com

ISBN 978-89-521-1652-9 93370

현대 영어교육학 연구의 지평

권오량 편

New Horizons in English Education Research

서울대학교출판문화원

New Horizons in English Education Research

Edited by

Oryang Kwon

Seoul National University Press

머리말

본 편저서의 기획은, 각종 영어교육 이론이나 방법론에 대한 학술적 개론서는 이미 많이 출판되어 있지만 다양한 이론과 방법론을 실제 학습자나 교육현장에 적용한 연구들 자체를 탐색하는 서적은 찾아보기 어렵다는 인식에서 출발하였다. 해외에서 출판된 영어교육 전공도서 중에는 이러한 정보를 제공하는 것들이 있기는 하지만, 이 서적들은 국외 연구들만을 소개하고 있을 뿐 국내에서 이루어진 연구들은 논의에 포함시킨 경우가 거의 없다는 중요한 한계를 지니고 있다. 따라서 영어교육학을 심도 있게 공부하고자 계획하는 대학생과 대학원생뿐만 아니라 이미 영어교육 분야에서 활동하고 있는 교수, 학자 및 전문가들 역시 최근 국내외 학계에서 주목을 받고 있는 연구 분야가 무엇인지, 각 분야에서 지금까지 어떠한 연구들이 이루어졌으며 그 결과는 어떠한지, 그리고 이에 비추어 앞으로 어떠한 연구가 필요한지 등에 대한 정보를 한 권의 책에서 얻기란 불가능한 것이 현실이다. 이러한 정보는 특정 분야에 이미 관심을 가지고 있는 교수나 학자들에게도 물론 큰 도움이 될 수 있지만, 영어교육 내 다양한 연구 분야들에 대해 알아본 후 앞으로 자신이 연구할 분야를 선택하고자 하는 학생들에게는 더욱 절실하게 필요한 정보일 것이다. 이러한 정보를 한 권의 단행본을 통해 체계적으로 제공하기 위해, 영어교육 분야 연구의 지평을 소개하는 것이 바로 본 편저서 기획의 주 목적이다.

본 편저서는 먼저 국내 영어교육 연구의 조망에서부터 시작하여, 제2언어로서 영어를 학습하는 학습자, 제2언어 교수 · 학습 과정 그 자체, 학습자가 접하는 혹은 생산한 언어에 대한 분석, 학습된 제2언어에 대한 평가에 이르기까지 영어교육에 있어 가장 핵심적인 주제를 다루고, 마지막으로 영어교육학 연구 지평의 확장을 탐색한다. 각 주제별로 다양한 관점을 대표하는 5-8편의 논문이 포함되어 있는데, 모든 논문은 해당 분야에서 최근까지 활발하게 연구를 진행해 온 전문가가 직접 집필을 맡아 각 분야 연구의 역사 및 최근 동향을 포괄적으로 논의하고, 현 시점에서의 주요 이슈들을 소개함으로써 앞으로의 연구 전망을 제시한다.

먼저 도입부인 제 I 부에서는 국내 영어교육 연구의 조망으로 시작한다. 구체적으로는 그동안 국내 영어교육학 관련 11개 주요 학술지에 발표된 5,072편에 달하는 연구 논문들을 전수 조사하여 연구자 및 주제별로 정리하여 살펴봄으로써, 국내 학자들의 학문 연구의 성과와 한계점을 성찰해 보고 앞으로 국내 영어교육 연구가 지향해야 할 방향을 제시한다. 특히 국내 영어교육 학자들의 학문 연구의 특성과 경향에 초점을 맞추어, 학자들이 각자 전공 분야에 대해 얼마나 일관성 있고 지속적인 연구 활동을 하는지에 대해 실제 조사 결과를 중심으로 논의를 진행한다.

특정 연구 분야에 대한 본격적인 논의가 시작되는 제 II 부에서는 제2언어로서 영어를 학습하는 학습자에 초점을 두고 있다. 학습에 있어서 학습자의 개인적인 특성은 매우 중요한 변인으로 작용할 수 있기 때문에 학습자에 대한 고려는 영어교육에서 가장 기본적이면서도 중요한 요소라 할 수 있다. 모든 종류의 개인별 특성과 차이를 다 다룰 수는 없으므로 언어 학습에 상대적으로 큰 영향을 미치는 것으로 알려진 주요 요소들을 중심으로 학습자에 대한 이해를 증진시키고자 한다. 이를 위해 먼저 영어 습득을 연구하는 다양한 방법론과 그것을 활용한 최근 연구 동향에 대해 소개한 뒤, 외국어 습득의 적정 시기나 학습 동기와 같이 성공적인 영어 습득을 논하는 데 빠질 수 없는 중요한 이슈부터 읽기 능력의 습득에 영향을 미치는 학습자의 읽기 전략에 이르기까지 폭넓은 범위의 연구들에 대해 논의한다. 더불어 심리언어학적 연구방법론을 통해 학습자가 영어를 습득하는 과정을 관찰한 연구나 학습자 개인의 작업 기억이 학습자의 영어 문장 이해에 미치는 영향을 조사한 연구들, 그리고 학습자가 영어 문장을 읽는 과정을 실제적으로 관찰할 수 있는 방안을 소개하고 실제 관찰한 연구들을 종합적으로 제시하고 마지막으로, 사회문화이론과 영어교육의 관계를 개념적으로 탐구한 연구들을 소개한다. 이러한 연구들을 접함으로써 독자는 영어를 습득하는 과정에서 학습자 개인의 특성이 습득에 미치는 영향과 학습자 내부에서 진행되는 과정에 대해 좀 더 깊은 이해를 가질 수 있을 것이다.

이러한 학습자에 대한 이해를 바탕으로 제Ⅲ부에서는 좀 더 넓은 관점에서 영어 교수(instruction) · 학습 자체를 논하고자 한다. 이는 기존 영어교육 연구에서 주로 연구되던 영역으로서 제2언어 학습 자체와 학습을 할 수 있도록 교수하는 과정들에 대한 다양한 연구를 다루고 있다. 먼저 교수가 영어 습득에 미치는 전반적인 영향을 다룬 연구의 현황과 전망을 살펴보고 더 구체적인 관점에서 학습자에게 주어지는 입력 빈도와 분포가 습득에 미치는 영향과 쓰기 활동에서 교사의 피드백이 학습자에게 미치는 영향에 대해 관찰한 연구들을 논한다. 마지막으로 교수 · 학습을 바라보는 관점을 좀 더 넓혀서 컴퓨터를 활용한 영어교육 동향과 영어 예비교사 교육에 관한 연구, 그리고 교사 교육에 코퍼스를 효과적으로 활용할 수 있는 방안에 관련된 연구들을 소개한다.

다음으로 제Ⅳ부에서는 학습자가 교수 · 학습 과정에서 접하거나 스스로 생산하는 언어를 대상으로 분석한 연구들을 살펴본다. 교수 · 학습 과정에서 발생된 언어는 학습자 개인이나, 교수 · 학습 과정 자체를 살펴보는 것 외에 제2언어 습득을 이해할 수 있는 중요한 연구 대상이 될 수 있다. 이 장에 실린 여섯 편의 논문들은 연구 자료의 성격에 따라 코퍼스(corpus)를 기반으로 한 연구들과 학습자의 담화를 분석의 대상으로 삼은 연구로 양분될 수 있다. 먼저 코퍼스를 활용하여 목표어(target language)인 영어 어휘에 대해 분석한 연구의 발전사를 50년에 걸쳐 소개한 후, 학습자가 생산한 언어로 구축된 학습자 코퍼스를 이용한 연구의 최근 동향을 연구 주제와 코퍼스 유형을 중심으로 살펴본다. 다음으로는 원어민과 비원어민 간의 상호작용 담화를 분석한 연구와 쓰기 지도 시 교사와 학습자 간에서 발생하는 담화를 대화분석(conversation analysis)적 시각에서 분석한 연구를 제시하고 마지막으로 비판적 담화분석(critical discourse analysis)을 영어교육에 활용한 연구들을 제시하는 것으로 제Ⅳ부를 끝맺는다.

제Ⅴ부에서는 평가에 관련된 연구를 다룬다. 학습자의 외국어 구사 능력을 향상시키기 위해서는 현재 언어능력에 대한 정확한 평가가 매우 중요하다고 할 수 있다. 현재의 능력을 최대한 구체적이고 정확하게 측정하여 파악해야만 앞으로 나아가야 할 교수 학습 방향을 적절하게 제시할 수 있기 때문이다. 따라서 먼저 한국 영어교육에서 영향력이 매우 큰 공인 영어 표준화 시험에 관련된 연구들을 소개하고 언어 평가에서 적절한 준거 설정의 기준이 되는 이론들과 관련 연구들을 살펴본다. 다음으로는 언어 평가에서 가장 중요하면서도 유용하게 활용되는 이론 중 하나인 문항반응이론(item response theory)과 관련 연구들을 소개한다. 끝으로 언어 능숙도 평가에서 점차 그 활용과 중요성이 강조되는 통합형 과제(integrated task)와 듣기 평가에서 사용되는 노트(note-taking)의 역할에 대해 각각 탐구한다.

마지막으로 제Ⅵ부에서는 앞 장에서 논의한 다양한 영역의 연구들을 보다 폭넓은 시각에서 조감하고 정리함으로써 앞으로 영어교육 연구 지평의 확장을 위한 탐색과 전망을 담는다.

결론적으로, 본 편저서는 영어교육학을 전공하는 학부 및 대학원생들뿐만 아니라 이 분야에서 이미 활동 중인 학자와 교육 전문가들에게 영어교육 내 다양한 하위 영역에서 최근 큰 관심을 받고 있는 이론들과 이를 토대로 진행된 국내외 많은 연구들을 총망라해 살펴볼 수 있는 귀중한 기회를 제공해 줄 것이다. 이를 통해 독자들은 영어교육이라는 학문 분야를 보다 폭넓고 깊이 있게 이해할 수 있을 것이며, 그렇게 쌓은 지식을 각자의 상황과 역할에 맞게 응용 및 적용함으로써 자신의 개인적인 학문 및 연구 목적을 보다 효율적으로 달성하는 한편, 이를 통해 학습자들의 영어 학습과 교육에도 궁극적으로 기여할 수 있을 것으로 기대한다.

본서를 편찬하면서 큰 도움을 준 많은 분들에게 감사의 마음을 표한다. 먼저 교육과 연구에 바쁜 가운데에도 짧은 집필 기간에 선선히 좋은 글을 써 준 집필자 여러분께 깊은 감사를 드린다. 그리고 비슷한 사례의 경험을 살려 이 편저 작업을 기획하고, 작업 진행 방향 설정에 도움을 준 안현기(서울대) 교수에게도 감사한다. 집필자들과의 교신과 원고 수합, 확인 작업을 실질적으로 맡아 준 오선영(서울대) 교수와, 내용의 정리, 각 논문들에서 조금씩 다르게 쓰인 용어들을 통일하고 체제를 맞추기 위해 시간과 노력을 아끼지 않은 신상근(이화여대), 이진화(중앙대), 김태영(중앙대) 교수, 그리고 용어와 체제의 통일을 위한 수작업, 원고 정리를 잘 도와준 강나루 선생에게 고마운 마음을 전하고, 이 책을 출간해 준 서울대학교출판문화원에도 감사의 마음을 표한다.

2014년 여름

편저자 권오량

차례

Ⅳ. 제2언어 분석 연구

Ⅴ. 제2언어 평가 연구

Ⅵ. 영어교육학 연구 지평의 확장

Ⅰ. 국내 영어교육학 연구의 조망

제1장

한국 영어교육학자들의 학문 연구 특성과 경향*

권오량 서울대학교

1. 서론

연구(research)는 어떤 연구 대상과 주제를 가지고 행하는 개별 연구가 대부분을 차지하지만, 여러 연구들을 살펴보는 조감적 연구도 있다. 이런 조감적 연구에는 메타분석(meta-analysis), 통계분석(statistical analysis), 그리고 역사적 연구(historical research) 방법이 있다. 메타분석은 여러 연구 결과들을 관통하는 어떤 패턴이 있는지, 결과들이 어디서 서로 다른지, 중요하고 흥미 있는 관계가 있는지를 알아보려고 하는 연구 방법이다. 가장 보편적인 목적은 연구 결과로 얻어지는 현상이 실제 모집단에 어느 정도로 나타나는가 하는 소

---

* Kwon, Oryang (2014). Characteristics and trends of academic research by Korean scholars of English education. In O. Kwon (Ed.), *New horizons in English education research* (pp. 3-31). Seoul: Seoul National University Press.
이 글은 한국영어교육학회지 『영어교육』, *69*(2), 199-200(2014년 여름)에 게재된 논문으로 학회의 승인을 얻어 일부 문구와 표기법을 수정하여 본서에 포함한다.

위 효과크기(effect size)를 알아보는 것이다. 영어교육학에서는 49편의 연구를 메타분석하여 명시적 제2언어 교수가 암시적 교수보다 더 효과적임을 밝힌 Norris와 Ortega(2000)의 연구가 그 예가 될 수 있다.

통계분석은 여러 기존 연구들을 통계적으로 분석함으로써 연구의 전체 그림이나 특정 연구의 변천 혹은 경향을 파악하는 데 사용한다. 연구자의 목적에 따라서 다양한 분석 방법이 사용될 수 있다. 통계분석에서 연구 결과들을 분류, 분석하는 데는 추론적 통계(inferential statistics)보다 기술적 통계(descriptive statistics)가 많이 이용되고 있는 편이다.

역사적 연구는 일반적으로 정성적 연구의 일부라고 간주하지만(Borg & Gall, 1989), 경향을 파악하기 위해서는 통계도 활용하여 그 발전 방향, 특성 등을 조감한다. 우리나라에서 이러한 조감적 연구를 영어교육학에 적용한 의미 있는 연구로는 1995년 한국영어교육학회 창립 30주년을 맞이하여 기획한 일련의 역사적 연구가 있다. 이 연구는 『영어교육』에 게재된 논문들을 총 6개 분야로 나누어서 정리하였다. 연구 결과는 같은 해 학회의 저널인 『영어교육』에 개별 논문으로 게재되었다(제2절 참조). 같은 해에 이재희(1995)가 초등 영어교육 연구들을 통계분석하였고, 2000년대에 들어와서는 전체 혹은 일부 연구 논문을 연구 대상이나 주제별로 분류하거나(김정렬, 2001; 김진완, 2000, 2004; 성명희·남은희, 2010) 특정 주제를 중심으로 분석하는 접근법을 취하였다(김정렬, 2001; 송민종 · 임정완, 2010; 이성희, 2005; 이은주, 2008; 차경환·이원석·심재황, 2005).

이들 연구는 논문들을 분석하면서, 주제나 방법 등을 분류하고 통계를 내거나 서술하여 연구 경향이나 특성을 분석하였다. 학문의 깊이 있는 발전을 위해서는 각각의 영어교육학자가 자신의 전문 분야를 장기간 혹은 평생에 걸쳐서 깊이 있게 연구하는 것이 필요하다고 본다. 그러나 지금까지 이런 부분에 대한 조감적 연구는 없었다. 따라서 이 연구에서는 전체의 경향과 함께 영어교육학자들이 자신의 전공 분야에 대해 얼마나 일관성 있고 지속적으로 연구하는지를 알아본다. 이 연구의 연구 질문은 다음과 같다.

(1) 한국의 영어교육학자들의 학문 연구의 특성과 경향은 어떠한가?

(2) 한국의 영어교육학자들은 자신의 주전공 분야에 대해 얼마나 집중적으로 연구하는가?

2. 이전 연구에 대한 검토

1995년에 한국영어교육학회 창립 30주년을 기념하여, 학회 차원에서 기획한 연구 프로젝트로 학회지인 『영어교육』에 실린 과거의 논문들을 분야별로 분석한 적이 있다. 이 프로젝트에는 총 5명의 학자가 참여하여 6개 주제별로 논문을 검토하였다. 배두본(1995a, 1995b)은 한국의 영어교육학의 발달과 초등영어교육의 발달을 다루었고, 김충배(1995)는 영어교육 연구 방법의 발달을, 김임득(1995)은 영어 습득과 학습 이론의 발달을, 권오량(1995)은 영어교수 방법과 교수 방법론 연구의 변천을, 최용재(1995)는 영어 능력 평가의 발전 과정을 다루었다. 그 후 10년이 지난 2006년에 다시 학회지를 검토한 결과 게재 논문들 중에서 박종원(2006)은 영어교육 말하기 논문의 40년사를 회고하고 있고, 박준언(2006)은 어휘교육 관련 논문들을, 오준일(2006)은 독해 관련 논문들을 분석하였다.

학회 차원에서 실시한 유사한 통계분석 연구는 2005년 한국외국어교육학회 창립 10주년을 기념하여 이성희(2005)가 『외국어교육』에 실린 논문들을 통계분석한 연구가 있고, 2010년에 한국현대영어교육학회가 창립 10주년을 맞이하여, 학회 저널에 실린 논문을 분석한 연구가 있는데, 성명희와 남은희(2010)는 『현대영어교육』에 2000년부터 2009년까지 10년간 실린 241편의 논문을 연구 분야, 주제, 연구 대상, 연구 방법론으로 나누어 분석하였고, 류란과 황선유(2010)는 241편의 논문 중에서 준 실험 연구 논문 40편을 골라 역사적 흐름, 주된 주제 영역, 언어기능, 연구 디자인 측면에서 분석을 하였다. 한편 송민종과 임정완(2010)은 문해(literacy) 관련 논문 38편을 골라서 연구 주제, 연구 대상의 능숙도, 연구 방법에 대하여 분석하였다.

개별 학자의 연구들도 상당수 있다. 이들 연구들은 특정한 범위, 혹은 주제를 중심으로 특정 저널의 논문들을 분석하였다. 이재희(1995)는 초등 영어교육에 관련된 논문들을 종합하여서 어느 분야, 어느 주제의 연구들이 얼마나 이루어졌는지 통계분석하고 있고, 김정렬(2001)은 한국초등영어교육학회, 한국영어교육학회, 한국외국어교육학회, 영남영어교육학회(현 팬코리아영어교육학회), 호남영어교육학회(현 글로벌영어교육학회), 한국 멀티미디어언어교육학회의 저널에 게재된 초등 영어교육 논문들을 분석 대상으로 하였고, 김진완(2000, 2004)은 한국영어교육학회의 저널인 『영어교육』과 TESOL의 저널인 *TESOL Quarterly*에 게재된 논문들을 대상으로 연구 방법론 및 연구 내용 측면에서 비교 분석하였고, 김지영(2007)은 한국멀티미디어언어교육학회, 한국외국어교육학회, 한국영어교육학회의 2003~2007년(1호) 저널에 실린 CALL 관련 논문들을 대상으로 조사 설계, 연구 대상, 연구 참여자 수, 연구 기간, 연구에 사용된 테크놀로지, 가르친 언어, 지도된 언어 기술 및 언어 영역의 범주로 분석하였다. 한편 김경석(2006)은 『영어교육』에 실린 학술 논문들이 인용한 문헌을 분석하고 있고, 차경환 · 이원석 · 심재황(2005)은 『영어교육』에 실린 듣기 논문들을 정리하였고, 이은주(2008)는 영어교육과 응용언어학 분야에서 코퍼스기반 연구를 분석하고 있다.

특정한 주제는 아니고, 종합적인 분석을 시도한 연구로는 유현정(2006)의 연구가 있다. 유현정은 한국영어교육학회, 응용언어학회, 외국어교육학회지에 실린 1996년부터 2005년까지 10년간의 논문 총 1,091편을 연구자, 연구 주제, 연구 방법, 연구 대상의 영역으로 나누어 분석하였다.

앞에서도 잠시 언급하였듯이, 이상 소개한 연구들은 기본적으로 연구 논문의 여러 측면에 대해 통계분석을 한 것으로 규정할 수 있다. 본 연구에서는 영어교육학자들이 학문 연구의 특성 및 경향과 더불어 연구의 초점을 주전공 분야에 대한 연구의 집중도(지속성)에 맞춘다.

3. 연구 방법

본 연구는 조사 연구이자 조감적 연구이므로 기본적으로 문헌 조사와 분석이 주된 연구 방법이다. 연구의 대상과 조사 방법은 다음과 같다.

1) 연구 대상

본 연구의 대상은 한국의 영어교육 관련 저널에 실린 연구 논문들이다. 구체적으로는 국내 영어교육 관련 11개 주요 학회에서 발간하는 저널에 실린 논문들인데, 조사 대상 저널은 표 1과 같다. 제시의 순서는 창간 연도순이다.

한국의 영어교육학자들이 연구 업적(논문)을 발표할 수 있는 마당은 표 1에 나열한 저널 이외에도 더 있을 수 있다. 그리고 초기에는 영어교육 관련 논문이 한국영어영문학회의 저널에도 가끔 투고되기도 하였다. 그러나 한국영어영문학회의 저널은 현재로는 영어교육 관련 저널로 간주하기 어려워 본 연구에서 제외하였다. 또한, 국제 저널에 논문을 발표하는 학자들도 근래에는 그 숫자가 조금씩 증가하고 있다. 그러나 그런 논문은 여전히 소수여서 한국의 영어교육학자들의 연구 경향을 대변한다고 보기는 어렵고, 현실적으로 모든 국제 저널을 조사해서 한국 학자들의 논문을 찾아내기가 불가능하여 본 연구에서는 국내에서 출간되는 저널로 제한하였다.

본 연구에 포함된 저널 중에서 한국응용언어학회지, 한국외국어교육학회지와 멀티미디어언어교육학회지에는 영어교육뿐만 아니라, 다른 언어교육과 관련된 논문도 게재될 수 있다. 그러나 대부분의 논문은 영어교육 논문이므로 이들 저널은 조사 대상에 포함하였다(실제 조사에서는 다른 언어 교육 논문은 배제하였다).

표 1. 조사 대상 학회의 저널과 조사 대상 연도

번호	학회 명 (한국어)	학회 영문 이름 약어	저널 명	조사 대상 연도*	조사 대상 저널권(호)
1	한국영어교육학회	KATE	영어교육	1968 – 2013	4–68(1)
2	한국응용언어학회	ALAK	응용언어학	1983 – 2013	1–29(1)
3	팬코리아영어교육학회	PKETA	영어교육연구	1992 – 2013	1–25(1)
4	한국외국어교육학회	KAFLE	외국어교육	1995 – 2013	1–20(1)
5	한국초등영어교육학회	KAPEE	초등영어교육	1995 – 2012	1–18(3)
6	글로벌영어교육학회	GETA	Studies in English Education	1996 – 2012	1(1)–17(2)
7	멀티미디어언어교육학회	KAMALL	Multimedia–Assisted Language Learning	1998 – 2012	1(1)–15(3)
8	현대영어교육학회	MEESO	현대영어교육	2000 – 2012	1(1)–13(4)
9	영상영어교육학회	STEM	STEM Journal	2000 – 2013	1–14(1)
10	한국영어교과교육학회	KEES	영어교과교육	2002 – 2013	1(1)–12(1)
11	한국중등영어교육학회	KASEE	Secondary English Education	2008 – 2012	1(1)–5(2)
계	11개 학회				

* 일부 저널은 데이터 수집 당시에 2013년도의 저널이 학회의 홈페이지에 탑재되지 않아서 2012년까지만 조사하였다.

2) 조사 방법

본 연구는 기본적으로 문헌 연구 방법을 사용하였다. 구체적으로 연구 대상이 된 저널에 수록된 논문 저자와 제목을 정리하였다. 한 논문의 저자가 복수인 경우 제1 저자만을 분석 대상으로 삼았다. 그 이유는 본 연구가 영어교육학자들의 연구 특성, 주제의 집중도 및 경향에 초점을 맞추고 있는데, 제1 저자에게 해당 논문의 주제와 방법을 결정하는 일차적인 권한과 책임이 있다고 보았기 때문이다.

자료 수집 절차는 각 학회의 홈페이지에 나온 저널의 논문 목록을 수집하는 것으로 시작되었다. 자료에 들어가는 내용은 (1) 연도, (2) 저널 이름,

표 2. 연구 주제 분류표

중 영역 주제	세부 영역 주제
1. 영어교육 현황	1.1 영어교육 일반, 1.2 영어 조기교육, 1.3 영어몰입교육, 1.4 기타
2. 정책/교육과정	2.1 정책, 2.2 교육과정, 2.3 교수 요목, 2.4 기타
3. 영어 교재	3.1 교재, 3.2 멀티미디어/IT, 3.3 기타
4. 영어 습득/학습	4.1 문법, 4.2 발음, 4.3 어휘, 4.4 언어기능, 4.5 학습 일반, 4.6 기타
5. 학습 심리	5.1 동기, 5.2 불안, 5.3 태도, 5.4 인식, 5.5 신념, 5.6 스타일, 5.7 책략, 5.8 자율성, 5.9 기타
6. 영어 교수법	6.1 교수 방법 일반, 6.2 기능별 교수법, 6.3 기타
7. 평가	7.1 평가 일반, 7.2 언어기능 평가, 7.3 기타
8. 교사	8.1 교사교육, 8.2 교사 인식, 8.3 협동 수업, 8.4 기타
9. 연구	9.1 연구 방법, 9.2 연구 경향, 9.3 기타
10. 영어학	10.1 음운론, 10.2 화용론, 10.3 통사론, 10.4 의미론, 10.5 응용언어학, 10.6 대조분석, 10.7 영어학과 영어교육, 10.8 기타
11. 영문학	11.1 영문학, 11.2 영문학과 영어교육, 11.3 기타

(3) 권수, (4) 호수, (5) 게재 페이지, (6) 저자 이름 (복수 저자 포함), (7) 논문 제목이다. 일차적으로는 학회의 저널별로 엑셀 스프레드시트를 이용하여 데이터베이스를 만들었다. 그 다음에는 학회의 저널 안에서 저자를 기준으로 정렬하여 총 몇 명의 저자가 참여하였는지, 그리고 동일 저자가 몇 편의 논문을 게재하였는지 분석하였다. 그러고 나서 전체 11개 저널의 데이터를 하나의 파일에 통합하여 저자를 기준으로 정렬하고, 동일 저자의 논문을 주제별로 분석하였다.

연구 주제의 분류를 위해 유현정(2006)의 주제 분류표와 성명희와 남은희(2010)의 분류표를 참조하였다. 유현정(2006)은 16개의 분석 유목을 정하고, 각각의 분석 유목 아래에 세부 유목을 두었다. 분석 유목으로는 (1) 영어교육 일반, (2) 교육과정/교수 요목, (3) 영어 교수 방법론, (4) 사회언어학, (5) 학습 심리, (6) 언어기능, (7) 문법/습득, (8) 발음, (9) 어휘, (10) 상호 교류, (11) 조기/초등 영어, (12) 대학/일반 영어, (13) 평가, (14) 멀티미디어, (15) 교재, (16) 교사 교육을 설정하였다. 한편 성명희와 남은희(2010)는 영어교육, 영어학, 영문학, 영어통번역학이라는 네 개의 연구 영역으로 나누고, 각각의 영역에 하위 연구 주제를 설정하였다. 즉, 영어교육 영역에는 영어교육 현황, 정책/교육과정, 영어 교재, 영어 습득/학습, 영어 교수법, 평가를, 영어학 영역에는 음운론, 화용론, 통사 및 의미론, 응용언어학, 영어대조분석을, 영문학 영역에는 영미 소설, 영미 희곡, 영미 시를 주제로 설정하고, 영어통번역학 영역은 하위 주제를 설정하지 않았다. 본 연구에서는 중 영역에 성명희와 남은희(2010) 분류 체계를 응용하고, 그 안의 세부 영역에 유현정(2006)의 분석 유목과 세부 유목을 응용하여 표 2와 같은 분류표를 만들어서 주제를 분석하였다. 이 표에서 중 영역별로 마지막에 있는 기타 부분은 해당 중 영역에 속하지만, 제시된 세부 영역에는 해당하지 않는 주제들을 포함하기 위한 것이다.

이 분류표는 분류의 편의를 위해서 정한 것으로, 절대적인 기준은 아니다. 그러나 이 중 영역 분류와 세부 영역이 영어교육학 및 관련 분야의 거의 대부분을 포함한다고 보아서 본 연구의 목적에 맞는다고 보았다.

4. 결과 및 논의

여기서는 연구 논문의 수, 저자 수, 사용 언어, 주제, 주제에 대한 연구 집중도 등에 관해 차례로 결과를 제시하고, 그 의미를 해석한다.

1) 저널별 게재 논문 총수

일차적인 조사 결과는 각 저널에 실린 논문의 총수와 참여 저자 수이다. 그리고 이 논문 중에서 단독 저자 논문 수와 복수 저자 논문 수를 파악하였

표 3. 학회 저널별로 게재된 논문의 총수와 참여 저자 수, 단독 및 복수 저자 논문 수

번호	학회 명 (한국어)	총 게재 논문 수	총 참여 저자 수	단독 저자 논문 수	복수 저자 논문 수
1	한국영어교육학회	1,424	668	1,230	194
2	한국응용언어학회	583	363	475	108
3	팬코리아영어교육학회	653	356	481	172
4	한국외국어교육학회	674	356	495	179
5	한국초등영어교육학회	377	217	216	161
6	글로벌영어교육학회	335	246	240	95
7	멀티미디어언어교육학회	361	210	241	120
8	현대영어교육학회	378	225	285	93
9	영상영어교육학회	253	139	221	32
10	한국영어교과교육학회	214	143	118	96
11	한국중등영어교육학회	65	59	40	25
계		5,317	2,983	4,042	1,275

다. 그 결과 11개 저널에 실린 논문의 총수는 5,317편이었고, 참여 저자는 총 2,983명이었다. 이 중에 단독 저자 논문이 4,042편, 복수 저자의 논문이 1,275편이었다. 이 결과는 표 3과 같다.

2) 논문 작성에 사용된 언어

다음에는 논문 작성에 사용된 언어를 중심으로 분석하였다. 초기에는 한국어로 쓴 논문이 많았으나 차츰 영문으로 쓴 논문이 증가하게 되었다. 표 4는 저널별로 본 국문 논문 수와 영문 논문 수를 보여 준다.

한국응용언어학회와 한국영어교육학회의 저널은 영문 논문의 비중이 60%를 넘는다. 한국영어교육학회의 경우, 초기에는 한국어, 영어에 대한 규정이 없다가, 연 4회 저널이 발간되면서 3호를 국제호로 하여서 영문 논문만 게재하도록 하였다. 그 후 1, 3호를, 그리고 다시 1, 3, 4호를 국제호로 바꾸

표 4. 논문 작성에 사용한 언어로 본 저널별 게재 논문 수

번호	학회 명 (한국어)	논문 총수	국문 논문(%)	영문 논문(%)
1	한국영어교육학회	1,424	543(38.13)	881(61.87)
2	한국응용언어학회	583	194(33.28)	389(66.72)
3	팬코리아영어교육학회	653	340(52.07)	313(47.93)
4	한국외국어교육학회	674	375(55.64)	299(44.36)
5	한국초등영어교육학회	377	303(80.37)	74(19.63)
6	글로벌영어교육학회	335	236(70.45)	99(29.55)
7	멀티미디어언어교육학회	361	172(47.65)	189(52.35)
8	현대영어교육학회	378	214(56.61)	164(43.39)
9	영상영어교육학회	253	147(58.10)	106(41.90)
10	한국영어교과교육학회	214	161(75.23)	53(24.77)
11	한국중등영어교육학회	65	48(73.85)	17(26.15)
계		5,317	2,733(51.40)	2,584(48.60)

었는데, 2호에도 영문 논문이 많이 실렸다. 이에 비해 한국초등영어교육학회, 글로벌영어교육학회, 한국영어교과교육학회와 한국중등영어교육학회의 저널은 상대적으로 한국어 논문의 비중이 70%를 넘는다. 이들 4개 학회 저널의 독자가 상당 부분 초등 혹은 중등 영어 교사일 가능성이 크고, 이런 독자들이 학술 논문을 영어로 읽는 것이 어려울 수 있다는 것을 염두에 둔 저자들의 배려라고 볼 수 있다.

근래에는 영문 논문의 비중이 점차 증가하고 있다. 한국 영어교육학자들이 최근 논문 작성에 사용한 언어 사용 경향을 알아보기 위해 지난 5년간 한국어 논문과 영어 논문의 비중을 학회별로 비교하여 보았다. 표 5는 최근 5년간 각 저널에 실린 국문 논문과 영문 논문의 수와 백분율을 보여 준다.

표 4와 표 5의 결과를 비교하면, 그림 1에서 보는 것처럼 최근에 영어 논문의 비중이 크게 증가하였다. 한국영어교육학회(KATE)와 응용언어학회(ALAK)의 논문은 각각 84.4%와 79.9%로 영문 논문이 압도적으로 많다. 이

표 5. 최근 5년간 논문 작성에 사용한 언어로 본 저널별 논문 수

번호	학회 명	5년 게재 논문 총수	국문 논문(%)	영문 논문(%)
1	한국영어교육학회*	244	38(15.57)	206(84.43)
2	한국응용언어학회*	224	45(20.09)	179(79.91)
3	팬코리아영어교육학회*	263	109(41.44)	154(58.56)
4	한국외국어교육학회*	226	130(57.52)	96(42.48)
5	한국초등영어교육학회	155	122(78.71)	33(21.29)
6	글로벌영어교육학회	104	59(56.73)	45(43.27)
7	멀티미디어언어교육학회	139	57(41.01)	82(58.99)
8	현대영어교육학회	206	109(52.91)	97(47.09)
9	영상영어교육학회*	113	58(51.33)	55(48.67)
10	한국영어교과교육학회*	133	91(68.42)	42(31.58)
11	한국중등영어교육학회	65	48(73.85)	17(26.15)
계		1,872	866(46.26)	1,006(53.74)

* 별표(*)한 학회는 2013년도 1호까지 자료가 탑재되어 있어서 이것도 포함하였다.

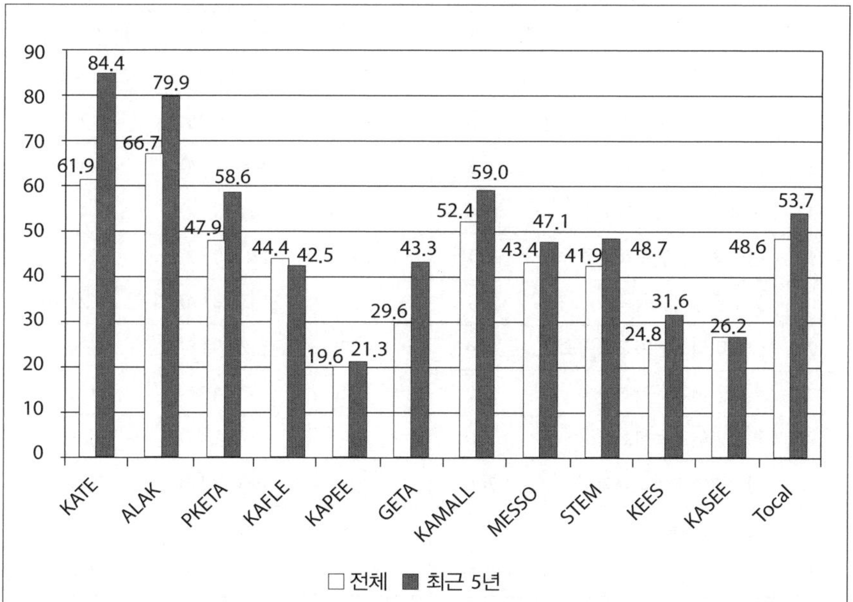

그림 1. 전체 논문과 최근 5년간 영문 논문의 백분율 비교(영문명은 표 1을 참고할 것)

런 증가 현상은 한국의 중요 학회가 차츰 세계화하는 경향을 반영한다고 볼 수 있다. 이것은 한국의 영어교육학자들의 영어 능력이 과거에 비해 향상되고 있음을 보여 준다는 의미도 있다.

3) 단수 논문 발표자와 복수 논문 발표자

조사 대상 기간에 발표한 논문 저자들에게 관심을 돌려서 1편의 논문만을 발표한 단수 논문 발표자와 2편 이상의 논문을 발표한 복수 논문 발표자의 수를 파악해 보았다. 앞에서도 언급하였지만, 복수 저자의 논문은 제1 저자만 계산하였는데, 제1 저자가 논문의 성격을 결정하는 주체라고 보았기 때문이다. 그리고 이 조사에서는 외국인 저자들을 배제하였다. 외국인 저자의 경우, 한국 영어교육학자의 범주에 넣기가 애매하기 때문이다. 11개 저널별

표 6. 저널별 총 참여자 수, 1편 및 2편 이상 발표한 저자 수

번호	학회 명	총 게재 논문 수	총 참여 저자 수	1편만 발표한 저자 수(%)	2편 이상 발표한 저자 수(%)
1	한국영어교육학회	1,319	589	336(57.05)	253(42.95)
2	한국응용언어학회	556	344	242(70.35)	102(29.65)
3	팬코리아영어교육학회	633	338	208(61.54)	130(38.46)
4	한국외국어교육학회	668	351	204(58.12)	147(42.88)
5	한국초등영어교육학회	371	213	150(70.42)	63(29.58)
6	글로벌영어교육학회	319	233	183(78.54)	50(21.46)
7	멀티미디어언어교육학회	344	193	137(70.98)	56(29.02)
8	현대영어교육학회	372	221	143(64.71)	78(35.29)
9	영상영어교육학회	220	109	67(61.47)	42(38.53)
10	한국영어교과교육학회	205	135	106(78.52)	29(21.48)
11	한국중등영어교육학회	65	59	56(94.92)	3 (5.08)
계	11개 학회	5,072	2,785*	1,832*(65.78)	953*(34.22)

* 위의 총계에서 총 참여 저자 수나 1편 혹은 2편 이상 발표한 저자 수의 합계는 단순 합계다. 즉 전체를 하나의 파일로 해서 다시 조사한 결과가 아니다.

로 게재 논문 수, 총 참여 저자 수, 1편만 발표한 저자 수, 2편 이상 발표한 저자의 수는 표 6과 같다. 표에서 보는 바와 같이, 1편만 발표한 저자의 수는 1,832명으로 65.78%를 차지하였고, 2편 이상 발표한 저자는 953명으로 34.22%였다.

4) 전체 11개 저널을 통합한 연구자별 논문 수

이번에는 전체 11개 학회의 저널의 논문을 모두 통합하여 연구자별로 논문 발표의 총수를 파악하고자 하였다. 이렇게 함으로써 적어도 한국의 영어교육학자의 학문적 활동 특성과 경향을 좀 더 정확히 파악할 수 있다고 보았다.

표 7에서 보면 저자의 총수는 1,639명이다. 표 6에서는 저자의 총수가 2,785명이었으나, 1,639명으로 줄어든 것은 복수의 저널에 따로 계산되었던 동일 인물이 여기서는 한 명으로 간주되었기 때문이다. 전체 논문의 저자들 중에서 1편만 발표한 저자가 전체의 56.31%인 923명으로 다수를 차지하였다. 그 다음이 2-5편을 발표한 저자가 469명(28.62%), 6-10편을 발표한 저자가 149명(9.09%)이다. 이상의 세 집단을 합치면 1,541명으로 전체의 94.02%가 된다. 나머지 99명(5.98%)은 11-15편이 59명(3.60%), 16-20편이 22명(1.34%), 21-25편이 12명(0.73%), 26-30편이 2명(0.12%), 그리고 31편 이상이 4명(0.24%)이다. 한국중등영어교육학회를 제외한 모든 학회가 저널을 창간한 지 10년은 훨씬 넘었는데, 11편 이상의 논문을 쓴 저자가 전체의 5.98%

표 7. 11개 저널 전체를 통합한 발표자의 논문 수별 분포도

논문 총수	저자 총수	1편 발표자	2–5편 발표자	6–10편 발표자	11–15편 발표자	16–20편 발표자	21–25편 발표자	26–30편 발표자	31편 이상 발표자
5,072	1,639	923	469	149	59	22	12	2	4
%	100	56.31	28.62	9.09	3.60	1.34	0.73	0.12	0.24

라는 것은 학술 활동이 활발하지 못하였다는 해석도 가능하다.

5) 주제별 분류

학회지 중에는 초등 영어교육이나 멀티미디어 언어교육처럼 특정한 분야를 위한 학회지가 있기는 하지만, 많은 학회지가 일반적으로 영어교육에 관한 다양한 분야의 논문을 게재하고 있는데, 지금까지 발표된 논문들을 주제별로 분류하여 봄으로써 우리나라 영어교육학자들의 연구 경향의 일단을 볼 수 있다. 이에 앞에서 제시한 분류표에 따라서 발표된 전체 논문들을 11개의 주제에 의해 분류하였다. 표 8은 이 분류의 결과다.[1]

영어 습득/학습 분야의 논문이 전체의 19.3%로 가장 많고, 그 다음으로 영어학 분야가 17.9%로 2위, 영어 교재가 14.59%로 3위, 영어 교수법 분야가 12.03%로 4위, 학습 심리 분야가 10.11%로 5위다. 이 다섯 분야의 합계가 73.93%로 전체의 4분의 3이다. 이 중에서 영어학 분야가 17.9%로 전체에서 2위를 차지한 것은 순수 영어학보다 응용언어학적인 논문이 많았기 때문이다. 나머지는 교사(7%)가 6위, 평가(6.51%)가 7위, 영어교육 현황(5.17%)

표 8. 주제별 총 논문의 수와 백분율

영어교육 현황	정책/교육과정	영어 교재	습득/학습	학습 심리	교수법
262 (5.17%)	161 (3.17%)	740 (14.59%)	979 (19.30%)	513 (10.11%)	610 (12.03%)
평가	교사	연구	영어학	영문학	계
330 (6.51%)	355 (7.00%)	60 (1.18%)	908 (17.90%)	154 (3.04%)	5,072

1 주제 분류를 2인 이상이 따로 하여 비교, 조정하는 것이 이상적이나, 현실적인 제약으로 1인이 하였다. 그러나 중 영역 분류 후, 시간을 두고 세부 영역을 분류하면서 영역 분류를 재조정함으로써 좀 더 신뢰성을 높이고자 하였다.

이 8위, 정책/교육과정(3.17%)이 9위, 영문학(3.04%)이 10위, 그리고 연구(1.18%)가 11위였다. 연구 분야나 영문학의 비중이 가장 낮은 것은 예상 가능한 일이지만, 평가 분야가 전체 논문의 6.51%인 것은 영어교육학에서 차지하는 평가의 비중을 고려할 때, 약간은 연구가 부족하다고 할 수 있다.

다음으로는 위의 중 영역들을 다시 세부 영역으로 분류하여 보았다. 각각의 중 영역 안에서 다시 세부 영역을 살펴본 까닭은 우리나라 영어교육계의 연구 지평을 좀 더 자세히 관찰하고자 함이다. 그 결과는 표 9와 같다. 세부 영역의 백분율은 해당 중 영역을 100%로 볼 때의 백분율이다.

먼저, 영어교육 현황이라는 중 영역 안에서는 영어교육 일반 분야가 200편으로 전체의 76.34%로 가장 많았고, 영어 조기교육이 23편(8.78%), 영어 몰입 교육 분야가 14편(5.34%), 기타가 25편(8.54%)이었다. 정책/교육과정 분야에서는 교육과정이 111편으로 68.94%를 차지하였고, 정책 11편(6.83%), 교수 요목 9편(5.59%), 기타 30편(18.63%)이었다. 교육과정과 교수 요목이 다수이고 정책에 대한 관심은 아직은 미미한 편이다. 영어 교재 영역에서는 멀티미디어와 IT가 550편(74.32%)으로 교재의 188편(25.41%)보다 세 배가 많았다. 이렇게 멀티미디어와 IT 분야의 비중이 높은 것은 멀티미디어언어교육학회의 저널이 별도로 있어서, 이 세부 영역의 논문들만 취급하기 때문이라고 볼 수 있는데, 전체 영어교육 학계의 입장에서 볼 때, 약 15%의 비중을 차지하고 있으므로 이 분야의 연구는 상당히 활발하다고 할 수 있다.

습득/학습 영역과 학습심리 영역은 세부 주제의 수가 많은데, 습득/학습 영역에서는 언어기능 분야의 논문이 510편(52.09%)으로 전체의 반을 넘었다. 그 다음으로 어휘 112편(11.44%), 문법 99편(10.11%) 등이 이 영역 안에서 10% 이상의 빈도를 보였다. 발음에 대한 연구 48편(4,90%)은 학습 일반에 대한 연구 58편(5.92%)보다 적어서 학계의 관심이 그리 크지 않음을 보여준다. 한편, 학습심리 영역은 어느 특정한 분야가 절대적인 우위를 점하지는 않았는데, 책략 분야가 149편(29.04%)으로 가장 비중이 컸고, 그 다음이 학습자들의 인식(77편, 15.01%), 동기(62편, 12,09%) 등이 일정 비중을 차지하고

표 9. 중 영역을 세부 영역 주제로 나누어본 논문 수와 백분율

중 영역주제	세부 영역주제
1. 영어교육 현황	영어교육 일반: 200(76.34%), 영어 조기교육: 23(8.78%), 영어 몰입 교육: 14(5.34%), 기타: 25(9.54%)
2. 정책/교육과정	정책: 11(6.83%), 교육과정: 111(68.94%), 교수 요목: 9(5.59%), 기타: 30(18.63%)
3. 영어 교재	교재: 188(25.41%), 멀티미디어/IT: 550(74.32%), 기타: 2(0.27%)
4. 영어 습득/학습	문법: 99(10.11%), 발음: 48(4.90%), 어휘: 112(11.44%), 언어기능: 510(52.09%), 학습 일반: 58(5.92%), 기타: 152(15.53%)
5. 학습 심리	동기: 62(12.09%), 불안: 39(7.60%), 태도: 27(5.26%), 인식: 77(15.01%), 신념: 16(3.12%), 스타일: 10(1.95%), 책략: 149(29.04%), 자율성: 17(3.31%), 기타: 116(22.61%)
6. 영어 교수법	교수 방법 일반: 182(29.84%), 기능별 교수법: 388(63.61%), 기타: 40(6.56%)
7. 평가	평가 일반: 154(46.67%), 언어기능 평가: 167(50.61%), 기타: 9(2.73%)
8. 교사	교사교육: 120(33.80%), 교사 인식: 116(32.68%), 협동 수업: 20(5.63%), 기타: 99(27.89%)
9. 연구	연구 방법: 19(31.67%), 연구 경향: 16(26.67%), 기타: 25(41.67%)
10. 영어학	음운론: 75(8.26%), 화용론: 287(31.61%), 통사론: 162(17.84%), 의미론: 10(1.10%), 응용언어학: 356(39.21%), 대조분석: 9(0.99%), 영어학과 영어교육: 5(0.55%), 기타: 4(0.44%)
11. 영문학	영문학: 46(29.87%), 영문학과 영어교육: 108(70.13%), 기타: 0(0%)

있다. 이에 비해 스타일(10편, 1.95%), 신념(16편, 3.12%), 자율성(17편, 3.31%) 등의 분야는 연구가 많지 않다.

실천적 영역에 해당하는 교수법 영역과 평가 영역은 언어기능 분야가 교수법 일반론이나 평가 일반론 분야보다 비중이 더 높았다. 먼저 교수법 영역에서는 기능별 교수법에 관한 논문이 388편(63.01%)으로, 교수 방법 일반 관련 논문 182편(29.84%)보다 두 배 이상 많았다. 교수법 연구의 핵심 분야가 바로 기능별 교수법이므로 이런 경향은 당연하다고 할 수 있을 것이다. 그에 비해 평가 영역에서는 언어기능 평가 분야가 167편(50.61%)으로 평가 일반

에 관한 논문 154편(46.67%)보다 월등하게 많지는 않다.

교사 영역의 연구에서는 교사교육 분야의 논문(120편, 33.80%)이 교사 인식 연구 논문의 수(116편, 32.68%)와 거의 비슷하였고, 협동 수업에 관한 논문(20편, 5.63%)은 미미하였다. 그리고 영어교육연구 영역은 전체로도 논문이 그리 많지 않았는데, 연구 방법 분야의 논문(19편)이 연구 경향 분야의 논문 수(16편)와 비슷하였다.

영어교육과 관련된 학문 영역인 영어학과 영문학 분야는 전체 논문 수가 많았는데, 우선 영어학 분야는 여러 세부 분야 중에서 응용언어학 분야(356편, 39.21%)가 가장 많았고, 그 다음이 화용론(287편, 31.61%) 분야로, 이 두 분야가 영어학 영역의 70% 이상을 차지하였다. 이러한 결과는 응용언어학이나 화용론 분야는 영어교육과 밀접한 관련을 가지고 있기 때문이다. 한편 통사론 관련 논문 수(162편, 17.84%)가 음운론 관련 논문 수(75편, 8.26%)의 두 배인데, 앞의 교수법 영역에서 문법 교수 논문(99편)이 발음 교수 논문(48편)보다 두 배 많은 것과 비슷한 양상이다. 그러나 영어학과 영어교육의 관계를 다룬 논문은 5편에 불과하다. 영문학 영역에서는 영문학을 영어교육에 활용하는 것에 관한 논문 수(108편, 70.13%)가 순수 영문학 논문 수(46편, 29.87%)보다 두 배 이상 많은데, 이는 영어교육학계의 연구 경향으로는 바람직하다고 하겠다. 근래는 순수 영문학 논문은 영어교육학계의 저널에 별로 게재되지 않으므로 이들 순수 영문학 논문들은 현재의 영어교육학자의 연구 경향으로 보기보다는 과거의 영어교육학 관련 저널의 역사적 흔적으로 보는 것이 더 타당할 것이다.

전체적으로 볼 때, 영어교육학 전 영역의 모든 세부 주제들을 우리나라의 영어교육학자들이 연구하고 있다는 것은 바람직한 현상이라고 하겠다. 위의 표에서 기타에 해당하는 더 많은 주제가 있을 수 있는데, 이런 부분들의 연구도 이루어지고 있음은 바람직하다.

6) 다수 논문 발표자들

이제 이 연구의 범위를 좀 더 좁혀서, 다수 논문 발표자들에게 초점을 맞추어보았다. 그 이유는 아무래도 다수 논문 발표자들이 영어교육학계의 연구 흐름을 주도하는 학자들이라고 보았기 때문이다. 이를 위해서 앞의 표 7을 참조하여 11편 이상의 논문을 발표한 99명을 선정하였다.[2] 그리고 세대별 경향성을 살펴보기 위하여 최초 발표 시기를 기준으로 학자들을 세 그룹으로 분류하여 살펴보았다. 시대 구분에는 임의로 영어교육학이 본격적인 궤도에 오르기 전인 1990년 이전에 최초로 논문을 게재한 그룹을 원로 그룹, 1991-2000년에 최초 게재한 그룹을 중진 그룹, 2001년 이후에 논문을 게재하기 시작한 그룹을 신진 그룹이라고 편의상 명명하였다.

(1) 상위 99명의 발표 논문 수

먼저 상위 99명의 논문 수를 조사해 보았다. 그 결과는 표 10과 같다.

이들 상위 99명의 총 발표 논문 수는 1,645편이다. 이를 99명으로 나누면 1인당 평균 16.62편의 논문을 발표한 셈이다. 그런데 여기서 주목할 것은 1위와 99위 간의 차이가 56편으로 매우 크다는 점이다. 그리고 상위에서 첫 6명 안에서도 1위가 67편인데 비해 6위는 26편으로 40편이라는 많은 격차가 있다. 그리고 상위 6명이 쓴 논문의 총수가 226편인데, 이들을 제외하면, 1인당 평균 논문 수도 15.26편으로 줄어든다.

(2) 상위 99명의 개인 연평균 논문 수

위의 전체 논문 수나 1인당 평균 논문 수는 시간이라는 변인을 고려하지 않으면 별로 의미가 없다고 볼 수 있다. 즉, 이 학자들이 1년에 몇 편의 논문을

2 11편 이상 발표자로 한정한 것은 그 인원 수가 99명으로, 상위 100명이라는 상징성에 근접하기 때문이기도 하였다.

표 10. 상위 99명의 발표 논문 수별 학자의 수

논문 수	학자 수	논문 수	학자 수	논문 수	학자 수
67	1	24	2	17	7
41	1	23	2	16	6
32	1	22	2	15	9
31	1	21	3	14	12
29	1	20	4	13	10
26	1	19	1	12	16
25	3	18	4	11	12
논문 총계 1,645편		학자 총계 99명		1인당 평균 16.62편	

표 11. 상위 99명의 논문 발표 햇수[3] 및 연평균 발표 논문 수

집단	시작연도	학자 수	총 햇수	총 논문 수	개인 연평균 논문 수
원로	1990 이전	21	490	331	0.68
중진	1991–2000	61	963	1,074	1.12
신진	2001 이후	17	176	240	1.36
계		99	1,623	1,645	1.01

발표하였는지가 더 중요한 정보가 될 수 있다. 이를 위해 개인 연평균 논문 수를 알아보았다. 그 결과는 표 11과 같다.

표 11에서 보는 바와 같이, 원로 학자들은 개인 연평균 0.68편의 논문을 발표한 데 비해 중진학자들은 개인 연평균 1.12편으로 많아졌고, 신진학자들은 개인 연평균 1.36편으로 원로 학자들 평균의 두 배다. 이러한 경향은 영어교육학 분야뿐만 아니라, 근래에 전반적으로 대학 등에서 연구 실적이 재

3 햇수는 최초 논문 게재 연도에서 최종 게재 연도까지의 햇수다. 엄밀하게 본다면, 최종 게재 연도 이후에 침묵한 기간이 있을 수 있으므로, 연평균 논문 수는 최초 게재 연도부터 조사 실시 연도인 2013년까지의 햇수로 산정해야 하나, 그럴 경우 중간에 퇴임한 학자들의 문제가 있어서, 최종 게재 연도까지를 활동 기간으로 보았다.

임용, 승진, 성과급 지급 등에 중요한 심사 자료가 되면서 나타난 자연스러운 결과라고 할 수 있다.

(3) 상위 99명의 연구 주제들

이번에는 상위 99명의 주제별 논문 수와 취급한 주제 영역의 수를 조사하였다. 이를 통해 활발한 연구를 하는 학자들의 관심 분야가 무엇인지 알 수 있다. 표 12는 상위 99명이 영역별로 몇 편의 논문을 발표하였는지 보여 준다.

상위 99명이 가장 많이 연구한 주제는 영어 교재 영역으로, 312편의 논문을 발표하였다. 교재 영역이 많은 것은 멀티미디어학회의 저널이 포함되어서 그렇기도 하지만, 최상위에 속한 학자들 중에 교재를 주전공으로 한 학자들이 많기 때문이다(예를 들어 99명 중 가장 많은 논문을 발표한 1위 연구자는 교재 분야에서 37편의 논문을 발표하였다.). 그 다음이 230편이 발표된 영어 습득/학습 영역이고, 3위는 196편이 발표된 영어학 영역이다. 4위인 교수법(184편)에 이어서 학습 심리(163편), 평가(161편), 교사(157편)는 비슷한 빈도를 보였고, 그 다음에는 많은 격차를 두고 교육 현황(96편), 교육 정책(83편), 영문학(43편), 연구(20편)로 이어졌다.

한편 표 12에서 마지막에 (영역 수)라고 표시한 것은 개별 학자들이 다룬 연구 영역의 총수를 가리킨다. 99명이 다룬 영역의 총계가 544 영역이므로

표 12. 상위 99명의 주제별 논문 수 및 총 영역 수*

영역/그룹	교육정책		교재	습득/학습	학습심리	교수법	평가	교사	연구	영어학	영문학	계 (영역 수)
	현황	과정										
원로	48	25	36	35	16	48	45	21	11	43	3	331 (131)
중진	40	47	252	164	108	110	104	112	8	111	18	1074 (335)
신진	8	11	24	31	39	26	12	24	1	42	22	240 (78)
계	96	83	312	230	163	184	161	157	20	196	43	1,645 (544)

* 괄호 안 영역 수는 각 개인이 연구한 영역의 합계를 나타낸다. (위의 설명 참조)

표 13. 전체 집단과 상위 99명 집단이 많이 연구한 주제 영역 순위 비교

영역/그룹	1위	2위	3위	4위	5위	6위	7위	8위	9위	10위	11위
전체	습득	영어학	교재	교수법	심리	교사	평가	현황	정책	영문학	연구
상위	교재	습득	영어학	교수법	심리	평가	교사	현황	정책	영문학	연구

1인당 평균 5.49 영역에서 논문을 쓴 것을 알 수 있다. 이것도 자세히 분석하면 원로 그룹은 일인당 평균 6.24 영역을 연구하였는데 비해 중진 그룹과 신진 그룹은 일인당 평균 5.49 영역과 4.59 영역을 다루었다. 원로 그룹이 여러 영역에 관심을 가지고 연구를 하였으나 차츰 신진 그룹으로 오면서, 여러 영역에 관심을 갖기보다 소수의 영역에 노력을 집중하는 경향이 있음을 알 수 있다.

앞에 나온 표 8은 전체 5,072편의 논문을 주제 영역별로 분석한 표이고, 이곳의 표 12는 상위 99명 1,645편의 분석표인데, 전체 논문에서는 가장 많이 다룬 영역이 영어 습득/학습 영역이지만, 상위 99명의 통계에서는 영어 교재 영역이 가장 많이 연구되었다. 일반적으로 전체 집단과 상위 99명 집단은 대개 비슷한 서열을 보였다. 이를 표로 나타내면 표 13과 같다.

(4) 상위 99명의 주전공, 부전공 주제들

표 14는 상위 99명이 개인별로 제일 많이 연구한 주전공 주제와 그 다음으로 많이 연구한 부전공 주제(괄호 안)의 빈도를 표시한 것이다. 제일 많이 연구한 주제가 두 개 이상일 경우 그중 하나(편의상 분류표에서 앞쪽에 있는 주제)를 주전공, 나머지는 부전공 주제로 간주하였다. 마찬가지로 부전공 주제가 두 개 이상일 경우는 그중 하나만 부전공 주제로 하고, 나머지는 기타 주제로 처리하였다. 원로, 중진, 신진 그룹의 통계를 표로 나타내면 표 14와 같다.

표 14에서 전체 총계를 보면, 99명 중에서 18명(18.2%)이 교재 영역을 자신의 주전공으로 논문을 썼고(다시 말해 자신의 논문 중에서 가장 많은 비중을 교재 영역에 두었고), 그 다음이 습득/학습 영역으로 15명(15.2%)이 이 분야를

표 14. 상위 99명이 주전공 및 부전공(괄호 안)으로 택한 주제별 인원

상위 99명	1. 현황	2. 정책	3. 교재	4. 습득	5. 심리	6. 교수법	7. 평가	8. 교사	9. 연구	10. 영어학	11. 영문학	계
원로 (21)	5 (5)	0 (5)	3 (1)	3 (2)	1 (0)	3 (2)	2 (1)	2 (0)	1 (1)	1 (4)	0 (0)	21 (21)
중진 (61)	3 (4)	0 (6)	13 (11)	10 (13)	7 (7)	6 (7)	6 (3)	6 (6)	0 (0)	8 (4)	2 (0)	61 (61)
신진 (17)	1 (1)	0 (4)	2 (2)	2 (3)	3 (2)	1 (2)	2 (1)	0 (2)	0 (0)	5 (0)	1 (0)	17 (17)
계 (99)	9 (10)	0 (15)	18 (14)	15 (18)	11 (9)	10 (11)	10 (5)	8 (8)	1 (1)	14 (8)	3 (0)	99 (99)

주전공으로 논문을 썼다. 이 두 영역은 부전공(두 번째로 비중이 큰 영역)으로도 강세인데, 교재 영역에 14명(14.1%), 학습/습득 영역에 18명(18.2%)의 학자들이 부전공으로 이 분야에 대해 논문을 썼다. 그룹별로 본다면 원로 그룹의 경우, 5명(23.8%)이 영어교육 현황을 주전공 영역으로 연구하였고, 부전공으로 연구한 사람도 5명이나 되었다. 원로 학자들일수록 특정 전문 영역보다 교육의 현황에 대한 관심이 더 많음을 보여 주는 결과다. 이에 비해 중진 학자들은 교재 영역에서 13명(21.3%)으로 가장 많은 수를 보였는데, 이 교재 영역은 부전공자도 11명(18%)이어서 많은 관심을 보이고 있다. 중진 학자들이 두 번째로 많이 주전공 영역으로 논문을 쓴 분야는 습득/학습 영역인데, 이 분야는 부전공으로도 13명이 연구를 하여서 교재 영역과 더불어 상당히 많은 중진 학자들이 관심을 갖는 영역이다. 신진 학자들의 경우는 영어학 분야를 5명(29.4%)이 주전공 영역으로 논문을 썼는데, 신진 학자들의 경우, 화용론과 코퍼스언어학 등 응용언어학의 여러 분야에 관심을 많이 가지고 있다는 것을 알 수 있다.

(5) 상위 99명의 주전공, 부전공에 대한 집중도

한국의 영어교육학자들이 자신의 전공 영역을 지속적으로(집중적으로) 연구하는지에 대해 좀 더 자세히 분석할 필요가 있어서 상위 99명의 논문을 대

표 15. 상위 99명의 주전공 논문의 비중 분포

그룹(n)	30% 미만 (%)	30-39% (%)	40-49% (%)	50-59% (%)	60-69% (%)	70-79% (%)	80% 이상 (%)
원로(21)	9 (42.86)	4 (19.05)	2 (9.52)	3 (14.29)	2 (9.52)	1 (4.76)	0 (0)
중진(61)	8 (13.11)	15 (24.29)	11 (18.03)	14 (22.95)	8 (13.11)	4 (6.56)	1 (1.64)
신진(17)	2 (11.76)	2 (11.76)	3 (17.65)	4 (23.53)	1 (5.88)	2 (11.76)	3 (17.65)
계(99)	19 (19.19)	21 (21.21)	16 (16.16)	21 (21.21)	11 (11.11)	7 (7.07)	4 (4.04)

상으로 각자 많이 연구한 2개 영역을 알아보았다. 우선, 자신의 주전공 영역에 관한 논문이 자신의 전체 논문에서 차지하는 비중(백분율)을 조사해 보았다. 표 15는 주전공 논문이 차지하는 비중이 어디에 속하는지 빈도와 그 그룹에서 그 빈도가 차지하는 백분율을 나타낸다. 예를 들어, 중진 그룹에서 30-39% 대에 15명(24.29%)이라 함은 중진 그룹에서 주전공 영역에 쓴 논문이 자신의 전체 논문에서 차지하는 비중이 30-39% 대인 학자가 15명이며, 이 인원 수는 중진 그룹 인원 61명의 24.29%라는 뜻이다.

표 15에서 알 수 있는 것은 전체적으로 볼 때, 주전공 영역에 관해 쓰는 논문의 비중이 낮다는 점이다. 주전공 분야에 대해 50% 이상 논문을 쓰는 학자는 전체 99명 중에서 43명으로 43.43%에 불과하다. 그러나 여기에도 세대에 따른 변화의 경향이 보인다. 원로 그룹에서 신진 그룹으로 오면서 자신의 주전공 영역에 대한 비중이 점차 높아지는 것을 알 수 있다. 즉 원로 그룹에서는 주전공 영역에 관해 쓴 논문이 자기 논문 전체의 30% 미만인 학자가 42.86%(9명)인데 비해 중진 그룹은 13.11%(8명)로 줄어 들고, 신진 그룹에서는 11.76%(2명)으로 감소하였다. 반대로 주전공 영역에 50% 이상의 논문을 쓴 비율은 원로 그룹에서는 21명의 28.57%(6명)에 불과하지만, 중진 그룹에서는 44.26%(27명)로 늘어나고, 신진 그룹에서는 58.82%(10명)로 증가한다.

표의 오른쪽으로 좀 더 가면, 주전공 영역에 70% 이상의 논문을 쓴 학자

표 16. 상위 99명이 주전공, 부전공, 기타 영역에 쓴 논문의 평균 백분율

그룹(n)	주전공 백분율	부전공 백분율	기타 백분율	계
원로(21)	37.79%	20.49%	41.72%	100%
중진(61)	46.96%	20.60%	32.44%	100%
신진(17)	55.78%	19.01%	25.21%	100%
계	46.84%	20.03%	33.12%	100%

는 원로 그룹에서 4.76%(1명)인데 비해 중진 그룹에서는 이 수가 8.2%(5명)로 조금 늘어나고, 신진 그룹에서는 29.41%(5명)로 많이 늘어난다.

한편, 이들 세 집단의 주전공, 부전공 및 기타 영역의 평균 백분율은 표 16과 같다. 전체적으로 보았을 때, 상위 99명이 자신의 주전공 영역에 관해 쓴 논문의 평균 백분율은 46.84%이다. 10편 중에서 4.7편만이 주전공 영역의 논문이라는 것이다. 이것은 그리 높지 않은 비율이다. 그러나 여기에도 세대 간 차이가 있다. 원로 그룹은 평균적으로 보았을 때, 10편 중 3.8편을 주 전공 영역에 관해 쓴 셈이다. 중진 그룹은 10편 중 4.7편으로 원로 그룹보다는 높으나, 아직 반이 되지 않는다. 신진 그룹은 10편 중 5.7편을 주전공 영역에 관해 썼다. 이러한 경향은 신진 학자들일수록 자신의 주전공 분야에 더 많은 노력을 기울인다는 것을 보여 준다. 한편, 부전공에 관한 논문의 비율은 원로, 중진, 신진 그룹에서 대체로 비슷하게 20% 정도였다.

5. 결론

지금까지 우리나라 영어교육학자들의 연구 경향과 특성을 여러 관점에서 살펴보았다. 이 연구의 결과를 요약하고, 연구의 한계와 장래 연구를 위한 제언 그리고 결어를 제시한다.

1) 결과의 요약

1장의 연구에서 나온 결과를 몇 가지로 정리하면 다음과 같다.

첫째, 우리나라 영어교육 관련 논문에서 영문 논문의 비중이 국문 논문의 비중과 비슷하고, 특히 최근 5년간에는 영문 논문의 비중이 53.74%로 국문 논문의 비중 46.26%보다 높아졌다. (학회지 중에서 2개는 최근 5년간 영어 논문의 비중이 80%대이다.) 이와 같은 변화는 한국의 영어교육학계가 차츰 세계화하는 것을 보여 준다고 할 수 있고, 영어교육학자들의 영어 구사 능력도 그만큼 향상되었다고 할 수 있다.

둘째, 전체 논문 발표자 가운데 반수 이상이 1편의 논문만을 발표하였다. 이들 중 일부는 다른 논문의 제2, 제3 저자로 연구에 참여하여서 이 연구의 통계에 잡히지 않았을 수도 있고, 저널 지면의 제약, 개인적 사정 등 여러 이유가 있겠지만, 1편의 논문만을 발표한 인원 수가 이렇게 많은 것은 앞으로 개선할 부분이다. 2편 이상의 논문을 발표한 사람들은 본격적으로 영어교육학자의 길로 들어 선 사람들이라고 볼 수 있을 것인데, 이들의 활동이 좀 더 활성화될 필요가 있다.

셋째, 전체 영어교육학자들 중에서 논문을 가장 많이 발표한 상위 99명의 개인 연평균 논문 수가 1편에 불과하였다. 조사 대상에서 빠진 다른 국내 저널 혹은 외국 저널에 논문을 발표한 경우가 있기 때문에 실제로는 각 연구자들이 더 많은 논문을 발표하였을 가능성이 있다. 그럼에도 불구하고, 상위 99명의 개인 연평균 논문 수가 1편인 것은 두 가지 해석이 가능하다. 그 하나는 영어교육학 분야에서 논문 쓰기가 어렵다는 해석이다. 자연과학이나 이공 계열처럼 하나의 프로젝트에서 여러 편의 논문이 나올 수 있는 분야가 아니고, 많은 경우 연구 대상이 학생이기 때문에 연구 윤리 문제도 있을 수 있고, 대상 선정과 협조 획득의 어려움도 있기 때문이다. 또 하나의 해석은 그냥 연구가 부족하다는 해석이다. 학문 연구의 활성화 측면에서 보면 개선의 여지가 있다는 말이다. 그나마 희망적인 것은 신진 학자들의 개인 연평균 논문 수가 원로 학자들 평균의 두 배여서 긍정적인 방향을 보여 준다는 점이다.

넷째, 연구 주제 측면에서 상위 99명은 주전공 영역 논문의 비중이 자신의 전체 논문 가운데 절반에 조금 못 미치는 46.84%였다. 10편의 논문을 쓴다면, 그중 4.7편만이 주전공 분야이고, 2편 정도가 부전공 분야, 그리고 나머지는 이것저것 쓴다는 것이다. 한 분야를 평생 연구하는 것이 학문의 깊이와 넓이를 확대할 수 있다는 관점에서 본다면, 주전공 영역의 논문 비중을 좀 더 늘려야 할 필요가 있다. 그 점에서 원로나 중진 학자들보다 신진 학자들이 자신의 전공 영역에 집중하는 비중이 높은 것은 바람직한 경향이라고 할 수 있다.

2) 연구의 한계점 및 장래 연구에 대한 제언

본 연구에는 몇 가지 한계가 있다. 첫째 연구 주제의 분류에 임의성이 있었다. 분류표를 만드는 작업부터 실제 논문의 주제를 특정하는 과정에서, 특히 연구의 주제가 두어 가지 주제를 함께 다루는 경우에 그 분류는 임의성을 띨 수밖에 없다. 이 주관적 분류의 결과에 따른 통계상의 한계점이 있다. 이런 부분은 앞으로 더 섬세한 분류표의 제시와 분류 작업이 필요하다.

둘째, 다작을 한 상위 99명의 연구자들을 중심으로 분석하였는데, 이들의 영향이 크다는 전제에서 그리하였다. 물론 다작의 학자가 노출이 많은 것은 사실이고, 이 부분도 무시할 수는 없는 요소라고 볼 수 있다. 그러나 다작이 반드시 가장 영향력 있는 연구는 아니다. 소작이라도 우수한 논문이라면 더 영향력 있는 연구라고 할 수 있다. 그런 의미에서는 논문이 후학들에게 얼마나 읽히고, 후속 연구에서 얼마나 인용되는가 하는 지표를 들여다봐야 할 필요가 있다.

셋째, 외국의 저자들을 제외한 것도 약간은 한계점이 될 수 있을 것이다. 외국 저자들의 논문 1편이 더 영향력을 미칠 수도 있기 때문이다. 그러나 국내 저널에 실리는 논문에서 외국인 저자의 수는 미미하고, 국내 학술대회에 기조 강연자로 초청된 저자들의 기조 강연 내용이 추후에 실리는 경향이 있는데, 이런 논문들은 학문적인 첨단의 내용이라기보다 교재의 한 부분으로 들어 갈 수 있는 성격의 논문이 일반적이라고 볼 수 있다. 그러나 과연 그러한지 이 부분에 대해서도 앞으로 연구할 필요가 있다.

넷째, 본 연구가 우리나라 영어교육 관련 학회를 모두 조사하지 못하였다는 한계가 있다. 우리나라의 영어교육 관련 학회를 빠짐 없이 파악하기 어려웠고, 파악이 된다 한들 모두 조사하는 것은 연구의 범위를 벗어나기 때문에 11개 주요 학회로 한정하였다. 한국의 주요 학회들의 상당수를 다루었다는 점에서 연구 결과가 어느 정도 의미가 있기는 하지만, 관련 학회를 전수 조사한다면 약간 다른 결과가 나올 수도 있을 것이다.

3) 결어

본 연구는 한국의 영어교육 연구의 현실을 파악하는 노력의 하나로, 그간의 영어교육 관련 연구의 활성화 정도, 연구의 특성과 경향, 주전공 영역에 대한 집중도 등을 분석하였다. 연구 결과 여러 영역에서 연구들이 진행되어 왔고, 몇 가지 긍정적인 결과도 있음을 알 수 있었다. 그러나 앞으로 우리나라 영어교육의 발전을 위해서는 좀 더 왕성한 연구 활동 자신의 주전공 분야에 대해 보다 지속적이고 집중적인 연구를 할 필요가 있다는 것을 알 수 있었다. 본 연구가 이런 부분에 대해 학계의 인식을 높이는 데 일조할 것을 기대한다.

참고문헌

권오량(1995). 한국의 영어교수 방법과 교수방법론 연구의 변천. 『영어교육』, *50*(2), 107-131.

김경석(2006). 영어교육 학술지 논문의 인용문헌 분석. 『영어교육』, *61*(2), 3-23.

김임득(1995). 한국의 영어습득과 학습 이론의 발달. 『영어교육』, *50*(2), 69-105.

김정렬(2001). 초등영어교육 연구방법의 흐름. 『초등영어교육』, *7*(2), 37-62.

김진완(2000). 한국의 영어교육 연구방법론의 변천과 전망. 『영어교육』, *55*(4), 345-366.

김진완(2004). 한국과 세계의 영어교육 연구방법론과 연구내용에 대한 비교분석: 한국의 영어교육 현장에의 시사점. 『영어교육』, *59*(4), 45-70.

김충배(1995). 한국의 영어교육 연구 방법의 발달. 『영어교육』, *50*(2), 47-67.

김지영(2007). CALL 분야의 효과성 연구에 관한 고찰. 『현대영어교육』, *8*(3), 289-317.

류란·황선유(2010). 현대영어교육에 실린 준 실험연구 논문의 개관. 『현대영어교육』, *11*(2), 20-39.

마송희(2007). 유아영어교육 연구 동향. 『열린유아교육』, *12*(5), 185-208.

박종원(2006). 영어교육 말하기 논문의 40년사의 회고와 전망. 『영어교육』, *61*(special issue), 57-72.

박준언(2006). 『영어교육』에 게재된 영어 어휘 교육 관련 연구 개관. 『영어교육』, *61*(special issue), 137-148.

배두본(1995a). 한국의 영어교육학의 발달. 『영어교육』, *50*(2), 7-45.

배두본(1995b). 한국의 국민학교 영어교육학의 발달. 『영어교육』, *50*(2), 151-180.

송민종·임정완(2010). 『현대영어교육』 학술지 10년: 읽기 및 쓰기 관련 연구 회고. 『현대영어교육』, *11*(2), 60-81.

성명희·남은희(2010). 창간 10년간 『현대영어교육』 게재논문 실태분석. 『현대영어교육』, *11*(2), 1-19.

오준일(2006). 『영어교육』에 게재된 독해 관련 논문 분석. 『영어교육』, *61*(2), 73-96.

유현정(2006). 학술지 논문을 통한 영어교육학 연구동향 분석. 『외국어교육』, *13*(3), 339-368.

이대균·백경순·정명자(2006). 유아영어교육의 연구 동향 및 내용 분석. 『유아영어교육학논집』, *10*(2), 95-120.

이성희(2005). 『외국어교육』 게재 연구 논문 실태 조사: 창간 10주년 즈음하여. 『외국어교육』, *12*(1), 107-136.

이은주(2008). 영어교육과 응용언어학 분야에서 수행된 코퍼스 기반 연구의 분석, 『영어교육』, *63*(2), 283-306.

이재희(1995). 국민학교 영어교육 연구의 동향과 과제. 『응용언어학』, *8*, 37-64.

조정순 · 선효승(2007). 한국에서의 영어읽기 연구: 경향과 성과. 『영어교육』, *62*(2), 381-413.
차경환 · 이원석 · 심재황(2005). 『영어교육』 학술지에 실린 듣기 논문의 역사적 검토. 『영어교육』, *60*(2), 29-58.
최용재(1995). 한국의 영어능력 평가의 발전 과정: 그 이론과 실제. 『영어교육』, *50*(2), 133-150.

Borg, W. R., & Gall, M. D. (1989). *Educational research: An introduction* (5th ed.). New York: Longman.
Norris, J. M., & Ortega, L. (2000). Effectiveness of L2 instruction: A research synthesis and quantitative meta-analysis. *Language Learning*, *50*(3), 417-528.

Ⅱ. 제2언어습득 · 학습 연구

제2장

제2언어습득 연구 방법 및 연구 주제의 최근 동향*

마지현 전남대학교

1. 서론

제2언어습득(Second Language Acquisition, SLA)에 관한 연구는 제2언어 학습자가 자연스러운 언어학습 환경 또는 교수 언어학습 환경에서 어떠한 방식으로 목표언어를 습득하는지 분석하고 이해하여, 이를 궁극적으로 실제 교수 학습 상황에 알맞게 적용하고자 하는 교사들의 노력에서 시작되었다고 할 수 있다. 제2언어습득 연구는 1950년대에서 1970년대 사이 제2언어 학습자들이 겪는 어려움과 문제점을 대조분석(contrastive analysis)이나 오류분석(error analysis)을 통해 기술하는 연구에서, 이후로는 관련 학문 분야인 언어학이나 심리학 등의 발전에 발맞추어 제2언어습득의 과정, 언어출력, 학습환

* Ma, Jee Hyun (2014). A recent trend of research methods and topics in second language acquisition. In O. Kwon (Ed.), *New horizons in English education research* (pp. 35-54). Seoul: Seoul National University Press.

경 등으로 그 연구 분야를 발전시켜 나갔다. 제2언어습득 연구자들은 네 가지 언어 기술(language skills)인 듣기, 말하기, 읽기, 쓰기에 대한 연구와 더불어 전통적인 언어학 분야인 음운론, 형태론, 통사론 등의 연구를 계속하였고, 화용론과 다문화 간 의사소통능력의 신장에 이르기까지 그 연구 영역을 넓혀 나갔다. 또한 학습자 변인이나 첨단 기술을 이용한 언어학습도 중요한 연구 영역 중 하나로 자리하게 되었다. 제2언어습득에 영향을 미치는 요인이나 과정을 보다 완벽히 이해하는 데는 더 많은 시간과 노력이 필요하겠지만, 제2언어 교육에 대한 관심과 방법론의 다양성 등을 토대로 제2언어습득 연구는 언어습득 과정에 도움이 되거나 방해가 되는 복잡다단한 문제에 대한 답에 보다 근접하고 있다. 이러한 시점에서 이 글은 제2언어습득 연구에 있어서 연구 방법과 연구 주제의 세계화(globalization)를 지나치게 강조해 온 그간의 동향 속에서 다소 소홀하게 여겨져 왔던 지역적 특수성(localization)에 대해 생각해 보고, 우리나라 영어교육의 특수성과 발전 방향에 대해 고민해 보는 시발점이 되고자 한다.

2. 이론적 배경

제2언어습득의 주목할 만한 방법론적 추이를 간단하게 살펴보면 다음과 같다. 1990년대 이전 초기 제2언어습득 연구는 대부분 인지주의의 영향을 받았다(Larsen-Freeman & Long, 1991; Ritchie & Bhatia, 1996). 이러한 초기의 연구 경향은 1990년대에 이르러 제2언어습득 현상에 대한 사회적 설명이 강조되고 제2언어 연구에서 인지주의의 독점적인 영향력에 도전하는 많은 이론과 연구자들이 등장하면서 점차 다양성을 띠게 되었다(Block, 2003; Ortega, 2012). 제2언어습득을 Vygotsky의 사회문화이론(sociocultural theory)을 적용해 이해하고자 하는 동향(Lantolf, 1994), 제2언어습득을 정체성과 사회화의 관점에서 살피고자 하는 연구(Duff, 1995; Norton, 1997), 대화분석 및 담화분석(conversation/discourse analysis)(Markee, 1994, 2000), 사용기반 연상 학습이론(usage-based associative learning theories)(N. Ellis, 1996, 1998; Larsen-Freeman, 1997)과 Atkinson(2002)의 제2언어습득에 대한 사회인지론적 접근법(sociocognitive approaches) 등이 그 대표적인 예라 할 수 있다.

이러한 방법론적 다양성은 제2언어습득이 근본적으로 지니고 있는 복잡하고 복합적인 요인을 다양한 관점과 방법에서 접근할 수 있다는 점에서 제2언어 연구자들로부터 환영을 받았고, 언어학습 환경에 대한 깊은 고민 없이 전 세계적으로 사용되면서 제2언어습득 연구의 질적 향상이 보장되지 않은 채 양적 팽창을 가져왔다. 이는 궁극적으로 실제 교수 상황에 연구 결과를 효율적으로 적용해 제2언어 학습자들에게 실질적인 도움을 제공하고자 했던 제2언어습득 연구의 초심에서 벗어나 실질적으로 각기 다른 언어학습 환경(외국어 상황에서의 제2언어습득, 공용어 상황에서의 제2언어습득 등)에서 필요한 연구보다는 방법론적 형식을 강조하는 연구 풍토를 가져왔다.

이에 최근 국내외의 제2언어습득 연구자들은 당면 과제가 다를 수 있는 다양한 언어습득 환경의 특성을 고려하지 않고 방법론적 다양성만을 강조해 온 제2언어습득 연구에 대한 자성의 목소리와 함께 제2언어습득 연구의 교육적 관련성과 실용성을 강조하기 시작했다. 국내에서 김진완(2000, 2004, 2006)은 국내외 대표 학술지에 게재된 제2언어습득 관련 논문의 연구 방법 및 연구 주제를 조사한 연구에서 제2언어습득 연구가 의례화된 통계학적 실증주의에 의존하고 있음을 비판했다. 김진완(2006)은 제2언어습득 연구가 세부적이고 사소한 사실의 검증과 사실관계 조사, 기술에 초점을 맞추면서 각기 다른 학습 환경에서 발생하는 새로운 문제와 내용보다 방법론적 형식만을 강조하고 있다고 말하며, 보다 실제 교육 환경과 관련된 비판적 교육학(critical pedagogy) 연구나 참여 행동 연구(participatory action research)의 필요성을 강조했다. DeKeyser(2010)는 제2언어습득 연구의 정체성에 대해 고민하면서 연구들이 실험심리학이나 사회인류학적 방법론에 의탁하고 있고, 현실적인 문제와 거리가 먼 경험적 사실의 축적만을 강조하며, 연구 문제의 정체(stagnation)와 정교하고 교묘한 방법론의 팽창(inflation)만을 가져왔다고 비판하며 제2언어를 가르치는 교사와 학습자들의 직접적 관심사에 보다 근접하는 제2언어습득 연구의 필요성을 강조했다.

> 오늘날 제2언어습득 연구는 두 가지 접근방식으로 나누어진 듯하다. 하나는 보다 엄격하게 통제된 심리언어학적 실험과 보다 정교한 통계학적 실증주의적 접근이며 다른 하나는 처치를 이용한 실험이나 추론 통계를 이용하지 않은 질적 접근이다. 두 방식에 대한 개인의 선호도와 관계 없이, 제2언어습득 연구는 전자적 접근방식이 지속될 경우 심리언어학이나 인지심리학으로, 후자적 접근방식이 지속될 경우 인류학이나 사회학으로 완전히 흡수될 수밖에 없을 것이다. 이는 제2언어습득 분야 연구자들뿐 아니라, 응용언어학이라는 용어를 진지하게 받아들이는 모든 이들에게 걱정스럽고 유감스러운 일일 것이다. 왜냐하면 극단적인 실험 연구적 접근 또는 극단적인 질적 연구적 접근만을 택한다면 제2언어를 가르치는 교사와 이를 배우는 학습자들에게 직접적인 관심사인 동시에 일반화가 가능한 연구 결과를 도출해 내기 어렵기 때문이다(Dekeyser, 2010, p. 647, 저자 번역).

Ortega(2012)는 보다 중립적인 입장에서 다양한 문제와 다양한 방법론이 공존했을 때 제2언어습득 연구가 상승효과를 발휘할 수 있는 것은 분명하지만, 제2언어습득 연구자는 연구와 연구자의 사회적 책임을 잊어서는 안 되며 그 책임을 다하기 위해서는 연구의 교육적 관련성과 실용성에 관심을 가져야 한다고 주장했다.

> 인식론적 다양성과 균형에 대한 노력은 매우 가치 있는 일이며, 이는 제2언어습득 분야에서 생성된 지식에 대한 타당도와 윤리적 이점을 증가시킨다. 하지만 교육적 관련성과 사회적 책임에 대한 문제를 결코 잊어서는 안 된다. 오히려 제2언어습득 교수 연구자들은 제2언어습득 연구 분야의 도덕적 목적을 둘러싼 비판

적 질문을 현재 및 미래의 최우선 관심사로 여겨야만 한다(Ortega, 2012, p. 222, 저자 번역).

제2언어습득의 기저에 깔려 있는 일반적인 특성을 파악하기 위한 의미 있는 연구가 방법론적 다양성과 함께 이루어져 왔고 제2언어 학습자들이 공유하는 유사성이 있는 것이 사실이다. 하지만 제2언어습득과 관련된 연구 문제는 지역(from region to region)과 학습자 변인(learner variables)에 따라 매우 다를 수 있다. 예를 들어 영어를 제2언어로 학습하는 환경(English as a second language)과 외국어로서 학습하는 환경(English as a foreign language), 어린이 영어교육(English for young learners)과 성인 영어교육(English for adult learners)은 초점을 두는 언어 기술(language skills), 교사 기술(teacher skills), 학습자 동기(learner motives), 언어학습 시작 연령(onset age), 학습의 주요 목적(primary purpose), 학습 환경(learning environment), 학습 내용이나 자료(content and materials), 그리고 평가(assessment) 등의 다양한 측면에서 차별성을 갖는다.

제2언어습득 연구는 응용언어학과 달리 학문의 실용성보다 이론에 보다 견고하게 기반을 둔 연구 문제 해결에 관심을 가져야 한다고 주장하는 사람들이 있을 수 있다(예: Widdowson, 2006). 하지만 제2언어습득은 우리 일상의 실제 일부임을 고려할 때, 학습자들의 각 학습 환경에서 실질적으로 당면한 문제와 해결책에 대해 고민하는 것이 장기적인 관점에서 제2언어습득 연구가 나아가야 할 방향일 것이다. 이는 최근 국내외의 제2언어습득 연구자들의 자성의 목소리와 학습 환경과 보다 직결된 연구의 필요성에 대한 공감(김진완, 2000, 2004, 2006; Chaudron, 2001; DeKeyser, 2010; R. Ellis, 2012; Ortega, 2012; Oswald & Plonsky, 2010; Plonsky & Gass, 2011; Sarangi & Candlin, 2003; Seidlhofer, 2004; Silva & Leki, 2004)에서 잘 드러나고 있다. 또한 제2언어습득과 관련된 대표 저널 중 하나인 *Language Teaching*이 2011년 다양한 지역에서 이루어진 제2언어 교수 및 습득에 관한 연구를 모아 특별호를 발행한 것도 제2언어습득 연구의 추세를 보여 주는 하나의 예이다. 제2언어습득 연구자들의 연구가 언어를 가르치는 교사들과 학습하는 학습자에게 실질적인 도움을 제공하기 위해서는 각기 다른 학습 환경에서 당면하고 있는 실제적인 문제에 대한 관심과 고민이 필요하고 그 맥락에 맞는 문제 해결 방법을 제시해야 한다. 이와 같이 최근의 제2언어습득 연구는 세계화(globalization)와 지역적 특수성(localization)이 조화를 이루어 제2언어 교수자와 학습자가 당면하고 있는 실질적인 문제를 파악하고 나아가 이상적인 해결책을 제시하고자 고민하며 노력하고 있다고 보여진다.

3. 제2언어습득 연구 방법 및 연구 주제 동향

최근 들어 제2언어습득 분야에서 특정 주제에 관한 선행 연구를 종합(김은주, 2007a, 2007b; 송민종 · 임정완, 2010; 유현정, 2006; 이성희, 2005; 이은주, 2008; 조정순·선효승, 2007)하거나, 연구 주제 및 방법론의 변화를 돌아보는 연구(김진완, 2000, 2004, 2006; 류란·황선유, 2010; 성명희·남은희, 2010; 유지영, 2011; Choe & Ma, 2013)가 부쩍 늘어난 것은 지금까지 축적된 지식과 정보의 가치를 고찰함으로써 앞으로의 학문적 성장을 위한 동력을 찾으려는 의도와 필요성을 반영하고 있다. 이에 이 글은 2007년부터 2012년까지 국내외 대표 학술지에 발표된 논문의 연구 방법 및 연구 주제를 비교 분석한 Cheo와 Ma(2013)의 논문 자료를 기본으로 제2언어습득 연구의 전반적인 추이를 자료의 수집 분석 및 방법(data collection and analysis), 목표 언어기능(target language skills), 연구 주제(research themes)로 나누어 살펴봄으로써 제2언어습득 연구에 대한 독자의 종합적 이해를 도모하고, 나아가 제2언어습득과 관련된 연구가 국내의 교육적 상황과 관련성을 갖출 수 있는 이론적 발판을 제공하고자 한다.

1) 자료의 수집, 분석 및 방법

국내에서 제2언어습득에 관한 연구 방법론에 대한 고찰은 김진완(2000, 2004, 2006)에 의해 시작되었다 할 수 있다. 김진완(2004)은 1990년에서 2003년까지 14년간 국내 『영어교육』에 발표된 논문 577편과 *TESOL Quarterly*에 발표된 193편을 연구 방법, 연구 내용 측면에서 비교 분석했다. 그는 이 연구에서 국내 연구가 양적 연구에 편중되어 있음을 밝히고 국내 연구가 질적 연구 방법, 특히 민족문화 기술이나 서술 연구에 대한 인식과 사용의 활성화가 필요함을 주장하였다. 또한 연구 내용에 있어서도 해석적 연구 내용과 이념적 연구 내용을 수용할 필요가 있음을 역설하였다. 그는 이어 2000년부터 2005년까지 『영어교육』, *TESOL Quarterly*와 *The Journal of Asia TEFL*에 발표된 각각 351편, 77편, 52편의 논문들을 연구 성향별로 분류해 분석한 2006년의 연구에서도 국내 연구에 다양한 연구 성향이 필요함을 지적하였다.

> [국내 연구는] 연구 성향에 있어서 기술적 연구 성향의 편중에서 벗어나 해석적 및 이념적 연구 성향을 점차적으로 수용할 필요가 있다. 특정 사회·문화적 맥락에서 언어학습 및 교수에 대한 문화적인 경험과 의미를 해석하고 영어교육에 대한 이념적 변화에 초점을 두는 연구가 필요하다. 특히 교실 상호작용 분석이나 민족문화 기술과 같은 해석적 연구 성향은 한국의 영어교육 상황에 매우 유용할 것이며, 이념적 연구 성향인 비평적 교육이나 참여 행동 연구는 영어교육을 광범위하게 바라보는 시각을 제공할 것이다(김진완, 2006, p. 152).

보다 최근에 이루어진 유지영(2011)의 연구도 이와 맥락을 같이 하는 결과를 내놓았다. 유지영은 2006년에서 2010년 사이에 『영어교육』에 발표된 251편의 논문과 *TESOL Quarterly*와 *Language Learning*에 발표된 221편의 논문을 연구 방법과 유형, 그리고 연구 내용으로 나누어 비교 분석한 연구에서 연구 방법과 내용에 있어서 국내 연구의 다양성이 부족함을 이야기하였다. 하지만 유지영의 연구에서는 각 분류 영역에서 기타 항목에 속한 연구가 다소 많고 이에 대해 보다 상세한 정보가 제공되고 있지 않다는 아쉬움이 있다. 성명희와 남은희(2010)는 국내 연구와 국외 연구를 비교해서 분석하는 대신 국내 저널인 『현대영어교육』에 2000년에서 2009년 사이 발표된 241편의 논문을 연구 영역, 연구 주제, 연구 대상, 그리고 연구 방법으로 분류해 분석하였다. 비록 분석의 기본 자료로 쓰인 국내 저널이 하나라는 제한점이 있지만, 이 연구는 국내에서 최근 혼합 연구 방법이 2006년 이전에 이루어진 연구에 비해 차츰 늘어가고 있음을 보여 주었고, 초 · 중등학교 현장에서 이루어지는 연구와 평가 관련 연구의 필요성에 대하여 연구 결과를 기반으로 구체적인 제안을 했다는 점에서 그 의미를 찾을 수 있다.

제2언어습득 연구 방법론에 관한 가장 최근의 문헌 종합 연구로는 최문홍과 마지현(2013)의 연구가 있다. 최문홍과 마지현(2013)은 국내에서 『영어교육』과 『현대영어교육』에 2007년에서 2012년 사이에 발표된 499편의 논문과 국제 저널 *Language Learning*과 *The Modern Language Journal*에 발표된 368편의 논문을 자료의 수집 분석 및 방법, 목표 언어기능, 그리고 연구 주제로 나누어 분류하고 비교 · 분석하였다. 각 저널들은 추구하는 연구 철학, 인용지수와 발간 횟수 등을 고려하여 선택되었다. 연구자들은 귀납적 분석을 통해 각 논문을 자료 수집 및 분석 방법에 관해 여섯 가지 — 통계적(statistical) 연구, 정성적(qualitative) 연구, 혼합(mixed) 연구, 이론적(theoretical) 연구, 문헌 종합(synthesis), 기타(others) — 로 분류하였다. 이 분류에서 이론적 연구란 논증적 · 비실증적 연구를 말하며 문헌 종합 연구는 메타분석을 포함한 기존 문헌을 제고한 연구를 의미한다. 기타 연구에는 코퍼스를 기반으로 하거나 활용한 연구와 교재 및 기타 텍스트를 분석한 연구 등을 포함하고 있다. 국내 논문의 자료 수집 및 분석 방법에 대한 결과는 표 1과 같다.

연구의 주된 결과는 다음과 같다. 먼저 국내와 국외 모두 통계적 연구가 전체 연구의 약 절반을 차지했고 정성적 연구의 비율은 차이가 없었다. 이

표 1. 국내 논문 자료 수집 및 분석 방법 (최문홍 · 마지현, 2013, p. 89 응용)

	2007	2008	2009	2010	2011	2012	합계(%)
통계적 연구	44	38	36	30	57	28	233(47)
혼합 연구	18	18	12	12	12	14	86(17)
정성적 연구	16	14	11	14	14	8	77(15)
기타	6	8	7	6	10	2	39(8)
이론적 연구	14	4	4	3	11	2	38(8)
문헌종합 연구	6	3	3	11	3		26(5)
합계	104	85	73	76	107	54	499(100)

는 제2언어습득 연구에 있어서 결과를 일반화시키고자 하는 목적을 가진 연구가 여전히 강한 영향력을 발휘하고 있음을 보여 준다. 또한 혼합적 방법론을 취한 논문은 상대적으로 국내에서 많은 비중을 차지하였고, 문헌 종합 연구나 코퍼스와 텍스트 분석 연구를 포함한 기타 연구의 비율도 거의 차이가 나지 않았다. 반면 이론 연구의 수는 상대적으로 국제 저널에서 많이 발견되었다. 이를 종합해 보면 2006년 이후 자료의 수집 및 분석이라는 연구 방법에 있어서 국내외 간 두드러진 차이는 보이지 않는다. 이는 기존 연구에서 국내의 연구가 의례화된 통계학적 실증주의에 치우쳐서 세부적이고 사소한 사실의 검증에 무게를 두고 있다고 비판한 기존 연구(예: 김진완 2006; 유지영, 2011)와 차이가 있는 결과로 국내에서도 기존에 비해 연구 방법론의 다양성이 실현되고 있음을 보여 준다는 점에서 의미가 있다.

주목할 만한 점은 국내에서는 논증적이고 비실증적인 연구를 포함하는 이론 연구가 활발하게 이루어지지 않고 있는 반면에 통계적 방법과 정성적 방법이 함께 사용된 혼합 연구는 국외보다 많이 이루어지고 있다는 점이다. 이는 국내 제2언어습득(또는 영어교육 및 습득)의 대부분이 교수 학습 상황에서 이루어지고, 이러한 국내의 특수성을 고려해 많은 연구자들이 제2언어습득에 관한 실증적 · 실험적 연구를 통해 보다 다양한 교수 학습 상황에 교육적 함의를 주고자 함이 반영된 노력의 결과라 여겨진다. 이제 국내의 제2언어습득 관련 연구자들이 보다 관심을 두어야 할 것은 국외 연구들과 연구 방법론상의 상대적 비율의 문제가 아니라 국내에서 발견되는 연구 문제와 주제에 접근하는 데 어떠한 방법론을 취하는 것이 가장 좋은 해결책을 도출해 낼 수 있을 것인가이다. 통계적 방법과 정성적 방법을 함께 사용하면 연구의 외적 타당도가 높아져 결과의 일반화가 가능할 것이라고 여기는 방법론적 형식만을 강조하는 태도가 아닌 교육 학습 현장이 당면한 실제적인 문제에 대한 깊이 있는 관심과 고민에서 그 출발점을 찾을 수 있을 것이다.

2) 목표 언어기능

최근 제2언어습득 분야에서 특정 목표 언어기능과 관련해 선행 연구를 종합한 연구들이 계속해서 이루어지고 있다. 예를 들어 조정순과 선효승(2007)은 국내에서 이루어진 읽기 관련 연구들을 연구 대상, 연구 주제, 그리고 연구 방법을 기준으로 분석했고, 이를 통해 중등학생을 대상으로 한 연구의 필요성과 쓰기 이외의 다른 기능들과 읽기의 통합적 접근을 다룬 연구의 필요성 등을 역설했다. 이와 비슷하게 김은주(2007a, 2007b)는 각각 초등 영어 듣기와 초등 영어 말하기 관련 논문에 대한 문헌 종합 연구를 실행했고 그 결과를 바탕으로 향후 초등 영어교육에서 관심을 갖고 살펴야 할 점 등에 대해 논의하였다. 보다 최근에 송민종과 임정완(2010)은 지난 10년간 『현대영어교육』에 발표된 읽기와 쓰기 연구를 연구 주제, 수준별 연구 대상, 그리고 연구 방법으로 분류하여 분석하였다. 연구자들은 분석 결과를 바탕으로 읽기와 쓰기 연구에 있어 교육매체 활용 연구에 보다 힘쓸 필요가 있고 언어기능 통합 연구가 필요함을 밝혔다. 또한 초 · 중등학생 대상의 쓰기 연구가 상대적으로 부족하고 향후 읽기 관련 연구에 있어서는 정성적 연구 및 혼합 연구의 도입이, 쓰기 관련 연구에 있어서는 정량적 연구 방법이 보다 많이 사용될 필요가 있다고 했다.

표 2. 국내 논문 목표 언어기능 (최문홍 · 마지현, 2013, p. 90 응용)

	2007	2008	2009	2010	2011	2012	합계(%)
기타	18	19	16	19	17	13	102 (19)
문법	18	22	12	12	21	6	91 (18)
쓰기	15	8	12	8	13	19	75 (14)
화용	13	6	7	8	10	9	53 (10)
말하기	5	7	4	6	26	2	50 (10)
읽기	6	5	5	13	14	6	49 (9)
어휘	10	8	4	4	12	7	45 (9)
듣기	5	2	3	4	6	9	29 (6)
종합능숙도	8	4	3	5	3	2	25 (5)
합계	98	81	66	79	122	73	519(100)

이렇듯 특정 언어기능을 미리 상정하고 그에 대한 종합적 분석을 시도한 연구들은 꾸준히 있어 왔지만 목표 언어기능을 분류 기준으로 하여 제2언어 습득 연구를 분석한 시도는 거의 이루어지지 않았다. 이에 최문홍과 마지현(2013)은 제2언어습득이 언어기능과 밀접하게 관련되어 있음을 고려하여 이것이 분류의 한 기준이 될 필요성이 있다고 여겼고, 2007년에서 2012년 사이에 국내외 대표 저널에 실린 각각 499편의 논문과 368편의 논문을 아홉 가지 목표 언어기능(듣기, 말하기, 읽기, 쓰기, 어휘, 문법, 화용, 일반적 능숙도, 기타)으로 나누어 비교 · 분석하였다. 그중 국내 논문 목표 언어기능에 대한 결과는 표 2와 같다.

그 주요 결과를 살펴보면 먼저 기타 항목을 제외했을 때 국내와 국제 저널에서 모두 통사나 음운 또는 형태적 규칙을 포함하여 특정한 문법적 요소들(specific grammatical features)을 다룬 연구들이 각각 18%와 34%를 차지해 가장 활발하게 연구되고 있는 분야임을 보여주었다. 언어의 네 가지 기능 중에서는 국내 연구에서 쓰기, 말하기, 읽기, 듣기 순으로 많은 연구가 이루어지고 있어 산출적 언어 기술(productive language skills)에 대한 연구가 수용적 언어 기술(receptive language skills)에 비해 많이 이루어지고 있음을 알 수 있었고 이는 의사소통을 강조하는 최근의 교육 현실과 관계가 있는 것으로 여겨진다. 언어의 네 가지 기능 중에서는 국내와 국외 모두 듣기와 관련된 연구의 비율이 낮았는데, 이는 듣기 과정에 대한 정교한 이해와 교수 방법의 부족 등이 그 원인이 될 수 있을 것이다(Goh, 2014). 반면 어휘와 관련된 연구는 국내와 국외에서 모두 활발히 이루어지고 있어 언어습득의 기본 요소로서의 어휘에 대한 관심과 더불어 코퍼스 등 기술적 매체와 관련한 어휘 연구의 증가를 보여 주었다. 국내에서 가장 큰 비중을 차지하고 있는 기타 항목에는 교육과정이나 정책에 관한 연구, 교사교육 프로그램 등을 분석한 연구 등 특정 언어기능 이외의 것을 다룬 연구들이 포함되어 있다. 이는 환영할 만한 것으로 제2언어습득이 주로 교수 · 학습 상황에서 이루어지는 국내의 현실이 반영되고 있다고 해석할 수 있다.

종합해 보면 국내와 국외의 연구 모두 어휘나 화용/의사소통 기능을 포함해 목표 언어기능을 다양하게 다루고 있다고 보여진다. 하지만 연구자들도 언급했듯이 이 연구 결과에서 보다 주목할 만한 것은 국내와 국외를 비교했을 때 언어의 네 가지 기능에 대한 연구 비율은 국내에서 높았고, 문법, 어휘, 화용/언어의 실제적 사용, 그리고 일반적 능숙도에 관한 연구 비율은 국외에서 높게 나타났다는 것이다. 이는 국내에서 제2언어습득 또는 영어교육 관련 종사자들이 통합적인 언어 사용보다 여전히 각각의 분리된 언어 기술 신장에 보다 관심이 있는 반면, 전 세계에 걸쳐 제2언어습득과 관련된 연구자들은 각각의 언어 기술 또는 능력을 구성하는 기본 단위인 문법이나 어휘 그리고 언어기능의 통합적 사용에 관심을 갖고 있음을 반영하는 결과일 수 있다. 물론 학습자의 필요에 기반을 둔 개별 언어기능의 신장도 중요할 수 있으나, 국내 연구자들이 맥락이나 상황에 맞는 언어의 효과적인 사용 또한 언어습득의 중요한 요소 중의 하나임을 인지하고 이를 연구와 교수에 반영할 필요가 있을 것으로 보인다.

3) 연구 주제

그간의 제2언어습득과 관련한 문헌 종합 연구에서 연구 주제는 연구 방법과 더불어 대표적인 분류 기준으로 선정되어 왔다. 연구 주제를 비교하고 분석하기 위해서는 그 분류에 있어서 포괄성과 차별성을 고려한 적정수의 범주를 정해야 하는데, 그렇게 적용한 연구는 많지 않다. 예를 들어 김진완(2006)은 연구 주제를 연구 성향별로 나누어 기술적, 해석적, 그리고 이념적으로 구분하였고, 이성희(2005)는 연구 주제를 30개로 분류하여 분석하였다. 유현정(2006)은 연구 대상자까지 고려하여 총 16개의 연구 주제를 설정하였고 성명희와 남은희(2010)는 연구 주제를 영어교육 현황 · 정책 · 과정, 영어 교재, 영어 습득과 학습, 영어 교수법, 그리고 평가의 다섯 가지 하위 분류로 구분하여 분석하였다. 보다 최근에 유지영(2011)은 연구 주제를 10개 항목(습득 및 학습이론, 교수 방법론, 멀티미디어, 평가, 교재 연구, 교사 양성, 교육정책과 교육과정, 제2언어 학습자, 대학 영어, 기타)으로 나누어 분석하였는데, 기타 항목에 속한 연구가 많고 복수 변인들 간의 관계를 연구한 논문의 중복 분류에 대한 언급(김은주, 2007b; 이성희, 2005)이 없다는 점이 아쉬운 점으로 남는다.

최문홍과 마지현(2013)은 이러한 선행 연구의 장점과 단점을 고려해 연구 주제를 10개의 하위 분류(교수 · 학습, 인지적 요인, 정의적 요인, 사회 · 문화적 요인, 학습자 변인, 사회언어학적 관찰 및 분석, 교육과정 및 정책, 컴퓨터와 멀티미디어 활용, 교재 개발 및 분석, 그리고 평가)로 나누고 복수 변인들이 함께 다뤄지고 있는 경우 중복 분류를 허용하여 국내외 연구들을 분석하였는데 국내에서 발간된 논문에 대한 그 결과는 표 3과 같다.

국내와 국외에서 모두 교수 · 학습법과 학습자 변인을 다룬 연구가 다수를 차지하고 있었는데, 국내에서는 교수 · 학습법을 다룬 연구가 가장 큰 비율을 차지하고 있었고 국외 연구는 학습자 변인을 다룬 연구가 가장 다수를 차지하고 있었다. 이는 국내의 경우 제2언어(영어)를 주로 수업을 통해 학습하는 상황에서 보다 효과적인 교수법이나 학습 방법 및 책략 등을 알아보고

표 3. 국내 논문 연구 주제 (최문홍 · 마지현, 2013, p. 93 응용)

	2007	2008	2009	2010	2011	2012	계(%)
교수/학습	50	34	24	29	37	30	154 (23)
학습자 변인	22	27	12	17	27	8	113 (17)
정의적 요인	17	20	20	13	23	15	108 (16)
교육과정/정책	13	14	20	11	9	8	75 (11)
사회언어학적 분석	12	5	9	13	12	5	56 (8)
컴퓨터/멀티미디어	16	10	8	6	9	5	54 (8)
평가	5	4	6	8	19	5	47 (7)
교재개발/분석	5	7	6	8	7	3	36 (5)
사회문화적 요인	5	6	4	5	6	2	28 (4)
인지적 요인				4	3	1	8 (1)
계	95	127	109	114	152	82	679 (100)

자 하는 연구 동향을 보여 주는 것이다. 이와 관련하여 국내에서는 교육과정이나 교사교육, 그리고 교재개발 및 평가 등 교실 학습 상황과 관련된 연구가 상대적으로 많다는 점도 국내 제2언어습득의 특수성이 반영된 결과라 할 수 있다. 반면 제2언어습득이 교수 · 학습상황에만 국한되지 않은 경우까지 포함하는 국외 연구의 경우 언어습득에 영향을 미칠 수 있는 모국어, 학습 연령, 모국어나 목표어 능숙도와 같은 학습자 변인들이 보다 관심 있게 살펴지고 있는 것으로 해석된다.

이 글의 연구 결과에서 또 하나 주목할 만한 것은 국외 연구의 경우 인지적, 정의적, 그리고 사회 · 문화적 요인을 다룬 연구들이 전반적으로 다양하고 균형 있게 이루어지고 있는 반면, 국내에서는 학습자의 정의적 요인에 대한 연구가 활발하게 이루어지고 있으나 사회문화적 요인을 다룬 연구는 그 절반 정도에 불과했으며 인지적 요인에 관한 연구는 매우 찾기 어려웠다는 점이다. 사회문화적 요인을 다룬 국내 연구가 상대적으로 적은 이유는 국외 연구에 비해 보다 동질적인 집단을 대상으로 한 연구가 많기 때문이라 해석할 수도 있을 것이다. 하지만 정의적 요인과 인지적 요인의 경우 국내의 제2언어습득 관련 종사자들이 정의적 요인이 교수 · 학습 상황에서 영향력이 크다고 판단했기 때문에 이러한 연구 주제의 편중 현상이 초래되었다고 보기보다는, 최문홍과 마지현(2013)도 언급했듯이 연구 환경적 면에서 그 원인을 찾을 수 있을 듯하다. 정의적 요인과 관련된 경우 설문지나 인터뷰 등을 활용한 연구가 가능하나, 많은 경우 인지적 요인과 관련된 연구에 있어 보다 복잡하고 정교한 실험실이나 실험 도구의 사용이 필요하다. 그런데 국내의 경우 아직까지 이러한 연구 환경을 잘 갖추고 있는 곳이 많지 않다는 점이 인지적 요인과 관련된 제2언어습득 연구를 활발히 수행하기 어렵게 할 수 있다.

최문홍과 마지현(2013)은 또한 국내 연구의 경우 복합적인 연구 주제를 상대적으로 많이 다루고 있다고 밝히고, 이는 다수의 국내 연구가 보다 효과적인 교수 · 학습 방법 등을 찾아 궁극적으로 교육적 함의를 주고자 하는 데서 기인하고 있기 때문이라고 해석했다. 연구 주제 면에서 국내 연구를 되돌아 보자면 국외와 비교했을 때 교수 · 학습상황을 고려한 주제가 두드러지며 이는 국내의 제2언어습득 환경과 직결되는 연구 주제를 찾으려 하는 국내 연구자들의 노력이 어느 정도 반영된 것이라 여겨진다. 하지만 제2언어습득 연구가 세계화와 지역적 특수성이 조화를 이루면서 언어습득과 관련해 실질적인 해결책을 제시하기 위해서는 연구 설비를 포함하는 연구 환경의 개선이 필요하며 사회 문화적인 배경을 고려한 소수 집단에 해당하는 학습자들에 대한 연구도 보다 활발히 이루어질 필요가 있을 것이다.

4. 결론 및 제언

지금까지 제2언어습득 연구 방법 및 연구 주제의 변천과 최근 동향을 연구의 기초가 되는 자료의 수집 및 분석, 제2언어습득과 직결되는 목표 언어 기능, 그리고 연구 주제의 측면에서 살펴보았다. 이는 지금까지 축적된 지식과 정보의 가치를 고찰함으로써 앞으로의 학문적 성장을 위한 동력을 찾고, 제2언어습득이 우리 일상의 일부임을 고려해 학습자들이 각 학습 환경에서 실질적으로 당면한 문제와 해결책에 대해 고민하고 그에 대한 보다 바람직하고 현실성 있는 해결책을 제시하기 위해 국내에서 제2언어습득 연구가 나아가야 할 방향을 제시하고자 함이었다.

연구 방법론에 있어서는 국내 연구와 국외 연구가 큰 차이가 없어 김진완(2006) 이후로 상당한 변화가 있어 보인다. 연구 방법에 있어서 통계적 절차와 방법에 의존한 정량적 연구가 여전히 큰 영향력을 보이고 있으나 정성적인 연구가 꾸준히 증가하고 있고, 두 가지 이상의 연구 방법을 함께 사용하는 혼합 연구의 팽창이 두드러진다. 제2언어습득의 경우 사회적 환경 및 교수 · 학습자 변인 등 복합적인 변인들을 고려해야 하는 경우가 많다. 그리고 이러한 요인들은 정량적인 분석과 더불어 깊이 있는 질적인 면에서의 기술과 분석이 병행될 경우 심층적 이해가 가능하고 이를 바탕으로 보다 효과적인 처방을 내릴 수 있는 실용적인 연구가 실행될 수 있다(김진완, 2004; 최문홍 · 마지현, 2013). 또한 이러한 연구 방법론은 제2언어 교실 연구나 교수자의 성찰적인 교수 방법 연구에도 효율적으로 사용될 수 있다는 점(R. Ellis, 2012)에서, 국내의 제2언어습득 현장 연구와 직결될 수 있다. 국내의 제2언어습득 관련 연구자들이 양적인 연구 방법에서 통계 절차를 정확하고 알맞게 사용하고 질적인 연구 방법에 대한 체계적인 훈련을 할 경우 제2언어 학습 현장에서 당면한 실질적인 문제에 보다 가깝게 다가갈 수 있을 것이다.

제2언어습득 연구를 목표 언어기능의 면에서 살펴보았을 때 국내 연구나 국외 연구 모두 듣기, 말하기, 읽기, 쓰기를 포함해서 종합능숙도, 문법, 어휘, 화용/의사소통 등 다양한 언어기능에 대하여 이루어지고 있었다. 다만 국내의 경우 언어의 네 가지 기능에 대한 연구가 상대적으로 많아 각각의 분리된 언어 기술의 신장에 대한 관심과 제2언어가 각종 시험 등과 연계되어 학습되고 각각의 분리된 언어 기술의 신장에 대한 국내의 상황을 보여 주었다. 이는 제2언어습득 연구가 학습자의 필요를 충분히 반영하고 있다고 해석될 수 있다. 하지만 언어학습의 기본적인 목표 중 하나가 맥락에 맞는 효과적인 의사소통 기능의 발전에 있고, 이는 각각의 분리된 언어 기술의 발달만으로 이루어지지 않음을 고려해 제2언어습득 연구가 좀 더 광범위한 시각에서 이루어질 필요가 있음을 보여 주는 결과이기도 하다. 김진완(2006)과 최문홍과 마지현(2013)의 연구를 비교하면 연구 주제와 관련해서도 국내 제2언어습득 연구는 상당한 발전이 있어 보인다. 최근의 연구는 김진완(2006)에서 필요성을 언급한 담화분석 연구와 언어 정책에 관한 연구를 포함하여 국외 연구와 비교했을 때 연구 주제의 다양성 측면에서 큰 차이를 보이지 않았다. 오히려 국내의 경우 교수 · 학습 상황에서 발생할 수 있는 복합적인 연구 주제를 동시에 다루고 있는 연구가 많아, 연구 결과가 교육 현장에 실질적으로 적용될 수 있는 가능성을 높여 주었다. 다만 연구 환경의 개선과 함께 이루어질 수 있는 인지적 요인에 대한 연구나 학습자의 사회 문화적 배경을 고려한 연구 등이 더욱 활성화될 필요가 있다고 여겨진다.

이상에서 살펴보았듯이 국내의 제2언어습득 관련 연구는 연구 방법 및 주제의 다양성 측면에서 세계적인 흐름에 맞게 발전해 왔다. 이 시점에서 연구자들은 국내의 제2언어습득 연구의 시발점 — 궁극적으로 실제 교수 상황에 연구 결과를 효율적으로 적용해 제2언어 학습자들에게 실질적인 도움을 제공하는 것 — 에 대해 다시 한 번 숙고할 필요가 있다. 제2언어습득 연구가 세계화와 지역적 특수성이 조화를 이루어 학습 현장에서의 실질적인 문제가 연구 방법 및 연구 주제에 영향을 주고, 다시 이 연구 결과가 학습 현장에 긍정적인 해결책을 제시할 때 보다 이상적인 제2언어습득 연구가 이루어질 수 있을 것이다.

참고문헌

김은주(2007a). 한국 초등영어교육에 관한 탐색적 연구: 듣기를 중심으로. 『영어교육』, *62*, 453-485.

김은주(2007b). 한국 초등 영어 말하기 교육에 관한 연구 조사 및 연구 방향 탐색. 『외국어교육』, *14*, 307-337.

김진완(2000). 한국의 영어교육 연구방법론의 변천과 전망. 『영어교육』, *55*, 345-366.

김진완(2004). 한국과 세계의 영어교육 연구방법론과 연구 내용에 대한 비교분석: 한국의 영어교육 현장에의 시사점. 『영어교육』, *59*, 45-70.

김진완(2006). 최근 영어교육 분야의 연구방법, 연구성향 및 연구주제의 국제적 비교분석. 『영어교육연구』, *18*, 141-154.

류란 · 황선유(2010). 현대영어교육에 실린 준 실험연구 논문의 개관. 『현대영어교육』, *11*, 20-39.

성명희 · 남은희(2010). 창간 10년간 현대영어교육 게재논문 실태분석. 『현대영어교육』, *11*, 1-19.

송민종 · 임정완(2010). 현대영어교육 학술지 10년: 읽기 및 쓰기 관련 연구 회고. 『현대영어교육』, *11*, 60-81.

유지영(2011). 한국 영어교육 연구의 최근 동향: 외국과의 국제적 비교 분석을 통하여. 한양대학교 석사학위논문: 서울.

유현정(2006). 학술지 논문을 통한 영어교육학 연구동향 분석. 『외국어교육』, *13*, 339-368.

이성희(2005). 『외국어교육』 게재 연구 논문 실태 조사: 창간 10주년에 즈음하여. 『외국어교육』, *12*, 107-136.

이은주(2008). 영어교육과 응용영어학 분야에서 수행된 코퍼스 기반 연구의 분석. 『영어교육』, *63*, 283-306.

조정순 · 선효승(2007). 한국에서의 영어읽기 연구: 경향과 성과. 『영어교육』, *62*, 381-413.

Atkinson, D. (2002). Toward a sociocognitive approach to second language acquisition. *The Modern Language Journal*, *86*, 525-545.

Block, D. (2003). *The social turn in second language acquisition*. Washington, DC: Georgetown University Press.

Chaudron, C. (2001). Progress in language classroom research: Evidence from *The Modern Language Journal, 1916-2000*. *The Modern Language Journal*, *85*, 57-76.

Choe, M.-H., & Ma, J. H. (2013). A comparison of current research topics and methods between domestic and international journals in SLA. *English Teaching*, *68*, 79-103.

DeKeyser, R. M. (2010). Where is our field going? *The Modern Language Journal, 94*, 646-647.

Duff, P. A. (1995). An ethnography of communication in immersion classrooms in Hungary. *TESOL Quarterly, 29*, 505-537.

Ellis, N. C. (1996). Sequencing in SLA: Phonological memory, chunking, and points of order. *Studies in Second Language Acquisition, 18*, 91-126.

Ellis, N. C. (1998). Emergentism, connectionism and language learning. *Language Learning, 48*, 631-664.

Ellis, R. (2012). *Language teaching research and language pedagogy*. Malden, MA: Wiley-Blackwell.

Goh, C. C. M. (2014). Second language listening comprehension: Process and pedagogy. In M. Celce-Murcia, D. M. Brinton & M. A. Snow (Eds.), *Teaching English as a second or foreign language* (4th ed.) (pp. 72-89). Boston: Cengage Learning.

Lantolf, J. P. (1994). Sociocultural theory and second language learning. *The Modern Language Journal, 78*, 417-571.

Larsen-Freeman, D. (1997). Chaos/complexity and second language acquisition. *Applied Linguistics, 18*, 141-165.

Larsen-Freeman, D., & Long, M. H. (1991). *An introduction to second language acquisition research*. New York: Longman.

Markee, N. (1994). Towards an ethnomethodological respecification of second language studies. In E. Tarone, M. Gass, & A. Cohen (Eds.), *Research methodology in second language acquisition* (pp. 89-116). Hillsdale, NJ: Erlbaum.

Markee, N. (2000). *Conversation analysis*. Mahwah, NJ: Erlbaum.

Norton, B. (1997). Language, identity and the ownership of English. *TESOL Quarterly, 31*, 409-429.

Ortega, L. (2012). Epistemological diversity and moral ends of research in instructed SLA. *Language Teaching Research, 16*, 206-226.

Oswald, F. L., & Plonsky, L. (2010). Meta-analysis in second language research: Choices and challenges. *Annual Review of Applied Linguistics, 30*, 85-110.

Plonsky, L., & Gass, S. (2011). Quantitative research methods, study quality, and outcomes: The case of interaction research. *Language Learning, 61*, 325 – 366.

Ritchie, C., & Bhatia, T. (Eds.) (1996). *Handbook of second language acquisition*. London: Academic Press.

Sarangi, S., & Candlin, C. N. (2003). Trading between reflexivity and relevance: New challenges for applied linguistics. *Applied Linguistics, 24*, 271-285.

Seidlhofer, B. (2004). Research perspectives on teaching English as a lingua franca. *Annual Review of Applied Linguistics*, *24*, 209-239.

Silva, T., & Leki, I. (2004). Family matters: The influence of applied linguistics and composition studies on second language writing studies-past, present, and future. *The Modern Language Journal*, *88*, 1-13.

Widdowson, H. G. (2006). Applied linguistics and interdisciplinarity. *International Journal of Applied Linguistics*, *16*, 93-96.

제3장

외국어습득 적정 시기 연구의 최근 동향*

한혜령 서원대학교

1. 서론

외국어습득에 관한 믿음 중에 가장 널리 퍼져 있는 것은 외국어를 조기에 배워야 성공적으로 외국어를 습득할 수 있다는 것이다. 외국어습득을 위한 적정 시기가 과연 존재하는가, 적령기가 있다면 어느 시기까지인가 등의 문제는 끊임없는 학계의 논란이 되어 왔다. 이 질문들은 여전히 미제로 남아 있지만, 그동안 연구 접근방식의 변화, 실험 도구의 발달 등으로 인해 외국어습득 적정 시기에 대한 질문들은 더 명료해지고 세분화되었으며, 질문에 접근하는 방식에 있어서도 더욱 과학적, 객관적인 방식을 취하게 되었다. 이 장에서는 외국어습득 적정 시기 연구에서 최근 쟁점이 되고 있는 질문들은 무엇이며, 이러한 질문들이 어떠한 방식으로 탐구되고 있는지, 그리고 어떠

---

* Hahn, Hye-ryeong (2014). Recent trends in research of the age factor in SLA, In O. Kwon (Ed.), *New horizons in English education research* (pp. 55-80). Seoul: Seoul National University Press.

한 결론들이 도출되고 있는지 소개하고자 한다.

적정 시기에 관한 최근 연구 동향의 맥락을 제공하기 위해, 제2절에서는 적정 시기 연구의 발단에서 현재에 이르기까지 주요 이정표가 되는 연구들을 중심으로 외국어습득 적령기에 관한 논의의 변천사를 요약할 것이다. 제3절에서는 외국어습득 연령 연구에서 논의되고 있는 최근 쟁점들과 성과들을 개괄하며, 최근 적정 시기 연구에 활용되고 있는 실험 도구, 분석 방식들도 함께 다룰 것이다. 마지막으로 제4절에서는 이 장에서 다루어진 외국어습득 적정 시기 연구의 최근 동향을 요약하고, 나아가 향후 연구 방향을 제시할 것이다.

2. 외국어습득 적정 시기 연구의 변천

1) 결정적 시기 가설

외국어습득에 적령기가 있는가라는 질문은 결정적 시기 가설로부터 출발한다. 이는 생물체가 특정 기능을 습득할 수 있는 일정 시기가 존재하며, 그 시기가 지나면 그 기능을 습득하기 불가능하거나 어렵다는 가설이다. 시지각 발달의 경우, 태어나면서부터 3개월간 시야를 차단당한 고양이는 나중에 아무리 볼 수 있는 기회가 주어져도 시지각이 활성화되지 않는 것으로 알려져 있는데(Hubel & Wiesel, 1962), 이는 생물체에게 주어진 능력이 일정기간 내에 촉발되지 않으면 영영 그 능력을 상실할 수 있음을 보여 주는 대표적 연구이다.

생물체의 기능 발달은 생후 일정 기간 동안만 가능하다는 생각은 언어습득에도 적용되었다. Lenneberg(1967)는 언어습득이 가능한 일정 기간이 있으며, 이 기간을 넘기면 언어를 배우는 것이 어려워진다고 주장하고, 이를 결정적 시기 가설(Critical Period Hypothesis)이라 명명하였다. 그는 모국어습득의 적정 시기는 사춘기를 기점으로 종료된다고 주장하였으며, 이를 사춘기 부근에 완료되는 뇌의 편중화(lateralization)에 따른 유연성 상실과 관련되는 것으로 해석하였다.

언어습득에 결정적 시기가 존재한다는 주장은 모국어습득보다 외국어습득에서 더 주목을 받게 된다. 모국어에서는 극소수만이 결정적 시기가 지난 후 언어습득이라는 과제에 직면하지만, 외국어습득에서는 수많은 사람이 성인기에 새로이 언어를 습득하는 상황에 놓이기 때문이다. 이로 인해 외국어습득 적정 시기 문제는 지속적인 관심의 대상이 되어 왔으며, 찬반 연구가 거듭되면서 오늘날까지도 뜨거운 연구 주제로 남아 있다.

사춘기를 기점으로 언어습득이 어려워진다는 애초의 가설은 신경학적, 언어학적, 심리학적 검증을 거치면서, 내용적 수정이 가해지게 된다. 우선, 언어기능에는 발음, 어휘, 형태소, 문장구조 등의 상이한 부분이 포함되며, 각 부분을 관장하는 뇌의 위치 및 세포 구성과 성숙 속도가 다르다는 사실이 밝혀지면서, 사춘기를 기점으로 일괄적으로 언어습득 능력이 쇠퇴한다는 주장은 크게 위축되었다(Hyltenstam & Abrahamsson, 2003; Singleton & Ryan, 2004; Walsh & Diller, 1981). 또한, 일정 언어 영역 내에서도 생물학적 성숙의 영향을 받는 것들과 그렇지 않은 것들이 있다는 것이 드러나게 되었다. 문법 중에도 언어의 핵심을 차지하는 문법이 있는가 하면 주변적 문법이 있어서, 주변적 문법의 경우는 인생의 어느 시점에서든 배울 수 있으며(Eubank & Gregg, 1999), 따라서 결정적 시기 논의는 언어의 핵심 체계에 있어서 결정적 시기가 있는가에 집중되어야 한다는 것이다.

2) Johnson과 Newport(1989)의 연구, 그리고 그 이후

Johnson과 Newport(1989)는 결정적 시기 가설의 내용에 수정을 가하게 되는 중요한 연구 결과를 발표한다. 실험 참여자들은 미국에 거주한 지 최소 3년 이상 된 46명의 한국인, 중국인들로서 미국 도착 연령(age of arrival, AOA)

이 3세에서 39세에 이르는 다양한 연령대의 학습자들로 구성되어 있었다. 연구자들은 참여자들을 대상으로 12개의 영어 기본 규칙에 대한 구두 문법 판정(grammaticality judgment) 과제를 실시하였는데, 연구 결과 연구 참여자들의 수행은 AOA에 따라 크게 세 가지로 구별되는 것으로 나타났다. 즉, AOA 3-7세의 경우는 원어민 집단과 구분되지 않는 고른 수행을 보인 반면, AOA 7-15세의 경우는 도착 연령이 늦을수록 수행이 저조해졌으며, AOA 15세 이상은 그 부적 관계마저 사라지고 대체적으로 수행이 저조한 가운데 개인차를 보인 것이다. 이 결과를 토대로 Johnson과 Newport는 언어습득 능력이 결정적 시기의 종료와 함께 일거에 사라지는 것이 아니라 점진적 쇠퇴 과정을 겪으며 사춘기가 지나면 거의 소멸되는 것이라고 주장했다.

Johnson과 Newport의 연구는 학계의 큰 반향을 불러일으키면서, 동일 연구자들의 재검증뿐 아니라 타 연구자들의 후속 연구로 이어져, 다양한 모국어와 목표어, 다양한 과업 맥락에서 시험대에 오르게 된다(Abrahamsson & Hyltenstam, 2009; Birdsong & Molis, 2001; DeKeyser, 2000; Johnson & Newport, 1991). Birdsong과 Molis(2001)는 10년 이상 미국에 거주한 스페인계 영어 학습자들 중 17세 이상 학습자는 AOA와 수행 사이에 부적 관계를 보였으나, 16세 이하의 학습자들은 Johnson과 Newport(1989)에 의해 정의된 원어민 범주에 들었다고 보고하였다. DeKeyser(2000)는 헝가리어 화자를 대상으로 실험을 재현하여 Johnson과 Newport와 유사한 결과를 얻으면서 결정적 시기 가설의 확고함을 주장하였다. 아울러 DeKeyser는 성인학습자 중 이례적인 성공을 거둔 학습자의 특성을 언어적성검사를 토대로 파악하려 했다. 그 결과, 이들 학습자의 공통적 특성으로 분석 능력(analytical ability)이 추출되었다. 이러한 발견이 주목할 만한 것은, 분석 능력과 관련되는 명시적 지식(explicit knowledge)이 암시적 지식(implicit knowledge)으로 변환될 수 있음을 보여 주기 때문인데, 문법 학습을 통해 배운 명시적 지식의 유용성에 대한 시각을 환기시키는 주장이라 할 수 있겠다.

보다 최근에 Abrahamsson과 Hyltenstam(2009)은 Johnson과 Newport

연구에서 검사했던 실험 문항들이 지나치게 쉬운 항목들로 구성되어 많은 학습자가 원어민과 동일 수준의 수행을 보이는 결과를 초래하였다고 주장하고, 이러한 오류를 극복하기 위해서는 최종 단계에 도달한 성인 학습자만을 엄선해서 복잡하고 부담이 큰 과업을 부여해야 한다고 주장했다. 이에 따라 음운, 통사, 의미적 능력을 조사하는 열 가지의 복잡한 음운, 통사적 과업을 부여한 결과, AOA 1-19세에 이르는 원어민급 스웨덴어 학습자들 중 단 세 명(각각 AOA=3, 7, 8세)만이 원어민 범위 내의 수행을 보인 것으로 나타났다. Abrahamsson과 Hyltenstam은 이를 토대로 성인 학습자는 원칙적으로 원어민과 같은 습득에 이를 수 없다고 주장하였다.

Johnson과 Newport(1989) 연구에서 주목할 만한 또 다른 점은 외국어 습득 시작 시점을 정의함에 있어 막연히 외국어를 처음 접한 시점이 아니라 AOA와 같은 목표어의 본격적 사용 시점을 기준으로 삼은 것이다. 최근에는 이처럼 본격적인 언어 사용 시점을 지칭하는 용어로 시작 연령(age of onset, AO)이 널리 사용되고 있는데, 이러한 조작적 정의의 변화는 목표어를 언제 처음 접했는가보다 언제부터 본격적으로 사용하기 시작했는가가 학습자의 습득 성공 지표로 작용함이 여러 연구에서 밝혀졌기 때문이다. 따라서 한국의 EFL 상황에서 영어를 4세부터 접한 학습자가 영국으로 14세에 이민을 가서 이때부터 본격적으로 영어를 사용했다면 이 학습자의 AO는 14세가 되는 것이다. AO에 따라 학습자를 구분함에 있어, 아동기에 본격적으로 외국어에 노출된 경우는 early arrivers나 child learners와 같은 용어를 사용하고, 아동기 이후에 노출된 경우는 late arrivers나 adult learners와 같은 용어를 사용한다. 이 글에서는 전자를 조기 학습자, 후자를 성인 학습자라 칭하도록 하겠다.

3) 보편문법 관점에서의 결정적 시기 연구

보편문법(Universal Grammar)의 관점에서 결정적 시기가 존재하는가에 대한 논의는 1980년대부터 본격화된다. 1980년대 당시 유행하던 지배결속이론(Government & Binding, Chomsky, 1981) 틀 안에서 보편문법은 원리(principles) 및 이와 연결된 매개변항(parameters)으로 이루어진다고 보았으며, 언어 간의 근본적 차이는 매개변항 값의 차이에 기인하는 것으로 보았다. 따라서 습득 연령과 관련된 보편문법적 질문은 (1) 성인 학습자들의 문법도 보편문법의 원리에 제약을 받는가와 (2) 성인 학습자도 보편문법의 원리에 연결되어 있는 매개변항의 값을 새로 설정할 수 있는가로 요약할 수 있다.

이 질문에 관하여 습득 연령 연구들은 상이한 결과들을 보고한다. White와 Genesee(1996)는 성인 학습자들이 인접조건(Subjacency)과 공범주원리(Empty Category Principle, ECP)를 준수하는가를 조사한 연구에서 준원어민급 성인 학습자들이 원어민과 차이를 보이지 않았으며, 연령 효과도 발견되지 않았다고 보고하였다. Flynn(1987, 1988)은 아동과 마찬가지로 성인도 온전히 보편문법 안의 원리와 매개변항 값을 습득할 수 있으며, 매개변항 값 역시 모국어의 값이 아닌 기본값에서 출발한다고 주장하였다.

이와는 반대로 Bley-Vroman(1988), Schachter(1989) 등은 인접조건에 관한 실험을 바탕으로 성인은 보편문법에 제대로 접근하지 못한다고 주장하였다. 한국인 영어 습득 맥락에서 D. Lee(1992)는 재귀사와 관련된 결속이론에서, S. Park과 Goldner(2005)는 인접조건과 wanna 구문에서 성인 학습자가 원어민 집단과 다른 수행 양상을 보였다고 보고하였다. Schatcher(1989)는 습득 연령별 연구들을 바탕으로 학습자의 모국어 습득 시 활성화되지 않은 보편문법의 원리나 매개변항 값을 외국어에서 습득할 수 있는 기회의 창은 성숙과 함께 닫히게 된다는 기회의 창(Windows of Opportunity) 가설을 내세운다.

1990년대로 접어들면서 보편문법 관련 논의의 관심사는 IP(Inflectional Pharase), DP(Determiner Phrase)와 같은 기능범주(functional category) 및 이와 관련된 기능적 자질의 습득 여부로 옮겨 간다. 이에 따라 외국어습득 적정 시기에 관한 질문도 (1) 성인 학습자들도 목표어의 기능범주를 습득할 수 있으며, (2) 성인 학습자들도 목표어의 기능범주에 표시된 자질의 값을 새로 배울 수 있는가로 재규정되면서 관련 연구들을 촉발시켰다. Schwartz와 Sprouse(1996)는 외국어습득 초기에 학습자는 모국어의 기능범주 및 이와 연결된 범주값 전체를 외국어 습득에 전이하지만, 학습자에게 보편문법이 여전히 살아 있으므로 습득이 진행되면서 모국어 값으로 초기 설정되었던 기능범주 및 범주값은 목표어의 기능범주 및 범주값으로 대체된다고 하는 Full Transfer/Full Access 모형을 제시하였다. White(1990/1991) 역시, 모국어의 역할은 인정하지만 본질적으로 성인도 보편문법 안에서 목표어의 기능범주 및 그 값을 습득할 수 있다고 주장하였다. 반면 Hawkins는 성인 학습자의 동사 굴절 양상에 근거하여 성인 학습자는 모국어와 다른 기능범주 값을 습득할 수 없다는 Failed Functional Features Hypothesis를 제안하였다(Hawkins, 2001; Hawkins & Chan, 1997).

이처럼 보편문법을 둘러싼 결정적 시기 논란은 계속되고 있는데, 학자마다 자신의 주장을 뒷받침하는 자료를 제시하기도 하지만, 때로는 동일한 자료를 놓고도 입장에 따라 다른 해석을 가하기도 하여 좀처럼 합의를 보지 못하고 있다. 한편 최근 최소주의의 틀 안에서 1980년대에 비해 보편문법의 크기가 대폭 축소되었지만, 보편문법이 인간 언어가 갖출 수 있는 모습에 대한 제약이며 선천적으로 주어지는 것이라는 기본 입장에는 변함이 없다. 따라서 결정적 시기를 반대하는 학자들은 자연 상태에서의 입력만으로는 충분한 단서를 얻을 수 없고 수업을 통해 배우지도 않았는데도 학습자들이 오류를 범하지 않는 부분을 찾으려 한다. 만일 성인 학습자가 이러한 자극 결핍(poverty of stimulus)환경에서도 성공적으로 습득을 한다면 이는 선천적 지식이 아직도 작용하고 있다는 의미로 해석될 수 있을 것이다.

4) Bley-Vroman의 근본적 차이 가설

모국어습득과 성인의 외국어습득 연구 결과물이 쏟아져 나오면서 Bley-

Vroman(1990)은 성인의 외국어습득은 모국어습득과 근본적으로 차이가 있다는 근본적 차이 가설(Fundamental Difference Hypothesis)을 제기하기에 이른다. 그는 L1 아동들은 예외 없이 모국어습득에 성공하는데, 성인들은 개인차가 심하며 대다수가 실패(general failure)로 끝난다는 점, L1 아동들의 최종 단계 문법(end state grammar)은 놀라울 정도로 동질적인데, 성인 L2 문법은 이질적인 중간문법으로 끝난다는 점 등, 성인 학습자의 L2 습득이 아동의 L1 습득과 다른 근거를 열 가지로 요약하여 제시하였는데, 오늘날 그의 가설은 습득 적정 시기에 관한 학문적 연구를 모국어습득과 성인 L2 습득의 근본적인 차이가 있는가라는 주제로 좁히는 데 결정적 영향을 미쳤다고 볼 수 있다. 이 장에서도 이러한 학문적 연구에 초점을 맞춰 습득 적정 시기에 대한 최근 동향을 개괄하고자 한다.

3. 외국어습득 적정 시기 연구의 최근 동향

언어습득 적정 시기에 대한 연구는 이전의 연구들을 토대로 꾸준히 진화해 왔는데, 그 최근 동향은 몇 가지로 요약할 수 있다.

첫째, 실험 도구의 현대화이다. 뇌신경학 분야의 발달로 뇌의 반응을 직접 관찰하는 실험 도구들이 널리 사용되면서 PET, ERP, MRI와 같이 뇌 혈류, 전기신경학적 반응 등을 측정하는 뇌신경과학에서의 발명품들은 이제 인지심리학, 실험심리언어학의 유용한 도구로도 채택되어 과거의 막연한 짐작에 대한 실제를 제공해 주고 있다. 또한 시선의 변화를 실시간으로 측정하는 시선추적장치(eyetracker)를 비롯하여 E-prime이나 PsyScope와 같이 실시간으로 언어 처리 과정을 정확히 측정하는 프로그램, 음성을 쪼개고 합성하는 음성학적 실험 도구들이 개발됨으로써 정밀 측정을 가능케 할 뿐 아니라, 전에는 시도하지 못했던 언어능력 및 언어수행의 측면들을 탐구할 수 있게 해 준 것이다.

둘째, 언어 처리 관점에서의 연구들이 활발히 이루어지게 되었다. 이전의 연구들이 원어민-조기 학습자-성인 학습자 간의 언어지식을 비교하는 오프라인 언어지식 측정에 의존하였다면, 최근의 연구들은 이들 간의 실시간 언어 처리 측정을 중요한 연구 방법으로 추가되게 된다. 우리의 관심사가 정적 문법 지식이 아닌 동적, 직관적 지식에 있다고 볼 때, 실시간 언어 측정을 중시하는 최근의 흐름은 매우 바람직한 것이라 하겠다. 이러한 실시간 처리 측정이 가능해진 것은 그간 실험심리언어학에서 급속히 발달된 실험 방식들과 이를 통한 모국어 처리 연구의 급진전에 기인한다.

셋째, 성인 학습자 선정 기준의 변화다. 기존의 연구는 일반적인 성인 학습자들을 대상으로 한 연구였다. 그러나 적정 시기 연구 변천과 함께, 연구 대상이 될 성인 학습자의 자격 요건에 엄격한 기준을 적용하는 연구가 증가하게 되었다. 즉 모국어 사용자와의 비교 대상은 외국어 구사력이 고도로 능숙한(highly proficient) 학습자들로 제한되어야 한다는 것이다. Hyltenstam과 Abrahamsson(2012)은 1990년대 이전의 연구에서 대상으로 삼았던 학습자들은 아직 외국어습득의 최종 단계에 이르지 못한 학습자들이었고, 이 잘못된 연구 대상의 채택으로 인하여 사춘기 전후로 결정적 시기가 종료된다는 단순화된 결론이 유도되었다고 지적하였다. 만약 언어습득의 적정 시기가 정말 생물학적으로 결정되는 것이라면 겉보기에 외국어를 모국어처럼 구사하는 학습자라 할지라도 모국어 화자와 근본적인 차이를 보여야 한다는 것이다. 이러한 논리를 받아들여 매우 능숙한 성인 학습자의 최종적 달성(ultimate attainment)을 원어민 또는 아동 L2 학습자의 최종적 달성과 비교하는 것이 공정하다고 보는 것이 이 학문 분야의 기준이 되었다.

넷째, 처리 부담이 많은 문장의 처리에 관한 연구들이 증가하고 있다. 예컨대, 매우 길고 복잡한 문장, 매우 빠른 속도로 주어지는 문장, 소음 속에서 주어지는 언어 자극들을 처리할 때에도 원어민과 같은 수행을 보일 것인지를 알아보는 연구가 증가하였는데, 이는 세 번째 특성과 맞물려 있는 변화이다. 매우 능숙한 학습자들은 평소 언어수행에서 원어민과 별 차이를 보이지 않는다. 하지만 복잡한 언어 처리 상황에서는 두 집단 사이에 차이가 날 수 있기 때문에 이를 집중적으로 들여다보아야 한다는 논리다.

다섯째, 인공언어(artificial language) 처리 및 습득이 새로운 연구 분야로 등장하게 되었다. 인공어는 자연어와 달리 학습자가 이전에 노출되어 본 적이 없는 언어다. 따라서 본격적인 목표어 경험 이전에 일어난 교실 학습이나 간헐적 언어 경험 등에 의해 오염되지 않는 자료를 얻을 수 있다는 점에서 습득 적정 시기 연구의 유용한 도구로 인정받게 되었다.

이 절에서는 이러한 변화상을 반영하는 최근 연구들을 소개할 것이다. 이에 앞서 우선 실험심리언어학에서 최근 널리 사용하고 있는 몇 가지 도구들을 소개하고, 이어서 음성 · 발음 분야, 형태소 분야, 통사 분야에서 위에서 소개한 방법론을 활용한 실험들과 그 결과들을 사례 중심으로 살펴봄으로써 습득 적정 시기에 대한 최근 동향을 제시하도록 하겠다.

1) 실험심리학적 도구

(1) 뇌신경학적 도구

결정적 시기가 존재하는가라는 질문에 대답하는 한 가지 방식은 외국어를 처리할 때에 모국어에서 일어나는 것과 같은 뇌반응이 관찰되는지 보는 것이다. 달리 말하면, 모국어 화자, 아동 외국어 학습자, 성인 외국어 학습자 사이에 뇌의 언어 처리 장소상의 차이가 있는가 여부를 기준으로 언어습득 적정 시기 유무를 가려내고자 하는 것이다.

최근 실험심리언어학에서 활용하는 뇌신경학적 측정 도구로는 ERP, PET, MRI 등이 있다. ERP(Event-Related Potential)는 특정 사건에 대한 뇌의 직접적 반응을 탐지하는 검사로 인지적 질환을 가진 환자에게 사용되는 검사 도구이다. 심리언어학에서는 이러한 검사 도구를 정상인의 언어 처리 조사에 도입하였다. 언어 관련 ERP 반응의 예로는 N400, P600, LAN 등이 있는데, 이들은 언어적인 위반 사례가 일어날 때 보이는 반응들로서 어휘적,

통사적 위반이 탐지되면 해당 부분에서 반응이 나타난다.

PET(Positron Emission Tomography)는 피험자에게 [$H_2{}^{15}O$]와 같은 화학 용액을 혈관으로 투여한 후 뇌 스캐닝을 통해 양전자 방출 영역별 뇌혈류(rCBF)를 측정하는 도구로서 역시 뇌의 어느 부분에서 활성화가 일어나는지 탐지할 수 있다. 이들 도구의 본격적 활용으로 인해 이제는 뇌의 반응에 의거한 직접적, 생물학적 증거들을 활용할 수 있게 되었다. 즉, 모국어 화자의 뇌가 일정 언어 자극에 대하여 보이는 반응이 조기 외국어 학습자에게서는 나타나는데 성인 외국어 학습자에게서는 나타나지 않는다면, 이는 결정적 시기 가설을 지지하는 증거로 채택될 것이다.

(2) 언어 처리 측정 소프트웨어

최근 언어 처리 과정 및 속도를 측정하는 소프트웨어의 개발로 인지심리언어학은 큰 진보를 이루게 되었고, 그 여파는 외국어 언어 처리에 관한 연구로 확산되고 있다. 대표적인 소프트웨어로는 E-Prime, PsyScope 등이 있다. 이들은 문자 자극뿐 아니라 음성 및 화상 자극도 제시할 수 있도록 고안되어 있어 글을 읽을 수 있는 성인뿐 아니라 읽기능력을 갖추지 못한 아동의 언어 처리 반응을 유도해 내는 데 유용하다. 예를 들어 E-prime은 언어자극에 대한 실시간 반응속도(response time)를 1/1000초(ms) 단위로 측정할 수 있다. 그뿐만 아니라 문장을 한 단어씩 또는 한 구간씩 피험자의 속도에 맞춰 읽거나 들을 수 있도록 하는 자기 속도대로 읽기/듣기(self-paced reading/listening)는 시간의 경과(time-course)에 따라 처리 속도의 변화를 측정하게 해 줌으로써, 주요한 언어 처리가 일어나는 지점이나 문제 발생 지점 등을 확인해 주는 유용한 도구로 활용된다. 습득 연령 관련 연구에서는 모국어 화자와 외국어 화자 사이의 처리 속도 및 과정의 차이를 규명하려는 연구에 활용되고 있다.

한편, 눈동자의 움직임을 컴퓨터로 추적하는 장치인 시선추적장치는 문장을 처리할 때 문장의 어느 부분에서 피험자의 시선이 머무는지, 얼마 동안 머무는지, 어디로 움직이는지 등을 측정하게 해 줌으로써 언어 처리가 어떤 방식으로 진행되며 언어 처리 중 어느 부분에서 처리상의 문제가 발생하는지를 알 수 있게 해 준다. 이뿐 아니라 화면의 다른 위치에 그림들을 배치해 놓고, 구두 언어 자극을 제공하면서 피험자의 시선이 언어 자극에 따라 어떤 그림으로 움직이거나 고정되는지, 어느 시점에서 움직이는지를 알 수 있어 성인뿐 아니라 아동의 언어 처리 및 능력을 측정하는 데 유용하다.

(3) 음성인식 및 발음 측정 도구

초기의 발음 부문 연구는 외국어습득 시작 연령이 다른 피험자들의 발음을 녹음하고 원어민에게 들려준 후 이를 원어민의 발음인지 외국인의 발음인지 판정하도록 하는 것과 같은 다분히 주관적인 방법이 사용되었었다. 그러나 측정 도구들이 발달함에 따라 음성 습득과 습득 연령에 관한 연구는 보다 객관적이고 정량적인 접근방식을 적용하게 되었다.

자음의 음성인식 및 발음을 측정하기 위해서는 VOT(Voice Onset Time, 성대진동 개시 시간) 측정이 빈번히 활용된다. VOT는 음의 시작 시점부터 성대 진동 시작 시점까지의 시간 길이를 측정하는 도구로, 예를 들어 한국어의 /ㅂ/ 음과 영어의 /b/ 음의 차이를 VOT로 측정할 수 있다. 모음의 성격은 주로 스펙토그램(spectogram) 분석을 통해 관찰되는 포먼트(formant)의 크기나 피치(pitch)로 규정된다. 무료 소프트웨어인 Praat같은 음성분석 프로그램을 활용하면 녹취 음성의 VOT나 포먼트 등을 측정하여 모국어 화자와 제2언어 사용자 간의 발음 차이를 조사할 수 있다.

그뿐만 아니라 두 음 사이에 존재하는 무수한 음들을 기계적 조작으로 합성하여 발음 인식 연구에 활용하기도 한다. 이는 주로 모국어 화자의 음소 구분이 범주적(categorical) 인식의 특성을 가진다는 모국어 실험 결과에 기초한 것이다. 가령 /p/와 /b/ 사이의 VOT를 조금씩 조정하여 열 개의 음을 만들었다고 할 때, 영어 모국어 화자는 그 점진적인 차이를 인식하는 것이 아니라 VOT 25ms 지점을 기준으로 VOT가 25ms보다 작은 음은 /b/로, 이보다 큰 음은 /p/로 인식한다는 것이다. 이를 습득 연령 연구에 적용하자면, 학습 시점이 서로 다른 집단들에게 beach에서 peach로 변환되는 과정상에 존재하는 여러 소리를 제시하고, 피험자에게 각 소리가 beach인지 peach인지 구분해 보도록 하는 경우를 생각해 볼 수 있다. 만약 학습자의 연령에 따라 그 연속선상에서 두 소리를 구분하는 경계선에 차이가 난다면, 이는 음 인식에 있어서 결정적 시기가 있음을 보여 주는 것이라 할 수 있다.

2) 외국어습득 적정 시기 연구의 최근 사례들

이 절에서는 앞에서 언급한 여러 도구들과 연구 방법론들을 활용하여 최근의 적정 시기 연구가 어떤 식으로 진행되었으며, 어떤 결과들을 이끌어내고 있는지 음성음운론적 측면, 형태론적 측면, 통사적 측면에서 각각 살펴보도록 하겠다.

(1) 음성 및 발음 분야에서의 최근 연구

결정적 시기의 존재에 대한 무수한 반론들이 제기된 후에도, 발음에 관한 결정적 시기는 상당히 확고한 사실로 인정되고 있다. 문제는 언제까지가 소위 음성학적 결정적 시기인가 하는 점이다. 아기들은 다양한 음성적 대조를 구분할 수 있는 선천적 능력을 타고 난다는 것은 학자들 간에 널리 공유되고 있는 입장인데(Jusczyk, Freiderici, Wessels, Viigdis, & Jusczyk, 1993; Kuhl, Williams, Lacerda, Stevens, & Lindblom, 1992; Werker & Tees, 1984) 조기 성숙이 일어나는 음성 관련 기능에 있어서 결정적 시기는 6세, 4세까지 등 의견이 분분하였고, 심지어 생후 1년 사이에 음성에 대한 민감성이 조속히 쇠퇴한다는 주장도 제기되었다. 일찍이 Werker와 Tees(1984)는 유아들이 모국어에는 없는 톰슨어(Thompson)의 자음 구분을 제대로 해내는지 조사한 연구에서 생후 6-8개월의 유아는 음 구분을 제대로 해냈으나, 10-12개월의 유아는 음 구분을 제대로 해내지 못했다는 충격적인 결과를 얻었다. Jusczyk 등

(1993)은 생후 6개월이면 모국어 음운체계로의 특화가 진행되며, 이 시기가 지나면 뇌가 모국어 음성에 고정됨으로써 모국어 음운체계 밖의 음 지각 능력은 쇠퇴한다고 주장하였다. 또한 외국어 억양이 나타나는 시기에 관한 연구에서 Flege, Munro와 MacKay(1995)는 3세에 제2언어를 습득하기 시작하는 이중언어 화자에게서조차 모국어의 억양이 나타난다고 보고하였다.

이에 대한 반증으로는 Bohn과 Flege(1997)의 연구 결과를 들 수 있다. Bohn과 Fledge의 연구 대상은 (a) 성인 영어 원어민, (b) 독일어 화자로서 미국에 도착한 지 최소 7.5년이 되는 영어 학습자(이하 경험 집단), (c) 독일어 화자로서 미국에 도착한 지 반년 정도 되는 영어 학습자(이하 무경험 집단)였다. 이들은 /ɛ-æ/사이의 구분을 인식하는 인식 과업과 이를 발음하는 발음 과업을 수행하였다. 인식 과업에서는 /bɛt/과 /bæt/ 간의 연속선상에 존재하는 33개의 소리를 합성해 낸 후, /bɛt/인지 /bæt/인지를 판단하도록 요구하였는데, 그 결과 영어 모국어 화자와 경험 집단은 모음 스펙트럼을 판단의 근거로 삼은 반면, 무경험 집단은 모음의 길이라는 잘못된 단서를 판단의 근거로 삼음을 발견하였다. 경험 집단은 발음에서도 모국어 화자와 포먼트상의 유의미한 차이가 없는 반면, 무경험 집단은 모국어 화자와 유의미한 차이가 드러났다. 이는 Werker와 Tees(1984)의 연구와 달리 성인 학습자도 충분한 경험이 있으면, 즉 목표어 환경에 충분히 노출되면 음성적 측면에서 모국어 화자와 같은 능력을 습득할 수 있다는 것을 시사함으로써 성인 학습자에게 희망을 주고 있다.

한편, 위 연구들이 실험실의 조용하고 통제된 환경에서의 수행에 관한 것인데 반해 실제 상황은 소음이 뒤섞인 담화 맥락 속에서 일어난다는 점에 유의하여 Mayo, Florentine와 Buus(1997)는 소음과 같은 스트레스 상황에서도 능숙한 성인 학습자들이 모국어 화자와 같은 수행을 할 수 있는가를 알아보는 소음 용인 수준(noise tolerance level) 실험을 수행하였다. 고도로 능숙하게 영어를 구사하는 멕시코계 스페인 화자를 시작 연령별로 (1) 출생 즉시 노출된 집단, (2) AO 6세이며 평균 거주 기간이 9.6년에 이르는 집단, (3)

AO 14세 이상이며 평균 거주 기간이 24년인 집단으로 나누고, 이들을 영어 모국어 화자와 비교하였다. 문장의 마지막 단어를 반복하도록 요구한 이 실험에서 Mayo 등은 문장을 들려주고 마지막 단어가 나오는 부분의 소음 크기(dB)를 점진적으로 증가시켰다. 그 결과, 소음이 없는 상황에서는 네 집단이 모두 모국어 화자와 같은 수행을 보였으나 소음 상황에서는 14세 이후 학습자들이 6세 이전 학습자들보다 크게 뒤지는 수행을 보였다. 이는 적어도 소음이 존재하는 상황에서의 음성인식은 학습 시작 시점의 영향을 받는 것을 보여 준다.

최근 Abrahamsson과 Hyltenstam(2009)은 스스로 스웨덴어 원어민과 다름없다고 보고한 AO 1-47세 범위에 있는 195명의 스페인어 화자들을 대상으로 스웨덴 원어민이 1차 심사를 시행한 후, 원어민이라 판정받은 41명에게 10가지 검사를 시행하였는데, 여기에는 전술한 파열음의 VOT 발음 및 범주성 음성인식, 소음 상황에서의 단어 및 문장 인식이 포함되었다. 실험 결과 AO 11 이하의 학습자와 AO 13 이상의 학습자 사이에 유의미한 차이가 나타나는 것을 발견하였다. 이뿐 아니라 음성인식 · 발음 관련 네 가지 실험 모두에서 원어민 범위에 든 학습자는 각각 AO 1세, 3세, 7세에 해당하는 단 세 명뿐인 것으로 드러났으며, 다수의 조기 학습자들이 원어민 범위 내에 들지 못하는 것으로 나타났다.

이러한 결과들을 종합해 볼 때, 최근의 음 인식 및 발음 관련 연구들은 대체로 발음의 결정적 시기가 존재할 뿐 아니라 매우 조기에 종료된다는 쪽에 무게를 싣고 있다고 할 수 있다.

(2) 어휘 및 형태소 분야에서의 최근 연구

어휘의 습득은 대체적으로 나이의 영향을 받지 않는 것으로 알려져 있으며, 오히려 성인 학습자가 조기 학습자보다 유리하다는 보고도 있다. 그러나 하나 이상의 형태소가 결합하여 단어를 이루는 경우는 합성 규칙이 적용되므로 일반 어휘 습득과 달리 취급되어 왔다. 특히 과거형을 나타내는 –ed, 3인칭 단수 동사 표지인 -s와 같이 문법적인 기능을 가지는 형태 요소들은 내용어와 결합하는 작은 언어 조각이지만, 통사적 기능범주가 발현되는 부분이며, 초보적 결합 규칙이 적용되기 시작되는 지점으로서 언어학의 주요 관심사가 되어 왔다.

모국어 화자의 어휘 지식에 대한 최근의 실험심리학적 연구에서는 이들 문법적 형태소가 내용어와 따로 저장되어 있음을 보여 주는 ERP 연구 결과들이 발표되었다. 모국어 화자의 뇌는 언어 규칙에 대한 위반을 감지할 때 ERP상의 반응을 보이게 되는데, 전술한 N400의 반응은 비분석적 언어 항목에서의 위반과 관련되며, P600, LAN의 반응은 분석적 규칙이 적용되는 항목의 위반에 관련되어 있다. 동사 과거형의 경우, 모국어 화자들은 불규칙 과거형의 위반에 대해서는 N400 반응을 보이며, 규칙 과거형의 위반에 대해서는 P600, LAN 등의 반응을 보이는 것으로 알려져 있는데, 이는 불규칙 과거형(예를 들어 ate)은 비분석적 단위로서 독립 어휘 항목으로 저장되어 있는 반면, 규칙 과거형(예를 들어 walked)은 동사 기본형(walk)과 과거형 어미(-ed)가 별도로 어휘목록 속에 있다가 산출 시에는 합성되고, 이해 시에는 분해되는 과정을 겪는다는 것을 보여 주는 증거로 채택되고 있다.

Hahne, Müller와 Clahsen(2006)은 러시아어 화자 중 능숙한 성인 독일어 학습자에게 복수형 및 과거분사형 관련 ERP 실험을 실시한 결과, 성인 학습자에게서도 독일어 원어민과 유사한 영역의 반응이 관찰됨을 발견하였다. 반응 속도 측면에서도 원어민과 성인 학습자 모두에게서 불규칙형에 대한 반응 속도가 규칙형에 대한 반응 속도보다 유의미하게 빠른 것으로 보고되었는데, 이는 성인 학습자도 원어민과 마찬가지로 규칙 복수형 또는 규칙 분사형을 생성할 때 한 덩이가 아니라 명사 + s, 동사 + t와 같은 합성 과정이 필요하므로, 즉 규칙성 처리(rule-like processing)를 거치므로 이를 위한 추가 시간이 요구됨을 시사한다. Clahsen과 Felser(2006)는 자연어 및 인공언어, ERP 및 반응 속도 측정 연구들을 종합 분석한 결과, 고수준 L2 성인 독일어 학습자들의 경우 형태소 결합과 같은 초보적인 규칙성 처리(rule-like processing) 면에서 모국어 사용자와 큰 차이가 없다고 제안하였다.

(3) 통사 분야에서의 최근 연구

좀 더 통사규칙적 성격을 띠는 경우로, 단어 범위를 넘어 문장 내 요소 간 호응(agreement)을 이루는 경우를 살펴보자. Guillelmon과 Grosjean(2001)은 성구별 표지(gender marking)에 대한 민감성에서 나타나는 습득 시작 연령의 영향을 조사하였다. 피험자는 영어-프랑스어 이중언어 사용자들로서 (1) AO 평균 5.4세인 집단과 (2) AO 평균 24.8세인 두 집단으로 구성되었다. 이들은 모두 최근의 연구 동향에 부합하는 매우 능숙한 이중언어 구사자들로서 불어 관사에 나타나는 성구별 표지 관련 실험에 참여하였다. 프랑스어는 명사를 남성과 여성으로 구분하며, 관사와 명사 간에는 성 · 수 일치가 일어난다. 이 실험에서 참여자들은 남성명사 또는 여성명사를 관사 + 형용사 + 명사 구조 속에서 듣고, 그 안에 들어있는 명사를 가능한 한 빨리 반복하도록 요구받았으며, 그 반응시간을 PsyScope를 활용하여 1/1000초 단위로 측정하였다. 명사 앞에 주어지는 관사의 성 구분 정보에 민감하다면 뒤따르는 명사의 성을 예측할 수 있어 응답 속도가 빨라질 것이라는 전제하에 이뤄진 실험이다. 실험 결과, 프랑스어 원어민과 (1)의 조기 학습자는 명사 반복 반응 속도에 있어서 관사-명사 간 성 일치가 일어나는 경우(예를 들어 남성 관사 + 남성 명사)가 불일치하는 경우(예를 들어 여성 관사 + 남성 관사)보다 유의미하게 빨랐으나, (2)의 성인 학습자는 양자 간 반응 속도에 차이가 없었다. 이는 목표어에 늦게 노출된 경우, 관사의 성구별 표지를 제대로 활용할 수 없음을 보여 준다.

보다 최근의 성 일치 관련 연구로 Arnon과 Ramscar(2012)의 연구를 살펴보자. 이들의 관심사는 왜 성인이 성구별 표지를 잘 습득하지 못하는가에 있었다. 그래서 이들 연구에서는 조기 학습자와 성인 학습자를 직접적으로 비교하는 대신, 성인 학습자들이 서로 다른 학습 조건에서 명사를 습득하도록 하였다. 또한 이들은 자연어 대신 인공언어를 사용하였는데, 이는 목표어에 대한 피험자의 사전 경험이 실험 결과를 오염시키는 작용을 차단하기 위함이었다. 모든 참여자들은 두 단계에 걸쳐 언어 훈련을 받았는데, 이는 각각 (1) 명사가 개별적으로 그림과 함께 제시되는 단계, (2) 문장 속에서 성구별 표지 관사와 함께 명사가 제시되면서 관련 그림이 주어지는 단계였다. 연구자들은 성인 집단을 둘로 나누어 한 집단은 (1)-(2)의 순서로 훈련시키고, 다른 집단은 (2)-(1)의 순서로 훈련시켰다. 그 이후, 실험 단계에서는 관사-명사의 성 일치 판정 과업을 시행하고 그 판정 속도를 측정하였는데, (2)-(1)의 순서로 인공언어를 학습한 집단, 즉 맥락 안에서 먼저 제시받은 집단이 (1)-(2) 순서로 학습한 집단, 즉 개별 명사를 먼저 제시받은 집단보다 판정 정확성, 판정 속도, 관사+명사 말하기 과업 수행 모두에서 우월함을 발견하였다. 이 결과로부터 Arnon과 Ramscar는 성인이 성 · 수 일치와 같은 형태-문법 관련 습득에 실패하는 이유는 생물학적 차이가 아니라 학습 환경 차이 때문이라는 결론을 이끌어 내었다. 즉, 아동의 습득 환경에서는 대부분 언어 항목이 맥락 속에서 처음 제시되지만, 성인은 수업 환경에서 처음부터 언어 항목을 개별 항목으로 접하는 경우가 대부분인데, 이처럼 처음에 잘못된 형태로 입력이 제공되면, 그 이후에 아무리 맥락 안에서 유용한 정보가 제공되어도 선행학습에서 얻은 지식이 사후의 추가정보를 차단한다는 것이다.

이제 본격적인 문장처리로 넘어가 보기로 하겠다. 최근 성인 학습자와 원어민 사이의 근본적 차이를 따지는 연구들은 길고 처리부담이 큰 문장, 복잡한 문장의 처리에 관심을 가지는 경향이 있음을 전술한 바 있다. Hopp(2010)는 처리부담을 가중시킴으로써 원어민과 성인 학습자를 비교하는 실험을 설계하였다. 성인 L2 학습자가 최종적 달성 단계에서 보이는 문법 및 언어 처리가 모국어 화자와 과연 다른가를 보기 위해 영어, 네덜란드어, 러시아어를 모국어로 하는 고급(advanced) 학습자, 준원어민급(near-native) 학습자 및 원어민을 대상으로 연구를 실시하였다. 이들은 모두 AO 11세 이상의 독일 거주자로서 독일어 문장에서 주어-동사 일치, 격 표지, 성 일치와 관련된 일련의 과업을 수행하였다. 특이한 것은 학습자가 언어 처리 과정에서 겪게 되는 압박을 다양화시킨 방식인데, 즉 기존 오프라인 방식의 문법성 판정뿐 아니라, 자기 속도대로 읽기, 빠른 듣기 상황에서의 문법성 판정, 초가속 듣기 상황에서의 문법성 판정과 같은 실시간 처리 과업을 수행하도록 요구받은 것이다. 실험 결과, 준원어민급 L2 화자는 고급 L2 학습자와 달리 재래식 과업이건 실시간 과업이건 원어민 화자와 유사한 수행을 보인 것으로 드러났다. 또 한 가지 Hopp의 연구에서 주목할 만한 사실은 듣기 속도가 점차적으로 빨라지면서 결국 준원어민급 학습자는 원어민보다 먼저 수행상의 한계에 도달했으나, 원어민 역시 초고속도에서의 처리 상황(단어당 71ms)에 이르자 L2 화자와 마찬가지로 과업 수행에 어려움을 보였다는 것이다.

Hopp의 연구 결과들은 몇 가지 중요한 시사점을 던져 준다. 우선, 소위 고급 학습자라 해도 최종적 달성 단계에 도달한 것은 아닌 경우가 많다는 것이다. 둘째, L2 화자가 원어민에 미치지 못하는 수행을 보이는 것은 이들이 감당할 수 있는 언어 처리상 부담의 한계치가 원어민보다 낮기 때문이며, 원어민 역시 처리 부담이 늘어나면 결국은 L2 화자와 유사한 수행을 보이게 된다는 것이다. 따라서 모국어 화자와 외국어 화자의 차이는 처리 부담의 임계치 차이, 즉 양적 차이이지, 처리기제 자체의 차이, 즉 질적 차이는 아니라는 것이다. Hopp는 이를 근거로 성인 L2 문법 및 처리가 L1과 근본적으로 동질적(fundamentally identical)이라고 주장한다. 셋째, 준원어민급 성인 L2 화자가 대부분 과업에서 원어민과 동일 수준의 수행을 보였다는 점은 성인 학습자라 하더라도 무한히 학습할 수 있다면 결국 원어민 수준에 도달할 수 있다는 것이다. 그러나 이러한 요건을 갖추어 최종 단계에 이르는 성인 학습자는 극히 드문 것이 현실이다.

복잡한 문장에 대한 처리 연구에 대해서는 Clahsen과 Felser(2006)의 포괄적 개관 연구를 주목해 볼 필요가 있다. 이들은 외국어습득에 관한 실험심리학 연구들을 종합 분석한 결과, 어휘 차원에서의 형태소 합성 규칙에 있어서 원어민과 고수준 성인 학습자 사이에 큰 차이가 없다고 제안하였음을 앞서 언급한 바 있다. 이들은 같은 논문에서 과연 통사적으로 복잡한 문장을 처리할 때에도 양자 간 차이가 없는가라는 문제도 대대적으로 다루었는데, 복잡한 통사적 구조를 가진 문장들과 다양한 측정 도구들을 사용한 여러 연구들을 종합하고 있어, 최근의 실험심리학 측면에서 일고 있는 통사 습득의 적정 시기 연구 동향을 상세히 들여다볼 수 있게 해 준다. 이러한 종류의 연구에서 다루는 소위 복잡한 문장으로는 아래와 같이 문장 내 요소의 장거리 이동을 포함하는 문장을 들 수 있다(Clahsen & Felser, 2006).

The nurse [who the doctor argued [① that the rude patient had angered ②] is refusing to work late.

위 문장에서 관계사 who는 의미적으로 볼 때 관계절에 있는 동사 angered의 목적어 자리 ②에서 출발한다. 문장의 해석을 위해서는 who와 ②의 자리(gap) 사이의 관계가 파악되어야 하는데, 이와 같은 관계를 의존관계(dependency)라 한다. 심리언어학에서는 문장 해석에서 이 의존관계를 어떻게 해소시켜서 이해에 이르는가에 대한 연구가 최근 매우 활발하게 진행되어 왔다. 실시간 언어 처리 측면에서 문장 이해는 시간의 흐름 속에 주어지는 언어 자극을 차례대로 처리하는 것으로 간주되는데, 위 문장의 경우, 관계사 who를 듣거나 읽는 순간, 이를 해석하기 위해 who와 통합될 수 있는 요소가 있는지 문장을 훑어 나가다가 적합한 지점에 이르면 통합이 이뤄지며, 통합으로 인한 시간 지체(latency)가 발생하는 것으로 받아들인다(Grodner & Gibson, 2005). 한편, 지배결속이론과 같은 언어 이론 틀에서 볼 때에 who는 목적어 자리에서 문장 주어인 nurse 뒤로 단번에 이동하는 것이 아니라 중간 기착지(intermediate gap)인 ①을 경유하는 것으로 제안되고 있다.

이러한 가정들을 기본으로 하여 Marinis, Roberts, Felser와 Clahsen (2005)은 위와 같이 복잡한 문장들을 처리함에 있어 원어민과 성인 학습자가 어떤 차이를 보이는지 컴퓨터 기반 자기 속도대로 읽기 실험을 통해 조사하였다. 이들은 다양한 모국어를 배경으로 하는 고수준 성인 학습자들과 원어민의 처리양상을 비교하였다. 문장의 서로 다른 부분에서 일어나는 처리 양상을 보기 위해 이들은 위와 같은 문장을 다수의 구간으로 나눈 후 한 번에 한 구간씩 읽으면서 넘어가는 자기 속도대로 읽기 실험을 하였는데, 그 결과 고수준 학습자들은 who의 출발점인 ② 부근에서 처리상의 지체를 보인 반면, 원어민들은 ② 지점뿐 아니라 ① 지점에서도 지체를 보였다. 이는 원어민들의 문장처리에서는 ①과 같은 중간 기착지를 인지하는 반면 외국인 학습자는 이 지점을 간과한다는 것을 시사한다.

Clahsen과 Felser(2006)는 성인 학습자와 같이 구조에 기반한 의존관계를 보지 못하고 술어-논항 간의 의미적 관계에만 의존하는 처리를 피상적 처리(shallow processing)라고 규정하면서, 원어민들의 구조중심적 처리(structure-based processing)와 대비시키고 있다. 나아가서 성인 학습자의 처리가 피상적일 수밖에 없는 이유는 성인 학습자의 문장 내부구조 자체가 위계적 통사구조(hierarchical syntactic structure)가 아닌 피상적 구조를 가지고 있기 때문이라는 소위 피상적 구조 가설(Shallow Structure Hypothesis)을 제시하였다. 이는 Bley-Vroman(2009)이 제안했던 근본적 차이의 속성을 규명하려는 것으로 원어민과 성인 학습자 간의 지식차가 어떤 처리상의 차이를 나타내는지를 보여 주려는 시도라는 점에서 주목된다.

Clahsen과 Felser(2006)의 예에서 보듯 최근 습득 적정 시기에 대한 연구들은 성인 외국어 학습자의 결과물이 모국어 화자의 결과물에 미치지 못한다는 것을 보여 주는 데서 한 걸음 더 나아가, 그 이면에 존재하는 기재상의 차이가 무엇인가를 논하기에 이르렀다. Bley-Vroman(2009)은 모국어 화자 문법이 언어의 핵심 체계(core system)를 근간으로 하는 반면 성인 외국어 학습자는 쪼가리 규칙들(patches)에 의존한다고 제안하였다. 모국어화자 역시 파편 규칙들을 가지고 있지만 이는 단지 주변적인 역할만을 하는데 비해, 성인 L2 문법에서는 핵심체계 없이 파편문법이 주종을 이룬다는 것이다.

한편 Ullman(2006)은 양자의 차이를 인지언어학에서 널리 사용되는 두 가지 기억유형 측면에서 설명하고 있다. 즉 모국어 화자는 암시적 지식이 저장되어 있는 절차적 기억(procedural memory)에 의존하는 반면, 외국어 화자는 명시적 지식이 저장되어 있는 선언적 기억(declarative memory)에 의존한다는 것이다. 이와 관련하여 Paradis(2009)는 생후 5세까지는 누구나 절차적 기억에 기반한 습득을 할 수 있으나, 그 이후로는 절차적 기억 사용이 급감하게 된다고 주장하였다. 이러한 주장들이 가능해진 것은 그간 심리언어학 분야에서 일어난 놀라운 발전에 기인하는 것이어서 차후 연구들은 성인 L2 학습자와 원어민 간의 질적 차이의 성격을 규명하는 방향으로 더욱 활발히 진행될 전망이다.

4. 요약 및 향후 전망

이제까지 외국어습득 적정 시기 연구의 변천을 살펴보았다. 또한 최근 적정 시기 연구를 주요 사례 중심으로 다소 구체적으로 소개함으로써 최근 연구 동향을 파악하는 데 도움을 주고자 하였다. 적정 시기에 대한 연구는 학습자의 동기, 능숙도 차이 등 다양한 각도에서 이루어지고 있으나, 이 장에서는 서술의 초점을 보다 학구적, 이론적인 측면에서 일고 있는 최근 동향에 두었다. 이론적 관점에서 적정 시기 연구는 성숙에 따라 일어나는 근본적, 생물학적인 변화의 유무를 밝히는 데 집중되어 있다. 직접 뇌를 관찰하든, 아니면 뇌가 작동하는 방식을 언어수행 자료를 통해 간접적으로 측정하든, 연령의 차이가 외국어습득상의 근본적 차이를 의미하는가라는 질문은 아동과 성인 간에 질적 차이가 있는가의 문제로 좁혀지는 것이다. 이러한 질문은 아동이 학습 동기와 흥미가 더 높다라든지 일찍 시작할수록 더 입력을 많이 받고 더 많이 배우니 양적으로 유리하다라든지 하는 문제와 성격적으로 차별화된다.

외국어습득 적정 시기에 대한 최근 연구 동향을 정리하면, 다음과 같이 요약될 수 있겠다. 첫째, 최근 연구들은 실험심리학적 도구들을 활용하여 성인과 조기 학습자, 원어민과 성인 학습자의 근본적 차이 문제에 다가가려 했고, 그 결과 외국어학습자의 언어 처리 실제에 관해 많은 발견과 후속 질문들을 초래하였다.

둘째, 결정적 차이가 존재한다고 보고하는 연구들은 하나같이 AOA(또는 AO)로 정의되는 외국어에 본격적으로 노출되는 시기를 기준으로 하는 연구들이다. AOA를 중시한다는 것은 노출 시점 못지 않게 습득 환경이 중요하다는 것을 의미한다. 이러한 연구 맥락을 감안할 때, 국내 영어교육 환경에서는 아직 AOA 관련 연구를 시행하기 힘든 것이 사실이다.

셋째, 성인 학습자도 원어민과 구분할 수 없는 능력을 지니게 되는가를 묻는 연구들이 증가하여 왔다. 이 질문에 답하기 위한 연구들은 그저 외국어를 잘 하는 학습자가 아닌 극상 수준의 학습자를 대상으로 하는 경향이 많다. 출생 시부터 이중 언어 사용자인 경우 모국어 화자와 언어능력이 구별되지 않는다는 데 어느 정도 합의가 이루어진 반면, 뒤늦게 외국어를 배우기 시작한 경우라면 아무리 출중한 언어 구사력을 가졌다 해도 정말 민감한 언어 부분을 건드려 보면 모국어 화자와 차이가 날 것이라는 가설은 최근 활발한 검증 노력으로 이어지고 있다.

이러한 연구 추세를 보면, 최근 학문적인 연구들은 원어민과의 동질성에 초점을 두고 있음을 알 수 있다. 그러나 영어의 국제어로서의 위상, 소통가능성(intelligibility) 등 현재 영어교육계에서 유행하는 개념들을 고려할 때, 그리고 영어 학습자의 현실적 필요를 고려할 때, 외국어 학습자들의 목표가 원어민과 같은 완벽한 발음 구사와 문장 구사라고 보기는 어렵다. 따라서 이 장에서 주로 다룬 연구들은 현실적인 제안에 있어서는 한계가 있다고 보아야 한다.

현재 실험심리학적 도구들을 활용한 외국어 처리 연구 기법은 아동과 성인의 외국어습득에 작용하는 기제나 생물학적 영향을 이해하는 데 크게 기여하였다. 향후의 적정 시기 연구는 더욱 첨예화된 실험 도구를 활용하여 더욱 정밀한 검증을 거치게 될 것이다. 또한 국제화와 함께 우리나라에 거주하는 외국인이 급증함으로써 다양한 모국어 배경을 가진 한국어 학습자 연구 환경이 조성되고 있다. 이들을 대상으로 하는 연구들은 적정 시기에 대한 국내 연구를 활성화시킬 수 있을 것으로 전망되며, 적정 시기 분야를 비롯한 외국어습득이론에 많이 기여할 수 있을 것으로 기대된다.

참고문헌

Abrahamsson, N., & Hyltenstam, K. (2009). Age of onset and nativelikeness in a second language: Listener perception versus linguistic scrutiny. *Language Learning*, *59*, 249-306.

Arnon, I., & Ramscar, M. (2012). Granularity and the acquisition of grammatical gender: How order-of-acquisition affects what gets learned. *Cognition*, *122*, 292-305.

Birdsong, D., & Molis, M. (2001). On the evidence for maturational constraints in second-language acquisition. *Journal of Memory and Language*, *44*, 235-249.

Bley-Vroman, R. (1988). Confounded age: Linguistic and cognitive factors in age differences for second language acquisition. In D. Birdsong (Ed.), *Second language acquisition and the critical period hypothesis* (pp. 19-30). Mahwah, NJ: Erlbaum.

Bley-Vroman, R. (1990). The logical problem of foreign language learning. *Linguistic Analysis*, *20*, 3-49.

Bley-Vroman, R. (2009). The evolving context of the fundamental difference hypothesis. *Studies in Second Language Acquisition*, *31*, 175-198.

Bohn, O.-S., & Flege, J. E. (1997). Perception and production of a new vowel category by adult second language learners. In A. James & J. Leather (Eds.), *Second-language speech: Structure and process* (pp. 53-74). Berlin: Walter de Gruyter.

Chomsky, N. (1981). *Lectures on government and binding*. Berlin: Mouton de Gruyter.

Clahsen, H., & Felser, C. (2006). Grammatical processing in language learners. *Applied Psycholinguistics*, *27*, 3-42.

DeKeyser, R. M. (2000). The robustness of critical period effects in second language acquisition. *Studies in Second Language Acquisition*, *22*, 499-533.

Eubank, L., & Gregg, K. (1999). Critical periods and (second) language acquisition. In D.

Singleton (Ed.), *Language acquisition: The age factor*. Clevedon, UK: Multilingual Matters.

Flege, J. E., Munro, M. J., & MacKay, I. R. A. (1995). Effects of age of second language learning on the production of English consonants. *Speech Communication, 16*, 1-27.

Flynn, S. (1987). *A parameter-setting model of L2 acquisition: Experimental studies in anaphora*. Dordrecht, Germany: Reidel.

Flynn, S. (1988). Nature of development in L2 learning and implications for theories of language acquisition in general. In S. Flynn & W. O'Neil (Eds.), *Linguistic theory in second language acquisition* (pp. 76-89). Dordrecht, Germany: Kluwer.

Grodner, D., & Gibson, E. (2005). Consequences of the serial nature of linguistics input for sentential complexity. *Cognitive Science, 29*, 261-290.

Guillelmon, D., & Grosjean, F. (2001). The gender marking effect in spoken word recognition: The case of bilinguals. *Memory and Cognition, 29*(3), 503-511.

Hahne, A., Müller, J., & Clahsen, H. (2006). Morphological processing in a second language: Behavioral and ERP evidence for storage and decomposition. *Journal of Cognitive Neuroscience, 18*. 121-134.

Hawkins, R. (2001). *Second language syntax: A generative introduction*. Oxford, UK: Blackwell.

Hawkins, R., & Chan, C. Y.-H. (1997). The partial availability of Universal Grammar in second language acquisition. *Second Language Research, 13*, 187-226.

Hopp, H. (2010). Ultimate attainment in L2 inflection: Performance similarities between non-native and native speakers. *Lingua, 120*, 901-931.

Hubel, D. H., & Wiesel, T. N. (1962). Receptive fields, binocular interaction and functional architecture in the cat's visual cortex. *Journal of Physiology, 160*, 106-154.

Hyltenstam, K., & Abrahamsson, N. (2003). Maturational constraints in SLA. In C. Doughty & M. Long (Eds.), *The handbook of second language acquisition* (pp. 540-588). Oxford, UK: Blackwell.

Hyltenstam, K., & Abrahamsson, N. (2012). High-level L2 acquisition, learning, and use. *Studies in Second Language Acquisition, 34*, 177-186.

Johnson, J., & Newport, E. (1989). The influence of maturational state on the acquisition of English as a second language. *Cognitive Psychology, 21*, 60-99.

Johnson, J., & Newport, E. (1991). Critical period effects on universal properties of language: The status of subjacency in the acquisition of a second language. *Cognition, 39*, 215-258.

Jusczyk, P., Freiderici, A., Wessels, V., Viigdis, Y., & Jusczyk, M. (1993). Infants' sensitivity to the sound patterns of native language words. *Journal of Memory and Language, 32*(3), 402-420.

Kuhl, P., Williams, K., Lacerda, F., Stevens, K., & Lindblom, B. (1992). Linguistic experience alters phonetic perception in infants by 6 month of age. *Science, 255*, 606-608.

Lee, D. (1992). *Universal grammar, learnability, and the acquisition of English reflexive binding by L1 Korean speakers*. Unpublished doctoral dissertation. University of Southern California, Los Angeles.

Lenneberg, E. (1967). *The biological foundations of language*. New York: Wiley.

Marinis, T., Roberts, L., Felser, C., & Clahsen, H. (2005). Gaps in second language sentence processing. *Studies in Second Language Acquisition*, *27*, 53 – 78.

Mayo, L. H., Florentine, M., & Buus, S. (1997). Age of second-language acquisition and perception of speech in noise. *Journal of Speech, Language & Hearing Research*, *40*, 686 – 693.

Paradis, M. (2009). *Declarative and procedural determinants of second languages*. Amsterdam: John Benjamins.

Park, S., & Goldner, D. K. (2005). A sensitive period for the acquisition of English syntax by Korean learners of English. *Korean Journal of Applied Linguistics*, *21*(1), 37-67.

Schachter, J. (1989). Testing a proposed universals. In S. M. Gass & J. Schachter (Eds.), *Linguistic perspective on second language acquisition* (pp. 73-88). New York: Cambridge University Press.

Schwartz, B., & Sprouse, R. (1996). L2 cognitive states and the full transfer/full access hypothesis. *Second Language Research*, *12*, 40-72.

Singleton, D., & Ryan, L. (2004). *Language acquisition: The age factor* (2nd ed.). Clevedon, UK: Multilingual Matters.

Ullman, M. T. (2006). The declarative/procedural model and the shallow structure hypothesis. *Applied Psycholinguistics*, *27*, 97-105.

Walsh, T., & Diller, K. (1981). Neurolinguistic considerations on the optimum age for second language learning. In K. Diller (Ed.), *Individual differences and universals in language learning aptitude*. (pp. 3-21) Rowley, MA: Newbury House.

Werker, J., & Tees, R. C. (1984). Cross-language speech perception: Evidence for perceptual reorganization during the first year of life. *Infant Behavior and Development*, *7*, 49-63.

White, L. (1990/1991). The verb-movement parameter in second language acquisition. *Language Acquisition*, *1*, 337-360.

White, L., & Genesee, F. (1996). How native is near-native? The issue of ultimate attainment in adult second language acquisition. *Second Language Research*, *12*(3), 325-345.

제4장

한국의 영어 학습 동기 연구 20년사*

김태영 중앙대학교

1. 서론

영어 학습 동기 연구는 학습자 변인 연구 중 가장 많은 연구가 수행된 분야이다(Dörnyei & Ushioda, 2011). 일찍이 Gardner와 Lambert(1959)가 캐나다 몬트리얼에서 정량적 설문 연구를 시작한 이래 이미 50여 년이 지났으며, 우리나라에서는 이효웅(1996)의 저술 이후 약 20년이 경과하고 있다.[1] 이에 영어 학습 동기 연구를 체계적으로 종합하려는 학술적 노력 역시 지속되어 왔다. 최근의 국제적 학술 동향은 김태영(2009, 2013)에 의해, 국내 연구를 이

---

* Kim, Tae-Young (2014). Twenty-year history of English learning motivation research in Korea. In O. Kwon (Ed.). *New horizons in English education research* (pp. 81-106). Seoul: Seoul National University Press.

1 1980년대에도 한국 학생들의 영어 학습 동기를 분석한 Gras(1983)과 Kwon(1986)의 학위 논문을 발견할 수 있다. 하지만 논문 제목에 동기(motivation)를 사용하여 발표한 논문은 영어교육에 게재된 이효웅(1996)이 효시라고 볼 수 있으므로 이 글에서는 1996년을 국내 영어 학습 동기 연구가 시작된 시점으로 간주한다.

론별 · 주제별로 정리한 것은 김태영과 김미소(2013)에 의해 발표된 바 있다. 이 글에서는 현재까지 국내에서 출간된 영어 학습 동기 연구 중 대표적인 것을 선별하여 이론적 배경을 먼저 제시한 후, 1996년 이래 시대별 대표 연구 경향을 제시할 것이다. 이 글을 통해 현재 우리나라에서 수행된 영어 학습 동기 연구를 개괄하며 향후 연구의 바람직한 방향성을 모색할 수 있을 것이다.

2. 이론적 배경

영어 학습 동기 연구가 오랜 학술 연구의 역사를 가지고 있으므로 그동안의 연구에 토대를 제공하였던 관련 이론은 상당히 많다. 김태영(2013)은 최근 저서에서 제2언어학습 동기 연구에는 Gardner(1985, 1988)의 사회교육모형(Socio-education Model), Dörnyei(2003)의 과정모형(Process Model), Ryan과 Deci(2000)의 자기결정이론(Self-determination Theory), Norton(2000)의 정성적 여성주의(Feminism), Dörnyei(2005, 2009)의 제2언어 동기적 자아체계(L2 Motivational Self System), 그리고 Kim(2005, 2009, 2011)과 Ushioda(2003)의 비고츠키 사회문화이론(Sociocultural Theory) 등이 이론적 틀을 제시한다고 언급한다. 이 글에서는 현재까지 가장 많은 연구 토대를 제공한 Gardner의 사회교육모형 및 Ryan과 Deci의 자기결정이론을 다루며, 최근에 학계의 주목을 받고 있는 Dörnyei의 제2언어 동기적 자아체계를 고찰한다.

1) 사회교육모형 이론에 기반한 영어 학습 동기 연구

지금까지 영어 및 제2언어학습 동기 연구에서 가장 잘 알려진 패러다임은 캐나다 심리학자인 Robert Gardner가 제시한 사회교육모형이다. Gardner(1985)의 이 모형을 적용하여 수행한 국내 영어 학습 동기 연구는 대부분 통합성(integrativeness)과 도구성(instrumentality)을 포함하고 있다. 영어교육 전공자들에게 이 두 요소는 통합적 동기와 도구적 동기의 이분법으로 널리 알려져 있다. 통합적 동기는 외국어를 사용하고 있는 집단에 동화되고 싶은 이유로 외국어를 학습하고 싶어하는 심적 태도를 의미한다. 반면, 도구적 동기는 외국어를 학습한 후에 획득할 수 있는 물질적, 심리적 이익 때문에 그 언어를 학습하고 싶어하는 것을 의미한다. 그러나 일반적으로 알려진 것과 다르게 Gardner 자신은 이 두 가지 지향성이 서로 대립되는 심리적 구인이라고 언급하지 않았다(김태영, 2009; Gardner, 2010).

초기의 제2언어학습 동기 연구들은 통합성과 도구성 중 어떠한 것이 학습자의 성취도와 더 큰 관련성을 가지고 있는지 규명하는 데 초점을 두었다. 이는 Gardner와 MacIntyre(1992)의 연구에서 제2언어학습에서 통합적 동기가 더욱 성공적인 성취도를 유발하는 중요한 동기 요소로 파악된 것에 기인한다. 우리나라에서 사회교육모형을 이론적 틀로 사용한 연구는 상당히 많이 발견할 수 있다. 예를 들어, Kim(2006)의 연구는 2002년에 수집된 고등학생 346명의 영어 학습 동기와 TEPS 모의고사 점수를 통해 동기가 영어 성취도에 미치는 영향을 조사하였다. 정량적 통계분석 결과는 영어 학습에 대한 부정적인 태도, 통합성, 문화교류 동기가 학생들의 TEPS 성취도 중 16.4%를 설명할 수 있음을 나타냈다. 주목할 점은 일반적으로 알려진 것과는 달리 도구성보다 통합성이 학생들의 영어 성취도에 더 큰 영향을 미친다는 점이다.

위 연구를 확대 발전시킨 Kim(2010)의 연구는 2002년에 수집된 364명의 자료와 2006년에 수집된 고등학생 673명의 자료를 유사종단적 접근법(quasi-longitudinal approach)으로 분석하였다. 그는 4년의 시차를 두고 수집된 자료의 변화를 비교하고 우리나라 고등학생의 영어 학습 동기에 어떠한 변화가 있었는지 유추하였다. 2002년에는 영어 학습에 대한 부정적인 태도, 통합적 동기, 문화교류 동기가 학생들의 영어 성취도를 설명하는 요인이었으나, 2006년도에는 도구적 동기와 영어 학습에 대한 긍정적인 태도만이 영어 성취도를 설명하는 요인으로 밝혀졌다.

이렇듯 Gardner(1985, 1988, 2010)의 사회교육모형을 사용한 국내 선행연구들은 영어 학습 동기가 시간이 지남에 따라 다양하게 변화하고 있음을 보여 주고 있다. 이는 보통 EFL 환경에서는 도구성이, ESL 환경에서는 통합성이 우세하다는 견해가 지나치게 단순화된 것임을 보여 주고 있다. 즉 EFL 환경에서는 영어 학습 동기 중 도구성이 우세한 학생이 더욱 성공적으로 영어 학습을 할 수 있을 것이라는 일반적 가정과 달리 학습자들의 통합성 역시 영어 학습에 큰 영향을 미치고 있음을 제시하는 것이다. 박혜숙(2006)은 이러한 결과에 대해 과거에는 지역적 한계로 인해 영어를 외국어로만 인식했으나 인터넷 및 교통 수단의 발달로 인한 세계화 시대에는 영어를 일상생활에서 접할 기회가 급증하며, 영어로 의사소통할 수 있는 기회가 많아지므로 EFL 환경에서도 통합성이 영향을 끼치게 된다고 설명한다. 하지만 영어가 세계화 시대의 의사소통 도구라는 인식은 전통적인 의미의 통합성과는 다소 다른 양상을 보인다. 이는 제2언어를 사용하는 특정한 집단에 동화되고 싶어하는 심리 구인(construct)으로서의 통합적 동기라기보다 세계화 시대에서 접할 수 있는 영어를 모국어로 하지 않는 여러 나라 사람들과도 영어를 통해 교류하고자 하는 국제화 지향성(international posture)을 내포하기 때문이다(Yashima, 2009). 이러한 시대적 변화를 반영하여 영어 학습자들이 표출하는 통합성은 영어를 모국어로 사용하는 사회에 동화하고 싶다기보다 영어를 공용어로 사용하여 영어 비원어민 간에 의사소통을 하기 위한 목적이 강하므로 Gardner가 제시하였던 기존의 통합성과 질적으로 다르다. 이는 2.3절에서 상술할 Dörnyei(2005, 2009)의 제2언어 동기적 자아체계로 더욱 정교화되고 있다.

2) 자기결정이론에 기반한 영어 학습 동기 연구

자기결정이론은 교육심리학 분야에서 활발하게 연구되어 온 학습 동기 이론

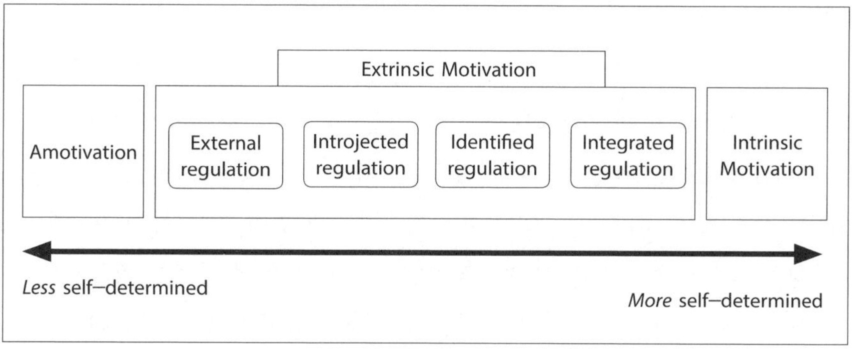

그림 1. 자기결정이론에 따른 학습 동기 유형(Ryan & Deci, 2000, p. 61 응용)

으로서 내재적 동기(intrinsic motivation), 외재적 동기(extrinsic motivation), 무동기(無動機, amotivation)를 포함한다. 내재적 동기는 외부로부터 오는 특정한 보상 때문이 아닌, 학습 자체에 대한 즐거움이나 기쁨, 호기심의 충족 등 내적인 만족감과 관련 있기 때문에 학습 과정에 있어서 중추적인 동기 유발 요인으로 여겨져 왔다(Ryan & Deci, 2000). 보상에 대한 기대나 처벌을 피하기 위해 작용되는 외재적 동기는 외부 요인이 없을 경우 유지되기 어렵기 때문에 내재적 동기가 영어 학습에 미치는 긍정적 영향이 더 크고 지속적이라고 가정해 왔다.

그러나 최근 자기결정이론에 기반을 둔 선행 연구들은 내재적 동기와 외재적 동기를 양분법적으로 구분하기보다 내재적 동기와 외재적 동기를 하나의 연속선상에 위치한 큰 개념으로 보고 하위 개념으로 더욱 세분화하여 연구하는 경향을 보인다. 그림 1은 외재적 동기에 포함되는 네 가지 구인과 영어 성취도의 관계를 제시하고 있다. 외재적 동기의 하위 구인에는 외적 조절(external regulation), 부과된 조절(introjected regulation), 확인된 조절(identified regulation), 그리고 통합적 조절(integrated regulation)이 있다. 외적 조절은 외재적 동기 중에서도 학습자 외적인 규제를 많이 받아 가장 내재화되지 않은 유형이고 외적 조절마저 없는 경우에는 무동기 상태가 된다. 부과된 조절, 확인된 조절, 통합적 조절 순으로 갈수록 학습자는 자신의 학습에 더 큰 자기결정성을 지닌다.

내재적 동기가 영어 성취도와 가장 높은 상관성이 있는 것을 보여 준 것은 이효웅(1996)의 연구가 대표적이다. 그는 요인분석을 통해 780명의 중·고등학교 1, 2학년 학생들의 내재적 동기, 외재적 동기, 중요성, 실용성, 의사소통, 자기 발전, 외국인에 대한 호감이라는 7개 영어 학습 동기 요인과 영어 성취도의 관계를 살펴보았다. 영어 성취도는 실험에 참여한 학생들이 사용하는 영어 교과서를 바탕으로 만들어진 규칙 빈칸 메우기 시험(cloze test)을 통해 측정되었고 성취 수준이 높은 집단과 낮은 집단을 나누어 학년별로 영어 학습 동기에서 유의미한 차이를 나타내는지 조사하였다. 그 결과, 중학교 1, 2학년 학생들은 영어 성취도가 높은 집단이 더 높은 동기 수준을 보였지만 고등학교 1, 2학년 학생들의 영어 학습 동기에서는 성취도가 높은 학생과 낮은 학생 간의 유의미한 차이가 발견되지 않았다. 동기와 성취도의 상관관계를 조사한 결과 중학생에게는 유의미한 정적(+) 상관관계가 드러났지만, 고등학생에게는 나타나지 않았다. 각 요인이 영어 성취도와 맺는 관계에서는 외재적 동기를 제외한 6개의 요인들인 내재적 동기, 중요성, 실용성, 의사소통, 자기 발전, 외국인에 대한 호감이 성취도와 유의미한 정적 상관이 있음이 밝혀졌다. 그중 내재적 동기는 학생들의 영어 성취도와 가장 큰 정적 상관이 있었으나 그 관련성은 높지 않은 것으로 나타났고(r=.25) 다른 요인들의 상관관계 계수도 .20의 수준에 미치지 못하여 높은 상관성을 보이지 못했다.

고등학생의 자기결정성은 중학생에 비해 영어 성취도와 관련성이 더 낮은 것으로 밝혀졌다. 예를 들어 위혜정과 조정순(2010)은 227명의 고등학생을 대상으로 영어 학습 동기의 하위 구인을 내재적 동기, 경쟁동기, 의사소통 동기, 외재적 동기, 자기발전 동기, 정보와 지식 추구 동기, 외국인에 대한 호감 동기로 분류한 후 각 구인과 학생들의 중간고사 및 기말고사를 합산한 영어 학업 성취도 간의 관계를 조사하였다. 그들은 이효웅(1996)의 연구와 같은 절차로 먼저 상위집단과 하위집단의 영어 학습 동기의 차이를 살펴보았다. 그 결과, 상위집단 학생들이 하위집단 학생들에 비해 내재적 동기, 자기발전 동기, 정보와 지식추구 동기가 통계적으로 유의미하게 높은 것으로 나타났다. 그러나 영어 학습 동기와 학업 성취도의 상관관계는 이 연구에서도 전체적으로 높지 않았다. 경쟁 동기를 제외한 모든 동기 요인들이 영어 학업 성취도와 통계적으로 유의미한 상관관계를 보였으나 가장 높은 상관계수(r=.237)를 보인 정보와 지식추구 동기조차도 그 상관성이 높지 않은 것을 알 수 있다. 위혜정과 조정순은 이러한 결과를 바탕으로 영어 학습 동기와 성취도는 이 연구에 참여한 학생들에게 큰 관련성이 없는 것으로 추론하였다. 이를 확인하기 위해 그들은 동기 요인을 독립변인으로, 영어 성취도를 종속변인으로 하여 성취도에 대한 동기의 영향력을 회귀분석을 사용해 탐구하였고, 동기 구인 전체가 영어 성취도를 예측하는 총 설명력은 약 7% 정도임을 밝혀 냈다. 따라서 참여 고등학생들의 자기결정성으로 구현되는 영어 학습 동기는 영어 학습 성취도에 미치는 영향력이 높지 않다는 결론을 내릴 수 있다.

자기결정이론과 영어 성취도를 살펴본 국내 연구 결과들을 요약하면, 중학생의 경우에는 내재적 동기가 영어 성취도와 관계가 있는 것으로 밝혀졌다(이효웅, 1996). 그러나 고등학생들의 자기결정성이 영어 학습 성취도에 미치는 영향은 중학생에 비해 크지 않은 것으로 나타났다(위혜정 · 조정순, 2010). 이는 고등학교에 진학하면서 학생들이 대학수학능력시험 대비를 위한 영어 학습에 더욱 집중하게 되면서 학습 동기와 큰 관련이 없이 영어 학습을 해야만 하는 치열한 학교 현장의 현실이 반영된 것으로 볼 수 있다(김태영, 2013).

3) 제2언어 동기적 자아체계

Dörnyei(2005, 2009)는 Gardner(1985, 1988)가 제시한 사회교육모형 중 통합성(integrativeness)은 21세기 들어서 급격하게 변화하고 있는 시대상을 올바

르게 반영하지 못하므로 구인 타당도(construct validity)가 결여된 개념이라고 비판한다. 21세기에는 영어가 영어 원어민과 비원어민 간의 의사소통보다 비원어민 화자 간 경제적, 교육적/학술적, 정치적 교류를 위한 국제적 의사소통의 수단으로 사용되는 경우가 다수를 차지하고 있다. 이러한 실정에서 Dörnyei는 영어를 사용하는 원어민 집단을 상정하여 원어민에 동화되고자 하는 심리 구인인 통합성은 다수의 영어 학습자들이 가지고 있는 학습 동기를 설명하기에 그 타당성이 떨어진다고 주장한다. 또한 이미 Oller, Baca와 Vigil(1977)이 마키아벨리 동기(Machiavellian motivation)라고 명명한 바와 같이 목표언어가 사용되는 집단에 대한 적개심 혹은 정서적 반감이 그 언어를 더 열심히 학습하게 만드는 강력한 동기를 제공하는 경우도 발견되고 있다.

따라서 기존의 사회교육모형을 대체할 수 있는 새로운 패러다임으로 등장하는 것이 제2언어 동기적 자아체계다. Dörnyei(2005, 2009)에 따르면, 이 모형의 세 가지 핵심 구인은 이상적 제2언어 자아(ideal L2 self), 필연적 제2언어 자아(ought-to L2 self), 그리고 제2언어 학습 경험(L2 learning experience)이다. 제2언어학습에 있어 학습자는 해당 외국어를 사용하는 미래의 자기 모습을 상상하게 되고 자아상이 선명할수록 외국어 학습 동기가 더욱 높아질 수 있다. 이러한 미래 자아상은 이상적 제2언어 자아와 필연적 제2언어 자아로 구분되는데 이상적 제2언어 자아는 제2언어를 유창하게 구사하여 미래에 성취하고 싶은 자기 모습이다. 반면 필연적 제2언어 자아는 주변 사람들의 기대에 부응하고자 또는 부정적 미래상을 피하고자 영어 학습을 진행하는 두 가지 측면으로 나타날 수 있다. 전자의 경우는 부모 혹은 교사가 영어를 열심히 배워야 한다고 권유하기 때문에 영어 공부를 하는 것이 대표적인 예다. 후자의 예로는 낮은 영어 성적을 받고 싶지 않아서 혹은 영어 성적이 낮아서 취업에 실패하고 싶지 않기 때문에 영어 공부를 하는 것이 될 수 있다.[2] 마지막 구인인 제2언어 학습 경험은 제2언어 자아가 발현되는 환

2 Gardner(1985, 1988, 2010)의 도구성과 Dörnyei(2005, 2009)의 제2언어 동기적 자아체계는 개념적 유사

경적 측면을 의미한다. 예를 들어 영어 교사의 영향, 교육과정, 동료 학생들, 영어 학습의 성공/실패 경험 등은 영어 학습자의 이상적 제2언어 자아 혹은 필연적 제2언어 자아 형성에 영향을 끼친다.

3. 국내 영어 학습 동기 연구의 시대별 경향

위에서 설명한 사회교육모형, 자기결정이론, 제2언어 동기적 자아체계를 이론적 모형으로 설정하여 지금까지 국내에서 많은 연구가 수행되었고 지금도 마찬가지다. 이 절에서는 우리나라에서 그동안 수행되었던 영어 학습 동기 연구의 시기별 특징을 구분 및 정리하여 독자의 종합적 이해를 도모하고자 한다.

1) 영어 학습 동기 연구의 태동기: 1996–2001년

우리나라에서 영어 학습 동기 연구가 체계적으로 시작된 해는 1996년부터라고 볼 수 있다. 그 이후로 영어 학습 동기를 주제로 한 연구가 매년 지속적으로 학계에 발표되었다. 초기의 영어 학습 동기 연구에서 주요하게 살펴볼 연구로 앞의 86-87페이지에서 이미 설명한 이효웅(1996)의 연구를 들 수 있다. 이효웅의 연구와 같은 해에 정영숙(1996)은 전문계 고등학생 647명을 대상으로 설문지법을 사용하여 학습지향적 동기가 영어 학습 성취도와 학습 책략에 가장 크게 영향을 미치는 요인임을 보고하였다. 이렇듯 초기의 연구

성이 존재한다. Gardner가 언급하듯 제2언어를 배우는 도구성, 즉 미래에 그 언어를 도구로 삼아 더 좋은 삶의 조건을 갖추고자 하는 열망은 Dörnyei의 이상적 제2언어 자아와 유사하며 도구성 중 제2언어 학습에 실패한다면 미래에 실직, 진학 실패 등이 두렵기 때문에 열심히 제2언어를 학습하게 되는 것은 필연적 제2언어 자아의 부정적 측면과 관련되어 있다. 따라서 최근 영어 학습 동기 연구는 Gardner의 도구성을 두 가지로 세분하여 전자는 장려 도구성(promotion), 후자를 방어 도구성(prevention)으로 명명한다(상세한 논의는 후속하는 pp. 97-99를 참고할 것).

는 영어 학습 동기가 학습자들의 영어 성취도에 미치는 주요 심리적 구인임을 밝히고자 하였다.

2000년대 들어서는 영어 학습 동기를 구성하는 하위 구인들은 무엇이며, 이 중 어떤 구인이 학습자들의 영어 학습 동기에 더 큰 영향을 미치는지 탐구한 연구들이 학계에 발표되었다. Kang(2000)은 고등학교 1학년 학생 192명을 대상으로 설문지를 통해 영어 학습 동기 요인 여섯 개[통합적 동인, 불안, 교사 평가, 기능적 성취(adaptive achievement), 부적응 귀인(maladaptive attributions), 학습 환경에 대한 평가 요인]를 밝혔다. 이를 통해 그는 영어 학습 동기가 단일 심리 구인이 아니라 여러 하위 구인들이 서로 역동적으로 상호작용하며, 한국과 같은 EFL 환경에서는 도구적 동기 요인, 외재적 동기 요인, 내재적 동기 요인 등이 큰 영향을 끼친다고 주장하였다. 임상봉(2001)은 초등학생 733명을 대상으로 한 연구에서 이들의 영어 학습 동기 구인으로 내재적 동기, 외재적 동기, 통합적 동기, 도구적 동기, 의사소통, 중요성 구인이 존재한다고 주장하며, 초등학생들의 성별과 지역에 관계없이 도구적 동기 구인이 가장 우세하게 작용한다고 언급하였다. 이는 Kang(2001)의 연구 결과에서도 찾아볼 수 있다. 그는 중학교 3학년 학생 234명을 대상으로 설문을 시행하여 외적 지향성이 중학생들에게 우세한 동기임을 밝혔다. 후에 같은 학생들을 대상으로 이들이 고등학교 1학년이 되었을 때 동일한 설문을 한 번 더 실시하였다. 그 결과 중학교 때 나타난 외적 지향성보다 도구적 지향성이 더 강하게 나타났다고 보고하고 있다.

이와 같이 초기의 국내 영어 학습 동기 연구는 영어 학습에 미치는 동기의 중요성을 알리고 영어 학습 동기의 하위 구인으로 무엇이 있는지 주로 설문지법을 통해 밝히고자 노력하였다. 하지만 이 구인들을 요인분석과 같은 정량적 분석 방법으로 분류하고 서술하는 경향을 벗어나지는 못한 한계를 지니고 있다.

2) 영어 학습 동기 연구의 발전기: 2002–2008년

이 시기에는 영어 학습 동기 연구에 관한 학술적 관심이 점증하여 다양한 연구 주제와 방법이 활용되었다. 이 시기에서 주요하게 등장하는 연구 분야는 아래와 같이 네 가지로 구분할 수 있다.

(1) 학습 방법 및 환경이 동기에 미치는 영향 연구

2002년도에 발표된 국내 영어 학습 동기 연구는 학습 방법 및 환경이 동기에 미친 영향이 무엇인지 검증한 연구가 주를 이루고 있다. Hwang(2002a)은 53명의 대학생을 대상으로 설문지를 통해 영어만을 사용하는 내용중심 교수법(content-based instruction)이 학습자들의 동기에 어떠한 영향을 미치고 있는지 알아보고자 하였다. 그는 내용중심 교수법을 적용한 학습자들은 불안감이 증가하였고 학습 동기 구인 중 실용적 지향성이 비교적 크게 상승하였다고 보고하였다. 김수연과 김경자(2002)는 방학 기간 동안 영어권 국가에서 영어 학습 체험을 한 초등학생 185명과 그렇지 않은 학생 346명을 대상으로 설문을 실시하였다. 이 연구에서는 두 집단 사이의 영어 학습 동기 정도의 차이는 밝혀지지 않았지만 영어권 국가에서 영어 학습 체험을 하지 않은 학생들에게 외재적 동기가 더 강하게 나타난다는 사실이 밝혀졌다.

한편 1997년부터 시행된 초등영어교육이 정착되면서 초등학생들의 영어 학습 동기를 살핀 연구 논문도 발견된다(노유림 · 정혜영, 2006; Song, 2004). Song(2004)은 서울시 소재 초등학교 중 영어교육 시범학교에 재학 중인 5학년 학생 66명과 시범학교가 아닌 곳에 재학중인 학생 50명을 대상으로 설문을 실시하여 이들의 영어 학습 동기 수준에 차이가 있는지 연구하였다. 그 결과 시범학교 학생들의 영어 학습 동기 수준이 높고 스스로 학습하는 시간도 많았으며 성취 수준도 높았다고 보고하고 있다. 이와 같이 학습자들의 학습 방법 및 환경이 영어 학습 동기에 미친 영향을 탐구하여 어떠한 방법과 교육 환경이 학생들의 영어 학습에 도움이 되는지 알아보고자 하는 연구는 지금까지도 그 교육적, 정책적 필요성으로 인해 지속적으로 시행되고 있다.

(2) 영어 학습자 집단 비교 연구: 정량적 연구

2003년도 이후 영어 학습 동기에 관한 연구는 학습자 집단을 다양한 분류 기준에 따라 비교하는 연구가 많다. 이 시기의 선행 연구에서는 영어 학업 성취도에 따른 학습 동기 비교, 학년별, 성별 혹은 전공에 따른 비교, 동기 자체가 높은 학생들과 낮은 학생들을 비교한 연구를 찾아볼 수 있다(김해동, 2003; 정은희 · 김신혜, 2003; Kim, 2003).

학생들의 영어 학업 성취도에 따라 학습 동기를 비교한 연구로는 정은희와 김신혜(2003)가 있다. 그들은 영어 학업 성취도(상, 하)에 따른 중학생의 동기 유발 요인을 탐구하였는데 학업 성취도가 높은 학생 집단이 동기의 모든 하위 구인에서 높은 수치를 보였다. 영어 학업 성취도가 낮은 학생들의 경우에는 교사 요인이 모든 동기 구인들 중 가장 높은 평균값을 나타냈다. 또한 영어 학업 성취도가 높은 집단이든 낮은 집단이든 공통적으로 통합적 동기보다는 도구적 동기의 평균값이 높았다. 고등학생과 대학생의 영어 학습 동기 변화를 설문지법을 통해 고찰한 김해동(2003)은 고등학생의 경우 학기 초에 도구적 동기가 가장 높게 나타났다고 보고한다. 이는 정은희와 김신혜의 연구 결과와 일치하는 것이다. Kim(2003)은 대학생 59명을 영어 학습 동기가 높은 학생들과 낮은 학생들로 나눈 후, 그들에게 동일한 학습 자료를 제공하여 어떤 정서적 반응을 보이는지 관찰하였다. 그 결과 동기가 높은 집단이 학습 자료에 긍정적인 반응을 보였고, 교육 삽화가 사용된 학습 자료는 동기가 높은 집단 학생들의 동기를 유지시켜 주는 역할을 하였으며, 동기가 낮은 집단의 학생들에게는 동기를 증진시키는 역할을 하였다.

(3) 영어 학습 동기와 불안감

이 시기에는 영어 학습 동기와 불안감의 상관관계를 고찰한 연구도 비교적 꾸준히 발표되었다. Hwang(2002b)은 영어 강의를 수강하는 대학생들을 대상으로 설문지법을 통해 영어 학습을 할 때 나타나는 불안감과 동기가 학습자의 영어 학업 성취도에 미치는 영향을 분석하였다. 이 연구에 따르면 내재적 동기를 형성하고 있는 학습자는 불안감이 높을수록 성취도가 높았고, 외재적 동기를 형성하고 있는 학습자의 경우 불안감이 낮을수록 성취도가 높았다. 이와 같이 동기와 불안감은 서로 유의미한 상관성이 존재하고 있음을 알 수 있다. 그러나 김현진(2005)은 대학생 304명을 대상으로 실시한 설문을 통해 불안감이 높으면 영어 학습 동기가 낮아지고 이는 실제 영어 사용 빈도를 낮아지게 한다고 주장하였다. 한편 이해련과 김우형(2006)은 대학생 101명을 대상으로 불안감과 영어 학습 동기의 관계를 학습자의 성별과 학년별로 살펴보았다. 그들의 연구 결과에 따르면 여학생이 남학생보다 의사소통에 대한 불안감이 더 높았고 학년이 낮을수록 불안감이 높았다. 또한 불안감과 영어 학습 동기는 부적(-) 상관관계를 보이고 있음이 드러났다. 위의 연구를 통해 언어 불안감은 Hwang(2002b)의 내재적 동기가 유발된 대학생 학습자를 제외하면 대체로 학습자의 영어 학습 동기에 부정적인 영향을 미친다고 할 수 있다. 이는 주로 학습자의 성취도에도 좋지 못한 영향을 끼치는 것으로 밝혀졌다.

(4) 정성적 영어 학습 동기 연구의 부각

2004년을 기점으로 이전의 정량적 설문지 방식에서 탈피하여 관찰법이나 면담법(interview method)을 통해 학습자의 영어 학습 동기를 탐구하고자 하는 노력이 지속되어 왔다. 정남숙(2004)은 영어 작문 성취도가 높은 대학생 2명과 낮은 대학생 2명을 대상으로 관찰과 면담을 통해 영어 학습 동기의 관련성을 탐구하였다. 그는 영작 성취도가 높은 학생들에게는 도구적 동기가 가장 높게 나타났고 영작 성취도가 낮은 학생들에게는 동료 간의 압박과 이메일 교류 수업이 주는 신선함이 학습 동기를 높이는 요인이었음을 밝혔다.

김태영(2005)은 캐나다에 영어 어학연수를 온 지 1개월 이내인 한국인 대학생 5명을 대상으로 6개월간 반(半)구조형식(semi-structured) 면담을 실시하여 영어 학습 동기 변화를 관찰하였다. 이 연구에 따르면 어학연수 초기에는 외재적 동기가 참여자들에게 주로 관찰되었으나 약 3개월 후에는 내재적 동기가 발견되었다. 그러나 이들이 귀국하기 1-2개월 전에는 다시 외재적 동기로 변화하는 모습을 보였다.

Han과 Ha(2006)는 미국에 체류한 지 4-5년된 대학원생 2명(성공한 학습자와 덜 성공한 학습자)을 대상으로 면담법을 사용하여 문화와 학습 동기가 영어 학습에 어떠한 영향을 미치는지 조사했다. 면담 결과, 한국 문화는 강한 응집력으로 인해 학습자의 영어 노출 시간을 줄이는 원인이므로 영어 학습에 부정적인 영향을 미치는 것으로 밝혀졌다. 그러나 2명의 연구 참여자 모두 높은 수준의 도구적 동기를 형성하고 있어 동기 수준에 따른 영어 성취도의 차이는 발견할 수 없었다고 한다.

이상에서 정리한 정성적 방법에 의한 영어 학습 동기 연구는 심리측정학적 방법에 의거한 설문지법으로 파악할 수 없는 다채롭고 역동적인 동기 구인을 추출할 수 있다는 장점을 지닌다. 특히 이러한 정성적 연구 방법은 종단적(longitudinal)으로 변화하는 영어 학습 동기를 효과적으로 파악할 수 있으므로 앞으로 더욱 활성화될 것으로 예측된다.

3) 영어 학습 동기 연구의 성숙기: 2009년 이후 2014년 현재

이 시기에는 국외에서 시행되었던 Gardner의 사회교육모형을 대체하고자 하는 Dörnyei(2005, 2009)의 제2언어 동기적 자아체계에 입각하여 우리나라 학생들의 영어 학습 동기를 분석하려는 노력이 시작되었다. 또한 특정 원인에 의한 영어 학습 동기의 감소를 의미하는 탈동기화(demotivation)의 양상을 파악하려는 학술적 노력도 시작되었다.

(1) 영어 학습 탈동기 연구

2009년부터 영어 학습 동기의 감소 원인을 밝히고자 하는 연구가 국내 학자들 사이에서 활발히 이루어지고 있다. 이는 우리나라 공교육 현장에서 자주 발견되는 학습된 무기력(learned helplessness)을 방지하고자 하는 교육적 필요성 때문이다. K.-J. Kim(2009)은 407명의 중 · 고등학생들을 대상으로 설문을 실시하여 영어 교실에서 영어 학습 동기가 감소하는 요인을 밝히고자 하였다. 그 결과 탈동기 요인으로 교사의 능력과 교수 스타일, 부적절한 학습 교재, 영어 교실과 성적 시스템에 대한 불만족, 영어 학습에 있어서 동기 및 흥미 부족, 영어 학습의 어려움을 밝혔다. 이 가운데 동기 및 흥미 부족, 영어 학습의 어려움, 부적절한 영어 교재 구인과 학생들의 영어 학업 성취도는 부적 상관관계를 보인다고 밝혔다.

Lee와 Lee(2011)는 초등학생 170명을 대상으로 영어 학습 탈동기 요인을 밝히고자 하였다. 그들은 총 여덟 개의 탈동기 요인으로 교사의 성격과 교수 스타일, 구성원의 태도, 제2언어에 대한 부정적인 태도, 교실에서 나타난 수업 성격, 교실 환경, 영어 학습의 어려움, 줄어든 동기와 흥미, 시험 점수 등을 추출하였다. 또한 그들은 영어 성취도가 낮은 학생들이 위의 구인에 의해 더 탈동기화되는 경향이 있음을 밝혔다.

Kim과 Seo(2012)도 초등학생 6,301명을 대상으로 실시한 설문을 통해 영어 학습 동기 변화를 살펴보고자 하였다. 그들은 초등학생들의 학년이 증가할수록 영어 학습 동기가 감소한다는 것을 밝혔다. 또한 15명의 초등영어 교사를 면담하여 학생들의 영어 능숙도에 대한 과도한 사회적 기대, 학생들 간의 현저한 영어 능숙도 차이, 교사의 스타일이나 인내심 혹은 가르치는 것에 대한 흥미 부족이 학생들의 영어 학습 탈동기를 유발하는 주된 요인임을 제시하였다.

Jung(2011)은 대학생 200명을 대상으로 설문을 통해 학생들의 생애사(life history)적 영어 학습 동기 변화를 분석하였다. 이 연구에 따르면 영어 학습 동기는 15세까지 긍정적으로 유지되다가 이후 18세까지는 동기가 떨어진다. 그리고 대학교 입학 시기부터 다시 영어 학습 동기는 증가하여 23세까지 긍정적으로 유지된다. 그는 영어 학습의 탈동기 요인으로 학습 환경, 학습자, 교수 방법, 교사 스타일, 교재를 꼽고 있으며, 탈동기화되었던 학생이 다시 재동기화(remotivation)되는 주요 요인으로 영어 시험 성적의 상승을 꼽았다.

위의 연구에서 공통적으로 나타난 탈동기 요인은 교사의 교수 방식이었다. 이는 교사의 영어 교수 방식이 학생들의 영어 학습 동기 감소에 비교적 큰 영향을 미치고 있음을 제시하는 것이며, 교사의 교수 동기 향상 방안 역시 미래의 중요한 정책적 · 학술적 초점이 되어야 함을 암시하고 있다.

(2) 영어 학습 스타일이 학습 동기에 미치는 영향 연구

학습자의 지각적 학습 스타일(perceptual learning style), 즉 청각적, 시각적, 촉각적(kinesthetic) 스타일에 따라 영어 학습 동기 변화를 관찰하고자 한 연구 경향성도 발견된다. Kim과 Kim(2011)은 한국의 중 · 고등학생 495명을 대상으로 설문을 통해 이들이 어떤 학습 스타일을 지니고 있는지 조사하였고, 영어 학습 동기와 연관성이 높은 학습 스타일이 무엇인지 알아보았다. 이 연구에 따르면, 시각적 학습 스타일을 가진 학생들이 가장 많았고, 그 다음이 청각적 학습 스타일을 가진 학생들이었으며, 마지막으로 촉각적 학습 스타일을 가진 학생들이었다고 밝혔다. 이 중 시각적 학습 스타일을 가진 학생들이 동기화된 행동(motivated behavior)과 비교적 높은 정적 상관관계를 보였다고 언급하였다. 또한 그들의 연구에서는 학생들의 성별에 따라 특징적인 지각적 학습 스타일을 확인할 수 있는데 남학생들은 청각적 학습 스타일과 촉각적 학습 스타일이 주요하게 나타났다. 반면 여학생들에게는 시각적 학습 스타일이 주요하게 나타났다고 보고하고 있다.

위의 연구를 국가별 비교 연구로 확대 발전시킨 Yang과 Kim(2011)은 한국, 중국, 일본, 스웨덴 고등학생 총 330명을 대상으로 설문지를 통해 학습 스타일과 동기화된 행동의 관련성을 탐구하였다. 이를 통해 참여 학생들의 시각적, 청각적, 촉각적 학습 스타일이 이들의 동기화된 제2언어 행동을 예측하는 유의미한 변인이 되지 못하였고, 이상적 제2언어 자아만이 동기화된 행동을 예측할 수 있는 유의미한 변인임을 밝혔다.

(3) 제2언어 동기적 자아체계 연구

최근에 제안된 Dörnyei(2009)의 제2언어 동기적 자아체계를 도입한 연구는 국내에서 활발히 진행되고 있다. Dörnyei의 이 이론은 기존에 널리 알려진 Gardner의 사회교육모형과 비교했을 때 한국에서 영어를 외국어로 학습하는 상황을 더 잘 설명해 주고 있다. Kim과 Kim(2012)의 연구는 Dörnyei와 Gardner 이론을 직접적으로 비교하고 있는 실증 연구로서 중 · 고등학생 495명을 대상으로 제2언어 동기적 자아체계의 하위 구인인 이상적 제2언어 자아, 필연적 제2언어 자아 및 사회교육모형의 하위 구인인 통합성, 도구성(장려, promotion), 도구성(방어, prevention)을 포함한 설문을 실시하였다. 그들은 우리나라 학생들의 영어 학습 동기는 Gardner의 통합성에 의해서 설명하기보다 Dörnyei의 이상적 제2언어 자아 개념으로 설명하는 것이 더 설득력이 있다고 주장하였다. 또한 Gardner의 도구성(장려)은 Dörnyei의 이상적 제2언어 자아와 상관관계가 있고 도구성(방어)은 Dörnyei의 필연적 제2언어 자아와 정적인 상관관계가 있음을 밝혔다.

현재 우리나라에서 수행된 가장 대규모 연구 중 하나는 우리나라 초 · 중 · 고등학생 2,783명의 제2언어 동기적 자아체계를 Gardner의 사회교육모형과 함께 분석한 Kim(2012)의 연구다. 그는 제2언어 동기적 자아체계와 사회교육모형에 속해 있는 동기 구인들 중 어떠한 구인이 한국 학생들의 영어 능숙도를 잘 설명할 수 있는지 밝혀 내고자 하였다. 이를 위해 이상적 제2언어 자아, 필연적 제2언어 자아, 통합성, 도구성(장려), 도구성(방어), 동기화된 행동, 가족의 영향, 영어 학습에 대한 태도, 제2언어 사용 집단에 대한 태도, 문화적 관심, 탈동기화 중 어떠한 요인이 학습자들의 영어 성취도를 통계적으로 유의미하게 예측할 수 있는지 회귀분석을 통해 알아보았다. 11개의 요소들 가운데 참여자들의 영어 성취도 중 23%를 설명하는 것은 동기화된 행동, 탈동기화, 이상적 제2언어 자아, 필연적 제2언어 자아, 문화적 관심, 영어 학습에 대한 태도였다. 그중 동기화된 행동이 19%로 가장 큰 영향력을 가지고 있었으며 이상적 제2언어 자아와 필연적 제2언어 자아는 각각 0.7%만의 설명력을 가지는 것으로 나타나 매우 큰 영향력을 발휘한다고 보기 어려웠다. 사회교육모형의 주요 구인들인 통합성과 도구성은 참여자들의 영어 학습을 설명할 수 있는 유의미한 변인으로 추출되지 않았다. 이를 통해 우리는 사회교육모형에 비해 제2언어 동기적 자아체계가 한국 학생들의 영어 학습 동기를 이해하는 데 더 적절한 이론적 틀을 제공하고 있음을 알 수 있다.

윤지영과 김태영(2012)의 연구는 더 나아가 이상적 제2언어 자아와 필연적 제2언어 자아 및 통합적 동기와 도구적 동기 외에도 Ryan과 Deci(2000)의 내재적 동기와 외재적 동기를 포함하여 우리나라 초등학생과 중학생의 영어 학업 성취도에 유의미한 영향을 주는 동기 구인을 살펴보았다. 이 연구에 따르면 초등학생 및 중학생 참여자들은 내재적 동기와 외재적 동기, 그리고 통합적 동기가 영어 학업 성취도에 긍정적인 영향을 미쳤다. 또한 초등학생과 중학생 참여자들을 각각 분리하여 살펴본 결과, 초등학생은 이상적 제2언어 자아만이 가장 유의미한 영향을 미쳤고, 중학생은 내재적 동기와 외재적 동기가 가장 유의미한 영향을 미쳤다. 이는 초등학생들의 경우 긍정적인 미래상을 형성하는 것이 영어 능숙도의 향상을 가져올 수 있으나 상급 학교로 진학하면서 이러한 긍정적 미래상의 힘은 약화되고 내재적 · 외재적 동기가 학생들의 영어 학습에 직접적인 영향을 끼치고 있음을 제시하는 결과이다. 이에 대해 윤지영과 김태영은 초등학교에서 중학교로 진학하면서 학생들은 다양한 상황에 자신을 대입하여 미래의 자아상을 상상하는 것보다 학업과 좋은 성적에 대한 부모님의 기대를 충족시키고 싶어하는 외재적 동기의 형성이 성취도에 더 큰 영향을 미치게 된다고 설명하였다. 또한 영어 학습이 지속적으로 진행되는 과정에서 학업 자체에 대한 관심과 흥미가 높아져 학습 본연의 즐거움을 느끼게 되는 내재적 동기가 영어 성취도에 영향을 끼친다고 하였다.

김태영(2012)은 초 · 중 · 고등학생 39명을 면담하여 제2언어 자아와 영어 능숙도의 관련성을 고찰하였다. 이 연구에서 그는 이상적 제2언어 자아가 영어 학습에서 강력한 동기 요인으로 작용할 수 있다는 Dörnyei(2005)의 주장과 달리 필연적 제2언어 자아만을 지닌 학습자들도 높은 영어 능숙도를 보이는 경우가 있다고 주장하였다. 더욱 주목할 점은 필연적 제2언어 자아나 이상적 제2언어 자아 어떤 것도 형성하지 않고 무동기화된 학습자들도 영어 학습을 지속적으로 진행하여 일정 수준의 영어 능숙도를 달성한다는 점이다. 이에 대해 김태영은 한국적 영어 학습 상황에서는 (혹은 적어도 그의 연구에 참여한 학습자들에게는) 영어가 경쟁의 도구로 인식되며, 제2언어 자아의 형성 유무는 부차적인 중요성만을 지니게 되기 때문일 수 있다고 설명하였다. 이 연구에서 또 한가지 주목할 점은 이 연구에서 뛰어난 영어 성취도를 보인 학생들에게는 부모의 관심, 특히 아버지의 관심과 격려가 작용하고 있음이 밝혀졌다는 것이다. 참여자의 학년이 올라갈수록 어머니의 관심보다는 아버지의 관심과 격려가 이들의 영어 학습 동기 및 성취도에 긍정적으로 작용하고 있음을 밝히고 있다.

Dörnyei와 Ushioda(2011)는 제2언어 학습자가 앞으로 이루고 싶은 긍정적 제2언어 미래상과 자신의 현재 능숙도 간의 차이를 인식하고 이 차이를 줄이고자 할 때 학습 동기가 발생하며, 이는 영어 학습에 긍정적인 효과를 가져올 수 있다고 한다. 그러나 앞서 살펴본 제2언어 자아와 영어 성취도에 대한 결과를 종합해 보면, 우리나라 학생들의 이상적 제2언어 자아만이 영어 학습의 성공에 직결되는지에 대해서는 더 깊은 논의가 필요할 것이다. 또한 필연적 제2언어 자아가 우리나라 교육 환경에서 영어 학습에 어떠한 관련성을 가지는지에 대해서도 추후 후속 연구를 통해 보완되어야 할 것이다.

4. 요약 및 향후 전망

1) 요약

한국의 영어 학습 동기 연구는 학습자의 동기가 영어 학습에 중요한 영향을 끼친다는 것을 정량적 연구 방법을 통해 제시하면서 시작되었다. 또한, 영어 학습 동기가 어떠한 하위 구인으로 구성되며 학업 성취도에 큰 영향을 미치는 구인은 무엇인지를 밝히고자 한 것이 영어 학습 동기 연구의 태동기(1996-2001년)에 볼 수 있는 특징이었다.

영어 학습 동기 연구의 발전기(2002-2008년)에 들어서면서 다양한 주제 및 연구 방법을 사용해 연구의 저변이 확대되었다. 먼저, 학습 환경에 따라 학생들의 영어 학습 동기에 어떠한 변화가 있는지 탐구하고자 한 노력이 있었고 학생들의 영어 학습 동기를 유지 및 상승시키기 위해 어떠한 학습 환경을 제공해 주어야 하는지에 대한 성찰이 이루어졌다. 또한, 학생들의 성별이나 학년, 혹은 영어 성취도에 따른 비교를 통해 영어 학습 동기에는 어떠한 차이점이 존재하는지 밝히고자 하였으며, 외국어로서 영어를 학습해야 하는 학습 환경에서 영어 학습 동기와 불안감 사이의 관계도 연구되었다. 더불어 이 시기에는 연구 방법론의 새로운 경향성도 포착되었다. 주로 설문지법을 사용해 진행된 영어 학습 동기 연구가 이 시기에는 면담 및 관찰 등 정성적인 방법으로 확대되었고, 이후에는 이러한 정성적인 방법을 활용한 연구의 수가 점증하고 있다.

영어 학습 동기 연구의 성숙기(2009년 이후)에는 우리나라 공교육에서 10년에 걸쳐 이루어지는 영어 학습 과정에서 학습자들이 겪는 영어 학습 동기 변화, 특히 탈동기의 원인을 파악하여 학습 동기 유지 및 증진에 도움이 되고자 하는 교육적 목적을 가진 연구가 수행되었다. 학술 이론 측면으로는 1950년대 이후 영어 학습 동기 연구에 큰 영향을 미쳤던 Gardner(1985, 1988)의 사회교육모형과 2000년대 이후에 Dörnyei(2005, 2009)가 제시한 제

2언어 동기적 자아체계 중 무엇이 한국 학생들의 영어 학습 동기를 더 잘 설명하는가에 대한 검증이 이루어지고 있다.

2) 향후 전망

최근 제안된 Dörnyei(2005, 2009)의 제2언어 동기적 자아체계는 현재까지 많은 연구가 수행되지 않아 앞으로 더 많이 탐구되어야 할 분야다. 예를 들어 우리나라 학생들은 초기에 주로 부모님을 포함한 주변 사람들의 영향을 받아 영어를 공부해야만 한다는 필연적 2언어 자아를 형성할 수 있다. 이를 점차 내재화하여 이상적 제2언어 자아로 전환되어 인식할 가능성 역시 존재한다. 이 경우에는 구체적인 자신의 미래 모습을 상상하여 동기 유발된 행동으로 이어지고 궁극적으로 높은 수준의 영어 성취도를 나타낼 수 있다. 우리나라와 같이 영어를 의무적으로 초등학교 3학년에서 고등학교 3학년까지 최장 10년 동안 배워야만 하는 상황에서 학생들은 선택 유무와 무관하게 영어를 학습해야만 한다. 따라서 학생들이 이상적 제2언어 자아 혹은 필연적 제2언어 자아 어떤 것도 마음속에 형성하지 않더라도 무동기화된 영어 학습이 계속될 가능성이 있다. 이때에도 학생들은 일정 수준의 영어 성적을 유지할 가능성을 배제할 수 없다. 미래의 제2언어 동기적 자아체계 연구에서는 무동기화된 영어 학습에 대해서도 심도 있는 논의가 필요할 것이다.

또한 탈동기 연구의 발전도 기대할 수 있다. 탈동기 연구 역시 그 역사가 길지 않아 설문지를 통해서 영어 학습 탈동기의 속성을 파악하는 선행 연구가 많았고 면담법을 시행하여 탈동기를 살펴보고자 한 것은 Kim과 Seo(2012)를 제외하면 극소수만이 발견된다. 이 역시 교사와 면담한 자료를 다루고 있어서 학생들의 입장에서 심도 있게 관찰된 결과라고 보기는 어렵다. 앞으로는 다양한 학습자들을 대상으로 장기적인 관찰 및 면담을 통한 영어 학습 탈동기의 변화 연구도 필요할 것이다.

방법론적으로 앞으로의 영어 학습 동기 연구는 설문지법을 사용한 연구보다 정량적인 방법과 정성적인 방법을 종합하여 활용하는 혼합 연구(mixed methods)나 비교적 장기간에 걸쳐 정성적 방법(longitudinal qualitative approach)을 사용하는 연구가 활성화될 것으로 예측된다. 이는 우리나라에서 영어를 학습하는 것은 공교육에서 적어도 10년, 그리고 대학 진학 이후에도 취업 및 승진 등의 다양한 이유로 추가적으로 오랜 학습 기간이 소요되기 때문이다. 학생들의 영어 학습 동기는 항상 일정하게 유지되는 것이 아니고 시간이 흐르면서 발생하는 학습 환경의 변화와 그 변화를 학습자가 어떻게 인지하는가에 의해 예상하기 어려운 방향으로 변화할 수 있는 역동적 심리 구인이다. 따라서 미래의 영어 학습 동기 연구는 자료의 다각화(data triangulation)와 장기간에 걸친 혼합 연구를 통해 학습 동기의 다면성 · 가변성을 고찰해야 할 것이다.

참고문헌

김수연 · 김경자(2002). 방학기간동안 영어권 나라에서의 영어 학습 체험이 초등학생의 영어 학습 동기 및 태도에 미치는 영향. 『교육과학연구』, *33*, 109-129.

김태영(2005). 캐나다 토론토 지역 한국인 ESL 어학연수생의 학습 동기 사례 연구: 종단적/정성적 접근법. 『사회언어학』, *13*(1), 1-28.

김태영(2009). 제2언어 학습 동기 연구 50년사: 변천과 전망. 『영어교육연구』, *21*(1), 273-302.

김태영(2012). 한국 초 · 중등학생들의 영어 학습동기 및 제2언어 자아 분석: 정성적 인터뷰 접근법. 『영어학』, *12*(1), 67-99.

김태영(2013). 『영어 학습 동기 연구의 최근 경향』. 서울: 한국문화사.

김태영 · 김미소(2013). 국내 영어 학습동기 연구: 이론별, 주제별 변천과 전망. 『영어교육연구』, *25*(1), 121-144.

김해동(2003). 대학생과 고교생의 영어 학습 동기와 학습 전략 변화 비교. 『응용언어학』, *19*(1), 189-212.

김현진(2005). 언어 불안감, 자각 능력, 의사소통의사 및 동기와 제2언어 의사소통 빈도의 관계: 한국 EFL 상황을 중심으로. 『외국어교육』, *12*(1), 161-184.

노유림 · 정혜영(2006). 초등학교 6학년 영어과 프로젝트 학습이 언어기능, 영어불안도, 학습동기에 미치는 영향. 『교육과학연구』, *37*(1), 129-149.

박혜숙(2006). 동기와 언어불안감이 영어 말하기능력에 미치는 영향. 『외국어교육』, *13*(4), 219-241.

위혜정 · 조정순(2010). 학습 동기, 학습 전략, 학업성취도의 관계: 한국 고등학교 영어학습자의 경우. 『영어학』, *10*(4), 807-838.

윤지영 · 김태영(2012). 영어 학습에 대한 부모의 학업기대유형과 학생의 영어 학습 동기가 학업성취도에 미치는 영향. 『영어교육연구』, *24*(1), 211-233.

이해련 · 김우형(2006). 정의적 요인과 구두 의사소통간의 관계: 불안감, 학습동기와 의사소통의 지를 중심으로. 『영어영문학』, *32*(1), 245-267.

이효웅(1996). 한국 중 · 고등학생의 태도와 동기가 영어학습에 미치는 영향. 『영어교육』, *51*(2), 3-34.

임상봉(2001). 초등 영어 학습자들의 학습동기 유발과 지속을 위한 효과적인 교수전략 연구. 『초등영어교육』, 7(2), 122-163.

정남숙(2004). 국제이메일 교류가 학습동기에 미치는 영향. 『영어학』, *4*(4), 615-639.

정영숙(1996). 성취동기가 영어 학습전략과 성취도에 미치는 영향 및 성별로 본 차이. 『영미어문학』, *49*, 197-220.

정은희 · 김신혜(2003). 영어 학업 성취 수준에 따른 중학생들의 동기유발 요인 및 책략사용에 관한 연구. 『외국어교육』, *10*(2), 227-250.

Dörnyei, Z. (2003). *Attitudes, orientations, and motivations in language learning: Advances in theory, research, and applications.* Malden, MA: Blackwell.

Dörnyei, Z. (2005). *The psychology of the language learner: Individual differences in second language acquisition*. Mahwah, NJ: Lawrence Erlbaum.

Dörnyei, Z. (2009). The L2 motivational self system. In Z. Dörnyei & E. Ushioda (Eds.), *Motivation, language identity and the L2 self* (pp. 9-42). Bristol, UK: Multilingual Matters.

Dörnyei, Z., & Ushioda, E. (2011). *Teaching and researching motivation* (2nd ed.). London: Pearson.

Gardner, R. C. (1985). *Social psychology and second language learning: The role of attitudes and motivation*. London: Edward Arnold.

Gardner, R. C. (1988). The socio-educational model of second language learning: Assumptions, findings, and issues. *Language Learning*, *38*(1), 101-126.

Gardner, R. C. (2010). *Motivation and second language acquisition: The socio-educational model.* New York: Peter Lang.

Gardner, R. C., & Lambert, W. E. (1959). Motivational variables in second language acquisition. *Canadian Journal of Psychology, 13*, 266-272.

Gardner, R. C., & MacIntyre, P. D. (1992). A student's contributions to second language learning. Part I: Cognitive variables. *Language Teaching, 25*, 211-220.

Gras, S. M. (1983). *Integrative attitude and difficulties second language learners encounter in comprehending informal speech: A study of Korean graduate students attending the University of Texas*. Unpublished doctoral dissertation, The University of Texas at Austin, TX, USA.

Jung, S.-K. (2011). Demotivating and remotivating factors in learning English: A case of low level college students. *English Teaching, 66*(2), 47-72.

Han, M.-S., & Ha, J.-B. (2006). Culture and motivation in second language acquisition: A case study with two Korean graduate students in an ESL situation. *Korean Journal of English Language and Linguistics, 6*(2), 351-371.

Hwang, J.-B. (2002a). L2 learners' anxiety and motivation in an English-only content-based class. *English Teaching, 57*(1), 193-211.

Hwang, J.-B. (2002b). The role of anxiety and motivation in Korean EFL learners' acquisition of content knowledge. *Foreign Languages Education, 9*(3), 1-22.

Kang, D.-H. (2000). Motivation is such a complex process. *English Teaching, 55*(3), 3-39.

Kang, D.-H. (2001). Foreign language learning (EFL) motivation revisited: A Longitudinal study. *Foreign Languages Education, 8*(2), 223-244.

Kim, H.-D. (2003). Individual differences in motivation with regard to reactions to ELT materials. *English Teaching, 58*(3), 177-203.

Kim, K.-J. (2009). A comparative analysis of demotivation in secondary English classes. *English language & Literature Teaching, 15*(4), 75-94.

Kim, T.-Y. (2005). Reconceptualizing second language motivation theory: Vygotskian activity theory approach. *English Teaching, 60*(4), 299-322.

Kim, T.-Y. (2006). Motivation and attitudes toward foreign language learning as socio-politically mediated constructs: The case of Korean high school students. *The Journal of Asia TEFL, 3*(2), 165-192.

Kim, T.-Y. (2009). The sociocultural interface between ideal L2 self and ought-to self: A case of two Korean students' ESL motivation. In Z. Dörnyei & E. Ushioda (Eds.), *Motivation, language identity and the L2 self* (pp. 248-273). Bristol, UK: Multilingual Matters.

Kim, T.-Y. (2010). Socio-political influences on EFL motivation and attitudes: Comparative surveys of Korean high school students. *Asia Pacific Education Review, 11*, 211-222.

Kim, T.-Y. (2011). Sociocultural dynamics of ESL learning (de)motivation: An activity theory analysis of two adult Korean immigrants. *The Canadian Modern Language Review, 67*(1),

91-122.

Kim, T.-Y. (2012). The L2 motivational self system of Korean EFL students: Cross-grade survey analysis. *English Teaching, 67*(1), 29-56.

Kim, T.-Y., & Seo, H.-S. (2012). Elementary school students' foreign language learning demotivation: A mixed methods study of Korean EFL context. *The Asia-Pacific Education Researcher, 21*(1), 160-171.

Kim, Y.-K., & Kim, T.-Y. (2011). The effect of Korean secondary school students' perceptual learning styles and ideal L2 self on motivated L2 behavior and English proficiency. *Korean Journal of English Language and Linguistics, 11*(1), 21-42.

Kim, Y.-K., & Kim, T.-Y. (2012). Korean secondary school students' L2 learning motivation: Comparing L2 motivational self system with socio-education model. *English Language & Literature Teaching, 18*(1), 115-132.

Kwon, O. (1986). *Cultural connotations of English for Koreans: A study of acquisition and attitudes.* Seoul: Hanshin.

Lee, J.-H., & Lee, C.-H. (2011). Demotivating factors in learning English for elementary school students. *Primary English Education, 17*(1), 327-356.

Norton, B. (2000). *Identity and language learning: Gender, ethnicity, and educational change.* London: Longman.

Oller, J., Baca, L., & Vigil, A. (1977). Attitudes and attained proficiency in ESL: A sociolinguistic study of Mexican Americans in the Southwest. *TESOL Quarterly, 11*, 173-183.

Ryan, R. M., & Deci, E. L. (2000). Intrinsic and extrinsic motivations: Classic definitions and new directions. *Contemporary Educational Psychology, 25*, 54-67.

Song, J.-K. (2004). The effect of primary English model schools: Motivation and achievement in English learning. *English Teaching, 59*(3), 167-196.

Ushioda, E. (2003). Motivation as a socially mediated process. In D. Little, J. Ridley, & E. Ushioda (Eds.), *Learner autonomy in the foreign language classroom: Learner, teacher, curriculum and assessment* (pp. 90-103). Dublin, Ireland: Authentik.

Yang, J.-S., & Kim, T.-Y. (2011). The L2 motivational self system and perceptual learning styles of Chinese, Japanese, Korean, and Swedish students. *English Teaching, 66*(1), 141-162.

Yashima, T. (2009). International posture and the ideal L2 self in the Japanese EFL context. In Z. Dörnyei & E. Ushioda (Eds.), *Motivation, language identity and the L2 self* (pp. 144-163). Bristol, UK: Multilingual Matters.

제5장

제2언어 읽기 책략 연구의 흐름과 전망*

조정순 건국대학교

1. 서론

외국어교육 분야에서 학습자의 의식적 노력이나 교사의 적극적 개입에 의해 학업 성취도에 긍정적 영향을 줄 수 있는 유력한 영역으로 인식되어 온 학습 책략은 1980년대 이후 제2언어 교수-학습 분야에서 가장 활발하게 연구된 주제 가운데 하나다. 처음에는 포괄적으로 학습 책략(learning strategy)의 연구에 주력하였으나 90년대 중반 이후로는 전반적 학습의 효율성 및 성취도에 있어서 읽기능력의 중요성에 주목하여 좀 더 구체적으로 읽기 책략에 초점을 둔 연구들이 활발하게 진행되어 왔다. 읽기 책략의 중요성에 대한 인식을 잘 보여 주는 것 중 하나가 북미 지역의 교육계에서 매우 활발하게 진행되고 있는 읽기 책략 훈련 프로그램 관련 연구들로서 그 목적을 학습상의 어

* Joh, Jeongsoon (2014). Research in L2 reading strategy: An overview. In O. Kwon (Ed.), *New horizons in English education research* (pp. 107–129). Seoul: Seoul National University Press.

려움을 겪고 있는 학생들의 학습능력 제고에 두고 있다.

읽기 책략에 관한 방대한 양의 연구들이 독해의 성공 혹은 실패에서 책략의 중요성을 입증하여 왔으나 대부분의 연구가 주로 모국어(L1), 특히 모국어로서의 영어(ENL) 맥락에서 이루어져 왔고 제2언어(L2) 상황에서의 연구는 축적된 연구 성과가 상대적으로 다소 미약하다고 볼 수 있다. 그러나 앞서 언급한 바와 같이 L1에서의 읽기 책략 선행 연구들의 상당수가 주로 학습상의 어려움을 겪고 있는 학생들을 위한 치료 프로그램의 개발을 목적으로 하고 있음을 상기할 때, 학습 전반에 걸쳐 읽기 책략의 절대적 중요성을 짐작할 수 있으며, 더욱이 한국의 영어 학습자들과 같이 모국어가 아닌 제2언어로 읽고 이해하여 그 이해의 결과를 학습 과업에 적용해야 하는 L2 학습자들의 경우 효과적인 읽기 책략 구사의 중요성은 더욱 커질 수밖에 없을 것이다. 실제로 ESL 학습자를 대상으로 한 연구에서 Hardin(2001)은 L2 읽기에서의 책략 사용은 L2 능숙도보다 더 중요한 역할을 한다고 주장한 바 있다.

이렇듯 성공적인 제2언어학습에서 효율적인 책략 구사의 중요성과 학습의 전반적 효율성 및 성취도에 있어서 읽기능력의 중요성에 주목하여 1990년대 이후로 학자들은 기존의 학습 책략 연구에 바탕을 두되, 보다 구체적으로 읽기 책략에 초점을 둔 연구들을 활발하게 진행시켜 왔다(Anderson, 1991, 1999; Brantmeier, 2002; Carrell, 1989; Mokhtari & Reichard, 2002; Pritchard, 1990; Pritchard & O'Hara, 2008; Shah, Yusof, Lip, Mahmood, Hamid, & Hahim, 2010; Sheorey & Mokhtari, 2001; Singhal, 2001; Tercanlioglu, 2004; Young & Oxford, 1997).

한국에서는 1990년대 이후 읽기 책략에 대한 본격적인 연구가 시작된 것으로 보이는데, 그 절대적 양이 많다고는 할 수 없어서 최근 20여 년간 국내에서 발행된 영어교육 관련 주요 학술지에 게재된 논문 가운데 읽기 책략을 직접적으로 탐구한 논문은 수험 책략에 관한 연구를 포함하여도 20여 편 가량에 지나지 않는다(가령, 모슬기 · 김영숙, 2009; 이정원 · 구미자, 2005; Joh,

2006, 2012, 2013; Lee, 2002, 2004; Lee & Oxford, 2007; Maeng, 2006; Oh, 1998; Park Y-Y, 1996, 1998; Park, Y, 2010; Song, 1999). 그러나 성공적이고 효율적인 언어학습에 있어서 학습자의 자율적 학업 운영 능력이 현재 제2언어학습 분야에서 중요한 쟁점으로 인식되고 있다는 점과 책략, 지식 등 자신의 모든 역량을 총동원하여 활발하게 텍스트의 의미를 구축해 가는 능동적인 존재로서의 독자의 중요성을 강조하는 독해이론의 정석을 고려할 때, 한국의 영어교육을 포함한 제2언어 교수-학습 분야에서 읽기 책략에 관한 보다 활발한 연구가 필요하다고 생각된다.

2. 국내외 관련 연구 동향과 성과

1) 개관

읽기 책략에 관한 최근 20여 년 간의 국내외 연구 경향을 살펴보면 상당수의 연구가 교육심리학 분야에서 주도적으로 수행되었고 주로 L1 맥락에서 학습 부진 학생들을 대상으로 책략 훈련이 학습 및 독해에 어떤 효과가 있는지를 고찰하는 데 초점을 두고 있음을 알 수 있다. L1 학습자 대상 연구의 방대함에 비하면 영어를 포함한 L2 읽기 분야에서의 연구는 그리 많다고 할 수는 없는데, 그 연구들의 대부분은 스페인어 혹은 중국어를 모국어로 구사하는 ESL 학습자들을 대상으로 하고 있다. 그리고 ENL 맥락에서의 연구들과 마찬가지로 L2 학습 맥락에서의 연구도 책략 훈련에 초점을 둔 경우가 상당수를 차지하고 있다.

책략 훈련 이외의 주제를 다룬 연구의 경우에는 책략 사용과 학습자 변인 간의 관계를 규명하려는 시도들이 주를 이루고 있으며, 가장 많이 연구된 학습자 변인은 언어 능숙도다(Anderson et al., 1991; Block, 1986; Carrell, 1989; Cohen, 1994; Koda, 2005; Phakiti, 2003). 연구 결과를 살펴보면 대체로 능숙도가 높은 독자들이 책략을 더 많이 사용하고 좀 더 전체적인(global) 책략을 구사하며, 낮은 능숙도 수준의 독자들도 꽤 많은 책략을 사용하기는 하지만 그들의 문제점은 책략을 과업 특성에 적절하게 사용하지 못하거나 오히려 과업 수행에 해가 되는 책략을 사용한다는 결론을 내놓고 있다. 이와 관련하여 Chamot(2004)는 과업의 요건을 이해하고 그러한 요건을 충족시킬 수 있는 책략을 선별하여 사용할 수 있는지의 여부가 효율적인 책략 사용의 관건이라고 주장한 바 있다.

한편 최근 15년간 국내에서 수행된 영어 읽기 책략 관련 연구들을 개괄하면, 주로 설문지를 이용하여 학생들의 책략 사용 실태를 파악한 후 독해 수행 결과에 대한 책략의 기여도 혹은 둘의 상관성을 파악하려는 시도(송희심, 1998; Chin, 1997; Ham, 2002; Park, 1998; Song. 1999), 읽기시험수행 책략에 대한 연구(이정원 · 구미자, 2005; Lee, 2002, 2004; Oh, 1998), 읽기 책략 훈련의 효과 검증(Park, 1996) 등으로 요약될 수 있고 드물게 학습자의 성격유형과 독해 책략의 관계를 연구한 논문도 있었다(모슬기 · 김영숙, 2009).

우선 책략 사용과 독해 수행 결과의 관련성에 주목한 연구들로부터 대략적 결론을 이끌어 낸다면, 성공적인 학습자일수록 전체 의미 파악, 즉 이해에 주력하고 덜 성공적인 학습자들은 단어의 의미나 문장구조의 이해, 즉 해독에 주력하는 경향이 있다. 이는 국외 연구에서 얻어진 결론과 얼마간 일치한다고 볼 수 있다. 그러나 연구자들 자신이 지적하고 있듯이 피험자들의 수준이나 그 수준을 구별하는 기준 혹은 실험에 사용한 읽기 자료의 특성 등이 결과에 영향을 미칠 수 있고, 읽기 책략을 이끌어 내는 방식에 따라서도 결과에 편차에 생길 수 있다. 연구 도구의 측면에서 볼 때 인용된 논문들 가운데 Chin(1997)만이 사고구술(think-aloud) 기법을 사용했고, 대부분의 연구가 실제 책략 사용과 읽기 수행 결과를 직접적으로 고찰하는 대신 효과적인 읽기 책략에 대한 학습자의 인식 정도와 읽기 수행 결과를 간접적으로 비교한 것이므로 앞으로는 실제 읽기 수행 중 독자가 구사한 책략과 읽기 수행 결과의 관계를 보다 직접적으로 고찰하는 연구가 필요할 것으로 보인다.

읽기시험수행 책략(test-taking strategy)에 관한 연구에서는 주로 선다형 문항에 응답할 때 수험자들이 사용하는 책략과 시험 결과의 관계를 고찰하고 있으며, 주요 결과를 보면 추론하기 유형의 문제에서 책략 사용의 다양성과 빈도가 가장 크다는 것과 수험 책략이 상위 수준의 학습자에게 더 큰 영향을 미친다는 것 등을 들 수 있다. 그리고 독해 책략 교육의 효과를 다룬 Park(1996)의 경험적 연구는 대학생들을 대상으로 8주 동안의 책략 훈련이 일반적 독해능력과 회상능력에서 유의미한 향상을 가져왔다고 밝히고 있다. 국외에서의 읽기 책략 연구의 많은 부분이 책략 훈련을 통한 학습 효율성 증진을 추구하는 것과 비교해 본다면 국내에서는 이러한 주제의 연구가 매우 미미한 편이라고 하겠다.

영어 읽기 책략에 관한 비교적 최근의 국내 연구 두 편은 이전의 연구들에서 다루어지지 않았으나 책략 연구와 관련하여 중요한 의의를 가질 수 있는 주제를 다루고 있는데, 우선 Maeng(2006)은 읽기의 세 단계로 분류되는 읽기 전, 읽기 중, 읽기 후의 각 단계별로 대학생 수준의 한국 영어 학습자들이 사용하는 읽기 책략에 차이가 있는지 살핀 결과, 읽기 전 단계 및 읽기 후 단계에서는 보상 책략을, 읽기 중 단계에서는 인지 책략을 더 많이 쓴다고 보고하였다. 또한 하위 수준의 학습자들에 비해 상위 수준 학습자들이 모든 단계에서 월등히 많은 책략을 사용함을 발견하였다. 그러나 이 연구는 책략을 이끌어 내기 위한 도구로서 설문지만을 사용하였다는 점에서 한계가 있다.

한편 중학생을 대상으로 읽기 책략 측정 도구로서의 설문지와 사고구술의 차이를 비교 연구한 Lee와 Oxford(2007)는 이 두 가지 측정 방식이 상호 보완적인 측면이 더 크다는 것, 과업이 없거나 과업 수행 전보다 과업 후에 책략을 추출하는 것이 학생들로 하여금 더 정확하게 자신의 책략을 기술할 수 있게 한다는 점을 발견하여 읽기 책략과 관련된 연구에서 과업 도입의 필요성을 상기시키고 있다.

2) 읽기 책략 연구의 주요 쟁점들

L2 학습에 있어서 읽기 책략의 중요성에 대한 인식의 전반적 공유에도 불구하고, 현재까지의 읽기 책략 관련 연구들은 여러 가지 한계점과 문제점을 노정하고 있다. 즉, 읽기 책략에 관한 연구들이 독자(학습자)에 대해 정확하고 포괄적으로 이해하고 이러한 이해를 바탕으로 궁극적으로 L2 학습자의 학업 성취도를 향상시키는 데 공헌하기 위해서는 앞으로 더 연구되어야 할 영역들이 많이 남아 있다. Brantmeier(2002)의 지적과 같이 L2 읽기 책략에 관한 선행 연구들은 연구 대상자, 사용된 과업의 형태 및 읽기 자료 등이 매우 다양해서 서로 다른 연구에서 도출된 결과들을 비교하거나 L2 읽기에서 책략의 역할에 관한 일반화를 이끌어 내기 어려운 측면이 있다. 이하에서는 읽기 책략 연구 방법과 관련하여 중요하다고 생각되는 몇 가지 문제에 대하여 기술한다.

우선 학습자들로부터 읽기 책략을 이끌어 내는 방식(도구, 절차)에 초점을 두어 살펴보면, 그간 선행 연구에서는 회고적(retrospective) 면담, 녹음이나 비디오 촬영을 이용한 자극 회상(stimulated recall) 면담, 설문지, 일지쓰기(journal writing), 사고구술 등이 사용되어 왔는데, 이 가운데 가장 빈번히 사용된 방법은 책략 설문지(책략 목록 체크하기 포함)와 사고구술 기법이다.

설문지를 사용한 읽기 책략 연구들은 대체로 구체적인 읽기 과업의 수행을 동반하지 않은 채 학습자들이 평소 사용하는 책략이나 사용의 정도를 표시하게 하는 방법을 통하여 읽기 책략에 대한 그들의 인식이나 책략 사용의 전반적 경향만을 이끌어 내려 한 경우가 많았다. 이처럼 선행 연구에서 책략 설문지가 광범위하게 사용되고 있음에도 불구하고, 아직까지 대다수 연구자들이 흔쾌히 동의하는 통일된 기준이 없어 설문지를 연구자가 임의로 구성하여 사용하거나 Oxford(1990)의 SILL을 읽기에 적합하게 개조하여 사용하거나(참조: Reading SILL, Lee & Oxford, 2007), 몇몇 연구들은 Mokhtari와 Sheorey(2002)가 개발한 SORS(Survey of Reading Strategy)를 사용하고 있다

(Park, 2010). 책략 도출을 위한 설문지 혹은 책략 목록에 관해서는 별도의 장에서 상세히 다루기로 한다.

한편 실제로 과업을 수행하게 하여 사용 책략을 이끌어 낸 연구에서는 사고구술 방식을 이용한 사례가 가장 많았는데, Chamot(2004)는 사고구술 기법이 읽기 과정 중의 실시간 정보처리와 관련된 책략을 이끌어 내는 데는 적합하지만 기획이나 평가와 같은 상위인지 책략을 이끌어 내기에는 적절치 않다고 지적하고, 각각의 방식들은 나름의 장단점이 있으므로 보다 설명력 있는 자료 수집을 위해 두세 가지 정도의 서로 다른 자기보고(self-report) 방식을 함께 사용할 것을 권장한 바 있다. 이와 관련하여 Lee와 Oxford(2007)는 경험적 연구를 통해 설문지와 사고구술 기법은 대체로 상보적인 책략 사용 자료를 추출해 내며, 학습자들은 수행할 읽기 과업이 주어졌을 때에 그렇지 않을 때보다 더 정확하게 자신의 책략 사용에 대해 고찰할 수 있음을 밝혔다. 따라서 향후의 읽기 책략 관련 연구에서는 이러한 점을 염두에 두고 최소한 두 가지 이상의 자료 수집 도구를 활용하여 학습자들의 책략 사용을 보다 정확하고 포괄적으로 표집할 필요가 있다고 생각된다.

다음으로 읽기 책략을 이끌어 내기 위해 사용된 읽기 과업의 유형을 살펴보면, 기존의 읽기 책략 관련 연구들은 책략을 분류하는 데 있어서는 다양한 틀을 사용해 온 반면, 책략 추출을 위한 독해 과업의 유형은 매우 제한적인 경향을 보이고 있다. 직접적으로 읽기 과업을 수행하게 하지 않은 상태에서 설문지에만 의존하여 책략 사용을 추론한 연구들은 차치하고, 어떤 구체적 과업을 수행하게 한 후 사고구술 기법 등을 통해 책략을 이끌어 낸 경우라 하더라도 회상(recall) 과업을 사용한 극소수의 경우를 제외하면 그 과업의 유형이 거의 지문을 읽고 문제에 답하는 것으로 한정되어 있다. 그런데 그 문제의 유형 또한 선다형 문항이 절대다수를 차지하고 있어서 과업의 유형에 따른 책략 사용의 변이를 충분히 포착해 내지 못하는 한계를 지닌다고 할 수 있다.

그러나 많은 연구자들(Alexander, Graham, & Harris, 1998; Koda, 2005;

Phakiti, 2003)이 밝혀왔듯이 읽기의 목적에 따라 읽기의 과정과 책략은 영향을 받게 되며, 독자는 텍스트의 난이도, 과업 요구(task demands) 등과 같은 과업 관련 변인에 적합한 책략을 구사하게 된다. 이처럼 읽기의 목적과 준거 과업(criteria task)의 특성이 독자의 책략 선택에 영향을 미치고 궁극적으로 읽기의 결과에 영향을 줄 수 있다는 것은 오랫동안 많은 연구자들에 의해 정립된 관점이다(Bransford, 1979; Chamot, 2005; Johnston, 1983; Oxford, Cho, Leung, & Kim, 2004; Vollmeyer, Burns, & Holyoak, 1996). 즉 학습자들이 사용하는 읽기 책략은 개개 학습자에게 일정하게 적용되는 것이 아니라 특정 상황에서 읽기의 목적이 무엇인가, 또 읽은 내용과 연계된 과업의 유형이 무엇인가에 따라 상당히 가변적일 수 있다는 것이다.

그러므로 선택형 문항을 이용한 독해 과업에서 사용되는 L2 읽기 책략은 다른 유형의 과업, 가령 읽기-쓰기가 통합된 수행 기반 과업에서 사용되는 책략과 다를 수 있으며, 또한 선택형 독해 과업을 이용하여 추출된 읽기 책략을 다른 과업을 사용한 읽기 책략 연구 결과와 비교하는 것은 큰 의미가 없는 일일 수 있다. 이해를 측정하는 데 사용된 과업 유형이 다르다면, 그 과업들이 과연 같은 종류의 능력을 평가한 것인지 확신하기 어렵기 때문이다. 따라서 향후 읽기 책략에 관한 연구에서는 동일한 학습자군을 대상으로 여러 가지 다른 읽기 과업에서 읽기 책략 사용 경향성을 고찰함으로써 과업 유형별 읽기 책략 사용 변이 여부를 실증적으로 탐구할 필요가 있다.

이상에서 언급한 읽기 책략 연구 방법상의 문제와 관련하여 읽기 과업의 유형과 책략 도출 도구의 차이가 어떤 영향을 줄 수 있는지 실증적으로 탐색한 최근의 연구로 Joh(2012, 2013)를 들 수 있다. Joh는 기존의 읽기 책략 연구와 달리 읽기 책략의 도출을 위한 도구로 책략 목록, 사고구술, 인터뷰를 동시에 도입하고, 읽기와 연계된 과업의 유형도 선택형, 개방형, 빈칸 추론 등 다양한 세부 유형으로 구성된 독해 문제와 요약하기의 두 가지를 도입함으로써 이러한 변인들이 L2 학습자들의 읽기 책략 사용에 미치는 영향을 검토하였다. 그 결과, 읽기 책략 도출 시 구체적인 읽기 과업이 독자들에게 부여될 때와 그렇지 않을 때 과업의 유형에 따라 그리고 책략 도출의 시점(즉, 읽기 과업 수행 전과 수행 중, 수행 후)에 따라 L2 학습자들로부터 도출된 읽기 책략의 양과 질에 상당한 차이가 있음을 발견하였다.

읽기 책략 연구와 관련하여 또 다른 중요한 쟁점으로 읽기 책략 목록을 들 수 있다. 앞에서 언급하였듯이 읽기 책략 연구에서 가장 빈번히 사용하는 책략 추출 도구 가운데 하나가 바로 책략 설문지이다. 사고구술 기법이 독해 과정 중의 실시간 인지 작용을 추출할 수 있는 가장 좋은 방법이긴 하지만 시간과 노력이 많이 필요하다는 현실적인 문제가 있는 반면, 설문지는 동시에 많은 사람들의 책략 사용 유형이나 책략(사용)에 대한 인식을 측정할 수 있다는 장점이 있기 때문이다. 이러한 설문지를 제작하기 위해 필요한 것이 체계화되고 포괄적인 읽기 책략 목록과 개별 책략의 세부 특성을 고려한 책략 범주 분류 방식인데, 현재까지 SILL에 비견될 만한 통일된 읽기 책략의 목록은 확립되지 않았다고 볼 수 있다. 여러 연구들이 각기 다른 읽기 책략 목록에 기반한 설문지를 사용하고 있음이 그 반증이다.

그러나 서로 다른 연구자들의 읽기 책략에 관한 연구 결과를 상호 비교하고 이로부터 이론적, 교육적 시사점을 이끌어 내기 위해서는 어느 정도 통일성이 확보된 책략 목록을 구성하여 사용할 필요가 있을 것이다. 따라서 다음 절에서는 그간의 선행 연구에서 사용된 책략 설문지들을 살펴보고 각각의 특성과 한계를 고찰함으로써 향후 연구의 방향을 가늠해 보고자 한다.

3. 읽기 책략 목록의 개발

1) 개관

Chamot(2004)는 학습자들의 자기보고를 통해 그들이 사용하는 책략을 찾아내려는 연구에서 중요한 쟁점 중의 하나로 책략을 식별해 내는 절차와 용어/분류 방식을 들고 있다. 선행 연구에서 사용된 읽기 책략 분류 방식들을 몇 가지 간략히 살펴보면 다음과 같다.

(1) 하향식(top-down) 책략/상향식(bottom-up) 책략

이 분류는 읽기 책략을 전체적(global) 책략과 지엽적(local) 책략의 두 부류로 나누는 방식과 매우 유사하며, Abbot(2006), Block(1986, 1992), Carrell(1989), Schuller(1999), Young과 Oxford(1997) 등의 연구에서 사용된 바 있다.

(2) 인지(cognitive) 책략/상위인지(meta-cognitive) 책략

O'Malley와 Chamot(1990)의 학습 책략 분류에 기반을 둔 것으로 Flavell(1979), Phakiti(2003), Purpura(1998) 등의 연구에서 사용되었다.

(3) 인지 책략/상위인지 책략/보상(compensatory) 책략

Anderson(1991, 1999)이 개발한 이 분류 방식과 목록은 Anderson 자신의 연구와 Maeng(2006)의 연구에서 사용되었다.

(4) 전체적 책략/문제-해결(problem-solving) 책략/지원(support) 책략

Mokhtari와 Riechard(2002)는 자신들이 개발한 총 30문항의 SORS(Survey of Reading Strategies)를 위 세 부류로 나누었는데, 이 방식은 그들 자신의 읽기 책략 연구와 Park(2010)의 연구에서 사용되었다.

(5) Anderson, Bachman, Perkins과 Cohen (1991), Cohen과 Upton(2007), Pritchard(1990), Pritchard와 O'Hara(2008) 등도 자신들만의 읽기 책략 목록을 개발하여 사용하였다.

영어 읽기에 관한 국내의 연구들을 분석한 조정순과 선효승(2007)에 따

르면 영어 읽기 책략에 대한 국내 연구의 주된 경향은 대체로 설문지를 이용하여 책략 사용 실태를 파악한 후 독해 수행 결과에 대한 책략의 기여도 혹은 둘의 상관성을 파악하려는 시도였다. 그런데 현재와 같이 표준화되고 공인된 읽기 책략 목록이 없는 상태에서는 영어 읽기 책략이라는 공통의 주제를 탐구한 여러 다른 연구자들의 결과를 교차 비교, 해석하여 일반화를 도출하거나 그 결과를 교육 현장에 적용하려 할 때 적지 않은 문제점과 어려움이 발생할 것을 예상할 수 있다.

국외의 제2언어 읽기 책략 연구 역시 위에서 예시한 바와 같이 연구자들마다 조금씩 다른 읽기 책략 목록을 사용하거나 책략 유형의 구분법을 달리 함으로써 연구 결과의 일반화가능성과 적용성에 일정한 한계를 내포하고 있다. 즉 국외 선행 연구에서 사용되었던 읽기 책략 목록들을 자세히 들여다보면 L2 학습자들이 사용하는 읽기 책략을 모두 포괄하기엔 너무 간략하거나 읽기에 특화된 책략이라기보다 Oxford(1990)의 SILL을 그대로 가져옴으로써 L2 읽기에 온전히 적용하기엔 다소 애매한 책략들을 포함하는 경우도 있다.

그러나 Oxford 등(2004)이 지적한 바와 같이 다양한 L2 학습의 맥락과 양상을 고려하여 학습 과업의 유형 및 특성과 특수한 교수-학습 맥락에 최적화된 책략 체계를 개발, 적용할 필요성에 주목할 필요가 있다. 그러한 관점에서 이하에서는 최근 20여 년 간 국내외에서 수행된 읽기 책략 관련 선행 연구에서 사용된 대표적인 책략 목록과 그 체계를 살펴보고 그 문제점과 한계를 검토해 보고자 한다.

2) 기존 연구에서 사용된 (L2) 읽기 책략체계

(1) Pritchard의 책략 체계(Pritchard, 1990; Pritchard & O'Hara, 2008)

L2 읽기에서 책략 사용의 문제를 본격적으로 다룬 중요한 초기 연구 가운데 하나인 Pritchard(1990)에서는 총 22개의 책략을 5개의 하위 범주로 정리하

표 1. Pritchard(1990), Pritchard와 O'Hara (2008)의 읽기 책략 체계 비교

Pritchard, 1990	Pritchard & O'Hara, 2008
Developing Awareness (3)	*Monitoring Comprehension* (4)
2. Recognizing loss of concentration	
Accepting ambiguity (4)	3. Formulate a question
4. Skipping unknown words	
Establishing Intrasentential Ties (5)	*Establishing Intrasentential Ties* (2)
11. Using context clues to interpret a word or phrase	6. Paraphrase
Establishing Intersentential Ties (4)	*Establishing Intersentential Ties* (2)
16. Confirm/Disconfirm an inference	7. Relate to previous portion of the text
Using Background Knowledge (6)	*Establish IngIntertextual Ties* (4)
17. Using background knowledge of the discourse format	12. Speculate beyond information presented in the text

고 있는데, 비교적 최근 연구인 Pritchard와 O'Hara(2008)에서는 이 가운데 10개를 제외한 4개 범주의 12개의 책략을 제시하고 있다. 표 1은 동일 저자에 의한 두 가지 책략 체계를 요약한 것으로, 지면상 각 유형별로 해당 책략을 한 가지씩만 예시한 것이다. 괄호 안의 숫자는 각 유형에 속하는 구체적 책략의 총수를 가리킨다.

2008년의 책략 목록이 1990년의 그것과 다른 점은 이전의 목록에서는 여러 개로 나뉘어졌던 책략들을 하나로 묶는 등의 방법으로 이전에 비해 책략의 수가 절반 가량으로 줄어든 것과[1] 의식 개발하기(Developing awareness)와 모호성 수용하기(Accepting ambiguity)라는 두 개의 범주를 이해 점검하기(Monitoring comprehension)라는 하나의 범주로 묶고, 배경지식 이용하기(Using background knowledge)라는 범주를 텍스트 간 연결 확립하기(Establishing intertextualties)라는 범주로 명칭을 바꾸어 책략의 범주화에 통일

1 좌측의 예시 책략은 모두 2008년 체계에서 삭제된 것들임.

성을 기하려 했음을 짐작할 수 있다

이러한 변화는 중첩될 여지가 있는 책략들을 하나로 간략하게 묶거나 딱히 무엇을 말하는지 모호한 책략을 목록에서 제외시킨 긍정적인 효과가 있었다고 평가되지만, 반면에 모르는 단어 건너뛰기, 담화구조에 대한 배경지식 활용하기 등과 같이 실제로 L2 독자들이 사용할 개연성이 있는 책략들을 삭제함으로써 책략 목록의 포괄성에 약간 부정적인 결과를 가져올 수도 있을 것으로 판단된다.

Pritchard의 읽기 책략 체계는 L2 독자들을 대상으로 한 최근 연구인 Shah 등(2010)에서 원용되었는데, 이들은 Pritchard(1990)의 책략 체계를 약간 변형시켜 총 28개의 책략 목록을 구성하였지만, 책략 분류의 방식은 감독하기(supervising), 지원(support), 환언(paraphrase)의 세 범주를 채택하고 있다. 그런데 Shah 등의 연구에서 사용된 책략 범주화 방식은 그 명칭에서도 드러나듯이 약간의 문제가 있다고 생각된다. 가령 감독하기 및 지원 책략군(群)이 O'Malley와 Chamot(1990), Oxford(1990)의 상위인지 및 보상 책략군을 연상시키는 반면, 환언 책략군은 이들 두 범주와 다르게 지나칠 정도로 구체적이고 범위가 한정되는 유형으로 여겨진다는 것이다.

(2) Anderson의 책략 체계(Anderson, 1991, 1999)

Pritchard의 읽기 책략 체계가 전통적인 학습 책략 체계(예: O'Malley & Chamot, 1990; Oxford, 1990)에서 벗어나 읽기의 본질에 초점을 둔 책략들을 구성하고 범주화 방식 또한 읽기에 특화된 유형 분류를 택하고 있다면, Anderson의 읽기 책략 체계는 전반적인 언어학습보다 읽기와 직결되는 측면에 초점을 두었다는 점에선 Pritchard와 공통점을 지니지만, 유형 분류 방식과 명칭에서는 전통적인 학습 책략 체계의 틀을 크게 벗어나지 않는다는 특징을 보인다.

즉 그는 읽기 책략 유형을 크게 인지, 상위인지, 보상의 세 범주로 구분하고 있는데, 각 유형에 속하는 책략들을 살펴보면, 전통적인 학습 책

표 2. Anderson(1999)의 읽기 책략 목록

A. *Cognitive Reading Strategies* (총 11개 책략)
1. Predicting the content of an upcoming passage or section of the text.
2. Concentrating on grammar to help you understand unfamiliar constructions.
B. *Metacognitive Reading Strategies* (총 5개 책략)
12. Setting goals for yourself to help you improve areas that are important to you.
16. Evaluating what you have learned and how well you are doing to help you focus your reading.
C. *Compensating Reading Strategies* (총 6개 책략)
17. Relying on what you already know to improve your reading comprehension.
24. Classifying words into meaningful groups to help you remember them more clearly.

략 체계에서 제시한 범주화의 기준과 상당히 유사함을 알 수 있다. 표 2는 Anderson(1999)이 제시한 세 가지 읽기 책략 유형과 각 유형에 해당되는 책략의 예를 제시한 것이다.

Anderson 읽기 책략 체계의 특징을 살펴보면, 전통적인 학습 책략에서 사회/정의적 책략으로 분류되었던 협동하기와 관련된 책략이 상위인지 읽기 책략에 포함되어 있고, 그가 보상적 읽기 책략으로 제시한 책략들의 대다수(6개 중 5개)는 기억하기와 관련된 것임을 알 수 있다. 그런데 그가 같은 보상적 책략으로 분류한 선행 지식을 활용하기는 기억하기와 약간 동떨어진 것이고 오히려 동일 연구자의 인지적 읽기 책략군에 포함되어도 무방한 것이라 볼 수 있어 이 분류 방식의 일관성과 명료성에 약간의 의문을 갖게 한다.

이와 같은 문제는 책략의 유형 범주를 간소화하려는 과정에서 오히려 동일 범주에 속한 책략의 본질적 특성을 모호하게 하는 오류를 범하는 결과로 이어질 수 있다고 판단되므로 향후 연구에서 범주화의 기준에 대한 보다 엄밀한 검증이 필요하다고 생각된다.

(3) SORS(Mokhtari & Sheorey, 2002)

Mokhtari는 Sheorey, Riechard 등과 함께 읽기 책략에 관한 일련의 연구를 수행하였는데, 처음엔 L1 읽기에 기반한 MARS(Metacognitive Awareness of Reading Strategies)를 개발하고 이를 L2 읽기 책략에 보다 적합하도록 약간 변형시킨 SORS(Survey of Reading Strategies)를 산출함으로써 L2 읽기 책략에 관한 본격적인 연구의 기초를 마련했다고 볼 수 있다. 표 3은 Mokhtari와 Sheorey(2002)가 제시한 세 가지 읽기 책략 유형과 각 유형에 해당되는 책략의 예를 제시한 것이다.

SORS는 MARS와 마찬가지로 총 30항목으로 구성되어 있는데, 그들은 L2 읽기의 특성을 고려하여 MARS에서 요약하기, 이해 점검을 위한 토의하기와 관련된 책략을 삭제하고 그 대신에 L2 독자에게만 해당될 두 가지 책략, 즉 모국어로 번역하기와 목표어와 모국어 두 언어 체계로 정보를 생각해 보기를 포함시켰다. 이와 같이 SORS는 L2 읽기와 직결된 책략들을 비교적 잘 아우르고 있다고 생각되지만 연구자들이 스스로 인정하고 있듯이 실제로 L2 독자들이 사용하는 책략을 최대한 포함하고 있다고 말하기는 어렵고, 여기에서도 역시 개별 책략들을 특성에 따라 범주화하는 방식에서 일정 부분

표 3. SORS (Mokhtari & Sheorey, 2002)

A. *Global Strategies* (13항목)
1. I have a purpose in mind when I read.
21. I critically analyze and evaluate the information presented in the text.
B. *Supervising Strategies* (9항목)
5. When text becomes difficult, I read aloud to help me understand what I read.
29. When reading, I translate from English into my native language.
C. *Problem Solving Strategies* (8항목)
7. I read slowly but carefully to be sure I understand what I'm reading.
14. When text becomes difficult, I pay closer attention to what I'm reading.

경계의 모호함이 발견된다. 가령, 위에 예시된 "지문이 어려워지면 이해를 원활히 하기 위해 소리 내어 읽는다"라는 책략은 감독하기 책략군에 포함되어 있는 반면 "지문이 어려워지면 이해를 증진시키기 위해 다시 읽는다"는 책략은 문제 해결하기 책략군으로 분류하고 있는 것이 그러한 판단을 뒷받침한다.

(4) Reading SILL

Lee와 Oxford(2007)는 Oxford(1990)의 SILL에서 읽기와 관련되는 30개의 책략을 추출하여 Reading SILL을 구성하였는데, Reading SILL의 책략들은 SILL의 6개 범주(즉, 상위인지, 인지, 보상, 기억, 사회적, 정의적 책략)에서 모두 추출되었지만, 상대적으로 인지 책략(11개)과 상위인지 책략(7개)이 가장 많은 비중을 차지하고 있다. 표 4에 예시된 Reading SILL의 항목들은 어떻게 SILL의 학습 책략들을 읽기에 적합하도록 수정하였는지 보여 준다. 표 안의 밑줄은 저자가 독자의 편의를 위하여 첨가한 것이다.

Reading SILL은 L2 학습 책략 연구에서 광범위하게 사용되고 있는 SILL을 바탕으로 한 만큼 타당도나 신뢰도에 있어서 유리한 입지를 확보할 개연성이 있으나, 다른 읽기 책략 체계들과 마찬가지로 보완되어야 할 측면이 없지 않다. 가령, "영어와 우리말 간의 유사점과 차이점을 찾는다"나 "내가 이미 알고 있는 것과 영어에서 새로 배우는 것 간의 관계에 대해 생각해본다" 등은 읽기에 특화되었다기보다 영어 학습 전반에 걸친 광범위한 것이

표 4. Reading SILL (Lee & Oxford, 2007)

2. I plan what I am going to accomplish in <u>English reading</u> each day or each week.
12. To understand unfamiliar English words, I make guesses.
16. I take notes in class <u>while reading in English</u>.
18. I say or write new English words several times to remember <u>while reading</u>.
26. I work with other language learners to practice, review, or share information about <u>reading in English</u>.

고, "나는 읽을 때 영어의 패턴을 발견하려 노력한다"와 같은 책략은 구체적으로 무엇을 지칭하는지 모호할 수 있다. 그리고 "나는 영어 텍스트를 읽을 때 내가 긴장하거나 신경이 곤두서 있는지를 인지한다"라는 항목은 통상 의식적으로 노력을 기울여 학습을 촉진하려는 행위로서의 책략 개념과 궤를 달리하므로 책략의 개념 정의와 관련하여 더 많은 논의의 필요성이 제기된다.

(5) RSQ(Reading Strategy Questionnaire)

Oxford 등(2004)은 과업의 존재 여부와 난이도에 따라 학습자의 책략 사용이 어떤 영향을 받는지 연구하면서 Ikeda와 Takeuchi[2000, Oxford 등(2004)에서 재인용]가 사용했던 읽기 책략 설문지를 약간 수정하여 사용하였는데, 이 RSQ는 총 35개의 책략을 읽기 전, 읽는 중, 읽고 나서라는 세 부류로 나누고 있다. 표 5는 세 유형에 해당하는 책략을 예시한 것이다.

앞서 소개한 다른 책략 체계들과 비교해 볼 때 RSQ에는 실제 L2 학습자들이 읽기 과정에서 사용할 수 있는 매우 구체적인 책략들이 다수 포함되어 있음을 알 수 있는데 가령, "나는 문장을 문법적으로 나누기 위해 사선(slash)을 이용한다" 혹은 "나는 구조를 이해하기 위해 그러나, 게다가 등의

표 5. RSQ (Oxford et al., 2004에 의해 수정됨)

Before I read a text (총 3문항)
1. I use the title to help predict the contents
3. I skim it first and later I read for details.
While I am reading a text (총 31문항)
5. I pay attention to the beginning and the end of each paragraph.
11. I continue reading even if I have difficulty.
24. I make a picture in my mind about what the text is saying.
After I read a text (총 1문항)
35. I summarize it in my own words.

연결어에 주목한다" 등이 그것이다. RSQ의 또 다른 특징은 개별 책략들의 내적 특성을 고려하여 책략의 유형을 구분한 다른 연구자들과 달리, 읽기 과정의 시간적 흐름에 따라 책략을 분류함으로써 앞서 지적했던 여러 분류 방식상의 문제 가능성을 아예 배제하고 있다는 점이다.

반면, "나는 텍스트 전체를 소리 내어 읽는다"와 "나는 텍스트의 어려운 부분들을 소리 내어 읽는다"의 경우, 중요한 부분에 밑줄 치기와 중요한 부분에 색깔 펜으로 표시하거나 별 표시하기와 같이 유사하거나 내용이 겹치는 책략을 목록 안에 포함하고 있는 점 등은 보완과 재고가 필요한 부분이라고 판단된다.

이상에서 살펴본 봐와 같이 읽기 책략에 관한 선행 연구에서는 L2 학습의 여러 측면을 전체적으로 아우르는 포괄적인 책략 체계와 다른, 읽기에 특화된 책략 체계를 사용하려는 다양한 시도가 있어 왔음을 알 수 있다. 여기에서 소개한 선행 연구에서의 읽기 책략 체계들은 각각의 특징과 장점, 단점을 가지고 있지만, 광의의 L2 학습 관련 연구에서 SILL이 가진 지위에 필적할만한 고유의 읽기 책략 목록 및 분류 체계는 아직 자리 잡지 못했다고 할 수 있다.

그러나 서론에서 이미 언급한 바와 같이 L2 학습자들의 읽기 책략에 관한 연구에서 각기 다른 도구를 이용하여 측정된 읽기 책략을 근거로 읽기 책략에 대한 인식이나 실제 책략의 사용과 L2 학습의 다른 측면의 관계를 추론하려는 연구, 혹은 학습자들의 읽기 책략 사용 실태를 파악하여 그들이 학습에서 어려움을 겪고 있는 부분을 진단하고 그로부터 효율적 읽기 지도 프로그램을 구안하고자 하는 연구들이 각자 다른 자신들만의 읽기 책략 체계를 도구로 사용한다면 연구 성과의 일반화와 현실 적용 가능성은 제한적이 될 개연성이 충분하다.

따라서 다양한 접근방식을 활용하여 L2 독자들로부터 그들이 실제로 사용하는 책략을 최대한 이끌어 내고, 엄밀한 분석을 통해 최적의 읽기 책략 목록을 구성하며, 이렇게 구성된 읽기 책략 목록을 최대한 많은 수의 L2 학습자들을 대상으로 반복적으로 시행해 봄으로써 그 타당성과 신뢰도를 검증하는 과정을 거친다면, L2 읽기 연구자들 사이에서 널리 사용될 수 있는 표준화된 읽기 책략 체계를 확립하는 의미 있는 첫걸음이 될 수 있을 것이다.

4. 요약 및 제언

이상에서 최근 30여 년 간 국내외에서 수행된 읽기 책략 관련 연구를 대략적으로 살펴보았다. 이 분야의 연구 성과를 요약해 본다면, 일반적 학습 책략과 구별되는 읽기 혹은 L2 읽기 책략에 특화된 연구가 어느 정도 자리를 잡았다고 볼 수 있다는 점, 그러나 동시에 연구 방법론의 측면에서 아직은 체계가 확립되었다고 보기에 다소 부족한 면이 있다는 점 등을 꼽을 수 있겠다. 이하에서는 향후 이 분야의 국내 연구 활성화와 이론적 정립, 영어교육적 적용성의 확장을 위해서 몇 가지 제언을 하고자 한다.

첫째, 현재까지 대부분의 관련 연구가 실제 책략 사용과 읽기 수행의 결과를 직접적으로 고찰하기보다 효과적인 읽기 책략에 대한 학습자들의 인식 수준과 그들의 읽기 수행 결과를 간접적으로 비교한 것이므로 책략의 사용이 읽기 수행에 미치는 영향을 정확히 파악하기에는 한계가 있을 수 있다. 따라서 향후 실제로 읽기 수행 중에 구사한 책략과 읽기 수행 결과의 관계를 보다 직접적으로 고찰하는 연구가 필요할 것으로 보인다. 이는 또한 읽기 책략과 관련된 연구에서 적절한 과업을 도입할 필요성과도 직결된다. 과업을 선택할 때는 연구자의 입장에서 현실적인 경제성의 고려와 함께 그것이 읽기의 본질적 과정을 잘 반영할 수 있는 과업인지에 대한 타당성도 고려해야 할 것이다.

다음으로 국외에서 수행되는 읽기 책략 연구의 상당수가 책략 훈련을 통한 학습 효율성 증진을 추구하는 것과 비교하여 국내에서는 이러한 현장 연구가 활발하지 않은 편인데, 장 · 단기적 책략 훈련 프로그램의 효과를 검증하는 실증적 연구의 활성화가 필요할 것으로 생각된다. 즉 교사와 연구자의 지속적 협동 연구를 통해 한국의 다양한 영어 학습자 집단과 그들이 처한 환경의 특성에 최적화된 책략 훈련 방법을 발견해 낸다면 영어 학습의 효율성을 제고하는 데 실질적인 기여를 할 수 있을 것으로 기대된다.

마지막으로, 읽기 책략 연구에서 매우 중요한 도구 중 하나인 읽기 책략 설문지의 신뢰성 및 타당성 확보를 위해 책략 목록의 구성 및 범주화 작업이 좀 더 정교화될 필요가 있다. 이 글의 제3절에서 살펴본 바와 같이 지금까지의 읽기 책략 연구는 연구자들마다 각기 다른 읽기 책략 목록 및 범주 구분을 사용함으로써 연구 성과의 체계적 분석 및 적용에 일정한 한계를 보이고 있다. 따라서 L2 읽기 상황에 적합한, 포괄적이면서도 합리적인 읽기 책략 목록의 개발을 통해 관련 연구들 간의 상호 비교를 가능하게 하고, 이를 기반으로 연구 성과의 교육적 적용성을 높여야 할 것이다.

참고문헌

모슬기 · 김영숙(2009). 한국 중고등학교 영어 학습자들의 성격 유형에 따른 영어 독해전략 연구. 『영어어문교육』, *15*(4), 291-311.

송희심(1998). 대학수학능력고사에 따른 영어읽기 방식과 영어읽기에 대한 메타인지의 변화. 『영어교육』, *53*(4), 265-290.

이정원 · 구미자(2005). 영어 읽기 시험-수행 전략 사용에 관한 사례 연구. 『영어교육연구』, *17*(2), 179-201.

조정순 · 선효승(2007). 한국에서의 영어읽기 연구: 경향과 성과. 『영어교육』, *62*(2), 381-413.

Abbott, M. L. (2006). ESL reading strategies: Differences in Arabic and Mandarin speakers test performance. *Language Learning*, *5*(4), 633-670.

Alexander, P. A., Graham, S., & Harris, K. R. A. (1998). A perspective on strategy research: Progress and prospects. *Educational Psychology Review*, *10*(2), 129-154.

Anderson, N. (1991). Individual differences in strategy use in second language reading and testing. *Modern Language Journal, 75*, 460-472.

Anderson. N. (1999). *Exploring second language reading: Issues and strategies*. Boston: Heinle & Heinle.

Anderson, N., Bachman, L., Perkins, K., & Cohen, A. (1991). An exploratory study into the construct validity of a reading comprehension test: Triangulation of data sources. *Language Testing, 8*(1), 41-66.

Block, E. (1986). The comprehension strategies of second language readers. *TESOL Quarterly, 20*, 463-494.

Block, E. (1992). See how they read: Comprehension monitoring of L1 and L2 readers. *TESOL Quarterly, 26*(2), 319-341.

Bransford, J. D. (1979). *Human cognition*. Belmont, CA: Wadsworth,

Brantmeier, C. (2002). Second language reading strategy research at the secondary and university levels: Variations, disparities, and generalizability, *The Reading Matrix, 2*(2), 1-14.

Carrell, P. L. (1989). Metacognitive awareness and second language reading. *Modern Language Journal, 73*, 121-133.

Chamot, A. U. (2004). Issues in language learning strategy research and teaching. *Electronic Journal of Foreign Language Studies, 1*(1), 14-26.

Chamot, A. U. (2005). Language learning strategy instruction: Current issues and research. *Annual Review of Applied Linguistics, 25*, 112-130.

Chin, C. (1997). Korean college ESL readers' metacognitive awareness and preferences about reading in English. *English Teaching, 52*(3), 83-101.

Cohen, A. D. (1994). English for academic purposes in Brazil: The use of summary tasks. In C. Hill & K. Parry (Eds.), *From testing to assessment: English as an international language* (pp. 174-204). London: Longman.

Cohen, A. D., & Upton, T. A. (2007). "I want to go back to the text"; Response strategies on the reading subtest of the new TOEFL. *Language Testing, 24*(2), 209-250.

Flavell, J. (1979). Metacognition and cognitive monitoring: A new era of cognitive-development inquiry. *American Psychologist, 34*, 906 - 911.

Ham, S. (2002). The self-efficacy model of language learning strategy and EFL reading achievement. *English Teaching, 57*(1), 111-130.

Hardin, V. B. (2001). Transfer and variation in cognitive reading strategies of Latino fourth-grade students in a late-exit bilingual program. *Bilingual Research Journal, 25*(4), 539-561.

Ikeda, M., & Takeuchi, O. (2000). Tasks and strategy use: Empirical implications for questionnaire studies. *JACET Bulletin, 31*, 21-32.

Joh, J. (2006). What happens when L2 readers recall? *Language Research, 42*(2), 205-238.

Joh, J. (2012). L2 reading strategies reconsidered: Variation in strategy use as a function of task type and elicitation device. *English Teaching, 67*(1), 3-28.

Joh, J. (2013). Re-examining the relationship between strategy use and L2 reading performance. *Korean Journal of Applied Linguistics, 29*(1), 273-306.

Johnston, P. H. (1983). *Reading assessment: A cognitive basis*. Newark, DE: International Reading Association.

Koda, K. (2005). *Insights into second language reading*. Cambridge, UK: Cambridge University Press.

Lee, J. (2002). An exploratory study on reading comprehension test-taking processes and strategies in EFL context. *English Teaching, 57*(4), 177-195.

Lee, J. (2004). A study on English reading test-taking strategies. *English Teaching, 59*(4), 145-166.

Lee, K.-R., & Oxford, R. (2007). Triangulating think-alouds and questionnaire in reading strategy assessment: An exploratory study. *English Teaching, 62*(3), 331-356.

Maeng, U. (2006). How are reading strategies used in different reading stages? *English Teaching, 61*(1), 185-204.

Mokhtari, K., & Reichard, C. (2002). Assessing students' metacognitive awareness of reading strategies. *Journal of Educational Psychology, 94*, 249-259.

Mokhtari, K., & Sheorey, R. (2002). Measuring ESL students' awareness of reading strategies. *Journal of Developmental Education, 25*, 2-10.

Oh, J. (1998). A study on EFL reading instruction: Practice and its effects. *Foreign Languages Education, 4*(1), 67-89.

O'Malley, M., & Chamot, A. U. (1990). *Learning strategies in second language acquisition*. New York: Cambridge University Press.

Oxford, R. (1990). *Language learning strategies: What every teacher should know*. Boston: Heinle & Heinle.

Oxford, R., Cho, Y., Leung, S., & Kim, H.-J. (2004). Effect of the presence and difficulty of task on strategy use: An exploratory study. *International Review of Applied Linguistics, 42*, 1-47.

Park, Y. (2010). Korean college students' reading strategy use to comprehend academic texts in English. *Korean Journal of Applied Linguistics, 26*(3), 291-324.

Park, Y. Y. (1996). Self-regulated strategy training in second language reading: Its effects on reading comprehension, strategy use, reading attitudes, and learning styles of university ESL students. *Foreign Languages Education, 2*(1), 59-80.

Park, Y. Y. (1998). Development of an instrument for assessing ESL reading strategies. *Foreign Languages Education, 5*(1), 231-254.

Phakiti, A. (2003). A closer look at the relationship of cognitive and metacognitive strategy use to EFL reading achievement test performance. *Language Testing, 20*(1), 26-56.

Pritchard, R. (1990). The effects of cultural schemata on reading processing strategies. *Reading Research Quarterly, 25*, 273-295.

Pritchard, R., & O'Hara, S. (2008). Reading in Spanish and English: A comparative study of processing strategies. *Journal of Adolescent and Adult Literacy, 51*(8), 630-638

Purpura, J. E. (1998). Investigating the effects of strategy use and second language testperformance with high-and low-ability test takers: A structural equation modeling approach. *Language Testing, 15*(3), 333-379.

Shah, P. M., Yusof, A., Lip, S. M., Mahmood, N., Hamid, Y. E. A., & Hashim, S. M. (2010). Comparing reading processing strategies of second language readers. *American Journal of Applied Sciences, 7*(1), 140-144

Sheorey, R., & Mokhtari, K. (2001). Differences in the metacognitive awareness of reading strategies among native and non-native readers. *System, 29*, 431-449.

Singhal, M. (2001). Reading proficiency, reading strategies, metacognitive awareness and L2 readers. *The Reading Matrix, 1*(1), 1-9.

Song, M. J. (1999). Reading strategies and second language reading ability: The magnitude of the relationship. *English Teaching, 54*(3), 73-95.

Schueller, J. (1999). *The effects of two types of strategic training on foreign language reading comprehension: An analysis by gender and proficiency*. Unpublished doctoral dissertation, The University of Wisconsin-Madison, Madison, WI.

Vollmeyer, R., Burns, B. D., & Holyoak, K. J. (1996). The impact of goal specificity on strategy use and the acquisition of problem structure. *Cognitive Science: A Multidisciplinary Journal, 20*(1), 75-100.

Tercanlioglu, L. (2004). Postgraduate students' use of reading strategies in L1 and ESL contexts: Links to success. *International Education Journal, 5*, 562-570.

Young, D. J., & Oxford, R. (1997). A gender-related analysis of strategies used to process input in the native language and a foreign language. *Applied Language Learning, 8*, 42-73.

제6장

심리언어학 연구 방법론을 통해 본 제2언어습득*

조희연 서울대학교

1. 서론

심리언어학(psycholinguistics)은 언어의 이해, 산출, 습득과 관계된 심리적 과정을 설명하고자 하는 인지과학의 한 분야다. 심리언어학에서는 언어 규칙의 기술이 아니라 사람들의 실제 언어 처리와 산출 과정을 이해하고자 하며, 따라서 실시간 언어 사용을 볼 수 있는 다양한 방법론이 발달하였다. 전통적으로 심리언어학의 주된 연구 주제는 모국어 습득과 처리 및 산출 과정에 있었다. 비교적 최근에 이르러서야 심리언어학적 연구 주제와 방법론이 제2언어[1]습득 연구에서 주목받기 시작하였다(Dussias, 2010; Field, 2008; Juffs, 2001; Marinis, 2003; Roberts, 2012).[2]

* Cho, Hee Youn. (2014). Psycholinguistic research methods in second language acquisition. In O. Kwon (Ed.), *New horizons in English education research* (pp. 131-153). Seoul: Seoul National University Press.

1 이 글에서는 제2언어와 외국어를 구별하지 않고 제2언어로 지칭한다.

2 국내에서도 2012년 한국외국어교육학회 주최로 "외국어교육과 심리언어학: 실험방법론의 실제와 적용 방

이 글에서는 심리언어학적 연구 방법론의 특성과 장단점을 기술하고, 대표적인 방법론들을 제2언어습득 연구에 적용된 사례와 함께 소개할 것이다. 다양한 심리언어학적 방법론의 이해와 적용은 다른 기존 연구 방법과 함께 연구 방법의 다각화(methodological triangulation)에 기여하여 제2언어습득 및 교육 연구의 제반 문제의 이해를 도울]것으로 기대된다.

2. 심리학언어학 연구 방법론의 특성

심리언어학의 주요 관심사인 실시간 언어 사용 과정을 이해하기 위해서는 언어 과정을 일어나는 동시에 실시간으로 측정하는 온라인 방법(on-line techniques)과 언어 처리가 끝난 후의 결과물을 보는 오프라인 방법(off-line techniques)을 구분하는 것이 중요하다(Field, 2004; Garrod, 2006; Swinney, 1979).[3] 예를 들어 제2언어습득 연구에서 많이 사용되는 문법성 판단 과업(grammaticality judgment task)의 경우, 학습자가 주어진 구문이나 문장을 읽거나 듣고 그러한 구문의 문법성을 결과적으로 어떻게 판단하는가가 중요하며, 실제적으로 그러한 문장이 어떻게 처리되는지는 고려되지 않는 경우가 많다.[4] 다시 말해, 문법성 판단 과업은 오프라인 기법으로 분류할 수 있다. 그러나 Jiang(2004)의 연구는 오프라인과 온라인 방법이 서로 상이한 결과를 낳을 수 있음을 보여 준다. Jiang은 아래 (1)과 같은 문장을 이용하여 영어 학습자들의 주술일치 형태소 습득 여부를 연구하였다. 학습자들은 전통적 문

법"이라는 주제로 워크숍이 열린 바 있다. 워크숍에서는 다양한 인지심리학적 기법이 소개되었으며, 그러한 기법이 외국어 습득 분야에 어떻게 적용이 가능한지 다각도로 모색되었다.

3 어떤 연구 방법이 온라인 방법인지 아닌지를 구별하는 것은 상대적일 수 있다(Jiang, 2012). 관찰하고자 하는 언어 과정이 일어나는 동시에 또는 가능한 한 빨리, 그 과정 자체를 추론할 수 있는 변인을 측정하는 것을 온라인 방법으로 볼 수 있으나, 그것이 얼마나 우수한 시간적 해상도(temporal resolution)을 갖는지는 상대적으로 다를 수 있다.

4 White와 Juff(1998), Felser, Sato와 Bertenshaw(2009)의 연구와 같이 문법성 판단 과업에서도 판단에 걸리는 시간을 온라인 분석 자료로 활용한 경우도 있다.

법성 판단 과업에서 (1a), (1b), (1c)는 문법적이고 (1d)는 비문법적이라고 판단할 수 있었던 반면, 실시간 처리에서는 원어민들과 비교하여 다른 행동 양상을 보였다. 실시간 처리 과정을 보기 위해서는 문장을 단어별로 제시하면서 각 단어를 읽는 데 걸리는 시간을 측정하였다. 그 결과 be-동사를 읽는 데 걸리는 시간이 원어민들은 문법성의 여부에 따라 확연한 차이가 있었던 것과 달리, 학습자들에게서는 유의미한 차이가 없었다.[5] 즉 이들 학습자들은 명시적으로 알고 있는 영어의 일치 규칙을 실시간 언어 처리에 적용하지 못했다.

(1) a. The key to the *cabinet was rusty* from many years of disuse.

b. The key to the *cabinets was rusty* from many years of disuse.

c. The bridges to the *island were about* ten miles away.

d. The bridge to the *island were about* ten miles away.

(Jiang, 2004, p. 617)

이와 같은 온라인 연구 방법의 활용은 그동안 제2언어습득 연구에서 난제로 남아 있던 많은 연구 문제에 시사점을 줄 수 있다. 첫째로, 온라인과 오프라인 방법의 비교는 제2언어습득을 논할 때 명시적 지식과 그 지식을 실시간 처리에 적용할 수 있는 능력의 구분을 가능하게 하며, 이는 목표 언어에 대한 지식이 자동성(automaticity), 절차화(proceduralization)되어 가는 과정에 대한 이해를 도울 수 있다(Hulstijn, 2006; Roberts, 2012; Segalowitz & Hulstijn, 2005). 둘째, 원어민과 제2언어 학습자의 실시간 언어 처리와 산출 과정이 어떻게 같고 다른지 봄으로써 제2언어습득이 모국어 습득과 근본적

5 원어민들은 비문을 읽는 데 be 동사 후속 부분에서 더 오랜 시간이 걸렸으며, (1b) 및 (1d)와 같이 동사가 인접 명사(local noun)와 일치하지 않을 때 읽는 시간이 증가하였다. 비원어민들은 문법성이나 인접 명사와의 일치 여부 모두에 민감하지 못했다.

차이가 있는지의 여부를 검토할 수 있다(Bley-Vroman, 1990; Clahsen & Felser, 2006). 셋째, 심리언어학적 연구는 언어학에서 제시하는 규칙과 원리의 심리적 실제성(psychological reality) 여부를 판단하는 근거를 제공하며, 또한 모국어와 제2언어가 언어 사용자의 언어 이해와 산출 과정에서 어떻게 서로 상호작용하는지 이해를 가능하게 한다. 물론 연구 방법론은 연구 주제에 맞게 선택되는 것이며 온라인과 오프라인 연구 데이터 모두가 각기 중요한 시사점을 제공할 수 있다. 그러나 제2언어를 습득한다는 것은 목표 언어의 지식을 축적하는 것뿐 아니라 그러한 지식을 실시간으로 사용하는 능력을 의미하기 때문에 온라인 기법에 대한 관심이 크게 증가하고 있다(Roberts, 2012).

심리언어학에서 사용되는 다양한 방법들의 또 다른 특징은 그것들이 통제된 실험하에 수행되고 그 결과가 양적으로 분석된다는 것이다. 연구자는 보통 언어적 요인이나 학습자 요인과 관련한 독립변인이 제2언어 수행과 관련한 관심 종속변인에 어떠한 영향을 주는지 측정하고 이를 통계적으로 분석한다(Garrod, 2006). 위의 Jiang(2004) 연구의 예에서처럼 많은 심리언어학 연구 방법이 언어 자료에 반응하거나 과업을 수행하는 데 걸리는 반응시간(reaction time)을 종속변인으로 측정한다. 이때 전제는 인지적 과정은 시간이 소요되며, 학습자가 과업을 수행하거나 언어 자료에 반응할 때 걸리는 시간을 측정함으로써 언어 처리와 관련한 인지 과정에 대한 추론이 가능할 것이라는 것이다(Garrod, 2006; Jiang, 2012).[6] 대체적으로 언어 자료나 과업이 어려울 때 반응시간 또한 길어지나, 그 구체적 반응 양상은 제2언어 능숙도, 작업기억(working memory)과 같은 실험 참여자 관련 변인 및 질문의 유형과 같은 과업 관련 변인 등과 상호작용한다(Dussias & Pinãr, 2009).

---

6 모든 심리언어학 방법들이 반응시간을 측정하는 것은 아니다. 기능적자기공명영상 촬영법(fMRI) 등의 신경언어학적 방법에서는 뇌의 혈류량이나 뇌파를 측정하며, 언어 산출을 연구하는 데 쓰이는 구조적 점화(priming) 등의 방법에서는 학습자가 발화한 구문을 분석한다. 점화는 이 책의 p. 145에서 소개된다.

3. 심리언어학 연구 방법론을 통한 제2언어습득 연구

1) 어휘 관련 과업(lexical tasks)

어휘 관련 과업은 주어진 단어가 해당 언어에 존재하는지 여부를 빠르게 판단하는 어휘성 판단 과업(lexical decision task)(Caramazza & Brones, 1979), 화면에 주어지는 단어나 그림을 가능한 한 빠르고 정확하게 말하기(Costa, Caramazza, & Sebastian-Galles, 2000; Schwartz & Kroll, 2006), 모국어와 제2언어로 주어지는 단어 쌍이 서로 연관이 있는지 정확하게 판단하기(Sunderman & Kroll, 2006), 모국어 단어를 제2언어로, 제2언어 단어를 모국어로 빠르게 번역하기(Kroll, Michael, Tokowicz, & Dufour, 2002) 등의 다양한 형태로 진행될 수 있으며, 반응 속도와 정확성이 고려된다. 이러한 어휘 관련 과업은 모국어와 제2언어의 심성어휘집(mental lexicon)의 연관 관계(Schwartz & Kroll, 2006; Sunderman & Kroll, 2006) 및 제2언어 어휘의 발달(Krolletal., 2002; Segalowitz, Watson, & Segalowitz, 1995) 등의 연구에 널리 활용된다.

어휘 관련 과업은 모국어와 제2언어의 심성어휘집이 어떠한 형태로 구현되며 발달하고 두 언어가 서로 어떻게 상호작용하는지 설명하는 데 활용된다. 이를 설명하는 주요 모형으로는 수정위계모형(Revised Hierarchical Model)이 있다(Kroll & Stewart, 1994). 수정위계모형에 의하면 모국어의 단어는 그 형태와 개념이 서로 직접 연결되는 반면, 제2언어의 단어는 형태적 정보가 모국어의 단어를 매개로 하여 개념으로 연결된다. 학습자의 제2언어 능숙도가 증가함에 따라 모국어 매개의 정도는 감소하며, 점차 제2언어의 단어도 개념과 직접 연결될 수 있다. Kroll 등(2002)은 모국어 단어를 제2언어로, 제2언어 단어를 모국어로 번역하는 과업을 통해 이러한 수정위계모형의 예측을 검토하였다. 실험 결과 전반적인 번역의 속도는 제2언어 능숙도가 증가함에 따라 빨라졌으나, 제2언어 단어에서 모국어로의 번역이 모국어 단어에서 제2언어 단어로의 번역보다 빨랐다. 이는 수정위계모형의 예측대로 제2언어 단어가 개념과 직접 연결된 것이 아니라 모국어 단어와 연결되어 있기 때문으로 풀이된다. 반면 모국어에서 제2언어로의 번역 과정은 먼저 모국어 단어와 연결된 의미의 활성화(activation)를 요구하고 이어 개념과 강한 연결 고리가 없는 제2언어 어휘의 활성화와 단어 선택을 요하기 때문에 더 느리고 많은 인지적 노력을 요한다. 수정위계모형은 모국어와 제2언어 처리의 차이를 보이고 제2언어 어휘의 발달 과정을 설명해 주는 측면에서 공헌하였으나, 모국어와 제2언어의 심상 어휘집이 분명히 구별되어 있다는 전제나 제2언어의 어휘가 모국어 어휘와 강한 연결이 있다는 예측에 반례도 있으며(Brysbaert & Duyck, 2010), 다양한 어휘 관련 과업을 통해 활발한 연구와 논의가 진행 중이다.

어휘 관련 과업은 모국어와 제2언어의 심성어휘집의 구조와 상호작용 연구뿐 아니라 제2언어 어휘의 발달을 측정하는 데에도 활용될 수 있다. 예를 들어 Segalowitz 등(1995)은 어휘의 인식 속도와 텍스트를 이해하는 능력 간에 어떤 관계가 있는지 연구하였다. 이 연구는 어휘 반응 속도가 어휘에 대한 자동성 능력 정도를 반영한다는 가정하에 3주 동안의 실험 기간동안 피험자들이 읽기 경험을 통해 어휘에 대한 자동성이 증진되는 과정을 보여주고 있다. Segalowtiz 등(1995)은 어휘의 자동성은 곧 읽기능력 향상의 초석이 될 수 있다고 전망한다.

2) 교차양상 점화(cross-modal priming)

교차양상 점화는 청각적으로 문장을 처리하면서 컴퓨터 화면에 제시된 그림이나 단어와 관련한 과업을 수행하는 방법이다(Swinney, 1979). 주로 주어지는 단어가 해당 언어에 있는 단어인지 아닌지, 아니면 단어/그림이 생물인지 무생물인지 판단하는 단순한 과업이란 면에서 어휘 판단 과업과 유사하지만, 이에 대한 반응 속도는 청각적으로 주어지는 문장 내의 변인이나 단어 혹은 그림이 (청각 자료와 비교하여) 제시되는 타이밍에 영향을 받는다. 빠른 반응은 더 큰 활성화 수준을 반영한다. 교차양상 점화 방법을 사용하여 Swinney(1979)는 문장에서 중의적인 단어가 있을 때, 맥락과 상관없이 중의적인 의미가 모두 활성화되었다가 맥락에 뜻이 통하지 않는 의미는 빠르게 사라짐을 보여 준다. 교차양상 점화는 wh-이동으로 인한 흔적(trace)이나 재귀사 혹은 대명사와 같이 선행사와 연결되는 문법범주를 처리할 때, 선행사 정보가 활성화되는지의 여부를 판단하는 척도로 활용되기도 한다. 예를 들어 Felser와 Roberts(2007)는 영어 원어민과 그리스어를 모국어로 하는 영어 학습자들을 대상으로 영어의 의문사가 이동해 나간 공백(gap) 자리에 선행사 정보가 어떻게 활성화되며 이는 작동기억과 어떤 관계가 있는지 연구하였다. 실험 참여자들은 아래 (2)와 같은 문장을 들으면서 화면에 나타나는 그림이 생물인지 무생물인지 가능한 한 빠르게 응답하는 과업을 수행하였다. 실험 자료는 그림이 제시되는 자리[(1a)와 같은 공백 자리와 (1b)와 같은 공백 전 자리)] 및 그림의 유형[(선행사와 관련 있는 그림(squirrel)과 선행사와 관련 없는 그림(squirrel과 음절 길이 및 빈도수가 유사한 toothbrush)]의 총 4가지 조건으로 구성되어 있었다.

(2) Fred chased the squirrel to which the nice monkey explained …
  a. … the game's difficult rules [ ] in the class last Wednesday. (gap position)
  b. … the game's [ ] difficult rules in the class last Wednesday. (pre-gap position)

(Felser & Roberts, 2007, p. 20)

원어민 집단과 학습자 집단의 반응 속도를 비교한 결과, 학습자 집단은 선행사와 동일한 그림에 대한 반응 속도가 통사적 위치와 관계없이 선행사와 무관한 그림에 비해 빨랐던 반면, 작동기억이 높은 원어민 집단은 간접목적어 공백 위치 (1a)에서 (1b)의 위치에 비해 동일 그림에 대한 반응속도가 더 빨랐다. 이는 제2언어 처리에서 이동의 흔적에 기반한 선행사의 재활성화와 같은 통사적 구현이 일어나지 않을 수 있음을 보여 준다.

3) 자기조절 읽기/듣기(self-paced reading/listening)

자기조절 읽기 과업은 학습자가 컴퓨터 화면에 언어 자료가 제시되는 속도를 스스로 조절하여 읽는 방법을 말한다. 언어 처리가 일어나는 실시간 과정 자체를 최대한 반영하기 위해서 가능한 한 자연스럽고 빠르게 실험 자료를 읽을 것이 요구된다. 연구자는 실험 소프트웨어를 사용하여 연구 목적에 따라 실험 자료가 단어별, 구별 또는 문장별로 버튼 박스(PST Response Box)나 키보드 조작을 통해 제시되도록 설계해 놓는다. 실험에서는 실험 참여자가 매번 버튼이나 키보드를 누르는 데 걸리는 시간이 기록된다. 이 시간은 제시된 자료는 얼마나 쉽고 어렵게 처리되고 있는지의 척도가 된다. 제시된 언어 자료는 새로운 자료가 제시됨과 동시에 사라지는 비누적(non-cumulative) 방식과 이미 제시된 자료가 새로 제시된 자료와 함께 그대로 보이는 누적(cumulative) 방식이 있다. 그때그때 주어지는 언어 자료가 어떻게 처리되는가를 보다 잘 반영하는 비누적 방식이 일반적으로 사용되며 비누적 방식은 창문 이동식 제시법(moving-window technique)으로 불리기도 한다. 또한 보통 문장이나 언어 자료가 제시된 후, 이해를 묻는 질문도 주어지는데, 이는 학습자가 화면에 보이는 언어 자료를 읽지 않고 버튼이나 키보드만 누르는 것을 방지하기 위함이다.

자기조절 읽기는 제2언어 처리 과정과 관련한 다양한 연구 주제에 활용될 수 있다. 제2언어 학습자가 일치나 수와 같은 문법성에 얼마나 민감한지(Hopp, 2010; Jiang, 2004, 2007), 구조적 중의성이 있는 문장을 어떻게 구문 분석(parsing)하는지(Dussias & Scaltz, 2007; Felser, Roberts, Marinis, & Gross, 2003; Juffs, 1998; Papadopoulou & Clahsen, 2003; Rah & Adone, 2010; Roberts & Felser, 2011), 문장에서 의문사 공백(wh-gap)을 어떻게 처리하는지(Juffs &

Harrington, 1995; Marnis, Roberts, Felser, & Clahsen, 2005), 담화상에서 지시어를 어떻게 처리하는지(Cho, 2010), 그리고 담화상에서 상황 모델(Situation Model)을 어떻게 구축하는지(Zwaan, Magliano, & Graesser, 1995) 등과 같이 다양한 단위와 구조에서 활용될 수 있다.

예를 들어 아래 (3)의 문장에서 boss는 후속 자료가 처리되기 전에는 주절 동사의 목적어와 종속절의 주어 사이에서 구조적으로 중의적이다. 모국어화자들은 이러한 단어를 주절 동사의 목적어로 분석하는 것을 선호하며, 그러한 분석이 뒤이어 처리된 언어 자료와 맞지 않을 때, 이를 재분석(reanalysis)한다(Frazier & Rayner, 1982). Frazier(1979)에 의하면, 실시간 문장 분석은 모든 구조적 가능성을 동시에 고려하는 것이 아니라, 그 속도와 효율성을 높이기 위하여 구절구조 규칙(phrase-structure rules)과 단순한 구조를 선호하는 최소 부착(minimal attachment)의 원리를 따른다. (3)의 예에서도 boss를 주절의 목적어로 분석하는 것이 나무 도식(tree-structure)에서 더 적은 가지수(nodes)를 요구하기 때문에 더 단순한 분석이다. 그러나 would라는 단어가 처리되는 순간, 선호되는 분석 대신 새로운 분석을 해야 한다. 따라서 이들 문장은 오인 문장(garden-path sentences)이라고도 불린다. 그러나 이때 오인의 정도는 이들 명사가 주절 동사의 목적어로서 얼마나 뜻이 통하는지의 영향을 받는다. (3)에서 crimes는 무생물 명사로서 warn의 목적어로 뜻이 통하지 않기 때문에 종속절의 주어로 쓰일 때 구조적으로 선호되는 분석이 아님에도 불구하고 별다른 처리의 어려움이 없어진다(Roberts & Felser, 2011).

(3) The inspector warned the boss (crimes) would destroy very many lives. (Roberts & Felser, 2011, p. 304)

Roberts와 Felser(2011)는 (3)과 같은 문장들을 단어별로 제시하며 원어민과 그리스어를 모국어로 하는 영어 학습자 집단에서 각 단어를 읽는 데 걸리는 시간을 비교하였다. Boss (crimes) 부분을 읽는 시간을 측정한 결과, 뜻이 통하는 명사(boss)가 뜻이 통하지 않는 명사(crimes)일 때보다 빨리 읽혔다. 그러나 해당 명사 이후의 단어를 읽는 속도를 비교한 결과 두 집단 모두에서 뜻이 통했던 명사를 읽은 후 읽는 속도가 느려졌는데, 그러한 경향은 학습자 집단에서 더 두드러졌다. 이 연구는 학습자들의 실시간 읽기 과정 또한 동사와 목적어 사이의 뜻이 통하는가의 여부에 민감함을 보여 준다. 그러나 구조적으로 중의적인 단어가 바로 선행하는 주절 동사의 목적어로 해석될 수 있을 경우, 초기 분석을 버리고 정확하게 재분석하는 것이 학습자들에게는 어려울 수 있음을 시사한다.

형태, 통사 그리고 담화 처리에서 많은 연구들이 제2언어 처리가 모국어 처리와 차이가 있음을 보여 주고 있지만(Cho, 2010; Jiang, 2004; Marinis et al., 2005), 모든 연구가 제2언어 처리의 특수성을 보여 주고 있는 것은 아니다. 예를 들어 Dussias와 Scaltz(2007)는 (3)에서 살펴본 것과 같은 오인 문장을 연구하였는데, 주절 동사의 하위범주화(subcategorization) 정보에 주목하였다. 동사에 따라 that절을 목적어로 선호하는 동사와 명사구를 목적어로 선호하는 동사가 있고, 이러한 동사의 하위범주화 정보는 모국어 처리 과정에서 주절 동사의 목적어와 종속절의 주어 사이의 구조적 중의성을 해결하는 데 활용된다(Garnsey, Pearlmutter, Myers, & Lotocky, 1997). 예를 들어 (4)에서 명사구를 목적어로 선호하는 confirm 같은 동사와 달리, 절을 목적어로 선호하는 admit 같은 동사는 최소부착원리와 상관없이 재분석으로 인한 어려움이 없이 처리된다. Dussias와 Scaltz(2007)는 단어별 자기조절 읽기 과업을 통하여 영어를 모국어로 사용하는 집단과 스페인어를 모국어로, 영어를 제2언어로 사용하는 이중언어 집단이 어떻게 이러한 하위범주화 정보를 사용하는지 보았다. 원어민 집단은 기존 연구의 결과와 마찬가지로 (4b)에서 the mistake 후속 단어에서 (4a)와 비교하여 읽기 시간의 증가가 없었다. 이중언어 집단도 원어민 집단과 큰 차이가 없었으며, 이는 제2언어 처리에서도 동사의 하위범주 정보가 습득, 사용될 수 있음을 보여 준다.

(4) a. The CIA director confirmed the rumor could mean a security leak. (direct-object bias verb)

b. The ticket agent admitted the mistake might not have been caught. (sentential-complement bias verb)

(Dussias & Scaltz, 2007, p. 503)

이처럼 자기조절 읽기 과업은 제2언어 처리가 어떠한 면에서 원어민에 의한 모국어 처리와 비슷하고 다른 양상을 보이는가에 널리 활용되고 있다. 많은 연구들이 의미적, 화용론적 측면보다 형태, 구조적인 측면에서 제2언어 처리가 원어민들의 모국어 처리와 비교하여 차이가 남을 보여 준다(Clahsen & Felser, 2006; Jiang, 2004). 그러나 이에 대한 구체적이고 정확한 이해를 위해서는 다양한 능숙도의 학습자들과 더 폭넓은 구문을 대상으로 한 후속 연구가 필요하다.

자기조절 듣기는 언어 자료가 텍스트 형태가 아니라 청각 자료로 주어진다는 것을 제외하면 자기조절 읽기와 동일하다. 보통 단어보다는 구와 같은 음운 단위로 자료가 주어지며, 학습자는 버튼을 눌러 다음 부분을 듣고 각 부분을 듣는 시간이 컴퓨터에 기록된다. 자기조절 듣기는 읽기능력이 아직 부족한 나이 어린 학습자들에게 적용이 가능하다는 장점이 있다. 모국어 처리 연구에서 Ferreria, Henderson, Anes, Weeks와 McFarlane(1996)에 의해 처음 사용되었고 그 후 특히 모국어를 사용하는 어른과 아동을 비교하는 연구에 적용되어 사용되었다. 제2언어에서는 de Jong(2005)이 스페인어에 기초하여 명사와 형용사의 성(gender) 일치와 관련한 목표 문법의 수용적(receptive) 지식을 측정하는 도구로 활용한 바 있다.

4) 시선추적(eyetracking)

시선추적 연구 방법은 모국어 사용자들의 단어, 문장, 담화 처리의 다양한 분야에서 널리 사용되어 왔고, 읽기 과정에 관한 방대한 연구 결과가 누적되어 있다. 시선추적 방법은 자연스러운 읽기 과정을 그대로 보여 줄 수 있다는 큰 장점을 가지고 있으며, 사람들이 어떻게 점증적으로 단어, 문장, 담화를 통합하고 구축해 가는지 이해하는 데 유용하다. 사람들이 글을 읽을 때, 시선은 텍스트의 모든 부분에 연속적으로 머무는 것이 아니라, 응시(fixations)와 도약운동(saccades)의 반복을 통해 이루어진다. 사람의 눈은 도약운동 중에는 어떠한 정보도 얻지 못하며, 텍스트의 각 단어에 응시되는 시간 분석을 통해 텍스트를 이해하는 인지 과정에 대한 추론이 이루어진다. 평균적으로 한 단어를 응시하는 시간은 200-250ms 정도이나, 응시 시간은 다양한 요인의 영향을 받는다. 예를 들어, 단어의 빈도수가 낮거나 길이가 길거나 문맥에서 예측이 불가능하거나 통사적으로 통합이 어려운 경우 더 오랜 시간 응시하게 된다(Rayner & Pollatsek, 1994). 시선추적 연구에서 연구자는 연구하고자 하는 목적에 맞게 텍스트에 관심 영역(regions of interest)을 정해 놓고, 다양한 종속 변인을 측정할 수 있다. 관심 영역을 처음 읽는 데 걸린 시간인 초기 응시(first fixation) 시간, 그 영역으로 다시 회귀(regression)할 확률, 회귀를 포함하여 총 읽는 데 걸리는 시간(total duration) 등이 분석된다(Dussias, 2010).

제2언어 연구에서도 비교적 최근 시선추적 장치가 형태소 처리(Keating, 2009), 구조적 중의성 처리(Dussias & Sagarra, 2007; Frenck-Mestre & Pynte, 1997), 대명사와 재귀사 처리(Felser & Cunnings, 2012; Felseretal., 2009; Roberts, Gullberg, & Indefrey, 2008) 등의 다양한 연구 주제에 활용되고 있다. 예를 들어 Felser 등(2009)은 재귀사의 선행사는 성분통어(c-command)와 국지성(locality)을 만족시키는 명사라는 결속법칙(binding principle) A가 원어민과 일본인 영어 학습자의 실시간 문장 처리에서 어떻게 적용되는지 연구하였다. 아래 (5a)와 (5b)에서 재귀사 himself는 결속법칙 A에 의해 Richard를 선행사로 갖는다. 두 문장은 그러나 주절의 주어가 재귀사와 성이 일치하는가의 여부에 따라 차이가 난다. (5a)에는 주절의 John이 비록 구조적으로

himself의 선행사가 될 수는 없지만 성이 일치한다. 원어민과 학습자 두 집단이 결속법칙 A에만 의존하여 선행사를 찾는다면, 이러한 두 문장의 차이는 재귀사 처리에 아무런 영향이 없을 것이다. 연구 결과를 보면 학습자 집단도 오프라인 과업에서는 (5)와 같은 문장에서 재귀사의 선행사를 찾는 데 어려움이 없었다. 그러나 시선추적을 통해 실시간 읽기를 보았을 때, 재귀사 himself에서 학습자 집단은 원어민 집단과 다른 양상을 보였다. 원어민 집단에서는 성이 일치하는 주절의 주어가 재귀사의 읽기 시간에 영향을 주지 않은 반면, 학습자 집단에서는 (5a)에서 (5b)와 비교하여 재귀사 부분에서 읽는 시간이 유의미하게 증가하였다.

(5) a. John noticed that Richard had cut himself with a very sharp knife.
b. Jane noticed that Richard had cut himself with a very sharp knife.

(Felser et al., 2009, p. 494)

Felser 등(2009)은 이들 영어 학습자의 실시간 재귀사 처리는 결속법칙 A에 의해 지배받지 않는다고 결론을 내린다. Clahsen과 Felser(2006)는 제2언어 처리 시에 구축되는 통사적 구조는 모국어 처리와 다르게 피상적으로 발달되어 있다는 피상적 구조 가설(Shallow Structure Hypothesis)을 주장하였다. Felser 등(2009)의 연구도 제2언어 처리에서 통사적 정보의 사용이 제한되어 있음을 보여 준다는 면에서 피상적 구조 가설을 뒷받침해 준다. 피상적 구조 가설은 모국어와 제2언어 처리 과정의 차이를 설명하는 가설로 많은 연구가 이를 뒷받침해 주고 있으나(Felser & Roberts, 2007; Papadopoulou & Clahsen, 2003), 중요한 예외도 있으며(Frenck-Mestre & Pynte, 1997), 과연 피상적 구조 가설에서 주장하는 것처럼 제2언어 처리가 모국어 처리와 근본적으로 다른지는 단정짓기 어렵다.

시선추적은 읽기 연구뿐 아니라 시각적 장 패러다임(visual-world paradigm)에서도 활용된다. 시각적 장 패러다임은 사람의 시선이 청각적으로 주어지는 언어 자료의 내용과 밀접하게 연관되어 움직인다는 점을 활용한다. 실험에서는 청각적으로 지시 사항이나 언어 자료가 제시되며 이때 청각적 자료와 관련된 컴퓨터 화면의 그림이나 장면에서 실험 참여자의 시선이 어디로 향하는지 연구한다(Altmann & Kamide, 1999; Tannenhaus, Spivey-Knowlton, Eberhard, & Sedivy, 1995; Trueswell, Sekerina, Hill, & Logrip, 1999). 예를 들어 Put the apple on the napkin in the box와 같은 지시문이 청각적으로 주어진다고 할 때, on the napkin은 끝까지 듣기 전에는 그것이 apple을 수식하는지 put의 장소를 나타내는 논항이 되는지 구조적으로 중의적이다. 구조적으로는 최소부착 원리에 의해 동사의 논항이 선호된다. 이때 모국어 사용자를 대상으로 한 연구를 보면 구조적 중의성은 주어진 시각적 장에 영향을 받아 처리된다(Trueswell et al., 1999). 주어진 화면에 빈 넵킨과 박스, 그리고 넵킨 위에 있는 사과 그림이 있을 때와 비교하여 빈 넵킨, 박스, 그리고 사과가 두 개(그냥 사과와 넵킨 위에 있는 사과) 그림이 있을 때, on the napkin을 동사의 논항으로 해석하는 경향이 줄어든다. 다시 말해 on the napkin을 들을 때, 사람들의 시선이 비어 있는 넵킨으로 향하는 비율이 사과가 하나만 있을 때와 비교하여 줄어든다. 이 연구는 통사적 구조 분석이 시각적 자료에 의해 영향받는다는 것을 보여 준다. 이처럼 시각적 장 연구는 청각 자료와 밀접한 관련이 있는 시각 자료로 향한 시선 분석을 통해 사람들이 실시간 청각 자료를 어떻게 받아들이는지 유추를 가능하게 한다. 아직 제2언어 연구에서는 시각적 장 패러다임을 적용한 연구 사례를 문장 이상의 단위에서 거의 찾아보기 힘들다.

어휘 단위에서는 능숙한 제2언어 학습자가 제2언어 어휘를 활성화할 때, 모국어의 간섭 양상을 보기 위해 시각적 장 연구를 활용한 사례가 있다(Spivey & Marian, 1999). 예를 들어 Spivey와 Marian(1999)은 러시아어를 모국어로 하는 영어 학습자에게 Put the marker below the cross라는 지시를 주며 그들의 시선이 화면에 그림으로 보이는 marker와 다른 물체들 사이에서 어디로 향하는지 보았다. 다른 물체들 중 하나는 우표 그림이었는데, 우표는 러시아어로 marka로, 영어의 목표 어휘인 marker와 음성적으로 비슷했다. 이들 학습자들은 영어 능숙도가 높았음에도 불구하고 시선이 marker 그림뿐 아니라 우표 그림으로도 향했다. 이 연구는 제2언어 처리에서 모국어를 완전히 배제하는 것이 능숙한 학습자에게서도 쉽지 않다는 것을 보여 준다.

5) 언어의 산출 연구 방법론

위에서 살펴본 많은 방법들이 제2언어를 읽거나 듣는 과정을 연구한다. 말하기나 쓰기와 같은 산출(production) 과정은 언어 이해 과정에 비해 심리언어학에서 상대적으로 덜 연구되어 왔다. 이는 통제된 실험을 통해 실시간 산출 과정을 보는 연구 방법의 개발이 쉽지 않기 때문이었다. 여기에서는 구조적 점화(structural priming)와 말하기 상황에서의 문장완성 과업(sentence completion task)의 두 가지를 소개한다.

구조적 점화란 최근에 접했던 구조를 재사용하는 경향을 말한다(Bock, 1986). 예를 들어 The cat was chased by a dog이란 문장을 듣거나 읽을 경우, 후속에 행위자(agent), 피행위자(patient)와 관련한 타동(transitive)의 상황을 묘사할 때, 구조가 다른 The girl kicked the boy가 존재함에도 불구하고 같은 수동의 구조를 쓰는 The boy was kicked by the girl을 사용할 확률이 수동태의 문장을 접하지 않은 경우와 비교하여 증가한다. 구조적 점화 연구 방법론은 다시 두 가지 형태로 나누어 생각할 수 있다. 하나는 학습자가 컴퓨터에 제시되는 문장을 듣거나 읽고 그림을 묘사하는 과업을 수행하는 데 그림 묘사가 두 가지 구조로 가능하다고 할 때, 그림 묘사 전에 제시된 문장의 구조가 이 두 가지 구조의 선택에 어떠한 영향을 미치는지 보는 방법이다. 다른 하나는 실험에 공모자(confederate)와 실험의 목적을 모르는 실험 참여자가 서로 보이지 않도록 마주하고 차례로 카드의 그림을 묘사하면서 상대방이 묘사한 그림 카드를 찾는 과업을 진행하는데, 이때 실험 공모자는 미리 세워 놓은 스크립트대로 점화 문장을 제시하고 실험 참여자가 본인의 카드를 어떤 구조를 사용하여 묘사하는지 분석한다.

구조적 점화는 이중언어 사용자나 제2언어 학습자를 대상으로 한 연구에서 모국어와 제2언어가 어떻게 상호작용하는지 연구에 활용되어 왔다(Desmet & Declercq, 2006; Hartsuiker, Pickering, & Veltkamp, 2004; Schoonbaert, Hartsuiker, & Pickering, 2007; Shin & Christianson, 2009). 이들 연구는 모국어가 제2언어의 구조적 선택에 영향을 주며, 두 언어가 서로 공유하는 구조적 정보가 있음을 시사한다. 구조적 점화의 기제는 제2언어 발달을 돕는 암시적 학습(implicit learning)으로 설명되기도 한다(Kim & McDonough, 2008; McDonough, 2006; McDonough & Mackey, 2008; McDonough & Trofimovich, 2009, 2012; Shin & Christianson, 2012). 예를 들어 McDonough와 Mackey(2008)는 의문문 형태의 구조적 점화를 통한 암시적 학습이 학습자의 의문문 습득을 도울 수 있음을 보여 준다.

한편, 문장완성 과업은 문장의 시작 부분을 제시해 주면 학습자들이 구두로 이를 반복하고 나머지를 완성하는 방법으로 특히 사람들이 주어와 술어의 일치를 실시간으로 어떻게 산출하는지 보는 연구에 활용되었다(Bock & Miller, 1991; Hoshino, Dussias, & Kroll, 2010). 예를 들어 The drawing on the posters라는 문장의 일부가 주어지면, 실험 참여자는 is colorful을 더하여 문장을 완성할 수 있는데, 이때 주 관심사는 동사 부분의 정확한 형태소 사용 여부다. 영어를 모국어로 사용하는 사람들을 대상으로 한 기존 연구를 보면 아래 (6)의 예시들은 모두 문법적으로 단수의 동사를 요하지만, (6a)는 (6b)와 비교하여, (6c)는 (6d)와 비교하여 동사와 인접한 명사가 복수이기 때문에 오류 비율이 높다. 또한 (6c)는 단 한 author만 존재하는 (6a)와 비교하여 drawing 자체가 여러 posters에 있기 때문에 개념적 수가 문법적 수와 일치하지 않아 오류 비율이 더 높다(Eberhard, 1999). Hoshino 등(2010)은 스페인어를 모국어로, 영어를 제2언어로 사용하는 이중언어 사용자의 경우 아래 (6)과 같은 문장을 어떻게 완성하는지 그 오류 빈도를 분석하였다. 그 결과

이들 스페인어-영어 이중언어 사용자들은 문법적 일치에 민감하였지만, 개념적 일치에 있어서는 능숙도가 높은 참여자들만 원어민들과 마찬가지의 처리 양상을 보였다.

(6) a. The author of the novels (single-referent, mismatch)
b. the author of the novel (single-referent, match control)
c. The drawing on the posters (distributive-referent, mismatch)
d. The drawing on the poster (distributive-referent, match control)

(Hoshino et al., 2010, p. 90)

문장완성 과업은 다양한 능숙도의 학습자 집단이 문법적, 개념적 일치에 얼마나 민감한지 확인하는 데 활용할 수 있으며, 일치 관련 연구 이외에도 다양하게 활용이 가능할 것으로 보인다.

4. 요약 및 향후 전망

이상에서 심리언어학 연구 방법이 지닌 특성과 대표적인 방법들을 제2언어 습득 및 처리 연구에 적용된 사례와 함께 살펴보았다. 심리언어학 연구 방법은 모국어 연구에서뿐 아니라 제2언어습득 연구에서 어휘, 문장, 담화의 다양한 단위에서 어떻게 언어 처리와 산출이 실시간으로 일어나는지 이해하는 데에 활용될 수 있다. 이들 연구는 기존 연구 방법들과 함께 연구 방법의 다각화에 기여하여 제2언어 처리, 산출, 습득 연구에 유의미한 시사점을 제공할 것으로 기대된다.

이러한 방법을 연구에 적용하기 위해서는 실험실과 실험 소프트웨어, 컴퓨터와 같은 설비가 필요하다는 현실적인 문제가 따른다. 컴퓨터로 실험 자료를 제시하고 이에 대한 반응 속도를 측정하는 연구들(단어 관련 과업들, 교차양상 점화, 자기조절 읽기/듣기)은 모두 E-prime(http://www.pstnet.com/e-prime)과 같은 소프트웨어로 설계가 가능하다. E-prime은 소프트웨어를 구입해야 하지만 윈도 체제에 익숙한 사용자들이 쉽게 사용할 수 있고, 텍스트뿐 아니라 이미지나 비디오 자료 등 여러 자료를 실험에 활용하기 용이하다. 앞서 소개한 언어 산출 관련 방법도 E-prime으로 설계하고, 별도의 녹음기로 실험 참여자의 발화를 녹음하여 진행하면 된다. 텍스트나 청각 자료만을 이용하는 읽기/듣기 실험은 무료로 설치와 이용이 가능한 Linger(http://tedlab.mit.edu/~dr/Linger) 등을 활용하여 구축이 가능하다. 시선추적 장치(eyetracker)는 자료 추출률(sampling rate)과 기동성(mobility) 등에 따라 다양한 종류가 있다.

이 연구에서는 지면의 제약상 자기공명영상 촬영법(fMRI)이나 사건 관련 전위(ERP)와 같은 신경언어학적연구 방법론을 자세히 소개하지 못했다. Morgan-Short와 Ullman(2012), Kovelman, Baker와 Petitto(2008), 그리고 Kutas, VanPetten과 Klunder(2006) 등에 신경언어학적 방법을 적용한 대표적인 연구들이 개괄되어 있다. 사람들의 머리 속에서 일어나는 과정을 보다 직접적으로 보여 준다는 면에서 신경언어학적 방법론이 각광받고 있으며 앞으로 더 활발한 연구가 진행될 것으로 기대한다.

참고문헌

Altmann, G. T., & Kamide, Y. (1999). Incremental interpretation at verbs: Restricting the domain of subsequent reference. *Cognition*, *73*, 247-264.

Bley-Vroman, R. (1990). The logical problem of foreign language learning. *Linguistic Analysis*, *20*, 3-49.

Bock, J. K. (1986). Syntactic persistence in language production. *Cognitive Psychology*, *18*, 355-387.

Bock, J. K., & Miller, C. A. (1991). Broken agreement. *Cognitive Psychology, 23*, 45-93.

Brysbaert, M., & Duyck, W. (2010). Is it time to leave behind the Revised Hierarchical Model of bilingual language processing after fifteen years of service? *Bilingualism: Language and Cognition, 13*, 359-371.

Caramazza, A., & Brones, L. (1979). Lexical access in bilinguals. *Bulletin of the Psychonomic Society, 13*, 212-214.

Cho, H. (2010). *Coreference processing in L1 and L2*. Unpublished doctoral dissertation. University of Illinois at Urbana-Champaign, Urbana-Champaign, IL, USA.

Clahsen, H., & Felser, C. (2006). Grammatical processing in language learners. *Applied Psycholinguistics, 27*, 3-42.

Costa, A., Caramazza, A., & Sebastian-Galles, N. (2000). The cognate facilitation effect: Implications for models of lexical access. *Journal of Experimental Psychology: Learning, Memory, and Cognition, 26*, 1283-1296.

De Jong, N. (2005). Can second language grammar be learned through listening? An experimental study. *Studies in Second Language Acquisition, 27*, 205-234.

Desmet, T., & Declercq, M. (2006). Cross-linguistic priming of syntactic hierarchical configuration information. *Journal of Memory and Language, 54*, 610-632.

Dussias, P. E. (2010). Uses of eye-tracking data in second language sentence processing research. *Annual Review of Applied linguistics, 30*, 149-166.

Dussias, P. E., & Pinăr, P. (2009). Sentence parsing in L2 learners: Linguistic and experience-based factors. In W. Ritchie & T. Bhatia (Eds.), *The new handbook of second language acquisition* (pp. 295-317). Bingley, UK: Emerald.

Dussias, P. E., & Sagarra, N. (2007). The effect of exposure on syntactic parsing in Spanish-English bilinguals. *Bilingualism: Language and Cognition, 10*, 101-116.

Dussias, P. E., & Scaltz, C. S. (2007). Spanish-English L2 speakers' use of subcategorization bias information in the resolution of temporary ambiguity during second language reading. *Acta Psychologica, 128*, 501-513.

Eberhard, K. M. (1999). The accessibility of conceptual number to the processes of subject-verb agreement in English. *Journal of Memory and Language, 41*, 560-578.

Felser, C., & Cunnings, I. (2012). Processing reflexives in a second language: The timing of structural and discourse-level constraints. *Applied Psycholinguistics, 33*, 571-603.

Felser, C., & Roberts, L. (2007). Processing wh-dependencies in a second language: A cross-modal priming study. *Second Language Research, 23*, 9-36.

Felser, C., Roberts, L., Marinis, T., & Gross, R. (2003). The processing of ambiguous sentences by first and second language learners of English. *Applied Psycholinguistics, 24*, 453-489.

Felser, C., Sato, M., & Bertenshaw, N. (2009). The on-line application of Binding Principle A in English as a second language. *Bilingualism: Language and Cognition, 12*, 485-502.

Ferreira, F., Henderson, J. M., Anes, M., Weeks, P. A., & McFarlane, D. K. (1996). Effects of lexical frequency and syntactic complexity in spoken-language comprehension: Evidence from the auditory-moving window technique. *Journal of Experimental Psychology: Language, Memory, and Cognition, 22*, 324-335.

Field, J. (2004). *Psycholinguistics: The key concepts*. London: Routledge.

Field, J. (2008). Face to face with the ghost in the machine: Psycholinguistics and TESOL. *TESOL Quarterly, 42*, 361-374.

Frazier, L. (1979). *On comprehending sentences: Syntactic parsing strategies*. Unpublished doctoral dissertation, University of Connecticut, Storrs, CT, USA.

Frazier, L., & Rayner, K. (1982). Making and correcting errors during sentence comprehension: Eye-movements in the analysis of structurally ambiguous sentences. *Cognitive Psychology, 14*, 178-210.

Frenck-Mestre, C., & Pynte, J. (1997). Syntactic ambiguity resolution while reading in second and native languages. *Quarterly Journal of Experimental Psychology, 50*, 119-148.

Garnsey, S. M., Pearlmutter, N. J., Myers, E., & Lotocky, M. A. (1997). The contributions of verb bias and plausibility to the comprehension of temporarily ambiguous sentences. *Journal of Memory & Language, 37*, 58-93

Garrod, S. (2006). Psycholinguistic research methods. In K. Brown (Ed.), *Encyclopedia of language & linguistics* (2nd ed.) (pp. 251-257). New York: Elsevier.

Hartsuiker, R. J., Pickering, M. J., & Veltkamp, E. (2004). Is syntax separate or shared between languages? Cross-linguistic syntactic priming in Spanish-English bilinguals. *Psychological Science, 15*, 409-414.

Hopp, H. (2010). Ultimate attainment in L2 inflectional morphology: Performance similarities between non-native and native speakers. *Lingua, 120*, 901-931.

Hoshino, N., Dussias, P. E., & Kroll, J. K. (2010). Processing subject-verb agreement in a second language depends on proficiency. *Bilingualism, Language and Cognition, 13*, 87-98.

Hulstijn, J. H. (2006). Psycholinguistic perspectives on language and its acquisition. In J. Cummins & C. Davison (Eds.), *The international handbook of English language teaching* (pp. 701-713). Norwell, MA: Springer.

Jiang, N. (2004). Morphological insensitivity in second language processing. *Applied Psycholinguistics, 25*, 603-634.

Jiang, N. (2007). Selective integration of linguistic knowledge in adult second language learning. *Language Learning*, *57*, 1-33.

Jiang, N. (2012). *Conducting reaction time research*. London: Routledge.

Juffs, A. (1998). Main verb vs. reduced relative clause ambiguity resolution in second language sentence processing. *Language Learning*, *48*, 1-29.

Juffs, A. (2001). Psycholinguistically oriented second language research. *Annual Review of Applied Linguistics*, *21*, 207-220.

Juffs, A., & Harrington, M. (1995). Parsing effects in L2 sentence processing: Subject and object asymmetries in wh-extraction. *Studies in Second Language Acquisition*, *17*, 483-516.

Keating, G. D. (2009). Sensitivity to violations of gender agreement in native and nonnative Spanish: An eye-movement investigation. *Language Learning*, *59*, 503-535.

Kim, Y., & McDonough, K. (2008). Learners' production of passives during syntactic priming activities. *Applied Linguistics*, *29*, 149-154.

Kovelman, I., Baker, S. A., & Petitto, L. A. (2008). Bilingual and monolingual brains compared: A functional magnetic resonance imaging investigation of syntactic processing and a possible "neural signature" of bilinguals. *Journal of Cognitive Neuroscience*, *20*, 153-169.

Kroll, J. F., Michael, E., Tokowicz, N., & Dufour, R. (2002). The development of lexical fluency in a second language. *Second Language Research*, *18*, 137-171.

Kroll, J. F., & Stewart, E. (1994). Category interference in translation and picture naming: Evidence for asymmetric connections between bilingual memory representations. *Journal of Memory and Language*, *33*, 149-74.

Kutas, M., Van Petten, C. K., & Klunder, R. (2006). Psycholinguistics electrified II (1994-2005). In M. J. Traxler & M. A. Gernsbacher (Eds.), *Handbook of psycholinguistics* (pp. 659-724). Amsterdam: Elsevier.

Marinis, T. (2003). Psycholinguistic techniques in second language acquisition research. *Second Language Research*, *19*, 144-161.

Marinis, T., Roberts, L., Felser, C., & Clahsen, H. (2005). Gaps in second language sentence processing. *Studies in Second Language Acquisition*, *27*, 53-78.

McDonough, K. (2006). Interaction and syntactic priming: English L2 speakers' production of dative constructions. *Studies in Second Language Acquisition*, *28*, 179-207.

McDonough, K., & Mackey, A. (2008). Syntactic priming and ESL question development. *Studies in Second Language Acquisition*, *30*, 31-47.

McDonough, K., & Trofimovich, P. (2009). *Using priming methods in second language research*. New York: Routledge.

McDonough, K., & Trofimovich, P. (2012). How to use psycholinguistic methodologies for comprehension and production. In A. Mackey & S. Gass (Eds.), *Research methods in second language acquisition* (pp. 117-138). Malden, MA: Wiley-Blackwell.

Morgan-Short, K., & Ullman, M. T. (2012). The neurocognition of second language. In S. M. Gass & A. Mackey (Eds.), *The routledge handbook of second language acquisition* (pp. 282-299). London: Routledge.

Papadopoulou, D., & Clahsen, H. (2003). Parsing strategies in L1 and L2 sentence processing: A study of relative clause attachment in Greek. *Studies in Second Language Acquisition, 25*, 501-528.

Rah, A., & Adone, D. (2010). Processing of the reduced relative clause versus main verb ambiguity in L2 learners at different proficiency levels. *Studies in Second Language Acquisition, 32*, 79-109.

Rayner, K. (1998). Eye movements in reading and information processing: 20 years of research. *Psychological Bulletin, 124*, 372-422.

Rayner, K., & Pollatsek, A. (1994). *The psychology of reading*. London: Routledge.

Roberts, L. (2012). Review article: Psycholinguistic techniques and resources in second language acquisition research. *Second Language Research, 28*, 113-127.

Roberts, L., & Felser, C. (2011), Plausibility and recovery from garden-paths in second language sentence processing. *Applied Psycholinguistics, 32*, 299-331.

Roberts, L., Gullberg, M., & Indefrey, P. (2008). Online pronoun resolution in L2 discourse: L1 influence and general learner effects. *Studies in Second Language Acquisition, 30*, 333-357.

Schoonbaert, S., Hartsuiker, R. J., & Pickering, M. J. (2007). The representation of lexical and syntactic information in bilinguals: Evidence from syntactic priming. *Journal of Memory and Language, 56*, 153-171.

Schwartz, A., & Kroll, J. (2006). Bilingual lexical activation in sentence context. *Journal of Memory and Language, 55*, 197-212.

Segalowitz, N., & Hulstijn. J. (2005). Automaticity in bilingualism and second language learning. In J. F. Kroll & A. De Groot (Eds.), *Handbook of bilingualism: Psycholinguistic approaches* (pp. 371-388). Oxford, UK: Oxford University Press.

Segalowitz, N., Watson, V., & Segalowitz, S. (1995). Vocabulary skill: Single case assessment of automaticity of word recognition in a timed lexical decision task. *Second Language Research, 11*, 121-136.

Shin, J.-A., & Christianson, K. (2009). Syntactic processing in Korean-English bilingual production: Evidence from cross-linguistic syntactic priming. *Cognition, 112*, 175-180.

Shin, J.-A., & Christianson, K. (2012). Structural priming and second language learning. *Language Learning, 62*, 931-964.

Spivey, M., & Marian, V. (1999). Cross talk between native and second languages: Partial activation of an irrelevant lexicon. *Psychological Science, 9*, 24-47.

Sunderman, G., & Kroll, J. (2006). First language activation during second language lexical processing. *Studies in Second Language Acquisition, 28*, 387-422.

Swinney, D. (1979). Lexical access during sentence comprehension: (re)consideration of context effects. *Journal of Verbal Learning and Verbal Behavior, 18*, 645-660.

Tanenhaus, M., Spivey-Knowlton, M., Eberhard, K., & Sedivy, J. (1995). Integration of visual and linguistic information in spoken language comprehension. *Science, 268*, 1632-1634.

Trueswell, J., Sekerina, I., Hill, N., & Logrip, M. (1999). The kindergarden-path effect: Studying on-line sentence processing in children. *Cognition, 73*, 89-134.

White, L., & Juffs, A. (1998). Constraints on wh-movement in two different contexts of non-native language acquisition: Competence and processing. In S. Flynn, G. Martohardjono & W. O. Neill (Eds.), *The generative study of second language acquisition* (pp. 111-130). Hillsdale, NJ: Lawrence Erlbaum.

Zwaan, R. A., Magliano, J. P., & Graesser, A. C. (1995). Dimension of situation model construction in narrative comprehension. *Journal of Experimental Psychology: Learning, Memory, and Cognition, 21*, 386-397.

제7장

작업기억과 제2언어 문장이해*

백순도 국민대학교
김은아 서울대학교

1. 서론

문장이 표상(representation)하는 의미를 이해하기 위해서는 문장을 이루는 단어의 형태와 의미를 파악하고 단어 간의 통사적, 의미적 관계를 추출해 내는 복잡한 과정을 거쳐야 한다. 따라서 제2언어 문장의 이해 과정을 규명함으로써 제2언어 지식의 다양한 요소들이 어떻게 사용되고 상호작용하는지 이해할 수 있다. 근래 많은 제2언어습득 연구자들이 제2언어 문장이해(second language sentence comprehension)연구가 가지는 이러한 잠재력에 주목하고 있으며 다양한 실험적 연구들이 증가하고 있다(Dallas & Kaan, 2008; Dussias & Pinar, 2009).

* Baek, Soondo, & Kim, Eunah (2014). Working memory and second language sentence comprehension. In O. Kwon (Ed.), *New horizons in English education research* (pp. 155-176). Seoul: Seoul National University Press.

제2언어 문장이해 연구의 중요 주제 중 하나는 문장이해에서 나타나는 제2언어 학습자 간의 격차와 관련되어 있다. 이는 제2언어습득의 결과가 모국어 습득과 달리 학습자 간에 큰 차이를 보인다는 주지의 사실과 관련되어 있다(Bley-Vroman, 1989). 제2언어 문장이해에서 주목받는 개인차 요인(individual differences factor)에는 제2언어 능숙도(proficiency), 언어 경험(language experience), 작업기억용량(working memory capacity) 등이 있는데 이러한 요인들은 제2언어습득 연구와 모국어 문장이해 연구의 맥락에서도 중요하게 다루어지고 있는 연구 주제들이다. 개인차에 초점을 두는 문장이해 연구는 문장이해 과정 자체에 대한 이해를 넓힐 뿐만 아니라, 제2언어습득 연구의 맥락에서 학습자의 개인적 특성을 이해하는 데 중요한 시사점을 줄 수 있다.

이 글의 목적은 제2언어습득 연구의 최근 경향을 반영하여 개인차 요인으로서 작업기억용량이 제2언어 문장이해 과정과 결과에 미치는 영향에 대한 기존 연구를 소개하고, 그 연구 결과가 제2언어 사용과 습득을 이해하는 데 주는 시사점을 개관하며, 관련 연구 동향을 소개하는 것이다. 다음 절에서 문장이해 과정과 작업기억에 대해 소개하고, 이어지는 제3절에서는 제2언어 문장이해와 작업기억에 대한 실험 연구들을 개관한다. 마지막으로 연구의 향후 전망에 대한 몇 가지 의견을 제시하는 것으로 글을 맺는다.

2. 이론적 배경

1) 제2언어 문장이해

제2언어 문장이해 연구는 제2언어 학습자가 목표언어로 된 문장을 듣거나 읽으면서 즉각적으로 문장의 구조를 분석하고 의미를 해석하는 과정을 관찰함으로써 제2언어 지식의 본질과 사용 기제(mechanism)의 특성을 규명하는 것을 목표로 한다. 이러한 연구는 모국어 문장이해에 대한 심리언어학적 연구의 이론과 방법론에 근거하여 제2언어습득과 관련된 현상을 관찰하고 그에 대한 이론을 구성하거나 검증한다.

목표언어 지식을 어떻게 측정할 것인가는 제2언어습득 연구에서 중요한 방법론적 문제다. 추상적 언어능력(competence)의 관찰은 학습자의 언어수행(performance)에 기반할 수밖에 없기 때문에 이 두 영역의 연결 관계를 이해하는 것은 제2언어습득 연구가 타당성을 얻기 위한 기본 전제이다. 언어지식의 측정에는 다양한 방법이 사용될 수 있는데 그중 문법성 판단(grammaticality judgments)과 이해도 측정(comprehension tests)을 비롯한 대다수의 방법이 언어지식 사용의 결과를 보여 줄 뿐, 어떤 인지적 과정을 통해 그러한 결과에 도달했는지 보여 주는 데는 한계가 있다. 예를 들어 학습자가 *Jane want to be a professor와 같은 문장이 주어-동사의 수 일치를 위배하여 비문법적이라는 판단을 내렸을 때, 그 학습자가 동사 want를 읽고 동사의 형태에 나타난 비문법성을 즉각 인지하였는지, 문장을 끝까지 읽은 후 문법성 판단 과업의 목표를 달성하기 위해 문장의 형태를 명시적으로 점검하는 과정에서 발견하였는지에 대해서는 알기 힘들다. 문법성 판단 과정의 이 두 가지 가능성은 학습자의 문법적 지식이 언어 사용을 적극적으로 뒷받침하는 자동적이고 능동적인 지식인지, 아니면 언어형태에 대한 명시적이고 수동적인 지식에 머물고 있는지 밝히는 데 중요한 증거가 되므로 전통적인 문법성 판단 과업의 결과는 제2언어 지식의 중요한 측면을 놓치고 있다고 볼 수 있다(Juffs & Harrington, 1995; Schachter & Yip, 1990). 이에 반해 제2언어 문장의 실시간적 이해과정에 대한 관찰은 자동적인 언어 사용 기제를 이해하는 데 단서를 제공함으로써 명시적 과업이 직접적으로 측정하지 못하는 제2언어 지식의 특성을 기술하고 설명할 수 있게 해 준다.

문장이해에 대한 심리언어학적 연구는 문장을 구성하는 어휘의 형태와 의미, 통사구조, 의미적 개연성(semantic plausibility), 어휘와 구문(construction)의 빈도, 언어 사용자의 인지 자원(cognitive resources) 등을 포함하는 다양한 종류의 요인이 문장이해의 과정에 영향을 미친다는 것을 시사한다(Gibson & Pearlmutter, 1998). 모국어 문장이해이론의 초점은 이러한 다양한 요인들이 문장이해 과정에서 어떻게 작동하고 상호작용하는지 설명하는 데 있다. 흔히 직렬처리이론(Serial Processing Theory)이라고 불리는 이론은 인간의 인지 기제(cognitive mechanism)의 단원성(modularity)에 기반하는데, 문장이해를 위해 사용되는 처리 책략(processing strategies)은 인지 자원에 부여되는 처리 부담(processing load)을 최소화한다는 원칙에 따라 움직이며 처리 부담은 문장의 통사적 복잡도에 따라 우선적으로 결정된다고 본다(Ferreira & Clifton, 1986). 또한 문장을 통해 제공되는 빈도, 의미적 개연성 등의 다른 성질의 정보는 통사적 정보와 다른 경로로 처리되기 때문에 각각의 정보처리 과정이 인지, 행동적으로 분리되어 나타난다고 가정한다. 이와 대조적으로 제약충족모형(Constraint Satisfaction Model)으로 지칭되는 이론은 통사적 정보를 비롯하여 다양한 종류의 정보와 인지 기제의 속성이 처리제약(processing constraints)의 형태로 문장구조 분석과 관련된 의사결정에 집합적으로 영향을 미친다고 본다(Trueswell, Tanenhaus, & Garnsey, 1994). 이러한 모형들을 구성하는 관점과 가정은 제2언어 문장 처리를 이해하는 틀을 이룬다.

제2언어 문장이해 연구의 주된 문제 중 하나는 성인 제2언어 학습자의 제2언어 처리기제의 구조와 작동 원리가 모국어의 그것과 본질적으로 다른가를 밝히는 데 있다(Clahsen & Felser, 2006; Hopp, 2010). 이는 모국어를 기준으로 기술된 언어지식(linguistic knowledge)의 본질과 그것의 습득 과정을 설명하는 이론이 제2언어 지식의 특징과 습득 과정도 설명할 수 있는가에 대한 제2언어습득 연구의 핵심적인 질문을 제2언어 사용의 측면으로 확장한 것으로 볼 수 있다(Bley-Vroman, 1989; Schwartz, 1998). 방법론적으로 제2언어 문장이해 연구는 제2언어 학습자가 목표언어로 된 문장을 처리할 때 관찰할 수 있는 문법적, 의미적, 화용적 지식의 사용 여부 또는 그러한 지식들의 실시간적 상호작용의 양태를 모국어 문장이해 과정과 비교함으로써 모국어와 제2언어 처리기제의 내적 과정의 동일성 여부를 추론한다(Dussias & Pinar,

2009; Harrington, 2010).

제2언어 문장이해를 설명하고자 하는 대표적인 이론적 시도의 하나로 피상적 구조 가설(Shallow Structure Hypothesis: Clahsen & Felser, 2006)을 들 수 있다. 이 가설의 핵심 내용은 성인기에 습득한 제2언어의 문법 지식은 모국어의 그것과 성질이 다르기 때문에 제2언어 문장처리의 실시간적 과정에 적용되지 않는다는 것이다. 따라서 제2언어 학습자는 모국어 화자에 비해 문장을 통해 주어지는 비구조적 정보, 즉 어휘적 정보나 의미적 개연성에 더욱 의존하여 문장을 해석한다고 본다. 이에 반해 모국어와 제2언어 문장처리가 동일한 성격의 언어지식과 사용기제에 기반하고 있다고 보는 관점은 문장처리 과정에 나타나는 모국어와 제2언어의 차이점의 원인을 언어지식이나 처리기제의 본질적 차이에서보다 학습자의 목표언어 능숙도, 목표언어 경험, 정보처리 속도와 효율성, 작업기억용량 등의 정량적인(quantitative) 요인에서 찾는다(Dussias & Sagarra, 2007; Hopp, 2010).

모국어 문장처리에 대한 직렬처리이론이나 제2언어 문장처리에서의 피상적 구조 가설의 경우, 언어지식과 사용기제의 보편적 특성에 주목하기 위해 언어 사용자의 개인적 차이를 통제하고자 하는 경향이 있는 데 반해, 언어 사용자의 언어경험이나 인지적 특성이 언어 지식과 사용의 본질적인 특징이라고 보는 입장에서는 언어 사용자와 관련된 변인의 역할이 핵심적인 연구 주제가 된다(Roberts, 2012). 다음 장에서는 제2언어 문장 처리에서 학습자의 개인차와 관련된 요인 중 근래에 관심이 증가하고 있는 작업기억용량에 대해서 소개한다.

2) 작업기억의 정의와 측정

작업기억(working memory)은 이해나 추론, 문제 해결 등의 인지적 과업을 수행하기 위해 필요한 정보를 일시적으로 보존하고 조작하는 데 필요한 일련의 심리적 과정 또는 기제를 의미한다(Baddeley & Hitch, 1974; Gathercole,

2008). 예를 들어 17×3+5와 같은 연산을 수행할 때 각각의 숫자를 기억해야 하고 곱하기와 더하기를 순차적으로 적용해야 하며 중간 단계의 연산 결과를 기억해야 한다. 많은 연구들이 이러한 작업기억이 여러가지 복잡한 인지 활동을 뒷받침하는 인지적 자원의 역할을 한다는 것을 시사한다(Engle, 2010).

정보의 보존(storage)과 처리(processing)를 동시에 수행하는 기제로서의 작업기억은 필요한 정보를 짧은 시간 동안 활성화된 상태로 유지하는 능력을 의미하는 단기기억(short-term memory)과 구분할 필요가 있다. 대표적인 단기기억으로 언어정보의 음운 표상(phonological representations)을 일시적으로 보존하는 음운단기기억(phonological short-term memory)을 들 수 있다(Baddeley & Hitch, 1974). 이는 주로 한 번에 기억할 수 있는 숫자나 단어의 최대치로 측정되는데, 단기기억용량은 단일한 과업을 통해 측정한다는 의미에서 단순기억폭(simple memory span)이라고 불린다. 이와 달리 작업기억은 정보의 보존과 처리의 동시적 상호작용을 지칭하기 때문에 복합기억폭(complex memory span)이라고 불리기도 한다. 이 글에서 작업기억용량(working memory capacity)은 복합기억폭으로 측정되는 기능적 용량을 지칭한다.

작업기억용량을 측정하는 여러 과업의 공통점은 정보의 보존과 처리의 동시적 수행을 요구한다는 것이다. 과업의 보존 요소(storage component)에서 사용되는 기억 항목(memory items)과 처리 요소(processing component)를 이루는 인지 과업의 성격에 따라 다양한 작업기억과업(working memory task)이 사용된다. 기억 항목으로는 일련의 단어, 글자(letter), 숫자, 또는 화살표와 같은 시각적 대상 등이 사용되고 처리 과업(processing task)으로는 문장의 이해, 문법성이나 개연성 판단, 연산, 시각적 대상물(visual object)의 개수 세기, 시각적 패턴 파악하기 등이 사용될 수 있다. 사용되는 처리 과업의 성격에 따라 읽기폭 과업(reading span task: Daneman & Carpenter, 1980), 연산폭 과업(operation span task: Turner & Engle, 1989), 숫자세기폭 과업(counting span task: Case, Kurland, & Goldberg, 1982), 시각폭 과업(visual span task: Shah

& Miyake, 1996) 등의 과업이 심리언어학 실험에서 주로 사용되어 왔다(Kane et al., 2004). 연구자에 따라 이러한 과업을 통해 측정되는 기억폭이 각각의 과업에 사용되는 작업기억의 특성만을 반영한다고 보기도 하고(Daneman & Carpenter, 1980), 서로 다른 과업으로 측정된 기억폭이 상당한 정도로 서로 연관되어 있음을 보여 주는 연구 결과에 기반하여(Kane et al., 2004; Waters & Caplan, 2003) 다양한 작업기억 과업들이 공통적으로 측정하는 구인(construct)이 존재하며 그 공통적 구인이 작업기억의 핵심적 요소를 구성한다는 의견도 있다(Engle, 2010). 서로 다른 종류의 기억폭 과업(memory span task)이 측정하는 구인이 영역특수적(domain-specific)인지 영역일반적(domain-general)인지에 대한 논의는 제2언어 작업기억의 성격을 이해하는 데에도 함의를 가질 수 있다.

기억폭의 영역일반적 특징에 대한 증거에도 불구하고 읽기를 비롯한 언어 행동의 개인차 연구에서 가장 널리 사용된 과업은 읽기폭 과업이다. 이는 작업기억과 읽기능력의 상관관계에 대한 관심을 촉발한 Daneman과 Carpenter(1980)가 읽기폭 과업을 사용했다는 사실과, 문장을 읽고 판단하는 읽기폭 과업의 처리 요소가 언어 사용 능력의 일부이기 때문에 읽기폭이 다른 기억폭에 비해 언어 사용 능력과 더 밀접하게 연관되어 있을 것이라는 직관에 기인하는 것으로 보인다. 읽기폭 과업은 앞서 살펴보았듯이 읽고 이해할 문장과 회상해야 하는 기억 항목으로 구성된다. Daneman과 Carpenter(1980: 실험 2)가 개발한 읽기폭 과업에서 피험자는 주어진 한 세트의 문장을 하나씩 소리내어 읽은 후 문장 내용의 진실성(truthfulness)을 판단하고 동시에 각 문장의 마지막 단어를 기억한다. 이러한 방식으로 하나의 세트 안에 있는 모든 문장을 다 읽으면 피험자는 그때까지 읽은 문장들의 마지막 단어를 회상한다. 각 세트 내의 문장의 개수는 두 개에서 여섯 개까지 순차적으로 늘어나고, 같은 크기의 세트가 세 개씩 연속적으로 피험자에게 제시된다. 피험자가 일정 크기의 세트 세 개 모두에 대해 기억해야 하는 단어들을 회상하는 데 실패하면 과업은 종료되며, 세 개 중 두 개 세트에 포함된 모든 단어를 기억한 세트의 크기가 피험자의 읽기폭으로 간주된다.

Daneman과 Carptenter의 연구 이후 다수의 연구자들이 읽기폭 과업에 혼입된(confounded) 요인들이 영향을 미칠 수 있음을 지적하고, 이를 해결하기 위해 과업의 절차나 내용을 부분적으로 수정하였다. Waters와 Caplan(1996)은 기억 항목의 최대 개수만 반영하는 읽기폭 측정 방법은 작업기억의 보존 요소를 중점적으로 반영하는 반면 처리 요소를 제대로 반영하지 못하기 때문에 문장을 읽고 판단하는 데 걸리는 반응 시간(reaction time)과 그 정확성(accuracy)도 함께 기억폭 측정치에 반영해야 한다고 제안하였고, Friedman과 Miyake(2004)는 문장을 읽은 후 다음 문장이 제시될 때까지 주어지는 시간이 길어지면 피험자가 회상 항목을 기억하기 위한 다양한 책략(strategy)을 사용할 가능성이 있기 때문에, 피험자가 아닌 실험자가 문장의 제시를 제어했을 때 기억폭과 읽기능력의 상관관계가 더 높아지는 것을 보여 주었다. Kane 등(2004)은 회상 항목을 단어로 사용하게 되면 기억해야 할 일련의 단어들 사이의 잠재적인 의미적 연관 관계가 읽기능력이 뛰어난 피험자의 회상에 특히 도움을 줄 수도 있기 때문에 단어 대신 임의의 철자(letter)를 사용하였고, 피험자가 기억해야 할 항목의 개수를 미리 알 수 없게 하기 위해 크기가 다른 문장 세트의 배열을 무작위로 하였다. 이에 덧붙여 Conway 등(2005)은 회상할 수 있는 최대 단어 수로 읽기폭을 표현하는 기존의 측정법보다 바르게 회상한 항목의 총합을 읽기폭 측정치로 사용하는 것이 개인 간 차이를 더 잘 반영할 수 있다고 제안하였다.

이상에서 작업기억의 정의와 속성, 측정 방법을 살펴보았다. 다음 3)절에서는 작업기억용량이 문장이해의 과정과 결과에 미치는 영향에 대한 연구들을 소개할 것이다. 이러한 연구들은 문장이해 과정을 뒷받침하는 심리적 과정이나 인지적 자원(cognitive resource)의 특징을 이해하는 것을 돕고 궁극적으로 문장이해에 대한 종합적 이해에 기여할 수 있다.

3) 작업기억과 모국어 문장의 이해

이전 연구는 작업기억이 추리(reasoning), 지시 수행(direction-following), 문제해결(problem-solving), 독해(reading comprehension)등의 복잡한 인지 활동을 뒷받침하는 인지 자원의 역할을 한다는 것을 시사한다(Engle, 2010; Kane et al., 2004). 특히 Daneman과 Carpenter(1980)는 표준화된 읽기 시험(예: Verbal Scholastic Aptitude Test) 등을 통해 측정된 독해능력의 개인 간 차이와 읽기폭으로 측정된 작업기억용량이 유의미한 상관관계를 가진다는 결과를 보여 주었는데, 이러한 발견은 실시간으로 이루어지는 단일 문장의 이해 과정에서 작업기억이 어떤 역할을 하는지에 대한 관심으로 이어졌다. 실시간으로 이루어지는 문장이해의 맥락에서 사용되는 작업기억은 순차적으로 입력되는 단어들을 기억하고 문법 규칙을 적용하여 구(phrase)와 절(clause)을 구성하고 이를 해석하며 중간 단계의 처리 결과를 보존하여 이후에 입력되는 언어 입력(language input)과 통합하는 과정의 집합으로 볼 수 있다. 문장이해를 뒷받침하는 작업기억의 용량이 제한되어 있고 개인 간에 차이가 있다고 가정한다면(Just & Carpenter, 1992), 문장구조가 복잡할수록, 그리고 기억해야 하는 문장 요소가 많아질수록 작업기억에 부담이 되어, 결과적으로 처리 속도가 느려지거나 문장이해에 실패할 것이며, 이러한 요인들의 영향은 작업기억용량이 상대적으로 낮은 사람들에게서 더 분명하게 나타날 것을 예측할 수 있다.

작업기억과 문장 처리의 밀접한 관계를 가정하는 Just와 Carpenter(1992)의 단일자원모형(Single Resource Model)은 문장이해에 수반되는 정보처리와 보존은 용량이 제한된 단일한 작업기억에 의해 뒷받침된다고 가정하며, 따라서 작업기억용량의 개인차가 문장처리의 과정과 결과에 모두 영향을 미친다고 예측한다. 이에 반해 Caplan과 Waters(1999)의 개별자원모형(Separate Resource Model)에 따르면 문장처리 과정은 주어진 문장에 적절한 통사구조와 의미를 부여하는 해석과정(interpretive process)과 해석된 내용에 기반해 추론이나 회상 등을 수행하는 해석후 과정(post-interpretive process)으로 구분된다. 해석 과정을 뒷받침하는 인지 자원과 해석후 과정에 이용되는 인지자원의 성격이 서로 다르다는 단원적 관점에 기반하는 이 모형은 읽기폭 과업이 측정하는 것이 문장의 해석 후에 주어진 단어를 회상하는 능력이므로 읽기폭은 문장처리보다 문장처리의 결과에 기반하는 이후의 인지적 과정과 더 밀접한 관계를 가진다고 가정한다.

읽기폭과 문장처리 간의 유의미한 상관관계를 뒷받침하는 증거는 읽기폭의 용량이 클수록 복잡한 구조의 문장을 더 빠르고 정확하게 해석한다는 연구 결과(Fedorenko, Gibson, & Rohde, 2006; King & Just, 1991)와 문장의 중의성을 해소할 때 더 많은 정보를 고려할 수 있다는 연구 결과(MacDonald, Just, & Carpenter, 1992; Pearlmutter & MacDonald, 1995)에서 찾을 수 있다. 예를 들어 King과 Just(1991)는 복잡한 문장을 읽을 때 느려지는 읽기 속도로 나타나는 처리 부담의 증가가 읽기폭이 낮은 모국어 화자에게서 더 분명하게 나타난다는 것을 보여 주었다. 또한 Pearlmutter와 MacDonald(1995)는 주어진 문장이 어느 시점에서 복수의 해석이 가능한 일시적 중의성(temporary ambiguity)을 내포하는 경우, 읽기폭이 높은 피험자가 읽기폭이 낮은 피험자보다 오히려 문장을 읽는 데 더 오래 걸리는 것을 보여 주었는데, 이는 전자의 경우 복수의 가능한 해석을 고려하는 데 반해 후자는 단지 그 일부만을 고려할 수 있기 때문인 것으로 이해할 수 있다.

이에 반해 읽기폭과 문장이해 간의 관계를 매개하는 것은 해석후 과정에 수반되는 인지 과정이라는 Caplan과 Waters(1999)의 관점은 복잡하거나 중의적인 문장의 실시간 처리와 읽기폭이 유의미한 상관관계를 보여 주지 않은 일련의 연구 결과들이 뒷받침한다. 그들에 의하면 문장처리와 작업기억용량 간의 관계를 보여 주는 기존의 연구들은 실험에 사용된 문장이해 과업이 정보의 명시적인 보존을 요구하는 해석후 과정을 반영했기 때문이다. 작업기억의 본질에 초점을 두는 심리언어학적 연구 결과도 Caplan과 Waters의 관점에 간접적인 증거가 될 수 있다. 예를 들어 Kane, Bleckley,

Conway와 Engle(2001)은 시선추적(eyetracking)을 통해 의식적인 주의조절(attentioncontrol)이 필요한 과업은 작업기억용량의 영향을 받지만 반사적으로 일어나는 자동화된 반응은 그렇지 않다는 것을 보여 주었다. 이는 주의조절능력이 작업기억기제의 핵심적 요소라는 이론적 관점(Engle, 2010)과 연결되어 있는데, 문장처리의 맥락에서 자동화된 인지 과정과 의식적인 주의를 필요로 하는 인지 과정을 작업기억용량과의 상관관계 유무를 통해 구분할 수 있다는 점에서 Caplan과 Waters의 단원적 관점과 관련성을 찾을 수 있다. 이는 이후에 논의될 제2언어 문장이해에서 작업기억의 역할을 이해하는 데에도 함의를 줄 수 있다.

이상에서 모국어 문장처리에서 작업기억이 수행하는 역할과 그에 대한 이론적 해석을 살펴보았다. 이는 제2언어 문장처리를 이해하는 데 중요한 틀이 될 수 있을 것이다. 제3절에서는 작업기억과 제2언어 문장처리에 대한 기존 연구 결과를 살펴보고 그 결과들이 제2언어습득과 사용에 대한 이해에 어떤 함의를 가지는지 살펴볼 것이다.

3. 작업기억과 제2언어 문장이해

제2언어 연구의 맥락에서 작업기억에 대한 관심의 초점을 크게 나누면 음운단기기억이 목표언어 습득에 미치는 영향(Williams & Lovatt, 2003)과 작업기억이 목표언어 습득과 사용에 미치는 영향(Martin & Ellis, 2012)으로 구분할 수 있다(Juffs & Harrington, 2011). 이 글의 주된 관심인 제2언어 문장이해와 작업기억의 관계는 비교적 최근에 집중적으로 연구되었다. 이 절에서는 작업기억용량과 제2언어 문장이해 간의 관계에 대한 이전 연구들을 개관하면서 그 연구들이 제2언어 사용과 습득에 대한 일반적인 이해에 어떤 함의를 줄 수 있는지 살펴볼 것이다.

작업기억의 역할을 올바르게 이해하기 위해서는 제2언어의 습득과 사용에 영향을 미치는 다른 개인차 요소들과 작업기억이 어떤 관계를 가지는지 먼저 살펴볼 필요가 있다. 제2언어 작업기억을 측정하는 읽기폭 과업은 제2언어 문장 처리를 과업의 한 부분으로 포함하기 때문에 제2언어 능숙도와 밀접하게 연관되어 있을 것이라는 예측이 가능하다. 또한 작업기억의 영역 보편적 인지 기제로서의 특성을 고려하면 모국어를 이용해 측정한 작업기억과도 일정한 상관관계를 예측할 수 있다. 여러 연구 결과들이 이러한 예측들을 경험적으로 뒷받침한다. Service, Simola, Metsänheimo와 Maury(2002)와 van den Noort, Bosch와 Hugdahl(2006)은 제2언어 읽기폭이 목표언어의 능숙도와 밀접하게 관련되어 있음을 보여 준다. 또한 Harrington과 Sawyer(1992)와 Osaka와 Osaka(1992) 등은 학습자의 모국어와 제2언어로 측정한 읽기폭이 유의미하게 상관되어 있음을 보여 준다(Havik, Roberts, vanHout, Schreuder, & Haverkort, 2009; Juffs, 2005).

제2언어로 측정된 작업기억이 제2언어 문장이해에 나타나는 개인차를 설명하는 독립된 변인으로서 기능하기 위해서는 다른 개인차 요인들로 설명되지 않는 것들을 설명할 수 있어야 할 것이다. 앞에서 언급되었듯이 모국어와 제2언어로 측정된 읽기폭이 유의미하게 상관되어 있을 뿐만 아니라(Osaka & Osaka, 1992), 읽기폭 과업의 결과가 다른 비언어적인 작업기억과업의 결과와 상관되어 있다는 증거(Kane et al., 2004)는 읽기폭 과업(의 일부분)이 언어-독립적인(language-independent) 인지 기제를 측정한다는 것을 시사한다. 이에 덧붙여 Harrington과 Sawyer(1992)는 제2언어 읽기폭과 제2언어 클로즈 테스트(cloze test) 결과 간의 상관관계가 약하다는 것을 보여 주고 있고, Coughlin과 Tremblay(2013)는 영어를 모국어로 사용하는 프랑스어 학습자의 제2언어 읽기폭 과업의 처리 요소 결과는 클로즈 테스트 결과와 상관관계가 있는 데 반해 흔히 읽기폭 측정치로 쓰이는 보존 요소 결과는 그렇지 않다는 것을 보여 주었다. 이는 적어도 읽기폭 과업의 보존 요소가 나타내는 작업기억용량이 제2언어습득 연구에서 능숙도를 측정하기 위해 널리 사용되는 클로즈 테스트에 의해서 측정되지 않는 제2언어 문장처리의 측면과 관련되어 있다는 것을 시사한다.

제2언어 작업기억의 독립적 역할과 관련하여 또 한 가지 연구할 가치가 있는 문제는 작업기억의 발달 과정과 관련되어 있다. 제2언어 작업기억과 능숙도의 유의미한 상관관계를 고려하면 두 구인의 발달이 어느 정도 같은 궤적을 보일 것이라는 점을 예측할 수 있다. 그러나 제2언어 발달 단계에 따라 작업기억과 문장이해 간의 관계 패턴이 변화할 가능성도 있다. 예를 들어 Walter(2004)는 제2언어 읽기폭과 읽기능력의 상관관계가 능숙도가 낮은 학습자보다 높은 학습자에게서 더 약하게 나타난 결과를 보여 주었다. 능숙도에 따른 작업기억의 역할 변화는 곧 제2언어 사용 기제의 변화를 반영하는 것이므로 제2언어 사용 기제의 전반적 발달을 연구할 수 있는 도구로 사용될 수 있다. 또한 자동화된 인지 과정은 작업기억용량에 의해 제약을 받지 않는다는 이전의 연구(Kane et al., 2001)에 비추어 볼 때, 작업기억용량과 문장처리의 관계를 면밀하게 관찰함으로써 제2언어 문장처리 기제의 어떤 측면이 자동화될 수 있는지에 대한 함의를 얻을 수 있을 것이다.

작업기억용량이 제2언어의 (형태)통사적인([morpho-]syntactic) 지식을 문장처리 과정에서 즉각적으로 적용하는 능력과 관련되어 있는가에 대해서도 다수의 연구에서 다루었다(Coughlin & Tremblay, 2013; Felser & Roberts, 2007; Havik et al., 2009; Sagarra & Herschensohn, 2010). Coughlin과 Tremblay(2013)는 영어를 모국어로 하는 프랑스어 학습자가 프랑스어의 3인칭 직접목적어 접어대명사(clitic pronoun)와 전치된 선행사 간의 수 일치 제약을 습득했는지, 그리고 습득한 지식을 실시간 문장처리에 사용할 수 있는지를 문법성 판단 과업과 자기조절 읽기 과업(self-paced reading task)을 통해 각각 알아보았다. 연구 결과는 제2언어 능숙도가 높을수록, 그리고 제2언어 읽기폭이 클수록 수 일치 제약의 위반에 더 민감하다는 것을 시사한다. 또한 Havik 등(2009)은 독일어를 모국어로 하는 네덜란드어 학습자가 제2언어의 관계절(relative clause)을 처리할 때 관계절 내의 조동사와 선행하는 주어 명사구의 수 일치를 즉각적으로 이용하는지 자기조절 읽기 과업을 통해 측정하였는데, 각 문장 내용에 대한 질문을 통해 정확한 해석을 강제하는 경우에 한해 작업기억이 높은 학습자들만이 모국어 사용자와 유사한 패턴으로 조동사의 형태적 정보를 즉각적으로 활용한다는 것을 보여 주었다. 이러한 연구 결과는 문장처리 과정에서 제2언어 문법 지식의 즉각적인 적용에 작업기억용량이 영향을 미칠 수 있음을 시사한다. 이에 반해 그리스어를 모국어로 하는 영어 학습자를 대상으로 교차양상 그림점화 과업(cross-modal picture priming task)을 이용해 관계절 내 여격동사(dative verb)의 간접목적어 역할을 하는 관계절의 핵어(head noun)가 직접목적어 다음에 위치한 공백(gap)에서 재활성화(reactivation) 되는지를 연구한 Felser와 Roberts(2007)에서 제2언어 학습자는 읽기폭과 관계없이 모국어 화자와 같은 양상의 재활성화를 보이지 않았다. 또한 영어를 모국어로 하는 스페인어 학습자들이 제2언어 문장처리 과정에서 명사-형용사 간 성 일치(gender agreement) 위반을 즉각적으로 인지하는지를 살펴본 Sagarra와 Herschensohn(2010)의 연구에서는 학습자의 모국어로 측정한 읽기폭의 영향이 나타나지 않았다. 이러한 결과들을 종합하면 원칙적으로 작업기억이 제2언어 문장처리 과정에서 (형태)통사적 정보를 이용하는 능력과 관계되어 있지만, 해당되는 문법 범주의 성격과 학습자에게 요구되는 과업의 성격에 따라 그 관계 양상이 달라지는 것으로 보인다.

제2언어 문장처리의 중의성 해소에서 작업기억이 어떤 역할을 하는가도 주목받은 주제 중의 하나다(Kim, 2008; Juffs, 2006; Omaki, 2005). Omaki(2005)와 Kim(2008)은 각각 일본어와 한국어를 모국어로 하는 영어 학습자가 the sister of the schoolgirl who burned herself the other day와 같은 복합명사구(complex NP)를 해석할 때 두 개의 명사구 the sister와 the schoolgirl 중 어느 것을 관계사절의 핵어로 선택하고 그 선택에 제2언어 읽기폭이 어떤 영향을 미치는지 자기조절 읽기 과업을 통하여 알아보았다. 두 연구 모두에서 통제집단 역할을 한 영어 모국어 화자는 읽기폭이 커질수록 두 번째 명사구를 관계절의 핵어로 해석하는 것을 선호하였지만 제2언어 학습자는 Omaki(2005)의 연구에서는 읽기폭과 핵어 선택이 상관관계가 없었고, Kim(2008)에서는 읽기폭의 영향이 영어 모국어 화자와는 반대 방향의 경향을 보였다. 또한, 제2언어 학습자가 The defendant examined by the lawyer turned out to be unreliable과 같은 문장의 밑줄 친 동사에서 나타나는 일시적 중의성(능동형 타동사 또는 축약된 관계절의 과거분사)을 해소하는 과정과 작업기억의 관계를 살펴본 Juffs(2006)의 연구에서도 유의미한 관계가 발견되지 않았다. 이러한 결과는 제2언어 학습자가 통사적 중의성을 해결하는 데 모국어 화자와 다른 인지 자원을 활용할 수도 있다는 것을 시사하며, 따라서 모국어와 제2언어 문장처리가 질적으로 다른 인지적 기제에 의해 작동한다는 시각을 뒷받침하는 증거로 볼 수 있다.

마지막으로 살펴볼 연구들은 제2언어 통사구조 재분석(syntactic reanalysis)과 작업기억의 관계에 초점을 둔 것들이다. Dussias와 Pinar(2010)는 스페인어를 모국어로 하는 영어 학습자로 하여금 Who did the police declare/know killed the pedestrian?와 같은 문장을 자기조절 읽기 방식으로 읽고 문법성을 판단하게 하였다. 이 문장은 wh-구가 종속절의 동사인 killed의 주어로 해석되어야 하는데, 주절의 동사인 declare나 know까지만 읽었을 때에는 이 동사들이 명사구를 목적어로 가질 수 있기 때문에 who를 이 동사의 목적어로 해석하게 된다. 그 후에 종속절 동사 killed를 읽게 되면 who를 그것의 주어로 재분석해야 하기 때문에 처리복잡도(processing complexity)가 커지게 된다. 이때 주절동사가 know인 경우가 declare인 경우보다 처리복잡도가 상대적으로 더 큰데 이는 전자의 해석(Who did the police know?)이 후자의 해석(Who did the police declare?)보다 개연성이 더 크기 때문에 재분석 과정에서 쉽게 억제되지 않기 때문이다(Pickering & Traxler, 1998). Dussias와 Pinar의 결과는 영어 모국어 화자는 읽기폭과 관계없이 이러한 개연성의 영향을 받지만 제2언어 학습자의 경우에는 작업기억이 높은 학습자에게만 모국어화자와 같은 패턴의 개연성 효과가 나타나는 것을 보여 준다. 읽은 문장 속에 포함된 단어의 재인(recognition)을 통해 일종의 작업기억을 측정한 Williams(2006)도 문장처리 과정에서의 의미적 개연성 사용과 학습자의 작업기억용량 간에 이와 유사한 관계가 있음을 보여 준다. 이에 반해 Dusiass와 Pinar(2010)와 같은 문장구조와 과업을 사용하였으나 의미적 개연성을 조작하지 않은 Juffs(2005)의 연구에서는 작업기억과 재분석의 처리부담 간에 유의미한 상관관계가 발견되지 않았다. 이러한 결과는 제2언어 작업기억의 영향이 통사구조의 구성과 관련된 인지 과정보다 의미적 해석과 관련된 인지과정과 더 밀접한 관계를 맺고 있을 가능성을 시사한다.

이상에서 살펴본 연구들의 결과를 요약하면, 제2언어 작업기억은 (1) 목표언어 능숙도나 모국어 작업기억과 같은 학습자의 개인차 요인과 상호작용 하면서도 제2언어 문장이해를 독자적으로 설명할 수 있는 가능성을 보이고, (2) 제2언어 문장처리에서 주어-동사 일치와 같은 형태통사적 정보를 즉각적으로 사용하는 능력을 예측할 수 있으나 그 관계는 과업의 성격이나 정보의 성격에 따라 달라질 수 있으며, (3) 순수하게 통사적인 구조를 구성하는 과정보다 의미적 개연성을 처리하는 과정과 더 밀접하게 연결되어 있는 것으로 보인다. 그러나 기존의 연구가 비교적 소수이고 연구 간에 상반된 결과가 많기 때문에 작업기억과 제2언어 문장이해 간의 관계에 대한 결정적인 증거를 얻기 위해서는 폭넓은 연구가 필요하다. 다음 제4절에서는 위의 연구들에서 파생되는 문제들을 작업기억의 본질과 제2언어 문장이해의 성격에 대한 이론적 관점에 비추어 구체화하고 그 문제에 대한 답을 찾기 위한 연구 방향에 대해 논의할 것이다.

4. 향후 전망 및 제언

제2언어습득에서 나타나는 개인 간 차이에 대한 관심이 늘고 있는 근래의 추세에 비추어 볼 때 작업기억과 제2언어 문장이해의 관계에 대한 연구도 더 폭넓게 발전할 것으로 보인다. 제2언어 문장이해와 작업기억의 관계에 대한 연구에 타당성을 부여하고 생산적인 논의를 가능하게 하려면 우선적으로 제2언어 작업기억(과업)의 본질을 명확히 하고 다른 개인차 요인과의 관계를 분명히 해야 할 것이다. 이를 위해서 읽기폭과 읽기폭 과업에 수반되는 구성 요소와 하위 과정을 구분하여 접근하는 것이 생산적일 수 있다. 예를 들어 Coughlin과 Tremblay(2013)에서 읽기폭 과업의 처리 요소인 문장의 논리성 판단은 학습자의 목표언어 클로즈 테스트 점수와 유의하게 상관되어 있지만 보존 요소의 결과인 읽기폭 측정치는 그렇지 않았는데, 이는 제2언어 작업기억이 측정하는 고유한 구인은 처리 요소보다 보존 요소에 내포된 것일 수 있음을 시사한다.

다양한 제2언어 문법 지식을 문장이해 과정에서 즉각적으로 사용할 수 있는 능력을 학습자의 작업기억이 능숙도와 독립하여 예측할 수 있는지에 대한 연구도 계속될 것으로 보인다. 이러한 연구 결과는 다양한 제2언어 문법 현상 또는 문법 범주의 심리적 복잡도의 내적 과정을 드러내고 그 정도를 나타내는 지표를 제시하는 역할을 할 수 있을 것이다. 예를 들어 Jiang(2004)은 중국어를 모국어로 하는 영어 학습자가 주어-동사의 수 일치를 위반하는 비문법적인 동사 형태를 실시간 문장이해 과정에서 인지하지 못함을 보여 주는 실험 결과에 기반하여 학습자의 모국어에 없는 목표언어의 형태적 특징은 습득되기 힘들다는 견해를 제시하였는데, 비문법성의 즉각적 인지가 학습자의 제2언어 작업기억용량에 영향을 받는지를 밝히는 연구는 Jiang의 연구 결과를 새로운 관점에서 해석할 수 있는 틀을 제공할 것이다.

제2언어 문장이해 과정에서 문법, 의미, 담화, 비언어적 지식이 어떻게 상호작용하여 최종적인 해석으로 귀결되는지, 그리고 그러한 과정과 결과에 학습자의 작업기억은 어떤 영향을 미치는지에 대한 연구도 확장될 것으로 보인다. 이러한 연구가 제2언어 문장처리 기제의 이해에 줄 수 있는 함의는 (1) 서로 다른 종류의 정보 중 어떤 정보가 우선적으로 사용되고(Clahsen & Felser, 2006), (2) 인지 자원의 제한이 다양한 정보의 상호작용 과정을 어떻게 규제하며, (3) 학습자가 제2언어문장의 이해에 실패할 때는 문장의 어떤 특성에 기인하는지 등을 밝히는 데 있다. 이는 제2언어 문장이해에서 언어 입력의 특징과 학습자의 개인적 특징이 상호작용하는 방식을 구체적으로 밝힘으로써 제2언어 문장이해 기제를 더 잘 이해하는 데 기여할 것이다.

지금까지 제2언어 문장처리와 작업기억에 대한 이론적, 경험적 이해가 제2언어 문장처리 과정에서 나타나는 학습자의 개인차를 이해하는 데 어떻게 기여할 수 있는지를 살펴보고 이와 관련하여 앞으로 다루어야 할 문제들을 짚어 보았다. 언어 입력의 처리는 습득의 결과이지만 습득을 위해서는 입력의 처리가 선행되어야만 한다는 점에서 언어 처리에 대한 이해는 언어 습득의 과정을 이해하는 한 가지 방식이 될 수 있다(Fodor, 1998). 이러한 관점은 제2언어 문장처리에 대한 연구가 제2언어습득 연구에 대하여 가지는 의의를 이해하는 데도 적용될 수 있을 것이다. 또한 학습자의 인지 자원의 제한이 언어 입력의 구조적, 의미적, 담화적 측면을 처리하는 데 미치는 제약을 자세히 밝힘으로써 제2언어 교수에 대한 인지적 관심에서 제안된 입력강화(input enhancement: Sharwood Smith, 1993), 입력처리 교수(input processing instruction: Van Patten, 2002), 형태초점 교수(focus-on-form instruction: Long & Robinson, 1998) 등의 교수 원리가 학습자의 인지적 개인차와 어떻게 상호작용하는지에 대한 이해의 틀을 마련할 수 있을 것이다.

참고문헌

Baddeley, A. D., & Hitch, G. (1974). Working memory. In G. Bower (Ed.), *The psychology of learning and motivation* (pp. 47-90). New York: Academic Press.

Bley-Vroman, R. (1989). What is the logical problem of foreign language learning? In S. M. Gass & J. Schachter (Eds.), *Linguistic perspectives on second language acquisition* (pp. 41-68). New York: Cambridge University Press.

Caplan, D., & Waters, G. S. (1999). Verbal working memory and sentence comprehension. *Behavioral and Brain Sciences*, *22*, 77-94.

Case, R., Kurland, D. M., & Goldberg, J. (1982). Operational efficiency and the growth of short-term memory span. *Journal of Experimental Child Psychology, 33*, 386-404.

Clahsen, H., & Felser, C. (2006). Grammatical processing in language learners. *Applied Psycholinguistics, 27*, 3-42.

Conway, A. R. A., Kane, M. J., Bunting, M. F., Hambrick, D. Z., Wilhelm, O., & Engle, R. W. (2005). Working memory span tasks: A methodological review and user's guide. *Psychonomic Bulletin & Review, 12*, 769-786.

Coughlin, C. E., & Tremblay, A. (2013). Proficiency and working memory based explanations for nonnative speakers' sensitivity to agremment in sentence processing. *Applied Psycholinguistics, 34*, 615-646.

Dallas, A., & Kaan, E. (2008). Second language processing of filler-gap dependencies by late learners. *Language and Linguistics Compass, 2*, 372-388.

Daneman, M., & Carpenter, P. A. (1980). Individual differences in comprehending and producing words in context. *Journal of Verbal Learning and Verbal Behavior, 19*, 450 – 466.

Dussias, P. E., & Piñar, P. (2009). Sentence parsing in L2 learners: Linguistic and experience-based factors. In W. Ritchie & T. Bathia (Eds.), *The new handbook of second language acquisition* (pp. 259-317). Amsterdam: Elsevier.

Dussias, P. E., & Piñar, P. (2010). Effects of reading span and plausibility in the reanalysis of wh-gaps by Chinese – English L2 speakers. *Second Language Research, 26*, 443-472.

Dussias, P. E., & Sagarra, N. (2007). The effect of exposure on syntactic parsing in Spanish-English L2 speakers. *Bilingualism: Language and Cognition, 10*, 101-116.

Engle, R. W. (2010). Role of working-memory capacity in cognitive control. *Current Anthropology, 51*, S17-S26.

Fedorenko, E., Gibson, E., & Rohde, D. (2006). The nature of working memory capacity in sentence comprehension: Evidence against domain-specific working memory resources. *Journal of Memory and Language, 54*, 541-553.

Felser, C., & Roberts, L. (2007). Processing wh-dependencies in a second language: A cross-modal priming study. *Second Language Research, 23*, 9-36.

Ferreira, F., & Clifton, C. Jr. (1986). The independence of syntactic processing. *Journal of Memory and Language, 25*, 348-368.

Fodor, J. D. (1998). Parsing to learn. *Journal of Psycholinguistic Research, 27*, 339-374.

Friedman, N. P., & Miyake, A. (2004). The reading span test and its predictive power for reading comprehension accuracy. *Journal of Memory and Language, 51*, 136-158.

Gathercole, S. E. (2008). Working memory. In J. H. Byrne (Series Ed.) & H. L. Roediger III

(Vol. Ed.), *Learning and memory: A comprehensive reference. Vol. 2: Cognitive psychology of memory* (pp. 33-51). Amsterdam: Elsevier.

Gibson, E., & Pearlmutter, N. J. (1998). Constraints on sentence comprehension. *Trends in Cognitive Sciences, 2*, 262-268.

Harrington, M. (2010). Computational models of second language sentence processing. In R. J. Kaplan (Ed.), *Handbook of applied linguistics* (2nd ed.) (pp. 189-203). Oxford, UK: Oxford University Press.

Harrington, M., & Sawyer, M. (1992). L2 working memory capacity and L2 reading skill. *Studies in Second Language Acquisition, 14*, 25-38.

Havik, E., Roberts, L., van Hout, R., Schreuder, R., & Haverkort, M. (2009). Processing subject-object ambiguities in the L2: A self-paced reading study with German L2 learners of Dutch. *Language Learning, 59*, 73-112.

Hopp, H. (2010). Ultimate attainment in L2 inflectional morphology: Performance similarities between non-native and native speakers. *Lingua, 120*, 901-931.

Jiang, N. (2004). Morphological insensitivity in second language processing. *Applied Psycholinguistics, 25*, 603-634.

Juffs, A. (2005). The influence of first language on the processing of wh-movement in English as a second language. *Second Language Research, 21*, 121-151.

Juffs, A. (2006). Processing reduced relative vs. main verb ambiguity in English as a second language: A replication study with working memory. In R. Slabakova, S. Montrul, & P. Prevost (Eds.), *Inquiries in linguistic development in honor of Lydia White* (pp. 213-232). Amsterdam: John Benjamins.

Juffs, A., & Harrington, M. (1995). Parsing effects in L2 sentence processing: Subject and object asymmetries in wh-extraction. *Studies in Second Language Acquisition, 17*, 483-516.

Juffs, A., & Harrington, M. (2011). Aspects of working memory in L2 learning. *Language Teaching, 44*, 137-166.

Just, M. A., & Carpenter, P. A. (1992). A capacity theory of comprehension: Individual differences in working memory capacity. *Psychological Review, 99*, 122-149.

Kane, M. J., Bleckley, M. K., Conway, A. R. A., & Engle, R. W. (2001). A controlled-attention view of working-memory capacity. *Journal of Experimental Psychology: General, 130*, 169-183.

Kane, M. J., Hambrick, D. Z., Tuholski, S. W., Wilhelm, O., Payne, T. W., & Engle, R. W. (2004). The generality of working memory capacity: A latent-variable approach to verbal and visuo-spatialmemory span and reasoning. *Journal of Experimental Psychology: General,*

133, 189-217.

Kim, J. H. (2008). *Working memory effects on bilingual sentence processing*. Unpublished doctoral dissertation, University of Illinois at Urbana-Champaign, Urbana, IL, USA.

King, J., & Just, M. A. (1991). Individual differences in syntactic processing: The role of working memory. *Journal of Memory and Language*, *30*, 580-602.

Long, M. H., & Robinson, P. (1998). Focus on form: Theory, research and practice. In C. Doughty & J. Williams (Eds.), *Focus on form in classroom second language acquisition* (pp. 15-41). Cambridge, UK: Cambridge University Press.

MacDonald, M. C., Just, M. A., & Carpenter, P. A. (1992). Working memory constraints on the processing of syntactic ambiguity. *Cognitive Psychology*, *24*, 56-98.

Martin, K., & Ellis, N. (2012). The roles of phonological short-term memory and working memory in L2 grammar and vocabulary learning. *Studies in Second Language Acquisition*, *34*, 379-413.

Omaki, A. (2005). *Working memory and relative clause attachment in first and second language processing*. Unpublished master's thesis, University of Hawaii at Manoa, Honolulu, HI, USA.

Osaka, M., & Osaka, N. (1992). Language independent working memory as measured by Japanese and English reading span tests. *Bulletin of the Psychonomic Society*, *30*, 287-289.

Pearlmutter, N. J., & MacDonald, M. E. (1995). Individual differences and probabilistic constraints in syntactic ambiguity resolution. *Journal of Memory and Language*, *34*, 521-542.

Pickering, M. J., & Traxler, M. J. (1998). Plausibility and recovery from garden-paths: An eye-tracking study. *Journal of Experimental Psychology: Learning, Memory, and Cognition*, *24*, 940-961.

Roberts, L. (2012). Individual differences in second language sentence processing. *Language Learning*, *62*, 172-188.

Sagarra, N., & Herschensohn, J. (2010). The role of proficiency and working memory in gender and number agreement marking in processing in L1 and L2 Spanish. *Lingua*, *120*, 2022-2039.

Schachter, J., & Yip, V. (1990). Grammaticality judgments: Why does anyone object to subject extraction? *Studies in Second Language Acquisition*, *12*, 379-392.

Schwartz, B. D. (1998). The second language instinct. *Lingua*, *106*, 133-160.

Service, E., Simola, M., Metsänheimo, O., & Maury, S. (2002). Bilingual working memory span is affected by language skill. *European Journal of Cognitive Psychology*, *14*, 383-408.

Shah, P., & Miyake, A. (1996). The separability of working memory resources for spatial thinking and language processing: An individual differences approach. *Journal of Experimental Psychology: General, 125*, 4 – 27.

Sharwood Smith, M. (1993). Input enhancement in instructed SLA: Theoretical bases. *Studies in Second Language Acquisition, 15*, 165–179.

Trueswell, J. C., Tanenhaus, M. K., & Garnsey, S. M. (1994). Semantic influences on parsing: Use of thematic role information in syntactic ambiguity resolution. *Journal of Memory and Language, 33*, 285–318.

Turner, M. L., & Engle, R. W. (1989). Is working memory capacity task dependent? *Journal of Memory and Language, 28*, 127–154.

Van Den Noort, M. W. M. L., Bosch, P., & Hugdahl, K. (2006). Foreign language proficiency and workingmemory capacity. *European Psychologist, 11*, 289–296.

Van Patten, B. (2002). Processing instruction: An update. *Language Learning, 52*, 755–803.

Walter, C. (2004). Transfer of reading comprehension skills to L2 is linked to mental representations of text and to L2 working memory. *Applied Linguistics, 25*, 315–339.

Waters, G. S., & Caplan, D. (1996). The measurement of verbal working memory capacity and its relation to reading comprehension. *Quarterly Journal of Experimental Psychology, 49A*, 51–74.

Waters, G. S., & Caplan, D. (2003). The reliability and stability of verbal working memory measures. *Behavior Research Methods, Instruments, and Computers, 35*, 550 – 564.

Williams, J. (2006). Incremental interpretation in second language sentence processing. *Bilingualism: Language and Cognition, 9*, 71 – 88.

Williams, J. N., & Lovatt, P. P. (2003). Phonological memory and rule learning. *Language Learning, 53*, 67–121.

제8장

제2언어 또는 외국어로서의 영어 문장 읽기 과정 연구 동향*

고현숙 울산대학교

1. 서론

제2언어 또는 외국어로서의 영어 문장 읽기 과정에 대한 연구는 전통적으로는 문법 판단의 결과가 모국어로 영어를 이해하는 사람들의 경우와 얼마나 일치하는가에 따라 영어 해당 구문의 습득 여부를 논의하는 것에 주안점을 두어 왔다. 예를 들어, 설문 형식을 취해 가장 널리 사용되어 온 제2언어 또는 외국어로서의 영어 문장 읽기 연구는 문법성 판단 과업(grammatical judgment task)을 이용하여 제시된 각각의 문장에 대해 피험자가 1부터 4 혹은 1부터 7까지의 평점을 매겨 문법적인지/비문법적인지 혹은 바른지/그른지를 표시하거나 그림에서 묘사하고 있는 상황과의 일치 여부를 표시하

---

* Ko, HyunSook (2014). Sentence processing in reading in English as a second or foreign language: Current trends and future prospects. In O. Kwon (Ed.), *New horizons in English education research* (pp. 177-190). Seoul: Seoul National University Press.

도록 한다(Juffs, 1998a, 1998b; Juffs & Harrington, 1996; Kim, 2005; Matsunaga, 2005; Montrul, 1999, 2001a, 2001b). 문법성 판단 과업을 이용한 연구들 중에서 Juffs(1998a, 1998b)와 Mastunaga(2005)는 제2언어 또는 외국어로서의 문장 읽기 문법성 판단이 원어민의 문법성 판단과 다르다는 것을 발견하고, 이중언어 사용자[1]의 제2언어 또는 외국어 문장 읽기에 모국어 전이가 통계적으로 유의미한 정도로 관여하고 있다고 보았다. 반면에 Kim(2005)과 Montrul(1999, 2001a, 2001b)은 그러한 유의미한 모국어 전이를 발견하지 못하였다고 보고했다.

문법성 판단 과업이 모국어 전이 여부에 대해 이렇게 상충하는 연구 결과를 보인데 대해, 일각에서는 설문 응답 형식이 일상의 자연스러운 언어 사용을 평가하지 못하기 때문이라고 지적하면서 연구 방법론 분야에서는 이에 대한 대안을 적극적으로 모색하게 되었다. 이러한 상황에서 Fernández(2002)는 설문으로 얻은 자료가 언어 처리 후기 단계의 오프라인(off-line) 정보이며, 언어의 비구조적 요인에 기반하여 초기 언어 판단이 변경되었을 가능성이 있다고 지적하였다. 그리고 그러한 잠재적 문제점을 보완하고자 자기조절 읽기 과업(self-paced reading tasks)이 통사정보처리기(syntactic processor)에 의한 온라인(on-line) 초기 언어 판단에 대한 정보를 제공할 수 있다고 보고 연구를 설계하였으며, 실제로 연구 결과에서 스페인어 단일어 사용자는 설문 조사에서 복합명사구를 상위 구문에 있는 의미로 해석하는 방식을 선호하는 것으로 나타났지만, 반응 시간 기록에서는 스페인어와 영어 단일어 화자 간에 아무런 차이를 보이지 않고 하위 구문의 의미로 해석하는 문장에서 더 신속하게 반응하는 것이 발견되었다.[2]

---

1 단일언어 사용자(monolingual)와 대비되는 개념으로서, 제2언어 혹은 외국어의 언어 능숙도 정도와 상관없이 모국어 이외의 언어로 이해하거나 표현할 수 있는 능력을 가진 언어 사용자를 지칭한다.

2 이중언어 사용자의 경우에는 Fernández(2002)의 연구 결과가 다소 더 복잡하게 나타났다. 스페인어가 주된 언어인 이중언어 사용자의 경우에는 설문 조사에서 영어와 스페인어 문장 모두에서 상위 구문의 의미로 해석하는 것을 선호하였지만, 읽기반응시간 분석에서는 영어가 주된 언어인 이중언어 사용자의 경우에는 영어 문장을 하위 명사구로 해석할 때가 상위 명사구로 해석할 때보다 속도가 더 빠른 것으로 나타났

이러한 맥락에서 볼 때, 최근의 과학 기술의 발달에 힘입어 언어 활동 중에 피험자가 하는 반응 시간(reaction time) 추이, 시선추적(eyetracking), 뇌 혈류의 변화 추이,[3] 뇌의 전자기 활성화 정도 변화,[4] 뇌신경의 전기적 활성화 정도 변화[5] 등을 관찰하고 기록할 수 있게 된 최근의 변화는 언어 연구 방법론 발전에 있어 커다란 도약이라 할 수 있다.

이 글에서는 제2언어 또는 외국어로서의 영어 문장 읽기 과정 자체에 대한 이들 온라인 언어 처리 과정 연구 기법을 활용한 연구 성과와 동향을 살펴보고, 추후의 읽기 과정에 대한 연구와 영어 읽기 교육에 대한 시사점을 정리해 보고자 한다.

2. 제2언어 또는 외국어로서의 영어 문장 읽기 과정에 관한 주요 선행 연구

이 글에서는 논의의 편의를 위해 연구 주제와 연구 방법에 따라 기존 연구 동향과 성과를 분류하여 기술할 것이다. 즉, 연구 주제에 있어서는 제2언어 또는 외국어로서의 영어 문장 읽기 연구의 다수를 차지하는 주제로 한정하였다. 연구의 세부 주제로는 (1) 서술어의 하위범주화(subcategorization) 정보처리에 따른 구문분석(parsing), (2) 재귀대명사(reflexive pronoun)의 지칭 관계, 주어-동사 일치(subject-verb agreement), 시제 및 상 일치(tense-aspect agreement)와 같은 문법 기능 요소의 정보처리, (3)비통사적 정보처리에 관한

다. 한편, 스페인어가 주된 언어인 이중언어 사용자의 경우에는 영어와 스페인어 문장에서 둘 다 하위 명사구로 해석되는 문장에서 더 빠른 반응 속도를 보였다.

3 두뇌활동에 대한 자기공명영상 촬영법(functional Magnetic Resonance Imaging, 이하 fMRI)에 이용된다.

4 두뇌활동 관련 기저영상기록법(Event-Related brain Portentials, 이하 ERP)에 이용된다

5 뇌신경의 전기적 활성화에 의해 만들어진 자기장을 측정, 분석하는 일명 뇌신경자기장측정법(magnetoencephalography, 이하 MEG)에서 사용된다.

연구로 분류하여 살펴볼 것이다. 이상의 주제에 관한 선행 연구 중에서 영어 문장 읽기 과정에 대한 연구에서 가장 많이 활용되고 있는 연구 방법인 자기 조절 문장 읽기 과업에서의 읽기반응시간 추이와 시선추적에서의 눈동자 이동 추이를 분석하여 제2언어 혹은 외국어로서의 영어 문장 정보처리 과정에 대해 주요한 쟁점을 보여 준 연구들을 선정하여 살펴보고자 한다. 이 두 가지 연구 방법은 자기공명영상 촬영법(fMRI)과 뇌신경자기장측정법(MEG)에서도 영상 정보 분석과 병행하여 활용되고 있으므로 영어 읽기 처리 과정에 대한 세부 주제 전반의 연구 원리와 동향을 이해하는 데 기초를 제공할 것이다.

1) 서술어의 하위범주 정보처리에 따른 구문분석(parsing)

제2언어 또는 외국어로서의 영어 문장 읽기 과정에 대한 연구 중에서 가장 활발한 연구 결과를 도출하고 있는 분야는 서술어의 하위범주 정보처리에 따른 구문분석(parsing)이다. 주로 서술어로서 유사 개념을 전달하는 동사에 대해 모국어가 갖는 구문상의 특성이 제2언어 또는 외국어 사용 시에도 전이 효과로 나타나는지, 아니면 제2언어 또는 외국어에서의 해당 서술어 고유의 구문 특성이 모국어와 상관없이 언어 사용에 적용되는지 알아보기 위해 구문분석에 관해 연구하였다. 연구 방법으로 자주 사용되는 것은 자기조절 읽기 과업을 통해 어느 부분에서 평균적인 자기 진행 속도보다 오랜 시간을 소요한 후에야 다음 정보로 진행하는가를 살피는 방식이다. 예를 들어 '강아지가 소녀에게'라는 어구를 읽으면 '…해 준다'라는 수여의 의미를 떠올린다. 따라서 독자나 청자는 마음 속에 수여 의미를 나타내는 표현들 위주로 후보가 될 만한 표현들을 연상한다. '강아지가 소녀에게'라는 어구 다음에 제시되는 어구가 그러한 후보 상황 중의 하나에 부합하는 경우에는 자신의 평균적인 읽기 소요 시간보다 빠른 속도로 다음 어구로 읽기를 진행하게 된다. 반면에 제시된 어구가 후보로 떠올린 상황에 부합하지 않는 어구이

*

The

boys

rolled

the

candles

on

the

floor.

Q: Did the boy have candles?

그림 1. 자기조절 영어 읽기 과업 실험의 예

면, 제시된 어구가 담고 있는 새로운 정보를 이해하기 위해 상대적으로 긴 시간을 소요한 다음에 뒤따라오는 어구로 읽기를 진행할 것이다. 이러한 현상을 점화 효과(priming effect)라 하는데, 이는 자기조절 읽기 과업에서 활용되는 중요한 분석 원리다. 그림 1은 점화 효과 원리를 활용한 하나의 예로 Ko(2008, pp. 79~80)의 영어 문장 읽기 실험에서의 화면 제시 과정을 간략히 보인 것이다.

그림 1에서 각각의 직사각형은 한 번에 제시되는 컴퓨터 화면을 나타낸다. 맨 처음에 실험 참여자가 안내문을 읽은 후 실험을 시작하기 위해 지정된 자판의 키를 누르면 정보가 나타날 위치에 시선을 두도록 유도하는 별표(*)가 제시된다. 그러고 나서 실험 참여자가 지정된 자판의 키를 누를 때마다 문장의 첫 단어부터 하나씩 순서대로 제시된다.

이러한 자기조절 읽기 과업에서의 구문분석에 대한 분석을 통한 서술어의 하위범주 정보처리 소요 시간에 대한 연구 중에서 특히 주목할 만한 것은 Juffs와 Harrington(1996), Juffs(1998a), Hoover와 Dwivedi(1998), 그리고 Ko(2008)를 들 수 있다. 이들은 자기조절 읽기 과업과 설문 조사가 이중언어 사용자의 초기 언어 처리 과정과 최종 문법성 판단 간의 차별성을 보여 주기에 좋은 진단 도구가 될 수 있다고 보았다. 그리하여 자기조절 읽기 과업에서 측정된 온라인 정보와 문법성 판단 과업에서 드러난 오프라인 정보를 비교 분석하였는데, 연구 결과는 상이하게 나타났다. 즉, Juffs와 Harrington(1996), Juffs(1998a)의 연구에서는 자기조절 읽기 과업과 문법적인 문장이냐 아니냐를 판단하는 설문 조사에서 영어를 모국어로 사용하는 화자와 제2언어 내지 외국어로 영어를 사용하는 화자 간에 모국어의 언어 유형에 따른 전이 현상에서 비롯된 유의미한 반응 유형 차이가 없는 것으로 나타났다. Hoover와 Dwivedi(1998)의 연구에서는 영어를 제2언어로 학습한 프랑스 화자이면서 영어 능숙도가 높은 경우에는 영어 원어민 화자와 유사한 영어 문장 읽기반응 속도를 보이는 것으로 나타났다. 이렇게 상반되는 연구 결과에 대한 평가를 거쳐, Ko(2008)는 실험에 사용하는 동사가 모국어에서 어떤 구문 특성을 보이는지 세밀하게 고려하여 실험을 설계하였다. 즉, 한국어와 영어의 코퍼스 분석을 통해 서술어로 사용되는 동사를 구문 특성에 따라 분류[6]한 후, 영어 원어민과 한국어 원어민, 그리고 초급과 고급 수준의 한국인 영어 학습자를 대상으로 자기조절 영어 읽기 과업에서의 읽기반응시간 추이를 분석하였다. 연구 결과 외국어로서 영어 능숙도가 낮은 한국인 이중언어 사용자의 경우에는 모국어 전이 효과가 문장 읽기 과정에서 뚜렷이 나타났지만, 문법성 판단 과업에서는 그러한 차이가 드러나지 않았다. 이러한 결과는 오프라인 실험 정보에서 최종적인 문법성 판단이 원어민과

6 예를 들어 유생물성(animacy)을 가진 명사구를 주어로 하는 The boys froze라는 어구를 읽고 영어에서는 행위 유발 의미가 없는 기동 구문(inchoative construction)을 예측하는 경향이 높은 반면, 한국어로 이 문장을 해석할 때에는 남자 아이들이 무엇인가를 얼렸다는 행위 유발 의미를 띤 사역구문(causative construction)을 예측하는 경향이 높다. 한편, The boys rolled와 한국어로 해석할 때의 이에 상응하는 어구는 freeze와는 정반대의 현상을 보여, 영어에서는 행위 유발 의미를, 한국어에서는 행위 유발 의미가 없는 구문을 예측하는 경향이 높은 동사다.

동일한 것처럼 보일지라도, 제2언어 사용자들의 언어 처리 과정은 아주 상이할 수 있다는 것을 보여 주었다는 점에서 중요하다. 또한, 제2언어 및 외국어로서의 영어 능숙도가 문장 구문 파악에 있어 모국어 정보를 전이하는 데 있어 중요한 변인이 된다는 것을 보여 주었다는 점에서도 중요한 의의가 있다.

서술어의 하위범주 정보처리에 따른 구문분석에 대한 연구에서 또 하나의 중요한 소재는 주어나 목적어가 변환된 의문사 또는 관계대명사의 읽기반응시간 추이다. 예를 들면 Dussias(2003)는 스페인어와 영어 각각을 제2언어로 배우는 학습자가 원어민과 다른 양상으로 관계대명사의 선행사(antecedent)를 판단하는지 살펴보았는데, 두 집단의 제2언어 학습자 모두 모국어와 상관없이 제2언어에서 관계대명사 바로 앞에 제시된 명사를 선행사로 판단하는 경향을 보였다. 한편, Dussias와 Piñar(2010), Jackson과 van Hell(2011)은 영어 능숙도가 낮은 네덜란드 화자의 경우에 영어 원어민 화자와 영어 능숙도가 높은 덴마크 화자보다 주어가 의문사로 쓰인 문장을 이해할 때 통계적으로 유의미할 정도로 긴 시간을 소요한다는 사실을 발견하였다. 이외에도 Hopp(2010), Sagarra와 Herschensohn(2011)은 이중언어사용자의 영어 읽기에서 모국어 구문의 특성을 전이하는 것으로 보이는 현상을 보고한 바 있다. 하지만 이러한 연구 결과들과 상충하는 결과를 보고한 연구들도 있으므로 아직은 잠정적인 것으로 보아야 한다. 예를 들어, Roberts(2012)는 영어를 포함한 여러 제2언어 및 외국어를 대상으로 한 자기조절 읽기 과업에서의 반응 속도 추이를 분석한 연구들을 종합 평가하였는데, Omaki와 Schultz(2013)와 상충되는 결론을 내놓았다. Roberts(2012)의 분석에 따르면, 실험 과업이 표면상에 드러나는 언어 표현 이상의 언어학적 구조에 대한 이해를 요구하는 경우에만 제2언어 및 외국어 능숙도, 읽기 속도와 작업기억력(working memory) 등의 학습자 변인이 목표어 처리에서 원어민과 구별되는 유의미한 차이를 보였다. 하지만 Omaki와 Schultz(2013)는 고급 수준의 영어를 구사하는 스페인 화자의 자기조절 영어 읽기 과업 수행이 영어 원어민 화자의 문장 읽기와 유사하게 관계절 섬 제약(relative clause island constraint)을 따르고 있다는 결론을 얻었다.

한편, 하위범주 정보처리 연구에서 자기조절 읽기 과업에서의 반응 시간 분석 이외에 자주 사용되는 또 하나의 연구 방법은 시선추적이다. 시선추적은 실험 참여자가 머리에 모자를 쓰듯이 카메라를 장착하고 컴퓨터 화면에 제시되는 문장을 읽는 과정에서 수정체가 어떤 경로로 움직이는지를 일정 시간 단위로 기록하고, 이렇게 기록된 경로를 분석하여 언어 정보처리 과정을 탐색하는 연구 방법이다. 이러한 분석 방법을 사용한 외국어로서의 영어 문장 읽기 연구로는 Frenck-Mestre(1998, 1999, 2002)가 있다. Frenck-Mestre(2002)는 자신의 두 선행 연구를 종합하여 제2언어 혹은 외국어의 능숙도가 낮은 경우에는 모국어의 구문 특성에 따라 문장을 이해하지만, 제2언어 혹은 외국어의 능숙도가 높은 경우에는 해당 언어의 원어민 화자와 유사하게 문장을 이해하는 과정을 거친다고 보았다. 이러한 입장은 자기조절 읽기 과업을 이용한 문장 반응 추이 분석을 이용한 Hoover와 Dwivedi(1998), Ko(2008), Dussias와 Piñar(2010), Jackson과 van Hell(2011)에서 제2언어 능숙도나 기억력 등이 높은 학습자의 경우에 원어민 화자와 유사한 영어 문장 처리 유형을 보인다는 연구 결과를 지지한다는 점에서 주목할 만하다.

2) 문법 기능 요소의 정보처리에 관한 연구

제2언어 또는 외국어로서의 영어 문장 읽기에서 문법 기능 요소와 관련한 정보처리를 반응시간 추이를 통해 살핀 연구는 주어-동사 일치 형태소의 올바른 사용(Barto-Sisamout, Nicol, Witzel, & Witzel, 2009; Jiang, 2004, 2007; Wen, Miyao, Takeda, Chu, & Schwartz, 2010), 시제 및 상을 나타내는 기제 사용에 대한 연구(Roberts & Liszka, 2008)가 있다. Jiang(2004)은 중국인 영어 학습자와 영어 원어민 화자를 대상으로 주어와 동사의 수 일치를 어긴 문장들에서, 그리고 Jiang(2007)은 전치사구에서 양화사인 some과 뒤따르는 명사구의 수 일치를 어긴 문장들에서 보이는 자기조절 읽기 과업에서의 반응시간 추이를 분석하여, 제2언어 학습자의 경우에 수 일치 문법 정보를 언어 사용 장면에서 활성화하지 못하고 있다고 결론내렸다. 한편, Barto-Sisamout 등(2009)과 Wen 등(2010)은 제2언어 학습자도 수 일치 정보를 자기조절 읽기과업에서 활성화하여 사용하고 있다고 보고하였다. Roberts와 Liszka(2008)는 프랑스와 독일의 영어 학습자가 시제 및 상이 잘못된 문장을 읽고 보이는 반응시간 추이를 분석하여 모국어의 언어 특성에 기인한 전이 효과가 존재한다고 주장하였다.

한편, 외국어로서의 영어 문장 읽기에서 나타나는 시선추적 결과를 분석한 연구로는 Felser, Sato와 Bertenshaw(2009), Felser와 Cunnings(2011), Roberts, Gullberg와 Indefrey(2008)가 있다. Felser 등(2009), Felser와 Cunnings(2011)는 재귀대명사의 문법/비문법적인 사용례를 포함한 문장 읽기에서 일어나는 시선추적 결과를 분석하였다. 이들의 연구 결과에서는 외국어로 배우는 일본인과 독일인 학습자들이 모국어와 관계없이 담화상의 지칭 후보를 영어 고유의 규칙보다 넓은 범위로 상정하고 문장을 읽고 있다는 결론을 얻었다. 그리고 Roberts 등(2008)은 네덜란드어를 배우는 터키와 독일 학습자의 네덜란드어 문장 읽기에서 나타나는 시선추적 결과를 분석하여, 주어가 대명사인 경우에 그 지칭 대상을 파악하는 데 어려움을 겪고 있다는 것을 발견하였다. 그리하여 이들 외국어 학습자들의 문장 정보처리 과정에서 문장 이해의 초기 단계에 통사적인 지식 이외에 담화 차원의 화용적인 지식도 관여하고 있다는 결론을 얻었다.

3) 비통사적 정보처리에 관한 연구

통사상의 주어와 목적어를 결정하는 의미론적인 역할(thematic roles)이나 문법 기능 이외의 언어 정보처리, 즉 비통사적 정보처리에 관한 연구는 모국어를 대상으로 축적된 연구가 상당히 있지만, 제2언어나 외국어에 대한 연구는 미미한 실정이다. 자기조절 읽기 과업을 이용한 모국어의 문장 정보처리 과정에 대한 연구에서 비논항 정보처리와 관련하여 주요한 논제로 부각되고 있는 것은 통사 구문의 빈도(frequency), 구 구조(phrase structure), 실존가능성(pluasibility), 유생물성(animacy), 선행 정보의 공유 정도, 제2언어 또는 외국어의 능숙도와 일반적인 기억력(memory), 작업기억력(working memory) 혹은 문장 읽기 특유의 기억력 등의 여러 변인들이 문장 이해에 선형적으로 적용되는가, 평행적/경쟁적으로 적용되는가, 아니면 강약 변인으로 작용하는가 등이다(Rah, 2009). 이러한 논제들은 대부분 모국어로서의 문장 정보처리 측면에서 논의되었을 뿐, 제2언어 혹은 외국어 문장 읽기에 대한 연구 결과는 Felser, Roberts, Marinis와 Gross(2003), 그리고 Roberts와 Felser(2011)를 제외하고는 거의 전무한 형편이다. Felser 등(2003)은 영어를 배우는 독일어 화자를 대상으로 한 연구인데, 전치사구 차이에 따라 관계대명사의 선행사를 판단하는 것이 원어민과 다른 읽기 진행 유형을 보였지만, 원어민과 다른 책략을 사용한다는 증거를 발견하지는 못했다. Roberts와 Felser(2011)는 그리스인 영어 학습자를 대상으로 실존가능성이 모호한 문장을 읽고 이해하는 데에 어떤 영향을 미치는지 분석하였는데, 원어민 화자보다 실존가능성에 더 많이 의존하여 주어와 목적어를 해석하는 경향이 있지만 의미론적 역할 이해를 저지할 만큼 재분석 활동이 활발하지는 않다는 것을 발견하였다.

3. 향후 전망 및 제언

제2언어 또는 외국어로서의 영어 문장 읽기에 관한 향후 연구로서 기대가 되는 논제는 다음 세 가지다. 첫째, 모국어의 문장 읽기에 대한 연구와 제2 또는 외국어로서 배우는 목표어의 문장 읽기에 대한 연구에서 논의되고 있는 원리가 이중언어 사용자의 목표어 사용에 있어 어떻게 적용되는가에 대한 연구가 동사의 주요 논항에 관한 연구 이외에는 많이 부족하여 밝혀진 바가 빈약하다. 특히 부사어구, 구문의 빈도, 담화 차원의 맥락 정보 등의 정보처리가 어느 정도 강한 영향력을 가지며, 어떤 경로를 거쳐 문장 이해에 작용하는지에 대한 연구가 많이 보완되어야 제2언어 또는 외국어로서의 영어 문장 읽기 과정에 대한 논의를 본격화하여 언어 처리 모형을 논의할 수 있을 것이다.

둘째, 자연스러운 읽기 과정을 밝히고자 하는 노력은 이제 자기조절 읽기 과업에서 논의되고 있는 문장 구조와 후속 의미 정보에 대한 예측 현상이, 시선추적 연구를 통해 밝혀낸 사실들과 구체적으로 어떤 관련성을 갖는지 상세화하는 연구로 발전되어야 할 것이다. 그런데 이러한 연구의 승패는 자기조절 읽기 과업에서의 반응 속도와 시선추적 분석이 얼마만큼 정밀성과 신뢰성을 갖추어 기록되고, 두 자료의 관련성이 타당하게 입증될 수 있을 것인가에 달려 있다. 전자는 기술적인 발전을 통해서, 후자는 언어학의 연구 결과가 축적되어 타당성이 입증될 수 있는 연관성 계산식이 개발될 때 가능할 것이다. 이러한 연구 발전의 가능성을 보여 준 예는 Roberts 등(2008)이다. 터키인 네덜란드어 학습자와 독일인 네덜란드어 학습자가 자기조절 읽기 과업에서 명시 주어(non-null subject)에 대해 어떤 반응시간 추이를 보이는지 비교, 분석한 동시에 시선추적을 통해 눈동자의 이동 추이까지 분석하였다. 그리하여 오프라인 문법성 판단 과업과 연속 시선추적 분석에서는 모국어 전이 현상이 나타나지 않았지만, 자기조절 읽기 과업에서의 반응시간 추이 분석에서는 터키인 학습자의 네덜란드어 문장 읽기에서는 모국어 전이 현상이 나타난다는 흥미로운 연구 결과를 얻었다. 이렇게 한 가지 이상의 연구 방법으로 온라인 자료의 다각적이고 종합적인 분석과 해석이 축적된다면, 향후에는 현재 상충되는 결과처럼 보이는 기존의 제2언어 및 외국어 능력의 특성에 대한 연구 결과들을 보다 일관된 모형이나 논리적인 이론으로 설명 가능하게 될 것이다.

셋째, 자연스러운 읽기 과정에 관여하는 정보 종합 과정 및 유형에 대한 연구가 필요할 것이다. 이는 특히 성공적인 읽기와 그렇지 못한 읽기의 정보 종합 과정과 유형을 비교, 분석할 때 드러날 것이다. 선행 연구(Fernández, 2002; Helms-Park, 2002; Juffs, 1998a; Kim, 2005; Montrul, 1999, 2001a, 2001b; Williams & Möbius, 1997)에서 논의된 모국어와 제2언어 및 외국어의 상호 관련성에 대한 논의를 보다 교육적인 차원에서 유용한 연구로 발전시키기 위해 이러한 정보 종합의 과정과 유형에 대한 연구가 꼭 필요하다. 즉, 모국어 읽기에서의 정보 정합 과정 및 유형에 따른 제2언어 및 외국어 읽기에서의 어려움을 상세화한다면 언어 교육에도 중요한 기여를 할 수 있을 것이다.

참고문헌

Barto-Sisamout, K., Nicol, J., Witzel, J., & Witzel, N. (2009). Transfer effects in bilingual sentence processing. *Arizona Working Papers in SLA & Teaching, 16*, 1-26.

Dussias, P. E. (2003). Syntactic ambiguity resolution in L2 learners: Some effects of bilinguality on L1 and L2 processing strategies. *Studies in Second Language Acquisition, 25*, 529-557.

Dussias, P. E., & Piñar, P. (2010). Effects of reading span and plausibility in the reanalysis of wh-gaps by Chinese-English second language speakers. *Second Language Research, 26*, 443-472.

Felser, C., & Cunnings, I. (2011). Processing reflexives in English as a second language: The role of structural and discourse-level constraints. *Applied Psycholinguistics*. Published online: 08 August 2011 (First View Article: pp 1-33). DOI: 10.1017/S0142716411000488.

Felser, C., Roberts, L., Marinis, T., & Gross. R. (2003). The processing of ambiguous sentences by first and second language learners of English. *Applied Psycholinguistics, 24*, 453-489.

Felser, C., Sato, M., & Bertenshaw, N. (2009). The on-line application of binding Principle A in English as a second language. *Bilingualism: Language and Cognition, 12*, 485-502.

Frenck-Mestre, C. (1998, November). *Overcoming parameters: An on-line look at bilingual sentence processing*. Paper presented at the 39th annual meeting of Psychonomic Society, Dallas, TX, USA.

Frenck-Mestre, C. (1999). Examining second language reading: An on-line look. In A. Sorace, C. Heycock & R. Shillcock (Eds.), *Language acquisition: Knowledge representation and processing* (pp. 474-478). Amsterdam: North-Holland.

Frenck-Mestre, C. (2002). An on-line look at sentence processing in the second language. In R. R. Heredia & J. Altarriba (Eds.), *Bilingual sentence processing* (pp. 217-236). Amsterdam: Elsevier Science B. V.

Fernández, E. M. (2002). Relative clause attachment in bilinguals and monolingual. In R. R. Heredia & J. Altarriba (Eds.), *Bilingual sentence processing* (pp.187-215). Amsterdam: Elsevier Science B. V.

Helms-Park, R. (2002). The need to draw second language learners' attention to the semantic boundaries of syntactically relevant verb classes. *The Canadian Modern Language Review, 58*(4), 576-598.

Hoover, M. L., & Dwivedi, V. D. (1998). Syntactic processing by skilled bilinguals. *Language Learning, 48*, 1-29.

Hopp, H. (2010). Ultimate attainment in L2 inflectional morphology: Performance similarities between non-native and native speakers. *Lingua, 120*, 901 – 31.

Jackson, C. N., & van Hell, J. G. (2011). The effects of L2 proficiency level on the processing of wh-questions among Dutch second language speakers of English. *International Review of Applied Linguistics in Language Teaching, 49*(3), 195-219.

Jiang, N. (2004). Morphological insensitivity in second language processing. *Applied Psycholinguistics, 25*, 603 – 634.

Jiang, N. (2007). Selective integration of linguistic knowledge in adult second language learning. *Language Learning, 57*, 1-33.

Juffs, A. (1998a). Some effects of first language argument structure and morphosyntax on second language sentence processing. *Second Language Research, 14*(4), 406-424.

Juffs, A. (1998b). Main verb versus reduced relative clause ambiguity resolution in L2 sentence processing, *Language Learning, 48*(1). 107-147.

Juffs, A., & Harrington, M. (1996). Garden path sentences and error data in second language sentence processing. *Language Learning, 46*(2), 283-326.

Kim, J. (2005). *L2 acquisition of transitivity alternations and of the entailment relations for causatives by Korean speakers of English and English speakers of Korean*. Unpublished doctoral dissertation, University of Hawaii at Manoa, Honolulu, HI, USA

Ko, H. (2008). Different sentence processing by native English speakers and Korean bilinguals. *English Teaching, 63*(1), 71-99.

Matsunaga, K. (2005). Overgeneralization in second language acquisition of transitivity alternations. *Second Language, 4*, 75-110.

Montrul, S. (1999). Causative errors with unaccusative verbs in L2 Spanish. *Second Language Research, 15*(2), 191-219.

Montrul, S. (2001a). First-language-constrained variability in the second-language acquisition of argument-structure-changing morphology with causative verbs. *Second Language Research, 17*(2), 144-194.

Montrul, S. (2001b). Causitives and transitivity in L2 English. *Language Learning, 51*(1), 51-106.

Omaki, A., & Schultz, B. (2013). Filler-gap dependencies and island constraints in second-langauge sentence processing. *Studies in Second Language Acquisition, 33*, 563-588.

Pickering, M. J., & van Gompel, R. P. G. (2006). Syntactic parsing. In M. J. Traxler & M. A. Gernsbacher (Eds.), *Handbook of psycholinguistics* (2nd ed.) (pp. 455-503). Amsterdam: Academic Press.

Rah, A. (2009). *Sentence processing in a second language: Ambiguity resolution in German learners of English*. Unpublished doctoral dissertation, University of Köln, Köln, Germany.

Roberts, L. (2012). Review article: Psycholinguistic techniques and resources in second language acquisition research. *Second Language Research, 28*(1), 113-127.

Roberts, L., & Felser, C. (2011). Plausibility and recovery from garden paths in second language sentence processing. *Applied Psycholinguistics, 32*, 299-331.

Roberts, L., Gullberg, M., & Indefrey, P. (2008). Online pronoun resolution in L2 discourse: L1 influence and general learner effects. *Studies in Second Language Acquisition, 30*, 333-357.

Roberts, L., & Liszka S. A. (2008). *L2 learners' sensitivity to tense/aspect violations in real-time L2 sentence processing: A self-paced reading with French and German advanced learners of English*. Paper presented at EUROSLA 18, Université de Provence, Aix-en-Provence, France, September.

Sagarra, N., & Herschensohn, J. (2011). Proficiency and animacy effects on L2 gender agreement processes during comprehension. *Language Learning, 61*, 80-116.

van Gompel, R. P. G., & Pickering, M. J. (2007). Syntactic parsing. In M. G. Gaskell (Ed.). *The Oxford handbook of psycholinguistics* (pp. 289-307). New York: Oxford University Press.

Wen, Z., Miyao, M., Takeda, A., Chu, W., & Schwartz, B. D. (2010). Proficiency effects and distance effects in nonnative processing of English number agreement. In K. Franich, K. M. Iserman, & L. L. Keil (Eds.), *Proceedings of the 34th annual Boston university conference on language development*. Somerville, MA: Cascadilla.

Williams, J. N., & Möbius, P. (1997). Syntactic processing strategies in a second language. *University of Cambridge Working Papers in English and Applied Linguistics, 4*, 173-208.

제9장

사회문화이론과 제2언어교육: 개념적 탐구*

김성우 서울대학교

당신이 누군가를 도울 때, 함께할 때,
그의 뇌의 일부가 되는 것이고,
머리 뒤에 달린 눈이 되는 것이고,
등을 긁을 수 있는 손이 되는 것이고,
무거운 물건을 들 수 있는 근육이 되는 것이다.
신체와 의식의 확장은 기계 이전에
인간의 협력에서 이미/항상 가능했다.

* Kim, Sungwoo (2014). Sociocultural theory and second language pedagogy: a conceptual exploration. In O. Kwon (Ed.), *New horizons in English education research* (pp. 191-218). Seoul: Seoul National University Press.

1. 서론

1) 들어가며

응용언어학계가 사회문화이론(Sociocultural Theory)을 본격적으로 탐구하기 시작한 지 약 30년이 지났다(Lantolf & Frawley, 1984). 제2언어교육에 관한 주요 교재들도 사회문화이론을 비중 있게 다룰 정도로 그 영향력이 커지고 있으며(Ortega, 2009), 관련 연구들 또한 빠른 속도로 축적되고 있다(Center for Language Acquisition, 2012). 한국 사회도 예외는 아니어서 Vygotsky의 저작을 번역하고 그의 사상을 재조명하려는 움직임이 활발하게 일어나고 있다(비고츠키, 2011, 2013; 비고츠키 · 루리야, 2012). 지난 한 세기 동안 가장 큰 영향력을 발휘해 온 심리발달이론 중 하나인 사회문화이론을 적극적으로 수용하려는 노력은 일단 긍정적이다.

하지만 Vygotsky 신드롬의 이면에는 어두운 측면도 있다. Vygotsky의 역사 인식과 세계관에 대한 이해 없는 이론의 수입, 사회구성론자 Vygotsky라는 섣부른 해석, 나아가 한국의 현실에 대한 비판적 인식 없이 사회문화이론의 개념을 소비하는 경향 등이 사회문화이론을 현실과 유리된 추상적 이론으로 전락시켜 왔기 때문이다(박동섭, 2011; 배희철, 2012). 그렇다면 사회문화이론에 대한 관심과 오해 모두가 증가하고 있는 지금이야말로 Vygotsky 발달학습이론의 가치와 한국 교육에 대한 함의를 고찰하기 위한 적기라 생각된다.

이 글은 크게 세 부분으로 나뉜다. 첫 부분에서는 사회문화이론을 간략히 개관하고 그 핵심을 이루는 중재 개념을 검토한다. 다음으로는 최근의 사회문화이론 연구 주제 중 개념기반 교수, 인지언어학과의 통합적 접근, 동적 평가를 차례로 소개한다. 마지막으로 다시 중재라는 개념으로 돌아가 사회문화이론이 교육과정, 교수 방법론, 그리고 교사들에 대해 갖는 함의를 살핀다. 이를 통해 사회문화이론의 핵심 주장 및 개념의 가치, 20세기 초반 러시아에서 태동하여 미국의 학계를 거쳐 유입된 이론을 21세기의 한국 상황에 맞춰 발전시키기 위해 필요한 노력, 인간 발달이 목표가 되는 교육을 꿈꾸었던 Vygotsky와 그의 동료들에게서 한국의 제2언어교육 연구자들과 교사들이 얻을 수 있는 교훈 등에 대해 생각해 보는 기회를 가질 수 있을 것이다.

2) 사회문화이론의 태동

사회문화이론은 20세기 초 러시아의 심리학자 Vygotsky와 그의 동료들에 의해 확립된 이론 체계다. 서구 심리학계는 오랜 기간 Vygotsky의 발달이론을 외면해 왔지만, 1978년 Vygotsky의 주요 저작을 엮은 *Mind in Society*의 출간은 사회문화이론 및 러시아 심리학에 대한 관심을 불러일으켰다(반 더 비어, 2013; Vygotsky, 1978). 이후 사회문화이론은 인지 발달론, 아동교육론, 교수학습이론뿐 아니라, 장애학 및 놀이와 발달 관계 연구 등에서도 영향력 있는 이론적 관점으로 성장하였다. 사회문화이론의 영감은 이제 교육심리학과 인문사회과학의 경계를 넘어 인지과학 전반의 흐름과 조우하고 있다(Frawley, 1997; Lindblom & Ziemke, 2003).

사회문화이론은 그 명칭으로 인해 사회학 혹은 인류학 이론으로 오인받기 쉽지만 실상은 인간 발달, 그중에서도 인지 발달을 설명하기 위한 이론이다. 비록 Vygotsky와 동료들이 인간의 지적 발달 연구에 집중한 것은 사실이지만, 모든 인지 과정의 배후에 동기가 자리하고 있다는 Vygotsky의 생각을 고려할 때, 사회문화이론에서 언급하는 인지 발달은 지적 발달을 포함한 정신 발달 일반으로 생각하는 것이 옳다. 사회문화이론이 이처럼 지적, 의지적, 정의적, 생물학적 측면을 포괄하는 온전한 존재로서의 인간 발달에 대해 관심을 가지게 된 것은 Vygotsky 자신의 성장 배경 및 사회 · 문화적 경험과 무관하지 않다.

Vygotsky는 1896년 러시아의 오르샤에서 태어났다. 어려서부터 문화에 대한 관심이 각별했던 그는 다양한 분야의 책을 탐독했고 연극 감상을 즐겼다. 대학에서 법학을 공부하였지만 예술과 문학에 대한 조예가 깊었으며, 1916년에는 「윌리엄 셰익스피어 원작, 덴마크의 왕자, 햄릿의 비극(The Tragedy of Hamlet, Prince of Denmark, by W. Shakespeare)」이라는 석사논문을 작성하기도 하였다. 당시 새로운 미디어로 각광받기 시작한 영화에도 각별한 관심을 가졌으며, 〈전함 포템킨〉으로 유명한 영화감독 Eisenstein과 가깝게 지내며 영화 및 예술에 대한 의견을 나누었다. 이렇게 법학과 예술, 문학, 심리학으로 이어지는 그의 지적 전기는 인간 발달을 이해하기 위해 사회 · 문화적 맥락을 총체적으로 고려해야 한다는 사회문화이론의 접근법에 영향을 주었던 것 같다.

Vygotsky는 문화적으로 풍성했던 성장 배경을 지녔지만, 시대의 아픔 또한 고스란히 지니고 있었다. 유태인의 피를 타고 태어났기에 반유태주의가 강했던 당시 러시아의 분위기 속에서 아웃사이더 아닌 아웃사이더로 살아가야 했고, 1917년 러시아 혁명을 비롯한 사회 변혁의 소용돌이를 몸소 체험하였다. 죽어가는 동생을 보살피다가 당시로서는 치명적인 질병이었던 결핵에 걸려 생애 후반부를 병마와 싸우며 지냈지만, 죽음을 앞두고도 연구와 저작 활동을 계속한 사실에서 드러나듯이 그의 학문적 열정은 비범했다(반 더 비어, 2013).

Vygotsky는 역사의 발달에서 도구의 사용이 결정적 역할을 했다는 Marx와 Engels의 도구관, 다시 말해 다양한 물리적 도구가 경제적 발달에 있어 핵심적인 역할을 했다는 주장에 주목하였다. 이를 단초로 정신 기능의 발달에 필수적인 요소를 탐구하기 시작하였고 다양한 상징적 기호, 특히 언어가 결정적인 역할을 한다는 결론에 이르렀다.

그는 학자로서 산 10여 년이라는 짧은 기간 동안 수백 편에 달하는 저술을 발표하는 등 뛰어난 학문적 업적을 남겼지만, 언어와 기호 같은 상징적 도구의 중재를 강조하는 것이 당시 소비에트의 학문적 근간이었던 유물론적 세계관에 반한다는 이유로 정부로부터 암묵적인 압력에 시달렸다.

이상의 논의에서 알 수 있듯이 여러 사상과 이론이 합류하고 있는

Vygotsky 이론을 이해하기 위해서는 다양한 학문적 전통에 대한 이해가 필수다. 당대의 심리학 이론에 대한 지식뿐 아니라 유물론적 변증법적 세계관을 기초로 한 마르크스주의 철학, 언어학 등에 대한 소양이 있어야만 접근 가능한 텍스트가 많은 것이다.

이 글에서는 먼저 Vygotsky의 저작을 이해하기 위한 키워드로 중재(mediation)를 제시한다. 근접발달영역, 내재화 등 다양한 주요 개념들이 그의 저작에 등장하지만 사회문화이론을 관통하는 핵심 개념으로 중재를 꼽는 것이 무리는 아니라고 생각하기 때문이다. 다음 장에서는 중재의 개념을 다양한 관점에서 고찰함으로써 사회문화이론을 이해하기 위한 기초를 제공하고자 한다.

2. 중재의 개념적 고찰

1) 삶과 중재

중재는 중세 라틴어 mediationem에서 유래된 단어로, 중간에 끼는 것, 특정 대상의 중간을 나누는 것이라는 의미를 갖고 있다. 학자들마다 차이가 있으나 보통 중재 혹은 매개로 번역된다.

Vygotsky가 제시한 중재의 개념을 본격적으로 탐색하기 전에 포괄적 의미의 중재를 생각해 보자. 우리가 일상 생활에서 접하는 대표적 중재에는 교통과 통신 수단이 있다. 사람 사이의 거리가 조금만 생겨도 시각과 청각의 한계로 이야기를 나눌 수 없다. 이때 전화와 같은 통신 수단을 이용하면 지리적 거리를, 좀 더 정확히 말해 인간의 생물학적 한계를 극복할 수 있다. 걸어서는 갈 수 없는 지역에 대한 접근은 비행기와 같은 교통수단의 중재로, 날씨를 예측하거나 인공위성을 쏘아 올리기 위한 복잡한 계산은 컴퓨터의 중재로 가능해졌다.

좀 더 은밀하게 우리 삶에 들어와 있는 중재도 있다. 예를 들어 근대 이후의 표준시 개념을 생각해 보자. 최초로 표준시를 도입한 나라는 영국으로 알려져 있는데, 1847년도에 지역별로 사용하던 시간을 그리니치 표준시(Greenwich Mean Time, GMT)로 바꾸면서 국가 차원에서 표준시를 사용하기 시작하였다. 이어서 19세기 후반 미국에서도 지역별로 표준시를 채택하기 시작했고 20세기 초에 이르러서는 연방 수준에서 동일한 시간대를 공유하게 되었다. 현재 대부분의 산업화된 국가들이 영미권에서 시작된 표준시를 사용하고 있으며, 이를 바탕으로 경제, 언론, 문화 등 다양한 방면의 교류가 이루어지고 있다(Zerubavel, 1982).

흥미로운 것은 물리적 중재와 심리적 중재가 명확하게 구분되지 않으며 영향을 주고받는다는 점이다. 미국 표준시의 역사를 살펴보면, 배후에 전국적인 철도망 건설과 운영이 있었다. 철도를 이용한 여행과 물자 수송, 철도 인프라의 정확하고 안전한 운용을 위해 표준시의 제정이 필수적이었던 것이다. 이제 표준시간은 단지 공적인 약속을 하기 위해 사용되지 않는다. 일례로 표준 시간은 산업화 시대 생산 공정의 표준화를 선도한 포드주의(Fordism)와 결합하면서 노동의 효율을 측정하는 단위가 되었다. 산업의 발달과 중재 체계의 결합으로 근대 자본주의적 시간이 탄생한 것이다.

특정한 형태의 중재는 중립적일 수 없으며, 사회 · 문화적, 정치적, 교육적 함의를 띤다. 다시 시간의 예로 돌아가 보자. 대부분의 IQ 테스트와 표준화된 시험, 학교의 시간표는 개인마다 다른 시간의 가능성을 인정하지 않는다. 모든 사람에게 표준화된 시간을 가정하고 강요한다. 자본주의가 고도화되면서 프로젝트의 효율이나 투자 수익률(Return On Investment, ROI)을 산출할 때 투입 시간을 화폐가치로 환산하는 것은 일상적인 업무가 되었다. 한국의 입시 전쟁 상황에서는 차량 이동 시간까지를 고려한 전략적 시간 배분이 강조되고, 심지어 일간, 주간, 월간, 연간 계획을 치밀하게 짜 주는 학습시간 관리 컨설팅까지 등장하게 되었다.

하지만 중재는 우리가 사용하는 도구에 그치지 않는다는 점에 주목해야 한다. 존재론적 관점에서 우리 모두는 다른 존재의 중재를 통해 존재하게 된 중재된 자(mediated being)이기 때문이다. 많은 사람들이 독립(independence)을 외치지만, 우리 모두는 상호 의존(interdependence)의 산물이다. 우선 우리의 신체부터가 그렇다. 브라이슨(2003)이 지적하듯 우리 몸은 수많은 원자로 이루어져 있고, 이 중에는 우리의 직계 조상뿐 아니라 전 세계 역사적 인물들의 몸에서 빠져나온 원자도 섞여 있을 것으로 추정된다.

> 원자는 신기할 정도의 영속성을 가지고 있다. 수명이 아주 긴 원자들은 정말 여러 곳을 돌아다닌다. 당신의 몸속에 있는 원자들은 모두 몸속에 들어가기 전에 이미 몇 개의 별을 거쳐서 왔을 것이고, 수백만에 이르는 생물들의 일부였을 것이 거의 분명하다. 우리는 정말로 엄청난 수의 원자로 구성되어 있을 뿐 아니라, 우리가 죽고 나면 그 원소들은 모두 재활용된다. 그래서 우리 몸속에 있는 원자들 중의 상당수는 한때 셰익스피어의 것이라는 주장도 있었다. 부처와 칭기즈칸, 그리고 베토벤은 물론이고 여러분이 기억하는 거의 모든 역사적 인물로부터 물려받은 것들도 각각 수십억 개씩은 될 것이다(브라이슨, 2003, p. 148).

즉, 우리의 존재 자체가 자연과 타인에 빚을 지고 있으며, 여기에 예외는 없다. 광대한 우주 안에 홀로 설 수 있는 존재는 단 하나도 없다는 말이다. 그런데 이러한 중재의 원리는 물리적 세계뿐 아니라 상징적 세계에도 적용된다. 우리의 생각과 말 모두 누군가를 통해 빚어져 간다. Vygotsky는 바로 이 점에 주목했다. 그가 제시한 사회발생법칙(sociogenetic law)에서 중재의 근본적 중요성을 이해하기 위한 개념적 단초를 찾을 수 있다.

> 일반적으로 우리는 고등 정신 기능들의 관계가 이전에는 사람들 사이에서 펼쳐진 진정한 관계들이었다고 말해야 한다. … 어린이의 문화 발달에서 모든 기능은 두 번, 두 단면에, 먼저 사회적 단면에 이후에 심리적 단면에, 먼저 심리들 사이의 범주로 사람들 사이에 이후에 심리 내적 범주로 어린이 내에 출현한다.

(Vygotsky 1931/1983, pp. 142-145; 반 더 비어, 2013, pp. 156-157에서 재인용)

이에 따르면 우리가 지금 혼자 할 수 있는 일들은 개인의 내재적 능력이 아니라 사회적 상호작용에 그 뿌리를 두고 있다. 이를 좀 더 이해하기 위해 언어를 배우는 과정을 생각해 보자. 아동은 언어습득 과정에서 엄청난 양의 언어 입력(input)을 받는다. 하지만 이것을 성인의 언어가 그대로 아동에게 전달되는 것으로 이해해서는 안 된다. 언어습득 연구자들은 아동의 어휘 습득에 있어 상호작용의 맥락(context)이 중요하다는 분석을 내놓는다(Roy, Frank, & Roy, 2012). 이는 언어습득의 과정이 아동 주도의 독립적 발견 과정이라기보다는 아동과 주변 사람들 및 환경적 요인들이 복합적으로 상호작용하면서 언어습득에 최적화된 물리적-상징적 맥락을 창조하는 협력적 과정임을 시사한다.

Bakhtin(1986)의 다음 주장 또한 Vygotsky의 사회발생법칙과 유사한 이론적 관점을 제시한다. 이 구절에서 우리는 개인 혹은 집단이 고유의 언어표현을 갖기 위해 어떤 과정을 겪게 되는지 통찰을 얻을 수 있다.

> 이것이 개인 특유의 발화 경험 하나하나가 타인의 발화 하나하나와 연속적이고도 끊임없이 상호작용하면서 형성되고 발전되는 이유다. 이 경험은 다양한·수준의 동화 과정이며 자기 목소리의 창조를 수반한다는 특징이 있다. 이때 기존의 발화를 인식하는지, 또 자신의 발화가 원발화로부터 얼마나 떨어져 나오는지는 매우 다양할 것이다. 이 과정에서 타인의 발화와 함께 원화자 고유의 표현과 평가의 어조가 따라온다. 우리는 이 표현들을 길들이고, 고쳐 쓰고, 강조점을 새롭게 찍는 것이다(Bakhtin, 1986, p. 89).

Bakhtin(1986)은 우리가 사용하는 표현 하나하나가 추상적인 언어 시스템이나 잘 정리된 사전에서 나온 것이 아니라, 다른 사람의 입과 생각에서 왔다는 것, 그리고 그들의 말과 생각은 또 다른 사람들과 상호작용을 통해 생겨났다는 것을 지적하고 있다. 즉, 다양한 담론의 체계를 다른 사람으로부터 빌려와서 자신만의 색깔을 살짝 입히거나 새로운 악센트를 넣을 뿐, 완벽한 새로움을 창조하지는 못한다는 것이다. 그렇다고 이러한 변형이 의미 없는 것은 아닌데, 자신의 목소리가 다른 사람들에게 또 다른 영감과 의미를 불어넣을 수 있고, 그런 작은 움직임들이 모여 사회 · 문화적 담론이, 나아가 우리가 사는 세계가 조금씩 변화하기 때문이다.

이상에서 살펴보았듯이 우리 모두는 생물학적으로나 정신적으로나 중재 - 된 존재이면서 중재 - 하는 존재로 살아간다. Vygotsky의 관점에서 인간이 사회문화적 존재라는 말은 사회문화적 상호작용이라는 중재 없이 인간으로 성장할 수 있는 존재는 없다는 의미다.

2) Vygotsky와 중재

Vygotsky는 다양한 형태의 중재 중에서도 기호의 기능에 대해 각별한 관심을 보였다. 노동과 역사 발달에서 물리적 도구가 담당했던 역할을 인간의 정신기능 발달에서 상징적 기호의 역할과 연결시켜 생각한 것이다. 이는 언뜻 단순해 보이는 관점이지만, 사고와 언어의 발달, 개념 발달 등을 설명하는 핵심 원리가 된다. 그에 따르면 물리적 도구와 상징적 도구(기호)의 차이는 다음과 같다.

> 도구의 기능은 영향을 행사하고자 하는 인간이 활동의 대상에 영향을 미치는 데 도움을 주는 것이다. 도구는 외부 지향적이므로 대상에 변화를 초래한다. 도구는 인간이 자연을 숙달하고 그와 싸워 승리하려는 목적을 달성하기 위해 사용하는 외적 활동 수단이다. 하지만 기호는 심리적 조작의 대상에게는 아무런 변화도 일으키지 않는다. 기호는 자신을 숙달시키려는 목표를 갖는 내적 활동의 수단으로서 내부 지향적이다(Vygotsky, 1978, p. 55).

삽질을 해서 땅을 파면 땅의 모양이 바뀐다. 삽질의 주요한 목적은 지형을 바꾸는 것이다. 노동 과정에서의 피로감, 노동을 마친 후에 오는 만족감 등이 있을 수 있지만 삽질이라는 물리적 중재는 기본적으로 외부 지향적이다. 하지만 기호의 경우는 방향이 반대다. (뇌에서 일어나는 전기 자극 신호의 변화를 물리적이라고 명명하지 않는다는 전제하에) 길을 걷다가 신호등을 본다고 해서 인체에 물리적인 변화가 오는 것은 아니다. 하지만 신호를 감지하는 사람은 심리적인 변화를 겪게 되고, 이를 통해 자신의 사고를 제어하게 된다. 이런 면에서 기호는 도구와 반대 방향으로 작용하며 내부 지향적이라고 할 수 있다.

기호를 통한 중재는 삶을 조금 더 편안하게 하거나 특정 활동의 절차를 바꾸는 데 그치지 않으며, 삶의 기반 자체를 바꾸기도 한다. "우리의 분석에 따르면 상징적 활동은 도구 사용의 전 과정에 영향을 미치며 근본적으로 다른 행위의 형태를 만들어 낸다"(Vygotsky, 1978, p. 24). 문자의 도입으로 인해 우리의 존재 및 인식 방식이 본질적으로 변화했다는 것은 위 주장을 뒷받침하는 좋은 예다. 문자가 없는 구술문화와 읽고 쓰는 행위가 사회생활 전반에 파고든 문자문화에서의 삶은 확연히 다르고(Ong, 1982), 인터넷과 소셜 네트워크를 통한 정보의 공유와 배분이 실시간으로 일어나는 지금의 현실이 다르다(Frawley, 1987). 문해력은 단지 편리를 위한 도구가 아니라 인간 존재를 규정하고 앎의 양태를 바꾸어 놓는 역할을 한다(Searle, 2010). 이런 면에서 볼 때 문자의 광범위한 사용은 존재와 인식의 본질을 뒤흔드는 중재로 볼 수 있다.

Wertsch(2007)에 따르면 Vygotsky의 중재 개념을 사용하는 데 있어 크게 두 가지 경향이 발견된다. 첫 번째는 행동주의가 득세하던 당시의 심리학계를 염두에 두고 사용한 중재 개념이다. Wertsch(1985)는 이같이 행동주의적, 인지주의적 의미가 강하게 들어 있는 개념에 대하여 명시적 중재(explicit mediation)라는 용어를 제안한다. 조종사들이 각종 사회기술적 시스템(sociotechnical systems)을 사용하여 비행기 조종에 필요한 기억 능력을 확보하고 다양한 인지적 과업을 수행하는 과정은 명시적 중재의 좋은 예다(Hutchins, 1995). 교육에서 다양한 IT 기기들을 동원하는 것도 이와 같은 범주로 생각할 수 있다. 반면 암묵적 중재(implicit mediation)도 존재한다. 이것은 물리적으로 관찰할 수 없으며 소통 과정의 배경에 자연스럽게 개입한다. 대화를 중재하는 내적 언어(inner speech)가 암시적 중재의 대표적인 예라고 할 수 있다. 참여자들은 인지하지 못하지만, 대화는 순수히 발화 행위로만 이루어지지 않는다. 발화를 준비하고 실행하며 유지하기 위해서는 내적 언어의 중재가 지속적으로 필요한 것이다. 주관식 채점을 하는 경우도 마찬가지다. 채점 초기에는 평가기준표를 직접 참조하면서 점수를 매긴다. 하지만 채점기준을 여러 답안에 적용하면서 채점에 익숙해짐에 따라 시각을 통해 평가기준표를 참조하는 일은 줄어들고, 마음속에 내재화된 채점표를 꺼내 보는 암묵적이며 비가시적인 중재 과정이 진행되는 것이다.

명시적 중재와 밀접하게 연관되어 있는 개념이 Vygotsky가 자신의 연구 방법론으로 이야기한 바 있는 이중 자극(double stimulation)이다. 예를 들어 특정한 학생의 수학 문제 풀이 능력을 알아보고자 한다면 단순히 문제를 주고 답안을 제출하기를 요구하기보다 과업을 제시한 후 그 과업에 연관된 도구를 제공하여 학생이 수학 문제에 어떻게 접근하는지 알아보는 것이다. 다시 말하면 과업 수행에 중재를 포함시켜 실험 참여자가 보이는 반응을 면밀히 살펴보는 연구 방법이라고 할 수 있다. 글 말미에 다룰 동적 평가(dynamic assessment)는 이러한 이중 자극 방법론을 교육평가에 도입한 것이다. 암묵적 중재는 다양한 상징적 매개들, 특히 언어와 사고의 통합과 밀접한 관련을 갖고 있으며 Vygotsky의 대표 저작으로 꼽히는 『생각과 말』의 중심 주제 중 하나다(Wertsch, 2007).

이상에서 중재의 개념을 간략히 고찰해 보았다. 사회문화이론은 우리 모두를 중재된 존재로 파악한다. 이는 단순히 타인의 도움을 많이 받는다는 뜻이 아니라, 우리가 존재하고 인식하고 행동할 수 있는 토대에 바로 사회·문화적 중재가 있음을 의미한다. 이 글의 후반부에서는 중재 개념을 바탕으로 최근 사회문화이론의 세 가지 연구 조류 — 사회문화이론과 개념기반 교수, 사회언어학과 인지언어학의 만남, 동적 평가 — 를 살펴본다. 미리 밝혀야 할 것은 이들 분야에 대한 짧은 고찰만으로 응용언어학 분야에서 사회문화이론의 위상을 충실히 조망할 수는 없다는 사실이다. 그럼에도 사회문화이론의 교육철학 및 방법론이 교수 평가에 적용되는 다양한 사례를 살펴봄으로써 한국 영어교육의 발전을 위한 시사점을 얻을 수 있을 것이다.

3. 사회문화이론과 언어교육

1) 사회문화이론과 개념기반 교수

Vygotsky와 많은 생각을 공유했던 두 학자 Galperin과 Davydov에 의해 사회문화이론에 기반을 둔 교수 방법론이 체계화되었다. 이 중 Galperin이 발전시킨 교수법은 체계적 이론 교수(Systemic Theoretical Instruction, STI)라고 불리며, Davydov의 교수 방법론은 체계적 이론 교수에 비해 비해 좀 더 유연한 접근법을 취한다(Ferreira & Lantolf, 2008, p. 285). Galperin과 Davydov 모두 학습과 발달에 있어 이론적 사고의 역할을 강조하며, 체계적이고 과학적인 사고를 지적 성장의 핵심 동력으로 본다. 사회문화적 교수 학습의 근간에는 과학적 개념이 자리잡고 있다.

개념기반 교수를 이해하기 위해서는 먼저 Vygotsky가 제시한 개념발달이론을 살펴볼 필요가 있다. 개념은 인간이 세계를 이루고 문명을 창조하는데 결정적인 역할을 하는 매개다. 우리는 세계를 있는 그대로가 아니라 특정한 개념, 즉 범주를 통해 이해한다. 생존을 위해 적과 우리를 구분하고, 먹을 수 있는 것과 먹을 수 없는 것을 구분한다. 가령, 인간과 동물, 낮과 밤, 이론과 실천 모두 우리가 사용하는 범주들이다. 개념은 각각의 범주, 혹은 범주들 간의 관계를 지칭하고 설명하는데, 역사와 문화, 과학의 발전에 따라 동적인 변화를 겪는다.

Vygotsky는 개념을 크게 일상적 개념(everyday concept)과 과학적 개념(scientific concept)으로 구분한다. 전자는 자연발생적 개념(spontaneous concept)이라고도 불리며, 가정과 지역에서의 경험을 기반으로 형성된다. 개인적이며 단편적인 경험을 기반으로 하기에 통합적이고 분석적이지 못하며 특수한 맥락에서만 유효하다는 특징을 지닌다. 이에 비해 후자는 주로 학교교육의 결과로 학습되며, 분석적이고 체계적인 구조를 갖는다. 독립적으로 성립될 수 없으며 연관 개념들과의 관계 속에서 이해되고 평가된다는 점도 과학적 개념의 중요한 특징이다(Wertsch, 1985, p. 103).

일상적 개념이 반드시 지양되어야 하는 것은 아니다. 일상적 개념을 통해 매일의 생활을 영위하고 사회적 관계를 유지할 수 있기 때문이다. 일상적 개념 모두가 비과학적인 것은 아니나 다수의 비과학적, 비체계적 통념을 포함한다. 따라서 학교교육을 통해 인류가 쌓아 온 학문적 유산을 체계적으로 전수하는 것은 매우 중요한 과업이 된다. 이와 관련하여 Vygotsky의 동료 Luria의 연구는 20세기 초반 학교교육이 인지 발달에 강력한 변수이며, 학교교육을 통한 사회화를 거친 사람과 그렇지 않은 사람들이 세계를 인식하고 표현하는 방법에 있어 판이하게 다르다는 것을 보여 준다(루리야, 2013).

사회문화이론의 관점에서 지적 발달의 핵심은 일상적 개념의 세계에서 과학적 개념의 세계로의 진입 및 두 세계의 유기적 통합이다. 아동은 과학의 내적 체계와 공리, 핵심 개념들을 습득하면서 특정 시공간과 개별 주체를 넘어서는 보편적 법칙에 눈뜨게 된다. 대부분의 과학적 개념은 학교교육을 통해 습득되므로 교사의 적극적 역할이 중요하다. 일상 세계를 그대로 재현하거나 일상적 경험의 강도를 높이는 것, 또는 내용을 잘 정리해 주는 것만으로는 부족하다. 교사는 인류가 쌓아 온 과학적 성과를 학생들의 기존 지식과 경험에 통합하여 인식의 근본적 변화를 추구해야 한다.

Negueruela(2008, 2010)는 이 같은 교수 활동을 '변혁적'이라는 단어로 표현한다. 변혁적 교수법은 일상의 시간, 물리적인 시간인 크로노스(chronos)

를 영감과 깨달음의 시간인 카이로스(kairos)로 변화시킨다. 카이로스의 시간은 앎과 삶의 지평을 새롭게 열어젖히는 시간이다. 카이로스를 추구하는 교수자는 학생들과 함께 일상적 경험에서 얻을 수 없는 지식과 개념을 탐구하고 창조한다. 이 과정을 통해 학습자들은 세상을 해석하고 살아가는 방식에 있어 혁명적인 변화를 경험한다(Newman & Holzman, 1993).

개념기반 접근법은 1960년대부터 구소련 학교의 언어 및 수학 교육에 적용되어 상당한 성공을 거두었다. 1970년대의 연구들은 개념기반 교수법이 개별 교과 학습과 연관된 인지적 영역뿐 아니라 윤리적이며 정서적인 발달에도 긍정적인 영향을 미친다는 사실을 보여 주었다(Ferrera & Lantolf, 2008, p. 286). 개념중심 접근법의 긍정적 효과를 보여 주는 연구 결과들은 최근에도 계속 보고되고 있다(Negueruela, 2003; Yáñez-Prieto, 2008).

사회문화이론에 기반하여 교수법을 발전시킨 Galperin은 효율적인 교수학습을 위한 4단계 교수 방법을 제안한다(Lantolf, 2011). 가장 먼저 교수자가 개념을 체계적으로 제시한다. 예를 들어 문법 교수에서 시상을 다룬다면 이를 가장 잘 설명할 수 있는 언어학적 개념을 학생들이 이해할 수 있는 언어로 제시하는 것이다. 그 다음은 구체화(materialization) 단계다. 이때 시상의 개념은 학습자들이 실제로 볼 수 있거나 들을 수 있는, 또 필요하다면 만질 수 있는 구체적인 대상으로 제시된다. 여러 구체화 방법들 중에서 개념의 핵심을 간명하게 시각화한 자료가 가장 널리 사용된다. 그 다음은 구어를 통한 설명(verbalization) 단계다. 설명은 보통 두 단계로 나누어지는데, 첫 번째 단계는 개념 자체를 설명하는 것이다. 이것은 학생이 이해한 바에 따라 시상의 정의를 내리는 활동으로 생각할 수 있다. 이때 교사가 제시한 것을 앵무새처럼 따라하는 것이 아니라, 개념의 핵심을 흐리거나 주요 요소들을 생략하지 않고 자신의 언어로 설명할 수 있으면 된다. 두 번째는 개념을 근거로 구체적 활동에 대해 설명하는 단계다. 예를 들어 시상 개념을 적용하여 영작을 해야 한다면, 영작 과정에서 시상 개념을 특정한 문장에 적용하는 이유와 절차를 이야기해 보는 것이다. 이때 중요한 것은 시상의 개념과 특정한 문맥

간의 관계를 적절히 설명해 낼 수 있는가다. 이런 활동들을 통해 학생은 시상의 개념을 내재화(internalization)한다. 요약하자면 Galperin의 개념기반 교수는 교사가 제시한 과학적 개념이 학생들에 의해 이해되고 적용됨으로써 개념과 활동이 유기적으로 통합되는 과정으로 이해할 수 있다.

개념기반 접근법의 근간에는 현재 언어학습의 주요 패러다임으로 자리잡고 있는 의사소통중심 교수법(Communicative Language Teaching, CLT)이나 과업기반 언어교수(Task-based Language Teaching, TBLT)와 매우 다른 교수 철학이 자리잡고 있다. CLT와 TBLT에서 교수의 중심은 실제적 맥락에서의 언어 경험, 목표어 사용을 통한 과업의 수행이다. 여기에는 언어습득이 반복적인 소통에 의해 이루어진다는 가정이 들어 있다. 따라서 교실은 세계의 축소판이 되어야 하며, 교사의 주된 역할은 실세계에서 일어나는 의사소통에 대한 시뮬레이션을 통해 학생들에게 언어 사용의 기회를 제공하는 것이다.

이에 반해 개념기반 교수는 교실이 일상 세계와 근본적으로 달라야 한다고 주장한다. Vygotsky의 주장에 따르면 교육은 "아동의 인공적 발달이며, 자연에서 일어나는 발달 과정을 인위적인 방법으로 숙달하는 것이다. 교육은 특정한 발달 단계에 영향을 줄 뿐 아니라, 가장 근본적인 방법으로 행동의 모든 기능을 재구조화한다"(Vygotsky, 1997, p. 88). 즉, 교실은 세계와 다른 공간이어야 하며, 학교교육은 이러한 다름을 학습자에 맞추어 설계하고 제공하여 최선의 발달을 이끌어 내는 데 그 존재 이유가 있다.

2) 사회문화이론과 인지언어학

Vygotsky의 주저로 평가받고 있는 『생각과 말』은 인간의 사고와 언어가 각각의 기원을 가지고 있지만, 생애 발달의 과정에서 상호 영향을 주고받으며 변증적으로 통합됨을 보여 준다. 생각과 언어의 관계, 단어의 의미 변화, 자기 중심적 언어와 내적 언어의 기능 등에 대한 Vygotsky의 견해는 많은 학자들에게 영감을 주었다. 사고와 말의 관계에 대한 그의 통찰은 아래 문장에 잘 드러난다.

> 따라서 말은 기성복과 같이 단순히 생각에 입혀질 수 없다. 그것은 생각에 대해 미리 만들어진 표현의 역할을 하지 않는다. 스스로를 언어로 변형시키면서 생각은 스스로를 재구조화하고 수정한다. 그것은 말로써 자신을 표현하는 것이 아니라 말로써 그 자신을 실현한다(비고츠키, 2011, p. 587).

그는 말이 단순히 생각의 외피일 수 없으며, 생각 또한 기존에 통용되던 언어 표현을 기계적으로 따라가지 않는다는 것을 분명히 밝히고 있다. 아울러 생각의 구조가 그대로 언어화되지 않으며, 사고가 언어화될 때 새로운 외적 구조로 탈바꿈한다는 점을 강조한다. 말은 생각의 단순한 표현(expression)이 아니며 생각을 실현하는 것이다. 따라서 생각과 말을 정적이며 일방적 관계로 파악하는 것은 중대한 오류이며, "생각과 말의 관계는 어떤 사물이 아니라 과정"이라고 할 수 있는 것이다(비고츠키, 2011, p. 584).

Vygotsky는 사고와 언어의 발달을 연구하기 위한 분석 단위(unit of analysis)로 단어의 의미를 제안한다. 낱말의 의미가 역사적으로 그리고 개인의 생애사를 통해 변화한다는 사실을 강조하면서, 단어의 의미는 바로 일반화 혹은 개념이라고 주장한다.

> 우리는 낱말의 의미를 말의 현상으로 연구할 충분한 근거를 가지게 되었다. 그러나 심리적 측면에서 바라본 낱말의 의미는 우리가 조사과정에서 여러 번 확신을 갖게 된 바와 같이, 오직 일반화 혹은 개념 이외의 다른 것이 아니다. 일반화와 낱말의 의미는 동의어다. 모든 일반화는, 모든 개념의 형성은 가장 특수하고 매우 실제적이며 가장 명백한 사고 작용이다. 따라서 우리는 낱말의 의미를 생각의 현상으로 간주할 수 있는 토대를 가지게 되었다(비고츠키, 2011, pp. 570-571).

언어와 사고가 변증적 통합체를 이룬다는 Vygotsky의 생각은 사고가 언어라는 옷을 입고 외부로 표출된다는 견해의 대척점에 서 있다. 그는 단어의 의미가 대상의 특질을 나타내거나 특정 대상을 지칭하는 데서 시작되어 범주화와 일반화로 나아가고, 개념 발달과 밀접한 관계를 가지며, 학교교육 등의 다양한 사회문화적 경험과 맞물려 지속적으로 변화한다고 생각했다. Vygotsky의 『생각과 말』은 개인의 생애사에서 단어의 의미변화를 면밀하게 추적함으로써 고등 정신 기능의 발달기제를 밝힐 수 있다는 점을 설득력 있게 보여 준다.

Vygotsky의 날카로운 통찰에도 불구하고 응용언어학과 언어교육의 관점에서 사회문화이론의 한계는 명백하다. 인간 발달에 대한 심리학적 토대를 제공하지만, 언어현상을 체계적으로 기술할 수 있는 언어학 이론을 제공해 주지는 못하기 때문이다. 사회문화이론이 언어 발달이 아니라 인지 발달 전반에 대한 기술과 설명을 목표로 하는 심리학 이론 체계라는 점을 생각하면 충분히 이해가 가는 대목이다.

이러한 상황에서 사회문화이론에 기반한 일군의 응용언어학자들은 사회문화이론과 짝을 이룰 수 있는 언어학 이론을 찾기 시작하였고, 인지언어학 혹은 체계기능주의 언어학/문법(Systemic Functional Linguistics/Grammar)과의 유기적 관계를 모색해 왔다(Lantolf, 2011; Matthiessen, 2006). 두 언어 이론은 서로 다른 태생과 체계를 갖고 있지만, 구체적 맥락 속에서 의미를 만드는 행위를 언어학의 중심에 둔다는 점에서 사회문화이론과 맥을 같이 한다. 특히 인지언어학은 언어 연구를 통해 인간의 마음을 체계적으로 살피려는 접근으로 사고와 말의 변증법적 통합과 발달에 관심을 가진 사회문화이론과 조화를 이룰 수 있는 조건을 갖추고 있다.

구체적으로 인지언어학의 어떤 특성이 사회문화이론의 세계관 및 방법론과 상생할 수 있는 조건을 제공하는가? 첫째, 인지언어학은 언어를 인간의 인지, 정서, 신체 경험, 지각 등과 분리된 단일한 체계로 보는 관점을 거부하며 의미 생성과 이해의 총체적 메커니즘을 밝히려 한다. 이는 사고와 언어,

나아가 문화와의 관계를 역동적이며 통합적으로 파악하는 사회문화이론의 관점과 잘 맞아떨어진다. Evans와 Green(2006)의 설명은 이러한 주장에 힘을 실어 준다.

> 언어는 인지 기능을 들여다 볼 수 있는 창이 된다. 이를 통해 사고와 아이디어의 본질, 구조, 조직에 관한 통찰을 얻을 수 있는 것이다. 인지언어학이 다른 언어 연구 방법론과 다른 점들 중 가장 중요한 것은 언어가 인간 정신의 근본적 특성들과 구조적 특질들을 반영하고 있다고 가정하는 것이다(Evans & Green, 2006, p. 5).

서구 언어학의 주된 흐름을 형성해 온 형식언어학(formal linguistics), 특히 촘스키 언어학의 전통에서 언어학의 중심은 통사부였고, 통사부에서는 언어의 의미에 대한 정보가 최대한 배제되었다. 통사부 자체가 의미부와 관계없이 자신만의 법칙을 가지고 있다는 가정하에 이론을 전개하였기에 언어학의 중심 문제는 형식이지 의미가 될 수 없었던 것이다(김성우, 2013). 인지언어학자들은 이러한 생각에 대해 반대할 뿐 아니라 형식언어학의 명백한 한계라고 지적한다. 그들은 언어 사용에 있어 근본이 되는 것은 어떤 의미를 만드는가이며, 이것이 언어 형태에 영향을 미친다는 점을 보여 준다. 나아가 의미의 발생은 단지 언어적 요소들의 상호작용이 아니라 언어를 포괄하는 체화된 인지의 관점에서 설명되어야 한다고 주장한다(Wilson & Golonka, 2013).

둘째, 인지언어학은 언어와 개념 간의 밀접한 관계를 강조한다. 인지과학은 인간이 다양한 개체와 현상들 간의 유사성을 인지하는 방식과 이를 바탕으로 세계를 이해하는 방식을 탐구한다. 범주화와 개념화 간의 상호작용에 관심을 가지는 것이다(Rosch, 1999). 인지과학의 연관 분야인 인지언어학은 언어와 개념 간의 상호작용의 규명을 주요 과업 중 하나로 삼는다. 한편 Vygotsky는 진정한 개념 형성을 위해서는 일상적 개념과 과학적 개념이 통합되어야 한다고 생각했고, 이 과정에서 언어의 역할에 주목했다(한순미,

1999, pp. 46~48). 두 이론은 이렇게 언어와 개념의 관계를 밝히려 한다는 점에서 수렴한다.

최근 이론의 교육적 활용에 무게를 두는 응용인지언어학(Applied Cognitive Linguistics) 분야의 발전은 언어교육 연구자와 교사 모두에게 반가운 소식이다(Boers, 2004; Littlemore, 2009; Littlemore & Low, 2006; Niemeier, 2005). 인지언어학의 성과를 외국어 교육에 활용함으로써 사고와 언어를 통합적으로 가르칠 수 있는 가능성이 커지고, 의사소통중심 교수법에 내재된 인지와 소통 사이의 이분법을 넘어설 수 있는 단초가 마련되고 있기 때문이다(Holme, 2009). 이제 첫걸음을 내디딘 사회문화이론과 인지언어학의 동행이 어떤 성과를 거둘 수 있을지 기대된다(Kim, 2012; Lee, 2012).

3) 사회문화이론과 동적 평가

동적 평가는 정적 평가 혹은 비역동적 평가와 반대되는 개념으로, 학습의 결과보다는 과정에 중점을 둔다(한순미, 1999, p. 164). 과정을 중시하는 평가 방법에는 형성 평가, 포트폴리오 평가 등도 포함되지만, 평가 과정 자체에서 평가자와 피험자가 상호 협력한다는 점은 역동적 평가만의 특징이다. 즉, 역동적 평가 상황에서는 기존의 평가에서 철저히 배제되는 교사와 학생 간의 공동 활동이 도입되고, 교사는 학생 활동의 다양한 측면들을 면밀하게 관찰, 기록함으로써 평가를 진행한다(한순미, 1999, p. 166).

역동적 평가의 근간에는 사회문화이론의 능력관이 자리잡고 있다. Vygotsky의 '문화발달의 일반적 발생 법칙'에 따르면 인간의 고등 정신능력은 일단 사회적 영역에서 상호작용의 형태로 일어나고 그것이 개인의 인지적 능력으로 내재화된다(한순미, 1999, p. 77). 즉, 개인이 가진 모든 인지적 능력의 근원은 사회적 상호작용이라 할 수 있는 것이다. 이는 개인이 고등 정신 능력을 갖기 위해서는 사회화를 반드시 거쳐야 하고, 이 과정에서 자신보다 더 나은 능력을 가진 사람들의 역할이 필수적임을 의미한다(Vygotsky,

1978).

개인의 능력에 대한 이 같은 관점은 작금의 평가 관행 및 평가 체계에 대한 근본적 성찰을 요구한다. 현재 거의 모든 평가는 개인을 단위로 진행된다. 개인은 쪼갤 수 없으며, 사회문화적으로 또 법적 · 윤리적으로 자유와 책임의 궁극적 단위가 된다. 평가는 개인의 내부에 존재하는 능력을 측정하는 도구이며, 표준화를 통해 측정의 정확성을 높일 수 있다고 이해된다. 하지만 평가의 표준화는 단순히 평가 기법의 고도화에 그치지 않는다. 모든 사람을 한 줄로 세우겠다는 획일적 평가 시스템에서는 표준화되지 못하는 능력, 자본주의적 교환가치에 편입되지 않은 능력들은 평가될 필요가 없으며, 평가되지 않는 능력은 발달시킬 필요가 없다는 편견이 도사리고 있다.

이와 반대되는 Vygotsky의 능력관은 사회문화이론의 핵심 개념 중 하나인 근접발달영역(Zone of Proximal Development, ZPD)에 잘 나타난다. 그는 "어린이의 근접발달영역은 독립적으로 해결한 문제를 통해 확립된 어린이의 실제적 발달 수준과, 성인의 안내나 혹은 더 지적인 파트너와 협력하여 어린이가 해결한 문제를 통해 확립된 어린이의 가능한 발달 수준의 차이"로 정의한다.

ZPD의 개념은 "실제적 발달 수준이 성공적인 발달 결과, 어제까지의 발달 결과를 보여 준다면 근접발달영역은 내일 펼쳐질 정신 발달의 특징을 나타내"준다는 점에서 그 중요성을 갖는다(Vygotsky 1933/1935, p. 42, 반 더 비어, 2013, pp. 153-154에서 재인용). 다시 말해 ZPD는 현재 시점에서 과거에 어떤 일들이 일어났는지 확인하는 것이 아니라 미래의 관점에서 현재가 어떤 상황인지를 이해하려는 시도다. ZPD의 관점에서 학생들이 독립적으로 평가에 임하는 현재의 주류 평가 시스템의 문제는 이미 성숙한 기능들만 볼 수 있다는 것이다. 정적 평가의 종착점은 현재다.

안타깝게도 대부분의 평가 체제, 특히 표준화된 평가에서 시간의 문제는 심각하게 다뤄지지 않으며, 평가의 타당도와 신뢰도는 현재라는 시점을 기준으로 피험자의 독립적 수행에 초점을 맞춘다. 하지만 발달심리학에서의 시간의 문제에 대한 Valsiner(2001)의 논의에서 볼 수 있듯이, 평가에서 시간의 문제는 좀 더 진지하게 고려해야 한다. 그에 의하면 발달심리학은 미래에 관해 크게 세 가지 관점을 취한다. 먼저, 미래의 문제를 전혀 고려하지 않는 경우다. 이때 인간은 특정한 사회문화적 환경에서 역동적으로 발달하는 존재라기보다 일정한 시간이 되면 생물학적 특성이 발현되는 존재로 그려진다. 두 번째는 과거에서 현재로의 변화를 살피는 모형이다. 이 경우에는 과거에서 현재로의 변화가 어느 정도 고정된 단계를 거쳐 일어나며, 현재시점은 변화의 종착점이다. 마지막으로 현재에서 미래로의 발달을 설명하려는 모형이 있다. 이 관점은 현재와 미래가 부딪치는 공간에 주목하며, 발달에 대한 단순한 기술을 넘어 현재의 잠재력을 극대화하고 미래를 능동적으로 창조하는 데 힘을 쏟는다(Lantolf & Thorne, 2006, pp. 329-330).

Vygotsky는 이 중 세 번째 관점을 취했다. 발달과 학습이 미래를 지향해야 함을 확실히 한 것이다. 나아가 미래를 아우르는 평가를 만들기 위해서는 학습자의 독립적인 수행이 아니라 중재 도구를 사용하거나 중재자와 함께 하는 활동을 관찰해야 한다고 제안한다. 근접발달영역의 개념을 평가 체제에 통합하자는 것이다(Lantolf & Thorne, 2006, p. 327). 이렇게 되면 평가와 교수 사이의 경계가 무너진다. 평가 과정에 다양한 교수(중재) 기법이 활용되고 교수 활동 속에 다양한 평가가 포함됨으로써 교수와 평가가 통합된 활동으로 구현되는 것이다. 따라서 동적 평가의 추구는 단순히 새로운 평가 방식의 활용을 넘어 교수와 평가에 대한 이분법적 이해가 지배적인 작금의 교육 시스템에 대해 새 패러다임을 요구하는 움직임으로 파악해야 한다.

4. 요약 및 결론: 프락시스(Praxis)로서의 언어교육

이 글에서는 사회문화이론의 근간을 이루는 중재의 개념을 고찰하였다. 이를 통해 인간의 정신능력은 사회적 상호작용에 뿌리를 두고 있으며, 사고발달에 있어 상징적 기호, 특히 언어의 중재가 결정적 역할을 한다는 사회문화이론의 핵심 원리를 살펴볼 수 있었다. 나아가 개념기반 교수와 같은 새로운 교수책략, 인지언어학적 관점에 근거한 교수 학습 방법론의 재구성, 동적 평가로 대표되는 새로운 평가 체제 등 언어교육에서 사회문화이론이 적용되는 대표적인 영역들을 소개하였다.

사회문화이론이 인간 발달과 교육에 관한 이론으로서 한국 교육에 던지는 화두는 결코 가볍지 않다. 이론의 정수에 다가갈수록 전인적 인간 발달과 교육 활동의 본질적 의미, 나아가 교사와 연구자들의 책무에 대해 깊이 생각할 수밖에 없기 때문이다. 글을 마무리하면서 앞서 논의된 중재 개념을 중심으로 교육과정의 역할, 교수 방법론의 개선, 중재자로서의 교사라는 세 가지 주제에 대해 생각해 보려 한다.

먼저 정책 결정의 결과물이 아닌 살아 있는 중재로서의 교육과정의 역할에 대해 생각해 보아야 한다. 현재 초 · 중등 교육과정은 "전인적 성장의 기반 위에 개성의 발달과 진로를 개척"하며, "새로운 발상과 도전으로 창의성을 발휘"함과 동시에 "문화적 소양과 다원적 가치"를 발전시키고 "세계와 소통하는 시민으로서 배려와 나눔의 정신으로 공동체 발전에 참여하는 사람"을 키워내는 것을 목표로 하고 있다(교육과학기술부, 2012). 개별 항목 모두가 가치 있는 목표임에 틀림없지만, 중요한 것은 교육과정이 교육정책의 이상을 요약하는 데 그치지 않고 실제 교육 활동의 중재로서 역할을 다하고 있는가이다. 따라서 이론적이고 철학적인 선언이 아닌 구체적 중재로서 교육과정이 할 수 있는 역할을 고려해야만 한다.

둘째, 각종 교수 기법들을 중재라는 관점에서 면밀히 검토해야 한다. 몇 가지 예를 들어 보자. 정보 기술은 교육적 중재로서 그 역할을 다하고 있는가? 영어를 통한 영어 수업은 영어 교과의 목표를 이루는 데 효율적 중재 방법인가? 교과서는 학생의 발달 수준에 적합한 중재를 제공하는가? 무엇보다 교사의 설명은 과학적이며 체계적으로 학생의 이해를 중재하는가?(Negueruela, 2003) 학생들은 교사와의 상호작용을 넘어, 학급, 학교 및 사회를 포괄하는 다층적이며 복잡하게 얽힌 환경 속에서 교육적 중재와 만난다. 따라서 특정 교수법이 실효성을 갖기 위해서는 현실에 대한 깊이 있는 통찰과 분석에 기반을 두어야 한다. 어떠한 교수법도 만병통치약이 될 수 없으며, 복잡다단한 현실 속에서 부분적인 중재의 역할을 할 뿐이라는 사실을 명심해야 한다.

셋째, 교사는 인류 문화의 중재자로서의 역할을 자각해야 한다. 수많은 사회문화적, 제도적 요인들은 교사의 중재를 통해 학생들과 만나며, 교육과정이 목표하는 바를 이루기 위해서는 교사의 중재를 반드시 거쳐야 한다. 이러한 상황에서 교사가 교육의 목표, 학습자의 특성, 사회문화적 조건 등을 명확히 인식하지 못하고 교수 기법들을 원칙 없이 적용한다면 교육은 효용을 잃게 된다. 교육의 수준이 사회의 수준을 넘지 못하듯, 수업의 질은 교사의 중재 이상의 효과를 내기 어렵다.

Vygotsky가 주장한 것처럼 교사의 역할이 입시 대비나 교과 진도 목표의 달성이 아니라 학생들의 전인적 발달을 돕는 데 있다면, 단순히 다양한 자료들을 잘 전달하는 데 만족해서는 안 된다. 중재자로서의 교사는 다양한 사회적, 문화적, 정치적 맥락을 비판적으로 검토하고, 자신의 교과를 깊이 이해하며, 학생들의 활발한 참여를 이끌어 내야 한다. 즉 교사는 전문가에 의해 만들어진 교육과정의 실행을 담당하는 지식 전달자가 아니라, 언어와 문화의 세계와 학생 사이의 창의적 중재자로서 살아가야 한다. 이런 의미에서 진정한 교사는 비판적 지성인이다(지루, 2001).

마지막으로 중재라는 관점에서 영어과 교수 방법론을 살펴보기로 하자. 교수법의 범위가 방대하므로 문법교육을 예로 중재로서의 영어 교수 방법론에 대해 생각해 보고자 한다.

먼저, 개념기반 교수가 강조하듯 문법교육은 과학성과 체계성을 갖춘 개념적 설명을 필요로 한다. 문법을 체계적으로 정리한 많은 참고 서적들이 나와 있는 상황에서 이런 주장은 조금 의아하게 들릴 수 있다. 그러나 방대한 지식을 잘 정리했다고 해서 학습자들에게 좋은 설명이라는 보장은 없다. 지식을 정리하는 원칙과 방향에 따라 학생들에게 독이 될 수도 약이 될 수도 있기 때문이다.

인지언어학과 사회문화이론이 공통적으로 주장하듯 언어와 사고가 유기적으로 통합되어 있다면, 의사소통의 인지적, 언어적 특성 모두를 정확히 포착하는 교육영문법을 만들어가야 한다. 아울러 언어와 사고의 상호작용을 반영한 문법체계를 탐구하고, 한국 학습자의 사회 · 문화적, 인지적, 정의적 특성에 맞춘 새로운 문법체계를 정립하는 데 힘을 쏟아야 한다.

둘째, 학습자들이 문법을 언어 발달을 위한 중재로 인식하고 사용할 수 있도록 해야 한다. 학습자가 문법을 의미 생산 도구가 아니라 시험을 위한 암기 항목으로 인식하는 태도를 보인다면, 이를 변화시킬 수 있는 다양한 교수 책략이 요구된다. 의미를 만드는 중재 도구로서의 문법학습 및 의사소통 능력을 증진시킬 수 있는 다양한 활동이 문법교육의 핵심으로 자리잡아야 한다.

마지막으로, 언어와 문화, 과학적 지식, 그리고 학생 사이에서 중재자의 역할을 수행하는 교사상에 대해 고민해야 한다. 중재자로서 정체성을 가진 교사들은 최고의 문법 수업을 위해 스스로가 비판적이며 창조적인 학습자로 살아가려 노력할 것이다. 각종 언어교육 이론을 공부하고 동료들과 함께 교수 기법을 개발하는 것을 가르치는 일의 일부로 인식하며, 인류가 마련해 놓은 지적 자산을 적극적으로 탐구하는 노력을 게을리하지 않을 것이다. 무엇보다 이들은 학생들과 함께할 것이다.

Vygotsky는 비록 38세의 짧은 나이로 생을 마감했지만, 동료 학자들과 사회문화이론의 세계관에 동의하는 연구자들은 계속해서 그의 이론을 발전시키고 있다. 한국 사회에서 새롭게 조명되고 있는 사회문화이론은 연구자와 교사, 학부모와 학생들에게 희망과 도전을 동시에 안겨 준다. 어쩌면 사회문화이론의 원리를 따른다는 것은 Vygotsky의 저서 한 마디 한 마디를 문자 그대로 받아들이는 것이 아니라, 끊임없이 변화하는 세계에서 사회문화이론의 철학과 세계관을 새롭게 해석하고 창조해 내는 일일지도 모른다

(Newman & Holzman, 1993).

원칙 없는 실천은 혼란스럽다. 실천 없는 이론은 허공에 울리는 메아리가 된다. 그래서 이론과 실천을 서로를 필요로 한다. Vygotsky와 동료들이 추구했던 것은 학문과 실천이 유기적으로 통합하여 이론과 현장의 경계를 무너뜨리는 프락시스였다(Lantolf & Poehner, 2011). 사회문화이론이 추상적이며 이론적인 선언을 넘어 한국 사회 속에 뿌리내리기 위해서는 우리 모두의 실천적 중재가 필요하다.

참고문헌

교육과학기술부(2012). 『초 · 중등학교 교육과정총론』. 교육과학기술부 고시 제2012-31호.

김성우(2013년 3월). 교사들을 위한 인지언어학 이야기 1: 형식언어학과 인지언어학. 『함께하는 영어교육』. 143.

루리야, A. R.(2013). 『비고츠키와 인지발달의 비밀』. 서울: 살림터.

박동섭(2011). 『불협화음론자 비고츠키 그 첫번째 이야기』. 고양: 서현사.

반 더 비어, 르네(2013). 『레프 비고츠키: 21세기 혁신교육의 뿌리』. 서울: 솔빛길.

배희철(2012). 『비고츠키와 우리 교육』. 서울: 이펍코리아.

브라이슨, 빌(2003). 『거의 모든 것의 역사』. 서울: 까치.

비고츠키, L. S. (2011). 『비고츠키: 생각과 말』. 서울: 살림터.

비고츠키, L. S. (2013). 『비고츠키 선집3: 어린이 자기행동숙달의 역사와 발달』. 서울: 살림터.

비고츠키, L. S. · 루리야, A. R. (2012). 『비고츠키 선집2: 도구와 기호』. 서울: 살림터.

지루, H. A. (2001). 『교사는 지성인이다』. 서울: 아침이슬.

한순미(1999). 『비고츠키와 교육: 문화역사적 접근』. 파주: 교육과학사.

Bakhtin, M. M. (1986). *Speech genres and sother late essays*. Austin, TX: University of Texas Press.

Boers, F. (2004). Expanding learners' vocabulary through metaphor awareness: What expansion, what learners, what vocabulary? In M. Achard & S. Niemeier (Eds.), *Cognitive linguistics, second language acquisition, and foreign language teaching* (pp. 211-232). Berlin: Mouton de

Gruyter.

Center for Language Acquisition (2012). *Sociocultural theory: A select bibliography of resources with reference to studies, descriptions, and essays*. University Park, PA: The Pennsylvania State University. http://language.la.psu.edu/sctbib/ [access: 13/08/29]

Evans, V., & Green, M. (2006). *Cognitive linguistics: An introduction*. Edinburgh, UK: Edinburgh University Press.

Ferreira, M., & Lantolf, J. P. (2008). A concept-based approached to teaching: Writing through genre analysis. In J. P. Lantolf & M. E. Poehner (Eds.), *Sociocultural theory and the teaching of second languages* (pp. 285-320). London: Equinox.

Frawley, W. (1987). *Text and epistemology*. Norwood, NJ: Ablex.

Frawley, W. (1997). *Vygotsky and cognitive science: Language and the unification of the social and computational mind*. Cambridge, MA: Harvard University Press.

Holme, R. (2009). *Cognitive linguistics and language teaching*. Basingstoke: Palgrave Macmillan.

Hutchins, E. (1995). *Cognition in the wild*. Cambridge, MA: MIT Press.

Kim, S. W. (2012). *Development of meaning making in second language writing of Korean international graduate students: A sociocultural and cognitive linguistic perspective*. Unpublished doctoral dissertation. The Pennsylvania State University, University Park, PA.

Lantolf, J. P. (2011). Integrating sociocultural theory and cognitive linguistics in the second language classroom. In E. Hinkel (Ed.), *Handbook of research in second language teaching and learning vol. II* (pp. 303-318). New York: Routledge.

Lantolf, J. P., & Frawley, W. (1984). Second language performance and Vygotskyan psycholinguistics: Implications for L2 instruction. In A. Manning, P. Martin & K. McCalla (Eds.), *The 10th LACUS forum 1983* (pp. 425-440). Columbia, SC: Hornbeam Press.

Lantolf, J. P., & Poehner, M. (2011). Dynamic assessment in the classroom: Vygotskian praxis for second language development. *Language Teaching Research*, 15(1). 11-33.

Lantolf, J. P., & Thorne, S. L. (2006). *Sociocultural theory and the genesis of second language development*. Oxford, UK: Oxford University Press.

Lee, H. W. (2012). *Concept-based approach to second language teaching and learning: Cognitive Linguistics-inspired instruction of English phrasal verbs*. Unpublished doctoral dissertation. The Pennsylvania State University, University Park, PA, USA.

Lindblom, J., & Ziemke, T. (2003). Social situatedness of natural and artificial intelligence: Vygotsky and beyond. *Adaptive Behavior*, *11*(2). 79-96.

Littlemore, J. (2009). *Applying cognitive linguistics to second language learning and teaching*. Basingstoke, UK: Palgrave Macmillan.

Littlemore, J., & Low, G. (2006). *Figurative thinking and foreign language learning*. Basingstoke, UK: Palgrave Macmillan.

Matthiessen, C. M. I. M. (2006). Educating for advanced foreign language capacities: Exploring the meaning-making resources of languages systemic-functionally. In H. Byrnes (Ed.), *Advanced language learning: The contribution of Halliday and Vygotsky* (pp. 31-57). London: Continuum.

Negueruela, E. (2003). *A sociocultural approach to the teaching and learning of second languages: Systemic-theoretical instruction and L2 development*. Unpublished doctoral. dissertation. The Pennsylvania State University, University Park, PA, USA.

Negueruela, E. (2008). Revolutionary pedagogies: Learning that leads (to) second language development. In J. P. Lantolf & M. E. Poehner (Eds.), *Sociocultural theory and the teaching of second languages* (pp. 189-227). London: Equinox.

Negueruela, E. (2010). *Transformative research and the significance of time: Forgetting Chronos and capturing Kairos*. Paper presented at the XVIIth Annual Meeting of the Sociocultural Theory and Second Language Learning Research Working Group. New York.

Newman, F., & Holzman, L. (1993). *Lev Vygotsky: Revolutionary scientist*. New York: Routledge.

Niemeier, S. (2005). Applied cognitive linguistics and newer trends in foreign language teaching methodology. In A. Tyler et. al. (Eds.), *Language in use: Cognitive and discourse perspectives on language and language learning* (pp. 100-111). Washington D.C.: Georgetown University Press.

Ong, W. J. (1982). *Orality and literacy: The technologizing of the word*. London: Methuen.

Ortega, L. (2009). *Understanding second language acquisition*. London: Hodder Arnold.

Rosch, E. (1999). Reclaiming concepts. *Journal of Consciousness Studies*, *6*(11/12), 61-77.

Roy, B. C., Frank, M. C., & Roy, D. (2012). Relating activity contexts to early word learning in dense longitudinal data. *Proceedings of the 34th annual meeting of the cognitive science society*. Sapporo, Japan.

Searle, J. (2010). *Making the social world: The structure of human civilization*. New York: Oxford University Press.

Valsiner, J. (2001). Process structure of semiotic mediation in human development. *Human Development*, *44*(2-3), 84-97.

Vygotsky, L. S. (1933/1935), Dinamika umstvennogo razvitiya shkol'nika v svyazi s obucheniem. In L. S. Vygotsky, *Umstvennoe razvitie detey v protsesse obucheniya* (pp. 33-52). Moscow-Leningrad, Russia: Uchpedgiz.

Vygotsky, L. S. (1978). *Mind in society: The development of higher psychological processes*.

Cambridge, MA: Harvard University Press.

Vygotsky, L. S. (1997). *The collected works of L.S. Vygotsky. volume 3. Problems of the theory and history of psychology*. R. W. Rieber & J. Wollock (Eds.). New York: Plenum Press.

Wertsch, J. V. (1985). *Vygotsky and the social formation of mind*. Cambridge, MA: Harvard University Press.

Wertsch, J. V. (2007). Mediation. In H. Daniels, M. Cole & J. V. Wertsch (Eds.), *The cambridge companion to Vygotsky* (pp. 178-192). New York: Cambridge University Press.

Wilson, A. D., & Golonka, S. (2013). Embodied cognition is not what you think it is. *Front. Psychology* 4:58. doi: 10.3389/fpsyg.2013.00058.

Yánēz-Prieto, C. M. (2008). *On literature and the secret art of (im)possible worlds: Teaching literature through language*. Unpublished doctoral dissertation, The Pennsylvania State University, University Park, PA, USA.

Zerubavel, E. (1982). The standardization of time: A sociohistorical perspective. *American Journal of Sociology*, *88*(1). 1-23.

Ⅲ. 제2언어 교수 연구

제10장

교수-학습을 통한 제2언어습득 연구 동향*

이진화 중앙대학교

1. 서론

한국에서 영어교육과 관련하여 제2언어습득(Second Language Acquisition, 이하 SLA) 분야의 연구가 본격적으로 시작된 것은 그리 오래된 일이 아니다. SLA 연구는 제2언어로서의 영어(English as a Second Language, 이하 ESL) 상황에서 자연스러운 노출(natural exposure)을 통해 이루어지는 영어 습득을 조사하는 것이므로 한국처럼 영어 학습이 교실 수업으로 한정되는 외국어로서의 영어(English as a Foreign Language, 이하 EFL) 상황과 거리가 멀다는 인식이 자리하고 있었기 때문이다. 그러나 SLA는 ESL/EFL 환경과 상관없이 모국어가 아닌 새로운 언어를 추가적으로 습득하는 방식, 과정, 결과 전반을 일컫는 개념으로, 여기에는 자연스러운 노출에 의한 습득뿐만 아니라 교수-

* Lee, Jin-Hwa (2014). The development of instructed second language acquisition research. In O. Kwon (Ed.). *New horizons in English education research* (pp. 221-245). Seoul: Seoul National University Press.

학습을 통한 습득까지 모두 포함된다. 특히 최근에는 후자에 대한 관심이 증대하면서 SLA 세부 분야의 하나로 교수-학습을 통한 제2언어습득(Instructed SLA, 이하 ISLA)이 국내외에서 각광을 받고 있다.

ISLA 분야 연구의 초점은 제2언어를 습득하는 과정에서 교수(instruction)의 역할을 규명하는 데 있다. 교수가 주어졌을 때의 습득 양상은 일반적인 습득 양상과 어떻게 다른지, 그 과정에서 교수의 효용과 한계는 무엇인지, 또 여기에 관여하는 요인들은 무엇인지를 밝히고, 이를 토대로 교수가 습득에 미치는 영향을 체계적으로 설명하고 예측하고자 한다. 궁극적으로 이러한 연구를 바탕으로 효과적이고 효율적인 제2언어 교수방안 및 습득 모형을 찾는 데 ISLA 연구의 목적이 있다.

ISLA 분야는 지난 30여 년 간 양적, 질적인 측면에서 주목할 만한 발전을 이루었다. 교수 효과와 관련된 초창기 연구들이 특정 교수법이나 테크닉의 효과를 단순히 습득의 결과적 측면에서 증명하고자 했다면, 최근의 연구들은 그러한 결과를 도출한 과정에 보다 많은 관심을 기울이고 있다. 즉, 교수가 학습자 개개인의 습득 과정에 어떠한 영향을 미치며, 그 과정에서 사회적, 인지적, 언어적 요인 등과 어떻게 상호작용하는지 밝히는 데 주목하고 있다. 결과 중심의 연구들은 연구 맥락의 특수성, 개별성으로 인해 그 연구 성과를 확장하고 적용하는 데 한계가 있는데 반해, 과정 중심의 연구들은 교수가 제2언어습득에 왜, 어떻게 영향을 미치는지 보여 줌으로써 이를 새로운 상황에 적용하여 예측, 검증할 수 있는 기반을 제공해 준다는 점에서 의미가 있다.

이 글에서는 영어교육 연구의 한 분야로서 ISLA 연구의 대상 및 연구문제들을 소개하고, 시기별로 이루어진 주요 연구들을 중심으로 그간의 발전 과정과 최근의 연구 동향을 소개하고자 한다. 더불어 향후 ISLA 연구를 수행함에 있어서 고려해야 할 사항을 제언하고자 한다.

2. 이론적 배경

1) ISLA 연구의 대상

ISLA는 상당수의 영어교육 연구자 및 교사들에게 여전히 생소한 용어다. 사실 ISLA를 독자적인 연구 분야로 볼 수 있느냐에 대해서 이견이 있을 수 있다. 이름에서 유추할 수 있듯이 ISLA는 크게 보면 SLA의 하위 범주다. 서론에서 언급한 바와 같이 SLA는 모국어가 아닌 새로운 언어를 추가적으로 습득하는 방식, 과정, 결과 전반을 일컫는다. 이러한 정의에 따르면 SLA는 습득 환경에 대해 특별히 제한을 두지는 않는다. 그러나 초창기 SLA 연구가 대부분 목표어 사용권 국가의 이민자나 그 자녀를 대상으로 이루어지다 보니 외국어 환경보다 제2언어 환경에서의 자연스러운 노출에 의한 습득 양상만을 다루는 분야로 협소하게 이해되어 온 측면이 있다. ISLA는 이와 같은 협의의 SLA와 대비되는 개념으로 대두되었는데, 학습자들이 자연스러운 언어노출에만 의존하는 대신 외부로부터 어떤 방식으로든 교수를 받을 때 일어나는 제2언어습득 양상에 관심을 갖게 된 것이다. 이러한 관심은 EFL 상황은 물론 ESL 상황에서도 다수의 영어 학습자가 교수를 받고 있다는 사실과, 만일 교수가 제2언어습득을 촉진시킬 수 있다면 이를 활용하는 편이 바람직하다는 생각에 기반을 두고 있다.

사실 영어교육 분야에서 교수 효과에 대해 연구가 이루어진 것은 ISLA 연구가 처음은 아니다. 이전에도 ELT(English Language Teaching)라는 범주하에서 교수-학습에 관한 연구들이 이루어져 왔다. 동일 현상을 연구하는 만큼 상당한 정도의 공통점을 가지고 있음에도 불구하고 두 분야 간에는 몇 가지 차이점들이 존재한다. ELT 분야의 연구들은 대체로 교수-학습이 가져오는 결과에 주목한다. 어떤 교수 방식이 더 나은 성과를 내는지 밝힘으로써 실제 교육 현장에서 사용할 수 있는 효과적인 교수 방안을 찾는 데 관심이 많다. 반면 ISLA는 교수-학습하에서 이루어는 습득의 양상 및 과정을 면밀

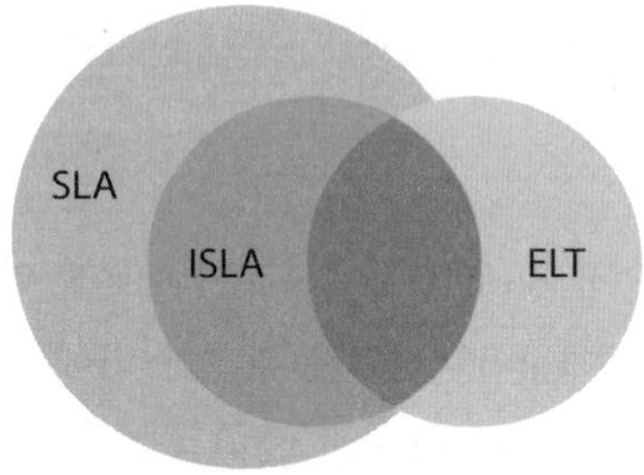

그림 1. SLA와 ELT의 관계를 통해 본 ISLA 연구 범위

히 조사하여 어떤 교수 방식이 왜 효과가 있는지를 설명하는 데 보다 관심이 있다. 같은 맥락에서 ELT 연구는 교사의 관점에서 무엇을 어떻게 가르치느냐에 주안점을 둔 반면, ISLA 연구는 교사보다 학습자에게 초점을 맞추는 경향이 크다.

이와 같이 ISLA는 SLA 및 ELT 분야와 밀접한 관계를 가지고 있으며 이를 도식화하면 그림 1과 같다. 그림에서 볼 수 있듯이 ISLA는 SLA와 ELT의 특징을 모두 지니고 있다고 볼 수 있다. 우선 SLA와 마찬가지로 습득의 과정 및 양상에 관심이 있다. 다만 특별히 교수가 주어지는 상황에서의 습득을 연구한다는 점에서 SLA보다는 그 범위와 대상이 한정적이다. 한편 ISLA는 교수 효과를 연구한다는 점에서 ELT와 유사성을 지닌다. 하지만 교사의 관점보다는 학습자의 관점에서 교수 효과를 규명하고 설명하려고 한다는 점에서는 차이점을 보인다. 이처럼 ISLA는 SLA와 ELT와 공통의 기반에 서 있음과 동시에 차별성을 띠면서 나름의 연구 문제와 성과들을 축적해 왔고 그 결과 고유의 연구 영역을 구축해 가고 있다.

요컨대 위의 논의에 기반하여 ISLA를 정의하자면 교수 상황하에서 학습자가 제2언어를 습득하는 과정과 결과를 연구하는 분야라고 말할 수 있겠다. 이 정의에 따르면 ISLA를 규정하는 데 있어서 핵심 요건은 교수다. 따라서 ISLA를 제대로 이해하기 위해서는 교수의 개념을 명확히 할 필요가 있다.

2) 교수의 개념

일반적으로 교수라고 하면, 교실에서 교사가 가르치는 수업을 가장 먼저 떠올리게 된다. 그러나 ISLA에서 교수의 개념은 이보다 훨씬 광범위하다.

Chaudron(1991)은 제2언어 교실 연구에서 언어 교수의 개념을 분명히 할 필요성을 강조하면서 관찰 가능한 교수의 형태로서 실러버스나 교재, 규칙의 공식화 및 명시적인 제시, 교사의 강조 및 지적, 교사의 오류 수정이나 설명 및 후속 조치, 학습자의 규칙 탐색 및 명시적, 암시적 적용 등을 제시하였다. 즉, 교실에서 교사의 행위뿐만 아니라 실러버스나 교재, 학습자 자신에 의해 촉발된 학습 과정 모두를 교수로 간주한 것이다.

같은 맥락에서 Housen과 Pierrard(2005)는 교수란 "학습 기제나 학습 환경을 조작하여 언어학습을 가능하게 하거나 촉진시키려는 체계적인 시도"(p. 2)라고 정의하였다. 이 정의에 따르면, 교사가 교실에서 영어 표현이나 문법을 가르치는 것뿐만 아니라, 학습자에게 영어학습 책략을 가르치거나 동기를 부여하는 것, 컴퓨터를 활용한 자가 학습 유도, 시청각교재를 제공하는 것 등이 모두 교수의 범주에 포함된다. 즉 교사에 의해 행해지는 행위뿐만 아니라, 언어 입력을 변형하거나 교재를 제공하거나 영어 학습에 영향을 미치는 정의적, 인지적 요인들을 강화하려는 일체의 행위가 교수인 셈이다. 이러한 광의의 교수 개념은 ISLA 연구의 대상 및 범주를 상당한 수준으로 확장시켜 준다.

3) ISLA에서의 주요 연구 문제들

ISLA 연구의 목적은 교수가 제2언어습득 과정 및 결과에 미치는 영향을 설명하는 데 있다. 이를 위해서는 ISLA에 관여하는 학습 기제(learning mechanism), 이를 통해 습득된 지식의 성격, 구축된 지식의 접근 및 사용 방식, 교수의 성격 및 유형, 교수 효과에 영향을 미치는 다양한 변인들을 연구하고 규명해야 한다(Housen & Pierrard, 2005, pp. 3-4).

가령, 교수를 통해 제2언어를 습득할 때 학습자들은 어떠한 인지적, 언어적, 신경학적 구조를 사용하는지, 또 이때 사용되는 학습 기제가 자연스러운 노출하에서 제2언어습득에 작용하는 학습 기제와 차이가 있는지를 밝히는 것이 ISLA 연구의 주요 관심사 중 하나다. 이와 관련하여, 자연스러운 습득과 교수-학습에 의한 습득이 동일한 기제를 통해 이루어진다는 주장과 완전히 다른 기제에 의해 이루어진다는 주장이 대립하고 있어 여전히 많은 연구가 필요하다.

한편, 교수를 통해 습득되는 제2언어 지식의 성격은 무엇이며 교수가 주어지지 않았을 때 습득되는 지식과 차이를 보이는지도 ISLA의 주요 연구 문제 가운데 하나이다. 지식 체계는 상위언어 지식(metalinguistic knowledge), 암시적 지식(implicit knowledge), 명시적 지식(explicit knowledge), 절차적 지식(procedural knowledge), 선언적 지식(declarative knowledge) 등과 같이 다양하게 구분되는데 이 가운데 교수-학습의 결과로 얻어지는 지식은 어떤 성격을 지녔는지에 대한 연구가 필요하다.

교수를 통해 습득한 지식을 어떤 정보처리 방식으로 접근하여 사용하고 수행으로 연결시키는지는 ISLA의 또 다른 주요 연구 문제다. 여기서는 학습자들이 구축된 지식 체계를 사용하는 방식이 통제에 의해 이루어지는지 아니면 자동화되는지, 또 이 과정에 영향을 미치는 요인들은 무엇인지 등의 문제를 다루게 된다.

ISLA에서 중요하게 다루고 있는 또 다른 문제는 교수의 유형을 규정하고 그 상대적 효과를 측정하는 것이다. 앞서 정의한 교수 개념에 따르면 교수의 방식과 유형은 무궁무진하다. 그동안 연구된 교수 방식만 해도 일일이 나열하기 어려울 정도로 많으며 따라서 이를 분류하고 각각의 효과를 검증하는 것은 이론적으로나 교육적으로 매우 중요한 과업이다.

여기에 덧붙여 최근 각광받고 있는 것이 교수-학습 효과의 학습자 개인차에 대한 연구이다. 동일한 환경에서 동일한 교수를 받더라도 습득 과정과 결과는 학습자에 따라 달라지기 마련이다. 이것은 학습자의 적성, 동기, 태도, 성격 등과 같은 다양한 인지적, 심리적, 정의적 변인이 ISLA에 관여하기 때문이다. 이러한 학습자 변인을 연구하면 ISLA에 있어서 개인차를 예측하고 학습 효과를 극대화할 수 있을 것으로 기대된다.

ISLA 연구를 어렵고도 흥미롭게 만드는 것은 앞서 제기한 각각의 영역들이 서로 밀접히 연관되어 있다는 점이다. 가령, 교수 유형에 따라 작동하는 학습 기제나 구축되는 지식이 달라질 수도 있고, 혹은 정보처리 방식이 교수 효과를 결정할 수도 있다. 따라서 각각의 영역에 대한 연구 못지 않게 이들 간의 상호작용을 살피는 연구가 필요하다.

이러한 연구 문제에 대한 탐구를 통해 ISLA 연구는 현재 전 세계에서 광범위하게 이루어지고 있는 교수-학습을 통한 제2언어습득이라는 현상을 체계적으로 기술하는 역할을 할 뿐만 아니라, 이러한 현상을 설명하기 위한 다양한 시도와 제안을 도출해 냄으로써 이론의 발전에도 기여하게 된다(Housen & Pierrard, 2005). 무엇보다 중요한 점은 ISLA에 대한 이해가 효과적이고 성공적인 제2언어 교수의 기반이 된다는 점이다. 기존의 수많은 제2언어 교수법들이 흥망성쇠의 길을 겪게 된 것은 이들 교수법들이 엄밀한 기술과 타당한 이론적 설명에 기반하기보다 개인의 체험이나 제안에서 비롯되었기 때문이다. 이들 교수법들은 또한 피상적인 처치에 급급하여 근본적인 문제점을 간과한 측면이 있다. 즉각적인 교수 효과에 주안점을 두다 보니 학습자 개인의 특성이나 표면에 드러나지 않는 요인들에 대한 고려가 부족한 것이다. 여기 갑자기 피부에 가려움증과 붉은 반점이 생긴 환자가 있다고 하자. 한 의사는 가려움증을 진정시키고 반점을 없애는 연고를 처방해 주었고, 다른 의사는 여러 가지 질문 끝에 환자가 최근에 바꾼 화장품에 대해 거부반응을 일으킨 것임을 찾아내고 화장품을 바꾸도록 권유하였다. 어느 쪽이 더 효과적인 치료인지는 자명하다. 영어교육에 있어서도 학습자에게 최적의 교수를 제공하기 위해서는 학습자의 특징은 물론 학습자가 처한 환경과 이들 간의 상호작용 양상을 정확히 알고 있어야 한다. ISLA 연구는 바로 이러한 이해를 넓히는 역할을 한다.

예를 들어, 어떤 중학생이 영어의 의문문을 배우는 데 주어-동사 도치 구문(예: Is he a doctor?)에 어려움을 겪고 있다. 이 학생에게 효과적인 교수 방안이 무엇인지에 대해서는 다양한 의견이 있을 수 있다. 주어-동사 도치 구문을 집중적으로 반복 훈련시킬 수도 있고, 도치와 관련된 문법 규칙을 설명할 수도 있을 것이다. 그러나 학생들을 지도해 본 교사라면 아무리 열심히 규칙을 설명하고 반복 훈련을 시켜도 일부 학생들은 여전히 도치 구문의 습득에 어려움을 겪는 것을 경험한 적이 있을 것이다. ISLA의 중요한 이론 가운데 하나인 Pienemann(1984)의 교수가능성 가설(Teachability Hypothesis)에 의하면, 이것은 학생의 언어 발달 수준이 아직 주어-동사 도치 구문을 배울 수 있는 단계에 도달하지 못해 어떤 교수 방식으로도 기대하는 효과를 거두기 어렵기 때문이다. 따라서 학생들의 수준을 알고 그 수준에 적절한 구문을 가르치는 것이 효율성을 높이는 방안이 될 것이다. 이처럼 ISLA 연구는 교수 효과에 대해 타당한 기대를 갖게 하고 적절한 교수 방식 및 목표의 선정에도 유용한 지침을 제공해 줄 수 있다. 한편 이렇게 발달 단계를 고려하여 목표 구문을 선택한 경우에라도 적절한 교수 방식은 학습자의 나이나 적성에 따라 달라질 수밖에 없다. 가령, 성인 학습자라면 규칙 설명이 효과적일 수 있겠으나 아직 인지수준이 제한적인 아동 학습자에게는 같은 수준의 효과를 기대하기 어렵다. 또한 기억력이 높은 학생인지, 분석력이 높은 학생인지에 따라서 효과적인 교수 방식이 달라질 것이다. 따라서 효과적인 교수를 제공하기 위해서는 교수하에서의 언어 발달 과정, 여기에 관여하는 다양한 요인들, 그리고 이들의 상호작용을 이해하는 것이 매우 중요하다. 이런 점에서 ISLA는 이론적 가치뿐만 아니라 교육적 가치를 동시에 가지고 있다.

3. ISLA 연구 분야의 발전

ISLA 연구의 시작 시기를 분명히 규정하기는 어렵지만 ISLA가 지금과 같은 양적, 질적 발전을 이룬 것은 불과 지난 30여 년 간의 일이다. 그 이전의 ISLA 연구들은 연구 문제, 연구 방법 등에 있어서 매우 단순한 형태를 띠고 있었다. 이 장에서는 ISLA의 연구 동향을 크게 세 시기로 나누고, 각 시기별로 이루어진 주요 메타분석(meta-analysis) 연구 및 개관 연구들을 중심으로 그 동안의 ISLA 연구의 변화, 발전 양상을 살펴본다.

1) 초창기(1970–1980년대 초반): 총체적 교수 효과의 검증

ISLA 연구가 언제부터 시작되었는지 그 정확한 연도를 가늠하기는 어렵다. 다만 Pica(2009)는 본격적인 ISLA 연구의 시작을 1970년대 초반으로 보고 있다. 물론 그 이전에도 교수와 습득 간의 관계를 살핀 연구들은 다수 있었으나 습득에 있어서 교수의 역할이 이론적 중요성을 띠게 된 것은 1970년대 심리언어학의 발전에서 기인한 것으로 보았다. 흥미로운 점은 이 시기 연구의 방향이 교수의 중요성을 확인하기보다는 교수의 역할이 미미함을 보여 주는 데 있었다는 것이다. 지금으로서는 납득하기 어렵지만, 당시 습득 분야에서 가장 주요한 이론이 Chomsky의 보편문법과 Krashen의 입력가설(Input Hypothesis)이었음을 감안하면 이해가 되는 부분이다. 보편문법에 따르면 언어습득은 선천적으로 타고난 언어습득기제에 의해 이루어지므로 언어 입력이나 교수와 같은 환경의 영향은 미미하다고 보았다. Krashen(1976) 역시 습득(acquisition)과 학습(learning)을 구분하면서 교수를 통해 얻어지는 학습의 결과물은 의식적 지식으로서 실제 의사소통 상황에서 사용될 수 없다고 주장하였다. 대신 모국어 습득에서처럼 의미있고 이해가능한 입력(comprehensible input)과 상호작용이 가능한 환경을 제공했을 때 자연스럽게 제2언어습득이 가능하다고 보았다.

이러한 이론들의 영향으로 모국어 습득, 자연스러운 노출 환경에서의 제2언어습득, 교수에 의한 제2언어습득 양상을 각각 혹은 비교 조사하여 유사점을 찾으려는 연구가 활발하였는데, 형태소 연구(morpheme studies)나 하버드 프로젝트(Harvard Project) 같은 발달 단계에 관한 연구들이 다수 행해진 것이 바로 이 시기이다(Bailey, Madden, & Krashen, 1978; Cazden, Cancino, Rosansky & Schumann, 1975; Dulay & Burt, 1973; Hakuta, 1978; Huang & Hatch, 1978; Larsen-Freeman, 1975; Perkin & Larsen-Freeman, 1975; Pica, 1983; Wode, 1978). 이 연구들은 모국어 배경과 습득 환경의 차이에도 불구하고 제2언어 학습자들 간에 매우 유사한 발달 단계가 있음을 발견하였다. 이는 곧 교수가 제2언어습득에 미치는 영향이 크지 않음을 의미하는 것으로 해석되었다.

그러나 이러한 분위기는 1983년에 출판된 Long의 메타분석연구에 의해 새로운 전기를 맞게 된다. “Does second language instruction make a difference?: A review of research”라는 제목에서 알 수 있듯이 이 연구의 핵심 질문은 교수가 제2언어습득에 영향을 미치는지 여부였다. 지금은 그 답이 자명해서 도리어 이상해 보이는 이 질문이 당시의 연구 풍조하에서는 상당히 도전적인 문제였다. Long은 교수 효과와 관련된 12개의 선행 연구를 분석하였는데, 이 연구들은 노출 환경과 교수 환경, 혹은 두 가지가 다양한 비율로 결합된 환경하에서의 제2언어습득 양상을 기술하거나 유사실험 연구방식(quasi-experimental design)을 사용하여 비교하였다. 가령, 일정 기간 동안 언어노출만 제공한 집단과 언어노출과 함께 교수를 제공한 집단을 비교하거나, 전체적인 양은 동일하되 노출과 교수의 상대적 비율이 다른 두 집단, 혹은 노출양은 같지만 교수의 양이 다른 두 집단, 반대로 교수의 양은 같지만 노출의 양이 다른 두 집단, 교수와 노출의 양이 모두 다른 두 집단을 비교하였다. 분석 결과, 6개의 연구들은 교수의 효과를 확인해 주었고 2개의 연구는 해석이 모호했으며 3개의 연구는 교수와 노출 그 어느 쪽의 효과도 나타내지 않았다. 교수 효과 없이 노출의 효과만을 보여 준 연구는 단 1개뿐이었다. 또한 교수는 학습자의 나이, 언어 수준, 시험 유형, 습득 환경에 상관없이 제2언어습득에 도움이 되는 것으로 나타났다. 이러한 결과는 Long이 당초 제기한 질문과 관련하여, 제2언어 교수가 습득에 차이를 가져오며 이러한 차이는 대개 습득을 증진시키는 방향으로 나타남을 보여 주었다.

Larsen-Freeman과 Long(1991)은 초창기 ISLA 연구에 대해 보다 종합적이고 체계적인 요약을 제공한다. 이들은 교수 효과를 네 가지 측면으로 나누어 분석한 결과, 교수가 발달 순서를 뒤집거나 건너뛰게 하지는 못하지만 습득 과정 및 최종 도달 단계에 있어서 차이를 가져오며 특히 습득 속도를 촉진하는 데 기여하므로 교수가 제2언어습득에 효과적이라고 결론지었다.

이상에서 볼 수 있듯이 초창기 ISLA 연구들은 제2언어습득에 있어서 교수의 효과를 확인하는 데 주안점을 두었고 대체적으로 이를 달성하는 데 성공하였다. 그러나 이러한 성과에도 불구하고 이들 연구는 적지 않은 문제들을 가지고 있었다. 대부분의 초창기 ISLA 연구들은 입력으로 교수를 제공하고 출력으로 교수 효과를 측정하는 방식을 취하고 있는데, 이때 연구에서 사용된 교수의 개념이 모호하거나 연구마다 상이하였다. 즉, 구체적으로 어떤 방식의 교수를 제공하였는지 제시하지 않거나 각기 다른 방식의 교수를 제공하였음에도 불구하고 이러한 차이를 고려하지 않은 채 교수 효과를 측정하고 비교하였다. 또한 교수 효과를 측정함에 있어서 구체적인 교수 목표를 정하고 이에 대한 효과를 측정하기보다는 전반적인 영어 능력 변화를 판단기준으로 삼음으로써 실질적인 교수 효과가 과소평가되는 측면이 있었다. 보다 정교하게 교수의 역할 및 효과를 측정하기 위해서는 먼저 교수의 개념 및 교수 효과 측정 방식을 구체화할 필요가 있었다.

2) 확장기(1980년대 중반–1990년대): 다양한 교수 방식의 효과 비교

초창기 ISLA 연구를 통해 교수가 제2언어습득에 긍정적인 영향을 미친다는 사실이 확인되면서 ISLA 연구는 더욱 활기를 띠게 되었다. 특히 90년대에 이르러 그 수가 급증하였다. 이 시기 연구들의 관심사는 총체적인 교수 효과 규명을 넘어서, 교수 개념과 방식을 세분화하고 이들의 상대적 효과를 규명하는 데 있었다. 이러한 연구를 제2언어 교수 유형 연구(L2 type-of-instruction research)라고 부른다.

Norris와 Ortega(2000)의 메타 연구는 이 시기 연구들의 특징 및 성과를 잘 보여 주고 있다. 이 연구는 1980년에서 1998년 사이에 출판된 77개의 실험 연구 및 준실험 연구를 재분석하여 개별 연구의 결과들을 종합한 것으로 다음과 같은 연구 문제를 탐색하였다.

1) 제2언어 교수는 단순 노출이나 의미중심 의사소통을 통한 습득보다 효과적인가?
2) 각기 다른 유형의 제2언어 교수의 상대적 효과는 어떠한가?
3) 학습 결과의 측정 방식이 교수 효과에 영향을 미치는가?
4) 교수 기간이 교수 효과에 영향을 미치는가?
5) 교수 효과가 지속되는가?

앞선 Long(1983)의 연구 문제와 비교해 보면, 연구의 관심과 대상이 훨씬 구체화되고 세분화된 것을 볼 수 있다. 특히 초창기 연구의 문제점으로 지적된 교수 개념 및 효과 측정 방식 등의 문제를 다룸으로써 진일보한 ISLA 연구를 보여 준다.

이처럼 연구 주제가 세분화되고 확장되면서 연구 방법, 변인, 분석 방식 또한 보다 다양해지고 정교해졌다. Norris와 Ortega(2000)는 77개의 연구를 표 1과 같이 다양한 측면에서 분석하고 분류하였다.

메타분석의 대상이 된 연구들의 특징을 살펴보면, 우선 제2언어로 영어뿐만 아니라 일본어, 프랑스어, 독일어, 중국어, 스페인어, 네덜란드어와 같이 다양한 언어를 대상으로 ISLA 연구가 이루어졌고, 연구 대상이 되는 학습자들의 모국어 배경, 목표어 능숙도, 학교급도 다양해졌다. 연구 설계에 있

표 1. Norris와 Ortega(2000)의 메타 연구 분석 분류표

연구 방법 관련	– 학습자 특성 및 실험 상황: 모국어, 목표어, 능숙도, 학교급(초 · 중 · 고 · 대학생, 성인) – 연구 설계: 변인 통제 정도, 그룹 배정 방식, 교수 처치 방식, 참가자 수, 사전 시험 시행 유무, 통제/비교 집단 유무, 교수 기간, 사후 시험 시행 시기 – 통계분석
독립변인 (교수 방식)	– 명시적 vs. 암시적 – 형식초점 vs. 의미초점 vs. 형태초점 – 교수 기법(입력 강화, 오류 고쳐 되말하기, 의식고양, 입력처리, 입력연습, 발화연습, 메타인지적 피드백 등)
종속변인 (교수 효과 측정 방식)	– 메타언어적 판단 vs. 답안 선택 vs. 제한적 답안 구성 vs. 자유 답안 작성
중재변인	– 학습자 적성, 학습자 인식, 구문 난이도, 목표 형태에 대한 노출 빈도
분석 방식	– 기술적 분석: 사이즈, 개인별 점수, 평균, 편차, 신뢰도, 그래프 제시 – 추론적 분석: 통계 유형 및 보고 내용

어서는 기존의 학급을 활용하여 실험을 하는 방식에서 나아가 상당수의 연구들이 보다 엄밀한 방식인 무작위 배정 방식을 채택하였다. 교수 처치 방식 역시 교실 내에서 이루어지는 개인별, 소그룹별 활동과 더불어 실험실에서 이루어지거나 컴퓨터를 활용한 자율학습 방식이 제공되었다. 또한 대다수의 연구들이 사전시험(pre-test)을 통해 실험 전 집단 간 차이를 점검하거나 학습자들이 전혀 모르는 구문을 제시하는 방식으로 사전 지식을 통제하였다. 집단 구성에 있어서는 절반 정도의 연구들이 서로 다른 유형의 교수 처치를 받은 실험집단 간의 차이를 측정하였고 나머지 절반 정도의 연구들이 통제집단이나 비교집단과의 비교를 통해 보다 엄밀하게 실험집단의 학습 효과를 측정하였다.

이 시기 연구에서 가장 주목할 점은 다양한 교수 방식의 출현이다. 특히 이들 교수 방식들은 대부분 연구자 개인이 임의로 만들어낸 것이 아니라 이론적 토대에 기반하여 서로 대비되는 개념들을 구안한 것이었다. 가령, 명시적/암시적 교수법의 비교는 인지심리학에서 이미 활발히 진행되어 오던 것을 제2언어습득 연구에 도입한 것이었다. 또한 형식초점(focus on forms)/의

미초점(focus on meaning)/형태초점(focus on form) 교수의 구분은 Long(1991)이 제안한 형태초점이론에 기반하고 있다. Long은 형식초점 교수법과 이에 대한 비판으로 나타난 의미초점 교수법의 한계를 지적하면서 제2언어습득이론에 비추어 가장 적합한 교수법으로 의미를 우선으로 하되 형식에 부가적인 주의를 기울이게 하는 형태초점 교수법을 제안하였다. 이후 이 주장을 검증하기 위한 다양한 실험 연구들이 시행되었다. 그 밖에도 Norris와 Ortega(2000)에서는 채택하지 않았으나 귀납적/연역적 교수법, 규칙 중심/예시 중심 교수법 등과 같은 개념이 교수 방식을 구안하는 데 사용되었다.

이처럼 이론적 토대에 기반하여 교수 방식을 구안하는 것은 ISLA 분야의 발전에 매우 중요한 역할을 한다. 우선 이론에 기반한 교수 방식은 개별 연구들을 분류하고, 그 결과를 비교, 종합, 일반화할 수 있게 해 준다. Norris와 Orgeta(2000)의 메타 연구가 가능한 것도 이 때문이었다. 비록 교수 대상이나 목표 구문 등은 다르더라도 개별 연구들이 형태초점이론이라는 동일한 틀에 기반하고 있다면 교수 방식에 따라 형식초점 교수, 의미초점 교수, 형태 초점 교수 등으로 묶은 다음, 각 유형에 속하는 연구들의 교수 효과를 종합할 수 있다. 반면, 개별 연구들이 제각기 임의로 교수 방식을 개발, 시행하고 그 효과를 측정한다면 이들 연구 결과를 비교하는 것은 별 의미가 없을 뿐만 아니라 연구 간 단절로 인해 성과의 축적이 어렵다.

무엇보다도 이론에 기반한 교수 방식은 특정 교수 방식이 왜, 어떤 방식으로 효과를 보이게 되는지에 대한 설명을 제공해 줄 수 있다. 가령, 형태초점 교수 방식을 시행한 결과 학습자들의 습득이 향상되었다면 이는 학습자들이 형식에 주의를 집중함으로써 이른바 주목하기 가설(Noticing Hypothesis, Schmidt, 1990)에서 습득의 선결 조건으로 내세운 주목하기(noticing)가 이루어졌기 때문이라는 인지적 측면에서의 교수 효과 설명이 가능하다. 이처럼 교수 방식이 이론적 틀에 기반하고 있을 때, 교수-학습 현상의 기술을 넘어서 과정과 기제에 대한 설명이 가능해지는 것이다.

한 가지 주지할 점은, 이 시기 ISLA 연구들은 이론에 기반하여 교수 방식을 구안하면서도 이를 구체화하는 방식에 있어서는 다양하고 다채로웠다는 점이다. 예를 들면, 형태초점 접근법을 취하면서도 입력쇄도(input flood), 입력강화(input enhancement), 오류고쳐 되말하기(recast), 발화강화(output enhancement), 문법 받아쓰기(dictogloss), 의식고양(consciousness raising), 입력처리(input processing) 등과 같은 다양한 교수 기법을 제안하고 시행하여 그 효과를 조사하였다(Doughty & Williams, 1998). 이처럼 다양한 교수 유형 및 방식의 출현은 교수 개념을 공고히 하고 교수의 영역을 확장하는 데 기여했다.

한편, 교수 효과를 측정함에 있어서도 이 시기 연구들은 초창기 연구들과는 다른 모습을 보였다. 초창기 연구들이 전반적인 영어 능력이나 영어 성적을 준거로 교수 효과를 측정한 데 반해, 이 시기 연구들은 교수의 대상이 된 특정 구문이나 언어 형태의 습득을 측정함으로써 실질적이고 구체적인 교수 효과를 반영하고자 하였다. 측정 방식 역시 다양해져서 기존의 문법성이나 적절성을 판단하는 상위언어적 판단 시험, 주어진 선택지 중에서 고르는 시험 방식에서 더 나아가 제한된 방식의 구성형 시험, 개방형 서술형 시험 등이 시행되었다.

독립변인은 아니지만 교수 효과에 영향을 미치는 요인들에 대한 고려도 나타나기 시작했다. 목표 구문의 난이도, 노출 빈도, 학습자의 적성 등과 같은 요인들을 고려하거나 중재변인(moderator variables)으로 다룬 연구들이 수행되었다. 더불어 기술 통계뿐만 아니라 추론 통계를 활용한 연구들이 다수를 이루었다.

이처럼 양적, 질적으로 발전한 ISLA 연구들을 종합 분석한 결과, Norris와 Ortega(2000)는 다음과 같은 결과를 얻었다. 우선, 총체적 교수의 효과크기(effect size)는 0.96으로 나타났다. 일반적으로 0.80이 넘으면 효과가 큰 것으로, 0.50-0.80이면 중간, 0.20-0.50 사이면 작은 정도의 효과가 있는 것으로 해석된다. 이러한 기준으로 보았을 때, 총체적 교수의 효과는 매우 큰 것으로 확인되었다.

교수 유형별 효과를 비교한 결과에서는, 명시적 형태초점 교수(효과크기 1.22), 명시적 형식초점 교수(효과크기 1.08), 암시적 형태초점 교수(효과크기 0.69), 암시적 형식초점 교수(효과크기 0.31) 순으로 나타났다. 전반적으로 명시적 교수법이 암시적 교수법보다 효과적인 것으로 나타났다. 그러나 형태초점 교수법과 형식초점 교수법 간의 차이는 미미한 것으로 나타났다.

교수 효과 측정 방식이 교수 효과에 미치는 영향도 확인되었다. 69%에 달하는 연구들은 메타인지적 판단 방식의 시험을 채택하였는데 이 방식을 사용했을 때 관찰되는 교수 효과(0.82)는 선택형 답변 방식(1.46)이나 제한적 구성형 방식(1.20)보다는 낮았지만 자유 답안 방식(0.55)보다는 높았다.

교수 효과는 교수 기간에 따라 달라졌는데, 예상과 달리 2시간 미만의 교수 처치가 3시간 이상의 교수 처치보다 더 높은 효과를 보였다. Norris와 Ortega(2000)는 이러한 결과가 교수 기간이 짧을수록 효과적이라는 점을 의미한다기보다는 목표 구문, 측정 시기, 교수 강도 등과 같은 중재변인의 영향 때문일 것으로 해석하였다. 마지막으로 교수 효과는 즉각적인 사후 시험(immediate post-test)에 비해서는 감소하기는 하지만 지연사후 시험(delayed post-test)에서도 상당 부분 유지되는 것으로 나타났다.

요약하자면 1980년대 중반부터 1990년대에 걸쳐 ISLA 연구는 양적, 질적으로 주목할 만한 발전을 보였다. 이론적 토대에 기반한 다양한 교수 방식들을 구안, 시행하고 이들의 상대적 효과를 보다 정밀하고 체계적인 방식으로 측정하고자 하였다. 또한 교수 효과의 단순 기술에 그치지 않고 특정 교수 방식이 효과를 보인 이유와 과정을 제2언어습득이론들을 통해 설명하려는 시도를 하였다.

이처럼 ISLA 분야에 중요한 기여를 했음에도 불구하고 이 시기 연구들 역시 여러 가지 한계를 지니고 있었는데, Norris와 Ortega(2000)는 메타분석 과정에서 다음과 같은 문제점들을 발견하였다. 우선 다수의 연구들이 통제 집단을 포함하지 않아 교수 효과의 엄밀한 측정이 어려웠다. 실험 집단과 비교 집단으로 이루어진 연구의 경우 교수 방식의 우위를 알 수 있으나 두 집단 모두 일정 형태의 교수를 받게 되므로 특정 교수 방식이 갖는 독립적인 교수 효과의 크기를 측정하기가 어렵다. 또한 일부 연구들은 너무 많은 변인들을 한꺼번에 연구함으로써 연구 결과의 해석에 어려움을 야기하였고, 여전히 많은 연구들이 서로 절연되어 있어 보다 활발한 재현 연구(replication study)가 요구되었다. 이러한 문제들을 해결하기 위해서는 변인들의 조작화(operationalization)를 명확히 하고 실제 시행된 내용을 상세하게 기술할 필요가 있다. 또 다른 문제로는 통계적 유의미성에 너무 치중한 나머지 자료 자체의 기술적 보고가 결여되어 있거나 효과크기를 측정하지 않은 경우가 많아 결과 해석 시 오류를 불러일으킬 가능성이 높았다. 측정 도구의 일관성과 신뢰도에 대한 검증 역시 충분히 이루어지지 않았다.

한편 Doughty(2003)는 Norris와 Ortega(2000)의 분석 대상이 된 연구들이 연구 방법론적 측면에서 여러 가지 편향성을 지니고 있음을 지적하였다. 우선, 대부분의 연구들이 명시적 교수 방식을 채택하고 있어 암시적 교수 방식의 효과에 대한 검증이 충분히 이루어지지 않았으며, 따라서 명시적 교수 방식이 보다 효과적이라는 메타 연구의 결과는 타당성이 결여된다고 보았다. 무엇보다도 이 시기 연구들은 너무 짧은 기간의 교수를 제공하고 명시적, 선언적 지식의 측정을 통해 교수 효과를 판단하였다. 분석 대상이 되었던 연구들의 평균 교수 제공 시간은 4.08시간에 불과하였고, 90% 이상의 연구들이 자유 발화를 통해 진정한 의미의 제2언어습득을 측정하기보다는 메타인지적 판단, 답지 선택형 시험, 통제적 발화를 통해 단편적이고 선언적인 지식을 측정하였다. 이러한 측정 방식은 제2언어 사용과 거리가 있으며, 대개 정답을 상정하고 채점이 이루어지므로 학습자의 중간언어 발달에 민감하지 못하다는 한계가 있다. 이와 같은 연구들의 편향성을 근거로 Doughty는 ISLA 연구가 여전히 결과 중심에 머물러 있으며 따라서 교수가 제2언어습득에 미치는 영향을 충분히 설명하지 못하고 있다고 보았다. 더불어 향후 연구들은 심리언어학적 과정에 초점을 두고 이러한 과정들이 어떻게 학습자들의 주의를 집중시키고 형태와 의미 관계를 수립하는지 살필 것을 제안하였다. 이러한 제안은 이후 ISLA 연구 방향을 정립하는 데 중요한 시사점을 제공한다.

3) 심화기(2000년 이후): 습득 과정에 초점을 둔 변인 간 상호작용 연구

확장기의 연구들은 다양한 교수 방식의 상대적 효과를 측정하고 비교함으로써 ISLA에 대한 이해를 풍부하고 다채롭게 했지만, 앞서 지적한 방법론적 미비점과 무엇보다도 결과중심적 접근법으로 인해 한계를 드러냈다. 결과중심적 연구 방식으로는 유사 연구 간 결과의 차이나 학습자 개인차 등의 문제를 설명하기가 어려웠다. 이에 연구자들은 점차 교수가 제2언어습득으로 이어지는 과정 자체를 보다 면밀하게 관찰하게 되었고 특히 이 과정에서 영향을 미치는 중재변인에 주목하게 되었다.

교수 효과에 영향을 미치는 중재변인은 여러 가지가 있다. 우선 학습자 변인으로서 학습자의 나이, 성별, 적성, 학습 스타일, 동기 등이 있다. 인지적 요인 역시 교수 효과에 영향을 미치는데 학습자의 발달 단계나 기억력, 주목하기(noticing) 수준 등이 여기에 속한다. 목표 구문의 구조적 복잡성, 의미적 현저성(semantic saliency) 등과 같은 언어적 요인 역시 교수 효과에 영향을 미칠 수 있다.

2000년 이후 이처럼 다양한 중재변인에 대한 연구가 활발히 이루어졌는데 그 가운데서도 특히 학습자 개인차와 관련된 변인들이 큰 주목을 받았다. 이전의 ISLA 연구가 주로 집단의 성취에 초점을 맞췄다면, 이 시기 연구들은 학습자 개인의 성취에 보다 많은 관심을 기울이면서 학습자 개인차가 매우 중요한 이슈가 되었다. 이 무렵 적성이나 동기에 대한 연구가 활발하게 이루어진 점이나, 외국어교육 분야 주요 국제저널 중 하나인 *Language Learning*이 2012년 Individual differences in language learning이라는 주제로 가을 특별호를 출간한 것은 학습자 개인차에 대한 이러한 특별한 관심을

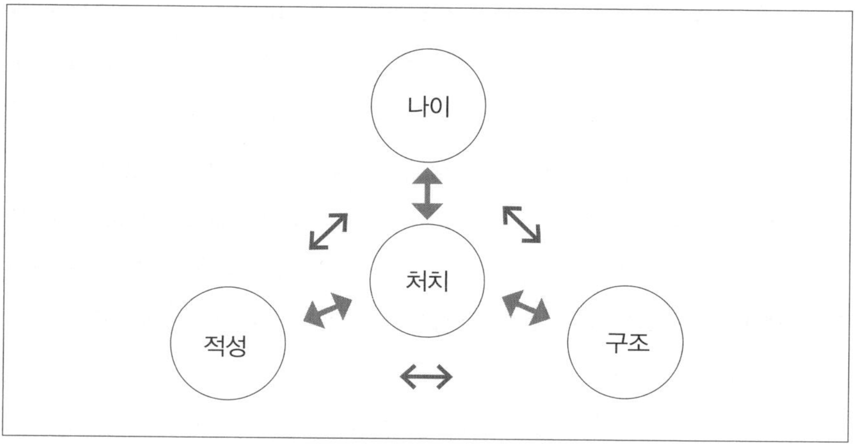

그림 2. ISLA 연구에서 변인 간 상호작용의 예

반영한다.

중재변인을 다룬 연구들은 대체로 중재변인과 교수 처치(instructional treatments) 간의 상호작용, 혹은 중재변인 간 상호작용을 연구하였다. 예를 들어 적성, 나이, 구문 구조라는 중재변인과 교수 처치라는 독립변인이 있다고 하자. 이들 네 가지 변인 간에는 그림 2와 같이 여섯 가지의 상호작용이 가능하다.

DeKeyser(2012)는 이상의 여섯 가지 상호작용에 관한 기존의 연구들을 개관한 후 다음과 같은 잠정적인 결론을 내렸다. 우선 적성과 교수 처치 간의 상호작용에 관한 연구들은 왜 특정 교수 처치가 어떤 학생에게는 효과가 있고 다른 학생에게는 그렇지 않은지를 설명해 준다. 만일 특정 교수 처치가 요구하는 적성 유형과 학생이 지닌 적성 유형이 일치한다면 교수 효과는 커진다. 그러나 반대로 교수 처치가 요구하는 적성 유형이 낮은 학생이라면 교수 효과는 상대적으로 낮아진다. 예를 들어, 예문을 통해 학습자가 규칙을 파악하는 교수 방식의 경우 분석력(analytical ability)을 요구하는데 이러한 교수 처치 하에서는 분석력이 높은 학생이 그렇지 않은 학생보다 큰 교수 효과를 보이게 된다는 것이다.

두 번째 나이와 교수 처치 간의 상호작용에 관하여 DeKeyser(2012)는 학습자들의 나이에 따라 서로 다른 학습 과정이 작동하기 때문에 효과적인 교수 처치 방식 또한 달라진다고 결론지었다. 대체로 아동 학습자들은 자연스러운 노출에 의한 의사소통 위주의 방식을 통해서, 성인 학습자들은 학습을 통한 구조 위주의 방식을 통해서 제2언어를 보다 효과적으로 습득한다고 보았다. 그러나 선행 연구의 수가 제한적인 점을 감안하면 나이와 교수 처치 간의 구체적인 상호작용 내용에 관해서는 더 많은 연구가 필요하다고 보았다.

나이와 적성 간의 상호작용은 앞서 기술한 두 번째 상호작용과 연관되어 있는데 선행 연구에 따르면 학습자들은 어린 시절에는 주로 기억에 의존하다가 나이가 들수록 분석 능력에 의존하는 경향이 있었다. 이러한 결과는 아동학습자는 암시적 학습 방식에, 성인 학습자는 명시적 학습 방식에 더 많이 의존함을 암시한다. 또한 적성은 아동 학습자보다 성인 학습자의 교수 효과를 보다 잘 예측하는 것으로 나타났다.

네 번째, 적성과 구조 간의 상호작용에 관해서는 아직 연구가 미비한 편이지만 규칙의 종류나 난이도에 따라 필요로 하는 능력과 기제가 다른 것으로 추정하였다. 가령, 발음을 배울 때와 문법, 어휘를 배울 때 필요한 능력이 다를 것이며, 어려운 규칙을 배울 때와 쉬운 규칙을 배울 때 적성이 관여하는 정도나 양상이 다르다는 것이다. 연구에 따르면 복잡한 구문일수록, 적성의 주요 요소로 간주되고 있는 작업기억(working memory)의 영향이 큰 것으로 나타났다(King & Just, 1991; Just, Carpenter, & Keller, 1996).

구조는 또한 나이와도 상호작용을 하는데, 결정적 시기 가설(Critical Period Hypothesis)을 다룬 많은 연구들이 이와 관련이 있다. 이들 연구에 따르면 특정 형태소나 구문 등은 어린 나이에만 습득이 가능하며, 특히 현저성이 떨어지는 구문의 습득일수록 나이에 민감하였다.

마지막으로 구조와 교수 처치의 상호작용에 관하여 기존 연구들은 주로 구조의 복잡성과 명시적 교수 방식 간의 관련성을 살폈는데 연구 결과는 일치하지 않았다. 일부 연구들은 구문의 복잡성과 상관없이 명시적 교수 방식이 효과적임을 보고한 반면, 다른 연구들은 복잡한 구문일수록 암시적 교수 방식이 효과적임을 발견하였다.

이처럼 교수 효과에 영향을 미치는 요인들 간의 상호작용 연구는 특정 교수 방식의 효과를 습득 과정의 측면에서 보다 잘 설명할 뿐만 아니라 서로 다른 연구 결과나 학습자 개인차를 설명해 줄 수 있다. 그러나 교수 효과에 영향을 미치는 중재변인은 DeKeyser(2012)에서 다루고 있는 변인보다 훨씬 다양하며 이들의 복합적이고 역동적인 상호작용에 대한 연구와 이해는 여전히 초기 단계에 머물러 있다. 따라서 앞으로 보다 다양한 변인의 영향 및 이들의 상호작용에 관한 연구가 필요하다.

4. 요약 및 향후 ISLA 연구 제언

1) 요약 및 전망

지난 40여 년 간 ISLA 연구는 양적으로는 물론 질적으로도 괄목할 만한 성장을 이루어 왔다. 초창기에는 총체적 교수 효과 검증에 머무르던 연구가 90년대에 이르러서는 다양한 교수 방식의 상대적 효과를 측정하는 제2언어 교수 유형 연구로 발전하였고 2000년대 이후에는 중재변인들의 역할과 변인 간 상호작용을 탐구하는 과정 중심 연구로 심화되었다. 이러한 일련의 연구를 통해 우리는 교수-학습이 제2언어습득에서 차지하는 역할 및 영향에 대해 보다 깊이 이해할 수 있게 되었다.

교수-학습을 통한 제2언어습득에 대한 관심과 연구는 앞으로도 지속될 것으로 보인다. 최근의 연구들은 교수-학습이 제2언어습득에 미치는 영향이 다양한 중재 요인과의 상호작용으로 인해 매우 복잡다단하고 역동적임을 보여 주었다. 그러나 이에 관한 우리의 이해는 여전히 매우 제한적이며, 따라서 보다 많은 실증적 연구를 통해 복잡한 상호작용을 규명하고 교수-학습 상황하에서의 제2언어습득 과정과 기제를 정확히 설명할 필요가 있다. 이러한 연구들은 학문적 측면에서 제2언어습득에 대한 우리의 이해를 심화하고 이론의 발전에 기여할 수 있을 것이다.

교육적 측면에서도 ISLA 연구는 여전히 활발히 이루어질 필요가 있다. 교실 수업이나 개별 학습을 통해 영어를 습득해야 하는 한국의 상황에서 교수-학습의 역할 및 영향에 대한 연구는 영어교육에 직접적인 함의와 지침을 제공해 줄 수 있다. 특히 최근 교사들의 연구 활동이 활발해지고 있는 시점에서 ISLA 분야의 연구는 교육 현장에 적용 가능성이 높은 이른바 생태적 타당도(ecological validity)을 가진 연구 분야 중 하나로서 보다 많은 관심과 주목을 받게 될 것으로 기대된다.

2) 향후 연구 제언

ISLA 연구의 발전 및 연구 결과의 축적을 위해서 향후 연구들은 연구 방법론적 측면에서 다음과 같은 사항들을 고려해야 한다. 우선 교수와 교수효과라는 개념을 분명히 정의하고 시행 절차 및 교재 등을 상세히 기술해야 한다. 연구자가 의미하는 교수가 무엇인지, 또 교수 효과가 의미하는 바가 무엇인지를 분명히 하지 않고서는 연구 결과의 해석 및 타 연구와의 비교가 어렵다. 무엇보다도 실제로 학습자들에게 제공된 교수 자료 및 절차를 구체적으로 제시해야 한다. 단순히 특정 교수법을 시행했다는 선언적 주장만으로는 연구의 신뢰도와 타당도를 검증하기 어려우며 반복 실험을 통한 검증 또한 불가능하다.

교수의 제공 이후 실제 학습 및 습득 과정에 대한 면밀한 관찰 및 보고 또한 흔히 간과되고 있는 부분이다. 가령, 명시적 교수법이나 암시적 교수법의 효과를 연구하는 연구들에서 흔히 발견되는 오류는 연구자가 명시적 교수법을 제공하면 학습자들은 명시적 학습을 하게 될 것이라는 가정이다. 그러나 교수자가 제공하는 교수 방식과 학습자가 경험하는 학습 과정이 반드시 일치하지는 않는다. 학습자에 따라서는 명시적 교수 방식하에서도 암시적 학습을 하기도 하고, 그 반대로 암시적 교수 방식하에서도 명시적 학습을 하는 학습자도 있다. 따라서 제공되는 교수 방식하에서 실제로 일어나는 학습과정을 면밀히 관찰하고 기술하여 의도한 교수 방식대로 학습이 일어나고 있는지를 점검할 필요가 있다.

교수 효과의 측정에 있어서는 복수의 측정 도구를 사용하는 것이 좋다. 앞서 Norris와 Ortega(2000)에서도 나타났듯이 교수 효과는 어떤 측정 도구를 사용하느냐에 따라 달라진다. 이것은 특정 교수 방식과 특정 측정 도구 간의 상호작용이 있기 때문이다. 명시적 교수 방식의 경우, 상위언어적, 탈맥락적, 명시적 측정 방식을 사용했을 때 교수 효과가 크게 나타날 수 있다. 반면 암시적 교수 방식의 경우에는 즉각적, 맥락적, 암시적 측정 방식에서 보다 민감하게 효과가 나타날 가능성이 크다. 이와 같은 측정 도구의 영향을 감안하면 서로 다른 성격의 측정 도구를 사용하여 객관성을 담보하려는 노력이 필요하다. 특히 최근에는 언어 사용의 실제를 보여 줄 수 있는 즉각적 발화 자료의 사용이 권장된다. 이러한 자료는 기존의 측정 도구에서 결여되어 있는 중간언어 민감성을 보완해 줄 수 있다. 오류와 정답이라는 이원적 구분법에 기반한 측정 도구는 그 중간에 존재하는 유의미하고 역동적인 학습자의 중간언어 발달 양상을 간과함으로써 실제 교수 효과를 과소평가할 가능성이 높다.

끝으로 교수-학습 효과를 보다 장기간에 걸쳐 조사하는 종단적 연구가 필요하다. 그간의 연구는 주로 단기간의 교수 효과를 측정하는 데 집중되어 있었다. 이러한 연구 설계는 대체로 명시적 교수 방식의 효과를 실제보다 과장할 가능성이 있다. 암시적 교수 방식의 경우 그 효과가 나타나기까지는 비교적 오랜 시간이 필요하다. 그러나 일단 습득이 이루어진 후에는 암시적 교수 방식이 언어의 실제적 사용이라는 측면에서 우위를 보일 수 있다. 따라서 엄밀한 교수 효과의 측정 및 비교를 위해서는 보다 장기간에 걸친 연구가 필요하다. 또한 그 과정에서 일어나는 세밀한 변화 양상을 조사함으로써 습득 과정에 대한 통찰을 제공해 줄 수 있을 것이다. 가령, Long(1998)은 명시적 규칙 교수를 받은 학습자들의 경우 과일반화(overgeneralization) 오류를 과도하게 범하는 것을 발견하였다. 따라서 단순히 결과로서의 교수 효과 이외에 교수-학습이 습득 과정에 미치는 영향을 자세히 분석할 필요가 있다.

참고문헌

Bailey, N., Madden, C., & Krashen, S. (1978). Is there a 'natural sequence' in adult second language learning?. In E. Hatch (Ed.), *Second language acquisition* (pp. 362-370). Rowley, MA: Newbury House.

Cazden, C., Cancino, E., Rosansky, E., & Schumann, J. (1975). *Second language acquisition sequence in children, adolescents and adults*. Final report submitted to the National Institute of Education, Washington, D.C.

Chaudron, C. (1991). What counts as formal language instruction?: Problems in observation and analysis of classroom teaching. In J. Alatis (Ed.), *Georgetown University Round Table on languages and linguistics: Linguistics and language pedagogy* (pp. 56-64). Washington, DC: Georgetown University Press.

DeKeyser, R. (2012). Interactions between individual differences, treatments, and structures in SLA. *Language Learning, 62*(Suppl. 2), 189-200.

Doughty, C., & Williams, J. (1998). Pedagogical choices in focus on form. In C. Doughty & J. Williams (Eds.), *Focus on form in classroom second language acquisition* (pp. 197-261). Cambridge, UK: Cambridge University Press.

Dulay, H., & Burt, M. (1973). Should we teach children syntax? *Language Learning, 23*, 245-258.

Dulay, H., & Burt, M. (1974). Natural sequences in child second language acquisition. *Language Learning, 24*, 37-53.

Gardner, R., & Lambert, W. (1972). *Attitudes and motivation in second language learning*. Rowley, MA: Newbury House.

Hakuta, K. (1978). A report on the development of grammatical morphemes in a Japanese girl learning English as a second language. In E. Hatch (Ed.), *Second language acquisition* (pp. 132-147). Rowley, MA: Newbury House.

Housen, A., & Pierrard, M. (2005). *Investigations in instructed second language acquisition*. Berlin: Mouton de Gruyter.

Huang, J., & Hatch, E. (1978). A Chinese child's acquisition of English syntax. In E. Hatch (Ed.), *Second language acquisition* (pp. 118-131). Rowley, MA: Newbury House.

Just, M. A., Carpenter, P. A., & Keller, T. A. (1996). A capacity theory of comprehension: New frontiers of evidence and arguments. *The Psychological Review, 103*, 773-780.

King, J., & Just, M. A. (1991). Individual differences in syntactic processing: The role of working memory. *Journal of Memory and Language, 30*(5), 580-602.

Larsen-Freeman, D. (1975). The acquisition of grammatical morphemes by adult ESL students. *TESOL Quarterly, 9*, 409-430.

Larsen-Freeman, D., & Long, M. H. (1991). *An introduction to second language acquisition research*. London: Longman.

Long, M. H. (1991). Focus on form: A design feature in language teaching methodology. In K. de Bot, R. Ginsberg, & C. Kramsch (Eds.), *Foreign language research in cross-cultural perspective* (pp. 39-52). Amsterdam: John Benjamins.

Long, M. H. (1998). Focus on form in task-based language teaching. *University of Hawai'i Working Papers in ESL, 16*(2), 35-49.

Norris, J., & Ortega, L. (2000). Effectiveness of L2 instruction: A research synthesis and quantitative meta-analysis. *Language Learning, 50*(3), 417-528.

Perkins, K., & Larsen-Freeman, D. (1975). The effect of formal language instruction on the order of morpheme acquisition. *Language Learning, 25*, 237-243.

Pica, T. (1983). Adult acquisition of English as a second language under different conditions of exposure. *Language Learning, 33*, 465-497.

Pica, T. (2009). Second language acquisition in the instructional environment. In W. Ritchie & T. Bhatia (Eds.), *The new handbook of language acquisition* (pp. 473-501). San Diego, CA: Academic Press.

Pienemann, M. (1984). Psychological constraints on the teachability of languages. *Studies in Second Language Acquisition, 6*(2), 186-214.

Schmidt, R. (1990). The role of consciousness in second language learning. *Applied Linguistics, 112*, 17-46.

Wode, H. (1978). Development sequences in naturalistic L2 acquisition. In E. Hatch (Ed.), *Second language acquisition* (pp. 101-117). Rowley, MA: Newbury House.

제11장

입력빈도와 입력분포의 유형이 제2언어습득에 미치는 영향*

이상기 한국교원대학교

1. 인지언어학적 관점에서의 언어습득

언어학습은 경험에 기반한다. 사실 모든 종류의 학습이 그러하다. 아이가 세상에 대한 경험을 토대로 학습하는 과정을 보면 재미있는 현상을 발견하게 된다. 아이들은 발달 과정에서 대체로 특정한 사물에 애착을 보이기 마련인데, 남자아이들의 경우 자동차나 공룡이, 여자아이들의 경우 인형이나 엄마가 쓰는 화장품 등이 주된 애착의 대상이 되곤 한다. 주변 사물에 대한 애착관계를 통한 학습 과정을 들여다보면 우리는 학습의 본질에 주목하게 된다. 일례로, 시계에 대해 애착 관계를 형성한 아이는 처음에는 집안에서 자주 접하게 되는 시계만을 시계로 인식한다. 그리고 점차 자신에게 익숙한 시계뿐

---

* Lee, Sang-Ki (2014). Effects of input frequency and input distribution on second language acquisition. In O. Kwon (Ed.), *New horizons in English education research* (pp. 247-273). Seoul: Seoul National University Press.

만 아니라 조금 다른 모양의 시계까지도 시계의 범주로 인식하게 된다. 예를 들어, 벽에 걸린 괘종시계로 한정되었던 시계라는 범주는 자명종, 손목시계, 사진 속의 시계, 그림 속의 시계를 모두 포함하는 범주로 넓어지게 되며, 그 범주는 시각이 아라비아 숫자로 표기된 시계와 그리스 알파벳으로 표기된 시계, 숫자나 알파벳 표기가 전혀 없는 시계까지도 모두 포함하게 된다. 바로 범주화(categorization)를 통한 학습 과정을 보여 주는 대목이다(예: Bybee, 2010; Bybee & Moder, 1983; Bybee & Slobin, 1982; Homa, Dunbar, & Nohre, 1991; Lakoff, 1987; MacWhinney, 2008; Markman & Maddox, 2003; Taylor, 2003).

아이들은 생후 4개월이면 이미 주변 환경에 대해 범주화를 시작하는 것으로 알려져 있다(Colombo, McCollam, Coldren, Mitchell, & Rash, 1990; Quinn & Eimas, 1998; Rakison & Butterworth, 1998). 이러한 범주화는 아이들이 스스로 경험한 바에 대한 이해를 돕는 역할을 한다. 일상에서의 경험은 매우 복잡하고 그 양도 방대하지만, 범주화는 많은 양의 새로운 정보에 대한 학습 부담을 덜어 주는 기제로 작용한다(Berk, 2006, 2007; Oakes, Coppage, & Dingel, 1997).

범주화 과정에서 아이의 인지 체계에는 동일한 범주를 이루는 사물들의 총합 중 가장 중심적이고 가장 전형적인(most central and most prototypical) 대상이 먼저 형성된다. 앞선 예를 다시 이어 가면, 아이에게는 벽에 걸린 괘종시계가 바로 가장 중심적이고 전형적인 대상이 된다. 그리고 이 아이의 인지 체계 내에서 괘종시계가 아닌 나머지 타입의 시계는 보다 주변적(peripheral) 위치를 점하게 된다. 이때 어떤 종류의 시계는 조금 덜 주변적이고, 또 어떤 종류의 시계는 매우 주변적이다(Bybee, 2010; Littlemore, 2009; Taylor, 2008).

범주화는 사물에 대한 인지뿐만 아니라 언어학습에도 작용한다. 음소 단위에서 한국인과 일본인 영어 학습자는 /l/과 /r/ 사이의 구분에 있어 어려움을 겪는 것으로 알려져 있다(Iverson et al., 2003; McClelland, Fiez, & McCandliss, 2002). 이는 한국어와 일본어를 모국어(L1)로 사용하는 화자의 경우 /l/과 /r/이 동일한 범주를 이루고 있기 때문이다. 마찬가지로 경상도

방언을 사용하는 화자는 동일한 범주를 이루는 '살'과 '쌀'의 구분이 모호하기만 하다. 범주화는 음소 단위를 넘어 단어 단위에서도 작용한다. 일례로, 한국인 화자에게는 '벼'와 '모', 그리고 '쌀'과 '밥'이 분화된 범주의 어휘로 제각기 존재하고 있으나, 영어 화자에게는 rice라는 하나의 어휘로 범주화된다. 단어 단위를 넘어 어구 단위에서는 연어(collocation)의 작용을 생각해 볼 수 있다. high rain이라는 표현보다는 heavy rain이 더욱 자연스럽게 널리 쓰이며, heavy wind에 비해 high wind가 더 자연스럽다. 특정 단어가 다른 특정 단어와 어울려 범주를 형성하기 때문이다. 이러한 논의를 확장하면 담화(discourse) 단위에서의 범주화 경향도 살펴볼 수 있다. 상대방의 칭찬에 어울리는 대응은 감사의 표현이 될 것이며, 초대나 제안에 대한 대응은 수락이나 거절로 나타나기 마련이다. 사회맥락적으로 올바른 화행을 수행하는 양상이 범주화되어 학습되기 때문이다.

언어의 다양한 단위에서 작용하는 범주화와 관련하여, 요는 이러한 범주화의 과정이 경험에 기반한다는 사실이다. 이 장의 논의는 인지언어학적 관점(cognitive linguistic perspectives)에 근거하고 있는데, 이러한 관점의 핵심에는 바로 언어학습에 있어서 경험의 중요성이 자리하고 있다. 인지언어학을 이해하는 데 핵심을 이루는 중요한 가정 몇 가지에 대해 살펴보자.

인지언어학은 *Cognitive Linguistics*가 출판되기 시작한 1990년을 출발점으로 하여 지금까지 많은 학문적 성과를 이루어 왔다(Ellis & Robinson, 2008). 인지언어학은 상호 불가분의 관계를 이루는 언어와 의사소통, 그리고 인지의 상호작용에 관한 학문이다. 의사소통의 수단이 되는 언어는 인지적 작용의 결과로 이해된다. 즉, 세상에 대한 경험에서 인지 체계와 언어가 발달한다는 가정이다. 언어의 발달에는 언어에 대한 실질적인 경험이 중요하며, 문법은 인간의 세상에 대한 경험의 총합으로 정의된다. 문법과 문법적 범주는 선험적으로 주어지는 것이 아니라 언어에 대한 경험을 토대로 서서히 형성되어 나아간다.

인지언어학은 전통적인 생성문법(generative grammar)과 여러 면에서 관점을 달리한다. 생성문법은 특히 L1 학습의 신비로움과 관련하여 인간의 생득적인 언어학습 능력을 강조한다.[1] 복잡한 언어의 습득을 설명하기 위한 방편으로 생성문법은 언어습득장치(language acquisition device)의 존재를 가정하고, 적절한 입력을 통해 가동된 언어습득장치가 언어습득의 전 과정에 관여한다고 주장한다(Chomsky, 1965). 이에 비해 인지언어학은 언어습득장치의 존재에 대해 부정한다(Boyd & Goldberg, 2009). 언어습득을 위한 특별한 장치를 따로 가정하고 언어학습을 다른 일반적인 인지 학습과 분리하여 이해하기보다 언어학습과 일반적 인지 학습 과정에 동일한 학습 기제가 작용하는 것으로 이해하는 것이 타당하다고 주장한다(Boyd & Goldberg, 2009; Bybee, 2008; Ellis & Robinson, 2008). 그리고 그 학습 기제는 바로 언어에 대한 경험, 즉 실제적인 언어 사용이다. 따라서 인지언어학적 관점에서 바라보자면, 언어학습은 철저히 실제적 언어 사용에 기반하는 것이라 하겠다(예: Barlow & Kemmer, 2000; Bybee, 2006, 2008, 2010; Ellis, 2008; Ellis & Collins, 2009; Goldberg, 2006; Kidd, Lieven, & Tomasello, 2006, 2010; Langacker, 2000; Lieven & Tomasello, 2008; Nakamura, 2012; Tomasello, 2003).

사용중심 언어학습(usage-based language learning)에 대한 강조는 빈도(frequency)의 역할에 대한 강조를 수반한다(Boyd & Goldberg, 2009). 빈도기반 언어학습(frequency-based language learning)의 가장 기본적인 전제는 입력의 빈도가 높을수록 학습이 촉진될 것이라는 가정이다. 다시 말해, 동일한 목표 항목에 대해 더 많은 입력을 제공받을수록 해당 목표 항목에 대한 학습 가능성은 그만큼 높아진다고 본다. 물론 이상과 같은 가정에 대해 우리는 적지 않게 예외적인 체험을 하곤 한다. 예를 들어, 어떤 입력은 단 한 번의 경험만

1 보편성을 특징으로 하는 모국어 습득의 경우, 학습자의 사회문화적, 사회경제적 배경과 무관하게 누구나 자신의 모국어를 완벽하게 습득할 수 있다. 습득의 속도 역시 놀라운 것이어서 대개 만 5세 정도면 모국어 체계가 완성되는 것으로 이해된다. 또한 모국어 학습의 경우 학습 상황과 무관하게 학습자 간 매우 유사한 발달 단계가 존재함이 여러 연구를 통해 밝혀졌다(예: Brown, 1973; de Villiers & de Villiers, 1973). 이에 비해 제2언어습득은 학습 속도, 최종의 성취 수준, 그리고 학습의 과정에 있어 개인차(individual differences)를 주요 특징으로 한다.

으로도 우리의 기억 속에 굳건히 자리잡는 반면, 또 어떤 입력은 제아무리 많은 경험을 하여도 쉽게 기억되지 않는다. 그러나 이러한 예외적인 경우를 제외하면, 기본적으로 경험의 기회가 많을수록, 즉 입력에 대한 노출 빈도가 높을수록 학습 가능성이 높아진다는 사실은 부인하기 어렵다.

많은 입력을 제공받았음에도 학습이 쉽지 않은 목표 항목에 대해 인지언어학적 관점에서는 해당 목표 항목의 현저성(salience)을 조작해야 한다고 제언한다. 어떠한 목표 항목은 의사소통 가치(communicative value)가 낮아 동일한 빈도의 입력을 제공한다 하더라도 의사소통 가치가 높은 다른 항목에 비해 학습이 쉽지 않을 수 있다. 예를 들어, 과거시제 표지인 -ed 형태는 제2언어(L2) 학습자들에게 결코 학습이 쉽지 않다. 이는 바로 -ed가 가지는 낮은 의사소통 가치에서 기인한다. 화자들은 과거시제 표지인 -ed에 주목하기보다는 동일한 발화 속에서 역시 과거시제 표지로서 기능하는 어휘 요소들(예: yesterday, last month, several years ago) 혹은 보다 거시적인 의사소통의 맥락을 통해 과거시제에 대한 정보를 파악하기 마련이다. 이때 의사소통 가치가 낮은 -ed와 같은 문법 항목에 대한 학습을 돕기 위해서 교수자는 해당 항목을 도드라지게 제시해야 할 필요가 있다. VanPatten(2004)의 입력 처리(input processing), Sharwood Smith(1993)의 입력강화(input enhancement), Long(1991)의 형태초점(focus on form) 등은 모두 입력의 현저성을 높이기 위한 교수 학습적 노력이라 하겠다. 이와 같은 교수 학습적 시도를 통해 목표가 되는 언어 항목은 더욱 도드라질 것이며, 이는 해당 항목에 대한 학습자의 주목(noticing)을 통한 학습의 가능성을 높이게 되는 것이다(Schmidt, 2001).

이상의 논의를 요약하면, 생득적 언어학습 기제의 존재를 부정하는 인지언어학적 관점은 언어학습의 본질을 실제 언어 사용에서 찾는다. 실제적인 언어에 대한 경험을 통해 범주화 등의 학습 기제를 바탕으로 언어의 모든 단위에서의 학습이 이루어진다. 입력의 빈도가 중요한데, 입력이 가지는 의사소통의 가치가 낮은 경우에는 해당 입력을 보다 도드라지게 처리하여 학습자에게 제시할 필요가 있다.

이 장에서는 입력에 기반하여 학습이 이루어진다는 가정하에 교수 학습 맥락에서 입력 제공의 바람직한 방향에 대해 주목한다. 특히 입력빈도(input frequency)의 중요성을 비롯하여, 보다 효율적인 입력 제공의 형태는 어떠해야 하는지 입력분포(input distribution)의 측면에서 논의하고자 한다. 먼저 입력빈도의 역할에 대해 살펴보자.

2. 입력빈도의 중요성

제2언어습득(SLA)에 있어 입력의 중요성은 새삼 재차 강조할 필요가 없을 것이다. N. Ellis(2009) 역시 학습에 기본적인 재료가 되는 입력의 중요성을 강조하는 입장에서 학습자에게 최적화된 입력을 제시해야 한다고 주장한다. 최적화된 입력은 여러 가지 의미를 가질 수 있다. 학습자의 의사소통능력을 제고할 수 있도록 설계된 입력, 의사소통 가치가 낮은 입력의 경우 주목가능성(noticeability)을 높이도록 보다 두드러지게 처리한 입력, 그리고 빈도를 강화한 입력 등이 최적화된 입력의 예가 될 수 있다. 이 중, 입력빈도의 강화와 관련하여, 높은 빈도의 입력이 낮은 빈도의 입력에 비해 더 효과적으로 학습될 수 있음을 여러 선행 연구 결과를 통해 확인할 수 있다.

일례로 Rott(1999)는 독일어를 L2로 학습하는 영어 L1 화자 95명을 대상으로 읽기를 통한 우연적 어휘 학습(incidental vocabulary learning) 과정에서 입력빈도의 영향에 대해 살펴보았다. Rott는 12개의 목표 어휘를 교수하기 위해 각각의 어휘를 4-6개의 문장으로 이루어진 여섯 개의 짧은 글에 삽입하였다. 이때 목표 어휘에 대한 동의어나 직접적 해석은 전혀 제공하지 않았으며, 학습자들이 오로지 읽기 자료의 맥락을 통해 목표 어휘의 의미를 충분히 추론할 수 있을 것이라 기대하였다. 연구의 참여자 95명은 입력빈도와 관련한 처치 조건에 따라 세 그룹으로 나뉘어 실험에 참여하였다. 첫 번째 그룹은 목표 어휘에 대해 두 번 노출되었고, 두 번째 그룹은 네 번, 그리고 세 번째 그룹은 총 여섯 번에 걸쳐 노출되었다. 어휘 학습의 정도는 생산적 지식(productive knowledge)과 수용적 지식(receptive knowledge)의 양면을 모두 살피기 위해 목표 어휘의 의미를 직접 기술하도록 하는 과업과, 주어진 목표 어휘의 의미를 선다형의 선택지 중 고르도록 하는 과업을 읽기 과업 직후에 실시하였다. 또한 동일한 과업을 1주 후, 그리고 4주 후에 다시 실시하여 학습의 결과가 어느 정도 지속될 수 있는지 살폈다. 실험 결과, 세 번의 테스트 모두에서, 그리고 생산적 지식과 수용적 지식 양 측면 모두에서, 노출의 기회를 제공받은 경우 (즉, 2회, 4회, 6회 노출 조건 모두에서) 노출의 기회를 전혀 제공받지 않은 통제 집단에 비해 일관적으로 우월한 수행을 보였다. 이는 읽기를 통한 우연적 어휘 학습이 가능함을 시사하는 대목이라 하겠다. 입력빈도의 효과와 관련하여서는 목표 어휘에 대한 2회의 노출은 4회의 노출과 통계적으로 유의미한 차이를 보여 주지 못하였다. 그러나 6회의 노출 조건의 경우 타 노출 조건에 비해 통계적으로 유의미한 수준에서 학습자들의 높은 수행을 이끌어내고 있었다. 입력을 충분히 제공하는 것이 L2 학습의 성공과 관련됨을 시사하는 연구 결과로 해석된다.

Rott(2007)는 이어진 실험 연구에서 독일어를 배우는 4학기 수준의 영어 L1 화자 38명을 대상으로 읽기를 통한 우연적 어휘 학습에서 입력빈도의 중요한 역할에 대해 또 다른 증거를 제시하였다. 연구 참여자들에게 주어진 읽기 자료에는 총 24개의 목표 어휘에 대한 주석(gloss)이 제공되었는데, 첫 번째 그룹에게는 각 목표 어휘에 대한 주석을 4회 제공하였고, 두 번째 그룹에게는 각 어휘당 1회의 주석 제공과 함께 목표 어휘를 L1으로 번역하도록 하는 단어 회상 과업(word retrieval task)을 추가로 제공하였다. 그리고 마지막 세 번째 그룹에게는 다른 후속 과업 없이 각 어휘당 1회의 주석만을 제공하였다. 생산적 지식 측정 도구 한 가지와 수용적 지식 측정 도구 두 가지를 고안하여 이를 3주간에 걸쳐 실시된 읽기 과업 직후에, 그리고 4주 후에 다시 적용하여 참여자들의 어휘 학습 정도를 살폈다. 실험 결과, 1회의 주석과 함께 단어 회상 과업을 추가적으로 제공받은 그룹의 수행이 전반적으로 가장 우수하였다. 또한 주석을 4회 제공한 경우 단 1회만의 주석을 제공한 경우에 비해 단기기억 및 장기기억 과업 모두에서 통계적으로 우수한 수행을 보였다. 입력빈도의 역할과 관련하여 주석 제공의 횟수라는 변인만을 고려했을 때, 해당 연구 역시 입력의 빈도를 강화하여 제시하는 것이 학습에 보다 효과적임을 입증한다.

Lee(2002)의 연구는 어휘 학습뿐만 아니라 읽기 과업을 통한 우연적 문법 학습에서도 입력빈도의 역할이 중요함을 보여 준다. 그는 스페인어를 L2로 학습하는 영어 L1 화자 181명을 대상으로 스페인어의 미래시제 형태소를 읽기 과업을 통해 교수하였다. 이때 연구의 참여자들은 목표 형태소에 대한 지식이 전무한 상태에서 실험에 참여하였다. 세 가지의 버전으로 마련된 읽기 자료는 목표 형태소를 각각 6회, 10회, 그리고 16회 포함하고 있었다. 전체 연구 참여 대상자 중 절반에게는 형태 인식 과업(form recognition task)을, 나머지 절반의 참여자에게는 형태 산출 과업(form production task)을 읽기 과업 직후, 2주 후, 그리고 한 달 후 세 번에 걸쳐 적용하여 우연적 문법 학습의 가능성을 살폈다. 실험 결과, 세 가지의 서로 다른 조건하에서 읽기 과업을 수행한 세 그룹의 학습자 모두가 읽기 과업 직후 실시한 사후검사에서 목표 형태소를 어느 정도 학습하였음을 확인할 수 있었다. 우연적 문법 학습이 가능함을 시사하는 연구 결과라 하겠다. 한편, 입력빈도의 효과와 관련하여 형태 인식 과업에서 총 16회에 걸쳐 목표 형태소에 노출되었던 학습자 집단의 경우, 타 노출 조건의 학습자 집단에 비해 통계적으로 유의미한 수준에서 보다 우월한 수행을 보이고 있었다(6회와 10회 노출 조건 사이에는 유의미한 차이가 없었다). 이러한 연구 결과를 바탕으로 Lee는 목표 형태에 대해 더욱 빈번한 노출이 이루어질수록 학습의 가능성이 더욱 높아질 것이라 주장한다.

Rott(1999, 2007)와 Lee(2002) 등의 연구 결과는 학습에 있어 입력빈도가 가지는 긍정적인 기능을 잘 보여 주고 있다. 학습자로 하여금 보다 많은 입력에 노출될 수 있도록 학습 자료를 처리함으로써 목표 입력에 대한 학습 가능성을 높일 수 있을 것이다. 한편, 입력빈도의 중요한 역할과 관련하여 최근 들어 많은 학자들이 보다 더 효율적인 입력분포(input distribution)의 유형은 무엇일지에 대하여 특별히 주목하고 있다(Boyd & Goldberg, 2009; Casenhiser & Goldberg, 2005; Goldberg, Casenhiser, & Sethuraman, 2004; Goldberg, Casenhiser, & White, 2007; Lee, 2008; McDonough & Nekrasova-Becker, 2012; McDonough & Trofimovich, 2013; Nakamura, 2012; Sung & Lee, 2013; Year & Gordon, 2009). 다음 절에서는 이에 대한 논의로 넘어가 보자.

3. 입력분포 유형이 학습에 미치는 영향

입력분포의 유형이 습득에 미치는 영향에 대해서는 지금까지 다양한 맥락에서 수행된 총 9편의 실험 연구를 통해 꾸준히 논의가 진행되어 왔다. 각 연구의 설계 및 주요 연구 결과를 정리하면 표 1에 제시한 바와 같다.

입력분포의 역할에 대한 연구는 언어 습득에 있어 왜곡 분포(skewed distribution)가 미칠 수 있는 긍정적인 영향력에 대한 관심에서 출발하였다. 특히 L1 습득 과정에서 아이는 주변의 언어 환경으로부터 매우 왜곡된 분포 유형의 입력을 제공받게 되며, 이것이 학습에 중요한 역할을 하게 됨이 밝혀져 왔다(참조: Zipf, 1935). Goldberg 등(2004)은 Bates 코퍼스(Bates, Bretherton, & Snyder, 1988)를 토대로 28개월의 아이들 27명의 발화 샘플에 대해 연구를 진행하였다. 특히 VL(Subj V Oblpath/loc, e.g., The fly buzzed into the room), VOL(Subj V Obj Oblpath/loc, e.g., Pat sneezed the foam off the cappuccino), VOO(Subj V Obj1 Obj2, e.g., She faxed him a letter) 등의 세 가지 구문에 대한 발화 샘플을 살펴본 결과, 전체 VL 구문의 54%와 VOL 구문의 31%에 해당하는 샘플에서 주동사가 go와 put으로 각각 나타나고 있음을 밝혔다. 또한 상대적으로 늦게 습득되는 구문인 VOO 구문의 경우 대개 29-53%의 범위에서 주동사가 give로 실현되고 있었다. 분석의 목표가 되었던

표 1. 입력분포 유형이 학습에 미치는 영향을 살핀 선행 연구 결과 요약

	연구 참여자	목표 구문	입력분포 유형	학습 결과 측정	연구 결과
Goldberg 등 (2004)	81명 대학생 (18–24세), 영어 L1 화자	Appearance	– 균형 분포(4,4,4,2,2)[a] – 왜곡 분포(8,2,2,2,2) – 통제 집단	Comprehension task (k = 7)	왜곡 분포 >> 균형 분포 >> 통제 집단
Casenhiser & Goldberg (2005)	51명 5–7세 아동, 영어 L1 화자	Appearance	– 균형 분포(2,2,2,1,1) – 왜곡 분포(4,1,1,1,1) – 통제 집단	Comprehension task (k = 12)	왜곡 분포 >> 균형 분포 >> 통제 집단
Goldberg 등 (2007)	126명 대학생, 영어 L1 화자	Appearance	– 왜곡 임의 분포(8,2,2,2,2) – 왜곡 우선 분포(8–2–2–2–2)[b] – 통제 집단	Comprehension task (k= 12)	왜곡 우선 분포 >> 왜곡 임의 분포 = 통제 집단
Lee (2008)	154명 한국인 고등학교 2학년	Unaccusative	– 균형 분포(2,2,2,2,2,2) – 왜곡 분포(7,1,1,1,1,1) – 통제 집단	Scaled grammaticality judgment task (k = 64)	균형 분포 >> 통제 집단
Year & Gordon (2009)	174명 한국인 중학교 1학년	Ditransitive	– 균형 분포(8,8,8,8,8) – 왜곡 분포(24,4,4,4,4) – 통제 집단	1. Elicited production task (k = 18) 2. Acceptability judgment task (k = 50)	균형 분포 = 왜곡 분포 >> 통제 집단
Nakamura (2012)	137명 일본인, 한국인, 중국인, 미국인, 태국인 대학생과 대학원생 (평균 23.4세)	1. Appearance 2. Samoan ergative	– 균형 분포1(2–2–2–1–1) – 균형 분포2(1–1–2–2–2) – 왜곡 분포1(4–1–1–1–1) – 왜곡 분포2(1–1–1–1–4) * 왜곡 분포1은 타 연구의 왜곡 우선 분포에 해당	1. APPEARANCE comprehension task (k = 6) 2. APPEARANCE production task (k = 6) 3. Samoan comprehension task (k = 6)	1. APPEARANCE comprehension task: 왜곡 입력 우선 제시 >> 왜곡 입력 후행 제시 2. APPEARANCE productiontask: 균형 분포 >> 왜곡 분포 3. Samoan comprehension task: 입력분포와 관련한 효과 없음
McDonough & Nekrasova– Becker (2012)	78명 태국 대학생 (평균 20.1세)	Ditransitive	– 균형 분포(4,4,4,4,4) – 왜곡 분포(8,3,3,3,3) – 왜곡 우선 분포(8–3–3–3–3)	Comprehension task (k= 20) * OBJ1이 수혜자임을 파악하는 능력 측정	균형 분포 >> 왜곡 우선 분포 = 왜곡 분포
McDonough & Trofimovich (2013)	98명 태국 대학생 (평균 18.3세)	Esperanto– transitive	– 균형 분포(6,6,6,6) – 왜곡 분포(12,4,4,4)	Comprehension task (k = 20) * 문장에서 목적어를 파악하는 능력 측정	균형 분포 = 왜곡 분포
Sung & Lee (2013)	65명의 한국인 초등학교 5학년	Ditransitive	– 균형 분포(4,4,4,4,4) – 왜곡 우선 분포(12–2–2–2–2) – 왜곡 임의 분포(12,2,2,2,2) – 통제 집단	1. Videoclip selection task (k= 20) 2. Argument selection task (k= 11) 3. Sentence selection task (k= 24) * 학습과 일반화가능성을 나누어 살핌	1. 즉시 효과: 왜곡 우선 분포 >> 통제 집단, 균형 분포 >> 통제 집단 2. 지연 효과: 왜곡 우선 분포 >> 통제 집단

각 구문에서, 특정 동사가 매우 높은 빈도를 보이며 활용되고 있었던 것이다. 특정 구문에서 특정한 동사가 높은 빈도로 활용되는 이유에 대해 어머니들의 발화를 분석한 결과, VL, VOL, VOO 등의 각 구문에서 go, put, give의 활용 빈도가 각각 39%, 38%, 20%에 이르는 것으로 드러났다. 아이의 발화가 어머니가 제공하는 입력 패턴을 그대로 투영하고 있음을 보여 주는 의미 있는 연구 결과라 하겠다. 한편 각 구문에서 go, put, give 등은 매우 일상적인 행동의 수행을 구체적으로 묘사한다는 특징을 가진다. 결국 아이들이 L1의 목표 구문을 학습해 나가는 과정은 빈도가 높고 전형적이며 의미적인 측면에서 구체성을 지닌 동사에 대한 왜곡된 입력분포의 노출에서 출발하게 된다고 가정할 수 있다.

1) Goldberg를 위시로 하는 L1 연구의 결과

입력분포 유형의 영향을 살핀 최초의 연구는 Goldberg, Casenhiser와 Sethuraman(2004)의 연구다. Goldberg 등은 영어를 L1으로 하는 81명의 대학생을 대상으로 입력의 왜곡된 분포가 구문 학습에 미치는 영향에 대해 살폈다. 실험 참여자는 왜곡 분포, 균형 분포(balanced distribution), 통제 집단으로 무작위 배정되어 출현 구문(APPEARANCE construction, e.g., The king the ball moopo-ed)에 대한 학습을 진행하였다. 목표가 되었던 출현 구문은 영어에는 존재하지 않는 구문으로 가상의 형태소 o를 포함하는 SOV-o의 구조로 구현되었으며, 이때 영어에 없는 가상의 단어가 주동사로 활용되었다. 실험 집단의 학생들은 다섯 개의 가상의 단어를 활용하여 구성된 목표 구문에 총 16회 노출되었다. 왜곡 분포 집단의 경우 가상의 단어 moop를 활용한 구문에 총 8회, 나머지 네 개의 동사를 활용한 구문 각각에 2회씩 노출되었으며, 균형 분포 집단의 경우에는 다섯 개 동사를 활용한 각각의 구문에 4회, 4회, 4회, 2회, 2회 노출되었다. 목표 구문에 대한 학습의 정도는 처치에 활용하지 않은 새로운 가상 단어로 구성된 문장을 들려주고 두 개의 그림으로 묘사된 장면 중 해당하는 장면을 고르도록 하는 이해도 검사 과업을 통해 살폈다. 그 결과, 왜곡 분포 집단의 경우 7점 만점 중 5.1점을 획득하여(SD = 0.96), 3.8점을 획득한 균형 분포 집단이나 2.9점을 얻은 통제 집단에 비해 우수한 학습 결과를 보였다. 대략 3분 정도 지속된 학습 상황에서 가상의 단어를 활용하였음에도 불구하고 왜곡된 유형의 입력분포를 통해 목표 구문에 노출되었을 경우 학습이 유의미하게 촉진될 수 있음을 보였다는 면에서 의의가 있다. Goldberg 등은 이상의 연구 결과에 대해 하나의 동사(대개 목표 구문의 특성을 잘 보여 줄 수 있는 전형적인 동사)를 집중적으로 활용하는 것이 다양한 동사를 균형적으로 활용하는 경우에 비해 목표 구문에 대한 보다 확고한 예시로 작용하여 학습을 촉진하게 된다고 주장한다.

이듬해 Casenhiser와 Goldberg(2005)는 Goldberg 등(2004)의 연구를 5-7세의 아이들 51명을 대상으로 확장하여 적용하였다. 왜곡 분포 집단의 경우 다섯 개의 동사를 활용한 출현 구문에 총 8회 노출이 되었는데, 그중 4회는 하나의 동사를 반복하여 활용하였고, 나머지 4회는 나머지 네 개의 동사를 각 1회씩 활용하였다. 이에 비해 균형 분포 집단에게는 각 동사를 2회, 2회, 2회, 1회, 1회씩 활용하여 목표 구문을 예시하였다. Goldberg 등의 경우와 마찬가지로 학습의 결과를 측정하기 위해, 들려주는 문장에 어울리는 장면을 고르도록 하는 과업을 부여하였으며, 이때 실험 처지에 활용되지 않은 새로운 가상의 단어를 적용하였다. 실험 결과, Goldberg 등에서와 마찬가지로 두 실험 집단 모두 통제 집단에 비해 우수한 성취 결과를 보였으며, 왜곡 분포가 균형 분포에 비해 통계적으로 유의미한 수준에서 우수한 수행을 가져왔음을 알 수 있었다. 한편, Casenhiser와 Goldberg는 이상의 연구 결과에 대하여 목표 구문이었던 SOV-o에서 가상의 형태소 o에 의한 영향을 배제하기 위하여 해당 형태소를 제외한 채 오로지 어순에 의거하여 동일한 수준의 학습이 가능한지에 대해 이어지는 두 번째 실험 연구를 통해 살폈다. 또한 구문 학습 가능성과 무관하게 사후검사에서 학습자들이 출현 구문을 분별없이 선택하였을 가능성을 배제하기 위하여 출현 구문에 더하여 타동사 구문을 실험에 포함하였다. 즉, NVN 구문(예: The dragon lems the balloon)에 대해서는 타동사의 의미를, 그리고 NNV 구문(예: The dragon the balloon lems)에 대해서는 출현 구문의 의미를 제대로 골라야 하는 과업으로 실험 조건을 보다 정교화하여 제시하였던 것이다. 두 번째 실험 연구는 5-6세의 아이들 48명을 대상으로 첫 번째 실험 연구와 동일한 학습 자료를 활용하여 진행하였다. 그 결과 앞선 연구에서와 마찬가지로 출현 구문의 학습에 있어 왜곡 분포 집단이 통제 집단에 비해 통계적으로 유의미한 수준에서 우수한 수행의 결과를 보였다. 즉, 형태소 단서 없이도 아이들은 타동사 구문으로부터 출현 구문을 분별하여 학습할 수 있었던 것이다.

Goldberg, Casenhiser와 White(2007)는 앞선 두 연구를 보다 확장하여 왜곡 분포 유형에서도 왜곡된 입력을 무작위 순서로 제시하는 것(왜곡 임의 분포: skewed random distribution)보다는 왜곡 입력을 다른 입력에 비해 선행하여 제시하는 것(왜곡 우선 분포: skewed first distribution)이 학습에 더욱 효과적일 것이라 가정하였다. 이러한 가정을 검증하기 위해 그들은 이전의 연구들과 매우 유사한 틀에서 영어 L1 화자인 대학생 126명을 대상으로 실험 연구를 진행하였다. 목표 구문이었던 출현 구문에 대한 교수 학습을 위해 왜곡 우선 분포에서는 특정 동사를 활용한 구문 여덟 개를 우선 제시하였고, 나머지 네 개 동사로 구성된 여덟 개의 구문을 후속하여 제시하였다. 이에 비해 왜곡 임의 분포 집단에게는 총 16회의 출현 구문 예시들을 무작위 순서로 제시하였다. 즉, 왜곡 임의 분포는 이전의 연구에서 왜곡 분포에 해당하는 처치 조건이었다. 실험 결과, 예상했던 바와 같이 왜곡 우선 분포 조건의 학습자들이 왜곡 임의 분포 조건의 학습자들에 비해 통계적으로 유의미한 수준에서 높은 성취 수준을 보이고 있었다(p = 0.026). 그러나 이전 연구의 왜곡 분포에 해당하는 왜곡 임의 분포에서 학습을 수행한 집단의 경우 통제 집단에 비해 더 나은 수행을 보이지는 못하였음이 밝혀졌다(p = 0.08).

Goldberg 등(2004, 2007), Casenhiser와 Goldberg(2005) 등의 연구는 성인과 아이를 막론하고 출현 빈도(token frequency)에 변화를 주는 것이 L1 구

문 습득에 있어 중요한 영향을 미칠 수 있음을 보여 준다. 즉, 균형 분포보다는 전형적인 예시를 활용한 왜곡 분포를 통해, 그리고 왜곡 분포 중에서도 왜곡된 입력을 타 입력에 비해 선행하여 제시하는 왜곡 우선 분포를 통해 목표 언어 규칙을 이루는 공통의 구체적 유사성에 대한 파악이 용이하게 될 것이며, 이것이 추상적인 구문의 습득을 촉진할 것이라 기대할 수 있다. 다음으로 L1 습득에서의 이상과 같은 가정들을 L2 학습이라는 확장된 맥락에서 입증하고자 했던 그간의 연구들을 자세히 살펴보도록 하자.

2) 입력분포 유형이 L2 학습에 미치는 영향

왜곡 분포가 습득에 미치는 긍정적 효과를 L2 학습 상황에 적용하고자 하는 시도는 여러 학자들에 의해 이뤄졌다. 먼저 Lee(2008)는 154명의 고등학교 2학년의 학생들을 대상으로 시각적 입력강화(visual input enhancement)가 한국인 영어 학습자의 비대격 구문(unaccusative construction)의 학습에 미치는 영향을 살폈다. 목표 구문의 교수 학습을 위해 appear, emerge, happen, last, result, survive 등의 여섯 개 동사를 활용하였으며, 이때 왜곡 분포 조건에서는 비대격 구문을 가장 잘 예시하는 것으로 판단되는 appear를 7회 제시하였고, 나머지 다섯 개 동사를 각각 1회씩 제시하였다. 균형 분포 조건에서는 여섯 개의 동사를 각각 2회씩 제시하였다. 결국 왜곡 분포와 균형 분포 조건 모두에서 전체 출현의 빈도는 12회로 동일하였다. 학습의 결과는 6점 척도를 활용한 문법성 판단 검사지를 통해 살폈다. 실험 결과, 통제 집단 조건에 비해 우수한 수행을 가져온 것은 균형 분포 조건뿐이었다. 즉, 기대와는 달리 균형 분포와 왜곡 분포 사이에서는 통계적으로 유의미한 효과의 차이를 목격할 수 없었다.

Year와 Gordon(2009)은 중학교 1학년 한국인 영어 학습자를 대상으로 서로 다른 입력분포하에서 이중목적어 구문(ditransitive construction; SUBJ-V-OBJ1-OBJ2)에 대한 교수 학습을 최대 8주에 걸쳐 시도하였다. 목표 구문에 대한 선행학습 경험이 전혀 없었던 174명의 학생들이 왜곡 분포와 균형 분포, 그리고 통제 집단으로 무작위로 배정되어 실험에 참여하였다. 왜곡 분포 조건에서는 이중목적어 구문을 이루는 가장 전형적인 동사로 가정되는 give로부터 24회, 그리고 나머지 네 개의 동사(pass, sell, throw, toss)로부터 각 4회씩 총 16회 목표 구문에 대한 예시가 이루어졌다. 이에 비해 균형 분포 조건에서는 왜곡 분포 조건에서와 동일한 다섯 개의 동사로부터 각 8회씩 총 40회의 예시가 이루어졌다. 한편 Year와 Gordon은 이중목적어 구문의 용례가 없는 move, drive, donate, carry, push 등의 다섯 개 동사를 또한 실험 처치를 위해 추가로 활용하였다. 이중목적어 동사 다섯 개와 이중목적어 구문의 용례가 없는 동사 다섯 개에서 각 4회씩 to-전치사구 구문을 구성하여 두 실험 집단의 학생들에게 제시하였다. 결국 두 분포 조건 모두에서 전체 출현의 빈도는 이중목적어 구문 40회, to-전치사구 구문 40회로 동일하였다. 학습의 결과는 18문항으로 이뤄진 생산 과업과 50문항으로 이뤄진 허용가능성 판단 과업(acceptability judgment task)을 적용하여 최종 실험 수업 다음날과 6주 후 두 차례에 걸쳐 측정되었다. 이때 학습 정도를 살펴보기 위해 실험 수업에 활용된 10개의 단어들과 더불어 여덟 개의 가상 단어(이중목적어 동사 넷과 이중목적어 구문의 용례가 없는 동사 넷)를 활용하였다. 여덟 개의 가상 단어는 학습한 바에 대한 일반화가능성(generalizability)을 살펴보기 위함이었다. 한편 생산 과업은 비디오 자료를 본 후 What did X (agent's name) do in the video?와 같은 질문에 대해 주어진 단어를 활용하여 답하는 과업이었고, 허용가능성 판단 과업은 주어진 문장에 대해 7점으로 구성된 리커트 척도에 응답하도록 하여 학습자의 수용적 지식을 측정하는 방식이었다. 연구 결과, 수용적 지식 측면에서는 전반적으로 입력빈도의 효과가 나타났으며, 학습의 효과는 6주 후까지 지속되었다. 그러나 학습 결과의 일반화가능성과 관련해서는 그 효과가 수업 하루 뒤까지는 나타났으나, 6주 후까지 지속되지는 못하는 것으로 드러났다. 한편 모든 검사 단계에서 왜곡 분포와 균형 분포 사이에서 통계적으로 유의미한 수행의 차이를 목격할 수는 없었다. 다음으로 생산적 지식 측면에 있어서도 역시 전반적인 입력빈도의 효과를 목격할 수 있었다. 그리고 그 효과는 지속적인 것이어서 두 실험 집단 모두 6주 후까지 통제 집단에 비해 학습과 일반화가능성 두 측면 모두에서 우월한 수행을 보였다. 그런데 사후검사에서 지연사후검사 단계까지의 변화를 살펴보면 왜곡 분포 집단의 경우 통계적으로 유의미한 수준에서 평균값이 하락한 반면, 균형 분포 집단은 학습과 일반화가능성의 두 측면 모두에서 학습한 바를 6주 후까지 유지하고 있었다. 또한 수용적 지식 측면에서의 검사 결과와 마찬가지로 모든 검사 단계에서 왜곡 분포와 균형 분포 사이의 유의미한 차이는 발견되지 않았다. 정리하면 Goldberg를 위시한 L1 연구에서와 달리 Year와 Gordon의 연구 결과는 균형 분포에 비해 왜곡 분포가 가질 수 있는 상대적인 효과성을 충분히 입증할 수 없었던 것으로 해석된다. 이와 같은 연구 결과에 대해서는 여러 가지 원인을 생각해 볼 수 있을 것이다. L1 학습과 L2 학습의 기본적인 차이는 물론, Year와 Gordon의 연구가 명시적 학습(explicit learning)이 일반화된 학습 기제로 작용하는 교실 학습 맥락에서 진행되었다는 점, 또한 L1 연구와는 복잡도 측면에서 상이한 성격을 지닌 구문을 교수 학습의 목표로 삼았다는 점 등을 충분히 고려하여 연구 결과를 해석해야 할 것이다. 한편 우리가 간과해선 안 될 부분은 통제 집단 조건에 비해 왜곡 분포와 균형 분포 조건 모두에서 연구의 참여자들이 우수한 학습의 결과를 보였다는 사실일 것이다.

이어지는 Nakamura(2012)의 연구는 Casenhiser와 Goldberg(2005), Goldberg 등(2007)의 선행 연구에 대한 재현 연구(replication study)이다.[2] Nakamura는 분포의 유형(왜곡 분포 vs. 균형 분포)과 왜곡 입력 제시 순서(왜곡 우선 분포 vs. 왜곡 임의 분포)를 주요 변인으로 삼아 137명의 일본인, 한국

2 Nakamura(2012)는 Childers와 Tomasello(2001)의 연구에 대한 재현 연구의 의미도 함께 가지는 것이어서 입력의 일관성(consistency)이 학습에 미치는 영향도 동시에 살피고 있다. 본 장에서는 입력의 일관성의 효과와 관련한 논의는 제외하기로 한다.

인, 중국인, 미국인, 태국인을 대상으로 연구를 진행하였다. 연구 참여자들은 18-65세의 대학생과 대학원생으로, 이들이 학습해야 했던 목표 구문은 출현 구문과 사모아어의 능격 구문(ergative construction) 두 가지였다. 각 목표 구문에 대하여 총 다섯 개의 동사를 활용하여 예시를 제시하였는데, 이때 왜곡 분포의 경우 하나의 동사에서 네 개의 예시를, 다른 네 개의 동사 각각에서 하나씩의 예시를 구성하였다. 이에 비해 균형 분포 조건에서는 각 동사에서 2개, 2개, 2개, 1개, 1개씩의 예시를 구성하여 실험 처치를 통해 학습자들에게 제시하였다. 학습 결과에 대한 측정은 출현 구문의 경우 검사 문장과 호응을 이루는 비디오 클립을 선택하도록 하는 이해도 검사와, 주어진 단어를 조합하여 문장을 완성하게 하는 문장 생산 능력 측정 검사를 활용하였으며, 연구 참여자들에게 낯선 언어였던 사모아어에 대해서는 생산 과업 없이 이해도 검사만을 적용하였다. 실험 결과, 분포의 유형 변인과 관련해서는 출현 구문에 대한 생산 과업의 결과에서 균형 분포 집단의 수행이 왜곡 분포 집단의 수행에 비해 우수한 것으로 드러났다. 왜곡 입력의 제시 순서와 관련하여서는 출현 구문의 이해도 검사에서 왜곡 우선 분포가 왜곡 입력을 후행하여 제시한 것에 비해 학습에 더욱 효과적이었다. 통제 조건이 결여된 연구임을 고려할 때 입력분포 유형의 효과에 대한 완결성 있는 논의가 어려움에도 불구하고, Nakamura의 연구는 L2 학습 상황의 경우 균형 분포 조건에서 도리어 더 큰 학습의 효과가 있을 수 있음을 보여 주고 있다.

McDonough와 Nekrasova-Becker(2012)의 연구는 평균 20.1세의 태국 대학생을 대상으로 서로 다른 입력분포의 유형이 이중목적어 구문의 학습에 미치는 영향을 살피고 있다. 10점 만점의 사전 검사 결과 4점 이하를 획득한 경우로 연구 참여 조건을 제한하여 총 78명의 학습 결과를 분석하였다. 이중목적어 구문을 교수하기 위하여 send, pass, owe, teach, fix 다섯 개의 동사를 활용하여 총 20개의 예시를 구성하였다. 왜곡 우선 분포에서는 send를 활용한 이중목적어 구문에 대한 여덟 차례의 예시를 선행하여 제시하였고(나머지 네 개 동사는 각 세 개씩의 예시 문장을 산출), 왜곡 임의 분포에서는 총 20개의 예시를 무작위로 제시하였다. 그리고 균형 분포 집단에게는 다섯 개의 동사로 각각 네 개씩의 예시를 구성하여 이를 역시 무작위로 제시하였다. 학습의 결과는 담화를 들려주고 해당하는 그림을 고르도록 하는 과업으로 측정하였는데, 이는 구체적으로 동사 다음의 첫 번째 명사가 수혜자(recipient)이고 그 뒤의 명사가 목적어에 해당하는 것임을 올바르게 판단할 수 있는지 파악하고자 하는 시도였다. 이때 10개의 이중목적어 구문 중 다섯 개는 유생성이 없는 수혜자 목적어를 포함하고 있었으며, 나머지 다섯 개의 목적어는 유생성을 가진 수혜자로 확장하여 해석할 수 있는 경우였다. 연구의 결과, 균형 분포 조건이 나머지 두 분포 조건에 비해 통계적으로 우수한 수행을 가져왔으며, 왜곡 우선 분포와 왜곡 임의 분포는 학습에 그다지 효과가 없음이 밝혀졌다. 한편, McDonough와 Nekrasova-Becker는 수혜자가 유생성을 가진 사람으로 해석될 여지가 있는 경우와 그렇지 않은 경우를 나누어 왜곡 분포 집단의 수행에 대한 보다 면밀한 분석을 시도하였다. 그 결과, 목적어의 유생성을 가정할 수 있는 경우, 왜곡 우선 분포와 왜곡 임의 분포 집단 모두에서 유의미한 성취 결과를 보였음을 알 수 있었다. 이중목적어 구문의 전형적인 예시에 해당하는 유생성 수혜자만을 목적어로 하여 실험 처치를 진행하였음을 고려할 때, 이상의 연구 결과는 균형 분포의 경우 수혜자의 유생성 여부와 무관하게 학습 효과가 있었음에 비해 왜곡 분포의 경우에는 처치 상황과 동일한 조건, 즉 유생성 수혜자만을 목적어로 하여 검사 항목을 제시하였을 때에만 학습의 효과가 나타난 것으로 해석할 수 있다.

McDonough와 Trofimovich(2013)는 왜곡 분포 입력의 효과성을 검증하지 못한 L2 관련 선행 연구 결과에 대해, L2 학습 상황에서의 학습자들이 대개 명시적 학습에 치중하는 경향에 주목한다. 그들은 왜곡 분포의 특성을 고려할 때 규칙에 대한 주목을 통한 명시적 학습보다 암시적 범주 학습 상황에서 비로소 왜곡 분포의 효과성을 목격할 수 있을 것이라 가정한다. 이러한 가정을 입증하기 위해 McDonough와 Trofimovich는 입력분포 유형(균형 분포 vs. 왜곡 분포)에 더하여 교수 방식의 차이(규칙의 제시를 통해 학습을 유도하는 연역적 학습 vs. 예시에의 노출을 통해 학습자 스스로 목표 규칙을 발견해 나가도록 유도하는 귀납적 학습)를 매개 변인으로 삼아 연구를 진행하였다. 연구의 참여자는 태국의 대학생 1학년 98명이었으며, 이들에게 제시된 목표 구문은 에스페란토어의 타동사 구문이었다. 에스페란토어는 어순이 자유로운 언어로 목표가 된 타동사 구문을 이해하기 위해서는 목적어 표지 접사인 -n의 쓰임을 제대로 파악할 수 있어야 한다. 목표 구문에 대한 예시를 위해 네 개의 명사를 활용하여 총 24개의 문장을 구성하였다. 이때 왜곡 분포 조건에서는 하나의 명사로부터 12개의 예시를, 그리고 나머지 세 개의 명사로부터 각각 네 개씩의 예시를 구성하였다. 이에 비해 균형 분포 조건에서는 네 개 명사로부터 각각 여섯 개씩의 예시 문장을 구성하였다. 연역적 학습 조건에서의 연구 참여자들은 명사에 접사 -n을 붙여 목적어를 표지하게 되는 목표 규칙을 명시적으로 제공받았고, 귀납적 학습 조건에서의 학습자들은 해당 규칙을 예시를 통해 스스로 발견해야 했다. 한편 서로 다른 처치 조건에서의 학습 결과를 확인하기 위하여 처치에서 제시되지 않은 새로운 명사 여섯 개를 활용하여 20개의 검사 문항을 구성하였다. 학습 결과의 측정은 들려주는 문장을 학습자들이 하나씩 듣고 각 문장에서 목적어에 해당하는 명사를 골라 표시하는 방식으로 이뤄졌다. 연구 결과, 입력분포 유형과 교수 방식의 차이에 따른 주 효과는 통계적으로 유의미하지 않은 것으로 드러났다. 그러나 입력분포 유형과 교수 방식의 차이 사이에는 통계적으로 유의미한 상호작용 효과가 드러났으며, 그 구체적인 내용으로 균형 분포와 연역적 학습 조건하의 참여자들만이 통계적으로 유의미한 수준에서 목표 규칙을 올바르게 파악했던 것으로 드러났다. 이처럼 귀납적 학습 조건에서 왜곡 분포 유형이 긍정적인 학습의 효과를 가져오지 못했던 이유에 대해 McDonough와 Trofimovich는 L2 학습자의 경우 명시적이고 연역적인 학습 책략을 보다 선호하는 경향이 있으며, 이것이 왜곡 분포 유형이 가질 수 있는 긍정적인 효과를 상쇄했을 것이라 추론한다.

입력분포의 영향과 관련한 가장 최근의 연구는 Sung과 Lee(2013)에 의해 수행되었다. Sung과 Lee는 초등학교 5학년의 영어 학습자 65명을 대상으로 이중목적어 구문에 대한 교수를 시도하였다. 처치에 활용된 동사는 give, buy, send, hand, lend 다섯 개의 동사였으며, 그 외에 show, make, pass, sell, bake의 다섯 개 동사를 사후검사에 활용하여 학습한 바에 대한 일반화 가능성을 타진하였다. 실험 참여자는 네 가지의 서로 다른 처치 조건에 임의 배정되었다. 먼저 왜곡 우선 분포 조건에 배정된 학습자들은 이중목적어 구문을 가장 잘 예시하는 전형적인 동사라 이해되는 give로부터 구성된 12개의 문장에 먼저 노출되었고, 이후 나머지 네 개의 동사로부터 각각 두 개씩 구성된 총 여덟 개의 문장에 노출되었다. 왜곡 임의 분포 조건의 학습자들에게는 왜곡 우선 분포 조건에서 활용된 것과 동일한 20개의 문장을 무작위 순서로 제시하였다. 다음으로 균형 분포 조건의 학습자들에게는 다섯 개의 동사로부터 각각 네 개씩의 예시문을 구성하여 이를 무작위로 제시하였다. 그리고 통제 집단 학습자들의 경우에는 이중목적어 구문에 대한 노출이 전혀 이뤄지지 않았다. 목표 구문에 대한 예시는 파워포인트로 구성된 짤막한 에피소드를 통해 이뤄졌으며, 이때 원어민 화자에 의해 녹음된 각 문장을 조금 느린 속도와 정상 속도로 두 번 들려주었다. 학습의 결과는 처치 직후의 사후검사와 일주일 후의 지연검사를 통해 확인되었다. 사후 및 지연 검사는 들려준 문장에 적합한 그림을 고르는 과업(k = 20), 목적어에 해당하는 표현을 고르는 과업(k = 11), 동영상을 보고 상황을 적절히 표현한 문장을 고르는 과업(k = 24) 등으로 구성되었다. 실험 결과, 학습과 일반화의 두 측면 모두에서 왜곡 우선 분포 집단과 통제 집단, 그리고 균형 분포 집단과 통제 집단 사이에서 통계적으로 유의미한 수행의 차이가 드러났다. 일주일 후 실시된 지연 사후검사에서는 균형 분포가 가지는 효과가 사라져 통제 집단과 수행의 차이가 없어졌으며, 오로지 왜곡 우선 분포만이 통제 집단 조건에 비해 우수한 수행을 유지하고 있었다. Sung과 Lee의 연구는 L2 학습 상황에서 그간 밝혀진 균형 분포와 왜곡 우선 분포의 긍정적인 역할을 한국의 초등 영어 학습자를 대상으로 재차 검증하였음은 물론, 두 가지의 분포 유형 중에서도 특히 왜곡 우선 분포의 경우 학습의 효과가 적어도 일주일 이후까지 지속될 수 있음을 입증하였다는 점에서 의의가 있다. 이상으로 우리는 아홉 편의 연구를 통해 다양한 입력분포의 유형이 L1 및 L2 학습에 미치는 영향에 대해 상세히 살펴보았다. 다음 장에서는 선행 연구들의 연구 결과를 다시 간단히 정리하고 향후 관련 연구의 동향에 대해 전망해 본다.

4. 선행 연구 요약 및 향후 연구에의 제언

입력분포 유형이 학습에 미치는 효과와 관련한 선행 연구 아홉 편에 대한 연구 결과를 종합하면, 먼저 L1 학습의 경우 아이와 성인 모두에게서 왜곡 분포가 균형 분포에 비해, 그리고 왜곡 우선 분포가 왜곡 임의 분포에 비해 보다 효과적인 학습의 결과를 가져온 것으로 보인다(Casenhiser & Goldberg, 2005; Goldberg et al., 2004, 2007). 그러나 입력분포의 유형이 L2 학습에 미치는 효과와 관련해서는 일관된 결론을 도출하기가 어려웠다. 상대적으로 많은 연구에서 균형 분포와 왜곡 분포 간의 학습에 미치는 효과성의 차이가 없거나(McDonough & Trofimovich, 2013; Year & Gordon, 2009), 오히려 균형 분포가 왜곡 분포에 비해 더욱 긍정적인 학습 결과를 가져왔음을 보고하고 있었다(Lee, 2008; McDonough & Nekrasova-Becker, 2012; Nakamura, 2012). 왜곡 우선 분포의 효과와 관련해서는 Nakamura(2012)의 경우 왜곡 입력을 우선 제시하는 것이 후행하여 제시하는 것보다 효과적임을 밝혔으나, Sung과 Lee(2013)는 통제 집단의 조건과 비교했을 때에만 기대했던 왜곡 우선 분포의 효과를 목격할 수 있었다고 보고하였다.

L1과 L2 학습 맥락에 따른 이상과 같은 연구 결과의 차이에 대한 원인으로, 예를 들어 L1 학습의 경우 입력에 기반한 귀납적 학습이 상대적으로 자연스러운 과정일 수 있고, 이런 경우에 비로소 왜곡 분포에의 노출을 통한 암시적 방식의 목표 구문 습득이 가능하리라 추론해 볼 수 있다. 이에 비해

L2 학습 맥락에서는 명시적인 학습이 보다 자연스러울 것이며, 이와 같은 L2 학습의 특성이 왜곡 분포가 가지는 효과성을 상쇄하게 될 가능성을 고려해 보아야 할 것이다(McDonough & Nekrasova-Becker, 2012; Nakamura, 2012; Year & Gordon, 2009). 한편, 선행 연구의 결과를 이해함에 있어 보다 더 중요한 사항으로, 입력을 왜곡된 형태로 제시하든 그렇지 않든 두 경우 모두에서 통제 조건에 비해 우수한 학습 결과를 목격할 수 있었다는 점에 주목해야 한다. 이는 입력의 빈도를 높임으로써 학습이 촉진될 수 있다는 인지언어학적 관점의 가장 기본적인 전제를 입증하는 대목이기 때문이다.

결론적으로 지금껏 수행된 아홉 편의 실험 연구들이 매우 상이한 연구 결과를 보고하고 있는 현 상황에서 다양한 입력분포 유형이 가지는 상대적 효과에 대한 최종적인 결론을 도출하기란 쉽지 않아 보인다. 그리고 이는 앞으로도 관련 연구가 지속적으로 수행되어야 함을 시사한다. 이때 후속 연구에서는 여러 가지 면을 면밀히 검토하여 연구를 기획하여야 할 것이다. 예를 들어, 목표 구문의 복잡도는 어떠한지, 그리고 목표 구문에 대한 연구 참여자들의 친숙도의 정도는 어떠한지 고려하여야 할 것이다. 또한 목표 구문에 대한 예시를 어느 정도 빈도로 제시하는 것이 타당할 것인지에 대한 검토도 이뤄져야 한다. 왜곡 분포가 균형 분포에 비해 가지는 상대적인 효과를 제대로 입증하지 못한 이유로, 왜곡 분포에서 왜곡된 입력의 빈도가 학습에 충분치 못했거나 혹은 균형 분포에서의 특정 예시가 학습을 촉진하기에 이미 충분한 수준이어서 왜곡 분포와의 상대적인 효과의 차이를 제대로 드러내지 못하였을 수 있다. 다음으로 목표 구문에 대한 처치 기간 역시 고려해야 할 사항이다. L1 연구의 경우 최소 3분 동안의 처치를 통하여 학습의 결과를 확인했음에 비해 L2 연구는 대개 상대적으로 긴 시간에 걸쳐 교수 학습을 시도하고 있었다(Year & Gordon의 경우 최대 8주에 이르는 기간 동안 처치가 행해짐). 긴 시간에 걸쳐 동일한 목표 구문에 대해 처치를 시행할 경우 학습자들은 명시적인 학습 방식을 채택하게 될 가능성이 높아질 것이며, 이는 앞선 언급대로 왜곡 분포에의 노출을 통한 암시적 학습의 효과를 제한하게 될 가능성이 있다. 마지막으로, 후속하는 연구에서는 언어분석 능력(language analytic ability)이나 작업기억용량(working memory capacity) 등에 따른 개인차(individual differences) 변인을 추가로 고려하여 볼 수도 있을 것이다.

주지하다시피 우리나라 영어학습 환경은 영어 입력에 대한 노출이 절대적으로 부족할 수밖에 없다. 후속 연구를 촉구하면서 첨언컨대, 이러한 상황에서 입력빈도와 입력분포 유형이 학습에 미치는 영향에 대해 지속적으로 관심을 기울이는 일은 제한된 입력을 보다 효율적으로 운용할 수 있는 방안을 모색한다는 점에서 매우 중요한 의의를 가질 것이다.

참고문헌

Barlow, M., & Kemmer, S. (Eds.). (2000). *Usage based models of language*. Stanford, CA: CSLI.

Bates, E., Bretherton, I., & Snyder, L. (1988). *From first words to grammar: Individual differences and dissociable mechanisms*. New York: Cambridge University Press.

Berk, L. E. (2006). *Child development* (7th ed.). Boston, MA: Pearson Education.

Berk, L. E. (2007). *Development through the lifespan* (4th ed.). Boston, MA: Pearson Education.

Boyd, J. K., & Goldberg, A. E. (2009). Input effects within a constructionist framework. *Modern Language Journal, 93*, 418-429.

Brown, R. (1973). *A first language: The early stages*. Cambridge, MA: Harvard University Press.

Bybee, J. (2006). From usage to grammar: The mind's response to repetition. *Language, 82*, 711-733.

Bybee, J. (2008). Usage-based grammar and second language acquisition. In P. Robinson & N. C. Ellis (Eds.), *Handbook of cognitive linguistics and second language acquisition* (pp. 216-236). New York: Routledge.

Bybee, J. (2010). *Language, usage, and cognition*. Cambridge, UK: Cambridge University Press.

Bybee, J., & Moder, C. L. (1983). Morphological classes as natural categories. *Language, 59*, 251-270.

Bybee, J., & Slobin, D. I. (1982). Why small children cannot change language on their own:

Evidence from the English past tense. In A. Alqvist (Ed.), *Papers from The 5th international conference on historical linguistics* (pp. 29-37). Amsterdam: John Benjamins.

Casenhiser, D., & Goldberg, A. E. (2005). Fast mapping between a phrasal form and meaning. *Developmental Science, 8*, 500-508.

Childers, J. B., & Tomasello, M. (2001). The role of pronouns in young children's acquisition of the English transitive construction. *Developmental Psychology, 37*, 739-748.

Chomsky, N. (1965). *Aspects of the theory of syntax*. Cambridge, MA: MIT Press.

Colombo, J., McCollam, J., Coldren, J. T., Mitchell, D. W., & Rash, S. J. (1990). Form categorization in 10-month-olds. *Journal of Experimental Child Psychology, 49*, 173-188.

De Villiers, J. G., & de Villiers, P. A. (1973). A cross-sectional study of the acquisition of grammatical morphemes. *Journal of Psycholinguistic Research, 2*(3), 267-278.

Ellis, N. C. (2008). Usage-based and form-focused language acquisition: The associative learning of constructions, learned attention, and the limited L2 endstate. In P. Robinson & N. C. Ellis (Eds.), *Handbook of cognitive linguistics and second language acquisition* (pp. 372-405). New York: Routledge.

Ellis, N. C. (2009). Optimizing the input: Frequency and sampling in usage-based and form-focused learning. In M. H. Long & C. J. Doughty (Eds.), *The handbook of language teaching* (pp. 139-158). Oxford, UK: Blackwell.

Ellis, N. C., & Collins, L. (2009). Input and second language acquisition: The roles of frequency, form, and function. *Modern Language Journal, 93*, 329-335.

Ellis, N. C., & Robinson, P. (2008). An introduction to cognitive linguistics, second language acquisition, and language instruction. In P. Robinson & N. C. Ellis (Eds.), *Handbook of cognitive linguistics and second language acquisition* (pp. 3-24). New York: Routledge.

Goldberg, A. E. (2006). *Constructions at work: The nature of generalization in language*. New York: Oxford University Press.

Goldberg, A. E., Casenhiser, D. M., & Sethuraman, N. (2004). Learning argument structure generalizations. *Cognitive Linguistics, 15*, 289-316.

Goldberg, A. E., Casenhiser, D., & White, T. R. (2007). Constructions as categories of language. *New Ideas in Psychology, 25*, 70-86.

Homa, D., Dunbar, S., & Nohre, L. (1991). Instance frequency, categorization, and the modulating effect of experience. *Journal of Experimental Psychology: Learning, Memory, & Cognition, 17*, 444-458.

Iverson, P., Kuhl, P. K., Akahane-Yamada, R., Diesch, E., Tohkura, Y., Kettermann, A., & Siebert, C. (2003). A perceptual interference account of acquisition difficulties for non-native phonemes. *Cognition, 87*, B47-B57.

Kidd, E., Lieven, E., & Tomasello, M. (2006). Examining the role of lexical frequency in children's acquisition of sentential complements. *Cognitive Development, 21*, 93-107.

Kidd, E., Lieven, E., & Tomasello, M. (2010). Lexical frequency and exemplar-based learning effects in language acquisition: Evidence from sentential complements. *Language Sciences, 32*, 132-142.

Lakoff, G. (1987). *Women, fire, and dangerous things: What categories reveal about the mind.* Chicago: University of Chicago Press.

Langacker, R. (2000). A dynamic usage-based model. In M. Barlow & S. Kemmer (Eds.), *Usage-based models of language* (pp. 1-63). Stanford, CA: CSLI.

Lee, J. F. (2002). The incidental acquisition of Spanish: Future tense morphology through reading in a second language. *Studies in Second Language Acquisition, 24*, 55-80.

Lee, S.-K. (2008). *Salience, frequency, and aptitude in the learning of unaccusativity in a second language: An input enhancement study.* Unpublished doctoral dissertation, University of Hawaii at Manoa, Honolulu.

Lieven, E., & Tomasello, M. (2008). Children's first language acquisition from a usage-based perspective. In P. Robinson & N. C. Ellis (Eds.), *Handbook of cognitive linguistics and second language acquisition* (pp. 168-196). New York: Routledge.

Littlemore, J. (2009). *Applying cognitive linguistics to second language learning and teaching.* Basingstoke, UK: Palgrave Macmillan.

Long, M. H. (1991). Focus on form: A design feature in language teaching methodology. In K. de Bot, R. B. Ginsberg, & C. Kramsch (Eds.), *Foreign language research in cross-cultural perspective* (pp. 39-52). Philadelphia: John Benjamins.

MacWhinney, B. (2008). A unified model. In P. Robinson & N. C. Ellis (Eds.), *Handbook of cognitive linguistics and second language acquisition* (pp. 341-371). New York: Routledge.

Markman, A. B., & Maddox, W. T. (2003). Classification of exemplars with single and multiple-feature manifestations: The effects of relevant dimension variation and category structure. *Journal of Experimental Psychology: Learning, Memory, & Cognition, 29*, 107-117.

McClelland, J., Fiez, J., & McCandliss, B. (2002). Teaching the /r/ ~ /l/ discrimination to Japanese adults: Behavioural and neural aspects. *Psychology and Behavior, 77*, 657-662.

McDonough, K., & Nekrasova-Becker, T. (2012). Comparing the effect of skewed and balanced input on English as a foreign language learners' comprehension of the double-object dative construction. *Applied Psycholinguistics*, available on CJO2012. doi:10.1017/S0142716412000446.

McDonough, K., & Trofimovich, P. (2013). Learning a novel pattern through balanced and skewed input. *Bilingualism, 16*, 654-662.

Nakamura, D. (2012). Input skewedness, consistency, and order of frequent verbs in frequency-driven second language construction learning: A replication and extension of Casenhiser and Goldberg (2005) to adult second language acquisition. *International Review of Applied Linguistics, 50*, 31-67.

Oakes, L. M., Coppage, D. J., & Dingel, A. (1997). By land or by sea: The role of perceptual similarity in infants' categorization of animals. *Developmental Psychology, 33*, 396-407.

Quinn, P. C., & Eimas, P. D. (1998). Evidence for a global categorical differentiation of animal species by infants. *Journal of Experimental Child Psychology, 69*, 151-174.

Rakison, D. H., & Butterworth, G. E. (1998). Infants' attention to object structure in early categorization. *Developmental Psychology, 34*, 1310-1325.

Rott, S. (1999). The effect of exposure frequency on intermediate language learners' incidental vocabulary acquisition and retention through reading. *Studies in Second Language Acquisition, 21*, 589-619.

Rott, S. (2007). The effect of frequency of input-enhancements on word learning and text comprehension. *Language Learning, 57*, 165-199.

Schmidt, R. (2001). Attention. In P. Robinson (Ed.), *Cognition and second language instruction* (pp. 3-32). Cambridge, UK: Cambridge University Press.

Sharwood Smith, M. (1993). Input enhancement in instructed SLA: Theoretical bases. *Studies in Second Language Acquisition, 15*, 165-179.

Sung, M.-J., & Lee, S.-K. (2013). *Effects of types of input distribution on the learning of grammatical rules by Korean elementary school students*. Paper presented at the 2013 KATE International Conference, Seoul. July 5-6.

Taylor, J. R. (2003). *Linguistic categorization*. Oxford, UK: Oxford University Press.

Taylor, J. R. (2008). Prototypes in cognitive linguistics. In P. Robinson & N. C. Ellis (Eds.), *Handbook of cognitive linguistics and second language acquisition* (pp. 39-65). New York: Routledge.

Tomasello, M. (2003). *Constructing a language: A usage-based theory of language acquisition*. Cambridge, MA: Harvard University Press.

VanPatten, B. (Ed.) (2004). *Processing instruction: Theory, research, and commentary*. Mahwah, NJ: Lawrence Erlbaum.

Year, J., & Gordon, P. (2009). Korean speakers' acquisition of the English ditransitive construction: The role of verb prototype, input distribution, and frequency. *Modern*

Language Journal, *93*, 399-417.

Zipf, G. K. (1935). *The Psycho-biology of language*. Boston, MA: Houghton Mifflin.

제12장

쓰기에서의 교사 피드백 효과에 관한 국내 연구 동향*

장지연 서울대학교

1. 서론

영작문 교육에서 피드백을 제공하는 일은 교사에게 상당한 시간과 노력을 요구하지만, 당연히 해야 하는 것으로 그동안 간주되었다. 그러나 기존 연구 결과를 바탕으로 Truscott(1996)은 교사의 오류 수정이 효과가 없을 뿐만 아니라 오히려 악영향을 끼칠 수 있다며 교사 피드백의 무용론을 주장했다. 이후 Truscott을 반박하거나 옹호하면서 교사 피드백의 효과를 보다 객관적으로 검증하려는 연구들이 이루어졌고, 이들 연구들을 여러 기준으로 검토해 보려는 시도들(Ferris, 2004, 2010)이 해외에서는 있어 왔다. 반면 국내에서는 꾸준히 증가하는 영작문 교육에 대한 관심과 피드백에 관한 연구에도 불

* Chang, Ji-Yeon (2014). The current status of L2 research in Korea on teacher feedback on students' English writing. In O. Kwon (Ed.). *New horizons in English education research* (pp. 275-301). Seoul: Seoul National University Press.

구하고, 정작 국내 연구 결과를 토대로 한국 학생들에게 교사 피드백이 효과가 있는지 여부를 검토해 보려는 시도는 미흡했다. 특히 많은 수의 학생들을 지도해야 하는 국내 비원어민 교사들에게는 과연 학생들이 작성한 영작문에 대해 피드백을 제공할 필요가 있는지, 만약 피드백을 제공해야 한다면 어떤 피드백을 제공해야 하는지를 결정하는 문제는 매우 중요하다. 따라서 이 글에서는 교사 피드백에 관한 국내 연구들을 검토하여 현재 어느 정도까지 연구가 이루어졌는지 살펴보고, 이를 바탕으로 국내 영작문 교육을 위해 앞으로의 연구 방향을 제시하고자 한다.

2. 교사 피드백 효과에 관한 논쟁의 시작

Truscott(1996)은 교사 피드백이 얼마나 효과가 있는지 연구한 논문들을 검토한 후 교사는 오류 수정을 하지 말아야 한다는 결론을 내렸다. 즉 기존 연구들 중에서 실제로 오류 수정의 효과가 나타났던 연구는 없었으며 설사 있더라도 방법론상에서 문제가 있었다는 것이다. 게다가 그는 오류 수정이 학생들에게 심리적인 저항과 회피 책략(avoidance strategy)을 유발하는 등 오히려 악영향을 끼칠 수도 있다고 보았다. 이론적인 근거로 그는 오류 수정이 중간언어의 발달 단계 혹은 습득 순서와 맞지 않으면 효과가 없을 수밖에 없는데, 이에 대해 구체적으로 알려진 바가 없을 뿐만 아니라 교사들 역시 학생들 수준을 개별적으로 알 수 없으므로 교사의 피드백은 한계가 있을 수밖에 없다는 점을 지적했다. 또한 학습 면에 있어서도 오류 수정은 의사(擬似) 학습(pseudo learning)을 유발하여 진정한 학습 효과를 기대하기 어렵다고 보았다. 이를 근거로 Truscott은 교사가 학생들의 오류를 고치기보다 다른 것을 가르치는 데 시간과 노력을 쏟는 편이 낫다고 주장했다.

이에 대해 Ferris(1999)는 Truscott이 빈약한 연구 결과를 토대로 교육적으로 위험한 주장을 내세우고 있다고 비판했다. Ferris는 특히 Truscott이 오류 수정이란 용어를 제대로 정의하지 못했으며, 자신의 주장을 뒷받침하기 위해 기존 연구들을 지나치게 단순화했다고 보았다. 하지만 그는 언어습득 순서와 피드백의 연관성 그리고 오류 수정 과정에서 나타나는 한계는 인정했다. 그리고 이러한 피드백의 문제점들은 교사 훈련과 선택적 피드백을 통해 극복할 수 있다고 보았다. Ferris는 학생들이 교사로부터 받는 피드백을 중요하게 생각하며, 비원어민 학생들의 오류는 원어민 교수들에게 안 좋은 인상을 줄 수 있으며, 스스로 자신의 글을 고칠 수 있는 능력은 학생들에게 매우 중요하다는 점을 들어 교사 피드백이 계속 제공되어야 한다고 주장했다.

Ferris의 의견에 대해 Truscott(1999)은 그의 주장에는 구체성이 부족하고 심지어 그가 근거로 든 논문들은 오히려 교사 피드백이 효과가 없다는 자신의 주장을 강화할 뿐이라고 비판했다. 뿐만 아니라 교사의 오류 수정이 회피 책략을 유발하여 오히려 문제를 악화시킬 수 있다는 자신의 주장을 Ferris가 반박하지 않았다고 지적했다. 또한 Truscott은 피드백이 도움이 된다는 학생들의 믿음은 교사에 의해 재생산된다고 보았다. 그는 자신의 논쟁을 통해 교사들에게 반드시 피드백을 제공해야만 하는 것은 아니라는 사실을 알려 주고 싶었다며, 피드백 연구가 기존의 선입견에서 벗어나 좀 더 객관적인 입장에서 이루어져야 한다고 주장했다. 그리고 그는 앞으로의 연구가 피드백의 효과를 보여 주는 데 그칠 것이 아니라 피드백을 제공하는 것이 여러 부작용들을 상쇄하기에 충분하다는 사실 또한 입증해야 한다고 제안했다.

3. 교사 피드백의 유형

우선 교사 피드백은 무엇에 관한 피드백인지에 따라 크게 내용중심 피드백과 언어중심 피드백으로 구분할 수 있다. 우선 내용중심 피드백(content-based/-focused feedback) 혹은 의미중심 피드백(meaning-based/-focused feedback)은 주로 글의 내용과 구조에 대해 제공되는 피드백을 일컫는다. 흔히 내용중심 피드백은 교사 해설(teacher commentary)로 불리기도 한다(Fazio, 2001). 반면 언어중심 피드백(language-based/-focused feedback) 혹은 형태중심 피드백(form-based/-focused feedback)은 오류 수정(error correction) 혹은 수정 피드백(corrective feedback)으로서 문법 오류나 잘못된 어휘 선택 등과 같은 언어적 오류에 대해 제공되는 피드백을 지칭한다. 송미정(1998)은 내용중심 피드백에 언어중심 피드백을 추가한 통합적 피드백(integrated feedback) 모형을 제시하기도 했다.

교사는 학생 영작문에서 나타나는 언어와 관련된 오류에 대해 직접 혹은 간접 피드백을 제공할 수 있다. 직접 피드백(direct feedback)은 학생들의 문법적 혹은 어휘적 오류에 대해 교사가 정확한 표현을 직접 제공하는 방식이다. 반면 간접 피드백(indirect feedback)은 올바른 표현을 제공하지 않고 오류 위치나 유형만을 지적하는 방식이다. 간접 피드백을 제공할 때 교사는 문제 있는 부분에 밑줄을 긋거나, 어떤 유형의 오류인지 코드를 적어 주거나, 혹은 여백에 오류가 있다는 사실만을 표시하거나 오류 개수를 적어 줄 수 있다. 직접 혹은 간접 피드백을 제공할 때 교사는 문법 설명이나 규칙을 별도로 적어줄 수 있는데, 이러한 피드백을 상위언어 피드백(metalinguistic feedback)이라 부른다. Ellis(2009)는 오류 유형 코드를 적어 주는 피드백(coded feedback)을 간접 피드백이 아닌 상위언어 피드백의 일종으로 분류했다.

학생들의 오류와 관련하여 피드백을 제공할 때 교사는 포괄적으로 혹은 선택적으로 제공할 수 있다. 포괄적 피드백(comprehensive feedback)은 모든 오류에 관해 피드백을 제공하는 방식이며, 선택적 피드백(selective feedback)은 관사나 동사 시제 등과 같은 특정 오류에 한정하여 피드백을 제공하는 방식이다. 참고로 학생들의 오류는 문법 규칙을 기반으로 하는지 여부에 따라 고칠 수 있는 오류(treatable errors)와 고칠 수 없는 오류(untreatable errors)로 구분하여(Ferris, 1999), 피드백을 제공할지 여부와 어떤 유형의 피드백을 제공할지 등을 결정하기도 한다. 포괄적 피드백과 선택적 피드백은 각각 비초점 피드백(unfocused feedback)과 초점 피드백(focused feedback)으로 불리기도 한다(Ellis, 2009).

4. 국내 연구 동향

여기에서는 국내 한국 학생들을 대상으로 교사 피드백을 연구한 국내 학술지 논문들을 모아 살펴본다. 이 글의 목적은 쓰기에서 교사 피드백이 효과가 있는지 여부를 살펴보는 것이기에 설문지나 면담을 통해 피드백 효과에 관한 인식을 살펴본 논문은 제외시켰다. 또한 국내 학술지에 발표되었어도 ESL 학생들을 대상으로 피드백의 효과를 규명한 논문은 이 글에서 제외했다. 이 글에서는 어떤 교사 피드백을 비교했는지에 따라 대상 논문들을 표 1

표 1. 교사 피드백 연구 유형에 따른 국내 연구 분류

교사 피드백 연구 유형		해당 국내 연구
언어중심 혹은 통합적 피드백의 효과를 통제 집단을 통해 분석한 연구		김우영(2012); 송미정(1998); 전은경과 민찬규(2009); Park(2011); Ryoo(2011); Y.-S. Ryoo(2007a)
직접 피드백과 간접 피드백의 효과를 비교한 연구		Kim(2010); Kim(2012); Lee와Lee(2010); Y.-S. Ryoo(2006, 2007b)
직접 피드백과 간접 피드백의 효과를 통제 집단을 통해 분석한 연구		김양희와 주미진(2010); 주언진과 배정옥(2012); Jang(2012a, 2012b); B. Kim(2009)
단일 유형 교사 피드백의 효과를 분석한 연구	직접 피드백	차진경과 이은주(2012); Kim(2007)
	간접 피드백	이정원과 홍영주(2001); Jung(2010); B.-J. Kim(2009); Lee(2013)
	기타 교사 피드백	황정화와 이희경(2012); Cho(2011)

과 같이 네 가지로 분류했으며, 이를 차례대로 소개하고자 한다. 피드백 연구는 특히 수정본을 작성했는지 여부를 비롯하여, 어떤 유형의 피드백을 비교했는지, 누구를 대상으로 했는지, 어떤 작문에 대한 피드백인지, 무엇을 평가의 척도로 삼았는지에 따라 그 결과의 의미가 달라질 수 있으므로 이 글에서는 이에 대한 정보를 가급적 구체적으로 기술하고자 한다.

1) 언어중심 혹은 통합적 피드백의 효과를 통제 집단을 통해 분석한 연구

첫 번째 유형의 연구(김우영, 2012; 송미정, 1998; 전은경 · 민찬규, 2009; Park, 2011; Ryoo, 2011; Y.-S. Ryoo, 2007a)에서는 오류 수정을 포함하는 피드백을 제공받은 실험 집단을 의미중심 피드백을 제공받거나 아니면 아예 피드백을 제공받지 못했던 통제 집단과 비교하여 교사 피드백의 효과를 검증하고자 했다. 우선 송미정(1998)의 연구에서는 한 학기 동안 30명의 학부 및 대학원 학생들이 작성한 첫 번째와 여덟 번째 영작문 초고의 총체적 점수(holistic scores)와 분석적 점수(analytic scores)를 통해 오류 수정이 포함된 통합적 피드백과 오류 수정이 포함되지 않은 의미중심 피드백의 효과를 비교했다. 분석 결과에 따르면 통합적 피드백 집단은 의미중심 피드백 집단에 비해 총체적 점수, 내용 및 구성, 기계적 영역(mechanics)에서 평균 점수가 높았다. 또한 통합적 피드백 집단은 총체적 점수, 내용 및 구성, 기계적 영역에서 점수가 향상되었으나, 문법과 어휘 및 스타일에서는 유의미한 차이를 보이지 않았다. 반면에 의미중심 피드백 집단은 총체적 점수를 비롯하여 네 가지 영역의 분석적 점수 모두에서 유의미한 차이를 보이지 않았다. 이러한 결과는 의미중심 피드백보다 통합적 피드백이 학생들의 영작문 향상에 도움이 된다는 점을 확인시켜 주었으나, 두 유형의 피드백 모두 문법과 어휘를 포함하는 언어 능력 향상 면에서는 효과가 없었다. 이에 대해 송미정은 문법과 어휘를 한 학기 안에 눈에 띄게 향상시키는 데에는 한계가 있다고 지적했다.

Park(2011)은 중급 수준의 139명 학생들이 한 학기 동안 작성한 영작문 세 편에 대해 제공된 포괄적 피드백과 글의 구조에 초점을 둔 선택적 피드백의 효과를 비교했다. 그의 연구에서 선택적 피드백을 받은 집단은 송미정의 연구에서 의미중심 피드백 집단과 마찬가지로 오류 수정을 포함하는 통합적 피드백 집단의 효과를 검증하기 위한 통제 집단의 역할을 했다고 볼 수 있다. 이 연구에서는 사전 작문과 사후 작문에서 작성된 278편의 설득하는 글을 모아 정확성, 유창성, 복잡성 측면에서 어떤 차이가 나는지 분석했다. 평가 기준으로 정확성은 오류 개수로, 유창성은 정해진 시간 동안 작성된 음절의 수로, 복잡성은 글에서 사용된 단어 유형과 개수로 각각 측정되었다. 포괄적 피드백과 선택적 피드백은 정확성과 유창성 면에서 모두 유의미한 효과를 보였는데, 사후 작문의 평균을 비교한 결과 선택적 피드백 집단이 포괄적 피드백 집단에 비해 좀 더 점수가 높았다. 반면 복잡성은 두 피드백 집단 모두에게서 향상되지 못했으며, 심지어 포괄적 피드백 집단의 복잡성은 오히려 저하되었다. 이러한 결과를 바탕으로 Park은 글의 유창성을 향상시키려면 학생들의 긴장감을 유발하는 오류 수정을 굳이 할 필요가 없다고 주장했다. 덧붙여 이 연구에서는 학생들의 영작문에서 정확성과 복잡성이 상충될 수 있다는 가능성을 확인했다.

상기 연구와 달리 전은경과 민찬규(2009)는 60명의 중학생들을 대상으로 직접적으로 언어중심 피드백을 의미중심 피드백과 비교했다. 학생들은 친숙한 주제로 총 12회의 일지쓰기(journal writing) 활동을 했으며 피드백을 바탕으로 글을 수정할 기회를 가졌다. 피드백의 효과와 비교를 위해 이 연구에서는 별도의 사전 쓰기 평가와 사후 쓰기 평가를 실시했고, 분석적 점수와 더불어 t단위 평균길이(mean length of t-unit, MLTU)와 관계사절, 종속절, 등위절, 전치사구의 문장 결합 유형을 살펴봤다. 이 연구에서는 두 피드백 집단 모두 사전 쓰기 점수에 비해 사후 쓰기 점수가 증가했으며, 총합 점수와 영역별 점수 면에서 두 집단 간 차이는 없었다. 언어중심 피드백은 어휘 영역, 언어 사용 영역, 기계적 영역에서, 의미중심 피드백은 구성 영역, 언어 사용 영역, 기계적 영역에서 점수가 증가했다. 문장의 성숙도 및 문장 결합 유형 면에서도 두 집단 간의 차이는 발견되지 않았다.

Ryoo(2011)는 기존 피드백 연구들이 주로 한 학기 이내의 단기적인 효과에 치중했다는 점을 지적하면서 피드백이 장기적으로 관사, 동사 형태 및 시제, 전치사 습득에 얼마나 도움이 되는지 검증하고자 했다. 중급 영작문 강좌를 수강하는 12명의 대학생들 중 6명의 학생들은 1년 전 다른 영작문 강좌를 통해 포괄적인 직접 피드백을 받았던 학생들이었다. 이 연구에서는 우선 학생들이 1년 전에 작성한 영작문과 비교하여 피드백의 단기적인 효과를, 1년 후에 작성한 영작문과 비교를 통해 장기적인 효과를 살펴보았다. 오류 개수를 분석한 결과에 따르면 1년 후에 작성한 영작문에서만 관사, 동사, 전치사의 오류가 줄어들었다. 실험 집단 학생들에게 1년 전에 자신들이 작성한 영작문을 스스로 고쳐보라고 한 과업에서는 오류를 제대로 고치지 못한 비율이 더 높았다. 뿐만 아니라 1년 전에 피드백을 받지 않았던 통제 집단 학생들에 비해 실험 집단 학생들은 영작문 시험과 오류 수정 시험에서 더 나은 결과를 보여 주지 못했다. 이러한 결과를 토대로 Ryoo는 적어도 자신의 연구상에서는 오류 수정을 포함하는 포괄적 직접 피드백이 영작문의 정확성을 향상시키지 못했다고 결론지었다.

Y.-S. Ryoo(2007a)는 통제 집단을 별도로 구성하기보다 동일한 학생들이 피드백을 받았을 경우와 받지 못했을 경우 정확성과 유창성 측면에서 차이가 나는지 조사했다. 전공과 영어 실력이 다양한 대학생 33명을 대상으로 처음 7주 동안에는 피드백을 제공하지 않았고, 이후 7주 동안에는 학생들의 오류를 수정했다. 이 연구에서는 첫 주, 일곱 번째 주, 마지막 주에 작성된 자유 일지쓰기에서 나타난 모든 유형의 오류 개수를 통해 글의 정확성을 측정했으며, 영작문의 분량과 문장 길이를 통해 유창성 및 복잡성을 각각 측정했다. 그 결과 정확성 측면에서는 피드백 유무에 따른 차이가 없었으며, 심지어 몇몇 학생들은 피드백이 없었던 처음 7주 동안에만 정확성이 증가했다. 문장의 복잡성 역시 피드백 유무에 따른 차이는 없었다. 심지어 피드백이 제

공되었을 때 글의 유창성은 오히려 떨어졌으며, 피드백이 제공되지 않았을 때와 비교해서도 차이를 보였다. 비록 Y.-S. Ryoo는 여전히 피드백에 의해 글의 정확성이 증가한 사례들에 주목하여 피드백을 옹호했으나, 피드백이 제공되기 전과 후의 평균 차이가 얼마나 유의미한지에 대한 검증을 하지 않았다. 게다가 피드백이 제공되지 않았던 시기와의 차이가 통계적으로 유의미하지 않았다는 결과에 주목하면 결과적으로 이 연구에서 보여 주는 피드백의 유효성에 대해 회의적이 될 수밖에 없을 듯하다.

마지막으로 김우영(2012)의 연구에서는 고등학생 82명을 대상으로 통합적 피드백 집단, 언어중심 피드백 집단, 의미중심 피드백 집단, 아무런 피드백도 받지 않은 집단을 구성했다. 학생들은 5주에 걸쳐 쉽고 친밀한 주제로 5편의 영작문을 작성했다. 분석적 점수를 통해 첫 번째 과업 점수에 비해 마지막 과업 점수가 얼마나 향상되었는지 살펴봤다. 이 연구에서는 특히 첫 번째 영작문을 기준으로 파악한 영작문 능숙도에 따라 각 피드백 집단별로 학생들을 상급, 중급, 하급으로 세분화했다. 분석 결과에 따르면 아무런 피드백도 받지 않은 통제 집단에 비해 피드백 집단은 점수가 향상되었으나, 집단별로 유의미한 차이는 발견되지 않았다. 반면 의미중심 피드백 집단에서는 하급 수준의 학생들에게서 피드백 효과가 나타났다. 문법 및 어휘 면에서는 피드백의 효과가 나타나지 않았던 반면 구성 및 기계적 영역에서는 의미중심 피드백과 통합적 피드백 효과가 나타났다.

이상의 연구들에서는 언어중심 피드백이나 언어중심 피드백을 포함하는 통합적 피드백을 받은 학생들이 피드백을 제공받지 못했거나 아니면 의미중심 피드백을 제공받은 학생들과 비교해서 얼마나 향상되었는지를 분석했다. 송미정(1998)의 연구를 제외한 나머지 연구들에서는 대체로 통제 집단과 비교하여 피드백의 효과에 관한 긍정적인 결과를 확실하게 찾지 못했다. 심지어 Park(2011)의 연구에서는 글의 구조에 초점을 맞춘 선택적 피드백이 정확성과 유창성 면에서 오히려 효과적이었다. 송미정의 연구에서는 통합적 피드백이 의미중심 피드백에 비해 총체적 점수, 내용 및 구성, 기계적 영역에서 효과적이었으나, 김우영(2012)의 연구와 마찬가지로 문법과 어휘 면에서는 뚜렷한 변화를 가져오지 못 했다.

2) 직접 피드백과 간접 피드백의 효과를 비교한 연구

앞선 연구들이 교사의 직접 피드백 중 오류 수정의 효과를 통제 집단을 통해 검증하려 했다면, 두 번째 유형의 연구들(Kim, 2010; Kim, 2012; Lee & Lee, 2010; Ryoo, 2006; Y.-S. Ryoo, 2007b)은 교사의 직접 피드백과 간접 피드백의 효과를 비교했다. 가령 Y.-S. Ryoo(2007b)는 빈칸 채우기 시험과 잘못된 부분 고치기 시험 결과를 바탕으로 30명의 대학생들을 직접 피드백 집단과 간접 피드백 집단으로 분류한 후 학생들이 작성한 첫 번째와 두 번째 영작문의 수정본을 모아 오류를 분석했다. 그 결과 직접 피드백 집단은 피드백을 받지 않은 의미 영역과 언어 영역에 대해서도 수정을 한 반면, 간접 피드백 집단은 주로 피드백을 받은 언어 영역에 집중했다. 특히 간접 피드백 집단은 피드백을 받은 부분을 바꾸거나 삭제하는 등의 회피 책략을 보였다. 또한 직접 피드백 집단에 비해 간접 피드백 집단은 오류 수정 성공률도 낮았고, 제대로 수정된 오류의 수도 적었다. 이러한 결과에 대해 Ryoo는 학생의 영어 능력이 충분하지 않을 경우 간접 피드백은 영작문의 내용과 언어에 긍정적인 영향을 끼치지 못할 수도 있다고 해석했다.

Kim(2012)의 연구는 표면적으로는 교사 피드백과 동료 피드백을 비교했다. 그러나 실제로 이 연구에서는 교사 피드백 집단에게는 교사의 직접 피드백을 제공한 후 교사-학생 협의(teacher-student conference)를 통해 상위언어 설명을 들을 수 있는 기회를 마련했고, 동료 피드백 집단에게는 교사의 간접 피드백을 제공한 후 동료 피드백을 주고받을 기회를 마련했다. 따라서 이 연구는 교사의 직접 피드백과 간접 피드백을 비교한 연구로 분류될 수 있다. 이 연구에서 교사는 영작 경험이 없는 낮은 중급 단계의 대학생 36명이 제출한 세 편의 일기 쓰기 과업에서 단순 과거 시제 관련 오류에 대해 선택적 피드백을 직접적으로 혹은 간접적으로 제공했다. 뒤이어 직접 피드백을 받은 학생은 교사와의 협의를 통해 추가 설명을 들었고, 간접 피드백을 받은 학생은 동료 학생들로부터 피드백을 추가로 받았다. 분석 결과에 따르면 삼 주에 걸쳐 제출된 세 번의 영작문에서는 두 피드백 집단 간 정확성의 차이는 발견되지 않았다. 그리고 유일하게 교사의 간접 피드백과 동료 피드백이 결합된 집단에서만 첫 번째와 두 번째 영작문 사이에서 오류의 수가 유의미하게 감소했다. 반면 두 번째와 세 번째 영작문 사이에서는 두 집단 모두 오류가 감소하지 않았는데, 이에 대해 Kim은 학생들의 영어 능숙도가 낮고, 일기 쓰기 과업의 특성상 특정 단순 과거 시제 동사들을 반복 사용해서 그렇다고 보았다. 이 연구 결과를 교사 피드백 측면에서 보자면 교사의 간접 피드백이 동료 피드백과 결합되었을 경우, 교사의 직접 피드백과 큰 차이가 없을 수 있다는 점을 알 수 있다. 비록 이 연구는 정규 강의를 수강하는 학생들을 대상으로 하고 있으나, 실제 연구는 학기 초반 삼 주에 걸쳐 실시되었으므로 피드백의 중장기적인 효과를 확인하기에는 한계가 있어 보인다.

Ryoo(2006)의 연구에서는 직접 피드백과 간접 피드백에 각각 상위언어 피드백을 추가했다. 이 연구에서는 빈칸 채우기 시험과 잘못된 부분 고치기 시험 성적을 바탕으로 32명의 대학생들을 네 집단으로 나누어 직접 피드백, 상위언어 피드백이 동반된 직접 피드백, 간접 피드백, 상위언어 피드백이 동반된 간접 피드백을 각각 제공했다. 학생들의 수준은 하위 중급 단계에서부터 상위 중급 단계까지 분포되어 있었으며, 학생들은 한 한기 동안 여러 편의 영작문을 제출했고, 교사 피드백을 바탕으로 글을 수정했다. 학생들은 사전 평가와 사후 평가로 동일한 주제의 영작문을 작성했으며, 평가를 위해 각 글에 나타난 오류 개수를 전체 단어 수로 나누어 집단별로 비교했다. 그 결과 사전 평가, 사후 평가, 그리고 사전 평가와 사후 평가의 차이 모두에서 집단 간 유의미한 차이가 없었다. 비록 네 집단 모두 사전 작문에 비해 사후 작문의 정확성이 높아지기는 했지만 사후 작문의 주제가 사전 작문과 동일했다는 점을 고려해 본다면 이는 온전한 피드백 효과라 판단하기 어려울 수 있다.

Kim(2010)은 이전 실험 연구와 달리 실제 교실 환경에서 어떻게 교사 피드백이 제공되고 반영되는지 살펴보고자 했다. 이를 위해 두 명의 원어민 교사가 가르치는 대학 영작문 강좌에서 38명의 학생들이 작성한 네 편의 영작문 중 두 번째와 네 번째 영작문의 두 번째와 세 번째 수정본을 각각 모아 학생들의 오류, 피드백, 수정 여부 등을 확인했으며, 학생과 교사의 면담을 통해 추가 자료를 확보했다. 이 연구에서 학생들의 오류는 동사, 명사, 관사, 어휘, 문장으로 분류되었으며, 교사 피드백은 상위언어 설명이 있는 직접 피드백, 상위언어 설명이 없는 직접 피드백, 코드와 함께 제공된 간접 피드백, 코드 없이 제공된 간접 피드백, 오류의 위치를 알려주지 않은 간접 피드백으로 분류되었다. 총 1874개의 오류가 확인되었는데, 그중 동사 오류가 가장 많았으며 그 다음으로는 관사 오류가 많았다. 피드백 중에서는 상위언어 설명이 없는 직접 피드백이 가장 많이 제공되었고, 그 다음으로는 코드가 사용된 간접 피드백이 많이 제공되었는데, 관사 오류에는 주로 전자가, 동사 오류에는 주로 후자가 제공되었다. 대부분의 오류들은 성공적으로 수정되었으며, 마지막 영작문에서는 오류의 수가 유의미하게 감소했다. 그러나 오류의 형태에 따라 그 차이가 있었는데, 동사와 문장 오류의 수는 현저하게 줄어든데 반해, 관사, 어휘, 명사 오류는 그러하지 못했다. 피드백 측면에서 보았을 때 오류 수정에는 직접 피드백이 간접 피드백보다 훨씬 효과가 좋았지만, 이에 대해 Kim은 학생들이 직접 피드백을 더 많이 제공받아 이에 익숙해져 있었고, 문법적 지식이 충분하지 않아 간접 피드백을 제대로 이해하지 못했을 것이라고 해석했다. 또한 교사들은 결과적으로 학점을 잘 받은 학생들에게 직접 피드백과 간접 피드백을 두루 제공했으나, 학점이 안 좋은 학생들에게는 주로 직접 피드백을 제공했다. 이 연구는 작문 환경을 통제함으로써 목표 언어의 습득 여부를 판단하기보다 자연스러운 교실 환경을 대상으로 했다는 데 의의가 있으며, 특히 피드백의 선택과 효과가 오류의 형태와 학생의 수준에 따라 달라질 수 있다는 점을 확인시켜 주어 피드백 연구의 폭을 넓혀 주었다.

Lee와 Lee(2010)는 직접 피드백과 간접 피드백이 컴퓨터 매개 통신(Computer-Mediated Communication, CMC)에서 어떤 차이가 나는지 살펴보았다. 이 연구는 중급 수준의 대학생 3명을 대상으로 14주 동안 실시되었다. 학생들은 교사의 지도 아래 30분 동안 블로그상에서 영작문을 작성했으며, 마찬가지로 블로그를 통해 제공된 교사의 피드백을 바탕으로 영작문을 수정했다. 다만 이 연구에서는 피드백에 따라 집단을 나누지 않고 첫 7주 동안에는 직접 피드백을, 나머지 7주 동안에는 간접 피드백을 제공했다. 분석을 위해 42편의 영작문과 자기보고서 그리고 인터뷰 자료를 모았으며, 학생들의 영작문은 네 가지 오류(동사, 명사 어미, 단어 선택, 문장 구조)의 빈도수와 더불어 t단위(t-units)를 이용하여 정확성, 유창성, 복잡성을 측정했다. 분석 결과에 따르면 전반적으로 정확성은 세 학생 모두에게서 증가했으며, 유창성은 두 학생에게서 증가했다. 반면 복잡성은 한 학생에게서만 향상되었다. 학생들은 직접 피드백에 비해 간접 피드백이 학습에 더 도움이 된다고 생각했는데, 이러한 결과에 대해 Lee와 Lee는 간접 피드백이 자율적인 학습을 가능하게 하는 컴퓨터 매개 통신과 결합하여 학습 효과를 증대시킨다고 보았다. 그러나 이 연구에서는 직접 피드백과 간접 피드백 간의 차이가 얼마나 유의미한지 조사하지 않았다. 게다가 이 연구에서는 동일한 학생들에게 직접 및 간접 피드백을 순차적으로 제공함으로써 간접 피드백에 대한 직접 피드백의 영향력을 통제하지 못했다는 점에서 한계가 있다.

언어중심 피드백의 효과를 통제 집단을 통해 살펴보았던 첫 번째 유형의 연구들이 글의 정확성을 비롯하여 글의 유창성과 내용 및 구조의 변화까지 피드백의 효과를 평가하는 항목에 포함시켰다면, 직접 피드백과 간접 피드백을 비교한 연구들은 주로 글의 정확성 및 오류 개수의 변화를 통해 피드백의 효과를 분석했다. 그리고 이 연구들은 대체적으로 피드백의 효과 면에서는 직접 피드백이 간접 피드백과 비슷하거나 낫다는 결과를 보여 주었다.

3) 직접 피드백과 간접 피드백의 효과를 통제 집단을 통해 분석한 연구

교사 피드백에 관한 세 번째 연구 유형(김양희 · 주미진, 2010; 주언진 · 배정옥, 2012; Jang, 2012a, 2012b; B. Kim, 2009)에서는 직접 피드백과 간접 피드백의 효과를 통제 집단을 통해 비교했다. 우선 B. Kim(2009)의 연구는 135명의 대학생들을 대상으로 했으며, 피드백의 유형과 더불어 학생들의 영어 실력을 고려하여 초급 단계와 중급 단계에 해당하는 통제 집단을 각각 두었다. 실험 집단은 내용과 문법에 대한 피드백을 직접적으로 혹은 간접적으로 제공받은데 반해, 통제 집단은 오로지 내용에 대한 피드백만을 제공받았다. 16주에 걸쳐 진행된 이 연구에서는 사전 작문과 사후 작문에서 사용된 단순과거와 현재완료 시제를 비교했으며, 실험 집단과 통제 집단 모두 사전 작문에 비해 사후 작문에서 향상된 결과를 보여 주었다. 초급 단계의 경우 직접 피드백 집단의 사전 작문과 사후 작문의 차이가 간접 피드백 집단과 통제 집단에 비해 컸으며, 중급 단계의 경우 간접 피드백 집단만이 통제 집단에 비해 유의미한 차이를 보여 주었다. 이러한 결과는 초급 단계의 학생들에게는 직접 피드백이, 중급 단계의 학생들에게는 간접 피드백이 더 도움이 될 수 있다는 사실을 보여 준다. 이 연구는 그러나 학생들로 하여금 사전 작문과 사후 작문에서 동일한 주제로 편지를 쓰도록 했다. 따라서 익숙한 과업 사용으로 인해 피드백의 진정한 효과를 검증하기에는 한계가 있다. 그럼에도 불구하고 이 연구에서는 학습자의 영어 실력에 따라 적합한 피드백이 다를 수 있다는 가능성을 확인해 주었다는 데 의의가 있다.

주언진과 배정옥(2012)은 직접 피드백 혹은 간접 피드백을 받은 집단과 피드백을 전혀 받지 않은 집단을 비교했다. 이들은 영어 능력과 영어 학습 흥미도 및 동기가 유사한 여자상업고등학교 2학년 89명의 학생들을 대상으로 4주간 통제 작문을 작성하게 후, 사전 작문과 사후 작문에서 나타난 오류 개수를 비교했다. 이 연구에서 사용된 통제 작문 항목은 현재진행형, 동명사,

사역동사로 구성되었다. 오류 개수를 분석해 본 결과 통제 집단과 달리 직접 피드백 집단과 간접 피드백 집단은 모두 정확성이 유의미하게 증가했으며, 통제 집단과도 차이가 있었다. 그러나 직접 피드백 집단과 간접 피드백 집단 사이에는 차이가 없었다. 이 연구에서는 통제 작문이 자유 작문의 중간 단계로서 "학생이 상대방(이 경우에는 교사)으로부터 피드백을 받을 수 있다"(p. 203)는 점을 들어 작문의 일종으로 간주했으나, 실제 첨부된 자료로 판단하기에는 문법 평가에 좀 더 가까웠다.

Jang(2012a, 2012b)은 두 차례의 연구를 통해 피드백의 효과를 언어 습득과 영작문 교육 측면에서 모두 확인하고자 했다. 우선 그의 첫 번째 연구(2012a)에서는 54명의 대학생들을 직접 피드백 집단, 간접 피드백 집단, 상위언어 피드백 집단, 통제 집단으로 나누어 2주 동안 3편의 서사 쓰기(narrative writing) 과업을 수행하도록 했다. 실험 집단에 속한 학생들은 오로지 정관사와 부정관사 사용에 한해서만 선택적 피드백을 제공받았다. 이 연구에서는 관사 사용에 관한 선언적 지식(declarative knowledge)과 절차적 지식(procedural knowledge)의 습득이 어느 정도 이루어졌는지를 알아보기 위해 오류 수정 시험과 서사 쓰기 시험으로 이루어진 사전 평가, 사후 평가, 지연 평가를 실시했다. 실험 결과에 따르면 사후 평가와 2주 후에 치러진 지연 평가 모두에서 상위언어 피드백 집단이 통제 집단보다 선언적 지식과 절차적 지식 면에서 나은 결과를 보였다. 반면 직접 피드백 집단과 간접 피드백 집단은 통제 집단과 거의 차이가 없었다. 이러한 결과를 두고 Jang은 학습자가 상위언어 피드백을 통해 자신의 언어와 목표 언어의 차이를 인지하고 이를 이해하는 과정을 겪었기 때문이라 보았다. 그러나 그가 지적한 대로 이 연구에서는 관사 사용이 제대로 습득되었는지 판단하기에 연구 기간과 평가 기간이 모두 짧았다.

Jang의 두 번째 연구(2012b)에서는 첫 번째 연구와 동일한 절차를 거치되 피드백의 유형과 더불어 글을 수정했는지 여부가 관사 습득에 영향을 끼치는지 살펴보았다. 이를 위해 그는 91명의 대학생들을 일곱 집단으로 나누었다. 우선 유일하게 통제 집단에 비해 글을 수정한 집단과 글을 수정하지 않은 집단 사이에서 차이가 난 피드백 유형은 직접 피드백이었다. 그러나 그 효과는 지연 평가에서 발견되지 않았는데, Jang은 실험 기간이 짧았던 점이 원인일 수 있다고 지적했다. 반면 간접 피드백 집단들과 상위언어 피드백 집단들은 글을 수정했는지에 따른 차이가 발견되지 않았다. 그러나 상위언어 피드백 집단들은 글을 수정했는지 여부와 상관없이 통제 집단에 비해 사후 평가와 지연 평가 모두에서 향상된 결과를 보였다. 이러한 결과를 두고 Jang은 첫 번째 연구 결과와 마찬가지로 상위언어 피드백이 그 자체로 효과가 크기 때문에 글을 수정했는지 여부가 크게 작용하지 않았을 수 있다고 해석했다. 그리고 직접 피드백을 제공할 경우에는 글을 수정하는 경험이 언어습득 과정을 도울 수 있다고 보았다. 반면 두 연구 결과를 바탕으로 Jang은 글의 수정 여부와 상관없이 간접 피드백은 관사 사용에 관한 선언적 지식과 절차적 지식을 습득하는 데 전혀 도움이 되지 않는다고 주장했다. 이 연구는 글을 수정하는지 여부가 피드백의 유형과 밀접한 관련이 있다는 사실을 밝혀냈다는 점에서 의의가 있다.

마지막으로 김양희와 주미진(2010)은 교사 및 동료의 직접 피드백, 간접 피드백, 내용중심 피드백의 효과를 자기 수정의 기회만 허용된 경우를 통해 비교했다. 이 연구에서는 중급 수준의 36명 대학생들이 한 학기 동안 일곱 가지 다른 주제로 영작을 했으며, 각 주제당 서로 다른 유형의 피드백을 제공받았다. 이 연구에서는 피드백의 효과를 비교하기 위해 초고와 수정본 간 점수의 차이를 비교했다. 교사의 직접 피드백은 문법, 기계적 영역, 언어 형태 면에서 간접 피드백보다 효과가 컸으며, 대체로 교사의 언어중심 피드백은 교사의 내용중심 피드백보다 글의 언어적 형태 면에서 효과가 컸다. 반면 교사의 간접 피드백은 학생들의 자기 수정보다 효과가 없었다. 글의 구조 면에서는 교사의 피드백으로 인한 효과가 발견되지 않았다. 이 연구는 피드백 유형에 따라 집단을 나누는 대신 동일한 학생들에게 매주 다른 피드백을 제공함으로써 피드백의 제공 순서 및 누적 효과 등의 변수를 제거하지 못했다는 데 한계가 있다.

Jang(2012a)의 연구를 제외한 나머지 연구들에서는 피드백이 제공되지 않았거나 의미중심 피드백을 받았던 경우와 비교해서 직접 피드백의 효과가 확인되었다. 게다가 직접 피드백은 설령 효과가 없었더라도(Jang, 2012a), 글을 수정할 기회가 주어질 경우에는 효과가 나타났다(Jang, 2012b). 반면 간접 피드백은 통제 집단과 비교해서 다소 실망스러운 결과를 보여 주었다. 가령 Jang(2012a, 2012b)의 두 연구에서 간접 피드백은 통제 집단에 비해 유의미한 차이를 보여 주지 못했으며, 심지어 김양희와 주미진(2010)의 연구에서 간접 피드백은 통제 집단보다 효과가 없었다. 또한 세 번째 유형의 연구들 중 간접 피드백이 직접 피드백과 비교하여 효과가 있었던 연구는 없었다. 유일하게 간접 피드백이 통제 집단과 비교해서 효과가 나타났던 학생들은 B. Kim(2009)의 연구에서 중급 학습자 집단이었다. 그러나 김양희와 주미진(2010)의 연구 또한 중급 수준의 학생들을 대상으로 했다는 점을 고려한다면 간접 피드백이 중급 학습자에게 효과가 있다고 단정지을 수 없을 것이다. 끝으로 Jang(2012a, 2012b)의 연구에서는 상위언어 피드백을 추가했는데, 이 피드백은 다른 어떤 피드백 유형보다 효과가 뛰어났지만 모두 관사 사용에 한정되어 있었다. 따라서 다른 언어 항목에 대한 후속 연구가 필요해 보인다.

4) 단일 유형 교사 피드백의 효과를 분석한 연구

다음 소개될 연구들(이정원 · 홍영주, 2001; 차진경 · 이은주, 2012; 황정화 · 이희경, 2012; Cho, 2011; Jung, 2010; B.-J. Kim, 2007, 2009; Lee, 2013)에서는 단일 유형의 교사 피드백을 다루었다. 이들 연구들은 단독으로 사용된 피드백 유형에 따라 직접 피드백 연구(차진경 · 이은주, 2012; Kim, 2007), 간접 피드백 연구(이정원 · 홍영주, 2001; Jung, 2010; B.-J. Kim, 2009; Lee, 2013), 기타 교사 피드백 연구(황정화 · 이희경, 2012; Cho, 2011)로 세분할 수 있다.

(1) 직접 피드백 연구

차진경과 이은주(2012)는 교사의 직접 피드백이 다른 경로로 학생에게 전달될 때 어떤 차이가 있는지 비교했다. 구체적으로 이 연구에서는 이메일을 통해 문자 피드백을 받은 집단과 협의를 통해 면대면 피드백을 받은 집단의 사전 작문과 사후 작문을 각각 비교했다. 이 연구는 총 20명의 성인들을 대상으로 이루어졌고, 두 달 동안 네 편의 초고에 대해 각각 네 번의 피드백이 제공되었으며, 학생들은 이를 바탕으로 수정본을 제출했다. 학생들이 작성한 사전 작문과 사후 작문은 내용, 구성, 문법, 어휘, 기계적 영역에 걸쳐 분석적으로 평가되었다. 평가 결과에 따르면 협의 집단과 문자 피드백 집단은 모든 평가 항목에서 유의미한 차이가 없었으며, 협의 집단은 기계적 영역을 제외한 나머지 영역에서, 문자 피드백 집단은 구성과 기계적 영역을 제외한 나머지 영역에서 사전 작문과 사후 작문 사이의 차이가 발생했다. 기계적 영역에서 피드백의 효과가 없었다는 결과에 대해 차진경과 이은주는 학생들이 사전 작문에서 이미 높은 점수를 받아서 그렇다고 해석했다. 이 연구에서는 또한 유창성 및 문장의 복잡성을 평가하기 위해 총 단어 수, t단위 수, t단위당 단어 수, 문장당 t단위 수를 계산했는데, 마찬가지로 협의 집단과 문자 피드백 집단 사이에는 유의미한 차이가 없었으며, 협의 집단의 사전 작문과 사후 작문 사이에서 총 단어 수와 t단위 수가 증가했다. 이 연구는 전달되는 매체와 상관없이 교사의 직접 피드백이 글의 내용, 문법, 어휘 영역에서 효과적이라는 결과를 보여 주었다.

차진경과 이은주(2012)의 연구와 달리 Kim(2007)의 연구는 교사의 직접 피드백만으로는 부족하다는 결과를 제시했다. 그의 연구에서는 영어 능숙도가 낮은 31명의 경영대 대학생들을 대상으로 교사의 포괄적인 직접 피드백이 어떤 처치를 동반했을 때 효과가 나타나는지 살펴보았다. 연구는 10주간 지속되었고, 2주, 6주, 10주에 쓰여진 영문 비즈니스 편지글이 사전 작문, 사후 작문, 지연 작문으로 각각 사용되었다. 학생들은 각 편지글에 관계사절을 두 문장씩 써야 했고, 의미 전달에 문제가 있는 관계사절 오류는 2점을, 의미 전달에 문제가 없는 관계사절 오류는 1점을 감점했다. 학생들은 교사 피드백 외에 상위언어 피드백을 추가로 받았는지, 문장 단위의 관계사절 훈련을 별도로 받았는지, 직접 피드백을 받기 전에 간접 피드백을 먼저 받아 오류를 스스로 고칠 수 있었는지 여부에 따라 네 집단으로 나뉘었다. 연구 결과에 따르면 직접 피드백과 상위언어 피드백만으로는 관계사절의 습득이 이루어지지 않았으며, 단기적인 효과를 위해서는 문장 단위의 훈련이 추가로 필요했고, 장기적인 효과를 위해서는 직접 피드백, 상위언어 피드백, 문장 단위의 훈련 외에도 간접 피드백을 통해 스스로 오류를 고쳐 봐야 했다.

(2) 간접 피드백 연구

우선 이정원과 홍영주(2001)의 연구는 세 명의 학생들을 대상으로 한 학기 동안 실시되었으며, 학생들은 오류 수정을 포함하는 교사의 통합적 피드백을 토대로 여러 종류의 영작문을 작성하고 각각 두 차례에 걸쳐 글을 수정했다. 이때 학생들의 오류는 간접적으로 표시되었다. 학생들의 사전 작문과 사후 작문을 비교한 결과, 총점은 세 학생 모두 증가했으나, 주로 내용 및 구성 영역이 향상되었고, 언어 영역이 현저하게 향상되지는 못했다. Lee(2013)는 자신의 단독 연구에서도 계속해서 교사의 간접 피드백 효과에 대해 연구했다. 그의 두 번째 연구에서는 중상급 영작 실력을 가진 12명의 대학생들이 3개월 동안 묘사하는 글, 설명하는 글, 주장하는 글을 차례대로 작성했으며, 마찬가지로 두 차례에 걸쳐 피드백을 제공받았고 두 번의 수정 과정을 거쳤다. Lee는 학생들의 글에서 13가지 오류 유형과 6가지 오류 수정 유형을 확인한 후, 각각의 글의 종류와 수정 과정상에서 어떤 차이가 나는지 살펴봤다. 문법 오류는 초고보다 첫 번째 및 두 번째 수정본 모두에서 유의미하게 줄어들었으며, 묘사하는 글에 비해 주장하는 글의 오류 개수가 유의미하게 적었다. 그러나 글의 장르에 따라 학생 집단이 나누어지지 않았다는 사실을 고려한다면 오류의 차이가 단순히 장르의 차이로 인한 것이라기보다 반복적인 피드백의 효과일 가능성이 있다. 이 연구에서는 성공적인 오류 수정의 비율이 대략 65%로 그다지 높지 않았는데, 이에 대해 Lee는 잘하는 학생들에게도 직접 피드백을 제공할 필요가 있다고 제안했다. 이 연구에서는 고칠 수 없는 오류로 간주되는 단어 선택의 오류와 문장 구조의 오류가 교사의 간접 피드백을 통해 성공적으로 수정되었고 또한 점차 감소되었다.

Jung(2010)도 마찬가지로 교사의 간접 피드백을 분석했는데, 특히 그는 간접 피드백이 수정 책략(revision strategy)을 동반했을 경우에 얼마나 효과가 있는지 조사했다. 이 연구에서 사용된 수정 책략은 오류에 대한 문법적 설명을 일컫는 것으로서 다른 연구에서 다룬 상위언어 피드백과 유사했다. 이 연구를 위해 Jung은 우선 초급 수준의 초등학생 15명이 작성한 118편의 초고와 수정본에 대해 8명의 원어민 교사가 제공한 피드백을 모은 후, 학생들이 범한 문법과 기계적 영역의 오류를 따로 추려 15개 오류 유형으로 분류했다. 그 결과 학생들의 오류 유형 중에서는 구두법, 한정사, 동사 관련 오류가 많이 발견되었으며, 교사들은 일반적으로 고칠 수 있는 오류에 수정 책략을 더 많이 사용했다. 그리고 수정 책략이 동반된 간접 피드백은 전반적으로 학생들이 오류를 성공적으로 수정하는 데 도움이 되었다. 그러나 동사 형태와 문장 구조 면에서는 수정 책략이 간접 피드백과 함께 제공되더라도 오류 수정률이 높지 않았다.

B.-J. Kim(2009)의 연구에서는 교사의 간접 피드백이 어떤 처치를 동반했을 때 효과가 나타나는지 조사했다. 이 연구는 영어 능숙도가 낮은 대학생 108명을 대상으로 6주간 실시되었다. 학생들은 실험 기간 동안 총 네 편의 번역 과업을 수행했는데, 각 과업당 비정형 현재분사 관계사절과 현재분사 구문을 각각 세 문장씩 작성했으며, 각각 30점 만점으로 평가되었다. 학생들은 네 집단으로 나뉘어 교사로부터 간접 피드백을 모두 받았으며, 이 중 세 집단은 추가로 상위언어 피드백을 받거나 스스로 오류를 고쳐볼 수 있는 기회를 가졌다. 실험 결과에 따르면 간접 피드백과 더불어 상위언어 피드백과 자기 오류 수정의 기회를 모두 가졌던 집단만이 두 구문의 단기 및 장기 습득 면에서 효과가 있었다. 반면 간접 피드백에 상위언어 피드백이나 자기 오

류 수정의 기회 중 하나만 추가되어서는 효과가 없었다. 이러한 결과에 대해 Kim은 학생들이 상위언어 피드백을 통해 자신의 문제점을 이해할 수 있었으며, 자기 수정 기회를 통해 정확한 구문을 구사할 수 있었다며, 두 가지가 모두 제공되어야 간접 피드백의 효과가 있다고 주장했다.

교사의 간접 피드백을 단독으로 다룬 연구들은 피드백의 효과에 대해 상충된 결과를 보였다. 가령 교사의 간접 피드백은 총점, 내용, 구성, 전반적인 오류, 단어 선택의 오류, 문장 구조의 오류 면에서는 효과가 있었지만 이와 동시에 언어 영역, 동사 형태의 오류, 문장 구조의 오류 면에서는 효과가 없었다. 그런가 하면 B.-J. Kim(2009)의 연구에서는 분사 구문과 관련하여 상위언어 피드백과 자기 오류 수정의 기회가 없다면 교사의 간접 피드백이 효과가 없다는 결과를 제시했다. 따라서 교사의 간접 피드백의 효과를 확인하기 위해서는 좀 더 폭넓은 후속 연구가 절실해 보인다.

(3) 기타 교사 피드백 연구

앞서 차진경과 이은주(2012)의 직접 피드백 연구와 마찬가지로 황정화와 이희경(2012)은 교사 피드백이 다른 매체로 전달되었을 경우에 어떤 차이가 나타나는지 살펴보았다. 이 연구에서는 전자 피드백과 면담 피드백 외에 일반 문자 피드백을 포함시켰으며, 서울 강남에 위치한 중학교 1학년 상급반 24명의 학생들을 대상으로 했다. 황정화와 이희경은 학생들을 세 집단으로 나눈 후, 세 개의 영작 과업에 대해 다른 유형의 피드백을 번갈아 가며 제공했다. 즉 각 집단의 학생들은 과업별로 전자 피드백, 면담 피드백, 문자 피드백을 모두 받았다. 이 연구에서도 마찬가지로 학생들은 피드백을 바탕으로 글을 수정하여 제출했다. 교사는 고칠 수 있는 오류에는 간접 피드백을, 고칠 수 없는 오류에는 직접 피드백을 제공했다. 그러나 이 연구에서는 직접 피드백과 간접 피드백의 효과를 직접적으로 비교하지는 않았다. 교사 피드백의 효과를 검증하기 위해 이 연구에서는 우선 학생들이 작성한 사전 작문과 4주 후에 작성한 사후 작문에서 나타난 오류를 분석했으며, 또한 과업별로 오류가 성공적으로 수정되었는지 여부를 검토했다. 이 연구에서는 피드백에 따른 오류의 수가 유의미하게 감소되지는 않았으나, 반면에 사용된 단어 수는 증가했다. 즉 정확성은 높아지지 않았으나 유창성은 증가했다고 볼 수 있다. 학생들은 피드백을 상당히 성공적으로 수정본에 반영했으나, 과업과 피드백 제공 매체에 따른 차이는 없었다.

마지막으로 Cho(2011)는 기존의 연구들이 지나치게 인지적인 면에 치중했다고 지적하면서 사회문화적 입장에서 피드백을 연구할 필요가 있다고 제안했다. 그는 두 명의 학부 학생들이 제출한 초고와 수정본을 그 학생들이 받은 교사 및 동료 피드백과 비교했다. 또한 개별 면담을 통해 학생들이 피드백을 어떻게 받아들이고 있는지 살펴보았다. 연구 결과에 따르면 피드백을 본인의 문제점으로 내재화한 학생의 경우 글을 수정할 때 피드백을 적극 반영했을 뿐만 아니라 자발적으로 다른 문제점을 찾아 글을 수정했다. 반면 피드백의 내재화가 이루어지지 않은 학생의 경우 피드백을 받은 부분 위주로 글을 수정했을 뿐 자발적인 수정이 거의 이루어지지 않았다. 두 학생의 사례를 통해 Cho는 피드백의 내재화 여부가 언어학습의 발달 단계와 관련이 있다고 보았으며, 학생이 교사를 비롯한 타인의 피드백을 어떻게 받아들이고 있는지에 관심을 가져야 한다고 주장했다. 그러나 두 학생이 받은 피드백의 성격이 같지 않았다는 점을 고려할 때 피드백 내용이나 학생의 성격 등도 피드백을 내재화하는 과정에 영향을 끼치지 않았는지 연구할 필요가 있어 보인다. 또한 이 연구에서는 학생들이 글을 얼마나 수정했는지는 분석했으나, 글을 얼마나 성공적으로 수정했는지에 대한 분석은 하지 않았다.

5. 토의 및 결론

교사 피드백의 효과에 관한 국내 연구들은 학생 수, 학생 유형, 영어 능숙도 면에서 상당히 다양했다. 가령 학생 수 면에서는 두세 명의 학생들을 집중적으로 살펴본 연구들(이정원 · 홍영주, 2001; Cho, 2011; Lee & Lee, 2010)에서부터 100명이 넘는 학생들을 대상으로 한 연구들(B.-J. Kim, 2009; B. Kim, 2009; Park, 2011)도 있었다. 그런가 하면 학생 유형 면에서는 비록 국내 연구들 중 대부분이 대학생들을 대상으로 했지만 초등학생(Jung, 2010), 중 · 고등학생(김우영, 2012; 전은경 · 민찬규, 2009; 주언진 · 배정옥, 2012; 황정화 · 이희경, 2012), 학부 및 대학원 학습자(송미정, 1998), 성인 학습자(차진경 · 이은주, 2012)를 대상으로 했던 연구들도 있었다. 말하기와 쓰기 교육을 확대할 필요가 있는 중등학교 영어교육 환경과 영어 논문 작성 교육이 절박한 대학원 학생들의 현실을 고려한다면 이들 학생들을 대상으로 하는 피드백 연구가 더욱 필요해 보인다. 다음으로 학생들의 영어 능숙도 면에서 보자면 대부분의 연구들이 중급 수준의 학생들을 대상으로 했지만 초급 수준의 학생들을 대상으로 피드백의 효과를 검증했던 연구들(Jung, 2010; B.-J. Kim, 2007, 2009)도 있었다. 특히 몇몇 연구들(김우영, 2012; B. Kim, 2009)에서는 영어 실력에 따라 피드백의 효과가 차이가 나는지 비교했고, 상당히 의미 있는 결과를 보여 주었다. 따라서 영어 능숙도에 따른 후속 연구가 매우 필요해 보인다.

연구 기간 면에서는 Ryoo(2011)의 연구를 제외하고 피드백의 장기적인 효과를 분석했던 국내 연구는 드물었다. 여건상 대부분의 연구들이 한 학기 혹은 한 학기보다 짧은 기간 동안에 나타난 피드백의 효과를 분석했다. 많은 연구들이 피드백의 효과를 규명하기 위해 특정 주제에 대해 설명하거나 주장하는 에세이(essay) 과업을 사용했으며, 오류 수정(Jang, 2012a, 2012b; Ryoo, 2011), 일지쓰기(Y.-S. Ryoo, 2007a, 2007b), 편지 쓰기(Kim, 2007; B. Kim, 2009), 일기 쓰기(Kim, 2012), 번역(B.-J. Kim, 2009) 등의 과업을 사용한 연구들도 있었다. 국내 연구들은 피드백의 효과를 증명하기 위해 오류 개수의 변화를 측정하거나, 영작문의 총체적 혹은 분석적 점수를 매겨 비교하거나, t 단위를 사용하여 개발된 여러 평가 도구들을 사용하기도 했다.

연구에 사용된 교사 피드백에 따라 이 글에서는 국내 연구를 크게 네 가지 유형으로 나누었다. 우선 첫 번째 유형은 언어중심 피드백이나 언어중심 피드백을 포함하는 통합적 피드백을 제공한 후 내용중심 피드백이나 피드백을 제공하지 않은 경우와 비교했다. 이 연구들에서는 적어도 문법 및 어휘 등의 정확성과 관련하여 실험 집단이 통제 집단에 비해 효과가 있지는 않았다. 두 번째 유형의 연구들에서는 교사의 직접 피드백과 간접 피드백을 비교했는데, 직접 피드백이 간접 피드백과 효과 면에서 비슷하거나 낫다는 결과를 제시했다. 이러한 결과는 간접 피드백이 직접 피드백보다 대체적으로 더 도움이 된다는 주장(Ferris, 2002, p. 19)과 상반된다. 세 번째 유형의 연구들은 직접 피드백과 간접 피드백의 효과를 피드백을 제공하지 않은 경우와 비교했다. 직접 피드백은 대체로 통제 집단에 비해 효과가 있었던 반면, 간접 피드백의 효과는 일관되지 못했다. 뿐만 아니라 세 번째 유형의 연구들에서는 간접 피드백이 직접 피드백보다 효과가 더 크지 않았다. 이러한 연구 결과들을 놓고 볼 때 적어도 한국의 EFL 환경에서는 교사가 국내 학생들에게 간접 피드백을 제공할 필요가 있는지에 대해 회의적이 될 수밖에 없다. 그러나 섣불리 간접 피드백의 무용론을 주장하기보다는 학생들의 영어 실력 등을 고려한 피드백 연구가 더욱 필요할 것이다(김우영, 2012; B. Kim, 2009). 마지막 피드백 연구 유형에서는 통제 집단 없이 교사의 단일 유형 피드백이 효과가 있는지 여부를 다루었다. 이들 연구들은 교사의 직접 혹은 간접 피드백의 효과에 대해 상반된 결과를 제시했다. 국내 연구 결과들을 검토한 결과 적어도 현재 시점에서는 한국 학생들에게 어떤 피드백이 더 효과적이며, 피드백 자체가 이들의 언어습득과 영작문 실력 향상에 도움이 되는지 여부를 판단하기에 한계가 있어 보인다. 일단 절대적인 연구 수가 부족하고, 평가 대상과 기준이 다양하므로 현재로서는 기존 국내 연구들을 검토하여 어떤 피드백 연구가 더 필요한지 진단해 보는 데 의의가 있을 것이다.

영어 교사에게 있어서 피드백을 제공해야 하는지, 만약 피드백을 제공한다면 어떤 피드백을 제공해야 하는지를 결정하는 문제는 매우 중요하다. 따라서 해외에서는 기존의 피드백 연구 결과들을 여러 기준에서 비교 및 검토한 논문들(Ferris, 2004, 2010; Truscott, 1996)이 있었던 반면, 국내에서는 이에 대한 체계적인 시도가 거의 없었다. 따라서 이 글은 국내 학생들을 대상으로 피드백의 효과를 검증하고자 하는 연구자들과 실제로 피드백을 제공해야 하는 국내 교사들에게 도움이 되리라 예상된다. 앞서도 밝혔듯이 추후 국내 피드백 연구에서는 학생들의 영어 실력, 영작 과업, 오류 유형별로 나누어 효과적인 피드백이 무엇인지 좀 더 장기적으로 살펴볼 필요가 있다.

마지막으로 국내 교사 피드백 연구에서는 비교적 다양한 시도들이 있었는데 이에 대한 후속 연구가 필요하다. 가령 국내에는 교사 피드백이 협의나 CMC 등을 통해 전달될 때 효과의 차이가 나타나는지 살펴본 연구들(차진경 · 이은주, 2012; 황정화 · 이희경, 2012; Lee & Lee, 2010)이 있었고, 교사 피드백이 코퍼스 기반 피드백과 결합되었을 때 어떤 효과가 나타나는지 살펴본 연구들(공정도 · 윤현숙, 2010; Chang, 2013)도 있었다. 그런가 하면 Cho(2011)는 기존의 인지주의적 관점에서 탈피하여 사회문화적 관점에서 피드백을 연구했다. 한편 최근에는 교사들이 피드백을 주로 학습의 평가(Assessment of Learning, AoL) 혹은 총괄 평가(summative assessment)의 목적으로 제공하여 학생들의 학습 의지를 떨어뜨리고 피드백 본연의 장점을 퇴색시켰다는 반성이 일면서, 피드백을 학습을 위한 평가(Assessment for Learning, AfL) 혹은 형성 평가(formative assessment)를 위해 사용해야 한다는 주장이 제기되었다(Lee, 2007). 그러나 아직 이에 대한 국내 연구는 미비한 상태다. 향후 다양한 국내 연구들이 계속해서 이루어진다면 여러 변수를 바탕으로 한국 학생들을 위한 구체적인 피드백 지도 방안을 제시할 수 있으리라 기대된다.

참고문헌

공정도 · 윤현숙(2010). 코퍼스를 활용한 영작문 문법오류 피드백의 효과에 관한 사례 연구. 『영어영문학연구』, *52*(3), 47-69.

김양희 · 주미진(2010). 다양한 종류의 피드백이 영어작문 향상에 미치는 효과. 『영어어문교육』, *16*(4), 133-152.

김우영(2012). 영작문활동과 교사의 Feedback에 관한 연구. 『언어학연구』, *17*(3), 25-44.

송미정(1998). 문자 피드백의 유형과 영작문 실력 향상간의 관계. 『영어교육』, *53*(2), 135-156.

이정원 · 홍영주(2001). 과정중심 피드백이 영어 쓰기능력 향상에 미치는 영향. 『영어교육』, *56*(2), 265-285.

전은경 · 민찬규(2009). 영어 저널쓰기에서 교사의 피드백 유형이 학습자의 쓰기능력 신장에 미치는 영향. 『영어교육연구』, *21*(4), 293-313.

주언진 · 배정옥(2012). 통제작문의 반복형성평가를 사용한 교사 피드백이 학습자의 문법구조 사용 능력의 향상에 미치는 영향. 『외국어교육』, *19*(3), 201-227.

차진경 · 이은주(2012). 피드백 유형이 성인 학습자의 영어 쓰기에 미치는 영향. 『외국어교육』, *19*(3), 255-284.

황정화 · 이희경(2012). 오류수정 피드백 유형이 한국 중학교 학습자들의 개작 활동에 미치는 영향. 『현대영어교육』, *13*(1), 235-262.

Chang, J.-Y. (2013). Korean graduate engineering students' evaluations of feedback from a specialized corpus on academic English writing. *Korean Journal of Applied Linguistics*, *29*(1), 245-271.

Cho, S. (2011). Internalization of feedback. *English Teaching*, *66*(3), 3-22.

Ellis, R. (2009). A typology of written corrective feedback types. *ELT Journal*, *63*(2), 97-107.

Fazio, L. L. (2001). The effect of corrections and commentaries on the journal writing accuracy of minority- and majority-language students. *Journal of Second Language Writing*, *10*(4), 235-249.

Ferris, D. R. (1999). The case for grammar correction in L2 writing classes: A response to Truscott (1996). *Journal of Second Language Writing*, *8*(1), 1-11.

Ferris, D. R. (2002). *Treatment of error in second language student writing*. Ann Arbor, MI: University of Michigan Press.

Ferris, D. R. (2004). The "grammar correction" debate in L2 writing: Where are we, and where do we go from here? (and what do we do in the meantime …?). *Journal of Second Language Writing*, *13*(1), 49-62.

Ferris, D. R. (2010). Second language writing research and written corrective feedback in SLA. *Studies in Second Language Acquisition*, *32*(2), 181-201.

Jang, S.-S. (2012a). Types of information in written corrective feedback and its efficacy on L2 acquisition. *English Teaching*, *67*(3), 3-25.

Jang, S.-S. (2012b). Effects of written corrective feedback-based revision on L2 acquisition. *Korean Journal of Applied Linguistics, 28*(4), 187-215.

Jung, J. (2010). Error types and teacher e-feedback: A study on Korean EFL beginner writing. *Modern Studies in English Language & Literature, 54*(4), 293-323.

Kim, B. (2009). Proficiency level and the relative effects of different corrective feedback options on EFL student writing. *English Teaching, 64*(4), 203-222.

Kim, B.-J. (2007). The effects of different types of form-focused instruction on Korean university students' writing accuracy. *English Language & Literature Teaching, 13*(2), 63-90.

Kim, B.-J. (2009). The combined effects of metalinguistic explanation and self-correction on improving EFL writing accuracy. *English Language & Literature Teaching, 15*(3), 83-104.

Kim, J.-H. (2010). Grammar error correction in L2 writing. *Foreign Languages Education, 17*(1), 1-30.

Kim, M.-S. (2012). The effects of different types of corrective feedback by teacher and peers in an EFL classroom. *Foreign Languages Education, 19*(3), 1-23.

Lee, I. (2007). Feedback in Hong Kong secondary writing classrooms: Assessment for learning or assessment of learning? *Assessing Writing, 12*(3), 180-198.

Lee, J.-W. (2013). Effects of corrective feedback on college students' English writing accuracy. *English Language Teaching, 25*(2), 63-80.

Lee, J., & Lee, K. (2010). Corrective feedback through computer-mediated communication in EFL college level. *English Language Teaching, 22*(1), 171-193.

Park, C. (2011). Effects of feedback types on writing accuracy, fluency, and complexity. *English Language & Literature Teaching, 17*(4), 207-227.

Ryoo, M.-L. (2011). Long-term effects of written corrective feedback on Korean EFL students' writing. *English Language Teaching, 23*(4), 141-156.

Ryoo, Y.-S. (2006). The effects of indirect and direct error feedback on Korean college students' accuracy improvement in writing. *Foreign Languages Education, 13*(3), 241-262.

Ryoo, Y.-S. (2007a). Korean college students' English writing with and without error correction. *English Language Teaching, 19*(3), 69-87.

Ryoo, Y.-S. (2007b). A comparison of revisions in response to indirect and direct error feedback. *Foreign Languages Education, 14*(3), 73-93.

Truscott, J. (1996). The case against grammar correction in L2 writing classes. *Language Learning, 46*(2), 327-369.

Truscott, J. (1999). The case for "the case against grammar correction in L2 writing classes": A response to Ferris. *Journal of Second Language Writing, 8*(2), 111-122.

제13장

컴퓨터 매개 의사소통 도구를 활용한 영어교육*

황필아 한국교육과정평가원

1. 서론

최근 네트워크 기술의 급속한 발달은 언어교육에서도 혁신적인 변화를 가져왔다. 다양한 매체를 활용한 언어학습 도구들 중에서, 컴퓨터 매개 의사소통(Computer-Mediated Communication, CMC)은 대화자 간 상호작용을 촉진시킴으로써 의미협상을 가능하게 하고 학습자의 중간언어를 향상시키는데 유용한 도구로 활용되고 있다. 전통적인 면대면 의사소통(Face-to-Face Communication, FFC)과 비교해 볼 때, CMC는 학습자의 불안감을 감소시키고 보다 긍정적인 태도를 갖고 대화에 참여하도록 유도함으로써 발화의 양을 증가시키며, 특히 문자기반의 CMC는 학습자가 자신의 발화를 점검

---

* Hwang, Pil-Ah (2014). English teaching and learning through computer-mediated communication. In O. Kwon (Ed.). *New horizons in English education research* (pp. 303-327). Seoul: Seoul National University Press.

하고 수정함으로써 발화의 어휘적, 통사적 복잡성을 높일 수 있다는 장점이 있다(Beauvois, 1992, 1997; Blake, 2000; Chun, 1994; Kelm, 1992; Kern, 1995; Warschauer, 1996). 이와 같은 언어적 · 비언어적 장점과 더불어 CMC는 학습자가 실제적인 상황에서 언어를 사용할 수 있는 기회를 제공해 주므로, 우리나라와 같이 영어를 접할 기회가 제한적인 EFL 상황에서 학습자의 구두 능력을 향상시키는 데 보다 적합한 언어학습 도구로 제안되었다(정양수, 2005; 한종임, 2002, 2006; Cho, Ahn, & Na, 2007; Hwang, 2008b; Jung, 2009).

이에 따라 이 글에서는 유망한 언어학습 도구로 주목받고 있는 CMC의 특성을 올바르게 이해하고 언어교육 현장에서 보다 효과적으로 활용하기 위해 CMC 도구를 활용한 영어교육에 관해 전반적으로 개관하고자 한다. 이를 위해 먼저 컴퓨터 보조 언어학습(Computer-Assisted Language Learning, CALL)의 이론적 변화의 역사를 고찰할 것이며, 다음으로 CMC 관련 논문들을 통해 발표된 CMC 연구 동향과 그 결과들을 살펴볼 것이다. 나아가 앞으로 CMC 연구가 나아가야 할 미래의 방향을 제시할 것이다.

2. CALL의 이론적 변화

1) 구조주의적 관점

1960년대부터 컴퓨터가 언어교육에 도입되었으며, 당시 성행하던 행동주의적 학습이론의 영향에 따라, CALL은 반복적인 연습의 기회를 제공함으로써 학습자가 자동화되고 정확한 언어 습관을 형성할 수 있는 프로그램을 개발하였다. 이러한 관점에서 컴퓨터의 역할은 언어의 정확성에 초점을 두고 학습자의 발화에 즉각적인 피드백을 제공하는 개인 지도 교사(tutor)로 간주되었다. 하지만 이런 유형의 반복적 연습은 일정한 표현을 지속적으로 답습하기 때문에 학습자뿐 아니라 교사들의 동기를 저하시킨다는 문제점이 지적되었다.

2) 인지주의적 관점

1970년대 후반과 80년대 초반 언어교육에 대한 행동주의적 접근 방법이 이론적, 교수법적으로 비판을 받게 되자, 언어학습을 내재된 문법 지식을 발달시키는 능동적인 과정이라고 주장하는 인지주의적 관점이 새롭게 대두되었다. 인지주의적 이론에 따르면, 학습자는 컴퓨터의 시뮬레이션 환경에서 자신이 가진 지식을 이용하여 다양한 문제를 해결하고 가설을 검증함으로써 새로운 지식을 구축할 수 있다고 제안하였다. 이러한 이론에서는 컴퓨터가 단지 프로그램을 제공하는 도구로만 간주될 뿐이다.

3) 사회인지주의적 관점

1980년대 후반에 이르러 인지주의를 비판하는 이론가들은 컴퓨터가 여전히 임시방편적이고 단절된 방식으로 사용되므로 언어학습의 중요한 부분보다는 지엽적인 부분에 더 기여하게 된다고 지적하였다. 이에 따라 CALL의 주안점이 학습자와 컴퓨터 간의 상호작용으로부터 컴퓨터를 매개로 한 학습자들 간의 상호작용으로 바뀌게 되었으며, 실제 사회에서의 언어 사용을 강조하는 사회인지주의적 관점이 등장하게 되었다. 이 이론에서는 컴퓨터가 학습자들로 하여금 다양한 기술을 이용하여 정보와 데이터, 그리고 다른 학습자들에 대한 접근을 용이하게 함으로써 언어학습을 계속적으로 할 수 있게 하는 역할을 한다. 특히 CMC는 동시적 또는 비동시적 모드로 다른 학습자들과 의사소통을 가능하게 하므로, 새로운 장르의 의사소통을 생성할 뿐 아니라, 외국어 교육에서 새로운 가능성을 열게 하였다.

3. CMC 연구 동향

1) CMC의 특성

(1) CMC의 언어적, 비언어적 장점

제2언어습득의 상호작용이론(Long, 1981; Pica, 1987)과 이해가능한 입력(Krashen, 1982), 출력가설(Swain, 1985)에 근거하여 수많은 연구자들은 CMC가 FFC와 유사한 상호작용을 가능하게 함으로써 학습자들의 의사소통능력(communicative competence)을 향상시킨다고 주장하였다(Blake, 2000; Pellettieri, 2000; Warschauer, 1997). 이러한 주장은 CMC와 FFC를 여러 가지 척도에서 비교한 초기 CMC 연구 결과에서 제기되었으며, CMC가 FFC보다 더 많은 언어적, 비언어적 장점을 가진다고 보고되었다.

먼저, CMC의 언어적 장점으로 학습자의 언어 산출량이 늘어나고, 학습자 언어의 어휘적 다양성과 통사적 복잡도가 증가하였다는 결과를 꼽을 수 있다. 학습자의 언어 산출량과 관련된 이점은 Kelm(1992)과 Kern(1995)의 연구에 보고되었다. Kelm은 최초로 *InterChange*라는 동시적 토론 채팅 프로그램을 사용하여 분석한 결과, *InterChange* 환경에 참여한 학습자들은 구두 토론 환경에서보다 더 빠른 속도로 상호작용을 함으로써 언어 산출량을 증가시켰다고 밝혔다. Kern(1995)도 말차례(turn), t단위(t-unit), 어휘 등의 횟수를 측정하여 CMC 환경에서 학습자의 언어 산출량이 증가하였다고 보고하였다.

CMC 도구 활용은 학습자 언어의 양적(quantity) 향상뿐 아니라 질적(quality) 향상도 가져왔다. CMC는 교사와 학습자 또는 학습자들 간의 상호작용과 협력을 북돋우는 환경을 제공함으로써 학습자들이 의미협상을 통해 더 다양한 어휘를 사용할 수 있게 한다. Warschauer(1996)는 문자 채팅에 참여한 ESL 학습자들이 면대면 대화에 참여한 학습자들보다 어휘적으로 더 다양하고 통사적으로 더 복잡한 언어를 사용하였다고 밝혔다. 또한 문자 기반의 CMC는 FFC와 달리 학습자들이 자신이 쓴 글을 보고 점검할 수 있게 하므로 글을 더 발전시킬 수 있는 기회를 제공한다. Chun(1994)은 컴퓨터 네트워크를 통해 토론에 참여한 학생들의 경우 일반적인 교실 토론에 참여한 학생들보다 복잡한 문장 구조를 더 많이 사용하였다고 지적하였다.

한편, CMC 활용을 통한 언어의 정확성 효과는 서로 상반된 연구 결과를 보이고 있다. Kern(1995)은 CMC 환경은 언어 산출량과 다양성을 증대시키는 데 도움이 되지만 대신 문법적 정확성은 그만큼 감소하게 된다고 주장하였다. 반면 Pellettieri(2000)는 CMC에 참여한 학습자들은 시간적 여유를 이용하여 자신의 글을 점검하거나 또는 다른 대화자로부터 피드백을 받아 글을 수정함으로써 언어의 정확성을 향상시킬 수 있었다고 설명하였다.

다음으로 CMC의 비언어적 장점(non-linguistic benefits)을 살펴보면, CMC는 학습자들의 토론 참여를 증대시키고 긍정적인 태도를 갖게 하며 외국어 학습에 대한 불안감을 감소시키는 긍정적 효과가 있다고 보고되었다. CMC의 가장 큰 장점으로 간주되는 것 중의 하나로 학습자들의 참여 증대를 손꼽을 수 있다. 기존의 면대면 토론에서는 학습자 참여의 불균형이 문제시되었지만, CMC 환경에서는 수동적인 학습자들이 활발하게 자신의 생각을 표현할 수 있도록 능동적인 참여를 유도한다. Kelm(1992)과 Kern(1995), 그리고 Warschauer(1996)는 CMC 환경에서 학습자들 간의 상호작용을 더 빈번하게 하여 학습자들의 균형적 토론 참여가 일어나게 된다고 보고하였다. 이와 같이 CMC는 언어학습에 대한 우호적인 환경을 제공하므로 학습자들은 자신이 참여하는 CMC 활동에 긍정적인 태도를 갖게 된다. Beauvois(1992)와 Blake(2000)는 문자 채팅에 참여한 학습자들을 대상으로 설문지와 인터뷰를 실시한 결과, 학습자들은 채팅 프로그램 사용에 매우 긍정적인 반응을 보였다고 밝혔다. 나아가 CMC 환경은 비위협적인 분위기에서 학습자가 실수를 두려워하지 않고 토론에 적극적으로 참여하게 함으로써 불안감을 줄여 준다. Beauvois(1997)는 문자 채팅의 의사소통 과정은 면대면 의사소통보다 더 느리게 진행되므로 부족한 언어 실력으로 인해 교실 상황에서 말하기를 꺼려하는 학습자의 불안감을 낮추는 데 보다 효과적이라고 발표하였다.

이상에서 살펴본 바와 같이, CMC 도구는 언어학습에 있어 학습자 언어를 양적, 질적으로 향상시킬 수 있을 뿐 아니라 언어 외적인 측면에서도 긍정적인 영향을 미치는 이점이 있으므로 기존의 면대면 대화 방식이 갖는 많은 문제점들을 개선시킬 수 있는 효과적인 매체로 널리 활용될 수 있다.

(2) CMC에서의 의미협상

언어학습에서 의미협상(meaning negotiation)은 학습들이 상호 간에 이해가능한 입력을 받고 이해가능한 출력을 도모한다는 점에서 아주 중요한 역할을 하는 것으로 인식되고 있다(Long, 1983; Swain, 1985). 즉, 학습자의 오류로 인해 의사소통에 문제가 생겼을 때 교사나 다른 학습자는 그 발화가 이해 가능한 입력이 될 수 있도록 수정적 피드백을 제공하며, 학습자는 이에 따라 자신의 말이나 글을 이해 가능하도록 수정하는 상호작용을 통해 목표어를 습득하게 된다. Levi와 Stockwell(2006)은 동시적 CMC 환경은 FFC와 유사한 실제적 상호작용을 하면서 동시에 학습자들이 메시지를 주고받는 동안 자신이나 다른 학습자의 언어를 보고 수정할 수 있게 해 주므로 의미협상이 더 빈번하게 일어날 수 있는 이점이 있다고 보고하였다. Pellettieri(2000)와 Smith(2003)는 의미협상은 주로 어휘 문제로 유발되며 지엽적인 부분(local indicator of nonunderstanding)에 초점을 맞추는 경향을 보였다고 밝혔다.

또한, Smith(2003)는 CMC 담화는 메시지를 입력하고 보내는 시간 차이로 인하여 말차례의 인접성이 깨지면서 다층 구조로 발전하기도 하며, FFC에서와 달리 표정 또는 몸짓과 같은 단서가 부재하므로 그 기능을 대신할 수 있는 응답에 대한 반응(Reaction to the Response)의 빈도가 더 높게 나타난다고 보고하였다. 이와 같은 CMC 환경에서의 의미협상의 특성을 반영하기 위하여 Smith는 Varonis와 Gass(1985)가 제안한 구두 담화에서의 의미협상모형을 확장하여 CMC 의미협상모형(Model of Computer-Mediated

Negotiated Interaction)을 발전시켰다. 면대면 대화에서 주로 나타나는 의미협상의 네 단계, 즉 촉발(Trigger)-신호(Indicator)-응답(Response)-응답에 대한 반응(Reaction to Response)의 순서 다음에 확인(Confirmation)과 재확인(Reconfirmation)의 두 단계를 추가하였다.

한편, 의미협상에 영향을 미치는 결정적인 요소로서 대화자의 유형, 즉 원어민-비원어민 또는 비원어민-비원어민이냐에 따라 의미협상의 빈도와 유형이 어떻게 다른지에 대한 연구도 진행되었다. Chun(1994)은 비원어민 학습자 간 상호작용이 이루어지는 CMC 환경에서 학습자들은 주제에 대한 토론을 시작하고 확장하는 등 보다 능동적인 역할을 한다고 주장하였다. Jepson(2005)은 온라인 문자 채팅방과 음성 채팅방에서 나타나는 비원어민 학습자 간 수정(repair) 현상을 의미협상과 부정적 피드백으로 나누어 비교 분석하였다. 그 결과, 음성 채팅방에서 의미협상의 수정이 더 빈번하게 나타났으며, 이해 확인(comprehension check), 질문(question), 자기 수정(self-correction)과 같은 부정적 피드백의 수정은 두 채팅방 모두에서 거의 사용되지 않았다고 보고하였다.

최근 CMC와 같이 먼 거리에 있는 대화자들 간의 의사소통을 가능하게 하는 도구가 언어학습 환경에 활용되면서 목표어 화자와 상호작용하는 원어민-비원어민 대화 형태가 점차 늘어나는 추세다. 또한 목표어를 접할 기회가 제한적인 EFL 환경에 있는 학습자들은 같은 수준의 동료보다 목표어의 올바른 표현에 대한 정확한 피드백을 제공해 줄 수 있는 원어민과의 상호작용을 더 선호하는 경향을 보인다. Fidalgo-Eick(2001), Fernández-García와 Martínez-Arbelaiz(2002)는 비원어민-비원어민보다 원어민-비원어민 간에 의미협상이 더 자주 일어났다고 보고하였으며, Kötter(2003)과 O'Rourke(2005)는 온라인 탠덤(Tandem) 학습환경[1]에서 의미협상 시작을 알

---

1 온라인 커뮤니티에서 학습자의 모국어를 배우고 있고 동시에 학습자가 배우고자 하는 언어의 원어민 파트너를 찾아 상호 언어 연습을 하는 온라인 학습환경을 일컫는다.

리고 응답하는 데 있어 원어민 역할의 학습자와 비원어민 역할의 학습자 간에 차이를 보였다고 밝혔다.

이상에서 살펴본 바와 같이, 동시적 CMC 환경은 FFC 환경과 유사한 상호작용을 가능하게 하지만 CMC 특유의 의미협상 과정이 일어나게 한다는 것을 알 수 있다. 의미협상은 언어습득을 위한 중요한 과정이므로 연구할 가치가 많은 분야다. 그에 비해 CMC에서 의미협상에 관한 연구는 아직 미미한 상태다. 따라서 후속 연구에서는 다양한 CMC 환경에서 일어나는 의미협상의 양적 비교보다는 의미협상이 어떻게 일어나고 또 그런 과정을 통해 학습자 언어가 어떻게 발달되는지 등을 분석하는 질적 비교에 대한 논의가 이루어져야 할 것이다.

2) CMC의 변인별 효과

CMC 활용 효과는 학습자 변인 및 CMC 활동과 관련된 다양한 요인들에 따라 다르게 나타난다. CMC 관련 연구들은 주로 CMC 모드, 과업 유형, 언어 능숙도 등의 변인들이 학습자 언어에 미치는 영향을 분석해 왔다.

(1) CMC 모드에 따른 효과

CMC 환경은 서로 다른 의사소통 모드(mode)를 제공하는데, 대표적으로 시간과 관련하여 동시적(synchronous), 비동시적(asynchronous) 모드로 나눌 수 있다. 동시적 CMC(SCMC)는 문자 채팅[2]에서와 같이 FFC와 유사한 실시간 상호작용을 하면서 대화자들이 즉각적으로 메시지를 전달하는 대화 모드를 일컫는다. 반면 비동시적 CMC(ASCMC)는 이메일, 게시판 사용에서처럼

2 동시적 채팅 프로그램은 문자, 음성, 화상 채팅 등으로 다양하나, 대부분의 CMC 연구들이 문자기반의 CMC를 다루고 있어 이 절에서는 문자 채팅과 관련한 연구들만 언급하기로 하겠다. 이외의 음성 채팅과 화상 채팅은 이후 음성기반 CMC에서의 구두 능력과 관련한 pp. 317-319에서 논의하기로 한다.

대화자들이 시간의 여유를 두고 메시지를 주고받는 대화 모드를 말한다.

각각의 CMC 모드는 상이한 상호작용 형태를 유도하므로 각 모드에서 생성되는 학습자 언어도 서로 다른 특징을 갖는 것으로 나타났다. Hirotani(2004)와 Warschauer(1997)는 SCMC 모드에서는 실시간의 빠른 상호작용으로 인해 학습자들이 더 자주 대화에 참여하게 되므로 학습자의 발화 양이 증가하는 반면, ASCMC 모드에서는 학습자들이 시간과 공간에 제한을 받지 않고 자신의 말이나 글을 계획하고 수정할 수 있으므로 더 복잡한 구조의 언어를 사용할 수 있다고 밝혔다. Hirotani의 연구는 어휘적 복잡성과 문장 연결성도 같이 분석하였으나 두 모드 간에 유의미한 차이를 발견하지는 못했다.

한편, Sotillo(2000)는 두 모드에서의 담화기능을 분석한 결과, SCMC 모드에서는 다양한 종류의 담화기능이 사용된 반면, ASCMC 모드에서는 전통적 교실 수업에서 찾아볼 수 있는 질문-답-평가 순의 제한적인 담화기능만 나타났다고 보고하였다. Shield, Weininger와 Davies(1999)는 학습자들의 자신감은 두 개의 모드 모두에서 향상되었지만, 학습 책략의 사용에서 SCMC 모드에서는 메타인지적 학습 책략을, ASCMC 모드에서는 인지적 학습 책략을 더 많이 사용하는 차이를 보였다고 밝혔다.

이와 같은 CMC 모드에 따른 언어의 양적, 질적 차이는 우리나라에서 수행된 연구에서도 동일하게 나타났다. Hwang(2008a)은 우리나라 학습자들을 대상으로 문자 채팅과 게시판 활동을 하게 했을 때 나타나는 언어적 산출물을 분석한 결과, SCMC 모드에서는 더 많은 양의 언어가 생성되었고 ASCMC 모드에서는 통사적으로 더 복잡한 언어가 발견되었다고 보고하였다. 한종임(2003)도 선행 연구 결과들을 바탕으로 SCMC와 ASCMC 모드의 특징을 요약하고 CMC 모드의 장단점을 살려서 우리나라 교육 현장에서 활용할 수 있는 방안들을 제안하였다. 즉 CMC 도구는 수업 시간의 제약 없이 학습자들이 의사소통이라는 실제적인 목적을 갖고 목표어를 사용할 수 있게 하며, 또한 학습자들이 수행한 과업을 파일로 저장하게 함으로써 학습

과정을 관찰하고 평가할 수 있게 하므로 우리나라와 같은 EFL환경에서 유용하게 활용될 수 있다고 보았다.

지금까지 살펴본 선행 연구들은 SCMC 모드는 언어의 양적인 면에, ASCMC는 언어의 질적인 면에 보다 긍정적인 효과가 있음을 보여 주고 있다. 따라서 영어교육 현장에서 CMC 도구를 활용할 때, CMC 모드에 따른 언어 특성을 고려하여 교수 목적에 적합한 CMC 모드를 선택해야 할 것이다.

(2) 과업 유형에 따른 효과

과업(task)은 목표 지향적인 활동으로서 학습자들은 과업을 수행하면서 언어학습을 촉진하게 된다. 과업 비교 연구에서는 다양한 결과가 나올 수 있는 확산적(divergent) 과업과 하나의 결과에 도달하기 위해 각자 가진 정보를 교환하는 수렴적(convergent) 과업이 주로 다루어지고 있다. 일반적으로 수렴적이고 폐쇄형 과업이 확산적이고 개방형 과업보다 더 많은 정보를 교환할 기회를 가진다고 알려져 왔다(Doughty & Pica, 1986; Long, 1983; Sato, 1988). CMC 환경은 FFC와 유사한 상호작용을 가능하게 하므로 CMC 모드에서 과업 유형이 학습자 언어에 미치는 영향도 FFC 환경과 유사하게 나타날 것이라고 가정하였다. 하지만 CMC 환경에서의 연구 결과는 일관되게 나타나지 않았다. Blake(2000)는 전형적인 정보교환 과업 유형인 직소 협동 학습활동(jigsaw task)이 네트워크 환경에서 의미협상 기회를 증대시킨다고 보고한 반면, Smith(2003)는 의사결정 과업(decision-making task) 활동에서 목표 어휘(target lexical item)에 대한 의미협상이 더 많이 일어났다고 밝혔다.

마찬가지로 우리나라 연구에서도 과업 유형에 따른 CMC 연구들이 서로 상반된 결과를 보였다. Jeong(2008)은 한국 대학생들을 대상으로 세 가지 서로 다른 과업으로 문자 채팅한 결과를 분석하고, 직소 협동 과업 - 의사 결정 과업-개방형 대화 과업 순으로 의미협상의 양이 다르게 나타났다고 보고하였다. 반면 Lee(2002)는 문자 채팅 환경에서 정보 차 활동이 개방형 대화 활동보다 학습자들의 말차례 기회를 더 빈번하게 하지만, 의미협상의 양적인 면에 있어서는 두 과업 활동 간에 유의미한 차이를 보이지 않았다고 지적하였다. 한편 Park(2007)은 한국과 일본 학생들이 한 학기 동안 비동시적 CMC 매체(게시판)를 통해 정보 차 과업과 의견 교환 과업에 참여하게 한 후, 학습자들이 산출한 언어를 양적, 질적으로 분석하였다. 정보 차 과업에서 더 많은 양의 언어 결과물이 산출될 것이라는 가정과 달리, 의견 교환 과업 활동에서 나타난 언어량과 유의미한 차이를 나타내지 않았으며, 오히려 의견 교환 과업에서 통사적으로 복잡한 문장이 더 많이 발견되었다. 이 결과는 ASCMC 모드에서 의견 교환 과업이 더 유용하게 활용될 수 있음을 보여 준다 할 수 있겠다.

이상에서 살펴보았듯이, 실제 의사소통에서 확인된 결과와 달리 CMC 환경에서는 주어진 과업 유형에 따른 의미협상과 언어적 산출물에 대한 결과들이 서로 일치하지 않았다. 또한 특정 과업 유형은 CMC 환경과 조건에 따라 다른 결과를 가져오는 것으로 보고되었다. 이와 같이 과업 유형에 따른 CMC 연구 결과가 아직 명확한 결론에 이르지 못하고 있으므로 그 원인을 분석하고 보다 잘 설계된 과업 유형에 대한 CMC 연구를 지속해야 할 것이다.

(3) 언어 능숙도에 따른 효과

CMC 활동에 참여하는 대화자들의 언어 능숙도는 CMC 환경에서 언어적 결과물에 영향을 미치는 또 하나의 중요한 변인으로 논의되어 왔다. 즉 학습자의 언어 능숙도가 초급, 중급, 고급 수준이냐에 따라 CMC 효과가 달라질 수 있으며, 능숙도 수준이 동일한 집단이냐 상이한 집단이냐에 따라 결과가 달라질 수 있음을 나타낸다.

일반적으로 CMC 환경은 FFC 환경에서 보다 덜 위협적인 분위기에서 학습자의 불안감을 낮춰주고 자신의 발화를 계획하고 오류를 점검할 수 있는 시간적 여유가 허용된다는 점에서 언어 능숙도 수준이 낮은 학습자에게 보다 더 효과적인 도구로 인식되어 왔다(한종임, 2006; Hirotani, 2005; Kost, 2004; Payne & Ross, 2005). Payne과 Ross(2005)는 채팅 도구는 작업기억(working memory)이 짧은 학습자들에게 정보를 처리할 수 있는 보완 장치 역할을 함으로써 언어 수준이 낮은 학습자들이 대화에 참여할 수 있도록 도와준다고 밝혔으며, Kost(2004)와 Hirotani(2005)도 CMC 활용이 초급과 중급 학습자들에게 보다 더 효과적이었다고 보고하였다.

우리나라 연구들을 살펴보면, 한종임(2006)은 영어 능숙도가 다른 세 집단에게 각각 문자 채팅, 문자 채팅 후 자기 수정, 면대면 대화 활동을 하게 한 후, 학습자들의 영어에 나타나는 정확성과 유창성을 분석하였다. 고급 수준의 경우, 세 가지 활동 간에 차이가 나타나지 않았으며, 중급 수준에서는 학습자가 스스로 자기 글을 수정할 수 있는 능력이 있으므로 문자 채팅 후 자기 수정 활동이 보다 효과적이었으며, 초급 수준에서는 문자 채팅 활동만 한 것이 보다 긍정적인 결과를 가져왔다. 이로써 초급과 중급 수준의 학습자들은 면대면 활동을 할 때보다 CMC 활동에 참여할 때 보다 많은 이점을 갖게 된다는 것을 알 수 있다.

나아가 CMC 효과가 대화자들의 능숙도 수준의 구성(group structure)에 따라 어떻게 달라지는지에 대한 연구도 진행되어 왔다. Jeong(2008)은 17명의 우리나라 대학생들을 영어 능숙도에 따라 동일 집단(고급-고급)과 상이 집단(고급-초급)으로 짝을 지어 문자 채팅을 하게 한 후, 학생들의 반응과 의미 협상을 살펴보았다. 그 결과 학생들은 대화 속도, 상호작용과 수정적 피드백 면에서 동일 집단을 더 선호하였으며, 동일 집단에서 의미협상의 상호작용이 더 빈번하게 나타났다. 반면, Choe(2011)는 우리나라 고등학생을 대상으로 능숙도에 따라 고급-고급(H-H), 고급-초급(H-L), 초급-초급(L-L)의 세 집단으로 짝을 짓게 한 후, 문자 채팅에 나타난 언어출력물을 분석하였다. 이 연구에 따르면, 고급-고급으로 짝지은 집단이 다른 두 집단들보다 더 많은 어휘와 오류 없는 문장을 사용하였으며, 고급-초급의 상이 집단이 동일 집단들보다 더 많은 책략을 사용하여 의미협상을 하였다. Choe는 이러한 결과는 현재 우리나라 중·고등학교에서 실시하고 있는 수준별 영어 수업에 상반되는 것으로서, 외국어 학습은 의미협상을 통해 자신보다 높은 수준의 다른 동료로부터 더 많이 배울 수 있다고 제안하였다. 한편, 김지영(2008)은 우리나라 대학생 20명을 영어 능숙도에 따라 동일 집단과 상이 집단으로 나누어 두 집단에서 나타나는 언어 사용과 의미협상을 양적으로 살핀 결과, 두 집단 간에 유의미한 차이가 나타나지 않았다고 밝혔다.

위의 연구들에서 밝혀진 언어 능숙도에 따른 CMC 효과는 고급 수준의 학습자보다 초급과 중급 수준의 학습자들에게 보다 긍정적인 영향을 미치는 것으로 나타났다. 하지만 능숙도에 따른 집단 구성의 영향은 서로 상반된 결과를 보이고 있어, CMC 환경에서의 대화자 구성의 차이를 질적으로 더 상세하게 분석해 볼 필요가 있다.

3) CMC의 구두 능력에 관한 효과

(1) 문자기반 CMC에서의 구두 능력

앞선 CMC 연구들에서 살펴보았듯이, 문자 채팅과 같은 동시적 CMC는 문자 형태로 자신의 생각을 표현하면서 글의 형태와 내용에 집중하여 점검하고 수정할 수 있다는 점에서 쓰기의 특성과, FFC와 유사한 상호작용 방식으로 메시지를 실시간으로 주고받는다는 점에서 말하기의 특성을 동시에 가지고 있다. 이와 같은 동시적 CMC의 복합적인 성격으로 인해, Chun(1994)은 문자기반의 CMC 활동에서 향상된 쓰기 능력이 구두 담화 능력으로 전이될 수 있다고 최초로 제안하였다. 그 이후, 문자기반 CMC 활동이 학습자의 구두 능력에 미치는 영향을 살펴보고자 하는 연구들이 이어졌다(Abrams, 2003; Beauvois, 1997; Hirotani, 2005; Kost, 2004; Payne & Whitney, 2002).

Beauvois(1997)는 FFC와 비교하여 문자 채팅에 참여한 학생들의 구두 성취도가 더 높게 나타났다고 보고하였다. Abrams(2003)는 SCMC, ASCMC, FFC 활동이 학습자의 구두 토론 능력에 미치는 영향을 살펴보기 위해 학습자가 발화한 언어를 양적, 질적으로 분석하였다. 그 결과 SCMC는 언어의 양적인 면에서만 구두 능력 향상에 긍정적 영향을 미치는 것으로 나타났다. Payne와 Whitney(2002)는 문자기반 채팅 활동이 구두 능숙도 발달에 간접적이지만 긍정적 영향을 미치며, 특히 단기기억 능력이 낮은 학습자들에게 보다 더 효과적으로 나타났다고 지적하였다. 이와 달리 Kost(2004)는 구두 능숙도 향상에 있어 FFC 집단과 SCMC 집단 간의 유의미한 차이가 발견되지 않았다고 밝힌 반면, Hirotani(2005)는 SCMC, ASCMC, FFC 세 집단 중에서 FFC 집단이 구두 시험에서 가장 많은 향상을 보였다고 보고하였다.

또한 우리나라에서도 문자기반 CMC에서 구두 능력에 대한 효과를 살펴보는 연구들이 다수 발견된다(정양수, 2005; Chang, 2002; Hong, 2004; Hwang, 2008b; Kim, 2003). Chang(2002)은 학습자들이 문자 채팅과 이메일 활동을 통해 배운 의사소통 책략을 구두 활동에서도 이용함으로써 구두 능력을 향상시켰다고 주장하였다. 즉 CMC 환경에서의 사회적이고 상호작용적인 활동은 학습자가 발화를 머뭇거리지 않고 시작할 수 있게 함으로써 구두 언어의 유창성을 향상시켰으며, 토론과 관련한 논리적 사고와 정확한 어휘 사용은 구두 언어의 내용과 어휘력 향상에 도움을 주었다는 것이다. Hong(2004)도 학습자들의 구두 토론 능력을 향상시키는 데 있어 CMC를 이용한 수업이 FFC 수업보다 더 효과적이었다고 밝혔다. 또한, Kim(2003)은 CM만 제공(CMC-only), CMC 후 FFC를 제공(CMC-then-FFC), FFC만 제공(FFC-only)한 환경 중 어떤 형태가 구두 능숙도 향상을 위해 가장 효과적인가를 살핀 결과, CMC가 제공된 두 개의 형태가 FFC만 제공한 형태와 유사한 구두 능력 향상을 보였다고 밝혔다. 이에 대해 Kim은 CMC 환경이 구두 능숙도 향상에 크게 기여하지 않았지만, 면대면 대화 없이도 구두 능력을 향상시킬 수 있다고 제안하였다.

나아가 Hwang(2008b)은 SCMC, ASCMC, FFC 모드에서 학습자의 구두 능력 전이 가능성을 살펴보기 위해, 문자 채팅, 문자 게시판, 면대면 대화 활동을 사용하여 학습자의 구두 수행 향상도를 양적, 질적으로 분석하였다. 그 결과 ASCMC 집단만이 구두 수행의 양적인 면과 질적인 면에서 모두 유의미한 향상을 보였으며, SCMC 집단은 구두 수행의 정확성 면에서만 유의미한 향상을 보였다. 이로써 문자 게시판 활동에서 많은 글을 쓰고 자신의 글을 수정하는 과정을 통해 향상된 쓰기 능력이 구두 수행할 때 언어의 양과 구조적 복잡성과 정확성을 향상시키는 구두 능력으로 전이되었음을 추론할 수 있다. 정양수(2005)는 교실 수업에서 구두 토론 이전에 학습과업을 수행하는 데 있어, 전자우편, 토론방 등 CMC 활동에 자율적으로 참여한 집단, 짝 활동으로 CMC를 적극 활용한 집단, 통제 집단으로 나누어 세 집단 간에 말하기 능력의 차이가 나타나는지 살펴보았다. 그 결과, CMC 기반에서 짝 활동으로 의견을 나누면서 상호작용을 많이 한 집단에서 말하기 능력이 더 많이 향상되었다. 따라서 문자기반의 쓰기 활동은 다양한 글을 쓸 수 있는 기회를 제공하고, 다른 학습자와 협력을 통해 글을 발전시켜 나갈 수 있게 함으로써 쓰기 능력을 향상시키며, 이 능력은 말하기에도 전이되어 구두 능력에 긍정적 영향을 미치게 된다고 볼 수 있다.

일반적으로 EFL의 제한적인 학습환경과 체면을 중시하는 문화적 관습으로 인하여 우리나라 영어 학습자들이 낮은 수준의 구두 능력을 가진 것으로 문제시되어 왔으며, 또한 교실 상황에서 실수를 두려워하여 말하기를 꺼리는 수동적인 학습자로 인식되어 왔다. 이런 측면에서 볼 때, 문자기반 CMC가 학습자의 구두 능력에 긍정적 영향을 미치는 것으로 나타났으므로 문자 채팅 또는 문자 게시판을 이용한 CMC는 우리나라 영어 학습자들의 구두 능력 향상을 위한 유용한 학습 도구가 될 수 있을 것이다.

(2) 음성기반 CMC에서의 구두 능력

바로 앞에서 살펴보았듯이, 문자기반 CMC 활동을 통해 향상된 쓰기 능력은 말하기 활동으로 전이되어 구두 능력을 향상시키는 것으로 나타났다. 하지만 문자기반 CMC는 실질적인 구두 발화 활동을 포함하고 있지 않아 구두 능력 향상을 위한 직접적인 해결책은 될 수 없을 것이라는 제한점이 있다(Bygate, 1987; Levelt, 1989). 따라서 많은 CMC 연구자들은 문자기반 CMC 활동은 면대면 의사소통을 대체할 수 없으며, 면대면 의사소통 이전의 연습 단계로 활용되어 이후의 말하기 활동에 긍정적인 영향을 줄 것이라고 제안하였다. 이에 따라 구두 능력에 직접적인 영향을 줄 수 있는 음성기반 CMC에 대한 연구들이 활발하게 진행되고 있다.

한종임(2002)은 비동시적 CMC 형태인 음성 게시판을 활용하여 학습자들의 구두 능력과 자기 점검 및 책략 사용이 향상되었다고 보고하였으며, 김성연(2008)은 동시적 CMC 형태인 음성 채팅 프로그램을 이용하여 학습자의 말하기 능력이 향상되었다고 밝혔다. 나아가 한종임(2004)은 문자 채팅, 음성 채팅, 화상 채팅의 세 가지 CMC 활동이 영어 말하기 능력에 미치는 영향을 살펴보았으며, 그 결과 유창성과 정확성은 세 가지 CMC 활동 모두에서 향상된 반면, 상호작용 기술(interactive skills)과 의사소통 책략(communicative strategies)은 음성 채팅과 화상 채팅에서 더 효과적으로 나타났다고 보고하였다.

최근 들어, 화상 채팅(video conferencing)은 면대면 의사소통에서와 같이 구두 언어로 상호작용할 수 있는 실제적 학습 환경을 제공할 뿐 아니라 음성과 시각적 단서를 동시에 사용할 수 있다는 이점 때문에 구두 능력 향상을 위한 탁월한 학습 도구로 주목받고 있다(정숙경, 2010; Lee, 2007; Wang, 2004). Wang(2004)은 시청각적 상호작용(oral-visual interaction)을 할 수 있는 화상 채팅이 원격 언어학습(distance language learning)을 위한 유용한 도구라고 주장하였으며, 다양한 화상 채팅 프로그램들을 비교 분석하면서 가장 적합한 형태를 선별할 수 있는 준거를 제시하였다. Jung(2009)은 학생들에게 화상 채팅이 시간과 공간을 제약하지 않고 불안감을 감소시켜 준다는 점을 지적하면서 긍정적으로 평가하였다고 제시하였다. 나아가 Clark과 Hooshmand(1992), Crag와 Kim(2010)은 화상 인터뷰와 면대면 인터뷰에서 구두 수행이 유사하게 나타났다고 언급하면서 화상 채팅이 면대면 인터뷰를 대신해서 구두 능력 측정 도구로 사용될 수 있다고 제안하였다.

이상에서 살펴본 바와 같이, 음성기반 CMC는 문자기반 CMC에 비해 학습자의 구두 언어 발달에 더 긍정적인 영향을 미친다는 것을 알 수 있다. 특히 화상 채팅은 음성 채팅과 달리 표정, 몸짓 등의 비언어적 단서를 화면으로 볼 수 있는 환경을 제공한다는 점에서 면대면 대화 상황과 유사하므로 교육 현장에서 면대면 대화 활동을 대체하여 활용될 수 있을 것이다.

4. 요약 및 향후 전망

1) 요약

컴퓨터가 언어 교육에 활용되면서 컴퓨터를 매개로 한 새로운 대화 학습 형태가 등장하게 되었다. 초기 CMC 연구들은 면대면 대화(FFC)와 비교를 통해 CMC는 FFC와 유사하게 실제적이고 유의미한 상호작용 환경을 제공하면서 동시에 FFC보다 더 많은 언어적, 비언어적 장점을 가진다고 제시하였다. CMC 환경에서는 빠른 속도로 메시지가 전달되고 의미협상이 더 빈번하게 일어나므로 학습자들의 언어 산출량이 증가하며, 메시지를 주고받는 동안 자신의 글을 계획하고 점검, 수정할 수 있는 시간적 여유가 주어지기 때문에 더 풍부한 어휘와 더 복잡한 통사구조가 더 많이 사용된다는 언어적 장점이 있다. 또한 CMC 환경에서는 대화자들이 직접 대면하지 않고 대화할 수 있는 환경을 제공하므로 덜 위협적인 분위기 속에서 학습자들의 불안감을 감소시키고 긍정적인 태도로 CMC 활동에 능동적으로 참여하도록 하는 비언어적 장점이 있다. 이러한 긍정적 결과에 따라 CMC는 교사, 학습자, 교수 설계자들의 관심을 끌게 되었으며, CMC의 효과적인 활용 방안을 탐색하기 위해 CMC에 영향을 미칠 수 있는 다양한 변인들에 대한 연구들이 지속적으로 진행되었다.

CMC의 효과는 교수 환경, CMC 설계 및 수행 관련 요소, 학습자의 특성 등 변인에 의해서 영향을 받는다고 인식되고 있으며, CMC 연구들은 이 중에서 주로 CMC 모드, 과업 유형, 학습자의 언어 능숙도에 따른 영향을 다루어 왔다. CMC 모드에 따른 효과를 살펴보면, 문자 채팅과 같이 대화자들이 메시지를 즉각적으로 주고받는 동시적 CMC 모드에서는 상호작용 증가로 인해 언어의 양적인 면을 향상시키는 데 효과가 있는 반면, 이메일 또는 게시판과 같이 시간 간격을 두고 메시지를 주고받는 비동시적 CMC 모드에서는 자기 글을 미리 살펴보고 글을 발전시킬 수 있기 때문에 언어의 질적인 면을 향상시키는 데 효과가 있는 것으로 나타났다. 과업 유형에 따른 CMC의 효과를 살펴보면, 수렴적 과업 유형이 확산적 과업 유형보다 더 많은 상호작용을 일어나게 한다는 면대면 대화 환경에서의 결과와 달리, CMC 환경에서는 일치된 결과를 보이지 않았으며, CMC 모드에 따라서도 의미협상을 빈번하게 하는 과업 유형이 다르게 나타났다. 언어 능숙도에 따른 CMC의 효과를 살펴보면, CMC는 FFC보다 학습자에게 더 우호적인 학습환경을 제공하는 이점이 있으므로 말하기에 자신이 없거나 구두 능숙도 수준이 낮은 학습자들에게 보다 효과적인 것으로 나타났다. 반면 언어 능숙도에 따른 동일 또는 상이 집단의 대화자 구성은 서로 상반된 결과를 보였다.

한편, 문자기반의 동시적 CMC는 쓰기의 형태를 가지면서 동시에 실시간 메시지를 주고받는 말하기 특성을 가지므로 문자기반 CMC 활동이 학습자의 구두 능력에 긍정적인 영향을 미치는 것으로 제안되었다. 이후 CMC 연구들은 문자 채팅을 통해 향상된 쓰기 능력이 말하기 활동으로 전이되어 학습자들의 구두 능력을 향상시켰다고 보고하였다. 또한 수행된 CMC의 모드에 따라 학습자 구두 언어의 양적, 질적 향상이 다르게 나타났다고 밝혔다.

최근 컴퓨터 기술의 발달과 함께 음성기반 CMC의 활용이 확대되고, 문자기반 CMC가 실질적인 구두 발화를 포함하지 않는다는 문제점이 제기되면서 구두 능력에 직접적인 영향을 줄 수 있는 음성기반 CMC에 대한 연구들이 쏟아져 나오고 있다. 특히, 음성과 시각적 단서를 동시에 제공하는 화상 채팅은 면대면 의사소통과 거의 흡사한 특징을 가진다고 보고됨에 따라 화상 채팅은 다수의 학습자들이 면대면 인터뷰로 구두 평가를 수행하기 어려운 교실 환경에서 대체 평가 도구로 활용될 수 있으며, 또한 동일한 장소에서 같이 대면할 수 없는 원거리 학습자들이 의견을 교환할 수 있는 토론 활동의 매체로도 활용될 수 있을 것이다.

2) 향후 전망

CMC는 도입 초기에 컴퓨터 프로그램의 보급 및 기술 부족 문제 등으로 인해 새로운 매체에 대한 긍정적인 기대감을 충족시키지 못했다. 그러다가 점차 많은 수의 CMC 연구들이 교실 수업의 면대면 의사소통에서 나타나는 문제점들을 보완해 줄 수 있는 CMC의 장점들을 보고하면서, CMC는 언어 학습을 촉진시키는 유용한 학습 도구로 인정받게 되었다. CMC 관련 연구들은 효과적인 활용 방안을 모색하기 위해 다양한 주제들과 접목하면서 그 수가 급속도로 팽창하고 있는 추세다. 지금까지 보고된 연구 결과들을 바탕으로 앞으로 CMC 연구가 나아가야 할 방향을 제안하면 다음과 같다.

첫째, CMC에 영향을 미칠 수 있는 다양한 변인에 대한 연구가 지속되어야 할 것이다. 선행 연구들은 CMC 모드, 과업 유형, 학습자의 언어 능숙도 수준에 따라 상호작용 방식이 달라지며 그 결과 학습자 언어의 양적, 질적 향상에 미치는 영향도 다르게 나타난다고 밝혔다. CMC를 활용한 언어 학습의 성공은 CMC가 수행되는 환경과 교수 목표를 고려하여 가장 적합한 형태의 CMC를 설계하는 데 있다고 볼 수 있다. 이런 측면에서 볼 때, 지금까지의 연구들은 몇 가지 소수의 CMC 관련 변인들만 주로 다루어 왔으며, 그 외 다른 변인이 고려되는 새로운 환경의 CMC에 대해서는 예측할 수 있는 정보를 제공하지 못하고 있다. 가령, CMC 선행 연구들은 주로 대학생을 대상으로 CMC의 효과를 언급해 왔다. 컴퓨터가 필수적인 언어학습 도구가 되고 초 · 중 · 고등학교 영어 수업이 온라인으로 진행되고 있는 현 추세에서 이들을 대상으로 한 CMC 연구는 극히 소수에 불과하다. 이와 같이 CMC 활용 대상의 확대 등 다양한 조건과 형태의 CMC 활용이 점차 증가하고 있으므로 CMC 수행에 영향을 미칠 수 있는 가능한 변인들을 탐색하고 그에 따른 영향을 분석하는 연구가 지속되어야 할 것이다.

둘째, CMC에 대한 질적 분석이 동반되어야 할 것이다. 지금까지의 CMC 연구들은 실험 집단과 통제 집단 간의 차이를 분석하면서 CMC의 효과를 양적으로 검증해왔다. 하지만 실험 집단의 언어 능숙도의 전체 평균이 유의미한 정도로 향상되었다 하더라도 실험 집단 내의 개인 학습자 간 차이가 어떻게 나타나는지에 대해서는 잘 알 수 없다. 따라서 앞으로의 CMC 연구는 양적 비교에만 그치지 않고, CMC 활동에 참여하는 과정을 질적으로 분석함으로써 특정 CMC 변인과 학습자 변인과의 상관관계를 밝히고, 학습자들의 개인차를 설명할 수 있어야 할 것이다.

셋째, CMC 환경에서 학습자들의 정의적 특성의 변화를 분석하는 연구도 이루어져야 할 것이다. 학습자들은 CMC라는 새로운 학습 매체에 호기심을 갖고 긍정적인 태도로 CMC 활동에 참여한다고 보고되고 있지만, 이러한 대부분의 연구는 4주 또는 한 학기 정도로 짧은 기간 동안 이루어진 것이다. CMC 활동이 장기간 지속될 경우, 교사나 다른 학습자들과 직접적인 상호작용 부재로 인하여 CMC 활동에 대한 흥미가 감소하고 참여 횟수도 줄어들 가능성이 있다. 또한 언어학습의 궁극적인 목표는 면대면 상황에서 원활한 의사소통을 하는 데 있으므로 학습자들은 컴퓨터를 매개로 한 대화 형태로 계속 연습하기보다는 적절한 시점에서 면대면으로 직접 대화할 수 있는 기회를 갖기를 원한다. 따라서 CMC의 효과를 최대화할 수 있는 CMC 활용 시기를 점검하기 위해 CMC 도구가 장기간 사용되었을 때 나타나는 학습자의 정의적 특성과 변화 과정을 분석할 필요가 있을 것이다.

이 글은 CMC의 이론적 배경과 관련 연구 결과들을 요약 정리하고 나가야 할 연구 방향을 제시하였다. CMC의 특성을 잘 이해하고 이점을 적극 활용한다면 성공적인 언어학습을 위한 유용한 학습 매체 역할을 하는 CMC의 긍정적 효과를 기대할 수 있을 것이다.

참고문헌

김성연(2008). 음성 언어 기반 CMC의 교육적 효과에 관한 연구. 『멀티미디어 언어교육』, *11*(1), 85-102.

김지영(2008). 동시적 컴퓨터 매개 커뮤니케이션에서 나타나는 상호작용 유형 분석. 『영어학』, *8*(1), 21-49.

정숙경(2010). 온라인 화상수업에서 나타나는 교사와 학생의 의미교섭과정에 대한 연구. 『영어교육』, *65*(2), 225-255.

정양수(2005). CMC기반의 언어학습 환경에서 행해진 영어 쓰기 활동이 영어 말하기 능력에 미치는 효과. 『언어 연구』, *21*(2), 113-132.

한종임(2002). 멀티미디어를 활용한 영어의사소통능력 신장 방안 연구. 『영어교육』, *57*(4), 531-556.

한종임(2003). 영어교육에서의 효과적인 컴퓨터 매개 의사소통도구 활용 방안. 『멀티미디어 언어교육』, *6*(2), 243-264.

한종임(2004). 인터넷 실시간 의사소통도구를 활용한 영어구두언어능력 신장 방안. 『외국어 교육』, *11*(2), 195-226.

한종임(2006). 영어의 유창성 및 정확성 신장을 위한 ICT의 효과적 활용. 『멀티미디어 언어교육』, *9*(1), 211-239.

Abrams, Z. I. (2003). The effect of synchronous and asynchronous CMC on oral performance in German. *Modern Language Journal, 87*(2), 157-167.

Beauvois, M. H. (1992). Computer-assisted discussion in the foreign language classroom: Conversation in slow motion. *Foreign Language Annals, 25*(5), 455-464.

Beauvois, M, H. (1997). Write to speak: The effects of electronic communication on the oral achievement of fourth semester French students. In J. Muyskens (Ed.), *New ways of learning and teaching: Issues in language program direction* (pp. 93-116). Boston: Heinle.

Blake, R. (2000). Computer-mediated communication: A window on FL Spanish interlanguage. *Language Learning & Technology, 4*, 120-136.

Bygate, M. (1987). *Speaking*. Oxford, UK: Oxford University Press.

Chang, J. T. (2002). *The mask mechanism: A study of anxiety, motivation and communicative competence of Korean learners of English incomputer-mediated communication environments*. Unpublished doctoral dissertation, The University of Manchester, UK.

Cho, H.-S, Ahn, B.-K., & Na, Y.-H. (2007). Exploring EFL Students' CMC discourse practice in a college-level classroom. *English Teaching, 62*(2), 217-242.

Choe, Y.-H. (2011). Effects of task complexity and English proficiency on EFL learners' task production in SCMC(Synchronous Computer-Mediated Communication). *Multimedia-Assisted Language Learning, 14*(3), 36-61.

Chun, D. M. (1994). Using computer networking to facilitate the acquisition of interactive competence. *System, 22*(1), 17-31.

Clark, J. L. D., & Hooshmand, D. (1992). "Screen-to-screen" testing: An exploratory study of oral proficiency interviewing using video teleconferencing. *System, 20*(3), 293-304.

Craig, D. A., & Kim, J. T. (2010). Anxiety and performance in videoconferenced and face-to-face oral interviews. *Multimedia-Assisted Language Learning, 13*(3), 9-32.

Doughty, C., & Pica, T. (1986). Information gap tasks: an aid to second language acquisition. *TESOL Quarterly, 20*, 305-325.

Fernández-García, M., & Martínez-Arbelaiz, A. (2002). Negotiation of meaning in non-native speaker-non-native speaker synchronous discussions. *CALICO Journal, 19*, 279-294.

Fidalgo-Eick, M. (2001). *Synchronous on line negotiation of meaning by intermediate learners of spanish*. Unpublished doctoral dissertation. The University of Iowa, Iowa City.

Hirotani, M. (2004). Examination of language use in two types of CMC (Chat and bulletin board) modes among novice learners of Japanese. In K. Hatasa & A. Fukada (Eds.), *The proceedings of the sixteenth of the central association of teachers of Japanese* (pp. 150-160). West Lafayette, IN: Purdue University.

Hirotani, M. (2005). *The effects of synchronous and asynchronous computer-mediated communication (CMC) on the development of oral proficiency among novice learners of Japanese*. Unpublished doctoral dissertation. Purdue University, West Lafayette.

Hong, S. M. (2004). *Instructional modes for enhancement of English discussion ability in Korea: CMC and FFC*. Unpublished doctoral dissertation. Hanyang University, Seoul, Korea.

Hwang, P.-A. (2008a). Linguistic characteristics in synchronous and asynchronous CMC. *English Language & Literature Teaching, 14*(2), 47-66.

Hwang, P.-A. (2008b). Characteristics and transferability of text-based CMC to oral performance. *English Teaching, 63*(2), 3-21.

Jeong, N.-S. (2008). The effect of task type and group structure on meaning negotiation in synchronous CMC. *Multimedia-Assisted Language Learning, 11*(3), 9-28.

Jepson, K. (2005). Conversations-and negotiated interaction-in text and voice chat rooms. *Language Learning & Teaching, 9*(3), 79-98.

Jung, S.-K. (2009). Students' evaluation of the effect of video conferencing on promoting speaking fluency. *Multimedia-Assisted Language Learning, 12*(2), 105-133.

Kelm, O. R. (1992). The use of synchronous computer networks in second language instruction: A preliminary report. *Foreign Language Annals, 25*, 441-454.

Kern, R. (1995). Restructuring classroom interaction with networked computers: Effects on quantity and characteristics of language production. *Modern Language Journal, 79*(4), 457-476.

Kim, S. Y. (2003). A combination of CMC and FFC: Its effects on Korean students' oral proficiency and attitudes. *English Teaching, 58*(1), 61-80.

Kost, C. (2004). *An investigation of the effects of synchronous computer-mediated communication (CMC) on interlanguage development in beginning learners of German: Accuracy, proficiency, and communication strategies*. Unpublished doctoral dissertation, University of Arizona, Tucson.

Kötter, M. (2003). Negotiation of meaning and codeswitching in online tandems. *Language Learning & Technology, 7*(2), 145-172.

Krashen, S. D. (1982). *Principles and practice in second language acquisition*. New York: Prentice Hall.

Lee, L. (2007). Fostering second language oral communication through constructivist interaction in desktop videoconferencing. *Foreign Language Annals, 40*(4), 635-649.

Lee, S. Y. (2002). The effect of task type on negotiation of meaning in synchronous text chatting. *English Teaching, 57*(3), 3-17.

Levelt, W. J. M. (1989). *Speaking*. Cambridge, MA: MIT Press.

Levi, M., & Stockwell, G. (2006). *CALL dimensions: Options and issues in computer-assisted language learning*. Mahwah, NJ: Lawrence Erlbaum.

Long, M. H. (1981). Input, interaction, and second language acquisition. In H. Winitz (Ed.), Native language and foreign language instruction, *Annals of The New York Academy of Sciences, 379*, 259-78.

Long, M. H. (1983). Native speaker/non-native speaker conversation and the negotiation of comprehensible input. *Applied Linguistics, 4*, 126-141.

O'Rourke, B. (2005). Form-focused interaction in online tandem learning. *CALICO Journal, 22*, 433-466.

Park, K.-H. (2007). The effect of task type on quantity and syntactic complexity of learner output in Korean-Japanese telecollaboration. *Multimedia-Assisted Language Learning, 10*(2), 158-183.

Payne, J., & Ross, B. (2005). Synchronous CMC, working memory, and L2 oral proficiency development. *Language Learning & Technology, 9*(3), 35-54.

Payne, J., & Whitney, P. J. (2002). Developing L2 proficiency through synchronous CMC: Output, working memory, and interchange development. *CALICO Journal, 20*(1), 7-32.

Pica, T. (1987). Second-language acquisition, social interaction, and the classroom. *Applied Linguistics, 8*, 3-21.

Pellettieri, J. (2000). Negotiation in cyberspace. In M. Warschauer & R. Kern (Eds.), *Network-based language teaching: Concepts and practice* (pp. 59-86). Cambridge, UK: Cambridge University Press.

Sato, C. (1988). Origins of complex syntax in interlanguage development. *Studies in Second Language Acquisition, 10*, 371-395.

Shield, L., Weininger, M., & Davies, L. (1999). *MOOing in L2: Constructivism and developing learner autonomy for technology-enhanced language learning*. Retrieved June 7, 1999 from the World Wide Web: http://jaltcall.org/cjo/10_99/mooin.htm.

Smith, B. (2003a). Computer-mediated negotiated interaction: An expanded model. *Modern Language Journal, 87*(1), 38-57.

Smith, B. (2003b). The use of communication strategies in computer-mediated communication. *System, 31*, 29-53.

Sotillo, S. M. (2000). Discourse functions and syntactic complexity in synchronous and asynchronous communication. *Language Learning and Technology, 4*(1), 82-119.

Swain, M. (1985). Communicative competence: Some roles of comprehensible input and comprehensible output in its development. In S. Gass & C. Madden (Eds.), *Input in second language acquisition* (pp. 235-253). Rowley, MA: Newbury House.

Varonis, E. M., & Gass, S. (1985). Non-native/non-native conversations: A model for negotiation of meaning. *Applied Linguistics, 6*(1), 71-90.

Wang, Y. (2004). Distance language learning: Interactivity and fourth-generation Internet-based videoconferencing. *CALICO Journal, 21*(2), 373-395.

Warschauer, M. (1996). Comparing face-to-face and electronic discussion in the second language classroom. *CALICO Journal, 13*, 7-26.

Warschauer, M. (1997). Computer-mediated collaborative learning: Theory and Practice. *Modern Language Journal, 81*(4), 470-481.

제14장

한국의 예비 영어교사 교육 연구 동향*

안경자 서울교육대학교

1. 서론

영어 학습자의 의사소통능력 향상을 목표로 하는 의사소통 중심의 영어교육이 6차 교육과정에 이어 7차 및 7차 개정 교육과정에서 중시되고 있고, 영어로 하는 영어 수업(Teaching English in English, TEE)이 강조되면서, 영어 교사의 영어 능력 및 영어 교수 능력에 대한 관심과 요구가 높아지고 있다. 이로 인해 영어교사들의 개인적인 노력 이외에도 심화 연수 등 영어교사 교육(teacher education)에 대한 국가적 차원의 투자와 지원이 이어져 왔다.

이러한 시대적 흐름에 따라 1990년대 이후로 한국의 영어교사 및 교사 교육에 관한 연구가 지속적으로 진행되어 왔다. 교사 교육은 교과 지식과 교

---

* Ahn, K. J. (2014). Trends in research on pre-service English teacher education in South Korea. In O. Kwon (Ed.), *New horizons in English education research* (pp. 329-354). Seoul: Seoul National University Press.

수 기술 습득을 위한 교사 훈련(teacher training)이라는 입장에서, 교수 활동에 대한 교사 인식과 행동의 변화가 수반되는 교사 발전(teacher development)의 관점으로 바뀌어 왔다(민찬규 · 박성근, 2013). 따라서 교사 교육 방법도 기존의 교수 지식을 전달하는 방식에서 경험적인 교사 학습(teacher learning) 및 교수 활동에 대한 성찰(reflection)이 중시되었다. 연구 동향도 주로 교사 교육의 양적 성과를 측정하던 것에서 교사의 질적 변화를 살피는 연구가 더불어 진행되고 있다.

우리나라의 영어교사 교육에 대한 연구를 살펴보면, 현직 교사를 대상으로 하는 연구에 비해, 예비 교사와 관련된 연구는 상대적으로 관심이 적은 형편인데, 예비 영어교사 교육은 영어교사 교육의 시발점으로서 중요한 역할을 하므로 지속적인 정책적 관심 및 지원과 연구가 필요하다. 따라서 이 글에서는 우리나라의 영어교사 교육 중에서도 예비 영어교사 교육과 관련된 연구에 대해 살펴볼 것이다. 이를 위해 외국어 및 영어교사 교육을 바라보는 이론적 배경의 흐름에 대해 고찰하고, 우리나라의 예비 영어교사 교육의 연구 동향에 대해 살펴보고자 한다. 이는 우리나라 예비 영어교사 교육 및 관련 연구에 대해 거시적이고 통시적인 관점을 제공하여 보다 발전적인 방향으로 나아갈 수 있는 계기가 될 것이다. 이를 통해 보다 건설적인 현장 기반 영어 교육 및 영어교사 교육 정책의 입안과 실현, 영어교사들의 전문성 신장에 기여하여 각 교실에서 보다 효과적이고 유의미한 영어교육이 실현될 수 있기를 기대해 본다.

2. 이론적 배경

교사 교육은 효과적인 교수 · 학습 활동에 필수적인 교사의 질을 높이려는 전반적인 활동으로 정의할 수 있다(민찬규 · 박성근, 2013). 최근 외국어 및 영어교사 교육의 방향을 보면 교사 훈련에서 교사 발전의 개념으로 변화되고 있음을 볼 수 있다. 즉, 교사는 훈련되는 대상이라는 관점에서 스스로 발전하는 주체라는 관점으로 바뀐 것이다. 이는 교수 · 학습 및 교사 교육을 바라보는 인식론적 관점의 변화와도 일맥상통하며, 교사 교육 연구에서도 이와 같은 경향이 나타나고 있다.

교사 교육을 둘러싼 인식론적 변화에 대해 살펴보면, 교사 교육 초기에는 교사의 전문성 신장을 실증주의적 관점 혹은 과정-결과의 관점으로 보았다(Johnson, 2009). 지식은 객관적이고 일반화가 가능하며, 이러한 지식을 학습하는 것은 학습자의 내면적 과정으로 맥락과 유리된 것으로 보았다. 이러한 접근법은 교사의 역할을 학습자들에게 내용 지식을 전달하는 것으로 보고, 교사가 교실 밖에서 추상적이고 이론적인 지식을 배워 교실 수업에 적용하면 되는 것으로 가정한다(Freeman, 2002). 이러한 접근법은 지나치게 간소화되고, 탈개별화, 탈맥락화된 것으로 교사의 학습 및 발전 과정, 교수 및 교실 생활, 맥락의 복잡성을 설명하기에 미흡한 것으로 보인다.

최근에는 해석적 관점에 입각하여 교사 교육을 보고자 한다. 이 관점에서는 학습을 특정 사회적, 역사적, 문화적 맥락에 놓인 동적인 사회 활동으로 보며, 지식은 사회적으로 사람 간의 상호작용 속에서 만들어진다고 본다. 이러한 관점은 교사의 이전 경험 및 교사의 교수 관련 활동에 대한 해석에 주목하면서, 교사의 복잡한 정신적 삶과 교수 경험을 교사가 가르치고 있는 교실, 학교, 교육과정 및 보다 거시적인 사회적, 사회문화적 맥락에서 보고자 한다. 이러한 관점에서는 교사가 자신의 교수 맥락에서 기존 교수 이론을 적용하고, 나아가 현장에 기반한 교수 이론을 적극적으로 창조해 나간다고 본다.

이와 관련해 교사 교육의 패러다임도 변하고 있다(장경숙 · 김성혜 · 고현숙 · 한은미 · Hayes, 2011). 기존의 교사 훈련의 관점에서 교사는 교사 교육가나 이론가가 정한 교과 지식과 교수 기술을 습득하도록 훈련받는다고 본다. 좋은 교사는 이렇게 배운 지식과 기술을 학생들에게 효과적으로 전달하여 학생들의 높은 학업 성취도를 가져온다는 것이다. 이는 하향식(top-down) 접근 방식으로 교육부나 교사 양성 기관 등에서 정규 연수 등을 통해 교사 교육가가 선정한 교수 및 내용 지식과 기술을 일괄적으로 교사에게 전달한다. 따라서 교사는 이론가가 제시하는 객관적이고 일반화된 지식과 교수법을 전수받아 이를 학생들에게 전달하는 수동적인 역할을 하는 것이다.

반면, 교사 발전의 관점에서는 교사의 지식, 사고, 믿음을 중시하는 교사 인지(teacher cognition)를 고려하고(Borg, 2003), 교사의 경험과 학습 및 교수 맥락을 중시한다. 또한 교수 활동에 대한 성찰을 통해 교수 학습자(learners of teaching)로서 발전해 나가는 과정을 중시한다. 이는 교사 교육에 대한 상향식(bottom-up) 접근방식으로 교사들의 요구를 수용한 교사 중심의 교육과정을 운영하며, 학교 현장에 기반을 둔다. 보다 개별화되고 맥락화된 교실 현장에서의 교수 및 학습 활동에 초점을 두고, 교사 교육가-교사 간이나 멘토 교사-교사 간 혹은 동료 교사 간에 협력적인 관점에서 교사 교육을 진행하는 것이다.

이는 교사 교육과 관련된 연구 동향에서도 나타나고 있다. 교사 교육 관련 연구는 1950년대에 시작되었고, 1960년대에 교사 양성, 교사의 요건, 교사의 질에 대한 연구가 시작되었다(Borrowman, 1956; Conant, 1963; Haskew, 1964). 1960년대와 1970년대에 진행된 교사 교육 연구는 능력기반 교사 교육(competency-based teacher education)에 이론적 근거를 두고 교사 자질 및 교사직 수행의 필수 요소 등을 주로 연구했다(나경희, 2007). 1980년대 이후에는 해석학적 틀에 기반을 두고 교수 이론 및 실제의 다양성과 교사의 현장 교수에 대해 탐구했다(Schön, 1983; Shulman, 1986). 또한 지속적인 전문성 신장을 지향하면서 예비 교사들의 반성적 교수(reflective teaching)의 중요성이 논의되었고 이를 실제 교사 교육에 적용하여 전문성 신장의 도구로 활용하거나 교사의 변화 및 발전 과정을 볼 수 있는 도구로 사용했다.

교사 교육의 연구 동향은 언어 및 외국어 교사 교육에 관한 연구 동향에서도 유사하게 나타났다. 가령 Freeman(2002)은 교사 교육 연구를 크게 세 단계로 나누고 있다. 먼저, 1980년대 이전을 지식전달모형(transmission model)으로 보고, 교사의 이전 경험이나 정신적 세계를 고려하기보다 교사는 교사 교육에 입문하여 정해진 일련의 개념으로 이루어진 내용을 교사교육가에게 전달받아 학생들에게 전수하는 것으로 보았다. 1980년대와 1990년대는 '변화의 시대(decade of change)'로 이론 및 실제 경험에 기반한 교사 지식(teacher knowledge), 믿음, 교사의 사전 경험, 학습 및 교수 역사와 맥락에 관심을 가지게 되었다. 1990년대 이후는 '강화의 시대(decade of consolidation)'로 교사의 실제 교수, 내면 세계, 맥락 등에 대해 보다 심도 있는 접근을 하고 있다. 개별 교사들의 다양한 목소리(voice)를 탐구하고, 교사 정체성(teacher identity)에 대한 연구도 활발하게 이루어지고 있다.

우리나라의 영어교사 교육에 관한 연구를 보면, 교사 교육에 대한 관심과 논의가 점점 증가하고 있음을 알 수 있다. 김남순(2006)은 연구 이전의 10년간의 영어교육 관련 4대 학술지(『영어교육』, 『외국어교육』, 『응용언어학』, 『초등영어교육』)를 검토하여, 전체 2,000여 편의 논문 중 교사 교육 관련 논문이 20여 편으로 나타나 전체 논문 중 1%로 매우 소수임을 지적했다. 그러나 민찬규 · 박성근(2013)에서는 위에 제시한 4대 학술지의 2010년부터 2012년까지의 논문 507편을 분석한 결과, 38편의 교사 교육 관련 논문이 있어 전체 논문의 7.5%를 차지해 영어교사 교육 관련 논문이 증가했음을 밝혀 냈다. 더불어 영어교사 교육의 양적 성과 측면을 주로 측정하던 것에서 교사의 변화와 발전 과정을 살피는 질적인 측면을 분석하는 연구가 진행되고 있으며, 양적 · 질적인 성과와 변화를 분석하는 혼합 연구도 진행되어 왔다.

3. 예비 교사 교육

영어 예비 교사 교육은 대부분 예비 교사들의 영어 능력 및 영어 교수 능력을 향상시키기 위해 실시되어 왔다. 관련 연구에서는 교사 양성 기관의 교육과정을 분석하거나 개선점을 제안하고 있으며, 예비 교사의 영어 및 교실 영어 사용 능력을 분석하고 능력 향상 방안을 제시하고 있다. 또한 예비 교사 교육에서 마이크로티칭(microteaching) 적용 사례와 효과를 논하고, 교육실습(teaching practicum)에 대한 예비 교사의 경험 및 인식을 다루고 있다.

1) 예비 교사 양성 교육과정

(1) 초등 예비 교사 양성 교육과정

초등 예비 영어교사를 양성하는 교육과정을 탐구하기 위해, 민찬규 · 박성근(2013)은 2012년 2학기 전국 12개 교육대학교 영어교육과에 개설된 교과목을 분석했다. 그 결과 영어 기능 관련 교과목이 36과목(27%), 영어교육학 관련 과목이 67과목(51%)으로 나타났고, 영어학은 14과목(11%), 영문학은 14과목(11%)이 관련이 있는 것으로 나타났다. 이는 1999년에 교육대학교의 교과목을 분석한 연구(이홍수, 1999)에서 영어 기능 관련 교과목이 34%, 영어교육학 44%, 영어학 12%, 영문학 관련 교과목이 10%였던 것과 비교했을 때, 영어교육 분야 과목의 비중이 늘어난 것이다.

다수의 연구에서 예비 영어교사의 영어 및 영어 교수 능력을 향상시킬 수 있도록 초등 교사 양성기관의 교육과정 및 비교육과정을 재편해야 한다는 논의가 있어 왔다(김재혁, 2004; 민덕기 · 강성우 · 이강섭 · 양창모, 2004; 이윤, 2004; 이홍수, 1999). 이로 인해 초등 예비 교사들의 영어 및 영어 지도 능력 함양을 위한 교사 교육 모형을 제공하거나 제도적인 장치를 제언하는 연구가 이루어졌다. 가령, 김재혁(2004)은 교육과정을 통해 예비 교사들이 영어 구어 능력 및 교수 능력을 단계적으로 개발시킬 수 있는 교사 교육 모형을 제시했다. 또한 예비 교사의 영어 능력과 교수 능력을 강화시키는 데 초점을 두고, 이론과 실습, 교사 양성기관인 대학과 현장 협력 초등학교의 연계를 강조했다. 민덕기 등(2004)은 영어 인증제를 도입하여 학점 대체, 졸업 요건, 임용 고시 등에 활용하는 제도적인 장치를 마련하게 되면 교육대학교에서 영어교육이 더욱 활성화되고 보다 우수한 초등 예비 영어교사들을 양성할 수 있다고 주장했다.

(2) 중등 예비 교사 양성 교육과정

중등학교 예비 교사 양성 과정에 대한 연구에서는 그 교육과정을 분석(곽동기, 1997; 박상옥, 1980; 박형기, 1989; 이동호, 1998)하거나 바람직한 영어교사 교육의 모형(이흥수, 1999; 조명원, 1979) 및 방향(김덕기, 1988; 김충배, 1983)을 제시하고 있다.

교과목 및 교원 구성을 분석한 연구를 보면, 이흥수(1999)는 전국 11개 사범대학의 교육과정을 분석해, 총 385개 교과목 중 영어 사용 기능 교과목이 89개(23%), 영어교육학 교과목이 78개(20%), 영어학 교과목이 100개(26%), 영문학 교과목이 118개(31%)라고 밝혔다. 이흥수는 이처럼 영어 기능 및 영어교육학 교과목의 비중이 영어학 및 영문학 교과목의 비중보다 낮아 영어교육과의 특성을 제대로 살리지 못하고 있다고 평가했다. 교원 구성에 관해서는 영어교육과 교수 중 70%가 영어교육 전공자여야 하며, 교육과정은 영어 사용 기능 분야 30%, 영어교육학 분야 30%, 영어학 분야 20%, 영문학 분야 20%로 구성되는 것이 바람직하다고 밝혔다. 배두본(2002)은 전국 영어교육과 교수진의 70% 이상이 영어학과 영문학 분야의 교수로 구성되어 있으며, 교육과정 또한 영문학과나 영어학과의 교육과정과 큰 차이가 없다고 분석했다.

신길호(2005)도 사범대학 영어교육과의 교육과정을 분석했다. 전국 32개 사범대학 영어교육과의 현행 교육과정을 분석하고 보다 바람직한 영어 교육과의 교육과정을 제안했다. 분석 결과 사범대학의 교육과정은 영어 사용 관련 분야가 28%, 영문학 27%, 영어학 24%, 영어교과교육 16%, 영미문화 3%, 기타 실용 분야가 2%로서, 영어교육과의 전공 특성상 영어 기능 및 교과 교육 분야를 보다 강화할 필요가 있다고 했다. 김은주(2008)는 보다 광범위하게 우리나라의 예비 교사 양성기관의 교육과정을 탐구하고자 교육대학교 및 사범대학 영어교육과 35개, 교육대학원 영어교육전공 33개, TESOL 전문대학원 14개 기관에서 개설하고 있는 교과목을 분석했다. 전체적으로 교과 내용학이 교과 교육학 분야보다 교과목 비중이 높다는 것을 밝혀냈다.

최근 민찬규 · 박성근(2013)은 전국 40개 사범대학 영어교육과의 2012년 2학기 교육과정과 교수 현황을 분석한 결과, 총 1464개 교과목 중에서 영어 기능 관련 분야가 417개 과목(28%), 영어교육학 분야 431개(29%), 영어학 분야 288개(20%), 영문학 분야가 307개(21%), 기타 분야가 21개(2%) 과목을 차지하여, 영어 기능 및 영어교육 관련 분야의 비중이 기존 연구에 비해 향상되었다고 분석했다. 그러나 교원 구성을 살펴보면, 전국 사범대학의 영어교육과 전임교원 244명 중 영어교육을 전공한 교원이 91명(37%)에 불과해 개선의 여지가 있다고 주장했다.

Lee(2011)는 14개 대학 영어교육과의 교육과정을 분석하여, 현재 국가 교육과정과의 연관성을 살펴보았다. 14개 대학의 교육과정은 전공 필수 강좌(영어 능력, 영어 교수법, 언어학, 문학)의 분포가 학교별로 다소 달랐다. 사범대학의 교육과정에서는 7차 교육과정의 주요 교수 · 학습 원리 중에서 의사소통능력 및 기능, 구두 언어기능이 강조되었다. 반면, 학습자 중심, 수준별 교육과정, 과정 중심 학습이라는 교수 · 학습 원리 등은 상대적으로 약했다. Lee는 예비 교사들의 현재 교육과정에 대한 이해 제고와 교사 교육가-정책 입안가 사이의 상호 교류를 통해 교육과정의 목표와 예비 교사 교육의 실제 간의 괴리를 좁혀가야 한다고 주장했다.

영어교육의 특정 분야에 대한 연구도 진행되었다. 장경숙 · 김성혜 · 진경애 · 황종배 · 전영주(2012)는 현 영어교육과의 평가 교과목 편성 및 운영 실태를 조사하고, 보다 효과적인 영어 평가 교과목 운영에 대해 제안했다. 분석 결과를 보면, 평가 교과목은 주로 강의식으로 이루어지고 있었고, 실습은 매우 적었으며, 전통적인 지필 고사 평가 방식이 가장 많았다. 따라서 현장의 요구를 평가 교과목 운영에 반영하여 교과목 수업 및 평가 방식을 변화시키고, 실습 등의 실제 교육 현장의 경험을 통해 새로운 평가 방식을 경험하도록 해야 하며, 나아가 예비 교사 교육 담당자(teacher educator)의 지속적인 전문성 신장이 중요하다고 했다.

이상으로 살펴보면, 초 · 중등 영어교사 교육의 목표는 초등영어교사 교육에서는 교육대학교의 교과과정의 특성상, 다른 일반 교과가 아닌 영어 담당 교사로서 특화된 전문성을 갖추도록 하는 것에 주안점을 두고 있고, 중등 영어교사 교육을 위한 프로그램에서는 이론에 치우치기보다 실제적인 영어 지도 방법을 습득하는 것에 초점을 두고 있음을 알 수 있다.

2) 예비 교사의 영어 능력

예비 초등영어교사의 영어 능력 향상에 관한 연구는 예비 교사의 영어 능력 측정 및 교실 영어 사용 능력 제고, 그리고 영어 능력 향상을 위한 구체적인 방법을 중심으로 이루어져 왔다. 특히 초등 예비 교사의 경우 중등 예비 교사에 비해 영어 및 영어 교수 관련 강좌가 적은 형편으로 영어 능력 증대를 위한 제도적 장치의 필요성이 꾸준히 제기되어 왔다.

첫째, 영어 사용 능력을 점검하고 이를 향상시키기 위한 연구로, 먼저 유범(1999)은 방학 중 집중 영어교육과정을 개발하고 적용하여 초등 예비 교사들의 영어 능력을 향상시킨 사례를 보고했다. 정용주(2007)는 교육 대학생들의 영어 말하기 능력 측정을 위해 영어 구사 능력 검사를 실시했다. 초등 영어 5-6학년 교과서의 각 단원에서 의사소통 기능별로 대화문을 선정하여 한글로 제시한 후 이를 영어로 말하도록 하고, 정확성, 유창성, 이해 가능성의 측면에서 평가했다. 분석 결과 예비 교사들의 영어 말하기 능력은 이해가능성, 유창성, 정확성 측면의 순으로 높았다. 문법적인 오류는 관사에서 가장 많이 나타났고, 이어서 대명사, 동사, 목적어, 전치사 순으로 높게 나타났다. 한편 김인옥(2007)은 초등 예비 교사들의 영작문 시험과 수업 시연에 나타난 교실 영어를 분석했다. 오류 분석을 통해 예비 교사가 상당히 빈번한 문법적 오류를 범한다는 것을 밝혀 냈다. 장지혜와 나경희(2012)는 고급 영작문 실습을 수강하는 14명의 예비 교사가 제출한 총 56개의 영작문을 분석하여,

예비 교사들이 영작문에서 문법, 기술적 측면(mechanics), 어휘, 내용 및 조직의 순으로 오류를 많이 범했고, 이는 영작문 수업에서 유창성뿐만 아니라 정확성 향상에도 주목해야 함을 시사한다. 오류 원인으로는 모국어의 간섭(first language interference)이 가장 많았다. 장지혜와 나경희는 이처럼 예비 교사가 범하기 쉬운 오류를 분석해 교수하는 등 보다 체계적인 영작문 수업이 필요하다고 주장했다. 또한 이러한 효과적인 영작문 수업을 통해 습득된 영작문 능력은 예비 교사들이 수업 지도안 및 교수 자료를 작성하거나 적절한 교과서를 선정할 때도 유용하게 사용될 것으로 보았다.

둘째, 교실 영어 구사 능력 향상과 관련하여 이윤(2004)은 예비 교사들이 팀별 프로젝트 과업 수행에서 나타난 오류를 스스로 수정하고, 이를 바탕으로 반성적인 일기를 쓰도록 했다. 자료 분석 결과를 보면, 예비 교사들은 자신들의 영어 능숙도에 대한 자신감이 낮았으며, 발음, 문법, 유창성 측면에서 많은 오류를 범했다. 반성적인 일기 쓰기를 통해 예비 교사들은 자신의 오류를 정리하고, 영어 학습에 자신감을 증가시키기 위한 책략을 기술하는 기회를 가지게 되었다. 박영예(2007)는 예비 교사들에게 10분간의 마이크로티칭을 하고 그 수업에 대해 성찰하도록 했는데, 예비 교사들은 자신의 교실 영어 사용의 문제점을 인지하고, 영어 사용 능력의 중요성을 체험했다고 밝혔다.

마지막으로 예비 초등영어교사의 영어 학습 및 능력을 발전시키는 구체적 방법에 대한 연구도 행해졌다. 안경자(2013)는 초등 예비 교사 22명을 대상으로 학부 수업의 과제물로 영어 학습 일지(English learning log)를 쓰도록 하여 그 효과를 분석했다. 학습 일지는 예비 교사가 영어 학습을 계획, 평가, 성찰하도록 돕는 상위인지적 측면, 그리고 학습 동기, 흥미, 자신감을 향상시키는 정의적 측면에서 효과가 있었다. 그러나 학습 일지 과제 종료 후에는 영어 학습이 계획대로 잘 진행되지 않았다. 즉 영어 학습 일지 작성 자체가 영어 학습을 촉진하는 매개 도구지만, 작성 종료 후의 장기적 효과는 크지 않음을 보여 준다. 따라서 일지 작성에 일종의 구속력이 필요하므로 교사 교육 프로그램에서 과제의 형태로 진행하거나 상호 모니터링 등의 형식을 취할 것을 제안했다.

이처럼 예비 영어교사의 영어 능력 점검 및 향상에 집중한 연구는 초등 예비 교사를 대상으로 하는 연구에서 주로 나타났다. 이는 초등 예비 교사들은 교육과정의 특성상 다양한 교과목의 내용과 지도 방법을 배우는 상황에서 영어교사로서 영어 자체에 대한 능력을 향상시켜 영어교사로서의 전문성을 제고하고자 노력하고 있음을 알 수 있다.

3) 예비 교사의 마이크로티칭

예비 영어교사 교육에 유용한 도구로 인식되는 마이크로티칭을 활용해 예비 영어교사의 교수 능력 및 관련 분야의 효과를 논한 연구가 다수 행해졌다. 마이크로티칭은 예비 교사가 동료 학생들 혹은 실제 학생들을 대상으로 비교적 제한된 교실 환경에서 단시간 동안 일정한 내용이나 기술(skill)을 교수하는 능력을 보이고, 피드백이나 평가를 받는 활동을 말한다(이지연 · 김영숙, 2011; Benton-Kupper, 2001; Wallace, 1991). 이는 모의수업이나 수업시연(teaching demonstration), 미니 레슨(mini lesson)으로도 통용되고 있으며, 통상적으로 실제 수업 시간(40-50분)을 단축하여 10-20분 정도로 시행된다.

(1) 초등 예비 교사의 마이크로티칭

박영예(2007)는 79명의 초등 예비 교사를 대상으로 4인 1조로 시행한 마이크로티칭을 조별로 녹화한 후 각 마이크로티칭에 대해 동료 및 교수의 피드백을 받도록 했고, 해당 예비 교사들은 설문지를 작성하고 자신이 속한 조의 수업을 분석하도록 했다. 마이크로티칭을 통해 예비 교사들은 교실 영어 사용, 교사 역할의 중요성 및 교수 과정의 어려움에 대해 알게 되었으며, 마이크로티칭에 대한 자기 평가는 자신의 교수 방식의 장단점을 깨닫게 하고, 효과적인 수업을 위해 개선할 계획을 세우도록 했다고 보고했다.

박영예(2009)에서는 초등 예비 교사 15명이 10분간 마이크로티칭을 하고, 마이크로티칭 전 · 중 · 후 활동의 세 영역별로 성찰하여 교수 일지(teaching journal)를 작성했다. 교수 일지 작성은 예비 교사들이 본인의 교수 활동에서 나타난 문제점을 비판적으로 분석하고, 개선점을 탐색하는 기회가 된 것으로 나타났다. 마이크로티칭을 준비하는 과정에서 예비 교사들은 학습자들의 수준을 파악하는 데 어려움을 느꼈고, 교재 연구를 통해 자신이 교수할 활동을 분석하고 재구성한다고 밝혔다. 또한 예비 교사들은 학생 수준에 맞는 교사 발화 사용 및 활동의 적절성 판단에 어려움을 느꼈고, 교실 영어 사용과 교수 활동에 자신감이 부족했다고 보고했다. 이에 박영예는 보다 효과적인 마이크로티칭을 위해서는 이론 부분에 대한 교수, 영어 사용 능력 향상 등이 선행되어야 한다고 주장했다.

이선(2012)은 초등 예비 교사들에게 영어로 진행하는 영어 수업(TEE) 능력을 향상시키기 위해 예비 교사 교육에 마이크로티칭을 활용한 경험을 보고하고, 효과적인 마이크로티칭 운영 방식을 제안했다. 예비 교사 35명이 총 10개조(3-4명이 한 조)를 이루어 마이크로티칭을 진행했다. 마이크로티칭 전에 수업 지도안과 발화 대본에 대해 담당 교수와 논의했고, 마이크로티칭은 비디오로 녹화되었으며, 마이크로티칭 후에는 동료 평가, 교수 평가가 이어졌다. 예비 교사는 녹화된 수업을 보고 성찰 일지를 쓰면서 자기 평가를 했다. 예비 교사들은 마이크로티칭이 교실 영어 사용 및 교사 역할의 중요성, 교수 과정의 어려움 등을 깨닫게 해 주었으며, 자기 평가를 통해 본인 수업의 장단점을 분석할 수 있었다고 진술했다. 또한 교수 과정을 보다 심도 있게 인지하고, 자신의 영어 교수에 대해 보다 자신감을 가지게 되었다고 했다. 이러한 연구 결과를 바탕으로 보다 효과적인 마이크로티칭 운영 방안으로, 수업 준비에 많은 시간과 노력이 소요됨을 예비 교사들에게 인지시키고, 교실 영어 표현 교육을 강화하고, 학습 목표 달성과 학습자 참여 유도를 위해 예비 교사의 활동 개발 능력 및 수업 구성 능력을 향상시켜야 한다고 했다. 또한 담당 교수와의 협의를 통해 마이크로티칭 수업을 개선시켜야 하며,

보다 많은 마이크로티칭 기회를 제공하여 영어 지도에 자신감을 주어야 한다고 주장했다.

김진석(2013)은 초등 예비 교사를 위한 학부 교과목에서 실시된 마이크로티칭에서의 교사 발화를 분석하여 보다 효과적인 교사 발화를 위한 방안을 찾고자 했다. 36명의 예비 교사 중에서 마이크로티칭 평가 점수가 가장 높은 3명의 발화를 Walsh(2011)가 제안한 교사발화 자기점검(Self-Evaluationof Teacher Talk, SETT) 체크리스트에 나타난 항목별로 나누어 분석했다. 그 결과 명료성, 교사 반복 발화, 끼어들기, 형식초점 피드백 등은 잘 구현되지 않았다. 또한 비계(scaffolding), 내용 피드백, 확장된 대기 시간, 질문 유형, 단순화, 확인 점검 항목에서도 다소 미흡했으며, 교사-학생, 학생-학생 간 상호작용을 활발하게 하는 교사 발화가 제대로 이루어지지 않았다고 분석했다. 따라서 교사 발화의 각 항목들을 바탕으로 세밀하게 수업 지도안을 작성하도록 지도할 필요가 있으며, 마이크로티칭 후 동료 및 교수의 수업 단계별 피드백과 예비 교사 자신이 녹화된 본인의 수업을 보고 수업 지도안을 수정 보완하도록 하는 절차가 유용하다고 보았다.

마이크로티칭을 이용해 초등 예비 교사의 외국어 교수 불안감(anxiety)을 연구하기도 했다. 김현진(2009)은 마이크로티칭을 활용해 초등 예비 교사들이 영어 교수 시 느끼는 불안감에 대해 분석했다. 총 168명의 예비 교사를 대상으로, 마이크로티칭, 수업 비평, 불안감에 대한 토의 등의 자료를 수집했다. 제한된 영어 실력과 영어에 대한 자신감 부족이 예비 교사가 느끼는 불안감의 원천이었으며, 영어로 진행하는 수업이 원활하게 진행되지 않을 때, 예측하지 못한 상황이나 대답이 있을 경우 불안감을 느낀다고 보고했다. 이를 극복하기 위해 예비 교사들이 사용하는 책략은 철저한 준비와 반복 연습을 하고, 다양한 수업 상황을 예상하여 수업 준비를 하며, 장기적으로 영어 실력을 배양하는 것이었다.

(2) 중등 예비 교사의 마이크로티칭

나경희(2009)는 25명의 중등 예비 교사를 대상으로 수업 지도안 작성 및 마이크로티칭을 하도록 했다. 이를 통해 예비 교사들은 적절한 자료 준비 및 제작, 학급 상황에 적합한 수업 책략 수립, 상호작용 유발과 같은 수업 설계에 대한 실제적 지식을 교수 실습 과정 속에서 경험하는 것으로 나타났다. 이어서 예비 교사의 영어 구사력 향상을 위한 교사 양성기관의 교육과정의 개선 방향, 질 관리의 필요성에 대해 제언했다. 즉, 교사 양성기관에서는 영어교사의 영어 구사 능력과 수업 전문성 제고를 위해 교육과정의 개편 및 교육 여건 등을 강화하는 방안이 수립되어야 한다고 주장했다.

Park(2009)은 14명의 중등 예비 영어교사를 대상으로 마이크로티칭을 실시하고, 반성적 일지, 인터뷰, 수업 지도안 등의 자료를 수집하여 마이크로티칭의 효과를 분석했다. 자료 분석 결과를 보면 마이크로티칭을 통한 교육의 유용성은 크게 4가지로 구분되었다. 마이크로티칭을 통해 교수하는 방법을 배우게 되고, 동료 예비 교사들의 마이크로티칭을 관찰하면서 간접적으로 배움의 기회를 가지며, 교수의 피드백으로 학습 동기를 부여받고, 자신의 마이크로티칭에 대한 성찰의 기회를 통해 향후 교사가 되어 겪게 될 문제를 미리 예측하고 준비하는 데 도움이 된다는 것이다. 또한 마이크로티칭 및 평가와 성찰의 과정을 통해 예비 교사들은 동료와 의견을 나누면서 본인의 교수에 영향을 받았으며, 실제 교수와 원래 의도 간의 차이를 발견할 수 있게 되었다고 보고했다.

마이크로티칭의 단계별로 예비 교사들의 인식을 분석한 연구도 행해졌다. 박상옥과 오영숙(2012)은 24명의 예비 교사를 대상으로 마이크로티칭에 대해 설문 조사를 실시했다. 마이크로티칭 전 단계에서 예비 교사들은 교수 내용의 선정 및 수업 계획서 작성과 관련해 지도 교수와 소통이 중요했고, 마이크로티칭 단계에서는 교수 경험이 유익했다고 밝혔다. 마이크로티칭 후에는 지도 교수와 조별 토론, 조별 비디오 자체 분석, 다른 조들이 제출한 평가지를 읽는 것이 유용했다고 보고했다. 예비 중등 교사들은 한 학기 동안

경험한 마이크로티칭이 전반적으로 유익하고 필요한 수업 활동인 것으로 인식했다.

마이크로티칭 평가 방식에 대한 연구도 행해졌다. 이지연과 김영숙(2011)은 중등 예비 영어교사 33명을 대상으로 15분간의 마이크로티칭에 대해 교수 평가(교수 3인의 평균) 이외에도 자기 평가(self-assessment)와 동료 평가(peer assessment)를 도입해 다각적인 평가를 하도록 했다. 분석 결과를 보면, 교수, 동료, 자기 평가 집단의 평가자 간 신뢰도(inter-rater reliability)가 높지 않았고, 세 평가 간 일치도는 대체로 낮았으며, 자기 평가와 교수 평가만이 어느 정도 상관관계가 있었다. 대체로 자기 평가가 가장 엄격했고, 동료 평가 점수가 가장 관대했다. 이는 영어 사용의 유창성이나 정확성 영역에서 특히 두드러졌다. 마이크로티칭 평가에 있어서 이처럼 세 집단의 평가를 도입하여 다각적인 측면에서 평가 결과 및 피드백을 제공하는 것이 예비 교사의 발전을 위해 유용한 것으로 나타났다. 그러나 평가의 신뢰도를 높이기 위해서는 각 평가 항목들의 내용과 기준의 명확성이 필요하다고 보았다.

이상의 연구를 종합해 볼 때, 마이크로티칭을 활용한 예비 교사 교육에 관한 연구는 주로 마이크로티칭 활용 절차 및 단계별(전, 중, 후 단계) 시행 방법, 예비 교사들이 시행한 마이크로티칭의 평가 방법(교수, 동료, 자기 평가), 마이크로티칭을 활용한 교사 교육의 효과 등을 분석했다. 마이크로티칭은 예비 교사 교육의 유용한 도구로서 예비 교사들의 영어 교수 능력을 향상시키는 데 효과적인 것으로 나타났다.

4) 예비 교사의 교육실습

교육실습은 교사 양성 과정에서 예비 교사가 학습해 온 각종 내용 및 이론을 학교 현장에 적용, 평가하고 보완하는 기회라는 점에서 매우 중요하다. 선행 연구에서는 그 효과에 대해 긍정적, 부정적인 관점이 있다. 부정적인 사유로는 비체계적인 운영 및 관리(김신영 · 송미영, 2008), 예비 교사와 현장 교사의 요구와 상반되는 교육실습 과정과 내용(나경희, 2006) 등이 있다. 엄미리와 엄준용(2010)은 교육실습 제도의 운영(중등 4주 교육실습 기간의 불충분), 준비도(교원 양성 기간과 실습 학교 간 연계 부족), 교육실습 교육과정의 유용성(실제적 지식과 기술의 미반영) 등에서 개선 사항을 제언했다.

초등과 중등 예비 교사의 교육실습 과정은 그 시행 시기와 유형에 차이가 있다. 초등학교의 교육실습은 보통 총 5-6학기에 걸쳐 9-10주간 실시되며, 한 학기에 1-2주간 참관 혹은 지도 실습으로 진행된다. 중등학교의 교육실습은 통상적으로 2학기에 걸쳐 6주간 실시되며 2주간 참관 실습과 4주간의 지도 실습으로 구성된다. 초등 예비 교사의 교육실습 기간은 중등 예비 교사에 비해 길지만, 초등교육과정의 특성상 영어 교과뿐만 아니라 다른 교과목에 대한 교육실습도 병행되기 때문에 영어 교과 자체에 대한 비중은 중등 예비 교사의 교육실습보다 작다고 할 수 있다.

(1) 초등 예비 교사의 교육실습

초등 예비 영어교사의 교육실습에 대해서는 교육실습에 관한 예비 교사의 경험 및 인식(김재혁, 2008; 정경애 · 최희경, 2011), 그리고 지도 교사의 인식(허미경 · 김은정, 2010)에 대한 연구가 대표적이다.

김재혁(2008)은 교육실습으로 인하여 초등 예비 교사들의 영어 교수 및 교수법에 대한 인식이 어떻게 변화하는지를 연구했다. 63명의 예비 교사들이 설문 조사에 참가했는데, 실습 후 영어 교수 능력에 보다 자신감이 생겼고, 영어 교수에 대해 보다 긍정적인 태도를 가지게 되었다고 밝혔다. 그러나 영어 교수법에 대한 인식이 실질적으로 변화되지는 않은 것으로 나타났다.

정경애와 최희경(2011)도 초등학교 교육실습의 현황과 더불어 예비 교사들의 교육실습에 대한 인식을 조사했다. 23개 초등학교에서 실습을 마친 868명의 예비 교사들을 대상으로 설문지 조사를 실시하였고, 5명의 예비 교사와 인터뷰를 하였다. 27명의 예비 교사가 작성한 실습 일지도 수집하였다.

데이터 분석 결과, 절반 정도의 예비 교사들이 영어를 가르칠 기회를 얻었고, 75%의 예비 교사들이 영어 수업을 참관할 수 있었다. 영어를 교수한 절반 정도의 예비 교사들이 영어를 가르치는 데 어려움을 겪었는데, 이는 예비 교사들의 영어 실력이 충분히 높지 않고, 초등학생들의 영어 이해 능력이 부족하기 때문인 것으로 나타났다. 실제 수업 지도에서는 절반 이상의 예비 교사들이 교실 영어를 충분히 사용하지 않았다고 했다. 또한 예비 교사들은 지도 교사의 안내와 조언이 영어 교수 능력을 향상시키는 데 유익하다고 인식했으나, 삼분의 일 정도의 예비 교사들은 영어 지도 교사로부터 적절한 도움을 받지 못했다고 했다. 더불어 많은 예비 교사들이 초등학교에서 영어를 가르치고 싶다고 했지만, 대학의 교육과정 및 프로그램이 초등영어 교수를 준비시키는 데 충분치 않은 것으로 인식했다.

허미경과 김은정(2010)은 초등 예비 교사 이외에도 지도 교사의 영어교육실습에 대한 인식을 연구했다. 예비 교사와 지도 교사 모두 예비 교사의 교육실습에 대해 만족하고 있었으나, 지도 교사의 역할에 있어서는 이견을 보였다. 지도 교사는 예비 교사들에게 충분한 자율성과 피드백을 제공했다고 인식한 반면, 예비 교사는 좀 더 자세하고 체계적인 피드백과 안내를 원했다.

(2) 중등 예비 교사의 교육실습

중등 영어교사의 교육실습에 대해 Lee(2007)는 43명의 중등 예비 영어 교사를 대상으로 반성적 일지를 쓰도록 하고, 심층 인터뷰를 실시했다. 이를 통해 예비 교사들의 교육실습에 대한 인식을 분석했다. 예비 교사들은 수업 경영(classroom management), 수업 시간 배분, 수준별 수업에서 어려움을 겪었다고 보고했다. 예비 교사들은 지도 교사의 피드백이 유용했다고 밝혔지만, 보다 적극적인 피드백과 협조를 원하고 있었다. 전반적으로 예비 교사들은 실습에 대해 만족했고, 교육실습을 통해 영어 교수에 대한 이상적인 견해가 보다 실용적인 것으로 바뀌었다고 했다. 또한 예비 교사들은 교사라는 직업에 대한 인식이 보다 긍정적으로 변화했고 교육실습 이후에 교직을 더욱 원하게 되었다고 밝혔다.

나경희(2007)는 중등 예비 영어교사의 실습 과정을 탐구했는데, 총 30명의 예비 중등 교사를 대상으로 교육실습에 대해 성찰적 혹은 반성적 접근을 하도록 했다. 예비 교사들은 교육실습 과정을 통해, 자신이 미래의 교직자로서 적합한지를 점검하고, 미래의 계획에 대해 성찰할 수 있었다고 밝혔다. 또한 영어교사로서 수업 지도 능력 개발을 위한 시도 및 본인의 수업 진행이 학생들에게 미칠 영향에 대해서도 성찰했다고 했다. 이처럼 교육실습에 대한 성찰적인 접근이 예비 교사들의 발전에 미치는 긍정적인 영향을 기반으로, 교육실습에서 성찰적 접근을 보다 적극적으로 활용할 필요가 있다고 주장했다.

나경희(2008)는 중등 예비 교사 25명을 대상으로 교육실습 과정이 교사로서의 자질 습득과 신념에 미치는 영향을 설문지, 교육실습록, 사후 심층 면담 결과를 중심으로 분석했다. 예비 교사들은 실제 교육실습 맥락에 대한 정보(교과서, 학교 교육과정 등)가 없어 사전 준비가 미흡해 교육실습 준비에 어려움을 느꼈고, 가르칠 내용 자체보다는 어떻게 효과적으로 학생들에게 전달할 것인지에 더 초점을 두었다고 밝혔다. 실습 기간 동안 예비 교사들은 학생들과 정의적인 관계를 형성했으며, 이러한 인간관계에서 형성된 태도와 교육철학이 교사로 발전해 나가는 데 밑거름이 되어 참가자 대부분이 교사가 되고자 하는 의지를 굳히게 되었다고 했다.

Ahn(2009)은 의사소통 중심의 영어과 교육과정 개혁(curricular reform)의 맥락에서 중등 예비 교사의 중학교 교육실습 경험을 탐구했다. 지도 교사 1명과 예비 교사 2명이 팀을 이룬 총 두 팀을 연구 대상으로 관찰했는데, 심층 인터뷰, 교실 관찰, 지도 교사-예비 교사 간 평가회, 교생 일지, 수업 지도안 등을 질적으로 분석했다. 분석 결과 예비 교사들은 개인적, 사회적 요인 및 학교 맥락에 따라 영어 교수에 대한 내재화(internalization) 및 발전의 정도가 달랐다. 예비 교사들의 사전 학교 경험에서 오는 관찰견습(apprenticeship of observation, Lortie, 2002) 및 예비 교사 교육 혹은 교육실습 입문 시 가지고 있던 일상적인 개념(everyday concept)이 예비 교사들이 교육실습 기간에 교육과정 개혁의 개념들(의사소통 중심 접근, 과업 중심 교수, 학습자 중심 교수, 영어로 하는 영어 수업 등)을 어떻게 인지하고 실행했는지에 영향을 미쳤다. 또한 지도 교사 및 각종 실습 활동이 예비 교사들을 해당 학교에서 영어를 가르치는 기존의 전형적인 방식에 사회화시키는 교사 사회화(teacher socialization) 현상이 나타났다. 더불어 학생들의 미온적인 수업 참여 및 제한적인 영어 능력, 고부담 학교 시험, 즉각적인 교육실습 교수 요건을 완결해야 한다는 예비 교사의 부담감 등이 의사소통 접근 교수법에 기반한 국가 교육과정을 실행하려는 예비 교사의 시도를 제약하는 것으로 나타났다. 전반적으로 Ahn은 예비 교사의 발달을 위해서는 영어교육과정 맥락에 대한 명확한 이해, 지도 교사의 멘토링, 일선 학교의 지원 등이 필수적이라고 했다. 또한 영어 평가 등 보다 거시적인 구조의 변화가 있어야 예비 교사들이 교육과정 개혁의 맥락에서 충분히 역량을 발휘하며 영어교사로서의 발전을 이룰 것으로 보았다. 더불어 지도 교사에 따라 예비 교사에게 제공하는 도움의 내용과 정도가 달랐는데, 보다 효과적인 교육실습을 위해서는 지도 교사의 전문성 신장도 필요하다고 주장했다.

이소영(2011)은 중등 예비 교사들과 지도 교사가 교육실습 지도 교사의 역할에 대해 어떻게 인식하는지를 분석했다. 학생 이해 영역은 양측 모두 가장 중시해야 할 분야로 인식했으나, 다른 영역에서는 차이가 있음이 밝혀졌다. 교과 영역에서 예비 교사들은 지도 교사로부터 수업 장학과 수업 모형 제공의 역할을 기대했지만, 지도 교사들은 교수 학습 이론의 현장 적용에 대한 지도 및 교사의 전문성을 강조하는 것을 중요한 역할로 인식했다. 또한 예비 교사들은 교육행정 영역에 대해 지도 교사의 역할을 기대했으나 지도 교사들은 생활지도와 수업 경영 등을 보다 중시했다. 따라서 효과적인 교육실습을 위해서는 교원 양성기관(학교 현장과의 유기적 관계 증대, 담당 교수 및 지도교사 간 교류 증대), 학교 현장(예비 교사 지도의 질 개선, 의사소통 확대) 및 예비 교사의 지속적인 노력과 상호 협력이 필요하다고 주장했다.

김영숙과 이지연(2010)은 교육실습 동안 중등 예비 영어교사 33명을 대상으로 수업 시간 내의 결정적 사건(critical incidents)을 중심으로 수업 일지를 작성하게 하고, 이에 대한 설문 결과를 분석했다. 수업 일지를 통한 성찰 경험에 대해 예비 교사들은 긍정적이었으며, 향후 교사가 된 후에도 교수 일지를 작성하겠다고 했다. 특히 수업 일지가 교육실습에서 본인이 담당한 수업의 장단점을 파악하고, 영어교사로서의 자질을 점검하여, 교사로서 준비해 나가는 데 유용했다고 밝혔다.

위 연구들에 의하면, 예비 영어교사들은 교육실습에 대해 대체로 긍정적인 태도를 가지고 있으나, 실제로 영어 수업을 관찰하고 영어를 지도하는 기회가 보다 확대되기를 바라고 있었다. 또한 예비 교사들은 지도 교사로부터 보다 실질적이고 구체적인 영어 교수 지도를 받기를 원했다. 이처럼 영어 교과 교육실습에 대한 선행 연구들은 교육실습에 대한 현황 및 개선점을 논하면서 예비 영어교사 교육에 대한 중요한 시사점을 던져주고 있다.

4. 요약 및 향후 전망

1) 요약

우리나라의 의사소통중심 접근법에 기반한 영어과 교육과정의 맥락 아래 영어교사 교육에 대한 필요성과 요구가 높아지면서, 미래 영어교사를 양성하는 예비 영어교사 교육에 대해서도 지속적인 지원과 관심이 절실하다. 이를 위해 이 글에서는 우리나라의 예비 영어교사 교육의 연구 동향에 대해 예비 교사 양성 교육과정, 예비 교사의 영어 능력, 마이크로티칭, 교육실습 측면에서 살펴보았다.

예비 교사 양성 교육과정에 관한 연구에서는 예전에 비해 영어교육 분야의 비중이 높아졌으나, 여전히 예비 교사의 영어 능력 및 영어 교수 능력을 보다 실질적으로 향상시킬 수 있는 교육과정 및 비교육과정의 개혁이 필요한 것으로 나타났다. 주로 초등 교육과정에 관한 연구에서는 영어 능력 제고를, 중등 관련 연구에서는 이론보다는 실제적인 영어 교수 방법을 향상시킬 수 있는 교육과정을 제안하고 있다.

예비 교사의 영어 능력에 대한 연구는 예비 교사의 영어 및 교실 영어 사용 능력을 측정하고, 이러한 능력에 대한 예비 교사들의 인식 및 영어 및 교실 영어 사용 능력을 향상시키는 구체적 방법을 적용한 결과를 분석했다. 이는 교육과정의 특성상 초등 예비 교사 교육 관련 연구에서 주로 진행되었다.

교수 능력 향상을 위한 유용한 도구로 사용되는 마이크로티칭에 대한 연구는 마이크로티칭 시행 과정 및 효과에 관한 연구, 효율적인 단계별 방법을 개발하고 개선점을 제안하는 연구, 교수 평가, 동료 평가, 자기 평가 등 평가 방법에 대한 연구 등이 진행되었다.

대학에서 습득한 이론 및 영어 교수 능력을 실제 영어 교실에 적용해 보는 교육실습에 대한 연구에서는 교육실습에 관한 예비 교사의 경험, 인식 및 발달, 지도 교사의 인식 및 역할을 분석했고, 보다 효과적인 교육실습을 위한 개선방안을 제안했다.

2) 향후 전망

우리나라의 영어 예비 교사 교육에 대한 선행 연구를 살펴보면 초등과 중등 예비 교사 교육에 있어서 유사점과 더불어 다소의 차이점도 발견되었다. 초등 교사 양성 교육과정의 특성상 영어 능력 및 영어 교수 능력 함양 관련 교과목에 할애되는 시간이 상대적으로 적기에 이 분야에 대해 보다 양질의 핵심적인 교과목 및 교과목 자체의 질을 향상시키도록 운영하는 것이 필요할 것이다. 또한 비교과 과정도 활용해 이를 보완할 필요가 있다. 교육실습에 있어서도 영어 교과목에 대한 참관과 수업 지도가 보다 확대될 수 있는 방안이 요구된다. 따라서 학교급 간 예비 교사 교육에 있어서 차이가 있음을 인지하고 향후 연구를 진행하거나 관련 정책을 추진할 때 이를 고려해야 할 것이다.

위에서도 언급했듯이 예비 교사 교육에 관한 선행 연구를 살펴보면 대부분 다수의 예비 교사들을 대상으로 전반적인 경향을 알아보려는 연구가 주로 행해지고 있다. 그러나 예비 교사들이 개별적으로 처한 개인적, 사회적, 문화적인 맥락이 다르고, 사전 경험 및 지식, 믿음 등도 다양하므로 소수 예비 교사들을 집중적으로 관찰하여 질적으로 심도 있는 연구를 행할 필요가 있다. 가령, 예비 교사들의 교육 실습에 관한 선행 연구에서는 대규모로 교육실습에 대한 전반적인 현황을 분석한 경우가 많은데, 이러한 선행 연구를 발판으로 개별 예비 교사들의 사례를 심도 있게 분석하여, 예비 교사들의 개인적인 배경, 지도 교사와 동료 예비 교사 및 학생들과의 상호작용, 실습 학교의 맥락 등도 충분히 고려하는 연구도 필요할 것이다.

나아가 이제까지의 영어 예비 교사 교육과 관련된 선행 연구에서는 예비 교사들에게 초점이 주어졌다면, 향후 연구는 영어 예비 교사교육에 관련된 이해 당사자들, 즉, 교사 교육가, 정책 입안가, 교육 당국 담당자, 학교 행정가(교장, 교감 선생님) 및 연구자의 관점과 인식에 대해서도 탐색할 필요가 있다. 교육실습의 경우는 학교 학생들의 인식, 학습 과정 및 성과에 대해서도 살펴볼 필요가 있을 것이다.

예비 교사 교육은 교사 교육의 연장선상에 위치해 있다. 따라서 교사가 학생에서 예비 교사 및 초임 현직 교사로 변화할 때 어떻게 발전해 가는지 살펴볼 필요가 있다. 나아가 현직 교사가 경력이 증가하면서 나타나는 변화와 발전상에 대해서도 탐구한다면 한국의 영어교사 교육에 시사하는 바가 클 것으로 생각된다.

영어 예비 교사 교육 관련 연구는 영어 교수 학습 및 교사교육과 관련된 이론과 실제가 활발하게 상호작용하는 분야다. 따라서 이러한 연구들이 연구에서 그칠 것이 아니라 영어교사 교육 정책으로 보다 적극적으로 수용될 필요가 있다. 이 글에서 탐구한 한국의 영어 예비 교사 교육 연구 동향이 영어교사 교육 및 영어 교수 · 학습, 나아가 영어 학습자의 발전에 기여할 수 있기를 기대해 본다.

참고문헌

곽동기(1997). 영어교육과의 교육 과정에 대한 연구. 『교육과학연구』, *2*, 53-87.

김남순(2006). 영어교사를 위한 In-service Training Program의 연구현황과 교사교육의 개선방안. 『한국영어교육학회 제5차 SIG 프로시딩 자료집』, *33-37*.

김덕기(1988). 영어교사 양성의 현실적 문제와 이상적 방향. 『영어교육』, *36*, 85-90.

김신영 · 송미영(2008). 예비교사의 학생평가 전문성과 교육실습의 효과. 『교육평가연구』, *21*(1), 79-97.

김영숙 · 이지연(2010). 예비영어교사의 수업일지 작성을 통한 반성적 성찰의 효용성: 결정적 사건 분석을 중심으로. 『영어교육』, *65*(4), 373-402.

김은주(2008). 한국 초중등 영어 교사 양성 및 재양성 기관 교과과정 탐색 연구. 『영어교육』, *63*(2), 261-181.

김인옥(2007). 수업시연과 영작테스트에 나타난 초등 예비교사의 교실영어 오류 분석. 『초등영어교육』, *13*(2), 5-32.

김재혁(2004). 영어 능력 계발 중심의 초등영어 교사교육 모형. 『영어교육연구』, *16*(2), 181-204.

김재혁(2008). 초등영어 수업실습이 예비교사들의 영어지도 인식에 미치는 효과. 『초등영어교육』, *14*(2), 5-22.

김진석(2013). 초등예비교사의 영어 발화 점검 및 지도방안. 『한국초등교육』, *24*(1), 215-231.

김충배(1983). 영어교사 양성프로그램의 방향. 『고려대학교 사대 논집』, *8*, 139-153.

김현진(2009). 반성적 마이크로티칭과 비원어민 예비 영어 교사의 외국어 교수 불안감. 『영어어문교육』, *15*(4), 265-290.

나경희(2006). 예비영어교사의 교육실습과정에 관한 인식 및 태도에 관한 탐색, 『언어학연구』, *10*, 87-110.

나경희(2007). 성찰적 영어교사 양성을 위한 예비영어교사의 교육실습과정 탐색. 『영어영문학연구』, *33*(2), 187-210.

나경희(2008). 예비영어교사의 교육실습과정이 교사로서의 자질 습득과 신념에 미치는 영향. 『영어영문학 연구』, *50*(1), 101-129.
나경희(2009). 예비 영어교사의 TETE 능력 신장을 위한 영어수업시연에 관한 분석. 『인문과학 연구』, *23*, 221-240.
민덕기 · 강성우 · 이강섭 · 양창모(2004). 『외국어 및 정보화 능력자격 인증제 도입연구』. 교사교육프로그램 개발과제. 서울: 교육인적자원부.
민찬규 · 박성근(2013). 영어과 교사교육의 회고와 전망. 『영어교육』, *68*(2), 153-177.
박상옥(1980). 훌륭한 외국어교사의 자질과 교사교육기관의 역할 및 우리나라 중등학교 영어교사 교육과정의 분석. 『영어교육』, *20*, 15-39.
박상옥 · 오영숙(2012). 예비 중등 영어교사 교육에서 마이크로티칭의 효과: 예비 교사들의 인식을 바탕으로. 『교사교육연구』, *51*(1), 59-74.
박영예(2007). 예비 초등영어 교사교육에서 모의수업의 적용방안. 『초등영어교육』, *13*(1), 49-74.
박영예(2009). 모의수업을 통한 예비 초등영어 교사의 반성적 교수활동 분석. 『신영어영문학』, *42*, 203-230.
박형기(1989). 영어교육이론에 입각한 영어교사 양성 프로그램의 모형연구, 『영어교육』, *37*, 45-75.
배두본(2002). 영어로 진행하는 영어 수업의 조건과 교사의 역할. 『영어교육연구』, *14*(1), 137-161.
신길호(2005). 사범대학 영어교육과 교육과정의 분석과 제안. 『영어영문학연구』, *47*(1), 233-266.
안경자(2013). 예비 영어교사의 영어 학습 및 영어 능력 신장: 영어 학습일지 활용 사례 연구. 『현대영어영문학』, *57*(1), 139-166.
엄미리 · 엄준용(2010). 교육실습제도 개선에 관한 인식 및 요구 조사: 실습전후 예비교사들을 대상으로. 『인적자원관리연구』, *17*(1), 127-149.
유범(1999). 영어교육 전공 학생들을 위한 방학이용 집중 영어연수과정 개발 사례 연구. 『외국어교육』, *6*(2), 325-350.
이동호(1998). 사범대학 교사교육 구조조정방안. *Studies in English Education*, *3*(1), 293-309.
이선(2012). TEE 수업능력 신장을 위한 예비 초등영어 교사교육에서 효과적인 모의수업 방안에 대한 연구. 『외국어교육』, *19*(1), 157-185.
이소영(2011). 영어과 교육실습 지도교사의 역할에 대한 교육실습생과 지도교사의 인식에 관한 연구. 『외국학연구』, *17*, 9-29.
이윤(2004). 자가 오류분석과 diary 쓰기를 통한 교육대학생의 교실영어 사용 능력 신장 방안. 『초등영어교육』, *10*(2), 127-157.
이지연 · 김영숙(2011). 예비영어교사의 마이크로티칭에 대한 다각적 평가 연구. 『외국어교육』,

18(3), 209-223.

이흥수(1999). 영어 교사 양성 프로그램 개선 방안 연구: 사범대학 및 교육대학원 교육과정을 중심으로. 『한국교사교육』, *16*(1), 111-132.

장경숙 · 김성혜 · 고현숙 · 한은미 · Hayes, D. (2011). 『초등학교 영어 교사 연수 후 지속적 전문성 신장 방안』. (연구보고 RRI 2011-8). 서울: 한국교육과정평가원.

장경숙 · 김성혜 · 진경애 · 황종배 · 전영주(2012). 사범대학 영어교육과 교육과정에서의 평가 교과목 운영 실태에 관한 기초 연구. 『영어학』, *12*(3), 473-495.

장지혜 · 나경희(2012). 예비 초등 영어교사들의 영작문에 나타난 오류 분석. 『영어영문학연구』, *54*(3), 327-351.

정경애 · 최희경(2011). 초등영어교육실습 현황과 예비교사들의 인식. 『초등영어교육』, *17*(2), 31-59.

정용주(2007). 초등예비교사의 초등영어 교과서 대화문 구사능력. 『초등영어교육』, *13*(1), 75-94.

조명원(1979). 실행능력에 입각한 영어교사 교육의 모형연구. 『영어교육』, *18*, 75-102.

허미경 · 김은정(2010). 영어교육실습에 대한 교육실습생과 지도교사의 인식. 『영어교육연구』, *22*(2), 343-366.

Ahn, K. J. (2009). *Learning to teach within the curricular reform context: A Sociocultural perspective on English student teachers' practicum experience in South Korea*. Unpublished doctoral dissertation. Pennsylvania State University. University Park.

Benton-Kupper, J. (2001). The microteaching experience: Student perspectives. *Education, 121*(4), 830-835.

Borg, S. (2003). Teacher cognition in language teaching: A review of research on what language teachers think, know, believe, and do. *Language Teaching, 36*, 81-109.

Borrowman, M. (1956). *The liberal and technical in teacher education: A historical survey of American thought*. New York: Teachers' College Press.

Conant, J. (1963). *The education of American teachers*. New York: McGraw-Hill.

Freeman, D. (2002). The hidden side of the work: Teacher knowledge and learning to teach. *Language Teaching, 35*, 1-13.

Haskew, L. (1964). The impact of the research upon the practice of teacher education. In F. R. Cyphert & E. Spaights (Eds.), *An analysis and projection of research in teacher education* (pp. 147-173). Colombus, OH: Ohio State University.

Johnson, K. E. (2009). *Second language teacher education: A sociocultural perspective*. New York: Routledge.

Lee, M. W. (2011). The influence of the current national curriculum on pre-service English teacher education in Korea. *Journal of the Korea English Education Society, 10*(1), 1-23.

Lee, S. Y. (2007). Preservice EFL teachers' perceptions of their student-teaching experiences. *English Teaching, 62*(4), 355-371.

Lortie, D. (2002). *Schoolteacher: A sociological study* (2nd ed.). Chicago: University of Chicago Press.

Park, J. (2009). The use of microteaching in prospective English teacher training. *English Language Teaching, 21*(3), 129-146.

Schön, D. (1983). *Reflective practitioner: How professionals think in action*. New York: Basic Books.

Shulman, L. (1986). Paradigm and research programs in the study of teaching. In M. C. Wittrock (Ed.), *Handbook of research on teaching* (3rd ed.) (pp. 3-36). New York: Macmillan.

Wallace, E. (1991). Student attitudes towards approaches to learning and assessment. *Assessment and Evaluation in Higher Education, 17*(1), 45-58.

Walsh, S. (2011). *Exploring classroom discourse: Language in action*. New York: Routledge.

제15장

코퍼스와 교사 교육*

박광현 명지대학교

1. 서론

코퍼스언어학은 넓은 의미에서 자연언어처리의 기술적 발달을 배경으로 전산적 언어 처리 기법과 소프트웨어를 언어 연구에 응용한 방법론이다. 코퍼스는 언어 자료를 모아 둔 데이터베이스로서 1960년대의 브라운 코퍼스를 시초로 언어 데이터 컨소시엄의 대규모 트리뱅크를 구축했고, 현재는 수억 단어 규모의 캠브리지 영어 코퍼스와 구글의 n-gram 코퍼스 등에 이른다. 이들의 응용 분야는 검색엔진 개발, 음성인식, 의학 문건 등의 자동요약 및 분류, 사회언어학 데이터 분석, 방언 연구, 사전학 등 다양하다. 교육 분야에서 코퍼스 중의 한 종류인 학습자 코퍼스는 학습자들의 언어 자료를 모아 둔 데

* Park, Kwanghyun (2014). Corpora and teacher education. In O. Kwon (Ed.), *New horizons in English education research* (pp. 355-369). Seoul: Seoul National University Press.

이터베이스로서 학습 자료로서 코퍼스 활용에 기반이 되고, 학습 자료 개발, 문법 및 어휘 연구, 평가 기법 개발 등에 사용된다.

코퍼스언어학의 발달은 단지 언어의 수량적 처리에 국한되지 않고 언어와 언어학습을 이해하는 패러다임을 바꾸었다. 언어 연구에서는 대량의 자료에 기반한 어휘 중심적 접근 및 분석, 그리고 언어 사용에 대한 통계적 이해를 중심으로 논의가 진행되어 왔다면, 언어학습에서는 실제로 사용되는 언어 자료의 분석을 통해 어휘-문법의 패턴에 대한 학습자의 인지를 높이는 데이터 중심의 학습 방법이 활발히 논의되었다. 1990년에서 현재까지 코퍼스를 사용한 언어학습은 코퍼스 활용 언어교육 및 교재 개발 등의 분야에서 주로 학습자를 위주로 연구가 진행되었다. 그러나 언어학습의 또 다른 축인 교사교육에서는 2000년 초반에 이르러서야 코퍼스의 활용 방안과 교사 교육 분야에서 코퍼스 사용의 필요성에 대한 연구가 발표되기 시작하였다. 언어교육에서 교사의 중요성을 감안할 때 향후 많은 연구가 필요한 새로운 분야라고 하겠다.

교사 교육에서 코퍼스의 활용은 넓은 의미로 컴퓨터와 정보 통신 기술을 활용한 언어교육이라는 점에서 맥락을 같이한다. 정보 통신 기술의 발달과 빠른 확장성으로 인해 언어교육에는 정보 통신 기술의 활용 능력을 전제로 한 키워드들, 이른바 미디어 문해력, 멀티 문해력, 그리고 온라인 문해력 등과 같은 단어들이 부각되고 있다(예: Warschauer, 2000). 이들은 학생들이 기존의 인쇄 매체뿐 아니라 디지털 네트워크를 통해 다양한 미디어에 빠르게 접근하여 정보를 수집, 조합, 전달, 생산할 수 있는 능력을 갖추고 있음을 의미한다. 교사들이 언어교육에서 정보 통신 매체를 다루는 것은 학생들에게 다양한 미디어에 기반한 문해력를 배양하기 위해서이며, 교사 자신도 여러 가지 미디어를 통해 언어교육의 자료와 방법에 관한 정보에 빠르게 접근하여 학습 목표에 맞는 자료와 활동을 효율적으로 창출해 내는 능력이 요구되기 때문이다.

코퍼스가 교사 교육에 응용되는 잠재적 분야는 다양하겠으나 Farr(2010)

의 요약에 따라 다음과 같이 정리할 수 있다.

① 자기 주도적 인지발달

코퍼스는 학습자가 언어 자료를 스스로 접근, 선별, 조작하여 학습에 이르게 하는 방식으로 사용될 수 있다(Johns, 1991). 예비 교사들에게 코퍼스는 다양하고 방대한 언어 자료에 접근하여 교육에 필요한 예문과 패턴을 찾아보고, 언어에 대한 직관을 테스트하며, 때로는 의도치 않았던 언어적 사실을 스스로 발견하는 도구로 사용할 수 있다.

② 언어 지식과 인식의 제고

코퍼스는 직관에 의해 인식하기 어려운 언어 패턴을 통계적, 전산적 처리를 통해 쉽게 보여 준다. 자주 반복되는 패턴, 통계적으로 의미 있는 단어, 연어와 숙어, 문학작품과 작가의 차이를 보여 주는 키워드, 서로 다른 기능을 수행하는 어휘다발(Biber, 2006; Biber, Conrad, & Cortes, 2004) 등은 대량의 자료를 통계적으로 분석하지 않으면 인식하기 어려운 언어적 현상들이다.

③ 기호와 상징의 매개체

코퍼스는 그 자체가 지식을 전달하거나 현상을 해석하지 않는다. 코퍼스는 언어 자료라는 기호의 체계를 매개하는 도구로서 다른 기호체계, 즉 시각적 상징, 신호, 숫자, 글씨, 도형 등과 같이, 언어라는 기호 체계에 효율적으로 접근하는 매개체이다. 예비 교사들에게 코퍼스는 매개를 통한 학습이 이루어지게 하는 도구로 사용될 수 있다.

④ 다양한 맥락

최근 많은 종류의 코퍼스가 만들어지면서, 기존에 쉽게 접하기 어려웠던 맥락에서의 언어 자료에 접근할 수 있게 되었다. 대학교의 여러 가지 상황에서 이루어지는 대화, 강의, 상담 등의 맥락에서의 구어 사용은 MICASE와 같은 코퍼스를 사용할 수 있고, BNC와 COCA를 이용해도 쉽게 장르별, 시대별 언어 자료를 구할 수 있게 되었다. 좀 더 이상적으로는 교육이 이루어지는 지역과 현장의 맥락에서 만들어진 소규모 코퍼스 등이 교사 교육에 좀 더 적극적으로 사용될 가능성이 있다.

언어교육에서 기술의 활용은 그 잠재적 장점에도 불구하고 전문적인 기술적 배경과 지식이 없는 외국어 교사들에게 오히려 배우고 활용하는 데 걸리는 시간과 어려움이 부담으로 작용할 수 있다. 기술적 어려움은 특히 학습활동, 언어 자료, 수업 및 자가 학습에 필요한 프로그램과 같은 소프트웨어의 지원이 부족한 상황에서 하드웨어 사용법을 중심으로 교육이 이루어지는 경우, 교사에게는 오히려 심정적으로 불안감과 거부감을 주게 된다. 더구나 교육 현장에서 주어지는 업무와 수업 부담으로 인해 정보 기술의 습득과 활용이 어려운 경우도 적지 않다. 교사 교육의 초기부터 정보 기술 활용 교육을 실시한다면 어느 정도 문제를 해결할 수 있겠으나, 현실적으로 소프트웨어 사용의 어려움, 자료 검색과 수집, 그리고 학습 자료의 가공에 들어가는 시간적 부담으로 인해 정보 기술이 외면받을 가능성도 적지 않다.

교사 교육에서 정보 기술의 활용이 가지는 현실적 문제점을 어떻게 해결할 것인가에 대해 코퍼스는 아직 구체적인 대안이라고 할 수 없지만, 언어 자료의 모음으로서 코퍼스는 교사들이 사용할 수 있는 적절한 학습 자료를 빠르게 제공할 잠재적 효용을 가지고 있다. 특히 최근 오디오, 비디오, 그리고 교사를 위한 정보를 동시에 통합하여 제공하는 인터페이스가 가능해지고, 이를 위한 다중모드 코퍼스(multimodal corpus)가 제안되면서 효율적 교사 교육의 가능성을 보여 주고 있다. 다음 절에서는 2000년도 초기부터 시도된 교사 교육에서 코퍼스 연구 문헌을 개관하여, 코퍼스 활용의 이론적 출발점과 적용 사례, 문제점, 그리고 제안 사항 등을 살펴본다.

2. 연구 동향

1) 교실에서 사용하는 언어 분석을 위한 자료로서의 코퍼스

교사 교육에서 코퍼스의 잠재적인 가치를 찾을 수 있는 분야는 교실에서 사용하는 학습자 언어의 분석 도구로서 코퍼스를 활용하는 방안이다. 예를 들어, 교실에서 학생과 교사 사이의 상호작용은 학습의 목표를 달성하는 데 매우 중요하고 따라서 이와 같은 상호작용을 전사한 자료는 교사 교육의 측면에서 귀중한 자료가 된다. 전사된 자료는 코퍼스로 만들어져 대화분석이나 담화분석과 같은 테크닉을 통해 이용된다(Walsh & O'Keeffe, 2007). 이와 같이 전산화된 자료는 학습자들의 잠재적 발달을 도울 수 있는 상호작용 방식과 교사의 대응 방법은 무엇인지 세밀하게 분석할 수 있게 하는 좋은 자료가 된다(Aljaafreh & Lantolf, 1994). 그러나 전사자료와 질적 분석을 이용한 연구의 단점은 전산화가 어렵고, 자료에 교사교육에 사용할 정보를 첨가하기 위해서 많은 노력이 필요하다는 점이다.

따라서 현실적으로는 교실담화의 전사 자료를 모아둔 코퍼스에서 자료를 선정하여 질적인 분석을 통해 교사 교육에 활용하는 것이 일반적이다(Farr, 2003; O'Keeffe & Farr, 2003). 예를 들어 교실에서 사용하는 담화표지 등을 분석하여 교사들에게 가르침으로써 교실에서의 상호작용을 효과적으로 보여줄 수 있었다(Amador Moreno, Chambers, & O'riordan, 2006). 향후에는 대량의 전사 자료를 코퍼스로 만들고, 여기에 화용, 의미, 음성의 정보와 대화분석이나 기능언어학적 관점에서의 분석 자료와 같은 가치 있는 정보를 첨가한 코퍼스가 만들어진다면 교사 교육에 유용하게 활용될 수 있을 것이다.

위에서 언급된 문제들은 현지의 교육 현장에서 직접 교사들의 수업과 활동을 사진, 비디오, 음성 등으로 채록한 후, 멀티미디어 코퍼스를 제작함으로써 해결하려는 노력으로 이어졌다. 코퍼스 응용 초기에는 소규모 자료를 교육 현장에서 직접 채집하여 사용하려는 시도가 있었고 그 구체적인 사례로 O'Keeffe와 Farr의 연구(2003)가 알려져 있다. 예를 들어 교실 수업을 녹음하여 전사한 후 교사들의 질문 패턴과 학생들의 답변을 연구하는 활동이 보고되었고(Farr, 2002), 관련된 후속 연구에서는 수업뿐 아니라 다른 맥락에서 교사들의 언어 자료를 모으고, 또 예비 교사들의 수업 실습에서도 자료를 모아서 연구에 사용하였다(O'Keeffe & Farr, 2003). 예비 교사들이 직접 자료를 모아서 코퍼스를 만든 후, 현직 교사들과 같이 수업 내용을 분석하고 수업 중에 사용되는 언어의 화용, 담화적 측면을 연구하고 학습한 사례도 있다(Chambers & O'Riordan, 2007). 이러한 자료들은 교사들에게 교사-학습자 간 언어의 이해와 효과적인 전달 방법에 대해 인지도를 높이는 방향으로 이용되었다. 예비 교사들은 온라인 도구인 Corpus Concordance Sampler와 데스크톱 소프트웨어인 WordSmith Tools(Scott, 1996) 등으로 the Corpus of Spoken Professional American English와 같은 코퍼스에 접근하여 연어와 문법 패턴 등을 분석하였다.

교육 현장에서 채록한 언어 자료를 모아서 만든 아카데믹 코퍼스는 학생들이 자주 범하는 오류나 언어 사용 패턴을 예비 교사들에게 미리 보여줄 수 있는 귀중한 자료가 될 수 있다. 잘 알려진 MICASE(Michigan Corpus of Spoken English)와 BASE/BAWE 코퍼스(British AcademicSpoken/Written English) 등이 자주 언급된다. 이 코퍼스들은 교사들이 직접 자료를 모으지 않고도 학습자들의 언어 사용을 살펴볼 수 있다는 점에서 매우 귀중한 자료이다.

그러나 그 장점과 더불어 현재 이용할 수 있는 학습자 코퍼스가 가지는 한계도 언급할 필요가 있다. 첫째, 주로 학습자들이 영작문 시험이나 숙제로 제출한 에세이가 대부분이므로 다른 장르의 지도에는 이용하기 어렵다. 둘째, 학습자 코퍼스는 그 규모가 작고, 수량도 충분치 않다. 현재 많이 알려진 Granger의 ICLE 코퍼스와 여기에 소개된 학습자 코퍼스들이 있으나, 한국인 학습자의 코퍼스는 그 사례가 많지 않다. 셋째, 학습자 코퍼스는 자료 그 자체를 모으는 것보다 주석(annotation)이 시간도 많이 걸리고 중요하다고 할 수 있다. 예를 들어 한국에서도 최근 한 대학에서 입시생들의 영어 시험 작문 자료를 모은 경우가 있으나, 하나의 대학에서 매우 특정한 집단과 시험상황이라는 특정한 맥락에서 얻어진 자료라는 점에서 한국 학습자들을 대표하거나, 한국 학습자들의 언어 사용을 잘 반영한다고 하기는 어렵다. 또한 이 자료에 대한 정보 추가, 예들 들면 오류 태깅 등이 충분치 않아 교사 교육의 자료로 활용하기는 쉽지 않다. 향후 다양한 종류의 한국인 학습자 코퍼스가 만들어진다면 언어학습 발달과 언어 사용 패턴에 대한 경험적 정보를 얻을 수 있게 되어 교사 교육에 많은 기여를 할 것으로 생각된다.

2) 교사 교육을 위한 멀티미디어 사례 자료로서의 코퍼스

2000년도 초기에 코퍼스를 교사 교육에 도입하자는 제안의 배경에는 예비 교사들을 위한 자료의 부족이 중요한 동기였다. 수많은 교사 교육용 서적과 비디오 자료, 그리고 인터넷에 공유된 학습 활동 사례 등이 이미 있었음에도 이와 같은 수요가 발생한 이유는 크게 두 가지를 생각해 볼 수 있다.

첫째, 도서관 등에서 구입하여 일괄적으로 제공되는 비디오 자료나 인터넷의 활동 사례 등은 영어교사가 가르쳐야 하는 현장 상황과 일치하지 않는 경우가 많다. 다수의 교재가 주로 영국이나 미국에서 제작되어 수입되므로 영미권이 아닌 국가에서는 실제 교사가 가르치는 현장의 수업과 학생들의 반응 및 이해에 대한 자료로 충분치 않다. 실제로 O'Keefe와 Farr(2003)는 아일랜드에서 교사 교육을 위한 코퍼스를 활용한 이유로 영국에서 제작된 교재가 아일랜드 예비 교사들에게 적절치 않음을 지적하였다. 아일랜드는 영국과 지리적, 문화적으로 가깝고 영어를 사용하는 나라이지만 현장교육의 맥락이 영국의 교재에 충분히 반영되어 있지 않다면, 한국과 같이 외국어로 영어를 가르치는 나라에서는 영미권에서 수입된 책이나 비디오 교재가 현지의 교육 맥락과 더욱 더 큰 차이가 있을 것이다. 지역적 특성에 맞게 예비 교사와 경험 많은 교사들의 수업 영상을 모으고 분류하여 교사 교육에 활용하는 방안이 필요하다고 하겠다.

두 번째로 기존의 (코퍼스에 기반하지 않은) 서적이나 비디오 교재는 교사의 설명 방식이나 내용 전달과 같은 지도법에 집중하느라 언어적 분석이나 전문가의 해설이 부족한 경우가 많다. 또한 이런 교재들은 예비 교사들이 소프트웨어 등을 통해 직접 언어 자료를 분석하도록 디자인되어 있지 않은 경우가 대부분이다. 따라서 교사들의 수업을 분석한 정보가 들어 있는 데이터베이스가 필요하고, 가능하다면 전문가의 해설이 영상과 함께 제공되는 자료들이 매우 유용하게 사용될 수 있겠다. 현재는 그러한 자료들이 코퍼스로 구축되어 있지 않으나, 멀티미디어 기반으로 교사의 수업과, 전사된 내용, 그리고 전문가의 해설 수업 중간중간, 영상에 따라 자료가 주어지는 사례들은 참고할 만하다(Johnson & Hall, 2008).

3) 교사를 위한 언어학습 자료로서의 코퍼스

예비 교사들에게 언어 자체에 대한 탄탄한 지식과 언어 자료의 분석 능력을 갖추게 한다는 점에서 코퍼스는 언어학습과 연구에 사용할 리소스로서 매우 유용하다. 실례로 O'Keeffe와 Farr(2003)는 품사 태깅이 된 코퍼스를 사용하여 예비 교사들이 통사구조에 익숙해지도록 활동을 개발하였다. 먼저 예비 교사에게 영어의 품사구조에 대한 설명을 하고, 읽기 자료를 준 후 텍스트의 단어에 품사를 적도록 하였다. 그리고 코퍼스를 통해 정답을 확인하도록 하는 활동을 예시로 보여 주었다. 교사가 직접 품사 태깅을 하는 수고를 덜기 위해 이미 품사 정보가 들어 있는 코퍼스를 활용하는 것이 좋은데, ICAME Collection of English Language Corpora와 International Corpus of English: The British Component 등을 이용하면 된다.

또한 다른 종류의 코퍼스를 사용함으로써 레지스터 사이의 차이를 학습하도록 하는 사례도 있다. 예를 들어 question tag인 you?를 검색하면 구어와 문어, 젊은 층이 쓰는 말, 그리고 비즈니스 언어 자료에서의 쓰임이 확연히 다르다. 이때 다음과 같은 질문을 제시하여 활동을 유도할 수 있다.

- 구어와 문어 사이에서 tag question의 사용 빈도와 방법에 차이가 있는가?
- 구어와 문어에서 tag question은 어떤 기능을 하는가?
- 미국 영어와 영국 영어에서 빈도의 차이가 있는가?

한편, 교사 교육의 학습 자료로서 코퍼스의 활용에 있어 몇 가지 난점이 지적되어 왔다(O'Keeffe & Farr, 2003). 많은 기술적 문제와 교육적 문제가 논의되지만 한국의 교육 현장에 관련이 있는 내용으로 아래와 같은 항목으로 요약할 수 있다.

- 코퍼스를 구매할 것인가 직접 만들 것인가?: 가르치고자 하는 내용과 언어 자료가 코퍼스로 구축되어 있지 않은 경우다. 예를 들어 아일랜드 영어를 모아둔 코퍼스, 한국인 학습자에게 적당한 코퍼스, 한국인 학습자들의 영어 발화를 모아둔 구어 코퍼스 등은 구하기 어렵거나 존재하지 않는다. 이때에는 직접 만드는 수밖에 없는데 대부분의 교사에게는 가능하지 않은 작업이다.

- 구어와 문어 코퍼스는 어떻게 선택할 것인가?: 구어 코퍼스는 문어에 비하여 구축 비용과 시간이 많이 들기 때문에 규모도 적고, 코퍼스의 종류와 수량도 적다. 최근 MICASE와 같은 구어 코퍼스가 공개됨에 따라서 접근이 더 용이해지기는 했지만, 교사의 목적에 맞는 구어 코퍼스는 매우 한정적이다. 그렇다면 MICASE로부터 자료를 다운받아 사용하거나 검색한 결과를 자료화해야 하는데, 이 작업 역시 교사의 입장에서는 시간과 노력이 들어갈뿐더러, 한국의 중고등학교의 교육과정에는 적절치 않아 도움이 되지 않는다.

위와 같은 현실적 문제가 있지만 코퍼스는 교사들이 직접 참조할 수 있는 자료를 제공해 줄 수 있다는 점에서 가치있는 대안이라고 할 수 있다.

Yoon(2008)은 이와 같은 잠재성을 보여 주는 대표적인 연구인데, ESL 학생들이 온라인 코퍼스를 사용하여 연어와 같은 언어적 특성에 대해 배우는 한편, 작문에서 많은 성취를 이룰 수 있음을 보고하고 있으며, 이전에도 유사한 성공적 활용 사례가 보고된 바 있다(Chambers, 2005). 코퍼스는 문법과 연어 같은 어휘 항목뿐 아니라 창조적 글쓰기에서도 활용 가능하고(Kennedy & Miceli, 2010), 학습자들이 언어에 대한 가설 검증을 통해 언어적 발달을 이루는 과정(microgenesis)을 극대화하는 대안으로도 제안된 바 있다(Park, 2012).

4) 학습자를 위한 참조 자료로서의 코퍼스

교사 자신의 계발 외에 교사 교육에서 코퍼스의 역할은 학습자들이 참조할 수 있는 학습 도구로서의 코퍼스를 활용하는 방안이다. 학습 도구로서 코퍼스의 사용은 크게 두 가지로 나누는데 교사가 학습 자료를 코퍼스를 이용해서 준비하는 방법과 학생들이 직접 코퍼스에 접근하여 자료를 검색하고 분석하는 방법이다. 이를 각각 직접 사용과 간접 사용이라 하자. 문헌에 따르면 직접 사용은 학습자들에게 부담이 많아 간접 사용이 더욱 효과적이라고 알려져 있으나 최근에는 코퍼스 사용을 학생들에게 지도하는 경우 직접 사용도 효과적일 수 있다는 연구도 보고되고 있다.

간접 사용 방안은 교사가 코퍼스를 이용해 학습 자료를 준비해 오는 경우다. 이런 경우는 학습 목적에 맞추어 교사가 미리 적절한 언어 자료를 준비하고 학생들은 집중해서 자료를 분석할 수 있어서 효과가 높다. 또한 코퍼스를 다루는 기술적 부담도 피할 수 있고 수업 중 검색에 사용되는 시간을 절약한다는 장점이 있다. 한편 직접 사용은 학생들이 컴퓨터 랩이나 노트북을 사용해서 코퍼스에 직접 접근하는 것인데, 학생들이 무엇을 검색하고 배울 것인지 스스로 결정할 수 있는 자율성이 주어진다는 점에서 권장된다(Johns, 1991). 연구에서 자주 사용된 도구는 Compleat Lexical Tutor와 같은 온라인 도구들인데, 실험적 환경에서는 학습자로부터 좋은 반응을 얻은 것으로 알려져 있다. 그러나 현실적으로 학습자들이 추후에도 계속 그리고 자발적으로 이런 도구를 사용하여 언어학습에 이용하는지는 향후 연구를 통해 밝혀져야 할 것이다.

3. 향후 전망 및 제언

교사 교육은 코퍼스의 활용에서 연구가 활발하게 이루어지지 않고 있으나, 향후 코퍼스를 이용한 언어교육에서 그 중요성이 한층 강조되어야 할 분야다. 직간접적으로 코퍼스는 이미 교사 교육에 상당한 도움을 주고 있다. 교사들이 사용하는 많은 교재와 사전들이 코퍼스를 기반으로 제작되어 보급되고 있으며, 이전의 교재들과 달리 실제로 사용되는 언어에 기반하여 예문과 화용 정보, 그리고 맥락을 제공한다. 현재는 특정 목적을 위한 언어교육 자료들도 많이 나와 있으며, 이와 함께 활용할 수 있는 사전들도 제작되었다. 교사교육에서 코퍼스는 더욱 다양한 장르와 환경에서 사용되는 언어 자료를 수집하고 분석하는 방향으로 진행될 전망이다. 예들 들어 컴퓨터 매개 의사소통(computer-mediated communication)이나 모바일 기기에서의 언어 사용과 교육적 활용, 그리고 이미지와 텍스트 검색엔진을 사용한 언어 교육 등으로 확대해 나갈 것이다.

코퍼스를 이용한 교사 교육은 영국과 미국에서의 사례가 많았으나, 최근 코퍼스의 인지도가 높아지면서 아시아 지역에서도 코퍼스의 교육적 활용에 대한 시도가 관련 학회와 학술지에 점차 보고되는 추세다. 그러나 교사 교육에서 코퍼스의 활용 방안은 지역적 맥락에 맞게 재해석하고 재구성해야 한다. 만약 한국의 교사 교육에 코퍼스를 활용하려 한다면 한국의 영어교사들이 코퍼스를 사용해서 얻는 이득이 무엇인지부터 먼저 분명하게 정의해야 할 것이다.

예비 교사들은 흔히 학생들 사이에서 문법/어법으로 일컬어지는 통사적 지식과 단어/숙어로 지칭되는 어휘적 지식, 그리고 표현/화법이라고 일컬어지는 맥락 및 화용적 지식을 모두 필요로 한다. 쉽게 말하면 영어교사들이 흔히 경험하는 질문은 문장이 '맞는지 틀리는지'(통사적으로), 우리말에 해당하는 적절한 영어 단어는 무엇인지(어휘적으로), 그리고 이러저러한 표현은 영어로 어떻게 할 수 있는지(화용적으로) 등이다. 이러한 상황에서 교사의 기술적 문법과 규범적 문법 지식의 적절한 활용 그리고 학생이 이해할 수 있는 언어를 사용한 유효한 전달이 요구된다.

종종 맞고 틀림의 문제는 규범적 문법의 입장을 반영하는 문법 교재나 기출문제를 통하여 해결할 수 있다. 그리고 옳고 그름을 판단하는 문제는 그 빈도가 높지 않거나 많은 경우 지도하기 어렵지 않은 편이다. 예를 들어 everyone에 일치하는 동사가 단수형임은 규범적으로 간단하게 설명하는 편이 효율적이다. 그러나 어휘, 화용적인 사용을 지도하는 것은 교재나 기출문제로 해결되지 않는 경우가 많다. 학습자들이 영어 학습 초기에 사용하는 표현 중 나타나는 I eat medicine(take 대신)과 같은 경우는 그 어려움의 원인이 첫째, eat라고 해도 대략의 의미가 전달되고, 둘째, 이렇게 사용하는 경우가 실제로 존재하며 (예를 들어 동물에게 약을 먹이는 경우), 셋째, 표현의 옳고 그름을 명확히 판단하기가 어렵다는 점에서 지도가 힘들다. 그래서 교사들은 대체로 take가 더 '적절한' 표현이라고 설명하고, 마찬가지로 평가 문항도 틀리고 맞다 라고 하기보다 더 '적절한' 표현을 선택하도록 요구한다. 그러나 학생들의 입장에서는 어떻게 take가 더 적절한지 (스스로) 알 수 있을까? 사전에 예문이 나오면 적절한 것이고 그렇지 않으면 적절하지 않다는 설명도 설득력이 부족하다. 예를 들어 "점심을 먹다."의 영어 동사는 have, do, eat 중 어떤 것이 적절한가? 사전에 세 가지 동사가 예문으로 다 나오는 경우는 드물고, 어떤 사전(예를 들어 캠브리지 온라인학습자사전)은 do와 have가 나란히 나오고 eat는 나오지 않는다. 그렇다면 eat lunch는 틀린 (혹은 '적절하지 않은') 표현인가? 그런데 Longman 학습자 사전에는 다음과 같이 나온다: have (your) lunch (=eat lunch). 그렇다면 eat lunch와 have lunch는 똑같은 표현인가? 아니면 교사의 입장에서 이런 것을 구별하는 것은 시험에 나오지 않으니 혹시 시험에 나오면 have lunch를 답으로 고르라고 할 것인가?

일견 간단해 보이는 학생들의 어휘/맥락 관련 질문에 교사들의 답변이 적절한가 아닌가를 따지기보다 더 심각한 문제가 있다. 왜 take가 더 적절한 표현인가에 대한 답변을 학생들이 납득하도록 설명하기란 매우 어려운 일이며, 따라서 학생들의 입장에서는 다른 연어 표현을 만나거나 사용할 때(예를 들어 자동차 창문을 내린다는 표현은 ____ down the window라고 한다면 빈칸에 적절한 동사는 무엇인가) 스스로 해결할 능력을 기를 수 없어서 기출문제, 유명 학원의 교재와 강사가 작성한 단어/연어 리스트를 습득하고 암기하는 것이 효율적이라고 판단하기 쉽다. 그렇다면 언어학습이란, 마치 언어사용의 맥락을 이해하고 자신의 어휘 레퍼토리를 확장하려는 노력이라기보다는 잘 고른 리스트와 확실한 정답을 알아 두는 것처럼, 혹은 시험에 출제될 확률이 낮은 것을 정확히 배제해 주는 교사, 강사를 만나는 것이 더 효과적인 학습 방법처럼 오인되기 쉽다. 즉 학습자의 자율성을 심히 해치는 언어 교수/학습의 관행이 가장 효율적인 방법처럼 받아들이게 된다.

그렇다면 입시, 성적 향상, 취업, 승진, 혹은 개인적 필요 등 다양하고 현실적인 요구를 충족할 수 있으면서, 언어 자료를 분석하여 학습자를 스스로 배우는 '언어 탐험가'로 만들자는 이상적인 (혹은 한가한) 주장이 아닌, 학습할 가치가 있는 언어 자료를 스스로 판별하고 선택하여 목적에 맞는 효율적인 학습을 하되, 언어학습에서 마주치는 문제와 질문을 스스로 혹은 교사의 도움을 받아 해결하도록 도울 수 있는 방법은 무엇인가?

코퍼스는 교사와 학생들이 가질 만한 이와 같은 질문에 하나의 대안을 제시할 도구로서 잠재적 가치가 있다. 그리고 이와 같은 잠재적 가치를 연구하는 것이 코퍼스와 교사 교육 활용 연구의 중요한 초점이라고 하겠다. 향후 교사 교육에서 코퍼스의 연구는 단순히 자료를 담아 둔 정보 저장 장치를 넘어서서, 교사들에게는 학생들의 수요를 적절하게 전달하고 보여 주는 도구로서, 또 예비 교사들의 수행을 반추하고 평가하는 도구로서, 그리고 교사들의 도움이 미치지 못하는 학습자들의 자율성 영역에서 자신의 잠재적 발달의 다음 단계로 진출할 도구로서 활용되어야 한다. 멀티미디어 코퍼스, 교사 코퍼스, 학습자 코퍼스, 그리고 품사와 통사 정보를 넘어서 담화와 화용 정보를 제공하는 코퍼스가 교사 교육에 활용됨과 더불어 학습 현장에 통합될 수 있는 코퍼스의 기술적 발달과 그리고 교육적 대안이 균형 있게 이루어져야 할 것이다.

참고문헌

Aljaafreh, A., & Lantolf, J. (1994). Negative feedback as regulation and second language learning in the zone of proximal development. *Modern Language Journal*, *78*, 465-483.

Amador Moreno, C., Chambers, A., & O'riordan, S. (2006). Integrating a corpus of classroom discourse in language teacher education: The case of discourse markers. *ReCALL*, *18*(1), 83-104.

Biber, D. (2006). *University language: A corpus-based study of spoken and written registers.* Amsterdam: John Benjamins.

Biber, D., Conrad, S., & Cortes, V. (2004). If you look at…: Lexical bundles in university teaching and textbooks. *Applied Linguistics*, *25*(3), 371-405.

Chambers, A. (2005). Integrating corpus consultation in language studies. *Language Learning & Technology 9*(2), 111-125.

Chambers, A., & O'Riordan, S. (2007). Learning to teach through French from a corpus of classroom discourse: Giving corrective feedback. In J. E. Conacher & H. Kelly-Holmes (Eds.), *New learning environments for language learning* (pp. 87-101). Frankfurt, Germany: Peter Lang.

Farr, F. (2002). Classroom interrogations-how productive? *Teacher Trainer*, *16*, 19-23.

Farr, F. (2003). Engaged listenership in spoken academic discourse: The case of student-tutor meetings. *Journal of English for Academic Purposes*, *2*(1), 67-85.

Farr, F. (2010). How can corpora be used in teacher education? In A. O'Keeffe & M. McCarthy (Eds.), *The Routledge handbook of corpus linguistics* (pp. 620-632). Abingdon,

UK: Routledge.

Johns, T. F. (Ed.). (1991). *Should you be persuaded: Two examples of data-driven learning*. Birmingham, UK: Birmingham University Press.

Johnson, K. E., & Hall, J. K. (2008). *Teaching heritage and domestic language learners*. University Park, PA: CALPER.

Kennedy, C., & Miceli, T. (2010). Corpus-assisted creative writing: Introducing intermediate italian learners to a corpus as a reference resource. *Language Learning & Technology, 14*(1), 28-44.

O'Keeffe, A., & Farr, F. (2003). Using language corpora in initial teacher education: Pedagogic issues and practical applications. *TESOL Quarterly, 37*(3), 389-418.

Park, K. (2012). Learner-corpus interaction: A locus of microgenesis in corpus-assisted L2 writing. *Applied Linguistics, 33*(4), 361-385.

Scott, M. (1996). *WordSmith tools*. Oxford, UK: Oxford University Press.

Walsh, S., & O'Keeffe, A. (2007). Applying CA to a modes analysis of third-level spoken academic discourse. In H. Bowles & P. Seedhouse (Eds.), *Conversation analysis in languages for specific purposes* (pp. 101-139). Berlin: Peter Lang.

Warschauer, M. (2000). The changing global economy and the future of English teaching. *TESOL Quarterly, 34*(3), 511-535.

Yoon, H. (2008). More than a linguistic reference: The influence of corpus technology on L2 academic writing. *Language Learning & Technology, 12*(2), 31-48.

Ⅳ. 제2언어 분석 연구

제16장

코퍼스를 활용한 어휘 연구 50년사*

정상섭 울산대학교

1. 서론

코퍼스는 언어 연구에 필수적인 도구이자 방법이 되었다. 특히 코퍼스는 사전학(lexicography)과 어휘 연구에 가장 많이 활용되고 있다. 실제로 최근의 주요 사전은 코퍼스를 참조하지 않은 것이 없다. 그 외의 의미론과 화용론 및 음운론, 형태론, 통사론, 담화분석 등의 제반 언어학 분야에서도 코퍼스를 이용해서 이론을 검증하는 연구가 늘어나고 있고, 이론을 구축하려는 시도도 활발하다. 이런 연구들은 지난 50여 년 간의 코퍼스언어학의 성과다. 1959년 영국에서 Quirk가 영어 어법 조사(Survey of English Usage, SEU)를 위한 자연언어 자료 수집을 천명한 이후 1961년에는 미국에서 Francis와

* Jeong, Sang-Seob (2014). Fifty-year history of lexical studies using corpus. In O. Kwon (Ed.), *New horizons in English education research* (pp. 373-399). Seoul: Seoul National University Press.

Kucera가 최초로 전산화된 브라운 코퍼스(Brown Corpus) 구축을 시작하였다.[1] 비교적 짧은 기간 동안에도 불구하고 코퍼스는 현재 어휘 연구를 포함한 언어학 제반 분야의 연구뿐만 아니라 영어교육, 사회학, 심리학, 정치학 등에 응용되고 있다. 이 글의 목적은 지난 반세기 동안 이루어진 코퍼스를 활용한 어휘 연구를 역사적으로 개관하는 것에 있다. 코퍼스를 활용한 언어와 어휘 연구에 핵심적인 이론적 배경을 간단하게 언급하고 시기별로 주요 어휘 연구의 현황과 성과를 알아보고 향후 연구 방향을 설정해 본다.

2. 이론적 배경

코퍼스를 활용한 언어 연구에 핵심적인 이론적 배경은 코퍼스 활용 연구의 필요성에 대한 논의와 코퍼스언어학(corpus linguistics) 내에 코퍼스기반 접근방식(corpus-based approach, CBA)과 코퍼스주도 접근방식(corpus-driven approach, CDA)의 차이이다.

1) 코퍼스 활용 언어 연구의 필요성

코퍼스가 언어 연구에 필요한 것인가 하는 논의는 코퍼스가 언어 연구에 필요하지 않다는 주장을 반박하는 것이 가장 쉽게 이해하는 길이다. 코퍼스 활용을 반대하는 견해는 다음 여섯 가지다(Stubbs, 2002). 첫째, 코퍼스 자료는 맥락이 충분하게 주어져 있지 않다. 둘째, 기술적인 한계로 코퍼스 연구는 특정한 하나의 어형(form)과 연어(collocation)에만 과도하게 집중되어 있다. 셋째, 코퍼스는 대표성이 부족하다. 넷째, 코퍼스 연구는 언어의 다양성을 충분하게 고려하지 않는다. 다섯째, 코퍼스는 긍정적인 자료만 제공한다. 즉 사

1 SEU는 컴퓨터 코퍼스가 아닌 문헌 코퍼스다.

용된 언어만 보여 주고 사용하지 않은 언어를 보여 주지 않는다. 여섯째, 코퍼스는 언어능력보다 언어수행의 자료다.

이러한 코퍼스 활용 언어 연구의 단점 또는 무용성에 대한 반론은 다음과 같다(Stubbs, 2002). 첫 번째 주장은 대부분 코퍼스 연구에서 용례를 추출하기 위해서 사용하는 콩코던스(condcordance)가 제공하는 색인어(Key Word In Context, KWIC)의 맥락은 단순히 문맥만을 보여 준다는 이유로 코퍼스의 한계를 지적한 것이다. 그러나 많은 코퍼스는 색인어 콩코던스를 넘어서 문장이나 단락까지 큰 맥락을 제공하고 있다. 또한 전체 맥락의 필요성은 연구의 목적에 따라 결정될 사항이기 때문에 코퍼스 자료가 무용하다는 주장은 타당하지 않다.

두 번째 주장은 컴퓨터의 프로그램으로 이전에는 관찰 불가능한 현상에 접근할 수 있는 이점을 애써 외면하고 있다. 현미경이 망원경의 역할을 못한다고 불평을 하지 않는 것처럼 자연언어의 단어와 연어, 문법적 연어(colligation), 의미적 선호(semantic preference), 의미적 운율(semantic prosody) 등의 구절(phrase)을 실증적으로 연구하기 위해서는 코퍼스에 의존하는 것이 현재로선 최선의 방법이다.

세 번째는 코퍼스가 발화된 모든 언어를 대표하지 않는다는 점에서 코퍼스 활용 연구의 무용론을 주장하고 있다. 코퍼스는 보통 편리성에 따라 구축되어 대표성과 균형성이 없다는 주장이다. 하지만 현재 주요 코퍼스는 대표성과 균형성을 갖추고 있다. 예를 들어 1995년에 출시된 영국 국가 코퍼스(British National Corpus, BNC)는 약 10%의 구어를 포함해서 1억 단어로 구성된 20세기 영국영어 코퍼스이다. 문어 텍스트는 세계 뉴스, 여가, 스포츠, 예술과 같은 텍스트의 영역, 그리고 책과 정기간행물과 같은 매체를 고려해 구축한 균형 잡힌 대표성이 있는 코퍼스다. 또한 브링검영 대학교의 Mark Davis가 2008년에 출시한 현대미국영어 코퍼스(Corpus of Contemporary American English, COCA)는 4억 5,000만 단어의 문어와 구어로 구성된 균형성이 있고 대표성이 있는 코퍼스다. 이 코퍼스는 매 2년마다 약 4,000단어의 텍스트가 추가되고 있는 모니터(monitor) 코퍼스다. 또한 대표성 있는 하나의 코퍼스에만 의존하지 않고 다른 코퍼스를 이용하면 대표성 문제는 해결된다.

네 번째 코퍼스 무용론은 코퍼스 활용 언어 연구가 언어 변이형을 무시하는 경향이 있다는 것에 근거를 두고 있다. 이 주장도 타당하지 않다. 그 이유는 위에서 언급한 현대미국영어 코퍼스는 장르별로 어휘나 구절을 검색할 수 있다. 또한 한 개 이상의 코퍼스를 사용하면 장르나 맥락에 따른 언어 변이형을 고려한 연구가 가능하다.[2]

다섯 번째로 코퍼스는 실제 발화된 언어만으로 구축되어 있어, 직관으로만 알 수 있는 불가능한 언어 사용은 볼 수 없다는 점에서 코퍼스 연구의 무용론을 주장하고 있다. 그러나 코퍼스는 직관에 의해 불가능한 언어 사용의 예를 보여 줄 수 없어서 언어 연구에 가치가 없는 것은 아니다. 오히려 전산화된 코퍼스 자료는 연구자가 대량으로 관찰해서 언어 사용의 전형성(typicality)을 찾을 수 있다. 더 중요한 사항은 직관이 중요하다 하더라도 직관은 항상 정확하지 않다는 것이다. 예를 들어 last year와 lost year은 둘 다 가능한 용법이지만 전자는 흔하게 사용될 것이고 후자는 거의 사용되지 않을 것이라고 추정되었다. 하지만 Stubbs(2002)가 이 두 표현을 약 2억 단어로 구성된 웹 코퍼스를 사용해 조사한 결과, last year가 lost year보다 1,600배 많았으나 후자는 making up for a lost year 용례처럼 1,408번이나 사용되었다고 보고하고 있다. 이것은 가능한 표현과 가능하지 않은 표현에 대한 직관이 항상 믿을 만한 것이 아니라는 사실을 보여 준다.

마지막으로 코퍼스 활용 연구의 무용론은 코퍼스언어학이 오직 언어수행만을 연구한다는 것에 근거를 두고 있다. 하지만 코퍼스 자료는 개인의 언

---

2 코퍼스를 활용한 언어사용역(register)에 따른 변이형 연구는 굉장히 많다. 대표적인 예는 Biber 외 4인(1999)이다. 소설, 대화, 뉴스, 학문적 산문이라는 네 가지 언어사용역에 따른 약 3만 7,000개의 텍스트로 구성된 약 4,000단어의 롱맨 구어와 문어영어 코퍼스(Longman Spoken and Written English Corpus) 로 모든 문법적 범주 간의 빈도를 비교해서 언어사용역 간의 언어 변이형을 조사했다.

어수행 결과를 집성한 것이지만 이런 개인이 발화한 수행만을 연구 대상으로 하지 않는다. 다시 말하면, 코퍼스 자료로 연구자는 반복하여 생산된 언어 사용의 양상을 파악할 수 있다. 즉 빈도에 의한 중심적이고 전형적인 언어 사용 양상을 통해서 언어의 패턴과 의미를 연구할 수 있다.

지금까지 논의는 직관에 의존한 기존의 언어 연구보다 경험주의 방법을 취한 코퍼스언어학의 중요성을 살펴보았다. 코퍼스를 활용한 언어 연구가 단지 기존의 언어 이론이나 기술을 검증하는 차원에 안주해야 하는지 아니면 새로운 이론을 구성하고 또한 언어를 새롭게 기술할 수 있는지에 대한 논의는 다음 절에 이어진다.

2) 코퍼스기반 접근방식과 코퍼스주도 접근방식

코퍼스언어학이 단지 언어를 연구하는 방법론일 뿐인지 아니면 독자적인 이론과 원칙을 가진 학문 분야인가는 중요한 문제다. 전자는 코퍼스기반 접근방식의 입장이고 후자는 코퍼스주도 접근방식의 입장이다. 코퍼스기반 접근방식에서는 코퍼스는 기존의 언어 이론이나 언어 기술을 검증하거나 예시하기 위해서 활용하는 도구일 뿐이다(Tognini-Bonelli, 2001). 이 입장을 지지하는 학자는 McEnery와 Wilson(1996), Meyer(2002), Bowker와 Pearson(2002), McEnery, Xiao와 Tono(2006) 등이 있다. 이에 비해 Leech(1992), Stubbs(2002), Tognini-Bonelli(2001), Sinclair(2004), Mahlberg(2005), Hanks(2012) 등의 학자는 코퍼스주도 접근방식을 지지하고 있다. 이 접근방식에서는 기존의 언어 이론과 별개로 철저하게 코퍼스 자료에 입각해서 언어 사용과 의미를 논의한다. McEnery, Xiao와 Tono(2006)는 두 접근방식의 차이가 분명하지 않아서 구분하는 자체가 과장되어 있다고 지적했다. 하지만 구체적으로 네 가지 사항 — 사용하는 코퍼스 자료, 기존 이론과 직관에 대한 견해, 연구의 초점, 패러다임의 주장 — 에서 두 입장은 의견을 달리한다.

첫째, 사용하는 코퍼스 자료의 대표성, 코퍼스의 규모, 주석(annotation)이라는 세 가지 점에서 두 입장은 견해를 달리한다. 코퍼스주도 접근방식에서는 코퍼스의 대표성과 균형성은 별 문제가 되지 않는다. 코퍼스의 규모를 크게 하면 결국 대표성이 확립되게 된다. 하지만 대표성이 결여된 코퍼스는 단어의 의미나 연어가 곡해될 수 있다. 예를 들어 Louw(1991)의 짐바브웨 영어와 영국 영어 간의 연어를 대조한 연구에서 단어 wash와 washing은 영국 영어에서는 machine, powder, spin과 연어를 구성하는 반면 짐바브웨 영어에서는 women, river, earth, stone과 연어를 이루고 있었다. 이런 차이는 짐바브웨 영어 코퍼스에는 여자가 강가에서 빨래를 하는 주제가 자주 나오는 소설이 포함되어 있어 코퍼스의 대표성과 균형성이 없었기 때문이었다. 이는 대표성과 균형성이 확립되지 않으면 코퍼스의 자료에 입각한 해설은 일반화하기가 어렵게 된다는 점을 잘 보여 준다. 하지만 최근에는 균형성과 대표성이 확립된 코퍼스가 많아서 코퍼스주도 접근방식의 입장을 무시할 수도 없다.

둘째, 코퍼스주도 접근방식은 주석 코퍼스를 반대한다. 이는 기존 이론과 직관에 대한 입장의 차이를 반영하고 있다. 주석은 어떤 목적을 위하여 자연언어 자료를 가공해서 언어 연구를 용이하게 하는 기능이 있다. 그러나 코퍼스주도 접근방식에서는 주석 그 자체가 이론을 반영하고 있다고 거부한다. 대신 코퍼스 이전의 이론보다는 경험주의에 입각해서 철저하게 코퍼스 자료에만 의존해서 연구를 한다. 물론 이런 방식에서 직관을 전혀 사용하지 않는 것은 아니다. 코퍼스에서 찾은 콩코던스를 관찰하면서 해설할 때는 연구자의 직관이 사용되지 않을 수 없다. 비록 과학적인 무작위 기법으로 추출한 콩코던스라도 이 콩코던스를 분류하는 작업에서는 직관을 사용하지 않을 수 없는 것이다. 이러한 암시적인 주석 때문에 코퍼스주도 접근방식이 이론과 직관을 사용하지 않는다는 논리는 타당하지 않다. 더욱이 코퍼스기반 접근방식에서 주석을 첨가할 때 이론을 무조건 그대로 수용하지 않고 코퍼스 자료에 맞도록 이론을 점검하고 검증하는 절차를 하기 때문에 코퍼스기반 접근방식과 코퍼스주도 접근방식의 구분은 무의미한 것이 되어 버린다.

셋째, 두 접근방식의 연구 초점이 다르다. 코퍼스주도 접근방식에서는 어휘, 통사론, 의미론, 화용론, 담화분석이라는 기존의 언어학적 층위를 수용하지 않고 언어를 전체적인 한 체계로 연구하려 한다. 다만 기능적으로 실현되는 의미 단위(unit of meaning)의 패턴을 밝혀서 언어를 기술하는 것이 궁극적인 목적이다. 연어, 의미적 선호도, 의미적 운율과 같은 단어와 단어 또는 단어와 텍스트의 관계는 이런 방식으로 접근이 가능하다. 그러나 문법적 연어의 경우 품사 주석이 된 코퍼스를 이용하지 않을 수 없다. 이 방법이 아니면 색인어 콩코던스에서 문법적 범주를 상정해서 연어 관계를 조사해야 할 것이다. 그러면 이런 행위 자체가 기존 언어 이론과 무관하지 않기 때문에 코퍼스주도 접근방식은 코퍼스기반 접근방식과 크게 다르지 않을 것이다. 사실 코퍼스주도 접근방식 이론의 선구자인 Firth는 문법적 연어를 문법적 층위에서 발생하는 단어 간의 관계라고 정의했다. 하지만 이 개념은 종종 코퍼스주도 접근방식에서 엄격하게 적용하지 않는다. 즉 문법적 연어란 단어의 문법적 범주인 품사, 예를 들어 동사와 명사와 같은 단어 간의 결합 관계뿐만 아니라 단어와 문법적 기능어 간의 연어 관계를 총괄하는 의미로 사용되고 있다.

넷째, 좀 더 근본적인 차이는 코퍼스기반 접근방식이 코퍼스주도 접근방식만큼 언어 이론과 기술에 급진적인 태도를 취하지 않는 것에 있다. 후자는 코퍼스 자료에 입각한 경험주의적인 연구에 천착하면서 새로운 언어 이론을 창출하고 언어를 총체적으로 새로운 시각에서 기술하려는 새로운 패러다임에서 연구하고 있다. 예를 들어 Biber(1988)는 대화와 면담이라는 유사한 장르가 어느 한 특정한 언어 요소들로는 계량적으로 유사하나 다른 한 언어요소들로는 다르게 특징화된다는 것을 발견했다. 이를 근거로 그는 언어의 변이형은 언어 요소가 선적으로 분포되기보다 다국면적으로 분포되고 있다는 사실을 밝혀 냈다.

지금까지 논의는 코퍼스언어학이 언어를 연구하는 방법인지 아니면 새로운 이론인지에 대한 합일된 견해는 없다는 것을 보여 주었다. 또한 코퍼스기반 접근방식과 코퍼스주도 접근방식의 차이도 모호한 것 같다. 두 접근방식 모두 코퍼스를 활용하는 점이 중요한데 공통점은 다음과 같다. 첫째, 많은 규모의 실제 발화 자료인 자연언어를 관찰한다. 둘째, 상대적인 빈도수를 측정한다. 마지막으로 단어들 간의 패턴 또는 단어와 텍스트 종류 간의 패턴을 관찰한다. 이런 공통점에 더해, 코퍼스주도 접근방식은 다음과 같은 이론적 원칙을 고수한다. 첫째, 어휘와 문법을 구별하지 않는다. 즉 문법이 언어의 기저가 되는 추상적인 체계가 아니다. 둘째, 어휘가 선택 제약의 주요 단위로 간주된다. 셋째, 의미는 원자처럼 개별 단어에 있지 않고 더 긴 의미 단위로 존재하고 항상 텍스트 내에서 운율적으로 존재한다. 이런 견해는 전통적으로 언어를 기술하는 기존 이론과 사뭇 다르다. 이와 같이 코퍼스주도 접근방식은 언어를 새롭게 기술하거나 언어 이론을 재정립 또는 새로운 가설을 설정하는 방향으로 발전되어 가고 있음을 알 수 있다(Hanks, 2012; Krishnamurthy, 2008).

3. 코퍼스를 활용한 어휘 연구의 시대별 경향

코퍼스를 활용한 어휘 연구의 역사는 기술 발전과 더불어 코퍼스가 구축된 역사와 코퍼스를 활용한 어휘 연구의 역사 그리고 이론적 어휘 연구의 역사이다. 각 시대별로 대표적인 코퍼스와 주요 어휘 연구를 알아본다.

1) 코퍼스 활용 어휘 연구의 태동기: 1961–1980년

1961년은 본격적으로 전산화된 코퍼스로 어휘 연구가 시작된 해이다. 이 시기에 코퍼스언어학은 주로 어휘와 문법 항목 연구에 집중이 되었다. 코퍼스를 활용한 연구 결과가 1960년대 중반부터 1970년대 후반까지 발표되었다.

(1) 코퍼스

미국에서 최초로 브라운 코퍼스가 구축되기 시작한 1961년을 코퍼스를 이용해 어휘 연구가 시작된 시점으로 간주한다.[3] 이보다 2년 전인 1959년에는 Quirk가 영어 어법 조사(SEU)를 위한 코퍼스 수집을 공표했다(Leech, 1991, p. 8). 1964년에 출시된 브라운 코퍼스는 100만 단어의 균형 잡힌 장르를 갖춘 미국 문어영어 코퍼스이다. 이 코퍼스는 정보 전달 산문과 문학적 산문으로 구성되어 있다. 정보 전달 산문은 신문(보도, 사설, 서평)과 서적(종교, 취미, 기술, 상식, 전기, 정부 문서, 학술)을 사용했고 문학적 산문은 소설 및 유머 등으로 구성되어 있다. 이 브라운 코퍼스는 대표성과 균형성을 갖춘 문어 코퍼스의 모범으로 1970년대에 문법 주석이 첨가되었다. 브라운 코퍼스 출시 후 약 10년 뒤인 1976년에 영국에서는 랭카스터-오슬로-베르겐(Lancaster-Oslo-Bergen, LOB) 코퍼스가 출시되었다. 브라운 코퍼스와 동일한 구성 체계를 갖추고 있으면서 1961년 영국에서 출판된 문서 자료를 기반으로 전체 100만 단어로 된 균형성과 대표성이 있는 코퍼스다. 이 두 코퍼스가 문어중심 코퍼스라면 1975년부터 구축된 런던-룬드 코퍼스(London-Lund Corpus, LLC)는 구어 코퍼스로서 영어 어법 조사 코퍼스를 보강하는 차원에서 구축되기 시작했다. 1953년부터 1987년 사이에 녹음된 자료를 전사한 것인데 50만 단어로 구성되어 있다. 다양한 구어체 — 연설, 논평, 독백, 일상 및 전화 대화 등이 포함되어 있다. 문어 코퍼스로 접근이 불가능한 음성 및 음운 연구에 유용하며 구어 영어의 어휘적 특징을 조사할 수 있는 코퍼스다.

이런 일련의 코퍼스의 구축되자 코퍼스를 이용한 연구가 발표되었다. 이들 연구는 엄격하게 모두 어휘에 관련된 것은 아니었다. 대표적인 연구로는 Quirk와 Mulholland(1964)가 있다. 그들은 영어 어법 조사 코퍼스를 이용해

3 1960년대 이전에는 종이쪽지로 코퍼스를 구축해서 언어 연구의 자료로 삼은 경우가 많았다. 일찍이 1755년에 Samuel Johnson은 실제 발화를 수집해 단어의 용례로 삼은 영어사전을 출판했다. Jesperson(1909-49)은 영어 문법을 설명하기 위해 실제 발화 문장을 수집했다. Fries(1952)도 영어 문장의 구성 원리를 설명하기 위해서 전사된 전화 대화를 수집 사용했다.

서 영어의 복합 전치사구(PNPN: 전치사 + 명사군 + 전치사 + 명사군, 예: on the table near the door)를 문법과 어휘적 특징에 따라서 7가지 종류로 분류한 연구를 발표했다. Kucera와 Francis(1967)는 브라운 코퍼스를 이용해서 미국 영어의 어휘 빈도수, 단어 분배와 문장 길이에 대한 연구 결과를 발표했다. Meyers(1972)도 브라운 코퍼스를 기반으로 영어 어법(usage) 조사 결과를 보고했다. 또한 1978년 최초로 코퍼스언어학 학술지인 *International Computer Archive of Modern English News(ICAME News)*가 출판되었다(Stig, 1979).[4] 지시표현에 대한 연구를 포함한 구어 영어의 특징에 대한 연구도 1978년에 대거 발표되었다.

(2) 연어

연어라는 용어를 도입한 Firth(1957) 이후 연어에 대한 다양한 논의가 있었다.[5] Firth는 연어란 습관적으로 결합되는 단어의 결합이라고 정의했다. 또한 그는 단어의 의미는 단어 자체보다 철자, 음운론, 문법과 연어 층위에서 다양하게 실현됨을 지적하고 연어를 문법층과 어휘층에서 다룰 수 있음을 지적했다. 동시에 Firth는 연어는 계량적으로 파악될 수 있는 개념이라고 했다. 그 이후 연구자들은 연어의 의미는 공기(共起)하는 단어들의 의미로부터 부여받는다는 것에 합의했으며 통계적으로 유의미한 단어의 결합을 연어로 파악하였다(Greenbaum, 1974; Halliday, 1966; Sinclair, 1966). 이는 연어성을 판단할 때 직관은 정확한 잣대가 될 수 없다는 것을 지적한 것이다. 예를 들어, Greenbaum(1974)은 원어민 화자에게 연어성에 대한 내성적인 질문지법으로 한 조사 결과 그들은 연어에 공통된 판단을 하지 않음을 발견했다. 직관에 의존하게 되면 단어의 일상적인 결합 관계를 다 기술할 수 없는 단점이

4 이 학술지는 1987년에 ICAME Journal로 개명되어 현재까지 매년 코퍼스언어학에 대한 동향과 연구 결과를 보고하고 있다. http://icame.uib.no/journal.html에서 접근할 수 있다.

5 Firth의 이론이 나오기 전에 Palmer(1933)는 교육학적 목적으로 연어를 정의하고 분류했다.

있다.

코퍼스를 활용하여 통계적으로 연어를 정의하는 대신에 통사적이고 의미론적 방법으로 의미합성성(semantic compositionality)을 기준으로 연어를 정의하고 기술하려는 시도도 있었다. Lyons(1977)는 어휘 단위의 의미 자질을 바탕으로 연어 구성을 결정하고 어휘 항목의 의미 특성으로 설명하려고 했다. 즉 공기하는 연어의 결합 관계를 의미 합성성에 따라 기술하려 한 것이다. 그러나 이 방법은 자의적으로 공기하는 수많은 연어를 설명할 수 없다.

코퍼스를 이용해 연어를 밝혀내고 기술하는 실증 연구는 Sinclair가 실시했다. 그는 1963년부터 1969년까지 135,000 단어의 영국 구어 자료로 의미 단위를 찾는 연구를 시행했다.[6] 이 연구의 초점은 객관적인 연어와 심리적인 의미의 관계를 밝히고 동시에 의미 간의 관계를 설명하려는 데 있었다. 이 연구의 의의를 요약하면 다음과 같다. 첫째, 어휘의 단위는 단어가 아니고 연어와 같은 다단어 의미 단위(multi-word units of meaning)였다. 특히 단어의 어휘소(lemma)가 연어로 결합되는 현상과 개별적인 어형이 구성하는 연어는 다르다는 중요한 발견을 하였다. 즉 어휘소의 어형마다 빈도가 달라서 연어 구성이 달랐다. 예를 들어 어휘소 heavy는 어휘소 rain과 연어로 결합하여 heavy autumn rains, heavy rainfall, heavy overnight rain처럼 공기하는 구절이 있었다. 하지만 어휘소 어형의 연어는 다른 양상을 보여 주었다. 어휘소 heavy는 어휘소 drink와 공기해서 heavy drinker, drink heavily 라는 연어 결합을 하나 heavily drunk와는 공기하지 않았다.[7]

둘째, 잦은 빈도수의 단어 의미는 그 단어의 문맥과 자유로울 수 없다는 사실을 경험적으로 밝혀 냈다. 예를 들어, 단어 way는 고정된 단어 연쇄를

---

6 단어의 의미는 단어 자체보다 구절적인 연쇄에 존재한다는 것은 코퍼스 패턴 분석(corpus pattern analysis)을 활용해 단어의 의미를 정의하고 구분하는 Hanks(2000)와 Kilgarriff(1997)에 의해서도 증명되었다.

7 한국어에서도 어휘소 간의 연어보다 실제 어형 사이에 형성되는 연어가 있다. 예를 들어, 쏜살같이 달아났다라는 연어 현상에서 쏜살같다라는 어휘소가 결합되기보다는 쏜살같이라는 구체적 어형이 중요하다.

보여 주나 각 패턴은 의미가 다르다. Sinclair, Jones와 Daley(1970/2004)는 way가 이루는 패턴은 문자적 의미보다 은유적 의미를 더 자주 표현하고 있다고 했다. 또한 way 자체의 단어는 의의(sense)가 많은 다의어라서 그 의미가 모호하나 구절에서 다의성이 해결된다고 했다. 예를 들어 all the way to school, half way through, the other way round, a possible way of checking, by the way는 각기 분명한 의미로 사용되고 있다. 또한 잦은 빈도로 출현하는 단어는 좀 더 문법적이고 덜 어휘적인 항목이어서 그 위치가 고정된 반면에 빈도가 낮은 단어는 문법적이지 않고 연어를 형성하는 위치가 자유로움을 발견했다.

셋째, Sinclair, Jones와 Daley는 연어를 실증적으로 정의하는 기반을 제공했다. 핵(node)과 단어의 범위(span)를 사용해서 연어가 정의될 최적의 값을 구했다. 그들은 이 값을 기준으로 Firth가 제의했던 우발성 연어(casual collocation)와 유의미한 연어(significant collocation)를 구분했다. 카이자승검증과 포아송검증(Poisson test)을 이용해서 유의미한 연어는 0.1% 확률에서 좌우 핵을 제외한 4개의 단어 범위 내에 3번 이상 출현한 것으로 설정했다(Sinclair, Jones & Daley, 1970/2004).

2) 코퍼스 활용 어휘 연구의 발전기: 1981–2000년

이 시기는 컴퓨터 하드웨어와 소프트웨어의 발전에 힘입어 다양한 코퍼스가 구축되기 시작했고 이에 따른 실증적인 어휘 관련 연구도 대거 출현하였다. 이들 연구는 순수하게 어휘와 문법 연구뿐만 아니라 어휘와 구절이 화용론, 담화분석, 사회언어학, 문체학, 텍스트 분석, 역사언어학, 방언학, 언어변이형, 심리언어학, 문화연구, 사회심리학에서 갖는 의미도 활발하게 발표되었다(McEnery & Wilson, 1996).

(1) 패턴에 따른 어휘와 문법 연구

어휘와 문법을 분리하기보다 구절을 이루는 단위로 보려는 시각은 코퍼스를 이용한 어휘 연구에 반영되었다. 이러한 노력의 결과에 따른 가장 획기적인 사건은 1987년 최초로 코퍼스를 활용한 영어 학습자용 『코빌드(COBUILD) 사전』이 출판된 것이다(Sinclair, 1987). 이 사전은 단어가 구절적으로 결합된 패턴에 따라 어휘의 의미를 정의한 것뿐만 아니라 연어와 문법적 연어, 의미적 운율에 대한 정보를 수록하고 있다. 단어의 화용적 정보인 의미적 운율의 경우 어휘 사용과 관련된 태도의 의미가 수록되었다. 문법적 연어는 단어가 결합하는 문법적 맥락에 따른 의미 차이를 기술하고 있다. 예를 들어, 신체 부위의 무릎에 해당하는 lap은 주어나 목적어로 사용되기보다 her knitting lying in her lap, he lifted the cat off his lap와 같은 전치사구로 실현된 문법적 연어를 구성하고 있다. 물론 다른 구절 결합 패턴은 다른 의미를 위해 사용되었다(예: we're on the last lap now). 의미는 개별 단어에 있기보다 단어가 처한 계통 관계 — 구절과 문법적 구성 — 에 따라 달라지고 있음을 보여 주고 있다. 또한 이 사전에 예시된 문장은 실제 발화 자료를 그대로 사용한 것으로 유명하다. 이후 영국 국가 코퍼스(BNC)를 기반으로 작성된 『옥스퍼드 영어사전』, 그리고 『롱맨 영어사전』 3판도 코퍼스를 활용한 빈도와 연어 정보를 제공하고 있다.

코빌드 사전 출시 이후 전통적인 입장에서 문법을 기술하기보다 어휘와 함께 패턴을 구성하는 구조적 단위로서 문법에 대한 연구서와 교육서가 대거 출판되었다(Francis & Hunston, 1996; Hunston & Francis, 2000; Sinclair, Fox, Bullon, Krishnamurthy, Manning, & Todd, 1990; Sinclair, Fox, Francis, Hunston, & Manning, 1996). 이들은 1995년도 판 『코빌드 영어사전』에서 사용된 패턴을 기본으로 한 문법 코딩을 기본으로 작성되었다. 코퍼스에서 밝혀진 적절한 빈도로 반복되는 패턴이 의미를 실현시키는 단위로 간주되었다. 한편 Levin, Song과 Atkins(1997)는 sound에 관련된 동사의 어휘 · 문법적인 패턴과 의미 실현의 관계를 영국 국가 코퍼스(BNC)를 활용해 연구 결과를 발표하기도 했다.

(2) 어휘 의미 연구

코퍼스는 어휘 의미 연구에 중요한 역할을 한다. 특히 코퍼스 자료는 언어 항목에 객관적인 의미를 부여하는 기준과 언어 항목 간의 의미 경계 모호성(gradience)을 밝혀 낼 수 있다. 이런 종류의 연구가 많이 발표되었는데 그중에 몇 가지 중요한 연구를 알아본다.

Mindt(1991)는 미래를 표현하는 네 가지 항목인 will, be going to, 현재진행형, 단순현재와 미래를 구체화하는 의미적 표현(예: 부사구 등)과 미(비)인칭주어의 관계를 조사했다. 조사 목적은 통사적인 특질과 의미적인 표현의 상응 관계를 알아보는 것에 있었다. 사용된 코퍼스는 영어회화 코퍼스와 12개 연극을 모은 코퍼스였다. 네 가지 미래 표현과 동반할 수 있는 구체적인 미래 의미를 나타내는 표현의 관계를 조사한 결과는 다음과 같았다. 두 코퍼스에 동일하게 단순현재가 미래의 의미를 구체화하는 의미 단위와 공기하는 경우가 가장 높았다. 그 뒤를 이어 현재진행형 will과 be going to의 순서로 미래 의미가 구체화되어 있었다. 즉 단순현재와 현재진행형은 문장 내에 미래를 표현하는 의미 단위와 공기하는 경우가 높았다. 반면에 원래 미래 의미가 있는 will과 be going to는 이런 의미 단위와 공기하는 경우가 적었다. 또한 네 가지 미래 표현과 인간 주어가 공기하는 현상을 조사했다. 현재진행형은 인간 주어와 가장 높은 빈도로 공기했고, will, be going to, 단순현재 순서로 공기 빈도가 낮았다. 이는 동사의 미래 시간 표현은 행위자의 의미와 명확하지 않게 공기하고 있으나 그 명확성의 정도가 다름을 밝혀 냈다.

Fillmore(1992)는 단어 risk의 의미를 틀(frame) 의미론에 입각해서 2,500만 단어의 코퍼스로 분석한 연구를 발표했다. 이 단어의 기본 틀의 의미는 나쁜 일이 일어날 확률이라고 했다. 이런 의미 아래 위험을 유발하는 원인이 사람의 행위가 아닌 경우, 주어의 행위, 주어가 행위를 수행하도록 결정하는 행위의 세 가지 하위 의미를 설정했다. 코퍼스 자료를 분석한 결과 1,743번의 risk 중에서 대부분은 세 가지 의미로 사용되고 있었으나 일부는 이런 의미에 속하지 않음을 발견했다. 이는 단어의 의미는 실증적으로 조사해 보아야 의미를 분명하게 알 수 있다는 점을 확인해 주고 있다.

Atkins와 Levin(1995)은 동사 shake와 유사한 의미 단어인 quake, quiver, shiver, shudder, tremble, vibrate를 『옥스퍼드 고급학습자 사전』(1989년 4판), 『롱맨 현대 영어사전』(1987, 2판) 그리고 『콜린스 코빌드 영어사전』(1987년 1판) 영어 학습자용 사전에 의미 정의와 통사적인 특징을 비교했다. 두 단어 quake와 quiver는 『롱맨 사전』과 『코빌드 사전』에서는 자동사로 분류되어 있고 『옥스퍼드 사전』은 quake만 자동사로 분류되어 있다. 그러나 약 5,000 단어로 구성된 옥스퍼드 대학교 코퍼스로 조사한 결과 이 두 동사는 타동사로 사용되고 있음을 보여 주었다.

Oh(2000)는 미국 영어에서 actually와 in fact의 유사성과 차이점을 스위치보드 코퍼스와 브라운 코퍼스를 이용해서 연구했다. 두 단어는 예상하지 못한 사건이 발생하는 것을 표현하는 기본 의미에서는 유사하나 코퍼스 자료에 의하면 비 예측을 구성하는 방식이 달랐음을 보고했다.

(3) 의미적 운율

『코빌드 사전』 편찬에 대한 설명에서 Sinclair(1987)는 Louw(1993)가 의미적 운율이라고 정의한 연어 현상을 보고했다. 연어로 결합되는 단어는 서로 의미에 영향을 미쳐 긍정적 또는 부정적인 의미를 띠게 되는 의미적 환경(semantic environment)을 조성하게 된다고 했다. 예를 들어 구 동사 set in은 주로 rot, decay, despair, bitterness와 같은 불유쾌한 상태나 사건과 공기하고 있음을 발견했다. 즉 set in은 나쁜 의미를 가진 단어와 공기하는 특질을 가지고 있다고 했다.

Louw(1993)는 utterly, bent on은 destroying, ruining, depression과 같은 바람직하지 않은 사건이나 상태를 의미하는 단어와 공기하고 있음을 보고 했다. 동시에 Louw는 연어의 의미적 운율이 오랜 기간에 걸쳐 의미가 조합된 공시적인 현상임을 지적했다. Bublitz(1996)는 단어의 결합으로 긍정적이고, 유쾌하고, 좋은 의미 또는 부정적이고, 불쾌하고, 나쁜 의미를 실현시키는 현상을 의미적 운율이라고 정의했다. 즉 의미적 운율은 핵과 연어체(collocate)의 긍정적이거나 부정적인 의미적 색칠(coloring)이라고 했다. Stubbs(2002)는 cause, accost, lavish, provide, undergo, loiter, lurk 이외의 약 10개 단어의 의미적 운율을 연구했다. Accost, cause, lavish, loiter, lurk와 undergo는 부정적인 운율이, provide는 긍정적인 운율이 강했다. 또한 그는 의미적 운율이 담화적이고 화용적인 기능을 수행하기 때문에 이를 설명하기 위해서 담화적 운율(discourse prosody)이라고 불렀다. Sinclair(1996, pp. 87-89)는 의미적 운율을 연어의 다섯 가지 범주 중에 하나로 핵심(core)과 함께 필수적인 요소라고 파악했다. 나머지 세 범주인 연어, 문법적 연어, 의미적 선호는 수의적인 요소이다. 의미적 운율은 화용적인 태도를 표명하는 기능을 하고 있고 다른 범주가 이에 따라 선택되는 역할을 한다. 의미적 운율 없이는 텍스트에서 단어는 단지 의미만 전달할 뿐 성공적인 의사소통을 수행하는 역할을 하지 못한다고 했다.

(4) 현대영어 국제 컴퓨터 기록집 학술지(ICAME)

1980년부터 2000년도까지 코퍼스를 활용한 다양한 문법 양상과 어휘 연구가 *ICAME*지에 발표되었다. 문법에 관련된 것으로는 구어와 문어 영어에서 분열문과 유사분열문, 영어 명사절에서 that 접속사, 인용절에서 형용사와 명사, 영어의 미래 표현, 현대 초기 영어에서 진행형, 부사형 접미사 -ly의 코퍼스 자료와 유도 자료 차이의 의미, 집합명사의 동사와 수 일치, 영어 불규칙동사에 대한 코퍼스기반 학습 목록 연구가 있었다.

언어 변이형에 관련된 연구로는 영국 영어와 미국 영어의 차이를 비교한 연구가 발표되었다. 비인칭 명사와 소유격 명사, 조동사(shall, will, should, would)의 용법과 의미 차이, 가정법 구문의 대조 연구에 이어 영국 캐리비언 크리올 언어에서 미래 표현에 대한 연구 등도 발표되었다.

어휘와 연어에 관련된 것으로는 텍스트 종류와 단어의 빈도수, 인도 영어에서 단어 빈도, 주제화(topicalization)의 텍스트적 양상, 동사와 보어의 결합과 빈도 순위와 숙어성(idomaticity), 현대 영국 영어에서 절의 패턴, 신문에서 축약형 사용, 텍스트 변이형과의 관계, 부사 결합 표현의 화용적 의미에 대한 연구 등이 발표되었다.

3) 코퍼스 활용 어휘 연구의 성숙기: 2001년 이후

2001년 이후 코퍼스의 어휘 연구는 동의어의 구분, 의미적 운율, 그리고 연어와 텍스트의 구조와 조직의 관계를 밝히는 연구가 대거 출현하였다.

(1) 동의어 연구

Tognini-Bonelli(2001)는 부사 largely와 broadly의 유사점과 차이점을 코퍼스 자료로 연구했다. Largely는 원인과 이유를 설명하고 형태론적이든 의미론적이든 부정적인 의미 단위와 공기하는 반면에 broadly는 그렇지 않았다. 한편 broadly는 논쟁에서 동의 또는 의견의 유사성을 표현하는 담화표지로서 사용되고 있다고 보고되었다. Kjellmer(2003)는 코빌드 코퍼스를 활용해서 부사 동의어, almost와 nearly의 빈도수, 장르적 연어 특징, 문법적 연어를 조사했다. 전자는 후자보다 절대 빈도가 높았고 문학적 장르에 더 많이 사용되었다. 또한 almost는 부사, 대명사, 전치사와 연어를 구성하는 경향이 있는 반면에 nearly는 수량적인 명사와 높은 비율로 공기하고 있는 현상을 밝혀냈다. Simon-Vandenbergen(2008)은 certainly와 definitely는 의미적/화용적인 의미가 유사하나 정도 부사 almost나 most와 결합하는 양상이 다르다고 발표했다. 형태론적으로 유사한 의미에 대한 연구도 발표되었다. 예를 들어, Gries(2001)는 형용사 접미사 -ic과 -ical의 연어 결합을 영국 국가 코퍼스(BNC)를 사용해서 대조분석했다. 이 연구 결과로 형용사 logistic/logistical과 symmetric/symmetrical이 각각 연어 현상이 달라서 동의어로 처리된 사전의 기술을 수정해야 한다고 주장했다.

최근에는 Hanks(1996)가 제안한 단어의 배분 패턴을 기술하는 어휘의 '행위 프로파일(behavioral profile)' 방법을 사용한 동의어 연구가 발표되었다. 예를 들어, Liu(2010)는 형용사 chief, main, major, primary, principal의 연어, 문법적 연어와 변이형을 미국 현대영어 코퍼스(COCA)를 사용해서 조사했다. 다섯 개의 단어는 핵심적인 의미의 명사와 이루는 연어 결합은 유사했으나 principal과 main은 양상이 달랐다. 전자는 chief prosecutor처럼 직위 명사와 공기하는 경우가 없었다. 또한 principal은 main과 다르게 구체적인 보통명사(예: gate)와 공기하는 경우가 거의 없었다. 한편 main은 사전(『신 웹스트 동의어 사전』, 1984)에서 정의한 규모가 큰 실체를 묘사하기보다 기능적으로 중요하다고 판단되는 dish, entrance, road, streets와 같은 보통명사와 공기하고 있다고 보고했다. 이들 다섯 개의 유사어는 핵심 의미를 기준으로 하면 구어, 소설, 신문, 잡지, 학술적인 글에서 격식성의 정도가 달랐다.

Liu와 Espino(2012)는 부사 actually, genuinely, really, truly가 언어사용역에 따른 분포와 수식어(형용사, 부사, 동사)의 공기 현상에 대한 연구 결과를 발표했다. 미국 현대영어 코퍼스를 활용해서 조사한 결과, 네 가지 의미적으로 유사한 부사는 실제와 진실을 강조하는 의미 단위와 연어를 구성하는 점에서는 동일했다. 그러나 actually는 주로 놀라움이나 모순적인 사건 혹은 상태의 의미 단위와 공기하는 경향이 있으며 truly와 genuinely는 감정, 태도, 또는 욕망과 관련된 형용사와 동사의 의미를 강조하는 기능으로 사용되었다고 한다.

(2) 의미적 운율

2000년대 접어들어 의미적 운율은 연어 현상 중에 가장 논란이 많은 주제가 되었다. Hunston(2002, p. 142)은 의미적 운율의 특질을 다음 다섯 가지로 설명했다. 첫째, 의미적 운율의 의미는 하나의 단어보다 전체 구절에 속한다. 둘째, 의미적 운율은 단어나 구절이 전형적으로 실현하는 의미이므로 대량으로 관찰해야만 찾을 수 있는 현상이다. 셋째, 의미적 운율은 외연적 의미보다 주로 평가적인 함축의미(connotation)를 실현하고 있고 의미적 운율은 긍정적인 것보다 부정적인 것이 많다. 넷째, 의미적 운율은 화자나 필자가 반어적인 의미나 숨은 의미를 표현하기 위해서 위반할 수 있다. 다섯째, 의미적 운율은 화자나 필자의 의식적인 지식 내지는 직관으로 접근하기 어려운 현상이라고 했다.

Sinclair(2004)는 앞 절에서 언급한 1996년의 정의를 좀 더 명확하게 설명했다. 의미적 운율은 화자 또는 필자가 텍스트를 구성하기 위해서 어휘를 선택할 때 필수적인 동인이라고 했다. 아울러 어휘 선택 과정을 다음과 같이 기술했다. 첫째, 화자나 필자는 의미적 선호 y에 적용하는 의미적 운율 x를 선택한다. 둘째, 이 의미적 선호에 따라 연어와 문법적 연어의 패턴이 형성된다. 마지막으로 어휘 항목은 핵심(core)으로 텍스트에 실현된다. 즉 의미적 운율은 화자나 필자가 상태나 사건에 대한 평가적 의미를 실현시킬 때 발생하는 연어 현상이고 다른 단어의 결합 관계(연어, 문법적 연어, 의미 선호)를 통제하는 기능을 하는 것이라고 주장했다. 또한 그는 의미적 운율은 긍정/부정적인 양극의 의미만을 전달하지 않는다고 했다.

Partington(2004)은 의미적 운율은 활자화된 하나의 어휘에 존재하기보다 더 큰 어휘 단위로 나타나는 현상임을 강조했다. 또한 그는 의미적 운율의 양극의 의미는 확률적인 현상이라고 지적했다. 예를 들어, 의미적 선호가 유사한 동일한 의미 집합(semantic set)에 속하는 어휘 happen, set in, occur, take place, come about들은 부정적인 의미적 운율의 정도가 다르다고 보고하고 있다. Set in이 가장 부정적이고 happen은 좀 덜 부정적이고 occur, take place, come about는 중립적이라고 했다.[8] 한편 Hoey(2005)는 어휘 점화

---

8 Xiao와 McEnery(2006)는 cause, arouse, lead to, result in/from, give rise to, bring about 순으로 부정적 운율의 확률적 분포가 적어짐을 지적했다. Jeong(2007)은 한국어의 원인을 표현하는 의미 집합에서 야기하/되/시키다, 초래하/되다, 일으키다, 원인하/되다, 유발하/되다, 초래하/되다, 가져다주/오다 순으로 부정적 운율이 적어 지고 있음을 보고했다.

(lexical priming)개념으로 연어를 화용적 연상(association) 현상으로 설명하고 있다.

Hunston(2007)은 의미적 운율에 대한 다음 네 가지 논쟁의 여지를 제기했다. 첫째, 의미적 운율의 존재가 단어에 국한되어 있는지 아니면 좀 더 큰 의미 단위에 있는지에 대한 의문이다. 둘째, 의미적 운율의 의미가 긍정/부정, 우호적/비우호적인 양극의 의미만 있는지 아니면 좀 더 개념적으로 다양한 의미를 표현하는지에 대한 질문이다. 셋째, 의미적 운율이 한 맥락에서 다른 맥락으로 전달될 수 있는가에 대한 의문이다. 마지막으로 의미적 운율이 의미의 한 단위인지 아니면 의미적이거나 화용론적인 의미 처리 과정인지에 대한 질문을 제기했다.

Morley와 Partington(2009)은 Sinclair, Hunston 등이 제기한 의미적 운율에 대한 의문에 다음과 같이 설명했다. 첫째, 의미적 운율은 평가적 의미를 전달하고 있으며 이 평가는 긍정과 부정의 양극으로 표현된다. 예를 들어 fraught with는 위험, 불확실성, 복잡성, 긴장과 관련된 의미적 선호의 단어와 공기하여 긍정적이고 부정적인 양극의 의미보다 세분화된 개념을 표현하는 것 같다. 그러나 이런 세밀한 의미 집합은 결론적으로 양극의 의미로 판단된다고 했다. 또한 한 단어의 의미적 운율은 의미적 선호에 의해 형성되고 표현된다고 했다.[9] 둘째, 의미적 운율과 연어는 선택의 결과이기도 하지만 텍스트를 구성하는 선택의 과정임을 지적했다. 셋째, 의미적 운율은 텍스트의 내연적/평가적 조화(connotational/evaluative harmony)를 실현하는 연어 현상이다. 넷째, 의미적 운율은 한 단어에 국한된 현상이기도 하지만 Sinclair(2004)가 주장한 담화적 현상이라고 주장했다.

Stewart(2010, p. 161)는 의미적 운율을 Sinclair의 정의와 Louw의 정의로 구분했다. 전자의 정의로는 첫째, 의미적 운율은 두 개의 필수적인 의미 단

9 이 점은 Sinclair(2004)가 주장한 텍스트를 구성하기 위한 단어 선택의 필수 동인으로서 의미적 운율과 다른 개념이다.

위 중 하나이다. 둘째, 한 단어보다 큰 단위의 의미다. 셋째, 의미적으로 중립적인 한 가지 어휘 항목에 국한된 것이 아니다. 넷째, 긍정/부정의 양극의 의미만은 아니다. 다섯째, 의미적 운율은 공시적인 연어 현상이다. 후자의 정의로는 첫째, 의미적 운율은 의미 전이 현상이다. 둘째, 의미적 운율은 한 단어의 현상이다. 셋째, 의미적 운율은 의미적으로 중립적인 개별 어휘 항목과 관련된 현상이다. 넷째, 의미적 운율은 긍정/부정의 양극의 의미를 표현한다. 마지막으로 의미적 운율은 공시적이고 통시적인 연어 현상이다. 전자는 담화적 운율이라는 용어가 적절하고 후자의 정의는 의미적 운율이 적절하다고 했다. 한편 Stewart는 의미적 운율은 텍스트와 장르에 따라 달라질 수 있음을 한 번 더 확인했다. 또한 의미적 운율을 발견하기 위해서 코퍼스의 콩코던스를 관찰하는 방법을 비판하면서 직관과 유도질문(elicitation)으로 파악될 수 있다는 흥미로운 주장을 했다.

(3) 구절과 텍스트 구조

Hoey(2007)는 구절과 텍스트 구조의 상관관계를 텍스트적 연어(textual colligation) 개념으로 조사했다. 그는 the time has come이라는 표현은 인용부호가 없는 문장의 처음에 오거나 인용문의 처음에 오는 경향이 많음을 밝혀냈다. 또한 이 구절은 텍스트의 다른 문장의 단어와 응집적인 관계를 형성하지 않음을 보고하고 있다.

Hoey의 이런 연구는 구절과 텍스트의 물리적 구조의 관계, 그리고 텍스트의 의미 응집성과의 관계를 조사한 것이다. 이에 비해 특정 구절과 텍스트 전체 의미의 관계를 조사한 연구도 발표되었다. 예를 들어 Prado-Alonso(2011)는 장르에 따라 명사 도치 구문이 어떤 양상을 보이는지 코퍼스 자료를 이용해 연구했다. A key connection was Frank O'Hara와 같은 명사구 도치 구문은 소설에서는 거의 사용되지 않았고 과학과 언론 보도와 같은 장르에서 자주 사용되고 있다고 했다. 정보를 전달하는 데 주 목적이 있는 장르에서 텍스트의 추상성을 높이기 위해서 이러한 명사 도치 구문이 더 사용되고 있음을 보고했다.

4. 요약 및 향후 전망

1) 요약

코퍼스를 활용한 어휘 연구는 연어와 문법적 연어를 밝혀 내는 것으로 시작되었다. 코퍼스를 활용한 어휘 연구의 태동기(1961-1980)에는 대표성이 있고 균형이 잡힌 코퍼스의 출현에 힘입어 어휘 결합, 어휘와 문법적인 단위의 결합, 문법적 특징에 대한 연구가 출현하였다. 브라운 코퍼스, 영어 어법 조사 코퍼스와 런던-룬드 코퍼스를 이용해 단어의 빈도, 문장의 길이, 특정한 문법적 특질과 구어 영어의 특징에 대한 연구가 발표되었다. 또한 연어를 통사적 · 의미론적으로 정의하는 대신에 Sinclair 등(1970/2004)은 코퍼스의 자료로 연어를 정의하는 구체적인 방법을 제시했다. 동시에 어휘소 간의 연어와 어형 간의 연어는 차이점이 있음을 밝혀 냈다. 또한 연어는 텍스트와 장르에 따라 다를 수 있음을 지적했다.

코퍼스를 활용한 어휘 연구의 발전기(1981-2000)에는 패턴에 따른 어휘와 문법에 대한 연구가 대거 출현하였다. 이 연구를 바탕으로 전산 코퍼스를 사용한 최초의 사전이 출판되었고 패턴에 따른 문법 기술이 출현하였다. 동의어 또는 동일한 개념을 표현하는 언어 단위의 연어적 현상, 의미 차이와 문법적 특징에 대한 연구도 많았다. 또한 의미적 운율이라는 개념이 출현했다. *ICAME*에는 연어와 텍스트의 특징과 관련된 연구가 발표되었다.

코퍼스를 활용한 어휘 연구의 성숙기(2001년 이후)에는 동의어의 의미를 연어적 특징으로 구분하는 연구가 발표되었다. Hanks(1996)가 제안한 단어의 행위 프로파일을 이용한 동의어의 의미 구분 연구가 출현하였다. 아울러 의미적 운율에 대한 논의가 활발하게 진행되었고, 연어적 현상이 텍스트와 담화의 구조, 조직, 의미와 갖는 관계에 대한 연구도 등장하였다.

2) 향후 전망

코퍼스를 활용한 어휘 연구는 실증의미론(Stubbs, 2002)의 한 분야다. 실증의미론이 연구하는 언어 단위는 개별 어휘뿐만 아니라 확장된 어휘 단위(extended lexical units)이다. 이 단위를 밝혀 내고 기술하는 코퍼스주도 접근방식(CDA)의 연구는 계속 진행되어야 한다. 그러나 향후 연구는 형태나 의미의 기술에만 그치지 말고 이를 설명할 수 있어야 한다. 인지의미론에 기반한 개념들과 연어 현상의 관계를 연구하는 것은 한 가지 방법이 될 수 있다. 좀 더 근본적으로 체계기능문법(systemic functional grammar)의 근본 전제인 어휘가 가장 세밀한 문법 단위라는 주장(Halliday, 1966; Hasan, 1987)을 증명하는 개별 어휘의 연어 결합에 따른 의미 집합을 구현하는 것이 필요할 것이다.

구체적으로 향후 연구의 방향을 제시하면 다음과 같다. 첫째, 어휘 수준에서 연어의 연구는 개별 어휘가 갖는 연어성을 객관적으로 측정할 수 있는 방법으로 추구되어야 한다. 둘째, 텍스트나 장르별로 연어 현상을 비교하고 대조하는 연구가 더 필요하다. 셋째, 한 개 이상의 코퍼스로 연어를 대조하는 연구도 더 활발하게 시행되어야 한다. 넷째, 연어, 문법적 연어, 의미적 선호, 의미적 운율과 텍스트 구조, 조직, 의미와 어떤 관계를 형성하게 되는지에 대한 연구가 더 시행되어야 한다. 다섯째, 동의어, 반의어, 다의어의 연어 결합 양상 연구가 더 필요하다. 마지막으로 이러한 연구 결과를 담화분석과 화용론과 같은 언어학의 분야에만 국한하지 않고 영어교육, 사회학과 심리학 등의 분야로 응용하는 연구가 더 필요하다.

참고문헌

Atkins, B. T. S., & Levin, B. (1995). Building on a corpus: A linguistic and lexicographical look at some near-synonyms. *International Journal of Lexicography*, *8*(2), 85-114.

Biber, D. (1988). *Variations in speech and writing*. Cambridge, UK: Cambridge University Press.

Biber, D., Johansson, S., Leech, G., Conrad, S., & Finegan, E. (1999). *The Longman grammar of spoken and written English*. London: Longman.

Bowker, L., & Pearson, J. (2002). *Working with specialized language: A practical guide of using corpora*. London: Routledge.

Bublitz, W. (1996). Semantic prosody and cohesive company: Somewhat predictable. *Levense Bijdragen: Tijdschrift Germaanse Filologie*, *85*(1-2), 1-32.

Fillmore, C. (1992). Corpus linguistics or computer-aided American linguistics. In J. Svartvik (Ed.), *Directions in corpus linguistics* (pp. 35-60). Berlin: Mouton de Gruyter.

Firth, J. R. (1957). *Papers in linguistics 1934-1951*. London: Oxford University Press.

Francis, G., & Hunston, S. (1996). *Grammar patterns 1: Verbs*. London: Collins COBUILD.

Fries, C. (1952). *The structure of English: An introduction to the construction of sentences*. New York: Harcourt-Brace.

Greenbaum, S. (1974). Some verb-intensifier collocations in American and British English. *American Speech*, *49*, 79-89.

Gries, S. T. (2001). A corpus linguistic analysis of English *-ic vs -ical* adjectives. *ICAME Journal*, *25*, 65-108.

Halliday, M. (1966). Lexis as a linguistic level. In C. Bazell, J. Catford, M. Halliday, & R. Robins (Eds.), *In memory of J. R. Firth* (pp. 148-162). London: Longman.

Hanks, P. (1996). Contextual dependency and lexical sets. *International Journal of Corpus Linguistics*, *1*(1), 75-98.

Hanks, P. (2000). Do word meanings exist? *Computer and the Humanities*, *34*, 205-215.

Hanks, P. (2012). The corpus revolution in lexicography. *International Journal of Lexicography*, *25*(4), 398-436.

Hasan, R. (1987/1996). The grammarian's dream: Lexis as most delicate grammar. In C. Cloran (Ed.), *Ways of saying, ways of meaning: Selected papers of R. Hasan* (pp. 73-103). London: Cassell.

Hoey, M. (2005). *Lexical priming: A new theory of words and language*. London: Routledge.

Hoey, M. (2007). Lexical priming and literary creativity. In M. Hoey, M. Mahlberg, M.

Stubbs, & W. Teubert (Eds.), *Text, discourse and corpora* (pp. 7-29). London: Continuum.

Hunston, S. (2002). *Corpora in applied linguistics*. Cambridge, UK: Cambridge University Press.

Hunston, S. (2007). Semantic prosody revisited. *International Journal of Corpus Linguistics, 12*(2), 249-268.

Hunston, S., & Francis, G. (2000). Pattern grammar: *A corpus-driven approach to the lexical grammar of English*. Amsterdam: John Benjamins.

Jeong, S.-S. (2007). Semantic prosody in the Korean language: In the case of cause. *Papers in Humanities of UOU, 26*, 67-88.

Jesperson, O. (1909-1949). *A modern English grammar on historical principles*. London: Allen & Unwin.

Kilgarriff, A. (1997). I don't believe in word senses. *Computers and the Humanities, 31*, 91-113.

Kjellmer, G. (2003). Synonymy and corpus work: On almost and nearly. *ICAME Journal, 27*, 19-28.

Krishnamurthy, R.(2008). Corpus-drivenlexicography. *International Journal of Lexicography, 21*(3), 231- 242.

Kucera, H., & Francis, N. F. (1967). *Computational analysis of present-day American English*. Providence, RI: Brown University Press.

Leech, G. (1991). The state of the art in corpus linguistics. In K. Aijmer & B. Altenberg (Eds.), *English corpus linguistics: Studies in honor of Jan Svartvik* (pp. 8-29). London: Longman.

Levin, B., Song, G., & Atkins, B. T. S. (1997). Making sense of corpus data: A case study of verbs of sound. *International Journal of Corpus Linguistics, 2*(1), 23-64.

Liu, D. (2010). Is it a chief, main, major, primary, or principal concern?: A corpus-based behavioral profile study of the near-synonyms. *International Journal of Corpus Linguistics, 11*(1), 56-87.

Liu, D., & Espino, M. (2012). *Actually, genuinely, really* and *truly*: A corpus-based profile study of the near-synonymous adverbs. *International Journal of Corpus Linguistics, 17*(2), 198-228.

Louw, B. (1991). Classroom concordancing of delexical forms and the case for integrating language and literature. In T. Johns & P. King (Eds.), *Classroom concordancing, ELR Journal 4*, 151-178.

Louw, B. (1993). Irony in the text or insincerity in the writer? The diagnostic potential of semantic prosodies. In M. Baker, G. Francis, & E. Tognini-Bonelli (Eds.), *Text and technology: In honor of John Sinclair* (pp. 157-175). Amsterdam: John Benjamins.

Lyons, J. (1977). *Semantics* 1, 2. London: Cambridge University Press.

Mahlberg, M. (2006). Lexical cohesion: Corpus linguistic theory and its application in English language teaching. *International Journal of Corpus Linguistics, 11*(3), 363-383.

McEnery, T., & Wilson, A. (1996). *Corpus linguistics*. Edinburgh, UK: Edinburgh University Press.

McEnery, T., Xiao, R., & Tono, Y. (2006). *Corpus-based language studies: An advanced resource book*. London: Routledge.

Meyer, C. F. (2002). *English corpus linguistics: An introduction*. Cambridge, UK: Cambridge University Press.

Meyers, W. E. (1972). A study of usage based on an examination of the Brown Corpus. *College Composition and Communication, 21*, 155-169.

Mindt, D. (1991). Syntactic evidence for semantic distinctions in English. In K. Aijmer & B. Altenberg (Eds.), *English corpus linguistics: Studies in honor of Jan Svartvik* (pp. 182-196). London: Longman.

Morley, J., & Partington, A. (2009). A few frequently asked questions about semantic or evaluative prosody. *International Journal of Corpus Linguistics, 14*(2), 139-158.

Oh, S.-Y. (2000). Actually and in fact in American English: A data-based analysis. *English Language and Linguistics, 4*(2), 243-268.

Palmer, H. E. (1933). *Second interim report on collocations*. Tokyo: Kaitakusha.

Partington, A. (2004). Utterly content in each other's company: Semantic prosody and semantic preference. *International Journal of Corpus Linguistics, 9*(1), 131-156.

Prado-Alonso, C. (2011). Text structuring in written English: The role of inversion. *English Studies, 92*(4), 449-463.

Quirk, R., & Mulholland, J. (1964). Complex prepositions and related sequences. *English Studies, 45*(1-6), 64-73.

Simon-Vandenbergen, A.-M. (2008). *Almost certainly* and *most definitely*: Degree modifiers and epistemic stance. *Journal of Pragmatics, 40*, 1521-1542.

Sinclair, J. (1966). Beginning study of lexis. In Brazil et al. (Eds.) *In memory of J. R. Firth*, (pp. 410-430). London: Longman.

Sinclair, J. (1987). *Looking up: An account of the COBUILD project in lexical computing and the development of the Collins COBUILD English Language Dictionary*. London: Collins.

Sinclair, J. (1991). *Corpus, concordance, collocation*. Oxford, UK: Oxford University Press.

Sinclair, J. (1996). The search for units of meaning. *Textus, 9*, 75-106.

Sinclair, J. (2004). *Trust the text: Language, corpus, and discourse*. London: Routledge.

Sinclair, J., Fox, G., Bullon, S., Krishnamurthy, R., Manning, E., & Todd, J. (Eds.) (1990). *Collins COBUILD English grammar*. London: Collins ELT.

Sinclair, J., Fox, G., Francis, G., Hunston, S., & Manning, E. (Eds.) (1996). *Collins Cobuild grammar patterns I: Verbs*. London: Harper Collins.

Sinclair, J., Jones, S., & Daley, R. (1970/2004). English lexical studies: Report to OSTI on project. In R. Krishnamurthy (Ed.), *English collocation studies: The OSTI teport*, (pp. 2-138). London: Continuum.

Stewart, D. (2010). *Semantic prosody: A critical evaluation*. London: Routledge.

Stig, J. (1979). ICAME news no.2. *Newsletter of international computer archive of modern English*. Bergen, Norway: NAVF's EDB-senter for humanistisk forskning.

Stubbs, M. (2002). *Words and phrases: Corpus studies of lexical semantics*. Malden, MA: Blackwell.

Tognini-Bonelli, E. (2001). *Corpus linguistics at work*. Amsterdam: John Benjamins.

Xiao, R., & McEnery, W. (2006). Collocation, semantic prosody, and near synonymy: A cross-linguistic perspective. *Applied Linguistics, 27*(1), 103-129.

제17장

학습자 코퍼스 연구의 최근 동향*

오선영 서울대학교

1. 서론

최근 20-30년간 언어 및 언어교육 관련 연구에서 코퍼스를 활용하는 것이 점차 보편화되고 있다. 특히 학습자 코퍼스(learner corpus)를 이용한 연구는 1990년대 초 이후 꾸준히 증가하여 현재는 그 수를 헤아리기 어려울 정도이다. 제2언어 또는 외국어 학습자들이 생산한 언어 자료를 전산화하여 구축한 코퍼스를 학습자 코퍼스라고 한다. Granger(2013, p. 3235)에 따르면 학습자 코퍼스는 다음과 같은 특징을 가진다. 첫째, 전산화된 형태로 이루어져 있으며, 둘째, 학습자(나이, 성별, 모국어 등)와 과업(매체, 주제 또는 시간 제한)에 관한 엄격한 설계 기준에 입각하여 구축되고, 셋째, 탈맥락화된 단어, 구, 문

* Oh, Sun-Young (2014). Current trends in learner corpus research. In O. Kwon (Ed.), *New horizons in English education research* (pp. 401-438). Seoul: Seoul National University Press.

장이 아닌 연속적인 담화를 담고 있어야 한다. 마지막으로 학습자와 원어민 혹은 학습자 간의 의사소통처럼 완전히 자연적인 경우부터 학습자들에게 단어나 구조의 선택을 허용하는 교육적 과업의 결과로 발생하는 준자연적인 경우에 이르기까지 자유로운 유형의 자료를 담고 있다.[1]

최초의 컴퓨터 학습자 코퍼스는 Foreign Language Pedagogy(Faerch et al., 1983)의 덴마크어 프로젝트에서 사용된 것으로 알려져 있다(MacDonald et al., 2013). 1990년대에 들어서면서 본격적으로 학습자 코퍼스가 구축되기 시작했는데, 롱맨과 캠브리지 등 미국과 영국의 주요 출판사에서는 학습자를 위한 사전 및 교재 개발에 이용하려는 목적으로 학습자 코퍼스를 구축했다. 가장 잘 알려져 있으며 연구 목적으로 널리 사용되고 있는 학습자 코퍼스는 1990년대 초반 벨기에의 Sylviane Granger 교수가 중심이 되어 시작한 국제 학습자영어 코퍼스(International Corpus of Learner English, 이하 ICLE) 프로젝트이다. 이후 학습자 코퍼스의 수는 폭발적으로 증가하여 ICLE를 구축한 영어코퍼스언어학센터(The Center for English Corpus Linguistics, 이하 CECL) 팀에 따르면 2013년 8월 기준으로 전 세계에 121개의 학습자 코퍼스가 있다.[2] 이 중에서 영어를 목표어로 하는 학습자 코퍼스가 74개이며 나머지는 유럽 언어 중심의 비영어 코퍼스(39개)이거나 영어를 포함한 여러 언어를 목표어로 삼고 있다(8개).

CECL 웹사이트에는 학습자 코퍼스 연구 목록도 제시되어 있는데,[3] 2014년 1월 현재 거의 1,000개에 달하는 연구가 등록되어 있다. 이 목록에는 국내에서 이루어진 대부분의 학습자 코퍼스 연구가 누락되어 있다는 점을 감안할 때, 실제 학습자 코퍼스 연구의 수는 이를 훨씬 넘어설 것임을 쉽게 짐작할 수 있다. 이처럼 방대한 범위의 연구를 이 글에서 모두 다루는 것

1 이러한 기준을 모두 충족시키는 학습자 코퍼스를 전형적(typical) 학습자 코퍼스라고 명명하여 일부 기준만을 충족시키는 주변적(peripheral) 학습자 코퍼스와 구분하기도 한다(Nesselhauf, 2004, p. 128).

2 http://www.uclouvain.be/en-cecl-lcworld.html

3 http://www.uclouvain.be/en-cecl-lcbiblio.html

은 불가능하다는 판단 아래, 이 글에서는 학습자 코퍼스 연구를 연구 주제, 코퍼스 유형 및 연구 방법에 따라 분류하고 각 유형별로 대표적인 연구들을 살펴보고자 한다. 특히 학습자 코퍼스 연구에 대한 기존 소개서에서 다루어지지 않은 최근 연구 경향을 소개하는 데 초점을 둠으로써 앞으로 이 분야의 연구에 참여하고자 하는 독자에게 유용한 정보를 제공하고자 한다.

2. 학습자 코퍼스 연구의 동향

1) 주제별 연구 동향

(1) 어휘, 어법 및 문법

코퍼스 연구는 전통적으로 어휘 관련 주제에 치중되어 왔는데, 그 주된 이유는 검색의 용이성 때문이다. 학습자 코퍼스 연구 역시 초기에는 어휘 혹은 검색이 비교적 용이한 문법 구조를 연구 주제로 삼는 경우가 대부분이었다. 학습자들의 전반적인 어휘 사용을 빈도 중심으로 조사한 초기 연구에 따르면 학습자 코퍼스에서는 원어민 코퍼스에 비해 작은 범위의 어휘 항목이 훨씬 더 자주 사용되는 특징을 보였는데, 이는 이후 대부분의 학습자 코퍼스 연구에서도 공통적으로 밝혀진 결과다. 예를 들어 동사 think는 원어민 코퍼스에서는 만 단어당 여섯 번밖에 사용되지 않았으나 ICLE 코퍼스에서는 21-30차례나 사용되었다(Ringbom, 1998).

하나의 어휘 항목에 집중하여 분석한 대표적인 초기 학습자 코퍼스 연구로는 Altenberg와 Granger(2001)를 들 수 있는데, 이들은 ICLE 코퍼스에 나타난 고빈도 동사 make의 사용 양식을 원어민 코퍼스인 루뱅 원어민 영어 에세이 코퍼스(Louvain Corpus of Native English Essays, 이하 LOCNESS)와 비교하여 분석했다. 그 결과 매우 일찍 학습되고 자주 사용되는 동사임에도 불구하고 학습자들은 make의 사용에 어려움을 겪는다는 사실이 드러났다. 연구자들은 make의 의미와 패턴에 따라 8가지로 그 쓰임을 분류하였는데, 그중에서도 특히 make a decision/distinction/reform과 같은 탈어휘적(delexical) 용법은 원어민 집단에 비해 현저하게 과소사용(underuse)될 뿐만 아니라, make a balance, make a step, make an end to에서처럼 다른 동사가 사용되어야 할 곳에 make를 잘못 사용하는 모습을 보였다. 한편 사역동사로서의 용법에 있어서는 모국어에 따라 다른 결과를 보였다. 스웨덴 학습자들은 영어의 make에 상응하는 모국어 동사가 〈사역동사+형용사〉의 패턴으로 자주 사용되기 때문에 긍정적 전이(positive transfer) 현상을 보여 이 구조를 원어민 집단에 비해 훨씬 과다사용(overuse)하였다. 이 결과는 목표 구조의 과일반화(overgeneralization) 현상으로도 볼 수 있는데, 원어민의 경우 (보다 구체적인) 하나의 종합적(synthetic) 사역동사로 표현하는 의미를 학습자들은 좀 더 쉽고 일반적인 make + somebody/something + 형용사의 형태로 풀어서 표현했기 때문이다. 이는 완전히 오류로 볼 수는 없지만 아래 예들과 같이 상당히 부자연스러운 표현을 양산해 냈다.

- The use of the plastic wrap not only increases the garbage mountain, it also makes the air polluted. (pollutes)
- Technology will never make imagination and dreams unnecessary. (replace)

스웨덴 학습자와 달리 프랑스 학습자 집단의 경우에는 모국어와 영어 간에 구조적 유사성이 적어 make+형용사의 구조를 훨씬 과소사용하는 것으로 나타났다. 이러한 결과에 근거하여 연구자들은 make와 같은 고빈도 어휘의 경우 학습 초기에만 한 번 다루어지고 그 이후 등한시되면 해당 어휘의 문법 및 어휘 양식에 대해 단편적인 지식만을 가지게 된다고 지적한다. 특히 이러한 동사들의 사용에 미치는 모국어 전이의 영향을 감안하여 모국어와 목표어 간에 차이가 있는 경우 의식고양(consciousness raising) 활동을 추천하였다. 이와 함께 콩코던스(concordance)를 이용하여 make가 탈어휘적으로 쓰일 경우 주로 함께 사용되는 연어(collocation)를 찾아보게 하는 등의 연습 활동도 유용하다.

위 연구 외에도 besides(Yeung, 2009), because(Oh, 2009a), 지시사 this/that(Oh, 2009b), 동의어 little/small, big/large(Ryoo, 2012) 등 개별 어휘 항목들이 학습자 코퍼스에서 사용되는 방식을 원어민 코퍼스와 비교하여 분석한 연구들을 어렵지 않게 찾아볼 수 있다. 어휘와 관련하여 어법(phraseology), 특히 연어에 대한 연구도 활발하게 이루어졌다(예: De Cock, 1998; Martelli, 2007; Milton & Freeman, 1996; Nesselhauf, 2003). Lorenz(1999)는 논설문으로 구성된 독일의 영어 학습자 코퍼스와 원어민 코퍼스에서 형용사와 함께 사용되는 강화부사를 비교 분석한 바 있으며, 국내에서도 강화사(amplifier) 연어(S. Y. Lee, 2006)나 어휘다발(lexical bundles)(Huh, 2008)에 대한 연구들이 이루어졌다. Laufer와 Waldman(2011)은 논설문과 묘사문으로 구성된 30만 단어의 히브리 학습자 코퍼스를 구축하여 영어의 동사-명사 연어를 연구하였다. 이들은 학습자 코퍼스와 LOCNESS 코퍼스에서 빈도가 높은 220개의 명사를 추출하여 이를 기반으로 연어를 파악했다. 두 가지 유형의 비교를 실시했는데, 먼저 학습자와 원어민 간에 연어 사용의 빈도를 비교하는 한편, 학습자의 능숙도를 셋으로 구분하여 그 사이에 연어의 빈도 및 정확성을 비교하였다. 분석 결과 세 능숙도의 학습자들 모두 원어민에 비해 사용한 연어의 빈도가 훨씬 더 낮았으며, 연어의 숫자는 고급 수준의 능숙도에 이르러서야 비로소 증가하는 모습을 보였다. 한편 오류, 특히 모국어의 영향을 받은 언어 간 오류(interlingual error)는 고급 수준에서도 여전히 지속적으로 나타났다.

문법 영역에서의 초기 연구로는 학습자 코퍼스에서 나타나는 보문절(Biber & Reppen, 1998)이나 시제(Granger, 1999)의 사용을 원어민 코퍼스와 비교한 연구들이 있다. 제2언어습득(Second Language Acquisition)의 관점에서 문법에 접근한 연구도 있는데, 예를 들어 Tono(2000)는 일본인 영어 학습자 코퍼스를 분석하여 문법 형태소 관련 오류 비율이 제2언어습득 연구자들이 제안한 형태소 습득 순서와 대체로 일치한다는 것을 밝힌 바 있다. 보다 최근에 이루어진 문법 연구로서 Martinez-Garcia와 Wulff(2012)는 동명사와 to 부정사 보문구조의 사용을 스페인과 독일의 영어 학습자와 원어민 간에 비교 분석하였다. ICLE 코퍼스에서 1,100개가 넘는 목표 구조를 찾아 분석한 결과, 고급 수준 학습자들의 구조 선택은 비문법적이지는 않지만 비관용적인(non-idiomatic) 경향이 있었고, 독일 학습자들은 스페인 학습자들에 비해 좀 더 원어민에 근접한 선택을 한다는 것이 드러났다. 이에 근거하여 연구자들은 스페인의 영어 교재에 코퍼스에 근거한 진정성 있는 언어 분석의 결과를 포함시킬 것을 권고하고 있다.

한편 특정 문법 혹은 의미 범주를 실현하는 다양한 어휘 및 문법 장치들을 주제로 삼는 연구도 국내외에서 많이 발견된다. 접속사(Granger & Tyson, 1996, Lee, 2013; Park, 2013; Yoon, 2006), (인식)서법((epistemic) modality) (Aijmer, 2002; Hyland & Milton, 1997; Oh, 2007; Oh & Kang, 2013), 인과관계(causality)(Flowerdew, 1998; Oh, 2009c), 평가 형용사(evaluative adjectives) (S. Y. Lee, 2007), 강의어(intensifiers)(E. J. Lee, 2006), 견지 부사구(stance adverbials)(이은주, 2010), 접속부사(Altenberg & Tapper, 1998; Lee, 2004), 의무나 필요의 뜻을 지닌 (유사)조동사(Min & Lee, 2012) 등 다양한 주제가 다루어져 왔다.

(2) 담화 및 화용적 기능

학습자 코퍼스 연구가 본격화된 지 얼마 되지 않은 2001년에 이미 Upton과 Connor(2001)는 대부분의 연구들이 어휘와 문법적인 양상에만 집중되어 있음을 지적하면서 언어의 기능과 수사적인 측면에 좀 더 관심을 기울여야 한다고 주장했다. 그 하나의 시도로서 이들은 특정 장르 코퍼스의 특성을 고려하는 텍스트언어학적(textlinguistic) 접근법을 채택하고, 다국적 학습자들이 작성한 입사 지원서와 이력서로 구성된 인디애나폴리스 비즈니스 학습자 코퍼스(Indianapolis Business Learner Corpus) 중 일부를 분석 자료로 이용했다. 텍스트의 어휘 · 문법적인 특징을 컴퓨터를 활용하여 분석할 뿐만 아니라, Swales(1990)의 장르 분석 틀을 따라 무브 분석(move analysis)을 실시하고 이를 주석(annotation)함으로써 학습자 코퍼스의 다층 분석을 시도하였다. 특히 공손(politeness)이라는 화용적 개념을 조작적으로 정의한 뒤, 이에 기반하여 미국, 핀란드, 벨기에 학습자 집단의 공손 책략 사용을 비교하는 데 초점을 두었다. 연구 결과 학습자들은 적극적(positive) 혹은 소극적(negative) 책략의 선호도나 책략 빈도에 있어서 큰 차이를 보이지 않았지만, 미국인들은 매우 정형화된 책략을 사용하는 반면 벨기에 학생들은 개인별 차이가 크고 핀란드 학생들은 이 두 집단의 중간 정도 성향을 보이는 것으로 나타났다.

문장 수준을 넘어선 담화 및 화용적 기능과 관련하여 담화표지(discourse markers)에 대한 연구가 빠질 수 없는데, 특히 담화표지의 습득을 다룬 최근 연구로 Polat(2011)이 있다. 그는 발달적(developmental) 학습자 코퍼스를 이용하여 세 개의 담화표지 you know, like, well의 습득을 연구하였다. 자연적인 환경에서 영어를 학습하는 한 성인 학습자의 담화표지 사용을 1년에 걸쳐 조사한 결과, 세 담화표지 간에 매우 다른 사용 및 발달 양상이 나타났다. You know의 경우 초기에는 매우 과다사용되었으나 1년에 걸쳐 50% 이상이 줄어든 반면, like는 처음에는 거의 사용되지 않다가 반 년쯤 후에는 100,000 단어당 2,300번 이상 사용되었고 이후 다시 50% 이상 줄어들었다. 한편 well은 담화표지로 전혀 사용되지 않았는데, 그 원인으로 연구자는 자연적 언어 학습자로서 화용적 대처 장치에 대한 필요성과 like나 you know에 비하여 간접적이고 잘 드러나지 않는 well의 담화표지 기능 등을 들고 있다. 이 연구는 발달적 학습자 코퍼스가 화용적 습득 연구에서 유용한 도구가 될 수 있음을 보여 준다.

화용적 기능 연구의 또 다른 예는 Fernandez와 Yuldashev(2011)가 동시적 컴퓨터 매개 상호작용(Synchronous Computer-Mediated Communication) 맥락에서 조사한 모호한 언어(vague language)에 대한 연구이다. 연구자들은 and things like that, or something like that과 같이 복수의 단어로 구성되어 모호한 의미를 전달하는 표현들이 일상적인 언어 사용에 있어 중요한 화용적 자원임에 주목하였다. 이들은 이러한 표현을 일반 확장자(General Extender, GE)로 명명하고 and로 시작하는 순접(adjunctive) GE와 or로 시작하는 이접(disjunctive) GE로 구분하는 한편, 그 의미를 누구나 알 수 있는지, 특정 집단만 알 수 있는지, 혹은 같은 문화권에 속하는 사람만 알 수 있는지에 따라 전체적(global), 지엽적(local), 사회적(societal) 세 유형으로 분류했다. 524개의 즉각적 전자통신 상호작용을 원어민과 비원어민 영어 사용자들 간에 비교한 결과, 비원어민들은 이접 및 사회적 GE를 원어민에 비해 훨씬 더 적게 사용한 것으로 나타났다.[4] 연구자들은 전통적 언어교육에서 간과되어 온 모호한 언어 사용의 측면이 대인간 기능에서 중요함을 역설하며 교실에서도 이 부분에 주목해야 한다고 주장하였다.

마지막으로 담화나 화용적 기능은 아니지만 전통적인 어휘 및 문법 관련 주제에서 벗어나는 연구로서 최근 이루어진 Littlemore, Krennmayr, J. Turner와 S. Turner(2013)의 연구를 살펴보겠다. 이들은 그리스와 독일의 영어 학습자들이 작성한 영어 작문에서 사용된 은유(metaphor)에 대해 연구했는데, 초급 단계인 A1에서 시작하여 A2, B1, B2, C1를 거쳐 고급 수준인 C2에 도달하는 유럽공통참조기준(Common European Framework of Reference, CEFR)[5] 단계에 따라 학습자의 글을 분류하고 이에 따른 은유의 양과 분포를 측정하였다. 그 결과 A2에서 C2단계로 올라가면서 은유의 밀도(density)가 증가하며 은유의 기능도 좀 더 정교화되는 것을 발견했다. 하위 단계에서는 대부분의 은유 항목들이 주로 전치사로 구성된 폐쇄 범주(closed-class)였으나, B2 이상 단계에서는 은유 항목의 대부분이 개방 범주(open-class)였다. 또한 B2단계에서는 은유적으로 사용된 단어에서 특히 더 많은 오류가 보이기 시

4 이는 학습자들이 원어민에 비해 people이나 thing과 같은 포괄적인 어휘 항목을 매우 빈번하게 사용하는 경향이 있다는 선행 연구 결과(Ringbom, 1998)와 상충되어 보이는 듯하나, 실제로 이 두 연구의 차이는 주로 학습자 코퍼스의 유형 차이에서 비롯된다고 볼 수 있다. Fernandez와 Yuldashev(2011)는 즉각적인 대인간 상호작용을 코퍼스화하여 조사한 반면, Ringbom(1998)이 사용한 학습자 코퍼스는 주로 논설문으로 구성되어 있기 때문이다.

5 CEFR 단계는 다음 절에서 보다 상세히 설명되므로 이를 참조할 것.

작하며, 모국어의 영향도 크게 드러났다. 이 연구는 CEFR의 A2부터 C2의 각 단계에서 보이는 은유 사용의 특징을 상세하게 제공하고 있으며, 이는 영어 작문의 평가 목적으로도 이용될 수 있다. 특히 은유 사용에서 주요 변화가 발생하는 B2단계에서는 은유에 초점을 맞춘 교육이 도움이 될 수 있음을 시사한다.

(3) 능숙도 평가 및 준거자질 연구

최근까지 큰 주목을 받지 못했지만 사실 매우 중요한 학습자 코퍼스 설계 기준의 하나는 바로 학습자 텍스트의 능숙도 수준 배정이다. 대부분의 학습자 코퍼스 연구에서는 코퍼스에 포함된 텍스트의 대략적인 능숙도 수준이 언급된다. 하지만 능숙도 수준의 정의가 명확하고 적절하게 이루어지지 않은 경우가 많으며, 능숙도 수준에 대한 주장을 뒷받침하는 증거도 잘 제시되지 않는다. 이는 학습자 코퍼스 기반 연구에서 잠재적인 오류의 원인이 될 수 있다. 학습자 코퍼스에서 사용되는 능숙도 배정 방법은 크게 학습자 중심과 텍스트 중심으로 양분될 수 있다(Carlsen, 2012). 전자는 나이나 학년 등과 같은 학습자 변인에 근거하여 텍스트의 능숙도를 구분하는 방법이고, 후자는 텍스트 자체에만 근거하여 능숙도를 정하는 방법이다. 지금까지 대부분의 학습자 코퍼스는 학습자 중심 방법을 사용해 왔는데, 이러한 외적 기준의 적용은 교육기관마다 다른 기준으로 개인에게 자격과 신분을 부여할 수 있기 때문에 신뢰도가 떨어진다. 예를 들어 ICLE 코퍼스를 구축한 연구자들은 고급 수준의 학습자 텍스트를 수집하기 위해 영어를 전공한 3, 4학년 대학생 학습자로부터 텍스트를 수집했다. 그러나 ICLE에 포함된 일본어 학습자의 텍스트는 스웨덴 학습자의 텍스트에 비해 능숙도가 낮은 경향을 보이는데, 이는 모국어와 목표어 간의 유사성 정도나 영어에 대한 노출 정도에 영향을 받았기 때문으로 보인다(Tono, 2003). 그렇다면 언어 간 영향을 조사하는 연구에서 각기 다른 모국어 배경의 학습자 집단을 비교할 경우, 그 결과는 두 언어 간 차이가 아니라 각 집단의 능숙도 차이에서 비롯될 수도 있다. 이러한 잠재적인 문제에 대한 인식 때문에 최근 ICLE 매뉴얼에서는 능숙도가 "애매한 변인(fuzzy variable)"(Carlsen, 2012)으로 기술되어 있고, ICLE가 더 이상 고급 수준의 텍스트만 담고 있지 않으며 중급에서 고급 수준의 텍스트를 포함하고 있음을 명시하고 있다(Granger et al., 2009). 학습자 코퍼스 텍스트의 능숙도 배정 문제를 해결하고 신뢰도를 높이기 위해 최근 일부 연구자들은 CEFR 능숙도 단계와의 연계를 모색하고 있다(예: Carlsen, 2012). 이러한 노력의 일환으로 ICLE 코퍼스에 포함된 16개의 모국어를 모두 대표하는 320개의 텍스트를 한 전문 평가자가 CEFR 단계에 근거하여 평가한 바 있다(Granger et al., 2009). 추가적으로 스페인어, 프랑스어 및 독일어 모국어 텍스트 223개에 대해서 오류 주석을 달고 전문 평가자들이 CEFR 단계에 따라 평가한 뒤, 40개 이상의 오류 유형에 대해 B1에서 C2단계에 이르는 발달 과정을 추적한 연구도 있다(Thewissen, 2013).

능숙도 평가와 관련하여 최근 유럽에서는 CEFR의 여섯 단계 능숙도를 구분할 수 있는 준거 자질(criterial features)을 학습자 코퍼스 분석을 통해 밝혀내려는 연구들이 한창 진행 중이다(Hawkins & Buttery, 2010; Hawkins, & Filipović, 2011). CEFR은 초급, 중급, 고급의 세 언어 수준을 A1, A2, B1, B2, C1, C2의 총 6단계로 세분하고, 각 단계별로 학습자가 수행할 수 있는 언어기능을 실례 중심으로 기술해 놓고 있다(Council of Europe, 2001). CEFR은 유럽 전역의 언어 평가와 교육 및 학습에 지대한 영향을 미쳤으나, 유럽의 모든 언어에 적용될 수 있도록 포괄적으로 기술되었기 때문에 각 언어의 문법 및 어휘적 특징에 대한 구체적인 내용이 부재하다는 문제가 있다. 준거 자질 연구는 바로 이를 보완하기 위한 목적에서 시작되었고, 각 능숙도 단계마다 독특한 언어의 형태를 찾아내어 단계별 학습 목표 설정 및 평가에 이용하고자 한다. 영어의 경우 캠브리지 대학에서 영어 프로파일 프로그램(English Profile Program, EPP)이란 이름으로 이 연구를 수행하고 있다. EPP에서는 캠브리지 능숙도 시험을 치른 전 세계 영어 학습자들로부터 수집한 방대한 규모의 캠브리지 학습자 코퍼스(Cambridge Learner Corpus, CLC)를 분석에 이용하고 있다(Saville & Hawkey, 2010).[6] CLC 코퍼스는 전 세계에서 가장 큰 규모의 학습자 코퍼스로 30개 이상의 모국어 배경을 가진 20만 이상의 학습자들이 작성한 50만 개 이상의 글로 구성되어 있다. 이 코퍼스의 절반 가까이는 어휘, 문법 및 형태적 특징을 포함하는 70개 이상의 오류 유형에 대해 태깅(tagging)이 되어 있다. 또한 품사 태깅뿐만 아니라 구문분석(parsing)까지 이루어져 있어 광범위한 문법 분석도 가능하다.

EPP 연구가 기존 CEFR의 기능-개념적(functional-notional) 접근법을 어떻게 보완할 수 있는지 살펴보자. 예를 들어 기능 중심 기술에 따르면 C1 단계의 학습자는 "자신의 영역에서의 모임과 세미나에서 효과적으로 기여하거나 일상 대화에 꽤 유창하게 참여할 수 있다." EPP 연구는 학습자 코퍼스 분석을 통해 C1이 한정사 파생 오류, 전치사 및 수량사(quantifier) 누락 오류가 현저히 감소하는 단계임을 밝혀 냈다. 마찬가지로 기능적인 관점에서 B2 단계 학습자는 "친숙한 주제에 대해 이야기하거나 이야기를 따라갈 수 있다." EPP 연구는 이 단계에서 NP-V-NP-AdjP, NP-V-NP-as-NP, NP-V-NP-S, NP-V-P-NP-V, NP-V-S 등의 새로운 동사의 공기(共起, co-occurrence) 유형들이 나타나고 한정사 파생 오류나 동사굴절 오류가 특정 비율로 발생하는 한편, 명사의 수 일치 오류 비율이 매우 높음(0.978%)을 발견했다(Hawkins & Buttery, 2010). 이러한 문법적 특징 외에도 어휘(Capel, 2012)나 구동사(Negishi et al., 2012) 등을 주제로 한 EPP 연구도 진행되고 있다.

대부분의 준거 자질 연구가 문어(written) 코퍼스인 CLC를 이용하였지만, 최근에는 구어(spoken) 코퍼스 분석을 통해 단계별로 학습자의 유창성을 평가하려는 시도도 이루어지고 있다. Osborne(2011)은 구어 학습자 코퍼스에서 발화 속도, 휴지(pauses), 반복하기, 발화 길이의 양적 척도와 내용, 통사적 밀도, 어휘 범위, 정확성의 질적 척도를 분석한 뒤, 서로 다른 척도 간의

---

6 문어 평가 자료만으로 구성되어 있는 CLC를 보완하기 위해 추가로 캠브리지 영어 프로파일 코퍼스(Cambridge English Profile Corpus)가 구축 중이다(http://www.englishprofile.org/index.php/corpus).

수렴도 및 전문 평가자의 능숙도 평가에 반영되는 정도를 조사하였다. 그 결과 이 자질들이 묶음으로 측정될 경우 능숙도와 만족스러운 상관관계를 보였고, 이는 이 척도가 궁극적으로 능숙도 단계의 유창성 기준으로 사용될 수 있음을 시사하였다. 가령 "발화 속도가 90wpm 이하이거나 휴지율이 40% 이상인 화자는 B1 단계 이상일 가능성이 매우 낮다"(Osborne, 2011, p. 195).

유럽 중심으로 진행 중인 CEFR 관련 연구들과 별도로 학습자 코퍼스를 이용하여 학습자의 능숙도나 언어 발달을 추적할 수 있는 지표를 찾고자 하는 연구들도 있다. 대표적으로 Lu(2011)는 제2언어 쓰기 발달 연구들이 제안한 14가지의 통사적 복잡성 척도가 대학생 영어 학습자의 작문 평가를 위한 객관적 지표로 적절한지 평가하였다. 연구자가 개발한 컴퓨터 시스템과 중국 학습자 문어 영어 코퍼스(Written English Corpus of Chinese Learners)를 이용하여 분석한 결과, 14개 중에서 10개의 척도만이 실제로 서로 다른 능숙도를 구분해 낼 수 있었고 특히 하나의 절(clause)당 복합명사 수와 절의 평균 길이가 가장 좋은 척도임이 드러났다.

2) 코퍼스 유형별 연구 동향

(1) 문어 및 구어 학습자 코퍼스 연구

학습자 코퍼스는 언어 자료의 매체에 따라 학습자의 글과 말을 각각 수집하여 구축된 문어와 구어 코퍼스로 구분될 수 있다. 대표적인 문어 학습자 코퍼스인 ICLE는 1990년 벨기에 Granger 교수의 주도하에 주로 유럽의 영어 학습자들을 대상으로 구축되기 시작하여 10년여 후 초판이 완성되었다(Granger et al., 2002). 2008년에 출간된 ICLE 2는 중국어, 일본어, 노르웨이어, 츠와나어, 터키어의 5개 모국어가 추가되어, 현재는 16개 모국어 배경의 학습자들이 작성한 6,000개 이상의 텍스트를 담고 있으며 각 텍스트에 대해 21개의 변인이 기록되어 있다(Granger et al., 2009). ICLE를 이용한 연구는 수백 개에 달할 것으로 추산되며, 앞서 논의된 연구들 중 상당수가 ICLE 코퍼스에 기반하여 이루어졌다.

국내에서는 2000년대에 들어서면서 학습자 코퍼스 연구가 본격적으로 시작되었고, 한국인 학습자를 대상으로 한 학습자 코퍼스의 구축과 분석이 영어교육에 큰 기여를 할 것이라는 전망과 기대도 점차 커지기 시작했다(오선영, 2004). 대부분의 연구들은 연구자가 직접 구축한 비교적 소규모의 학습자 코퍼스를 분석하였다. 약 100만 단어에 달하는 비교적 대규모의 크기로 구축된 한국인 학습자 코퍼스로는 서울대학교 한국인 영어 학습자 코퍼스(Seoul National University Korean-speaking English Learner Corpus, SKELC), 연세 영어 학습자 코퍼스(Yonsei English Learner Corpus, YELC), 능률 한국인 영어 학습자 중간언어 코퍼스(Neungyule Interlanguage Corpus of Korean Learners of English, NICKLE), 가촌 학습자 코퍼스(Gachon Learner Corpus) 등을 꼽을 수 있다. 이 중에서 YELC와 NICKLE은 학술 연구 목적일 경우 동의서 작성 후 코퍼스 자료를 제공받아 사용할 수 있으며, 가촌 학습자 코퍼스는 웹사이트에서 바로 내려 받아 이용할 수 있다.[7] 이 중 능률 한국인 영어 학습자 중간언어 코퍼스는 10만 단어 정도의 구어 자료도 포함하고 있다. 이러한 대규모 한국인 학습자 코퍼스를 이용한 연구로는 SKELC를 이용한 Oh(2007, 2009a, 2009b, 2009c), NICKLE을 이용한 Kweon(2008), YELC 코퍼스를 이용한 Park(2012) 등이 있다.

초기 학습자 코퍼스는 거의 대부분 문어 코퍼스였는데, 이는 문어 자료가 구어 자료보다 수집하기에 훨씬 더 편리하고 경제적이라는 점을 고려할 때 당연한 결과다. 그러나 최근에는 구어 학습자 코퍼스의 수도 점차 증가하고 있다. CECL 웹사이트 정보에 의하면 2013년 8월 기준으로 121개의 전체 학습자 코퍼스 중 문어 코퍼스는 80개로 66%를 차지하고 있고, 구어 코퍼스는 30개로 25%에 해당하며, 구어와 문어를 모두 포함한 코퍼스도 9개다. 대표적인 구어 학습자 코퍼스로는 ICLE 코퍼스를 구축한 CECL팀에서

7 http://koreanlearnercorpusblog.blogspot.be/p/corpus.html

비슷한 유형의 학습자를 대상으로 인터뷰를 실시하여 구축한 루벵 구어영어 중간언어 국제 데이터베이스(Louvain International Database of Spoken English Interlanguage, LINDSEI)가 있다(Gilquin et al., 2010). 이 코퍼스와 비교할 목적으로 원어민을 대상으로 루벵 원어민 영어 대화 코퍼스(Louvain Corpus of Native English Conversation, LOCNEC)도 구축되었다.

2011년 *International Journal of Corpus Linguistics*는 구어 학습자 코퍼스에서 자주 발견되는 오류 및 눌변현상(disfluencies)을 주제로 특별호를 발간했다. 여기에 실린 논문에서 Aijmer(2011)는 LINDSEI의 스웨덴어 모국어 부분과 LOCNEC에서 나타난 담화표지 well을 비교 분석하여 well이 눌변의 표지가 아니라 구어 담화에서 중요한 기능을 담당하고 있음을 보여 주었다. 이 기능은 크게 담화관리 기능(예: 계획하기, 고쳐 말하기, 직접 인용하기)과 태도적 기능(예: 의견 수정하기, 동의하지 않기)의 두 가지로 구분할 수 있었다. 스웨덴 학습자들은 담화관리 기능 중에서도 특히 미리 계획하기를 위해 well을 원어민보다 훨씬 더 자주 사용했는데, 이는 외국어로 표현하는 것의 어려움을 반영한다. 반면 학습자들은 태도적 기능으로 well을 잘 사용하지 않았는데, 이는 학습자들이 상호작용에서 중요한 well의 대인간 기능을 제대로 파악하지 못하고 있음을 시사한다. 구어 학습자 코퍼스 연구의 또 다른 예로 Brand와 Götz(2011)는 LINDSEI 중 오류 태깅이 된 독일어 부분과 LOCNEC을 사용하여 독일 영어 학습자들의 (발화 속도, 침묵의 빈도 및 위치로 측정된) 유창성과 (오류의 수로 측정된) 정확성 사이의 상관관계를 조사하였다.

국내에서 구어 학습자 코퍼스를 이용한 연구로는 예비 영어교사들의 수업담화 코퍼스를 구축하고 원어민 교실 담화 코퍼스인 미시건 학술구어영어 코퍼스(Michigan Corpus of Academic Spoken English)와 비교하여 정형화된 연결어구(formulaic sequences)(이은주, 2009) 및 지시화행 사용(이은주, 2011)에 대해 분석한 연구가 있다. 아직까지 국외에 비해서 국내의 구어 학습자 코퍼스 연구는 그 수가 훨씬 적은 만큼, 앞으로 한국인 학습자들을 대상으로 한 구어 코퍼스가 더 많이 구축되고 분석될 필요가 있다.

(2) 학문목적 영어 학습자 코퍼스 연구

최근에는 특수목적 언어(Language for Specific Purposes) 학습자 코퍼스도 학습자 코퍼스의 중요한 한 가지 유형으로 간주되고 있다(Granger & Paquot, 2013). 이 중 가장 큰 비중을 차지하는 학문목적 영어(English for Academic Purposes, EAP) 학습자 코퍼스 연구는 2000년대 들어서 본격적으로 시작되어 최근 그 수가 급증하고 있는 추세이다. EAP 학습자 코퍼스는 특정 분야 학문 공동체에서 가장 전형적으로 발견되는 장르에 속하는 학습자의 글(또는 말)을 수집하여 구축된다.[8] 이를 이용한 연구는 주로 특정 학문 분야에서의 제2언어/외국어 학습자들이 겪는 어려움을 파악하고 이들에게 맞춤형 교육 및 교수 · 학습 도구를 설계하려는 목적에서 이루어진다.

많은 EAP 학습자 코퍼스 연구들은 동일 학문 분야 및 장르에 속하는 학습자와 전문가의 언어를 정량적(quantitatively) 및 정성적(qualitatively)으로 비교 분석함으로써 학습자 언어의 특징을 찾아낸다. 이는 일반 학습자 코퍼스 연구에서 주로 사용하는 중간언어 대조분석(Contrastive Interlanguage Analysis) 방법과 유사하다(pp. 419-422 참조). 예를 들어 Hewings와 Hewings(2002)는 경영학 전공 비원어민 대학원생들의 논문을 같은 분야의 학술지 논문 코퍼스와 비교하였는데, 특히 가주어 it와 후치된 진주어가 포함된 절을 상위담화(metadiscourse)의 문법적 자질의 하나로 파악하여 연구했다. It가 담당하는 대인간 기능을 중심으로 비교한 결과 두 코퍼스 간의 가장 큰 차이는 저자가 자신의 주장의 타당성을 독자에게 설득시키는 방식에 있었는데, 학습자들이 훨씬 더 명백하고 드러나게 설득하는 모습을 보이며 주장도 더 강하게

8 ICLE를 비롯한 많은 문어 학습자 코퍼스는 대학에서 교수자로 일하는 연구자가 대학생들의 글을 수집하여 구축된 경우가 많다. 넓은 의미에서 이러한 작문도 학문목적 장르에 속하는 것으로 볼 수 있지만, 본 절에서는 대학원 수준의 학습자를 대상으로 한 코퍼스에 한정하여 논의한다.

제시하는 경향이 있었다. 이러한 정보는 목표 학습자들을 대상으로 한 EAP 학습·교수 및 교재 개발에 기여할 수 있다. 이 외에도 대명사(Luzón, 2009; Martínez, 2005), 어휘다발(Adel & Erman, 2012; Cortes, 2004), 접속사(Chen, 2006; Lei, 2012), 패각명사(shell nouns)[9] (Aktas & Cortes, 2008) 등 EAP 학습자 코퍼스에 나타나는 다양한 어휘와 문법적 특징에 대하여 연구가 이루어져 왔다. 국내에서도 최근 들어 EAP 학습자 코퍼스 연구가 보다 활발해지고 있다(예: Kam & Park, 2008; Na, 2012; Oh, 2012, 2014).

한편 일부 EAP 학습자 코퍼스 연구들은 학문 분야 간의 비교를 주목적으로 삼기도 한다. Hyland(2004)는 전자공학, 컴퓨터공학, 경영학, 생물학, 응용언어학, 행정학 등 서로 다른 전공의 홍콩 대학원 학생들이 쓴 240편의 학위논문 코퍼스에서 상위담화표지의 사용을 비교하였다. 그 결과 학문 공동체에 따라 학생들이 자신의 연구를 제시하고 독자와 상호작용하는 방식에 큰 차이가 있음이 드러났다. 마찬가지로 석·박사 학위논문으로 이루어진 EAP 학습자 코퍼스를 전문가 코퍼스와 비교한 연구에서 Hyland(2008)는 어휘다발이 학술 담화에서 매우 중요한 기능을 담당할 뿐 아니라 그 사용 양상이 장르 간에 큰 차이를 보인다는 것을 발견했다.

아직까지 대부분의 EAP 학습자 코퍼스는 문어 코퍼스이지만, 구어 EAP 학습자 코퍼스 연구도 소수 존재한다. Reinhardt(2010)는 학문 목적의 구어 영어교육에 정보를 제공하고 문화 간 화용 연구에 기여하려는 목적에서 면담 시간의 상담 맥락에서 지시적(directive) 언어 사용을 연구했다. 이를 위해 훈련 중인 외국인 조교와 활동 중인 교육 전문가들을 코퍼스 기법을 이용하여 비교하였다. 외국인 조교 준비 과목의 수업 활동을 전사하여 구축된 학습자 코퍼스 중 면담 시간 역할극 부분을 미시건 학술구어영어 코퍼스 내 면담 시간 부분과 비교 분석하였다. 그 결과 외국인 조교 집단은 독립

9 패각명사란 reason, problem, result와 같이 사전적 의미 외에 맥락 내에서 특정한 의미를 가지게 되는 명사를 말한다.

심과 소속감에 호소하는 표현(예: you want to, I would)을 거의 사용하지 않는 데 반해, you had better, I recommend, I suggest와 같이 선택을 제한하거나 의존성을 높이는 구조는 지나치게 많이 사용했다. 반면 전문가 집단은 you want to를 때때로 might로 완화하면서 자주 사용함으로써 의무감의 근원으로부터 거리를 유지하는 동시에, 청자와의 유대감 및 참여도를 간접적으로 확립할 뿐 아니라 청자에게 주관성을 투영시키는 경향을 보였다. 전문가는 had better를 전혀 사용하지 않았는데, 이 표현은 권위와 더불어 지시에 불응할 경우 발생할 부정적인 결과를 함의하기 때문이다. 이 연구 외에도 학문적 맥락에서 비원어민들의 구어 사용을 한 권의 책에서 상세하게 분석한 Mauranen(2012)도 큰 범주에서는 EAP 구어 학습자 코퍼스 연구로 볼 수 있다. 그러나 이 연구자는 학습자보다 공용어로서의 영어(English as a Lingua Franca, ELF) 사용자라는 관점을 취하고 있다는 점에서 다른 연구들과 구별된다.

(3) (유사)종단적 및 컴퓨터 매개 의사소통 학습자 코퍼스 연구

학습자 코퍼스는 자료 수집의 시간을 기준으로 횡단적(cross-sectional) 코퍼스와 종단적(longitudinal) 코퍼스로 구분할 수 있는데, 전자는 특정 시점에서 서로 다른 학습자들로부터 언어 자료를 얻어 구축하는 반면, 후자는 같은 학습자들을 특정 기간 동안 추적하여 만든다. 종단적 코퍼스는 학습자 언어 발달 연구에 매우 적합한 자료를 담고 있다는 점에서 제2언어습득 연구자들도 그 가치를 높게 평가하고 있다(Housen, 2002; Myles, 2008). 이처럼 종단적 코퍼스의 필요성에 대해서는 많은 연구자들이 공감하지만, 실제로 구축되거나 연구된 종단적 코퍼스는 그다지 많지 않다. 2013년 8월 기준으로 전 세계 121개의 학습자 코퍼스 중 12개(약 9.9%)만이 종단적 자료를 담고 있다고 한다.

학습자 코퍼스 분석에서 가장 흔한 유형인 유사종단적(pseudo-longitudinal) 설계는 각기 다른 능숙도 단계를 대표하는 제2언어 학습자 집단으로부터 자료를 수집하여 비교하는 것이다.[10] 대표적인 예로 영어 동사체계의 다섯 가지 기본 형태 범주(V-ø, V-s, V-ing, V-en, V-ed)의 습득을 조사한 Housen(2002)의 연구를 꼽을 수 있다. 그가 이용한 코퍼스는 네덜란드어와 프랑스어를 모국어로 하는 9~17세 사이의 46명의 어린이 영어 학습자들로부터 수집한 중간언어 발화 코퍼스로서 네 수준의 능숙도를 대표하도록 구성되었다. 코퍼스 간 능숙도 차이를 언어 발달의 단계로 해석하는 유사종단적 연구를 통해 연구자는 제2언어 학습자들이 영어 동사 체계의 형태와 기능을 어떻게 습득해 나가는지 조사했다. 연구 결과, 선행 연구들에서 주장한 영어 형태소의 발달 순서가 재확인되는 한편, 개인 학습자 수준에서는 상당한 변이가 존재함이 밝혀졌다. 또한 형태적 변이가 기능적인 사용보다 선행하며, 학습자들이 형태와 의미 간의 관련성을 세밀하게 습득해 나가는 과정에서 과다사용 및 과소사용 양상을 보인다는 것도 드러났다. 궁극적으로 Housen은 이러한 변이의 문제를 좀 더 철저히 연구하기 위해 대형 종단적 코퍼스에 기반한 연구가 필요하다고 역설하였다.

이와 맥을 같이하는 흐름의 하나로 *Modern Language Journal*은 2013년 발간된 특별호에서 학습자 코퍼스 연구를 통해 제2언어 발달의 역학을 포착하는 주제를 다루었다(Hasko, 2013). 여기 실린 논문들은 제2언어 학습자 코퍼스를 이용하여 제2언어/외국어의 특정 측면들이 시간에 걸쳐 어떻게 발달해 나가는지를 연구함으로써 제2언어습득 분야와 학습자 코퍼스 연구 간에 협력할 수 있는 방안을 체계적으로 탐색하고 있다. 이 특별호 내 5편의 논문 중 하나인 Meunier와 Littré(2013)의 연구는 오류 태깅이 된 종단적 학습자 코퍼스를 이용하여 프랑스 영어 학습자들이 3년에 걸쳐 쓴 논설문에서 시제와 상의 정확성 발달을 추적하였다. 이들은 학습자 코퍼스 분석을 실험 자료와 결합하여 왜 시제 및 상의 일부 특징들은 고급 학습자들조차 익히기 어

10 유사종단적 연구의 경우 능숙도에 대한 정의가 분명치 않다면 타당성 문제가 제기될 수 있는데, p. 417에서 살펴본 대로 실제 많은 학습자 코퍼스 연구가 그런 문제점을 갖고 있다는 지적도 있다.

려운지 그 이유를 밝히고자 했다. 코퍼스 분석 결과에 따르면 시간이 흐름에 따라 시제와 상의 오류는 전반적으로 감소하지만 영어 진행상은 잘 습득되지 않았다. 후속 실험 결과는 학습자들이 진행상의 가장 두드러진 의미, 즉 진행 중이라는 의미는 완벽하게 익히지만 이보다 덜 핵심적인 진행상 사용에 있어서는 정확성이 크게 떨어짐을 보여 주었다. 이에 연구자들은 학습자가 습득에 어려움을 겪는 것으로 드러난 진행상의 측면을 목표로 하여 교육적 제안을 하고 있다.

한편 최근에는 학습자와 원어민 혹은 학습자 간에 이루어진 컴퓨터 매개 의사소통의 결과물을 코퍼스로 구축하는 경우가 많아지고 있다(예: MacDonald et al., 2013). 국내에서도 이러닝(e-learning) 환경에서 영어 학습자 간의 의사소통으로 발생한 언어를 코퍼스화하여 분석한 연구들이 있다. 예를 들면 일본과 한국 대학생들이 상호작용적 웹에서 지역 및 세계의 문제들을 함께 논의한 결과물로 구축된 학습자 코퍼스를 이용하여 완곡표지(hedges)(Min, 2010), 담화표지(Min, 2011), 의무/필요의 조동사(Min & Lee, 2012) 등의 사용이 연구된 바 있다. 이러한 컴퓨터 매개 의사소통 혹은 언어 학습은 외국어 학습자들이 참여하는 진정성 있는 상호작용 맥락을 제공한다는 점에서 종단적 학습자 코퍼스 구축을 위한 하나의 생산적 방법이 될 수 있을 것으로 기대된다(Dooly & O'Dowd, 2012; Vyatkina, 2012). 특히 그러한 학습자 코퍼스가 학습자, 맥락, 과업 및 교수 변인들에 대하여 주석되어 있으면 더욱 바람직할 것이다.

3) 분석 방법별 연구 동향

(1) 중간언어 대조분석 연구

학습자 코퍼스 연구에서 사용되는 분석 방법 중 가장 전형적이고 많이 사용되는 것은 중간언어 대조분석(Granger, 1996a) 방법이다. 이 방법을 사용한 연구들은 학습자 코퍼스를 이와 비슷한 유형의 원어민 코퍼스와 대조분석하여 학습자 언어의 특징을 파악하며, 이와 더불어 다른 모국어 배경의 학습자 코퍼스 간에 대조분석이 이루어지기도 한다. 학습자의 중간언어에 대한 기술(description)을 목표로 어휘, 문법, 담화 등 언어의 여러 층위에서 정량적 및 정성적 특징을 연구하는 것이다. 일반적으로 콩코던서(concordancer)를 사용하여 해당 학습자 코퍼스에서 단어 목록(word lists), 콩코던스, 핵심어(key words)를 파악함으로써 특정한 언어 형태의 과다사용, 과소사용, 오용(misuse)에 대한 자료를 얻게 된다. 비교는 원어민 코퍼스에 나타난 목표어 규준(target norm)과 이루어질 수도 있고 다른 모국어 배경 학습자들의 중간언어와 비교될 수도 있다. 앞서 논의된 여러 연구들처럼, 지금까지 이루어진 학습자 코퍼스 연구들 중 대다수가 이 분석 방법을 따르고 있다. 이러한 중간언어 대조분석 연구들이 반복적으로 보고하는 결과 중 하나는 학습자의 모국어가 중간언어 발달에 미치는 영향이 기존 예상보다 매우 크다는 것이다(Nesselhauf, 2004). 또한 학습자들은 언어사용역(register)에 대한 이해가 부족하여 학문적인 글에서 구어체 영어 자질들(예: 대명사, 강조 접사, 상황 지시사 등)을 과다사용한다는 점도 많은 연구에서 공통적으로 지적되었다(Aarts & Granger, 1998; Biber & Reppen, 1998; Granger & Rayson, 1998; Petch-Tyson, 1998). 중간언어 대조분석 연구는 대상 학습자 집단의 중간언어 발달에 대한 상세한 정보를 제공하는 한편, 이들이 어떤 영역에서 가장 원어민과 다른 언어 수행을 보이는지 밝혀 냄으로써 이러한 부분에 교육을 집중할 수 있도록 도와준다. 예를 들어 원어민에 비해 지나치게 과소사용되는 항목에 초점을 맞추는 교재를 제작한다거나, 원어민이 사용하지 않는 부적절한 단어 결합 양식(예: absolutely easy)이 발견될 경우 적절한 연어 형태를 원어민 코퍼스에서 추출하여 제시함으로써 학습에 도움을 줄 수 있다. 배경이 다른 학습자 집단 간에 언어 사용이 어떤 차이를 보이는가를 조사하면 모든 학습자들에게 공통적으로 나타나는 언어습득 현상과 특정 배경을 가진 학습자들에게만 해당되는 현상을 구분하여 파악할 수 있다. 이러한 연구 결과는 영어 교재, 특히 쓰기 교재 개발에 유용하게 사용될 수 있다(Granger, 1998; Granger et al.,

2002).

일부 제2언어습득 전문가들은 학습자 언어 분석에 있어 원어민의 잣대를 사용하는 것에 대해 비판하기도 한다. 학습자 언어는 그 자체로 분석의 가치가 있음을 간과하고 비교 오류(comparative fallacy)(Bley-Vroman, 1983)에 빠진다는 것이다. 그러나 Granger(2013)는 학습자 코퍼스 연구자들이 이 방법을 지속적으로 사용하는 이유는 첫째, 이를 단지 하나의 방법론으로 사용할 뿐 어떠한 중간언어이론도 가정하거나 부정하지 않으며, 둘째, 이 방법이 중간언어 특징을 파악하는 데 효과적이고, 셋째, 코퍼스 연구에서 사용하는 목표어 규준은 명시적이고 다양하다는 점에서 많은 제2언어습득 연구에서 암묵적으로 제시되는 직관에 근거한 규준보다 오히려 우월하다는 점(Mukherjee, 2005) 때문이라고 설명한다.

한편 영어가 국제어로서 비원어민 간의 의사소통을 위해 점점 더 많이 사용되고 있는 현실을 감안하여 Widdowson(1997)을 비롯한 여러 학자들 역시 학습자 언어의 모형을 원어민 규준에 두는 것에 반대하였다. 이 역시 타당한 주장이기는 하지만, 현재로서는 국제어로서의 영어에 대한 규준이 아직 제대로 기술되지 못했다는 문제가 있다(O'Keeffe et al., 2007). 2000년대 이후로 비엔나 옥스퍼드 국제 영어 코퍼스(Vienna Oxford International Corpus of English)와 같은 공용어로서의 영어 코퍼스가 구축되어 분석되고 있으므로(Jenkins, 2000, 2004; Seidlhofer, 2001, 2004) 미래에는 상황이 달라질 가능성도 있다. Jenkins나 Seidlhofer 등의 연구자들은 21세기 학습자 대부분이 가장 많이 접하게 될 상황은 비원어민 간의 의사소통이므로 이에 기반한 목표어 규준을 세우고 이러한 맥락에서 성공적으로 의사소통하기 위해 필요한 언어 형태, 구조 및 의미만을 교육해야 한다고 주장한다. 다시 말해서, 원어민들의 언어 사용에서 벗어나더라도 성공적인 의사소통을 방해하지 않는다면 오류로 간주해서는 안 된다는 것이다. 예를 들어 3인칭 단수 주어의 현재 시제 동사 뒤에 붙는 -s의 누락(예: she look), (부)정관사 생략, 전치사 삽입(예: Can we discuss about this issue?), 그리고 th를 /t/나 /s/, /d/나/z/로 대치하여 발음

하는 경우 등이 이에 포함된다. 그러나 197명의 독일 영어 학습자들을 대상으로 실시된 한 설문 조사 결과에 따르면 약 80%에 달하는 학생들이 원어민 영어를 규준으로 학습하는 것을 원했다고 한다(Mukherjee, 2005). 대부분의 학습자들은 영어를 단지 국제화 시대의 의사소통 수단으로만 보지 않고 영어를 사용하는 문화권에 대한 창으로 간주한다는 것이다. 이러한 결과를 바탕으로 국제어로서의 영어를 규준으로 삼는 영어교육 모델은 언어 교육자와 학습자의 관점을 무시한 것이라는 주장도 있다(Mukherjee & Rohrbach, 2006). 뿐만 아니라 단지 자신의 메시지를 전달할 수 있는 것만이 목적이 된다면 영어 교실에서의 영어는 피진(pidgin)화될 위험성이 있다고 지적하는 교육 전문가들도 있다.

(2) 컴퓨터 보조 오류 분석 연구

두 번째로 살펴볼 학습자 코퍼스 분석 방법은 컴퓨터를 이용하여 오류를 분석하는 방법이다(Computer-aided Error Analysis, CEA). CEA 연구자들은 컴퓨터 프로그램으로 학습자의 언어출력을 분석하여 언어의 여러 층위에서 학습자의 오류를 찾아내고 기술함으로써 중간언어에 대해 보다 더 잘 파악하고 이를 교육적으로 이용하고자 한다(Dagneaux et al., 1998). CEA 연구 결과는 학습자들이 겪는 어려움을 찾아냄으로써 학습 과정 및 언어 간 영향에 대한 정보를 제공하고 학습자 사전이나 교육 문법 등 교재 개발에 기여할 수 있다.

컴퓨터를 이용한 오류 분석 연구의 예를 살펴보면, Neff 등(2007)은 ICLE의 스페인어 코퍼스에서 나타난 문법과 어휘 관련 오류를 조사하였다. 연구 결과 문법 범주에서는 관사, 동사 시제 및 조동사 오류가 가장 높은 빈도로 나타났으며 어휘에서는 형용사와 부사의 오류율이 가장 높았는데, 대부분의 오류는 모국어 간섭이 주원인인 것으로 파악되었다. 국내에서는 Lee(2008)가 중등학교 학생들이 작성한 작문 코퍼스를 컴퓨터를 사용하여 오류 분석하였다. 그는 오류 태깅 소프트웨어를 사용하여 학생들이 가장 흔하게 범하는 오류를 찾아내고 그 원인을 분석함으로써 쓰기 및 문법 교재 제작에 도움이 되는 정보를 얻고자 했다. 이 외에도 한국 대학생들의 영작문 코퍼스에 나타난 여러 범주의 오류를 분석한 연구들이 있는데, 구체적인 연구 주제에는 전치사적 동사(prepositional verbs, 유태하 · 유원호, 2011), V-ing 오류(최연정 · 유원호, 2012), 영어 쉼표 오류(정연우 · 유원호, 2011), 동사 관련 오류(Cho & Yoo, 2012) 등이 포함된다.

위 연구들이 주로 교육적인 목적을 가지고 있었던데 반해, 최근에는 학습자 언어능력의 프로파일(profile)을 파악하기 위해 학습자 오류를 분석하는 연구들이 증가 추세에 있다. 학습자의 능숙도 평가와 관련하여 앞서 논의한 바 있는 EPP(English Profile Project) 연구자들은 CEFR 각 단계 학습자들의 긍정적(positive) 및 부정적(negative) 언어 특징 둘 다에 초점을 두어 왔는데, 여기서 부정적 언어 특징이 바로 오류를 의미한다. 컴퓨터를 이용한 오류 분석을 촉진하기 위해 연구자들은 어휘, 통사, 형태적 특징을 포함하는 70개 이상의 오류 유형을 부호화하여 CLC 코퍼스에 주석을 달고 분석에 이용하고 있다. 이와 마찬가지로 유럽의 Second Language Acquisition and Testing in Europe 프로젝트에 참여하는 연구자들 역시 여러 목표어에 대해 CEFR 각 단계별로 학습자의 언어적 특징을 찾아내기 위해서 오류 태깅이 된 학습자 코퍼스를 이용하고 있다(Thewissen, 2013).

다음으로 살펴볼 CEA 연구는 컴퓨터 매개 의사소통 학습자 코퍼스를 분석한 MacDonald 등(2013)으로, 연구의 초점은 동시적 대 비동시적 의사소통 시 발생하는 오류의 양과 유형에 어떤 차이가 있는지 알아보는 것이었다. 연구에 참여한 독일, 노르웨이, 스페인, 라트비아, 프랑스 5개국의 총 126명 대학생들은 가상의 공화국이 직면한 여러 문제에 대해 각자 특정 역할을 맡아 교섭하고 해결책을 마련하는 과업을 실시하였다. 각 팀 내에서 또는 팀 간에 동시적(실시간 온라인 회담) 및 비동시적(이메일) 의사소통이 이루어졌고, 그 결과물로 각 4만 2,000여 단어로 구성된 동시적 및 비동시적 의사소통 코퍼스가 구축되었다. 자료 분석을 위해 다양한 범주에 대하여 오류 태깅이 이루어졌는데, 분석 결과에 따르면 연구자들의 가설대로 동시적 의사소통 방식에서 비동시적인 경우보다 더 많은 유형의 오류가 발견되었다. 오류의 유형 면에서는 동시적 방식에서는 문법과 형태적 오류가 많이 발견된 반면, 비동시적 방식에서는 어휘와 스타일 관련 오류가 더 자주 발생했다. 동시적 의사소통에서는 온라인 상호작용이 매우 빠른 속도로 이루어지므로 학습자들이 형태적인 측면에 대해 크게 의식하지 않음을 보여 준다고 할 수 있다. 반면 비동시적 의사소통은 더 길고 복잡한 내용을 전달해야 하는 메시지 자체의 특성 때문에 학생들이 언어적으로 위험 부담을 감수하면서 더 다양한 어휘적 선택을 하게 되고 이것이 오류를 낳은 것으로 연구자들은 해석하고 있다. 한편 모국어 집단 간에 오류 유형을 비교한 결과, 일부 오류는 특정 모국어에서만 나타났을 뿐만 아니라 같은 어족에 속하는 모국어 집단들은 비슷한 오류를 범하는 경향도 보였다. 이 연구는 오류 태깅이 된 학습자 코퍼스를 통해 학습자의 언어 발달 과정을 살펴볼 수 있을 뿐만 아니라, 어떤 오류 범주가 특정 모국어의 영향을 받는지, 발달적 오류인지, 혹은 모국어와 관계없이 목표어 학습 과정에서 보편적으로 나타나는 언어 내 현상인지 등을 파악하는데 유용하다는 사실을 잘 보여 준다.

앞으로는 자연언어처리(natural language processing) 기술을 이용해 학습자 코퍼스를 자동적으로 분석하는 데 더 많은 연구자들이 관심과 노력을 기울일 것으로 예상된다. 모국어 습득 코퍼스 연구 분야에서는 이미 형태적(MacWhinney, 2008), 통사적 특성(Lu, 2009; Sagae et al., 1997)의 자동 분석에 대한 논의가 활발하다. 학습자 언어의 자동 분석을 주제로 한 *CALICO Journal* 특별호 서문에서 Meurers(2009)는 기존 학습자 코퍼스에 대한 주석이 오류에 치중해 왔지만, 과연 어떤 오류 범주의 구분이 필요하며 또 어떤 오류들이 신뢰도 높으면서 일관성 있게 탐지될 수 있는지에 대해서는 아직 합의가 이루어지지 않았음을 지적하고 있다. 그는 제2언어습득과 외국어교육 연구를 위한 학습자 코퍼스의 주석은 오류에만 국한되지 않고 다양한 언어적 특징을 포함해야 한다고 주장한다. 그러한 언어적 특징을 체계적으로 반영하도록 학습자 언어를 위한 언어적 주석체제(annotation scheme)를 정의하고, 이를 이용해 규모가 큰 학습자 코퍼스를 자동적으로 주석하는 것이 꼭 필요하다는 것이다. 이와 비슷한 맥락에서 Leacock 등(2010)은 전치사, 관사, 연어 등 영어 학습자들이 가장 어려워하는 구조와 관련된 학습자 오류를 찾아내어 수정하는 자동화 접근법에 대해 소개하고 있다. 또한 문법 오류 탐지에 있어서 특히 중요한 오류 주석과 관련된 다양한 주제에 대해 논의하고 있다.

(3) 학습자 코퍼스를 활용한 교수 및 학습 연구

마지막으로 살펴볼 연구 방법은 학습자 코퍼스를 교수 및 학습 활동에 직접 이용하는 것이다. 이 방법을 시도한 연구는 앞서 살펴본 두 방법에 비해 상대적으로 적은 편인데(예: Flowerdue, 2001; Granger & Tribble, 1998; Ragan, 2001; Seidlhofer, 2000), 이들은 원어민 코퍼스를 이용한 언어 교수법으로 알려진 자료주도 학습(data-driven learning) 방법을 학습자 코퍼스에 적용했다. 즉, 오류가 발생할 것으로 예상되는 항목의 콩코던스를 원어민 코퍼스와 학습자 코퍼스에서 각기 추출하여 비교함으로써 학습자들이 자신과 목표 언어 형태 간의 차이에 스스로 주목(noticing)하도록 돕는 것이다. 이는 형태초점 교수(form-focused instruction)의 한 유형으로 볼 수 있는데, 특히 화석화된 언어 사용의 경우 도움이 된다고 알려져 있다(Granger, 1996b). 이처럼 학습자들 스스로 오류를 찾거나 원어민 언어와의 차이를 발견하도록 하는 것은 학습자의 자율성을 기르고 스스로 그러한 차이에 민감해지도록 훈련시킬 수 있다는 장점이 있다. 뿐만 아니라 학습자들은 이런 식으로 실수를 확인하고 분석하는 활동에 동기가 유발된다고 한다(Fan et al., 1999; Nesselhauf, 2004에서 재인용).

학습자 코퍼스를 이용한 교수 · 학습 방법은 포괄적(generic) 학습자 코퍼스보다는 국지적(local) 코퍼스일 경우 더 큰 동기를 유발시킬 수 있다.[11] 이는 후자의 경우 학습자들이 언어의 생산자이자 동시에 사용자이므로 자신들에게 직접적으로 관련되는 형태에 집중할 수 있기 때문이다. 국지적 학습자 코퍼스를 교육에 이용한 연구로 Belz와 Vyatkina(2008)를 들 수 있다. 이들은 독일어 학습자와 원어민 간의 컴퓨터 매개 의사소통 결과물로 코퍼스를 구축하고, 코퍼스 분석의 결과를 해당 학습자들을 대상으로 한 교육에 적용한 뒤 그 효과를 조사했다. 구체적으로는 먼저 코퍼스 분석을 통해 독일어 학습자들이 원어민에 비해 서법 소사(modal particle)를 잘 사용하지 않는다는 것을 발견하고, 이와 관련된 코퍼스기반 교육 자료를 제작하여 네 차례에 걸친 교육적 개입을 실시하였다. 연구자들은 8주간 지속적으로 발달적 학습자 코퍼스를 구축하여 분석함으로써 맞춤형 교육의 긍정적인 효과를 증명하였다.[12] 이 연구에서 사용된 학습자 코퍼스는 국지적 코퍼스라는 점 외에도, 영어와 독일어 대화 담화로 이루어진 이중언어 통합 코퍼스라는 점에서 독특하다. 이 때문에 원어민의 비교 자료가 코퍼스 자체 내에 포함되어 있으며, 이는 원어민과 학습자의 언어사용이 시공간 측면에서 분리되지 않는다는 이점으로 작용한다.

한편 한국 중학교 학생들을 대상으로 국지적 학습자 코퍼스를 구축한 Moon(2012)은 이 코퍼스에서 매우 빈번하게 발견된 과잉생성(overgenerated) be동사 오류에 대하여 동일 학습자들을 대상으로 자료주도 학습을 실시하였다. 그 결과 학생들은 자신들과 원어민 자료를 비교함으로써 해당 언어 규칙을 발견하고 습득할 수 있었을 뿐만 아니라, 이러한 학습 방법에 긍정적인 태도를 보였다. 특히 능숙도가 낮은 학생들까지도 학습 동기가 향상되었다는 점에서 매우 고무적인 결과라 하겠다.

---

11 학습자 코퍼스는 자료 수집의 범위를 기준으로 포괄적 코퍼스와 국지적 코퍼스로 구분될 수 있다(Granger, 2013). 포괄적 코퍼스는 하나 혹은 여러 학습자 집단을 대표하고자 하는 목적으로 구축되므로 크기가 큰 편이다. 반면 국지적 코퍼스는 교사들이 일상적인 교육 활동의 일부로 수집한 코퍼스로 대부분 크기가 크지 않다(Seidlhofer, 2002).

12 Belz와 Vyatkina(2008)는 시간에 걸친 학습자 수행 관찰의 밀도에 따라 종단적 분석과 발달적 분석을 구분하였다. 이에 따르면 전자는 자료 수집 시기가 비교적 멀리 떨어져 있는 반면(예를 들어 한 학기의 시작과 끝), 후자는 학습자의 언어 수행이 모든 시점에서 또는 가까운 간격을 두고 기록된다는 점이 다르다.

코퍼스 자료를 언어 교육에 직접 사용하는 데 있어 제기될 수 있는 문제 중 하나는 바로 자료의 진정성 문제다. 코퍼스 주도 교육을 찬성하는 편에서는 (원어민) 코퍼스가 교과서에서 흔히 접하는 인공적인 언어 자료와 달리 실제 의사소통 맥락에서 사용된 진정한 언어 자료라는 점을 강조한다(McCarthy & Carter, 1995). 그러나 Widdowson(1991, 2000)이 지적한 대로, 진정성은 텍스트의 생산뿐만 아니라 수용의 측면에서도 적용되어야 하는 문제이다. 즉, 학습자들이 원어민 코퍼스 샘플에 대해 그들 스스로에게 적절한 이해의 맥락을 창조해 낼 수 없다면 이는 교과서의 인공적 텍스트와 크게 다를 바가 없다는 것이다. 언어 학습자에게 코퍼스 자료의 진정성 문제는 원어민 코퍼스뿐만 아니라 학습자 코퍼스에서도 마찬가지로 제기될 수 있다(Belz & Vyatkina, 2008). 특정한 학습자 집단의 관심에 부합하지 않는, 다른 학습자들에게서 얻어낸 학습자 코퍼스는 원어민 코퍼스와 마찬가지로 진정성이 떨어질 수 있기 때문이다. 학습자들이 코퍼스 자료를 진정성 있게 받아들이기 위해서는 주어진 자료를 그들 스스로 개인적으로 의미 있게 이해하고 받아들일 수 있어야 한다. 그런 의미에서 국지적 학습자 코퍼스는 진정성 문제에 대한 하나의 해결책이 될 수 있을 것이다.

3. 향후 전망 및 제언

지금까지 살펴본 대로 학습자 코퍼스를 이용한 연구는 전성기를 맞고 있다고 해도 과언이 아닐 정도로, 다양한 주제에 대한 연구가 여러 유형의 코퍼스 및 연구 방법을 사용하여 이루어지고 있다. 먼저 연구 주제 면에서는 어휘와 어법에 치중했던 데서 벗어나 문법이나 의미 범주, 그리고 담화 및 화용적 기능에까지 관심의 폭이 넓어지고 있으며, 최근에는 학습자의 능숙도 수준 평가 및 준거 자질에 대한 연구가 활발히 진행 중이다. 사용되는 코퍼스의 유형도 문어 코퍼스뿐만 아니라 구어 코퍼스, EAP 코퍼스, 그리고 종단적 및 컴퓨터 매개 의사소통 학습자 코퍼스에 이르기까지 다양해지고 있다. 분석 방법 면에서는 전통적인 중간언어 대조분석과 더불어 컴퓨터 보조 오류 분석 및 학습자 코퍼스를 활용한 교수 · 학습 연구들이 이루어지고 있다. 이러한 연구 주제, 코퍼스 유형, 연구 방법 전반에 걸친 다양화는 학습자 코퍼스 연구 분야의 발전을 위해 매우 바람직하며, 이러한 경향은 앞으로 더욱 확산될 것으로 보인다.

국내의 학습자 코퍼스 연구는 이러한 변화에 좀 더 적극적으로 동참할 필요가 있어 보인다. 특히 앞서 살펴본 대로 국외에서는 구어 코퍼스와 종단적/발달적 코퍼스를 포함한 다양한 유형의 학습자 코퍼스 연구가 활발하게 진행되고 있는데 반해, 국내 연구는 상대적으로 학습자 코퍼스 유형이 제한되어 있다. 따라서 한국인 영어 학습자들을 대상으로 좀 더 다양한 유형의 코퍼스를 구축하는 노력이 필요해 보인다. 이와 관련하여 앞으로는 코퍼스 자료의 크기보다는 학습자 중심의, 맥락 의존적이고 문화에 귀속된 자료를 우선하는 학습자 코퍼스 연구, 그리고 작은 규모지만 장기간에 걸쳐 이루어지는 연구가 중요할 것이라는 예측(Meunier, 2010)을 주목할 필요가 있다. 특히 최근 본격화되기 시작한 제2언어 발달의 종단적인 연구를 위해서는 규모는 크지만 정보가 제대로 기록되지 않거나 주석이 되지 않은 코퍼스보다는 작더라도 잘 주석되고 발달적으로 인덱스가 된 코퍼스가 더 바람직할 것이다.

한편 현재까지 이루어진 수많은 학습자 코퍼스 연구 중에는 코퍼스에서 관찰된 현상에 대해 심도 깊은 분석을 하지 않고 컴퓨터 도구로 쉽게 얻을 수 있는 정량적 정보만 제공하는 데 그치는 연구들도 적지 않다. 학습자 언어의 특징을 제대로 파악하기 위해서는 정량적 분석과 함께 수준 높은 정성적 분석이 반드시 병행되어야 함을 명심해야 할 것이다. 또한 앞으로는 중 · 상위 단계뿐만 아니라 하위 단계까지 포함하는 다양한 능숙도 수준, 그리고 대학생이나 대학원생뿐만 아니라 더 어린 연령대의 학습자들을 대상으로 한 연구가 더 필요하다. 동일 학습자들이 생산해 낸 서로 다른 담화 유형에 대한 비교 분석도 앞으로 연구해 볼 가치가 있는 주제다. 이러한 시도와 노력이 지속적으로 이루어지고 그 결과가 축적됨으로써 학습자 코퍼스 연구는 영어교육과 학습 및 제2언어습득 분야의 발전에 지금까지보다 더 큰 기여를 할 수 있을 것이다.

참고문헌

오선영(2004). 코퍼스와 영어교육. 『외국어교육연구』, *7*, 1-38.

이은주(2009). 한국인 영어 학습자 코퍼스를 활용한 정형화된 연결어구 분석. 『외국어교육』, *16*(2), 321-340.

이은주(2010). 한국 대학생 영어 학습자 코퍼스에 나타난 견지 부사구의 사용. 『외국어교육』, *17*(3), 347-366.

이은주(2011). 수업담화 코퍼스에서 나타난 예비 영어교사의 직접 및 간접지시 화행 사용. 『외국어교육』, *18*(2), 187-208.

유태하 · 유원호(2011). 말뭉치를 통한 한국대학생의 전치사 동사 사용분석. 『영어교육』, *65*(4), 403-424.

정연우 · 유원호(2011). 대학교 신입생들의 영어쉼표 오류분석. 『영어교육』, *66*(4), 261-279.

최연정 · 유원호(2012). 한국 대학 신입생들의 영작문 코퍼스에 나타난 V-ing 오류분석. 『영어교육』, *67*(4), 311-335.

Aarts, J., & Granger, S. (1998). Tag sequences in learner corpora: A key to interlanguage grammar and discourse. In S. Granger (Ed.), *Learner English on computer* (pp. 132-142). London: Longman.

Adel, A., & Erman, B. (2012). Recurrent word combinations in academic writing by native and non-native speakers of English: A lexical bundles approach. *English for Specific Purposes*, *31*(2), 81-92.

Aijmer, K. (2002). Modality in advanced Swedish learners' written interlanguage. In S. Granger, J. Hung, & S. Petch-Tysan(Eds.), *Computer learner corpora, second language acquisition and foreign language teaching* (pp. 55-76). Amsterdam: John Benjamins.

Aijmer, K. (2011). *Well I'm not sure I think*··· The use of *well* by non-native speakers. *International Journal of Corpus Linguistics*, *16*(2), 231-254.

Aktas, R., & Cortes, V. (2008). Shell nouns as cohesive devices in published and ESL student writing. *Journal of English for Academic Purposes*, 7(1), 3-14.

Altenberg, B., & Granger, S. (2001). The grammatical and lexical patterning of *make* in native and non-native student writing. *Applied Linguistics*, *22*(2), 173-194.

Altenberg, B., & Tapper, M. (1998). The use of adverbial connectors in advanced Swedish learners' written English. In S. Granger (Ed.), *Learner English on computer* (pp. 80-93). London: Longman.

Atkin, S., Clear, J., & Ostler, N. (1992). Corpus design criteria. *Literary and Linguistic Computing*, 7(1), 1-16.

Belz, J. A., & Vyatkina, N. (2008). The pedagogical mediation of a developmental learner corpus for classroom-based language instruction. *Language Learning and Technology*, *12*(3), 33-52.

Biber, D., & Reppen, R. (1998). Comparing native and learner perspectives on English grammar: A study of complement clauses. In S. Granger (Ed.), *Learner English on computer* (pp. 145-158). London: Longman.

Bley-Vroman, R. (1983). The comparative fallacy in interlanguage studies: The case of systematicity. *Language Learning*, *33*, 1-17.

Brand, C., & Götz, S. (2011). Fluency versus accuracy in advanced spoken learner language: A multi-method approach. *International Journal of Corpus Linguistics*, *16*(2), 255 - 275.

Capel, A. (2012). Completing the English vocabulary profile: C1 and C2 vocabulary. *English Profile Journal*, *3*(1), 1-14.

Carlsen, C. (2012). Proficiency level —a fuzzy variable in computer learner corpora. *Applied Linguistics*, *33*(2), 161-183.

Chen, C. W.-Y. (2006). The use of conjunctive adverbials in the academic papers of advanced Taiwanese EFL learners. *International Journal of Corpus Linguistics*, *11*(1), 113-130.

Cho, H. J., & Yoo, I. W. H. (2012). English verb use in Korean college students' essays: A corpus-based study. *English Teaching*, *67*(2), 271-289.

Cortes, V. (2004). Lexical bundles in published and student disciplinary writing: Examples from history and biology. *English for Specific Purposes*, *23*, 397-423.

Council of Europe. (2001). *Common European framework of reference for languages: Learning, teaching, assessment*. Cambridge, UK: Cambridge University Press.

Dagneaux, E., Denness, S., & Granger, S. (1998). Computer-aided error analysis. *System*, *26*, 163-174.

De Cock, S. (1998). A recurrent word combination approach to the study of formulae in the speech of native and non-native speakers of English. *International Journal of Corpus Linguistics*, 3(1), 59-80.

Dooly, M., & O'Dowd, R. (Eds.). (2012). *Researching online interaction and exchange in foreign language education*. Bern, Switzerland: Peter Lang.

Faerch, C., Haastrup, K., & Phillipson, R. (1983). *Learner language and language learning*. Clevedon, UK: Multilingual Matters.

Fan, M., Greaves, C., & Warren, M. (1999). Identifying characteristic patterns in students' writing using a corpus of learner data. In R. Berry, B. Asker, & K. Hyland (Eds.), *Language analysis, description and pedagogy* (pp. 147-161). Hong Kong, China: Language Centre HKUST.

Fernandez, J., & Yuldashev, A. (2011). Variation in the use of general extenders and stuff in instant messaging interactions. *Journal of Pragmatics*, *43*(10), 2610-2626.

Flowerdew, L. (1998). Integrating 'expert' and 'interlanguage' computer corpora findings on causality: Discoveries for teachers and students. *English for Specific Purposes*, *17*(4), 329-345.

Flowerdew, L. (2001). The exploitation of small learner corpora in EAP materials design. In M. Ghadessy, A. Henry, & R. Roseberry (Eds.), *Small corpus studies and ELT: Theory and practice* (pp. 363-379). Amsterdam: John Benjamins.

Gilquin, G., De Cock, S., & Granger, S. (2010). *The Louvain database of spoken English interlanguage* (CD-ROM and Handbook). Louvain-la-Neuve, Belgium: Presses Universitaires de Louvain.

Granger, S. (1996a). From CA to CIA and back: An integrated approach to computerized bilingual and learner corpora. In K. Ajmer, B. Altenberg, & M. Johansson (Eds.), *Languages in contrast: Text-based cross-lingusitic studies* (pp. 37-51). Lund, Sweden: Lund University Press.

Granger, S. (1996b). *Exploiting learner corpus data in the classroom: Form-focused instruction and data-driven learning*. Paper presented at TALC 1996, Lancaster, 9-12 August 1996.

Granger, S. (Ed.) (1998). *Learner English on computer*. London: Longman.

Granger, S. (1999). Use of tense by advanced EFL learners: Evidence from an error-tagged computer corpus. In H. Hasselgard & S. Oksefjell (Eds.), *Out of corpora: Studies in honour of Stig Johansson* (pp. 191-202). Amsterdam: Rodopi.

Granger, S. (2013). Learner corpora. In C. Chapelle (Ed.), *The encyclopedia of applied linguistics* (pp. 3235-3242). Malden, MA: Wiley-Blackwell.

Granger, S., Dagneaux, E., Meunier, F., & Paquot, M. (Eds.). (2009). *The international corpus of learner English: Version 2* (CD-ROM and Handbook). Louvain-la-Neuve, Belgium: Presses Universitaires de Louvain.

Granger, S., Hung, J., & Petch-Tyson, S. (Eds.) (2002). *Computer learner corpora, second language acquisition and foreign language teaching*. Amsterdam: John Benjamins.

Granger, S., & Paquot, M. (2013). Language for specific purposes learner corpora. In C. Chapelle (Ed.), *The encyclopedia of applied linguistics* (pp. 3142-3146). Malden, MA: Wiley-Blackwell.

Granger, S., & Rayson, P. (1998). Automatic profiling of learner texts. In S. Granger (Ed.), *Learner English on computer* (pp. 119-131). London: Longman.

Granger, S., & Tribble, C. (1998). Learner corpus data in the foreign language classroom: Form-focused instruction and data-driven learning. In S. Granger (Ed.), *Learner English on computer* (pp. 199-209). London: Longman.

Granger, S., & Tyson, S. (1996). Connector usage in the English essay writing of native and non-native EFL speakers of English. *World Englishes, 15*, 17-27.

Hasko, V. (2013). Capturing the dynamics of second language development via learner corpus research: A very long engagement. *Modern Language Journal, 97*, S1, 1-10.

Hawkins, J., & Buttery, P. (2010). Criterial features in learner corpora: Theory and illustrations. *English Profile Journal, 1*(1), 1-23.

Hawkins, J., & Filipović, L. (2011). *Criterial features of English across the reference levels of the CEFR, English profile 1*. Cambridge, UK: Cambridge ESOL/Cambridge University Press.

Hewings, M., & Hewings, A. (2002). "It is interesting to note that...": A comparative study of anticipatory 'it' in student and published writing. *English for Specific Purposes, 21*, 367-383.

Housen, A. (2002). A corpus-based study of the L2 acquisition of the English verb system. In S. Granger, J. Hung, & S. Petch-Tyson (Eds.), *Computer learner corpora, second language acquisition and foreign language teaching* (pp. 77-116). Amsterdam: John Benjamins.

Huh, M. H. (2008). I think it is: Lexical bundles in EFL writing. *Korean Journal of Applied Linguistics, 24*(3), 129-146.

Hyland, K. (2004). Disciplinary interactions: Metadiscourse in L2 postgraduate writing. *Journal of Second Language Writing, 13*, 133-151.

Hyland, K. (2008). As can be seen: Lexical bundles and disciplinary variation. *English for Specific Purposes, 27*, 4-21.

Hyland, K., & Milton, J. (1997). Qualifications and certainty in L1 and L2 students' writing. *Journal of Second Language Writing, 6*(2), 183-205.

Jenkins, J. (2000). *The phonology of English as an international language*. Oxford, UK: Oxferd University Press.

Jenkins, J. (2004). ELF at the gate: The position of English as a lingua franca. *The European English Messenger, 13*(2), 63-69.

Kam, K., & Park, H. (2008). Relative clause reduction in research article abstracts: Native vs. non-native writers compared. *English Language and Linguistics, 25*, 1-17.

Kweon, S. O. (2008). A corpus-based analysis of the ordering of main and adverbial clauses in Korean learners of English. *Korean Journal of Applied Linguistics, 24*(1), 159-176.

Laufer, B., & Waldman, T. (2011). Verb-Noun collocations in second language writing: A corpus analysis of learners' English. *Language Learning, 61*(2), 647-672.

Leacock, C., Chodorow, M., Gamon, M., & Tetreault, J. (2010). *Automated grammatical error detection for language learners*. Synthesis Lectures on Human Language Technologies #9, Morgan & Claypool.

Lee, D. J. (2008). A computer-aided error analysis (CEA) of a Korean learner corpus. *Modern English Education, 9*(1), 73-89.

Lee, E. J. (2004). A corpus-based analysis of the Korean EFL learners' use of conjunctive adverbials. *English Teaching, 59*(4), 283-301.

Lee, E. J. (2006). Degree adverbial collocations in the Korean EFL learners' writing corpus: With a focus on intensifiers. *Foreign Languages Education, 13*(4), 1-21.

Lee, E. J. (2007). A corpus-based analysis of the Korean EFL learners' use of evaluative adjectives. *Foreign Languages Education, 14*(4), 73-92.

Lee, E. Y. (2009). A corpus-based analysis of Korean EFL high school students' interlanguage: Focusing on function words. *English Language Teaching, 21*(2), 89-117.

Lee, K. (2013). Korean ESL learners' use of connectors in English academic writing. *English Language Teaching, 25*(2), 81-103.

Lee, S. Y. (2006). A corpus-based analysis of Korean EFL learners' use of amplifier collocations. *English Teaching, 61*(1), 3-17.

Lei, L. (2012). Linking adverbials in academic writing on applied linguistics by Chinese doctoral students. *Journal of English for Academic Purposes, 11*(3), 267-275.

Littlemore, J., Krennmayr, T., Turner, J., & Turner, S. (2013). An investigation into metaphor use at different levels of second language writing. *Applied Linguistics, 34*(2), 1-29.

Lorenz, G. (1999) *Adjective intensification —learners versus native speakers: A corpus study of argumentative writing*. Amsterdam: Rodopi.

Luzón, M. J. (2009). The use of 'we' in a learner corpus of reports written by EFL engineering students. *Journal of English for Academic Purposes, 8*, 192-206.

Lu, X. (2009). Automatic measurement of syntactic complexity in child language acquisition. *International Journal of Corpus Linguistics, 14*, 3-28.

Lu, X. (2011). A corpus-based evaluation of syntactic complexity measures as indices of college-level ESL writers' language development. *TESOL Quarterly, 45*(1), 36-62.

MacDonald, P., Garcia-Carbonell, A., & Carot-Sierra, J. M. (2013). Computer learner corpora: Analysing interlanguage errors in synchronous and asynchronous communications. *Language Learning and Technology, 17*(2), 36-56.

MacWhinney, B. (2008). Enriching CHILDES for morphosyntactic analysis. In H. Behrens (Ed.), *Corpora in language acquisition research: History, methods, perpsectives* (pp. 165-198). John Benjamins.

Martelli, A. (2007). *Lexical collocations in learner English: A corpus-based approach*. Alessandria, Italy: Edizioni dell'Orso.

Martinez-Garcia, M. T., & Wulff, S. (2012). Not wrong, yet not quite right: Spanish ESL students' use of gerundial and infinitival complementation. *International Journal of Applied Linguistics, 22*(2), 225-244.

Martínez, I. A. (2005). Native and non-native writers' use of first person pronouns in the different sections of biology research articles in English. *Journal of Second Language Writing, 14*, 174 - 190.

Mauranen, A. (2012). *Exploring ELF: Academic English shaped by non-native speakers*. Cambridge, UK: Cambridge University Press.

McCarthy, M., & Carter, R. (1995). Spoken grammar: What is it and how do we teach it? *ELT Journal, 49*(3), 207-218.

Meunier, F. (2010). Learner corpora and English language teaching: Checkup time. *Anglistik: International Journal of English Studies, 21*, 209-220.

Meunier, F., & Littré, D. (2013). Tracking learners' progress: Adopting a dual 'corpus cum experimental data' approach. *Modern Language Journal, 97* (Suppl. 1), 61-76.

Meurers, W. D. (2009). On the automatic analysis of learner language: Introduction to the special issue. *CALICO Journal, 26*(3), 469-473.

Milton, J., & Freeman, R. (1996). Lexical variation in the writing of Chinese learners of English. In C. E. Percy, C. E. Meyer, & I. Lancashire (Eds.), *Synchronic corpus linguistics: Papers from the sixteenth international conference on English language research on computerized corpora* (ICAME 16) (pp. 121-131). Amsterdam: Rodopi.

Min, S. J. (2010). A corpus-based analysis of EFL learners' use of hedges in cross-cultural communication. *English Language & Literature Teaching, 16*(4), 91-106.

Min, S. J. (2011). A corpus-based analysis of EFL learners' use of discourse markers in cross-cultural communication. *English Language & Literature Teaching, 17*(3), 177-194.

Min, S. J., & Lee, J. B. (2012). EFL learners' use of the modals and quasi-modals of obligation and necessity. *English Language & Literature Teaching, 18*(3), 191-206.

Moon, S. (2012). *Unlearning overgenerated 'be' through deductive and data-driven learning in the Korean middle school classroom*. Unpublished Master's Thesis, Seoul National University.

Mukherjee, J. (2005). The native speaker is alive and kicking: Linguistic and language-pedagogical perspectives. *Anglistik, International Journal of English Studies, 16*(2), 7-23.

Mukherjee, J., & Rohrbach, J.-M. (2006). Rethinking applied corpus linguistics from a language-pedagogical perspective: New departures in learner corpus research. In B. Kettemann & G. Marko (Eds.), *Planning, painting and gluing corpora: Inside the applied corpus linguist's workshop* (pp. 205-232). Frankfurt am Main, Germany: Peter Lang.

Myles, F. (2008). Investigating learner language development with electronic longitudinal corpora: Theoretical and methodological issues. In L. Ortega & H. Byrnes (Eds.), *The longitudinal study of advanced L2 capacities* (pp. 58-72). New York: Routledge.

Na, Y. H. (2012). A comparative study of the rhetorical moves and communicative functions of journal and thesis abstracts. *English Language Teaching, 24*(4), 67-92.

Neff, J. A., Ballesteros, F., Dafouz, E., Martinez, F., Rica, J. P., Diez, M., & Prieto, R. (2007). A contrastive functional analysis of errors in Spanish EFL university writers' argumentative texts: Corpus-based study. In E. Fitzpatrick (Ed.), *Language and computers, corpus linguistics beyond the word: Corpus research from phrase to discourse* (pp. 203-225). Amsterdam, Netherlands: Rodopi.

Neqishi, M., Tono, Y., & Fujita, Y. (2012). A validation study of the CEFR levels of phrasal verbs in English Vocabulary Profile. *English Profile Journal, 3*(1), 1-16.

Nesselhauf, N. (2003). The use of collocations by advanced learners of English and some implications for teaching. *Applied Linguistics, 24*(2), 223-242.

Nesselhauf, N. (2004). Learner corpora and their potential for language teaching. In J. Sinclair (Ed.), *How to use corpora in language teaching* (pp. 125-152). Amsterdam: John Benjamins.

Oh, S. Y. (2007). A corpus-based study of epistemic modality in Korean college students' writings in English. *English Teaching, 62*(2), 147-175.

Oh, S. Y. (2009a). Functions of 'because' in native English and Korean learner corpora. *Korean Journal of Applied Linguistics, 25*(3), 443-470.

Oh, S. Y. (2009b). Korean college students' use of English demonstratives in argumentative essays. *English Teaching, 64*(1), 51-78.

Oh, S. Y. (2009c). How to express causality: A comparison of native and learner corpora. *Korean Journal of Applied Linguistics, 25*(1), 321-347.

Oh, S. Y. (2012). 'This' and 'these' in Korean graduate students' academic writing. *Language Research, 48*(3), 715-750.

Oh, S. Y. (2014). Use of signaling nouns in published and Korean student academic writing in applied linguistics. *English Teaching, 69*(1), 147-172.

Oh, S. Y., & Kang, S-J. (2013). The effect of English proficiency on Korean undergraduates' expression of epistemic modality in English argumentative writing. *Journal of Asia TEFL, 10*(4), 97-132.

O'Keeffe, A., Michael, M,, & Carter, R. (2007). *From corpus to classroom: Language use and language teaching*. Cambridge, UK: Cambridge University Press.

Osborne, J. (2011). Oral learner corpora and the assessment of fluency in the Common European Framework. In A. Frankenberg, Garcia, L. Flowerdew, & G. Aston (Eds.), *New trends in corpora and language learning* (pp. 181-197). London: Continuum.

Park, S. Y. (2012), A corpus-based study of syntactic complexity measures as developmental indices of college-level L2 writers' proficiency in writing. *Korean Journal of Applied Linguistics, 28*(3). 139-160.

Park, Y. Y. (2013). Korean college EFL students' use of contrastive conjunctions in argumentative writing. *English Teaching, 68*(2), 55-77.

Petch-Tyson, S. (1998). Writer/reader visibility in EFL written discourse. In S. Granger (Ed.), *Learner English on computer* (pp. 107-118). London: Longman.

Polat, B. (2011). Investigating acquisition of discourse markers through a developmental learner corpus. *Journal of Pragmatics, 43*(15), 3745-3756.

Ragan, P. H. (2001). Classroom use of a systemic functional small learner corpus. In M. Ghadessy, A. Henry, & R. Roseberry (Eds.), *Small corpus studies and ELT: Theory and practice* (pp. 207-236). Amsterdam: John Benjamins.

Reinhardt, J. (2010). Directives in office hour consultations: A corpus, informed investigation of learner and expert usage. *English for Specific Purposes, 29*(2), 94-107.

Ringbom, H. (1998). Vocabulary frequencies in advanced learner English: A cross-linguistic approach. In S. Granger (Ed.), *Learner English on computer* (pp. 41-52). London: Longman.

Ryoo, M. L. (2012). Lexico-grammatical association patterns of Little vs. Small and Big vs. Large in EFL students' writing: A corpus-based study. *English Language Teaching, 24*(4),

113-130.

Sagae, K., Davis, E., Lavie, A., MacWhinney, B., & Winter, S. (2007). High-accuracy annotation and parsing of CHILDES transcripts. In *Proceedings of the ACL workshop on cognitive aspects of computational language acquisition* (pp. 25-32). Prague, Czech Republic: Association for Computational Linguistics.

Saville, N., & Hawkey, R. (2010). The English profile programme: The first three years. *English Profile Journal, 1*(1), 1-14.

Seidlhofer, B. (2000). Operationalizing intertextuality: Using learner corpora for learning. In L. Burnard & T. McEnery (Eds.), *Rethinking language pedagogy from a corpus perspective* (pp. 207-223). Berlin: Peter Lang.

Seidlhofer, B. (2001). Closing a conceptual gap: The case for a description of English as a lingua franca. *International Journal of Applied Linguistics, 11*(2), 133-158.

Seidlhofer, B. (2002). Pedagogy and local learner corpora: Working with learning-driven data. In S. Granger. J. Hung, & S. Petch-Tyson(Eds.), *Computer leaner corpora, second language acquisition and foreign language teaching*(pp. 213-234). Amsterdam: John Benjamins.

Seidlhofer, B. (2004). Research perspectives on teaching English as a lingua franca. *Annual Review of Applied Linguistics, 24*, 209-239.

Swales, J. (1990). *Genre analysis: English in academic and research settings*. New York: Cambridge University Press.

Thewissen, J. (2013). Capturing L2 accuracy developmental patterns: Insights from an error-tagged EFL learner corpus. *Modern Language Journal, 97*(S1), 77-101.

Tono, Y. (2000). A computer learner corpus based analysis of the acquisition order of English grammatical morphemes. In L. Burnard & T. McEnery (Eds.), *Rethinking language pedagogy from a corpus perspective* (pp. 123-132). Berlin: Peter Lang.

Tono, Y. (2003). Learner corpora: design, development and applications. In D. Archer, P. Rayson, A. Wilson, & T. McEnery (Eds.), *Proceedings of the corpus linguistics 2003 conference. UCREL Technical Paper Number 16* (pp. 800-809). UCREL, Lancaster University, UK.

Upton, T., & Connor, U. (2001). Using computerized corpus analysis to investigate the textlinguistic discourse moves of a genre. *English for Specific Purposes, 20*(4), 313-329.

Vyatkina, N. (2012). Applying the methodology of learner corpus analysis to telecollaborative discourse. In M. Dooly & R. O'Dowd (Eds.), *Researching online interaction and exchange in foreign language education* (pp. 267-303). Bern, Switzerland: Peter Lang.

Widdowson, H. G. (1991). *Aspects of language teaching*. Oxford, UK: Oxford University Press.

Widdowson, H. G. (1997). EIL, ESL, EFL: global issues and local interests. *World Englishes, 16*(1), 135-146.

Widdowson, H. G. (2000). On the limitations of linguistics applied. *Applied Linguistics, 21*(1), 3-25.

Yeung, L. (2009). Use and misuse of 'besides': A corpus study comparing native speakers' and learners' English. *System, 37*(2), 330-342.

Yoon, H. S. (2006). A corpus-based analysis of connectors in Korean students essay writing. *Korean Journal of Applied Linguistics, 22*(2), 159 - 178.

제18장

원어민과 비원어민의 상호작용에 대한 대화분석 연구 동향*

박유정 성균관대학교

1. 서론

최근 몇십 년 동안 빠르게 진행된 세계화에 따라 국제어로서 영어를 이용하여 의사소통을 하는 상황이 급속히 증가하고 있다. 다양한 언어적, 사회적, 그리고 문화적 배경을 지닌 화자들이 제2언어로서의 영어를 이용하여 대화하는 상황이 자주 발생하고 있고 그에 따른 여러 가지 어려움도 보고된다. 이에 영어를 모국어로 하는 화자들과 비모국어로 영어를 사용하는 화자들 사이의 상호작용에 대한 연구들도 증가하고 있다. 특히 제2언어습득 분야에서 언어학습을 사회적인 현상으로 보는 관점이 유행하게 됨에 따라 대화분석 방법론을 이용하여 언어 학습자들의 상호작용 관행을 연구하는 것

---

* Park, Yujong (2014). Overview of conversation analytic research on NS (native speaker)–NNS (nonnative speaker) interaction. In O. Kwon (Ed.), *New horizons in English education research* (pp. 439–469). Seoul: Seoul National University Press.

(Gardner & Wagner, 2004; Richards & Seedhouse, 2005)에 대한 관심도 높아졌다. 이 글에서는 세계 공용어로서의 영어를 매개로 원어민과 비원어민이 대화하는 상황에 대한 대화분석 연구[1] 동향을 정리하여 보고자 한다. 특히 원어민과 비원어민 사이에 존재하는 언어능력의 비대칭성이 대화상에서 어떻게 나타나는지를 수정 현상(repair activity)과 단어 탐색 현상(word search activity)을 연구한 논문들을 중심으로 살펴보고 이러한 문제들이 발화자의 원어민 지위(nativeness or non-nativeness)와 어떤 연관성을 갖는지 분석한 연구들을 살펴보고자 한다. 이러한 기존 연구 동향 분석을 통하여 앞으로 원어민과 비원어민[2] 사이의 상호작용에 대한 연구가 나아가야 할 방향성을 모색할 수 있을 것이다.

2. 이론적 배경

과거에는 제2언어습득(SLA) 연구에서 주로 다루어지던 NS-NNS 상호작용이 대화분석의 틀 안에서 분석되기 시작한 것은 비교적 최근의 일이다(박용예, 2004; Brouwer, 2003; Gardner & Wagner, 2004; Richards & Seedhouse, 2005; Wong, 2000a, 2000b). 기존 SLA 분야에서는 주로 NS-NNS 대화에서 사용되는 의사소통 책략을 연구(Ellis, 1985; Larsen-Freeman & Long, 1991)하였다면 대화분석 연구는 화자들 상호 간의 이해가 의사소통을 통해서 성취된다고 보고 언어를 상호작용이나 담화의 체계적인 원리로 설명한다는 점에서

1 대화분석 방법론(Conversation Analysis; CA)에 대한 소개는 김규현(2000), Atkinson & Heritage(1984), Schegloff(2007), ten Have(2007) 등을 참고 바란다.

2 기술의 편의성을 위해서 원어민과 비원어민이라는 용어가 가지는 문제점에도 불구하고(Carroll, 2000; Firth & Wagner, 1997) 원어민은 NS(Native Speaker)로 비원어민은 NNS(Non-Native Speaker)로 표기하여 사용하기로 한다. 이때 NS와 NNS라는 범주는 상호작용을 통해서 드러날 때에만 부여되는 정체성으로 개개인을 나타내는 하나의 범주일 뿐, 나이나 성별, 국적 등의 다른 범주들보다 더 중요하거나 영속적인 것은 아니다(Firth & Wagner, 1997).

전통적인 언어학적 연구들과 그 접근방식을 달리한다. 대화분석의 방법론 자체는 분석을 위한 주된 토대가 되는데 자연스러운 대화를 녹취(혹은 녹화)하여 분석함으로써 연구자가 아닌 대화자들이 실제로 체계적으로 담화를 구성하는 과정 속에서 규칙을 발견한다(Sacks, Schegloff, & Jefferson, 1974). 특히 대화자들이 발화를 하거나 청해를 할 때에 생기는 문제들을 어떻게 해결하는지를 보는 것은 상호작용적 이해의 연구를 위한 중심 요소가 된다(Sacks, Schegloff, & Jefferson, 1977). 대화분석의 기본 원리 중 하나는 서로 다른 범주에 속하는 구성원의 맥락내적 적절성(emic relevance)을 탐구하는 것이다. 즉 범주의 적절성은 데이터를 통해서 나온 것이어야 하며 연구자가 아닌 대화 참여자들이 특정 범주를 더 중요하거나 그 상황에서 필요한 것으로 만든다고 본다.

연구자가 미리 구성원들을 범주화시키지 않으려고 노력하는 것, 다시 말해서 과정적 적절성(procedural relevance)을 거치지 않고 미리 데이터를 범주화하거나 역할을 부여하는 것을 피하려는 대화분석의 특성 때문에 대화분석과 기존의 제2언어습득 연구가 독립된 길을 걸어온 것이 사실이다. 제2언어로 이루어지는 대화에 관심 있는 SLA 연구자들은 학습자의 특성을 범주화하여 학습자들이 부족한 언어 자원으로 어떻게 의사소통하는지를 보려고 하였고 이들 연구자들에게는 원어민, 비원어민 혹은 학습자라는 범주가 자명한 것 혹은 주어진 것이기 때문이다. 그러나 대화분석의 관점에서 이는 유효한 출발점이 될 수 없다. 발화자의 정체성(identity)은 분석의 결과이지 시작점이 아니기 때문이다(Schegloff, Koshik, Jacoby, & Olsher, 2002). 그리하여 대화분석 연구에서는 발화자의 언어적 정체성의 일환으로 원어민이냐 비원어민이냐 하는 것이 대화를 통해서 어떻게 형성되는지를 보여 주었다(3. 2)절 참조).

아주 최근까지도 대화분석 연구는 주로 모국어를 대상으로 이루어졌다. 최초의 대화분석 연구들은 자연스러운 대화 상황에서 일어난 일상 대화나 전화 통화를 분석하였고 이후에 병원이나 법정, 뉴스 인터뷰 등 다양한 제도적 대화(institutional talk) 연구로 그 영역을 확장하였으나(Heritage & Maynard, 2006) 이는 모두 모국어로 진행된 대화만을 대상으로 한 것이었다. 모국어로 행해진 대화에 대한 선호는 대화분석의 방법론적 토대에 기인하는데, 민족사회학적 전통의 영향을 받은 대화분석 방법론은 사회적 활동(social activity)의 토대가 되는 구성원(member)의 능력(competence)에 관심이 있기 때문이다. Heritage(1984)는 대화분석의 목적은 연구자가 언어 사용자로서 가지고 있는 공통의 능력을 통해서 구성원의 관행(practice)을 연구하는 것이고 이러한 관행은 하나의 언어를 공유하는 구성원들을 전제하는 것이라고 말하면서(Heritage, 1984, p. 241) 모국어로 이루어진 대화가 연구의 자료가 됨을 전제하였다. 그러나 이러한 전제는 최근 언어적으로 비대칭적 상황에 있는 대화를 살펴보는 대화분석의 응용 연구들이 늘어나면서 변화하고 있다. 비대칭적 상호작용을 연구한 논문들은 원어민과 비원어민들 사이의 대화, 언어장애가 있는 화자들과의 대화, 어른과 어린 아이 사이의 대화(Gardner & Wagner, 2004; Goodwin, 2004; Richards & Seedhouse, 2005) 등을 분석하였고 그 결과들은 이들의 공유된 관행과 구성원 자격(membership)에 대한 우리의 이해를 도와주고, 같은 언어를 공유한다는 것이 대화하고 이해하는 데 얼마만큼 기여하는가라는 방법론적 질문에도 부분적으로 답을 주었다. 이러한 연구들은 기관 대화를 분석한 대화분석 연구들과 함께 응용 대화분석의 범주에 속한다.

이렇듯 순수 대화분석과 응용 대화분석 연구 사이에 존재하는 긴장감에도 불구하고 최근에는 두 개의 연구 동향을 통합하려는 노력이 일고 있다. 물론 상호주관성(intersubjectivity)이라는 개념에 의존하고 있는 대화분석 방법론을 통하여 공통된 언어 지식을 공유하지 않은 화자들 간의 대화를 연구하는 것에는 제한점이 있을 수 있다. Schegloff는 학자들은 자신이 원어민으로 속해 있는 언어와 문화를 연구해야 한다(Wong & Olsher, 2000, pp. 114-115)고 주장하면서 모국어 화자 간의 대화를 분석하는 것이 대화분석의 중요한 요건이라고 말했다. 그러나 세계화와 함께 언어적으로 비대칭 상황에 있는 화자들 사이의 의사소통도 성공적으로 이루어지고 있고, 그러한 의사소통도 자연스러운 상황에서 이루어지는 것이기 때문에 대화분석 방법을 통해 NS-NNS 의사소통이 연구되지 못할 이유가 없다고 보는 학자들이 늘고 있다(Seedhouse, Walsh, & Jenks, 2010; Wong, 2000a). 또 충분히 공유된 문화가 무엇인지에 대한 명확한 정의를 내리기도 어렵다. 성별, 나이, 사회적 지위, 인종, 국적, 모국어 등과 같은 다양한 소속범주(category membership) 중에 어떠한 요소가 같아야 되고 달라야 하는 것인가를 선택하기란 쉽지 않다. 그러므로 가능한 데이터와 불가능한 데이터 사이의 경계선을 세우기 어렵다. NNS도 제2언어로 소통할 능력이 있고 대화에서 그의 정체성이 드러난다고 주장할 수 있다. 대화분석 방법론을 이용하여 NS-NNS의 상호작용을 연구하는 논문들이 증가하는 것도 이러한 이유에서일 것이다. 다음 예에서 NNS로 표시된 화자의 말차례(07-09)를 통해서 그의 정체성을 드러내는 여러 가지 언어적 표지를 확인할 수 있다.

예시문 (1) Park(2013, p. 9)[3]

07 NNS: U:h, uh, in next next month, I have TEPS test, so before
08 TEPS I will study very very very hard and I'll go to
09 u:::h 〉ah, practical music〈.

위의 예에서 보듯이 NNS의 말차례에는 주저함(uh), 소리 늘임(u:::h), 반복(next next, very very very) 등의 요소들이 있지만 NNS는 말차례를 성공적으로 완결하고 의미를 전달한다. 대화분석 연구들은 이러한 주저함을 나타내는 표지들(hesistancy markers)에도 불구하고 대화상에서 NS-NNS 상호 이해

3 대화분석 전사 기호는 Gail Jefferson에 의해서 고안되고 이후 수정된 것(Atkinson & Heritage, 1984, pp. ix-xvi)으로 자세한 설명은 Schegloff의 홈페이지(http://www.sscnet.ucla.edu/soc/faculty/schegloff/TranscriptionProject/)를 참고 바란다.

(mutual understanding)가 성취됨을 보여 주며 두 화자가 상호 이해와 소통을 상호 확인을 통해서 이룬다는 것을 밝혀 낸다. 그러므로 NS-NNS 상호작용에서 원어민 정체성은 상대적인 것이 되고 대화상에서 나타남을 알 수 있다.

이 글에서는 NS와 NNS 화자가 영어로 상호작용하면서 특히 매끄러운 대화 진행이 되지 않는 상황을 연구한 논문들을 중심으로 기존 연구 동향을 정리하여 보고하고자 한다. 이 글의 목적을 고려하여 교실 상황에서 원어민 또는 비원어민 교사와 학생들 사이의 기관 대화를 분석한 연구들은 제외하고 NS-NNS 사이의 대화(교실 밖에서 일어난 일대일 대화)를 분석한 논문들로 한정하여 정리하였다. 특히 언제 어떻게 의사소통 진행이 방해를 받고, 화자들이 어떠한 상황에서 자기자신이나 상대방의 발화를 수정하는지, 어떤 요소들이 수정 과정을 거치는지, 그리고 화자들의 정체성이 대화에서 어떻게 나타나는지에 대해서 연구한 논문들을 중심으로 정리하였다.

3. NS-NNS 상호작용에 대한 대화분석 연구 동향

NS-NNS 상호작용에서 NNS 화자는 문장을 구성하거나 적절한 단어를 찾지 못하는 등의 언어적 요인으로 인해 어려움을 겪게 된다. 이러한 어려움이 대화를 통해서 어떻게 나타나고 해결되는지를 대화분석을 통해 알아본 연구들을 중심으로 정리해 보고자 한다. 특히 NS-NNS의 상호작용을 본 대화분석 연구를 크게 수정(repair), 정체성(identity) 그리고 단어 탐색(word search activity)의 세 개 범주로 정리하여 연구 동향을 보고하고자 한다. 이러한 연구동향을 살펴봄으로써 앞으로의 NS-NNS 상호작용에 대한 대화분석 연구가 한국의 영어교육 환경에 어떠한 시사점을 줄 수 있는지에 대해서 고찰해 볼 수 있을 것이다.

1) NS-NNS 상호작용에서 나타나는 수정(repair)에 대한 연구

수정 구조(repair organization)는 사람들이 의사소통을 하면서 발생하는 다양한 문제들을 해결하는 데 필요한 자원(Schegloff et al., 1977)이다. NS-NNS 상호작용에서 수정은 빈번하게 일어나는 현상이기 때문에 제2언어로서의 영어로 이루어지는 대화에 관심이 있는 많은 학자들에 의해 활발하게 연구되었다(Kasper, 1983; Wong, 2000b). 수정 현상은 대화를 하는 사람들 사이에 지식의 비대칭이 있을 때 두드러지게 나타난다. 특히 교실 상황과 같이 대화 참여자의 역할이 전문가와 학습자로 나누어져 있을 때 자주 일어나게 된다(Cazden, 2001; Seedhouse, 2004). NS-NNS 대화 사이에서도 언어적인 지식의 비대칭이 일어나기 때문에 수정 현상이 많이 발견된다.

대화분석에서 이해(understanding)와 상호작용은 분리될 수 없는데 이해는 상호작용을 통해서 달성할 수 있는 것으로 본다는 점에서 다른 철학적 접근법들과 분리된다(Taylor, 1992). 공유된 이해(shared understanding)는 사람들 사이의 약속과 비슷한 것으로 한 사람이 질문을 하면 으레 대답이 뒤따를 것이라고 기대하는 것이 그 하나의 예다. 각각의 말차례(turn)는 화자가 바로 이전의 말차례를 어떻게 이해하였는지를 보여 주고 뒤따르는 말차례는 청자가 현재 말차례를 올바르게 이해했는지 여부를 판단하게 해 준다. 이해는 의사소통상에 명시되는 것은 아니지만 말차례들이 연속적으로 문제없이 진행되는 것이 그 결과물이라고 볼 수 있다(Heritage, 1984). 수정은 이러한 의사소통의 자연스러운 진행이 방해를 받을 때 일어난다. 대화분석에서 수정은 대화를 수정하고자 할 때 사용하는 일반적인 장치로서 말에 오류(error)가 생기지 않았을 때에도 일어날 수 있으며 모든 오류가 수정을 가져오지도 않는다는 점에서 일반적인 수정의 용례와는 구분된다(Schegloff et al., 1977, p. 363). Schegloff 등(1977)은 수정(repair)과 교정(correction)을 구분하였는데 이 개념들은 상 · 하위 관계에 있다고 하였다. 즉 수정은 교정 현상을 포함하고 있고 교정은 (언어적) 오류를 정정하는 경우에만 일어나는 특정한 종류의 수정이라고 정의하였다(p. 363). NS-NNS 대화에서 수정은 언어적인 측면에서 이루어질 것이라고 예상할 수 있는데 비원어민이 원어민의 기준에서 언어적으로 잘못된 발화를 했을 때 원어민이 이를 문법적으로 올바른 언어로 수정해 주는 것을 말한다. 이러한 일련의 대화를 Schegloff 등(1977)은 타인 교정(other-correction)이라고 지칭하였는데 이는 잘못된 언어를 표준의 표현으로 대체하는 것을 포함한다.

Schgeloff 등(1977)은 자기 수정과 타인 수정을 구분하였고 수정 주도(initiation)와 수정 완성(outcome)을 구분하였다. 이는 수정을 완성하는 사람이 반드시 수정을 주도한 사람이 아니기 때문이다(p. 364). 한국어의 예를 제시하면, 다음 대화에서 수정 주도 말차례(repair-initiating turn)는 두 번째 줄에 나타나고 수정 말차례 완성(repair turn)은 세 번째 줄에 나타났다. 이때 수정은 타인에 의해 주도되고(other-initiated) 자기 자신에 의해 완성(self-repair)된다.

예시문 (2) (김규현, 2000, p. 41) 타인 주도 자기 수정

1 N: 뭔지 모르겠네. hhhh//h

2 H: → 응?

3 N: → 뭔지 모르겠는데.

4 H: 김치.

자기 주도와 타인 주도는 서로 다른 주도 기술로 이루어지게 되는데 자기 주도는 문제 근원(trouble source)과 같은 말차례에서 일어나는 경우가 많고 비언어적 발화의 방해 요소들(speech perturbations), 예를 들어서, 말의 끊김(cut-offs), 소리 늘임(sounds stretches), 주저함을 표현하는 소리들(hesitation sounds)로 이루어져 있다. 반면 타인 주도는 여러 가지 말차례 구성장치(turn constructional devices)를 이용하여 이루어지는데 예를 들어, 의문사(who, where, when)나 이해의 어려움을 드러내는 말들(huh? sorry? what? – open class repair initiators, Drew, 1997) 또는 문제가 되는 말차례에 대한 확인(Y'mean X?)을 표시함으로써 나타난다. 다음 각각의 예는 자기 주도와 타인 주도 수정 말차례가 대화에서 어떻게 나타나는지 보여 준다.

예시문 (3) (Schegloff et al., 1977, p. 367) 자기 주도 자기 수정

A: → W-when's yer uh, weh-you have one day y'only have one course uh?

예시문 (4) (Schegloff et al., 1977, p. 368) 타인 주도 타인 수정

A: Why did I turn out this way.

B: → You mean homosexual?

A: Yes.

이렇듯 수정은 자기 자신(문제 근원을 발화한 사람)이나 타인(문제 근원이 있는 발화를 들은 사람)에 의해서 주도될 수 있다. 하나의 흥미로운 발견은 누가 수정을 주도했든지 간에 사람들은 자기 자신이 수정을 행하는 경우를 더 선호한다는 점이다(Schegloff et al., 1977). 즉 문제 근원을 발화한 사람이 수정을 끝마치게 되는 경우가 대화에서 더 많이 발견되고 선호된다는 것이다. 이러한 자기 수정 선호 현상은 문제를 발견한 청자가 직접 수정을 행하지 않고 화자가 직접 수정을 하도록 유도하는 행위를 통해 확인할 수 있다. 다음의 예는 이러한 자기 교정에 대한 선호도(preference for self-correction)를 보여 준다.

예시문 (5) (Schegloff et al., 1977, p. 368) 타인 주도 자기 수정

A: I'm home by one ten.

B: One ten?

A: → Two o'clock. My class ends one ten.

위 예에서 A는 문제가 되는 말(one ten)을 하고 B는 A의 말차례에서 문제가 되는 부분을 반복(one ten?)하면서 타인 수정을 주도한다. B는 수정을 끝마치는 대신에 첫번째 발화자가 수정을 하도록 질문을 던지고 A는 자기 수정(two o'clock)을 하게 된다.

그러나 수정 주도와 수정 결과 사이의 차이가 이렇게 분명한 경우만 있는 것은 아니다. NS-NNS 대화에서는 하나의 말차례가 수정 주도와 수정 결과 모두로 해석되어 그 구분이 모호해지는 경우가 빈번하게 발생한다(McHoul, 1990). 이는 NS가 타인 수정을 하게 되는 경우에 수정 행위를 약화시키기 위해 여러 언어적 장치들을 사용하게 되는데 이런 장치들이 수정 주도를 표현하는 장치와 표현 방식이 같기 때문이다. 그 하나의 예가 y'mean이다(예 4번 참조). You mean X?는 타인이 수정을 주도하는 표현이면서 X가 가능한 언어적 표현을 제시하고 있어서 수정 결과로도 해석되기 때문이다. 그러므로 McHoul은 수정 주도와 수정 결과는 확연히 구분되는 개념이라기보다는 연장선상에 있는 개념이라고 말한다. McHoul은 타인 수정과 타인 주도를 구분하는 것이 어렵다고 언급하였는데 그는 적어도 교실에서 일어나는 상호작용에서는 이 둘 사이에 유사함이 있다고 제안하였다. 즉 타인 수정을 하는 경우 수정을 약화하여 표현하기 때문에 수정 주도와 수정 결과가 구조적으로 유사하다고 말한다.

NS-NNS 상호작용에서 나타나는 수정의 또 다른 특성은 모국어로 이루어지는 대화에서는 수정 주도 표현으로 해석될 수 있는 장치들이 NS-NNS 대화에서는 NNS 발화의 특성으로 해석될 수 있다는 점이다. NNS는 매끄러운 발화를 방해하는 요소들을 많이 사용하는데 이는 부족한 언어적 자원을 극복하고자 하는 노력의 일환으로 볼 수 있다. 재시작(restarts), 주저함, 그리고 소리 늘임과 같은 장치를 빈번하게 사용함으로써 NNS는 시간을 벌 수 있을 뿐 아니라 아직 그의 말차례가 끝나지 않았음을 표시할 수 있다. 이러한 이유 때문에 모국어로 이루어지는 대화에서는 수정 주도 현상으로 분석할 수 있는 표현들이 NNS 발화에서는 수정 주도 현상의 일환으로 보아야 할지 다른 용도(NNS 발화의 자연스러운 속도)로 보아야 할지 모호하게 된다(Brouwer, 2003; Carroll, 2004). 그러므로 어떤 학자들은 NNS 발화에서 수정 주도(repair initiation)라는 개념이 유용하지 않다고 보기도 한다. 모국어 화자들의 발화와 달리 NNS 발화에서는 수정 주도와 보통의 속도로 말하는 것의 차이를 구분하기가 쉽지 않기 때문이다. 그러므로 NNS가 스스로 어려운 단어나 문장을 구성하고자 할 때에는 NS에게 더 많은 의사소통 공간이나 시간이 필요함을 알려야 할 필요가 있다. 그렇지 않을 경우 둘 사이의 언어적 비대칭성 때문에 NNS의 이러한 시간을 벌기 위한 노력들이 도움을 요청하는 것, 즉 수정 주도로 해석될 수 있기 때문이다.

앞서 밝힌 바와 같이 Schegloff 등(1977)에서는 수정의 선호구조(the preference organization for repair)를 묘사하면서 동등한 지위의 사람들 사이의 대화에서는 자기 수정(self-repair)이 타인 수정(other repair)보다 선호된다는 것을 보여 주었다. 그러나 성인과 아이 사이에서 일어나는 대화에서는 타인 교정(other-correction)이 더욱 빈번히 나타남을 언급하면서 사회화의 일환으로 사용되는 경우에는 타인 수정이 사용됨을 보여 주었다. 즉 Schegloff 등에 의하면 비대칭 상황에서는 타인 수정이 더 빈번하게 나타나지만 이것이 근본적인 수정의 선호구조는 아니라는 것이다. 이 논점은 추후 비대칭 의사소통에서의 수정을 연구한 학자들에 의해서 추가적으로 논의되었다(Norrick, 1991; Hosoda, 2000; Wong, 2000b). Hosoda는 NS-NNS사이의 일반 대화에서도 원어민들 사이의 대화와 유사하게 자기 수정이 타인 수정보다 선호됨을 밝혀 냈다. Wong은 NNS가 사용하는 다음말차례 수정 주도(next turn repair initiation, NTRI) 장치를 발견하여 NS와의 차이점을 보여 주었다.

예시문 (6) (Wong 2000b, p. 251) Sara: NS, Li: NNS

1 Sara: *h *h but I'm still takin' two courses too this quarter (.) (two)
2 (too) so uh::
3 Li: Oh:::

4 Li: [what courses?

5 Sara: [That's quite a bit.

6 Sara: *h *h um: cur-curriculum development?

7 (0.2)

8 Li: Uh [huh

9 Sara: [285K *h *h ((285 K' refers to a university course number))

10 Li: Uh huh

11 Sara: → An' then:: a seminar in:: economics

12 (0.4)

13 Li: Oh:::

14 Sara: → tch so-

15 Sara: [*h

16 Li: → [Oh:: seminar in economics?

17 Sara: Yeah:: *h *h

이 대화에서 Li는 16번째 줄에서 타인 수정을 주도하는데 이는 문제가 되는 Sarah의 발화(11번째 줄, An' then:: a seminar in:: economics)에서 5줄 떨어져 있기 때문에 다음 말차례 수정 주도(NTRI) 장치라고 불린다. 그 사이에는 0.4초의 휴지와 Li의 oh 그리고 Sara의 다음 말차례가 있음을 볼 수 있다. 이 연구에서 Wong(2006)은 타인 주도 수정이 NS-NNS 대화와 NS-NS 대화에서 다르게 나타남을 보여 줌으로써 NNS 화자들이 의사소통을 매끄럽게 하기 위해서 더 많이 노력한다고 주장하였다.

Norrick(1991)은 선호구조를 비판하면서 수정 연속체를 만드는 주된 요소는 대화 참여자들이 교정 행위를 끝마칠 수 있는 능력에 대한 인식에 따른 것이고, 선호구조에 따른 것이 아니라고 말하였다. 다시 말해 고쳐 주는 행위는 대화자들 상호 간의 관계에 따르는 것이라고 보았다. Norrick은 여러 가지 예를 통해 비대칭 언어 상황에서 즉각적인 다음 말차례 수정이 비선호 지위(dispreferred status)를 표시하지 않은 채 일어남을 보여 주었다. 이러한 수정은 많이 알고 있는 참여자가 아직 능숙하지 않은 화자를 도와주는 것으로 인식되었다. 다시 말해 미숙한 화자가 즉각적 수정 구조를 따라간다는 것이다(Norrick, 1991, p. 78). 그러나 언어적인 요소가 아닌 다른 배경지식(생각과 경험)을 NNS가 더 많이 소유하고 있을 경우에는 자기 교정이 더 선호된다.

교실 상황에서 일어나는 수정은 주로 타인 주도 자기 수정(other-initiated self-repair)(McHoul, 1990)의 형태로 나타나는데 이는 교실 상황에서는 교사의 전문가 지위와 학생의 학습자 지위가 명확히 지정되어 있기 때문이다(Seedhouse, 1996). 그러나 비교실 상황에서의 의사소통에서도 타인 주도 수정이 자주 사용된다는 것은 NS-NNS 사이의 비대칭적 지위를 보여 주는 것으로 NS는 교정(correction) 행위를 통해서 언어 교사의 지위를 가지게 된다고도 볼 수 있다. 그러나 NS는 교실 상황과 다르게 직접 목표언어를 제공하는 타인 교정을 통해서 비대칭 상황을 강조하지 않으려고 한다(Brouwer, Rasmussen, & Wagner, 2005). NS-NS 대화에서 나타나는 수정보다 훨씬 짧고 간결한 형태의 수정이 이루어지는 것이다. 즉 수정 주도 없이 문제가 되는 발화 바로 다음에 즉시 문법적 교정을 하는 것이다. 이러한 수정 행위는 지연되지도 않고 비선호를 표시하는 표지들도 없기 때문에 동등한 지위를 가진 사람 간의 대화(Schegloff et al., 1977)나 교실 상황에서의 교육적 대화(McHoul, 1990)와도 구분된다.

NS-NNS 상호작용에서 나타나는 수정 구조에 관한 연구는 이렇듯 모국어로 이루어지는 일반 대화에서 일어나는 수정구조와의 차이점을 밝혀내거나 화자의 NS, NNS 정체성과 수정 구조와의 관계를 분석하였다. 다음에는 이어서 NS-NNS 상호작용에서 나타나는 비원어민의 정체성에 관한 대화분석 연구들을 정리하였다.

2) NS-NNS 상호작용에서 나타나는 비원어민의 정체성에 관한 연구

제2언어학습이 많은 부분 상호작용을 통해서 이루어진다고 할 때 학습자의 정체성이 의사소통 과정에서 어떻게 드러나는지를 연구하는 것은 매우 의미 있는 일이다. 서로 다른 정체성이나 소속범주(category membership)를 가진 대화자들이 상호작용을 통해서 어떻게 상호 이해를 성취하는지에 대한 질문은 대화분석 연구 초창기부터 계속되어 왔다(Sacks, 1972). 그러므로 대화분석 방법론은 (비)원어민 정체성이 대화에서 어떻게 나타나는지를 보는 데 뛰어난 도구가 될 수 있다(Egbert, 2004). 인류학적 관점에서 대화분석은 다른 문화적 · 언어적 배경을 가진 사람들 사이의 대화를 연구하기에는 비인간적인 방법론(Moerman, 1988)이라고 비판을 받았다. Moerman은 문화 간 의사소통은 사회적 상호작용이 일어나는 언어나 문화적 배경에 민감한 방법을 통해서 연구되어야 한다고 주장하였다. Gumperz로 대표되는 상호작용 사회언어학자들도 의사소통에서 문화의 역할에 더 초점을 맞추었는데 이는 문화 간 혹은 인종 간 의사소통을 살펴본 다른 경험적 연구들도 마찬가지다(Rampton, 1995; Scollon & Scollon, 2001). 그러나 비원어민 화자와 원어민 화자가 영어로 대화하는 상황이 워낙 다양한 언어적 · 문화적 배경을 가진 화자들을 포함하고 있기 때문에 비원어민(non- nativeness)이라는 하나의 요소를 공통적인 것으로 생각하고 보는 것이 가능할 것이다. 최근까지 대화분석을 이용한 비원어민 정체성 연구들이 지속적으로 이루어지고 있는 것은 이러한 경향을 잘 반영해 준다(Ahn, 2011; Dings, 2012; J.-E. Park, 2007; Vickers, 2010).

제2언어학습의 어려움을 학습자의 정체성으로 설명하려는 기존의 연구들은 정체성에 대한 교육적 성찰이 어떻게 효과적인 언어학습에 기여할 수 있는지를 알아내고자 한다. 한 예로 Hirano(2009)는 EFL 교사로서의 개인 경험을 토대로 주니어(Junior)라는 이름의 한 성인 EFL 학습자의 NNS 정체성의 변화를 1년에 걸쳐서 연구하였다. 주니어는 브라질의 광고 회사에서 일하고 있었는데 연구가 시작되기 전에 받은 1년간의 영어 수업이 영어 향상에 크게 도움을 주지 않았다고 말한다. 교실 수업과 인터뷰, 주니어와 교사 사이의 일기 등을 통해서 1년간 데이터를 수집한 결과 과거에 축적된 경험이 주니어의 부정적인 학습자 정체성을 형성하였으며 특히 베끼기 등을 통해서 성적(결과물) 잘 받기에 집중했던 것이 긍정적 학습이 일어나는 것을 저해했음을 알아냈다. 그 결과 Hirano(2009)는 학습의 어려움과 학습자 정체성이 긴밀하게 연결되어 있으며 학습 과정에서 주니어가 힘든 과제가 주어질 때마다 어려움을 겪는 것도 이러한 학습자 정체성 때문이라고 말하였다. 그는 학습자의 낮은 정체성을 개선해 주는 교육적인 도움이 학습 어려움을 극복하는 데 매우 중요한 요소라고 주장하였는데 정체성을 긍정적으로 바꾸기 위해서는 언어적 능력이 부족해도 학습자 스스로가 상호작용에 적극적으로 참여하게 되고 자신감을 가져야 한다고 말한다. 이 연구에서와 같이 정체성은 주로 질적인 연구 방법론을 통해 언어학습에 미치는 영향을 알아내기 위한 변인으로 사용되었다.

대화분석 연구에서는 정체성을 후기구조주의 관점을 따라서 고정된 개념이 아니라 하나의 과정(Block, 2007)으로 본다. 언어적 관습이 정체성 형성의 토대라고 본 Bourdieu(1991)의 관점에 따라서 대화분석 연구들은 개인의 정체성이 고정된 것이 아니라 사회적으로 형성되고 타인과의 상호작용 과정에서 표현되는 것임을 증명하기 위해서 노력했다. 대화분석에서는 여러 가지 종류의 정체성을 연구하였는데 여기에는 문화적 정체성(Mori, 2003), 국적과 관련된 정체성(national identity)(Hester & Housley, 2002) 그리고 민족 정체성(ethnic identity)(Day, 1994; Duff, 2002; Miller, 2000)이 포함된다.

다음의 NS-NNS 대화는 마리아의 비원어민 정체성이 대화상에서 어떻게 나타나는지를 보여 준다.

예시문 (7) (J.-E. Park, 2007, p. 350)

1 Maria: but, but in San Francisco, it's in my mind. Okay, I'm in
2 U-S-A, U-S-A, I- (.) In U-S-A, ah:m, it's not deh: the big bit
3 hi-history, only de:de last ey::: ((tilts her head to the left, fixing
4 her gaze on James))
5 James: hundred fifty two to three hundred years?
6 Maria: → La:st-I don't know. How do you say uhm:: uh one hundred
7 years, is that?
8 James: Yah, the last century.
9 Maria: Century. ((snapping))
10 James: Century, yeah=
11 Maria: =Oh my god. I didn't remember this.
12 James: Na-ha-ha-ha-ha

마리아의 비원어민 정체성은 제임스(NS)에게 도움을 요청하는 6-7번째 줄에서 드러나는데 이때 그녀는 백 년을 영어로 어떻게 말하면 되는지에 대해서 어휘적 정보(How do you say uhm:: uh one hundred years)를 묻는다. 제임스의 NS 정체성은 그가 8번째 줄에서 마리아의 질문에 century라고 대답하면서 확인된다. 이 예시를 통해서 NS-NNS 정체성의 수립은 대화상에서 짧은 순간에 일어나고 수립되는 것임을 알 수 있다. 두 명의 대화자가 특정 주제에 대해서 이야기를 진행하고 있다가 마리아의 NNS 정체성이 드러나면서 주제에 대한 이야기가 언어에 대한 이야기가 되는 것이다. 언어에 대한 메타언어적 대화(metalinguistic talk)가 일어나는 순간에만 NS와 NNS 정체성이 대화상에서 유의미한 개념이 된다.

위 대화는 미국의 대학 기숙사에 사는 NS와 NNS인 두 학생 사이의 일상 대화를 보여 준다. 이러한 상황 이외에도 NS-NNS 정체성을 대화 속에서 찾은 연구들이 많이 있다. Brouwer(2003)은 덴마크인 NS와 네덜란드인

NNS 사이의 상호작용을 연구하였고 Kasper(2004)는 독일어 NS와 NNS 사이의 독일 대화를 연구하였다. 안태연(2011)은 미국인 NS와 한국인 NNS 사이의 언어 교환 상호작용을 연구하였다. 이들 연구에서는 전문가와 학습자의 정체성이 상호작용을 통해서 만들어진다고 보았다. NS가 교육적인 발화(instructional move)를 시도하고 NNS가 이를 받아들일 때에만 NS와 NNS의 정체성이 만들어진다는 것이다. 마찬가지로 NNS 학생이 언어적인 지도를 요청했을 때 NS가 이에 대해서 응답하지 않으면 이러한 정체성이 형성되지 않는다는 것이다. 이들 연구는 공통적으로 대화자의 정체성이 주어진 것 또는 정해진 것이 아니고 상호작용 내에서 만들어지게 된 것이라는 것을 보여 주었다.

최근 Dings(2012)의 연구는 NS-NNS 상호작용에서 전문가(expert)와 초보자(novice)라는 정체성이 드러나는 순간을 분석하였다. 스페인어를 모국어로 하는 NS와 스페인어를 배우는 NNS 사이에서 일어난 여섯 개의 상호작용을 분석하였는데, 캐나다에서 스페인어를 공부하는 소피(NNS)라는 미국인과 스페인어를 모국어로 하는 호세(NS) 사이에서 일어난 의사소통을 녹취하였다. 분석을 통해서 그는 언어학습과 관련된 대화를 할 때와 언어에 대한 수정이 일어나는 상황에서만 전문가와 초보자라는 정체성이 나타났다고 밝혀 냈다. 의미중심의 대화에서 언어 형태에 관한 대화로 옮겨질 때 순간적으로 이러한 정체성이 나타난다는 것이다. 전문가와 초보자로 명명되는 정체성은 NNS가 NS의 말을 잘 이해하지 못해서 스스로 수정을 주도할 때에나 NS가 NNS의 언어 실수 때문에 대화를 지속하는 것에 어려움을 느낄 때에 드러남을 보여 주었다. 불균형적인 정체성은 NNS가 단어 탐색을 요청하거나 불확실성을 표현할 때에도 나타났다. 이렇듯 교정과 관련된 상호작용 연속체(corrective interactive sequence)일 때에만 전문가와 초보자 정체성이 나타났고 형태중심 상호작용에서(form-focused interaction)에서 의미중심의 상호작용(meaning-based one)으로 바뀔 때에 대칭적 정체성으로 다시 재구조화된다고 말하였다.

Vickers(2010)는 전기공학과 컴퓨터공학이라는 서로 다른 전문 지식을 가지고 있는 NS-NNS의 대화에서 정체성이 어떻게 형성되었는지를 살펴보았다. 그는 NS가 NNS의 기여를 무시하고 능력 없는 전문가로 치부할 때 의사소통에 전문가와 초보자 정체성이 나타난다고 보았다. NNS가 프로젝트에 기여할 만한 권위와 전문성을 가지고 있음에도 불구하고 NNS의 언어적인 문제들 때문에 유용한 상호작용 책략들을 사용하지 못하게 되고 그 결과 초보자의 지위를 얻게 된다는 것이다. 상호작용 책략과 영어 능력을 포함하는 언어적 능력이 NS-NNS 상호작용에서 화자의 전문가와 초보자 정체성을 만드는 데 중요한 역할을 한다는 것이다.

이렇듯 기존 대화분석 연구들은 NS-NNS 상호작용에서 (비)원어민 정체성이 특정 순간에 나타나는 것이며 영속적인 개념이 아님을 보여 주었다. 또한 정체성이라는 개념이 수정이나 단어 탐색과 어떠한 연관성을 가지고 나타나는지에 대해서도 연구하였다. 다음 장에서는 NS-NNS 대화에서 나타나는 단어 탐색 현상에 대해서 살펴본 연구들을 정리하고 그 동향을 알아보았다.

3) 단어 탐색(word search)과 비원어민의 발화에 대한 연구

NS-NNS 화자들의 대화에서 이해와 관련되어 수정 현상과 함께 빈번하게 나타나는 또 하나의 현상은 단어 탐색이다. NNS 발화의 특성은 언어 표면적 단계(단어나 문장 단위)에서 드러나는데 이는 단어 탐색 현상을 통해서 특히 잘 볼 수 있다. 단어 탐색은 화자가 진행되고 있는 대화상에서 단어를 찾기 위해서 진행하던 대화를 멈추었을 때 발생한다. 예를 들어서 NNS가 발화를 하면서 주저하거나 적합한 언어를 찾는 데 어려움을 겪으면 NS가 적합한 단어를 제공하여 단어 탐색 인접쌍(adjacency pair)을 완성하는 것이다. 이렇듯 단어 탐색이 일어나는 경우 말차례의 진행성(progressivity)이 방해를 받게 된다. 단어 탐색은 단어뿐 아니라 더 긴 문법적 요소를 찾지 못해서 멈

추거나 주저할 때에도 나타날 수 있다.

제2언어습득 연구에서도 단어 탐색에 대한 연구가 있었지만 단어 탐색 현상만을 살펴본 연구는 많지 않다. 단어 탐색을 상호작용 현상으로 보기보다는 NNS들이 언어 발화 시 경험하는 어려움을 설명할 때 사용하는 하나의 책략(Ellis, 1985; Larsen-Freeman & Long, 1991)으로 보기 때문이다. 이러한 의사소통 책략으로서 단어 탐색은 대화분석에서 연구하는 단어 탐색보다 넓은 개념이기 때문에 광범위한 현상들이 단어 탐색이라는 이름 아래 연구되었다(Faerch & Kasper, 1983; Kasper & Kellerman, 1997). 의사소통 책략으로서의 단어 탐색은 NNS에게 다양한 과업들(예: 물체의 모양 묘사하기)을 주고 시험하는 상황을 통해서 주로 연구되었는데, 정보를 가지고 있는 사람이 모양을 설명하면 다른 사람이 그것의 이름을 맞추는 등 실제 의사소통과는 거리가 있는 단어 탐색 활동을 연구하였다. 기존 연구에서 의사소통 책략은 학습자가 자신의 부족한 언어 지식을 보완하기 위해 사용하는 일종의 자원(resource)으로 인식되었다. 이후 몇몇 책략들이 상호적(interactional)이라고 명명되었지만 화자가 청자의 도움을 받기 위해서 사용하는 하나의 수단으로만 묘사되었기 때문에 진실로 상호작용 관점의 책략이라고 보기는 어렵다. 대화분석적 입장에서 단어 탐색은 두 명의 화자가 서로 도와서 문제를 해결하는 활동이다(Brouwer, 2003; Carroll, 2004). 이러한 관점에서 단어 탐색은 적합한 반응을 얻기 위한 것으로 NS-NNS 대화에서 NS-NS 사이의 대화와 유사하게 나타난다고 본다(Carroll, 2004).

이렇듯 제2언어습득 연구에서는 단어 탐색을 독립적인 요소로 보고 그 특성을 연구하였다면, 대화분석 연구에서는 단어 탐색 현상을 수정 체계의 일부로 본다. 대화분석 연구에서 단어 탐색은 자기주도 수정(self-initiation of repair)의 일환이라고 볼 수 있다. Schegloff 등(1977)에 따르면 자기 주도 수정은 발화의 어려움을 나타내는 요소들(예: 주저함, 말늘임, uh)로 구성되는데 이러한 요소들은 단어 탐색 구성체 이전에 나타나는 대표적인 특성들로 밝혀졌다(Goodwin, 1980; Goodwin & Goodwin, 1986). 그러므로 단어 탐색 현상은 자기 주도 수정의 일환이라고 할 수 있다. 단어 탐색은 모든 종류의 상호작용에서 나타나지만 대화자들이 공유하는 언어적 지식이 적을수록 더 자주 발생하기 때문에 NS-NNS 상호작용의 중요한 특성이 된다.

대화분석적 연구에서 단어 탐색은 독자적인 현상으로 연구되었다. 특히 Charles Goodwin(1980, 1986)과 Helasvuo, Laakso와 Sorjonen(2003)의 연구가 대표적이다. Goodwin과 Goodwin(1986)에 의하면 전형적인 단어 탐색은 소리 늘임(sound stretch)이나 휴지(pause)와 같은 발화 요소들 이후에 나타나며 말차례 구성단위 중간에 발생한다. 이들은 또한 생각하는 얼굴(thinking face)이라고 지칭되는 얼굴 제스처와 함께 일어난다. 이 연구에 따르면 화자들은 단어 탐색을 진행하면서 청자로부터 시선을 회피하고 동시에 생각하는 얼굴 표정을 짓게 되는데 이는 단어 탐색의 전형적인 구성으로 서로 다른 문화에서도 유사하게 나타난다. Goodwin과 Goodwin(1986)은 시선 처리에 특히 초점을 맞추어서 연구하였는데 대화 참여자들이 단어 탐색을 하는 행위는 그들의 시선 방향을 봄으로써 알 수 있다고 하였다. 예를 들어서 화자들은 단어 탐색을 시작할 때 시선을 다른 곳으로 돌리는 반면 청자들의 시선은 주로 화자들을 향한다는 것이다. 화자가 청자로부터 시선을 거둘 때 단어 탐색은 개인적인 활동이 되고(private activity of thinking), 시선이 청자로 향할 때 상호작용을 통한 단어 탐색이 이루어진다(Goodwin, 1980). 단어 탐색 중에 일어나는 시선 방향을 통해서 단어 탐색 과정에서 청자의 협동과 참여를 볼 수 있다. 이러한 특성을 통해서 단어 탐색 현상이 통상적으로 생각되어 온 것처럼 화자의 언어적 결함을 보여 주는 것이 아니라 청자의 고조된 주목(heightened attention)을 보여 주는 하나의 방법임을 알 수 있게 된다. Goodwin의 연구는 또한 이러한 단어 탐색 에피소드들이 대개 짧은 편임(같은 말차례나 바로 다음 말차례에서 끝남)을 보여 주었다. NS-NNS 대화에서는 NNS 화자의 언어 지식의 부족으로 말이 자주 끊기고 주저함이나 휴지, 소리 늘임 현상이 많이 나타나는데 이들도 모두 단어 탐색을 구성하는 중요한 요소가 된다(I.-H. Park, 2007).

모국어화자들의 상호작용에서 나타나는 문제(예: 단어가 생각나지 않을 때)를 보여 주는 여러 가지 방법들이 있는데 그중에서도 가장 명시적인 수단은 정형화된 의문문(formulaic question)을 사용하여 단어에 대한 청자의 도움을 구하는 것이다(예: What is it, what's the word?). 이때 사용되는 의문문들은 아래 예에서와 같이 주로 사물이나 사람의 명칭을 찾기 위한 것이다.

예시문 (8) (Goodwin & Goodwin, 1986, p. 53) NS-NS 레스토랑 이름 찾기

1 A: → What was the name of the place.
2 B: Ho: yeaum.
3 A: I can't think.
4 B: Sir: uh no.
5 A: I know it was-
6 B: Steak'n A:le. (0.2)
7 A: Yeah r:right.

위의 예에서 A는 레스토랑 이름을 기억하지 못해서 B의 도움을 구하고 B는 Steak'n A:le이라는 이름을 제공한다. 아래의 예는 NS-NNS 대화에서 나타나는 단어 탐색의 예를 보여 준다.

예시문 (9) (I.-H. Park, 2007, p. 6) NS-NNS 단어 이름 찾기

1 John: And do they umm::
2 do they put it in an album too? for you?
3 Wong: Yeah. Put in an album
4 → and uh:: some-how to say this.
5 (0.8)
6 Very big.
7 John: Oh::: like a big poster? [Big print?

예 8에서 NS가 단어 탐색을 시작할 때 의문문을 통해서 직접적으로 도움을 요청(what was the name of the place)하는 반면 예 9에서 NNS가 단어 탐색을 시작한 경우 NS의 도움을 요청하지 않고 오히려 스스로에게 질문을 던짐(how to say this)을 알 수 있다. NNS 발화자는 말차례 구성단위(TCU)를 끝마치기 전에 멈추고(and uh::) 단어에 대한 어려움을 명시적으로 언급하는데 단어에 대한 설명을 구체적으로 하지 못하고 대명사로만 지칭한다(how to say this). NS의 경우 구체적으로 찾고자 하는 단어를 묘사하는 것(place)과는 대조적이다. 이러한 비특정 의문문은 일반적인 NNS의 단어 탐색 표지라고 할 수 있다. NNS는 이러한 비구체적(unspecified) 의문문의 형태를 사용하여 간접적으로 어려움을 표시하면서 단어를 찾는 것의 어려움을 보여 준다. 이렇듯 단어 탐색 연속체에서 NS와 NNS는 모두 의문문을 이용하여 찾고자 하는 단어를 질문할 수 있지만, NS는 청자를 대상으로 하는 의문문을 던지는 반면 NNS는 자신에게 향하는 의문문을 던지는 경우가 많다. NS가 NNS에게 질문을 하는 것과 달리 NNS는 스스로 찾아본 후에야 NS에게 도움을 구한다. 이는 NS의 경우 언어적으로 우위에 있기 때문에 단어를 찾지 못하는 것은 즉각적이고 맥락적인 문제인데 비해서(예를 들어서 기억이 나지 않는 것) NNS의 경우에는 비원어민 지위와 연관되어 언어의 부족함, 즉 생각을 표현하기에 적합한 단어를 찾는 데 실패한 것으로 인식될 수 있기 때문이다. 그러므로 NNS는 먼저 스스로 찾는 것을 보여줌으로써 유능하고 책임감 있는 대화자의 모습을 보여 주려고 한다. 이러한 차이에도 불구하고 단어 탐색 연속체의 구성은 모국어로 이루어지는 대화와 커다란 틀에서는 유사하게 나타남을 알 수 있었다.

단어 탐색을 해결하는 또 하나의 방법은 NNS의 모국어를 사용하는 것이다. 화자가 특정 어휘를 알지 못하거나 생각해 내지 못할 때 현재 상황을 해결하기 위해서 모국어를 이용하여 목표어를 대체하는 것이다. 이러한 현상은 주로 언어 변환(code switching)이라는 용어로 연구되었는데(Corder, 1983) 이러한 현상은 이중언어 사용자들의 사회(community)를 연구하는 데도 사용되었다(Auer, 1998; Gumperz, 1982). 다음은 한국의 영어 교실에서 학생들이 영어로 대화를 진행하는 도중에 모국어를 이용하여 단어를 찾는 예이다.

예시문 (10) (Lee, 2008, p. 74) NNS-NNS

1 M: → 어 적당하다 적합하다 이런 용어없어?

2 F: Appropriate.

3 M: Ah Appropriate.

위의 예에서 두 화자는 공통의 모국어를 가지고 있기 때문에 단어 탐색이 순조롭게 이루어진다. 그러나 NNS가 NS와 대화할 때에 모국어를 사용하는 경우 단어 탐색 연속체는 더 길어지게 된다. 이는 NNS의 언어능력의 부족함(incompetence)이 NS-NNS 상호작용에서 드러나는 하나의 예(Wong, 2000a)가 될 수 있는데 모국어 사용뿐 아니라 비언어적인 행동과 소리 늘임, 질문, 그리고 멈춤 등의 언어적 표현을 통해서 NS의 도움을 요청하는 것이다(Hosoda, 2000).

NS들이 주로 사물의 명칭이나 이름을 찾는다면 NNS들은 이러한 명칭뿐만 아니라 어휘와 문법적 요소에 대한 탐색을 시도하는데 이러한 차이는 NNS들이 A-event(Labov & Fanshel, 1977), 즉, 화자 자신이 정보를 가지고 있는 사건에 대해서 묘사할 때에도 단어 탐색 연속체를 사용하여 드러난다. NS들은 B-event, 청자가 정보를 가지고 있는 사건들을 묘사할 때에만 이러한 단어 탐색을 시도하는 것과 대조적이다. 그러나 연구들은 단어 탐색 활동이 대부분 상호작용을 통해서 해결되는 것임을 밝혀 냈다. 이는 찾고자 하는 단어를 상대방이 제공했을 때 그 단어를 반복하여 말하는 행위로서 증명된다(I.-H. Park, 2007).

이렇듯 NS-NNS 상호작용에서 나타나는 단어 탐색 행위를 본 대화분석 연구들은 주로 NS-NS 상호작용과의 유사점을 묘사하거나 NNS라는 화자의 특색으로 설명하였다. 특히 단어 탐색 행위가 연속제로 이루어지며 성공적으로 이루어지기 위해서는 화자들 간의 협력이 필요함을 실제 대화에서의 언어적 · 비언어적 요소들을 분석함으로써 보여 주었다. 앞으로의 연구들은 단어 탐색 연속체의 묘사에 그치지 않고 이의 영어교육적인 함의를 찾아야 할 것으로 보인다. 영어교육 교실에서 이러한 연구 결과를 활용하는 하나의 방안으로 단어 탐색 현상을 정리하여 학습자들에게 보여 주고 NNS의 특성을 NS와 비교하여 보여 주는 것을 생각해 볼 수 있다. 실제 데이터를 제시함으로써 학습자들이 비원어민의 정체성에 대해서 고찰할 수 있게 하고 NNS 발화의 특성에 대해서도 배울 수 있게 될 것이기 때문이다. 즉 NNS 학습자에게 NS와의 대화는 이렇게 해야 한다는 해법을 제시해 주는 것이 아니라 NS와의 대화에서 나타날 수 있는 여러 가지 가능성들(주저함, 반복, 단어 탐색 질문 등)을 보여 줌으로써 비원어민 정체성에 대해서 고찰해 보게 하는 것이 필요할 것이라고 본다.

4. 요약 및 향후 전망

영어가 국제어로 사용되면서 NS-NNS 상호작용에 대한 관심도 증가하였다. 이러한 관심에 힘입어 NS-NNS 대화는 교육적인 목표로 연구되기도 하고 사람들이 어떻게 서로를 이해하고 공동체를 구성하는지에 대한 사회학적 관심에 의해 연구되기도 하였다. 이 글에서는 NS-NNS 상호작용을 교육적 혹은 사회학적 관점으로 본 대화분석 연구들을 정리하였다. 특히 NS-NNS 상호작용에서 나타나는 수정 현상이나 단어 탐색 현상을 분석한 대화분석적 연구들을 통해서 (비)원어민의 정체성이 대화상에서 화자들에 의해 드러나는지를 볼 수 있었다.

대화분석의 틀에서 이루어진 기존 NS-NNS 연구의 가장 큰 제한점은 개별적 상호작용을 묘사하여 사회(언어)학적 함의를 찾는 데 그치고 있다는 데 있다. 또한 대부분의 연구들은 앞서 살펴본 수정 현상이나 정체성 그리고 수정 현상의 일환인 단어 탐색 행위를 분석의 대상으로 하고 있어서 더 다양한 상호작용적인 요소들을 살펴보는 것이 필요하다. 예를 들어서 질문과 대답이 이루어지는 연속체들이나 다양한 화행의 구성(요청하기, 초대하기, 불평하기 등), 반복 발화나 더 넓은 연속체 구성 등에 대한 연구가 필요하다. 이러한 요소들을 교실 내에서 교사와 학생의 대화를 통해 분석한 연구들(Hellerman, 2003; Lee, 2007; Park, 2012)은 증가하고 있지만, 여전히 NS-NNS 상호작용에서 이러한 요인들이 어떻게 이루어지는지 연구한 논문은 부족한 실정이다. 모국어로 이루어지는 일상 대화를 분석한 초기 대화분석 연구들과 같은 맥락에서 교실 대화보다는 NS-NNS 사이에 일어나는 일상적인 대화를 살펴보는 연구들이 더 필요하다.

이러한 연구들 이외에도 장기간에 걸쳐 NS-NNS 상호작용 데이터를 수집하여 NNS의 언어적 능력 그리고 화행적 능력이 어떻게 발달되는지를 탐색해 볼 필요가 있다. 이러한 발달 연구는 제2언어습득 연구에도 기여하는 바가 클 것으로 보인다. 대화분석은 궁극적으로 제2언어습득 연구의 토대를 마련할 수 있는데 대화구성원들에게 중요한 맥락적 요인들을 연구하기 때문이다. 기존의 제2언어습득 연구에서는 주로 연속체들을 범주화하여 코딩하였다. 예를 들어 대화를 확인(confirmation check), 반복(repetition), 재발화(restatement), 타인 교정(other-repair) 등과 같은 범주로 코드화하여 양적으로 분석하였다. 그러나 이러한 범주들이 문맥에 따라 다양하고 복잡하게 해석되는 것이고 상호 간에 의해서 성취되는 것이기 때문에 분석가의 시점이 아닌 대화자들의 시점에서 대화 연속체들을 개별적으로 맥락 내에서 살펴볼 필요가 있다(Wong, 2000b). 두 가지 연구 방법론을 보완하여 사용한다면 서로에게 기여할 수 있는 바가 클 것이다. 또한 앞으로의 NS-NNS 상호작용 연구에서는 기존 제2언어습득에서 밝혀 낸 비원어민 변인의 여러 특성들이 실제 대화에서 유사하게 나타나는지를 증명하는 연구들을 통해서 두 분야의 소통을 증대시키는 노력이 필요할 것이다.

한국의 영어교육에 이바지하기 위해서는 한국인 NNS와 영어를 사용하는 NS 사이의 대화를 살펴본 연구들도 필요할 것이다. 한국어의 특성 때문에 나타나는 언어적, 화행적 요소들이 영어로 대화할 때 어떤 어려움을 가져오는지 연구하는 것은 매우 중요한데 이러한 연구가 거의 없는 실정이다. Guan, Park과 Lee(2009)의 연구는 버스에서 타인의 발을 밟았을 경우 한국인과 중국인 화자들이 영어화자들보다 사과를 덜 한다는 점을 발견하였다. 그러나 이들은 가상의 상황을 설정하여 원어민 화자들을 인터뷰한 데이터를 사용하였다. 이러한 상황들이 NS-NNS의 대화에서 실제적으로 어떻게 나타날 수 있는지를 한국인 모국어 화자를 대상으로 살펴본 대화분석적 연구들이 더 많이 필요하다. 기존 사회언어학과 화행 연구들은 주로 역할극이나 인터뷰, 설문지 등을 통해서 NS-NNS 대화의 특성을 살펴보았기 때문에 이러한 연구 결과들을 대화분석적 관점에서 재해석하는 작업이 다각도로 이루어질 수 있다. 대화분석 방법론은 응용언어학 분야에 기여 가능한 요소가 많은데 모국어 대화분석에 중점을 두어 온 대화분석 연구가 NS-NNS 대화의 분석에 적용됨으로써 이러한 응용대화분석 연구와 사회문화이론(Vygotsky, 1978) 등의 언어학습 이론의 연계가 모색될 수도 있을 것이다(김규현, 2000, p. 54).

NS-NNS 상호작용을 연구한 대부분의 대화분석 연구들이 일상 대화나 일대일 작문 교육을 받는 성인 화자들을 대상으로 하였는데 앞으로는 NS-NNS 어린이들 사이의 대화를 살펴보거나 회사나 인터뷰 혹은 의료기관 등에서 이들의 대화를 살펴보는 연구도 가치를 지닐 수 있다. 언어적 비대칭성뿐만 아니라 지위, 직업별 비대칭성이 함께 존재할 때 대화상이 어려움이 더 커질 수 있을 것이라 예상할 수 있기 때문이다.

마지막으로 영어가 세계어로서 사용되는 상황에서 영어교육에 대한 관점도 하나의 문화를 가르친다기보다 상호문화에 대한 이해를 교육시키는 것으로 바뀌어야 할 것이다. 이에 따라 앞으로의 NS-NNS 상호작용 연구도 NS에 대한 관점을 미국인, 영국인, 캐나다인 화자로 좁게 보지 않고 맥락적이고 상대적인 개념으로 정의 내리는 작업이 필요하다. 마찬가지로 NNS도 언어가 능숙하지 못한 화자로 일반화될 수 있는 개념이 아닌, 대화 맥락에서 상대적으로 나타나는 개념으로 보고, 더욱 포괄적인 관점으로 연구를 진행하는 일이 필요하다. 이러한 측면에서 정체성을 맥락적인 것으로 규정짓는 대화분석 방법론이 NS-NNS 연구에 기여할 수 있는 가능성이 크다.

참고문헌

김규현(2000). 담화와 문법: 대화분석적 시각을 중심으로. 『담화와 인지』, 7(1), 155-184.

Ahn, T.-Y. (2011). Construction of expert-novice identities in language-exchange interactions. *English Teaching*, *66*(4), 74-100.

Atkinson, J. M., & Heritage, J. (1984). *Structures of social action: Studies in conversation analysis*. Cambridge, UK: Cambridge University Press.

Auer, P. (1998). From 'switching code' to 'code-switching': Towards a reconceptualization of communicative odes. In P. Auer (Ed.) *Code-switching in conversation: Language, interaction, and identity* (pp. 29-48). London: Routledge.

Block, D. (2007). The rise of identity in SLA research, post Firth and Wagner. *Modern Language Journal*, *91*, 863-876.

Bourdieu, P. (1991). *Language and symbolic power*. Cambridge, MA: Harvard University Press.

Brouwer, C. E. (2003). Word searches in NNS-NS interaction: Opportunities for language learning? *Modern Language Journal*, *87*(4), 534-545.

Bouwer, C. E., Rasmussen, G., & Wagner, J. (2004). Embedded corrections in second language talk. In R. Gardner & J. Wagner (Eds.), *Second language conversations* (pp. 75-92). London: Continuum.

Carroll, D. (2000). Precision timing in novice-to-novice L2 conversations. *Issues in Applied Linguistics*, *11*, 67-110.

Carroll, D. (2004). Restarts in novice turn beginnings: Disfluencies or interactional achievements? In R. Gardner & J. Wagner (Eds.), *Second language conversations* (pp. 201-

220). London: Continuum.

Cazden, C. (2001). *Classroom discourse: The language of teaching and learning.* Portsmouth, NH: Heinemann.

Corder, S. (1983). A role for the mother tongue. In S. Gass & L. Selinker (Eds.), *Language transfer in language learning* (pp. 85-97). Rowley, MA: Newbury House.

Day, D. (1994). Tang's dilemma and other problems: Ethnification processes at some multicultural workplaces. *Journal of Pragmatics, 4*(3), 315-36.

Dings, A. (2012). Native speaker/nonnative speaker interaction and orientation to novice/expert identity. *Journal of Pragmatics, 44*(11), 1503-1518.

Drew, P. (1997). Open class repair initiators in response to sequential sources of troubles in conversation. *Journal of Pragmatics, 28*(1), 69-101.

Duff, P. (2002). The discursive co-construction of knowledge, identity, and difference: An ethnography of communication in the high school mainstream. *Applied Linguistics, 23*(3), 289-322.

Ellis, R. (1985). *Understanding second language acquisition.* Oxford, UK: Oxford University Press.

Firth, A., & Wagner, J. (1997). On discourse, communication and (some) fundamental concepts in SLA research. *Modern Language Journal, 81*, 285-259.

Faerch, C., & Kasper, G. (Eds.) (1983). *Strategies in interlanguage communication.* London: Longman.

Gardner, R., & Wagner, J. (2004). *Second language conversations.* London: Continuum.

Goodwin, C. (1980). Restarts, pauses, and the achievement of mutual gaze at turn-beginning. *Sociological Inquiry, 50*, 272-302.

Goodwin, C. (2004). A competent speaker who can't speak: The social life of aphasia. *Journal of Linguistic Anthropology, 14*(2), 151-170.

Goodwin, C., & Goodwin, M. (1986). Gesture and coparticipation in the activity of searching for a word. *Semioica, 62*, 51-75.

Guan, X., Park, H. S., & Lee, H. E. (2009). Cross-cultural differences in apology. *International Journal of Intercultural Relations, 33*, 32-45.

Gumperz, J. (1982). *Discourse strategies.* Cambridge, UK: Cambridge University Press.

He, A. W. (2004). Identity construction in Chinese heritage language classes. *Pragmatics, 14*, 199-216.

Helasvuo, M.-L., Laakso, M., & Sorjonen, M.-L. (2004). Searching for words: Syntactic and sequential construction of word search in conversations of Finnish speakers with aphasia. *Research on Language and Social Interaction, 37*, 1-37.

Hellerman, J. (2003). The interactive work of prosody in the IRF exchange: Teacher repetition in feedback moves. *Language in Society, 32*, 79 – 104.

Heritage, J. (1984). *Garfinkel and ethnomethodology*. Cambridge, UK: Polity Press.

Heritage, J., & Maynard, D. (Eds.) (2006). *Communication in medical care: Interaction between primary care physcians and patients*. Cambridge, UK: Cambridge University Press.

Hester, S., & Houlsey, W. (2002). *Language, interaction and national identity*. Burlington, VT: Ashgate.

Hirano, E. (2009). Learning difficulty and learner identity: A symbiotic relationship. *ELT Journal, 63*(1), 33-41.

Hosoda, Y. (2000). Other-repair in Japanese conversations between nonnative and native speakers. *Issues in Applied Linguistics, 11*, 39-65.

Jacoby, S., & Gonzales, P. (1991). The constitution of expert-novice in scientific discourse. *Issues in Applied Linguistics, 2*(2), 149-181.

Kasper, G. (1983). Repair in foreign language teaching. *Studies in Second Language Acquisition, 7*(2), 200-215.

Kasper, G. (2004). Participant orientations in German conversation-for-learning. *Modern Language Journal, 88*(4), 551-567.

Kasper, G., & Kellerman, E. (Eds.) (1997). *Communication strategies: Psycholinguistic and sociolinguistic perspectives*. London: Longman.

Labov, W., & Fanshel, D. (1977). *Therapeutic discourse: Psychotherapy as conversation*. New York: Academic Press.

Larsen-Freeman, D., & Long, M. H. (1991). *An introduction to second language acquisition research*. New York: Longman.

Lee, M.-J. (2008). Preference organization in the use of learners' L1 pair interaction of a Korean EFL classroom. *Korean Journal of Applied Linguistics, 24*(1), 61-83.

Lee, Y.-A. (2007). Third turn position in teacher talk: Contingency and the work of teaching. *Journal of Pragmatics, 39*(1), 180-206.

McHoul, A. (1990). The organization of repair in classroom talk. *Language in Society, 19*(3), 349-378.

Miller, J. (2000). Language use, identity and social interaction: Migrant students in Australia. *Research on Language and Social Interaction, 33*(1), 69-100.

Moerman, M. (1988) *Talking culture: Ethnography and conversation analysis*. Philadelphia: University of Pennsylvania Press.

Mori, J. (2003). The construction of interculturality: A study of initial encounters between

Japanese and American students. *Research on Language and Social Interaction, 36*(2), 143-184.

Norrick, N. R. (1991). On the organization of corrective exchanges in conversation. *Journal of Pragmatics, 16*(1), 59-83.

Park, I.-H. (2007). Co-construction of word search activities in native and non-native speaker interaction. *Working Papers in TESOL & Applied Linguistics, 7*, 1-23.

Park, J.-E. (2007). Co-construction of nonnative speaker identity in cross-cultural interaction. *Applied Linguistics, 28*(3), 339-360.

Park, Y.-J. (2012). The role of third turn repeats in Korean EFL classrooms. *English Teaching*, 67(3), 121-145.

Park, Y.-J. (2013). The roles of third turn repeats in two classroom interactional contexts. *Applied linguistics*, 1-24. doi: 10.1093/applin/amt006.

Park, Y.-Y. (2004). Nonnative speakers'use of 'yeah' in English spoken discourse. *Discourse and Cognition, 11*(3), 84-105.

Rampton, B. (1995). *Crossing: Language and ethnicity among adolescents*. London: Longman.

Richards, J., & Seedhouse, P. (Eds.) (2005). *Applying conversation analysis*. Hampshire, UK: Palgrave MacMillan.

Sacks, H. (1972). An initial investigation of the usability of conversational data for doing sociology. In D. Sudnow (Ed.), *Studies in social interaction* (pp. 31-74). New Yortk: Free Press.

Schegloff, E. A. (2007). *Sequence organization*. Cambridge, UK: Cambridge University Press.

Schegloff, E. A., Jefferson, G., & Sacks, H. (1974). A simplest systematics for the organization of turn-taking for conversation. *Language, 40*, 696-735.

Schegloff, E. A., Jefferson, G., & Sacks, H. (1977). The preference for self-repair in the organization of repair in conversation. *Language, 53*, 361-382.

Schegloff, E., Koshik, S., Jacoby, D., & D. Olsher. (2002). Conversation analysis and applied linguistics. *Annual Review of Applied Linguistics, 22*, 3-31.

Scollon, R., & Scollon, S. W. (2001). *Intercultural communication: A discourse approach* (2nd ed). Oxford, UK: Blackwell.

Seedhouse, P. (2004). *The interactional architecture of the language classroom: A conversation analysis perspective*. Oxford, UK: Blackwell.

Seedhouse, P., Walsh, S., & Jenks, C. (Eds.) (2010). *Conceptualising learning in applied linguistics*. Basingstoke, UK: Palgrave Macmillan.

Taylor, T. (1992). *Mutual misunderstanding: Scepticism and the theorizing of language and interpretation*. London: Routeledge.

ten Have, P. (2007). *Doing conversation analysis: A practical guide*. London: Sage.

Vickers, C. (2010). Language competence and the construction of expert-novice in NS-NNS interaction. *Journal of Pragmatics, 42*(1), 116-138.

Vygotsky, L. S. (1978). *Mind in society: The development of higher psychological processes*. Cambridge, MA: Harvard University Press.

Wong, J. (2000a). The token 'yeah' in nonnative speaker English conversation. *Research on Language and Social Interaction, 33*(1), 39-67.

Wong, J. (2000b). Delayed next turn repair initiation in native/non-native speaker English conversation. *Applied Linguistics, 21*(1), 244-267.

Wong, J., & Olsher, D. (2000). Reflections on conversation analysis and nonnative speaker talk: An interview with Emanuel A. Schegloff. *Issues in Applied Linguistics, 11*(1), 111-128.

제19장

쓰기 지도 담화 연구*

박인화 West Chester University

1. 서론

1970-1980년대 이후 과정 중심의 쓰기 지도법이 널리 보급되면서 학습자가 초고를 수정, 편집, 교정하는 재독 과정과 개별 학습자의 쓰기 과정에 맞는 맞춤형 쓰기 지도의 중요성이 강조되어 왔다. 특히 최근 고등교육과정에서는 쓰기 과정에서 진행되는 교사나 튜터와 학습자 간의 일대일 쓰기 협의가 효과적인 쓰기 지도법으로 각광받고 있다. 이에 이 글에서는 먼저 쓰기 지도법의 동향을 살펴보고, 일대일 쓰기 협의 과정에서 교사와 학습자가 구체적으로 어떤 발화를 하는지 분석한 연구를 중심으로 쓰기 지도 담화를 살펴보고자 한다. 더불어 외국어로서의 영어 쓰기 지도 담화 연구를 소개하고 향후 연구의 방향성을 제시하고자 한다.

---

* Park, Innhwa (2014). Research in writing instruction discourse. In O. Kwon (Ed.), *New horizons in English education research* (pp. 471-491). Seoul: Seoul National University Press.

2. 쓰기 지도 방법

1) 결과중심 지도법(product-oriented approach)

전통적인 결과중심 지도법에서는 언어 사용의 정확성이 쓰기 교육의 주요 관심사이다(Brannon & Knoblauch, 1982; Moran, 1981). Kaplan(1966)을 중심으로 시작된 대조수사법(contrastive rhetoric)은 글쓰기를 독립적인 결과물로 이해하는 결과중심 지도법에 그 바탕을 두고 있다. 영어 작문과 독일어, 일본어, 한국어 등의 다른 언어로 된 작문을 비교하는 관찰 연구를 바탕으로(Clyne, 1981, 1987; Cumming, 1986; Eggington, 1987; Hinds, 1983; Jenkins & Hinds, 1987; Régent, 1985), 각 언어마다 다른 작문 구성법을 기반으로 한 다른 장르가 존재하며, 학습자의 경우 목표어의 작문 구성법을 익히는 것이 효과적인 작문 학습 방법이라는 견해가 형성되었다(Kress, 1982). 이 같은 결과중심 지도법에 따르면, 학습자의 글은 학습자와 분리되어 이해 및 평가되고, 쉽게 해석될 수 있는 일괄적인 기준에 부합하는 글이 높은 평가를 받는다. 아울러 권위자 및 평가자로서 교사의 역할이 강조되며, 교사가 글의 주제, 형식, 길이 등을 결정하여 학습자에게 제공한다. 학습자는 이에 따라 개별적인 글쓰기를 통해 문법, 어휘, 구문, 구성, 담화규칙 등의 정확한 사용에 주력한다.

2) 과정 중심 지도법(process-oriented approach)

1970-1980년대 이후 결과로서의 작문뿐만 아니라 과정으로서의 작문이 각광 받기 시작하였다(Flower & Hayes, 1981; Graves, 1983). 작문 과정은 크게 작문 시작 전에 주제 및 소주제를 정하고 작문의 전체 골격을 구상하는 작문 전 단계, 초고를 완성하는 작문 단계, 그리고 완성된 초고를 수정, 편집, 교정하고 재고를 쓰는 재독 단계로 나뉜다. 이러한 작문 과정이 반드시 순차적

으로 진행되는 것이 아니라 여러 단계가 서로 상호작용(interaction)을 하면서 순환적으로 진행되므로 학습자의 복잡한 인지 능력과 작문 과정에의 적극적인 참여가 요구된다(Pianko, 1979; Spack, 1984). 이에 따라 교사에게는 일괄적인 평가기준을 적용하는 권위자가 아닌 학습 촉진자(facilitator)의 역할이 부여된다. 학습자는 작문 과정을 거치면서 문법과 구문의 정확한 사용보다는 사고 확장과 의미 전달에 주력한다. 학습자들의 작문 전 단계와 재독 단계에 관한 연구에 의하면, 초보 학습자들은 작문 과정에 충분히 참여하지 않는 것으로 나타났다. 작문 전 단계에서, 초보 학습자들은 전체 글의 목적이나 구성을 거의 고려하지 않으며(Emig, 1971; McKee, 1974; Pianko, 1979; Stallard, 1974), 재독 단계에서도 문법, 철자, 구두점 등의 언어 형식의 수정에 주력함으로써 글의 주제, 구성, 논리 전개 방식 등의 상위 요소에 대한 수정은 거의 하지 않는 것으로 드러났다(Murray, 1979; Raimes, 1985; Ulichny & Watson-Gegeo, 1989; Zamel, 1985). 이러한 연구 결과는 학습자들이 각 작문 단계를 이해하고 적극적으로 참여하며 여러 번의 수정 과정을 거칠 때에 좋은 글을 쓸 수 있다는 견해를 뒷받침한다.

3) 언어사회화(language socialization) 과정으로서의 쓰기 지도

최근 쓰기 지도와 관련한 일련의 연구에서는 작문을 결과 혹은 과정으로 보는 이분법적 패러다임에서 벗어나, 전문가인 교사와 주체적인 학습자 간의 상호작용을 통한 언어사회화 과정으로 본다(참조: Ochs & Schieffelin, 1984; Reid, 1994). 교사는 학문목적 글쓰기(academic writing)를 위주로 한 특정 작문 장르의 전문가로서 학습자에게 뚜렷한 방향을 제시하고, 학습자는 주체적인 선택을 통해 문제 해결 과정에 적극적으로 개입함으로써 교사와 학습자 모두가 의미협상(negotiation of meaning) 과정에 참여한다(Cazden, 1988; Freedman & Katz, 1987; Harris, 1990; Walker, 1992). Sperling(1990)은 이러한 의미협상 과정의 연구를 통해 학습자의 참여가 일정하게 이루어지는 것이 아니라, 본인의 선택과 결정을 최소화하고 교사의 결정을 최대화하고자 하는 태도에서부터 학습자가 스스로 의견과 방향을 제시하려는 모습까지의 다양한 참여 방식이 한 담화 내에서도 공존함을 보여 주었다.

다음 절에서는 녹음 및 녹화를 기반으로 보다 직접적인 연구 방법을 사용해 의미협상 과정에서 교사와 학습자가 구체적으로 어떤 발화를 하는지 분석한 연구를 중심으로 쓰기 지도 담화를 살펴본다.

3. 쓰기 지도 담화

과정중심 지도법이 널리 보급되면서, 교사가 학습자의 글을 읽고 학습자의 작문 단계에 따라 피드백(feedback)을 제공하는 것이 작문 교육의 중요한 부분으로 자리잡게 되었다(Patthey-Chavez & Ferris, 1997). 특히 작문 과정에서 학생들의 개별성이 부각됨에 따라 피드백 제공 방식의 일환으로 교사와 학생 간의 쓰기 협의(writing conference)가 각광받게 되었다. 일대일 쓰기 협의는 각기 다른 작문 단계에 있는 학생과 교사 간의 상호 이해를 증진시키고 학생이 스스로에게 맞는 보다 주체적인 결정을 내리는 과정을 도와주는 역할을 한다(Calkins, 1986; Carnicelli, 1980; Goldstein & Conrad, 1990; Murray, 1985; Walker, 1992).

동시에 학교 내에 쓰기 교육 센터(writing center) 등이 설립되면서 교사와 학생뿐만 아니라 동료 학생 튜터와 학생 간의 쓰기 협의도 널리 파급되었다(Topping, 1996; Williams, 2005). Bruffee(1984)는 이 같은 학생들 간의 상호 협력이 학습자뿐만 아니라 학생 글쓰기 튜터에게도 여러 이점이 있음을 강조하였다. 특히 두 참여자 모두 협의를 통해 글쓰기 과정에서 요구되는 지각 능력(Bargh & Schul, 1980; Doise & Mugny, 1984; Durling & Schick, 1976; Foot et al., 1990; Forman, 1994; Gartner, Kohler, & Riessman, 1971; Webb, 1982), 계획 및 평가 등의 상위인지능력(meta-cognitive skills)(Hartman, 1990; Sternberg, 1985),

그리고 사회상호작용능력(social interaction skills)(Falchikov, 2001; Rogoff, 1990; Sideridis et al., 1997; Topping, 1996; Topping & Ehly, 1998) 등을 증진시킬 수 있다.

이 글은 다양한 쓰기 지도 형식 중, 이같은 교사와 학생 간의 쓰기 협의와 동료 학생 간의 쓰기 협의 등의 일대일 쓰기 지도 담화를 다룬다.

1) 기저 원칙(underlying principle)

최근의 쓰기 지도는 학습자의 자율성이라는 교육의 기저 원칙에 큰 영향을 받았다. 전통적인 교사 중심의 지도보다 학생 중심의 지도가 널리 보급되면서 학생 스스로 글의 목적, 주제, 형식, 책략 등을 결정하고 통제할 수 있는 능력을 기르는 것이 쓰기 교육 커리큘럼의 궁극적인 목표로 명시되었다(McCombs, 1989; Nunan, 1988; Ponton, Derrick, & Carr, 2005; Rivers, 2001). 이에 따라 쓰기 협의 상황하에서 교사나 튜터는 학습자가 스스로 자신의 글쓰기 과정을 모니터할 수 있는 자각 능력을 기를 수 있도록 돕는 역할을 맡게 되었다(Dam & Legenhausen, 1999; Pintrich, 2000; Schunk, 2005; Zimmerman, 1989).

한편 교사 혹은 튜터의 전문성에 기반한 조언은 쓰기 협의의 중요 요소이다. Heritage와 Sefi(1992)에 따르면 조언하기는 조언자가 보다 선호되는 행동 지침을 조언받는 이에게 부여하는 과정이다. 쓰기에 관한 조언은 작문의 지엽적인 부분의 교정에서부터 글쓰기 전반적인 과정에서의 해결책을 포함한다(Waring, 2007). 또한 조언하기는 기본적으로 조언자와 조언을 받는 자 간에 지식의 불균형이 존재한다는 것을 전제한다(Butler, Potter, Danby, Emmison, & Hepburn, 2010; Heritage & Sefi, 1992; Hutchby, 1995; Linell & Luckmann, 1991). 특히 쓰기 지도 담화와 같은 제도적 대화(institutional talk)에는 이러한 참여자 간 불균형이 기저에 깔려 있다. 이 같은 상황에서는 교사나 튜터가 쓰기 자체에 관한 한 학습자보다 많은 경험과 지식이 있으며,

이러한 지식을 전달함으로써 학습자의 쓰기가 향상될 수 있다는 것이 전제되기 때문이다.

화용론에서 널리 사용되는 Brown과 Levinson(1987)의 용어를 빌리면 조언하기는 인정받기를 원하는 학습자의 적극적 체면(positive face)과 참견받기 원하지 않는 학습자의 소극적 체면(negative face) 모두를 위협할 수 있는 체면 위협 행동(face threatening act)에 해당한다(Waring, 2007). 이와 관련해 Goldsmith와 Fitch(1997)는 일상 담화에서 나타난 112개의 조언 연속체(advising sequence)를 데이터로 한 민족지학적(ethnographic) 연구를 통해 조언이 조언받는 이에게 비판적 참견으로 받아들여질 수 있음을 보여 주었으며, Heritage와 Sefi(1992), Stivers(2005) 등은 의학 담화 연구를 통해 환자가 의사 혹은 건강 조무사의 조언을 어떻게 거부하는지 보여 주었다. 아래 소개될 다양한 연구에서 볼 수 있듯, 학습자에게 최대한의 자율성을 부여하려는 교육의 기저 원칙과 조언자의 지식적 우위를 전제로 학습자의 체면을 위협할 수 있는 교사나 튜터의 조언은 쓰기 협의 과정에 큰 영향을 미치며 참여자 간의 상호작용을 통해서 협상되어야 하는 문제다.

2) 교사 담화

위에서 언급된 조언의 체면 위협적인 특성과 관련하여 교사가 조언을 통해 비판자와 서포터의 역할을 어떻게 동시에 구현하는지에 대한 연구를 소개하겠다. 영국 대학 맥락에서 일어나는 두 쌍의 대학원생 튜터와 학부생 학습자 간의 쓰기 협의를 비디오 데이터와 인터뷰 데이터를 사용해 관찰 연구한 Angouri(2012)에 따르면, 튜터의 담화는 복잡한 양상을 보인다. 학습자가 봉착한 문제를 이해하고 해결하는 과정에서 튜터는 주로 지시문(directive)을 사용하여(예: put the tables in an appendix) 전문가로서의 역할을 구축하는 한편, 다양한 해석의 여지가 있는 문제의 경우 망설임 표현(hesitation marker)이나 완화 책략(mitigation strategy) 등을 사용해(예: um I guess it depends) 쓰기 과정의 어려움을 나누는 동료로서의 역할을 한다. 즉, 튜터와 학습자의 역할 분담은 유동적이며 협상되는 것이다.

Waring(2007)은 동료 대학원생 간의 쓰기 협의 데이터에서 나타난 143개의 조언 연속체에 나타나는 설명(account)의 역할을 분석하였다. 튜터의 조언이 문법이나 철자 등과 같은 지엽적인 문제에 관한 것일 경우나 학습자가 조언을 요구한 경우에 한해 튜터는 설명 없이 학습자에게 조언하였으나, 그 외 대부분의 경우에 튜터는 조언 전, 조언 직후, 조언이 받아들여지지 않은 후, 조언이 받아들여진 후의 순서로 다양한 말차례(turn) 순서에서 설명을 제공하였다. 다음 예시는 데이터에서 가장 많은 나타난 패턴인 튜터가(Heidi) 학습자에게(Lena) 조언 전 말차례에서 설명을 제공한 경우를 보여 준다(p. 376):

예시문 (1)

1 Heidi: Um (.) It's six people 〉three male three female〈
2 right?
3 Lena: U:h four female, two male.
4 Heidi: → Okay, I guess ( ) 〉i- i-〈 it's hard for me
5 → [to figure out wh]ich- ( ) male [( )fe] male( )
6 Lena: [〉all right.〈] [°okay°.]
7 → So: [shall I sa:y fo]u:r? 〉okay.〈
8 Heidi: [(so it's four)] Y[e a h.]
9 Lena: [〉°all right.°〈]

위 예시문에서 튜터는 문답 연속체를 개시하고 학습자의 글이 명확하지 않음을 설명함으로써(lines 4-5) 학습자 스스로가 조언을 도출하게끔 한다(line 7). Waring에 따르면 이처럼 튜터는 학습자에게 직접 조언하기 전에 문제를 명시하거나 학습자가 조언을 받아들였을 경우 어떤 이점이 있는지 설명함으로써 조언의 적절성(relevance)을 높인다. 이는 궁극적으로 학습자의 체면을 보호하고 학습자가 조언을 받아들이게끔 함으로써 쓰기 지도의 효율을 높인다.

위 연구를 확대 발전시킨 연구에서 Waring(2012)은 조언 연속체는 크게 학습자의 글에 어떤 문제가 있는지, 어떤 조언이 적합한지, 조언을 구체적으로 어떻게 구현할 것인지로 이루어짐을 밝혔으며 이 같은 과정에서 참여자 모두가 설명이 수반된 조언과 학습자 개시 해결책을 선호함을 확인하였다.

핀란드 대학에서 석사학위논문 쓰기 협의 담화를 분석한 Vehviläinen (2009)의 연구는 교사와 학생의 다른 관점이 협의 과정에서 어떻게 나타나는지 보여 준다. 대체로 교사는 문제 제시를 통해 학생이 논문의 전반적인 구조를 재고하도록 조언하는 반면, 학생은 협의을 통해 제시된 문제를 즉각적으로 해결하기를 원한다. 또한 같은 데이터를 기반으로 2012년에 수행된 Vehviläinen의 연구에 따르면 교사 개시 조언은 학생들과의 문답 연속체가 선행되는 경우가 많다. 즉, 다음 예시와 같이 교사는 조언하기(lines 18-20)에 앞서 학생에게 질문(lines 8, 10)한다(p. 44).

예시문 (2)

08 T: → do: you: think it's in a good place.
09 S: (1.5)
((S begins to leaf through the papers, T turns gaze to him))
10 T: → [here.
11 S: [((quick smile))
12 (1.2) ((S gazes in papers))
13 S: mhheh (0.4) maybe no::t? mhh
14 (0.4) ((S searches through papers))
15 S: maybe it could be placed to,
16 (4.0) ((S reads))

17 S: in a way (--) (--) (in the--)
18 T: → yes because there is so much information there so that it
19 → isn't any sort of short introduction
20 → to this chapter two, ... ((T continues advice))

Vehviläinen에 따르면 이같은 질문은 쓰기 협의 과정에서 교사가 학습자에게 조언하기에 앞서 1) 조언할 만한 문제를 알리는 역할, 2) 불필요한 조언을 피하는 역할, 3) 학생의 이해도를 알아보는 역할, 4) 학생의 조언 거부를 피하는 역할을 수행한다.

Thompson(2009)은 대학교 4학년인 튜터와 신입생 학습자 간의 쓰기 협의를 집중적으로 관찰한 결과, 튜터의 언어 사용뿐만 아니라 손동작과 같은 제스처 또한 쓰기 지도에 큰 역할을 담당한다고 주장한다. 그는 튜터의 지도를 1) 예시, 설명, 대답하기 등의 직접 지도(예: ... but go on maybe one or two more sentences / 손으로 가리키기), 2) 힌트 주기, 문제-해결 책략 제공하기 등의 인지적 비계(cognitive scaffolding)(예: If you are more fit, you can do... / 모든 동작을 멈춤으로 학생의 적극 참여 유도), 그리고 3) 공감하기 등의 동기적 비계(motivational scaffolding)(예: I know that you don't want to hear that, but / 유머스러운 동작)로 분류하였다. Thompson에 의하면 직접 지도를 통해 지식을 전달하는 것뿐만 아니라 비계를 통해 쓰기 과정에 학습자가 적극적으로 참여하도록 유도하고 동기를 부여하는 것이 튜터의 중요한 역할이며, 이는 궁극적으로 튜터가 학습자에게 보다 적합한 조언을 제공할 수 있도록 한다.

3) 학습자 담화

최근 쓰기 지도 담화 연구는 교사 발화의 형태와 역할뿐만 아니라 학생 발화에도 중점을 두고 이루어진다. Waring(2005, 2007)은 위에서 언급된 대학원생 간의 쓰기 협의 데이터에서 학생이 튜터의 어떤 조언을 어떻게 받아들이거나 거부하는지 연구하였다. 선행 조언 거부에 관한 연구에서 Waring(2005)은 조언 거부의 형태를 세 가지로 구분하였다. 글쓰기 전반적인 문제에 관한 조언의 경우, 학습자는 응답을 미루거나 조언을 받아들이는데 따르는 어려움을 표출한다(예: We couldn't find any literature). 한편 글 내용에 관한 문제에 관한 조언의 경우, 학습자는 자신 혹의 지도 교수의 지식적 권위에 호소한다(예: Let me give what Ju-let me give you Janine's tape. What she said. She wants me to do.). 문법 등의 지엽적인 문제를 다루는 경우, 학습자는 주제를 바꾸거나 글 전반의 명확성 등의 보다 상위 요소를 우선시함으로써 튜터의 조언을 거부한다. 이러한 다양한 형태의 조언 거부는 글쓰기 전문가인 튜터와 글 주제에 관한 전문 지식을 가진 학습자 간의 대립 표출로, 이들의 복잡한 지식 관계가 글쓰기 지도 과정에 있어서 서로 협상되어야 함을 보여 준다.

이후 Waring(2007)은 학습자가 조언을 어떻게 받아들이는지도 관찰하였다. 조언을 인정하는 것(Okay) 외에도 크게 두 가지의 관행(practice)이 관찰되었는데, 첫째로 학습자는 튜터의 조언을 받아들일 때 자신 역시 같은 의견임을 피력하곤 한다(예: Yes. I thought the same thing. Uh Exactly. Yes). 둘째로 학습자는 튜터의 조언을 받아들이기 전에 현재의 선택이 어떤 이유에 기인한 것인지 설명한다(예: °Okay.° .hh 〉YAH〈 I- I- I SAW it in somebody else's u:m (.) piece. then I thought w' maybe I need to remind the reader who these people are.=That's why I put it in there). Waring에 따르면 학습자는 이러한 관행을 통해서 스스로를 주체적인 참여자로 명시하며 튜터와 학습자 간의 역할 균형을 추구한다.

이와 같은 맥락에서 Vehviläinen(2009)은 학습자가 논문 쓰기 지도를 받는 과정에서 자율적으로 문제를 해결하는 것을 추구하는 동시에 해결할 수 없는 문제에 봉착하였을 때 어떻게 조언을 구하는지 보여 준다. 10쌍의 교사와 학생들 간의 쓰기 협의에서 나타난 90개의 조언 구하기 연속체 중, 학생은 20개의 연속체에서 의문사가 있는 의문문 등을 사용해 지식의 부재를 드

표 1. 의문문과 평서문 형식의 질문 연속체(questioning sequence) 비교 (Park, 2012a, p. 624 응용)

Whole Sequence	FPP(First Pair Part)	**S: Yes/No Interrogative Question**
	SPP(Second Pair Part) (extended)	T: Elaborate Response
	Third Turn Receipt	S: Marked Acknowledgement (e.g., Oh)
	Post Sequence Expansion (optional)	T: Further Elaboration

Whole Sequence	Ongoing Sequence	
	Sequence-Closing Sequence	
	FPP	**S: Yes/No Declarative Question**
	SPP	T: Confirmation
	Third Turn Receipt	S: Shift-Implicative Acknowledgement (e.g., Okay)
	Post Sequence Expansion (optional but frequent)	T: Further Elaboration

러냈으며(예: in WHAT way can I use THEM (here)), 그 외 70번의 연속체에서는 일반 의문문을 사용해 문제에 대한 이해를 드러내거나 스스로 해결책을 제시하고자 하였다(예: may I- (0.8) this sort of a general map↑is it ok to take it from some 〈other,〉 (0.5)). 이러한 형태의 발화는 학습자의 지식을 표출함과 동시에 교사의 조언을 도출하기에 보다 선호되는 조언 구하기의 형태로 나타났다.

Park(2012a, 2012b)은 3명의 조교와 30명의 학부생 간의 쓰기 협의에서 나타나는 학습자의 다양한 질문 형태를 보다 구체적으로 분석하였다. 새로운 주제 혹은 해당 연속체에서 처음 언급되는 주제일 경우, 학습자는 일반 의문문 형식을 사용해 학습자와 교사 간의 지식 불균형을 부각시키며 조언을 구하는 것에 중점을 둔다(예: Should I mention this befo:re). 이미 언급된 주제이거나 교사의 설명이 선행된 경우, 학습자는 평서 의문문(declarative question) 형식을 사용하여 학습자와 교사 간의 지식의 불균형을 최소화하고 문제에 대한 이해를 확인받는 것에 초점을 맞춘다(예: So I have to strengthen my discussion)(Park, 2012a). 표 1에서 볼 수 있듯, 학습자의 질문 형식, 교사의 응답, 이어지는 학습자의 말차례는 해당 주제에 관한 참여자 간의 지식 불균형 정도에 따라 연속체 전반에 걸쳐 다르게 나타난다.

Park(2012b)은 같은 데이터를 사용한 연구에서 학습자가 간접 의문문(embedded question) 형식을 사용해 질문함으로써 지식의 부재를 직접적으로 드러낼 경우(예: I don't know if that should just be my focus though, like how structured the class was), 질문하기에 앞서 글쓰기 과정에서 나타난 문제를 자세히 설명하며 이에 대한 본인의 이해 및 해결 노력을 언급하는 것을 관찰하였다. 이는 위의 여러 연구에서 언급된 주체적인 글쓰기와 참여자 간의 지식 불균형을 교사뿐만 아니라 학습자 역시 크게 염두에 두고 있음을 반영한다.

4) 외국어로서의 영어 쓰기 지도 담화

외국어로서의 영어 쓰기 지도 담화는 주로 교사 담화 위주로 연구되었다. Thonus(2004)는 미국 대학 내의 쓰기 교육 센터에서 진행된 44개의 쓰기 협의를 녹음한 데이터를 기반으로 20명의 대학원생 튜터와 25명의 원어민 쓰기 학습자 혹은 19명의 비원어민 쓰기 학습자 간의 상호작용을 비교 분석하였다. 무엇보다 비원어민 학습자와 쓰기 협의를 할 때 튜터는 더 긴 말차례와 지시문(예: Oh, that's not going to be your job is to try to support his claims)등을 활용해 의사소통 우월성(communicative dominance)을 보인다. 협의 시작과 마무리 단계에서도 두 그룹의 협의가 차이를 보이는데, 원어민 학습자와의 협의 시작 단계에서는 서로를 소개하고 쓰기 과제를 알아가는 긴 인사 연속체(greeting sequence)가 나타나는 반면, 비원어민 학습자와의 협의 시작 단계에서는 이러한 과정 없이 바로 당면한 문제에 관한 대화가 진행되는 경향이 있다. 한편 협의 마무리 단계에서 비원어민 학습자는 원어민 학습자에 비해 튜터의 권위에 대한 신뢰를 직접적으로 표현하는 긴 감사 연속체(thanking sequence)를 개시하곤 한다.

Koshik(2002, 2005)은 8명의 대학 내의 외국어로서의 영어(ESL) 수업 교사와 4명의 학생 간의 협의를 녹화하여 교사가 사용하는 다양한 질문의 형식과 역할을 분석하였다. 특히 오류 수정 연속체(error correction sequence)에서 교사는(TJ) 자신의 말차례를 일부러 끝맺지 않음으로써 다음 예시에서 볼 수 있듯, 학습자가(SH) 스스로 오류를 찾고 수정할 수 있도록 힌트를 제공하거나(line 185) 학습자가 스스로 아이디어를 내어 말차례를 끝맺을 수 있도록 한다(line 187)(Koshik, 2002, p. 287):

예시문 (3)

181 TJ: .h: ((reading)) 〉he died not from injuries.〈
182 (0.5) ((TJ and SH gaze silently at text))
183 but drowned
184 (1.2) ((TJ and SH gaze silently at text))
185 → 〈after he〉
186 (4.5) ((TJ and SH gaze silently at text))
187 SH: → had been?
188 TJ: there ya go.
189 (4.0) ((TJ writes on text))
190 had been left there for thirteen hours
191 °without any aid.°
192 SH: um hum.

또한 교사는 비판을 내포하는 일반 의문문(예: is that what this paper's about?)이나 선택 의문문(예: is he bored or boring)을 통해서 학습자의 글을 비판하거나 학습자의 오류 수정을 유도하기도 한다(Koshik, 2005).

Hyland와 Hyland(2012)는 호주 대학에서 영어 수업을 가르치는 2명의 교사들이 6명의 학습자가 제출한 글에 대해 제공한 글로 된 피드백과 인터뷰 데이터를 기반으로 교사의 피드백 제공 방식과 그에 따른 학습자 반응을 연구하였다. 먼저 학습자에게 주어진 글로 된 피드백에는 칭찬, 비판, 제안이 골고루 분포되어 있었다. 제안의 경우 글의 내용과 학문목적 글쓰기의 형식(academic writing convention)에 관한 사항이 동등하게 주를 이루었으며, 그 다음으로 글의 구조와 문법에 관한 제안이 나타난다. 특히 피드백의 주를 이루는 완화된 조언(mitigated advice) 중에는 칭찬과 제안이 함께 수반된 피드백이 인상적이다(예: Good content except that it lacks a focus (i.e., a main idea). If you had made your main idea, you could have linked it all much better). 인터뷰 데이터에 드러난 교사의 조언에 대한 학생들의 반응에 의거하면, 비원어민 학습자들이 언어사용의 정확성에 관한 문법 위주의 피드백을 원할 것이라는 예상과 다르게 지시문을 사용한 문법 지도(예: Tell me what to do, I am not a native speaker)에서부터 아이디어와 글의 구성에 관한 지도(예: Grammar I can check by myself with a grammar book or a dictionary, but the ideas and the organization I can't do myself well)까지 다양한 기대와 요구 사항을 가지고 있음을 알 수 있다.

우리나라 교육 상황에서 쓰기 지도 담화에 대한 연구로는 Park(2007, 2011)이 있다. 학습자들이 대학 영어 수업의 필수 요건을 충족시키기 위해 글쓰기 수정 단계에서 영어 쓰기 교실을 방문해 튜터와 함께 한국어로 쓰기 협의를 하는 과정이 연구 데이터로 사용되었다. Park(2007)에 발표된 튜터가 사용하는 질문에 관한 연구에 따르면, 튜터는 평서 의문문(44.5%), 일반 의문문(23.7%), 의문문이 있는 의문문(15.4%), 부가 의문문(10.6%) 등의 순서로 학습자에게 질문하며, 이 같은 질문의 주요 역할로는 불확실한 부분 확실시, 학습자의 의도 확인, 제안하기 등이 있다. 또한 이후 수행된 한국어 쓰기 협의에서 나타난 조언하기 연속체에 관한 연구에서는 문법과 어휘 선택에 관련한 조언의 흥미로운 차이가 발견되었다(Park, 2011). 문법 관련 문제에 있어서는 튜터가 첫 번째 말차례에서 문제를 지적하는 동시에 교정하며, 두번째 말차례에서 학습자가 이를 인정함으로써 연속체가 마무리된다. 이에 반해, 어휘 선택 관련 문제에 있어서의 튜터의 조언은 여러 말차례에 걸쳐 나타난다. 튜터는 우선 학습자의 특정 어휘 사용을 문제시하기 위해 명료화 요구(clarification request)를 한 후 학습자의 응답을 기반으로 다음 말차례에서 조언한다. 이는 위에서 소개된 모국어로서의 영어 쓰기 지도에서 나타난 바와 마찬가지로 조언에 앞서 이의 타당성을 구축함으로써 학습자가 문제를 인식하고 조언을 쉽게 받아들이게끔 돕는 역할을 한다.

4. 결론

지금까지 이 글에서 살펴본 쓰기 지도 담화 연구의 쟁점들을 정리하면 다음과 같다. 먼저, 쓰기 협의는 교사의 전문성을 기반으로 하는 한편, 학습자의 자율성 증대를 염두에 둔 학생 중심의 지도를 추구한다. 교사는 부연 설명, 질문, 완화 책략, 제스처 등을 활용하여 학습자의 자율성을 존중하고 조언 과정에의 적극적인 참여를 유도한다(Angouri, 2012; Thompson, 2009; Vehviläinen, 2009, 2012; Waring, 2007, 2012). 한편, 학습자 발화의 형태와 역할을 집중적으로 관찰한 최근 연구에 따르면, 학습자는 일반 의문문, 의문사가 있는 의문문, 간접 의문문, 평서 의문문 등의 질문 형태를 해당 연속체에 맞게 선별함으로써 글쓰기 과정에서의 주체성을 표출하는 동시에 교사의 전문 지식에 기반한 조언을 구한다(Park, 2012a, 2012b; Vehviläinen, 2009). 이같은 관행은 학습자가 교사의 조언에 반응할 때에도 나타난다. 조언을 받아들어거나 거부할 때에 학습자는 본인의 선택과 의견을 표현함으로써 스스로를 주체적인 참여자로 피력한다(Waring, 2005, 2007).

우리나라에서의 영어 쓰기 교육에 가장 직접적인 관련이 있는 연구로는 외국어로서의 영어 쓰기 지도 담화를 살펴본 연구일 것이다. 비원어민 쓰기 학습자의 경우 글의 주제나 구성 등의 상위 요소에 관한 협의보다는 문법이나 어휘 선택 관련 문제에 관한 협의가 많이 이루어지는 것이 지금까지의 일반적인 경향으로 보이나(Koshik, 2005; Park, 2011), Hyland와 Hyland(2012)의 최근 연구에 따르면 비원어민 학습자 역시 문법 등의 하위 요소에 관한 직접적인 지시뿐만 아니라 글쓰기 전반에 관한 지도에 대한 다양한 기대와 요구사항을 가지고 있음을 알 수 있다. 외국어로서의 영어 쓰기 지도 담화에 관해 지금까지 수행된 연구는 교사 발화에 중점을 두고 있다. 따라서 비원어민 학습자 발화는 앞으로 더 많이 연구되어야 할 분야이다. 비원어민 학습자 발화에 대한 이해가 선행되어야 학생 중심의 외국어 쓰기 지도, 더 나아가 우리나라 학습자들의 상황에 맞는 체계적인 영어 쓰기 지도를 할 수 있을 것이다.

참고문헌

Angouri, J. (2012). "Yes that's a good idea": Peer advice in advice discourse at a UK university. In H. Limberg & M. A. Locher (Eds.), *Advice in discourse* (pp. 119-143). Amsterdam: John Benjamins.

Bargh, J. A., & Schul, Y. (1980). On the cognitive benefits of teaching. *Journal of Educational Psychology, 72*(5), 593-604.

Brannon, L., & Knoblauch, C. (1982). On students' rights to their own texts: A model of teacher response. *College Composition and Communication, 33*(2), 157-166.

Brown, P., & Levinson, S. C. (1987). *Politeness: Some universals in language usage*. Studies in interactional sociolinguistics. Cambridge, UK: Cambridge University Press.

Bruffee, K. A. (1984). Peer tutoring and the "conversation of mankind". In G. A. Olson (Ed.), *Writing centers: Theory and administration* (pp. 3-15). Urbana, IL: The National Council of Teachers of English.

Butler, C. W., Potter, J., Danby, S., Emmison, M., & Hepburn, A. (2010). Advice-implicative interrogatives: Building "client-centered" support in a children's helpline. *Social Psychology*

Quarterly, *73*(3), 265-287.

Calkins, L. M. (1986). *The art of teaching writing*. Portsmouth, NH: Heinemann.

Carnicelli, T. A. (1980). The writing conference: A one-to-one conversation. In T. R. Donovan & B. W. McCelland (Eds.), *Eight approaches to teaching composition* (pp. 101-131). Urbana, IL: The National Council of Teachers of English.

Cazden, C. (1988). *Classroom discourse: The language of teaching and learning*. Portsmouth, NH: Heinemann.

Clyn, M. (1981). Culture and discourse structure. *Journal of Pragmatics*, *5*, 61-66.

Clyn, M. (1987). Research frontiers in writing analysis. *TESOL Quarterly*, *21*, 677-696.

Cumming, A. (1986). Writing expertise and second language proficiency. *Language Learning*, *39*, 81-141.

Dam, L., & Legenhausen, L. (1999). Language acquisition in an autonomous learning environment: Learners' self-evaluations and external assessments compared. In S. Cotterall & D. Crabbe (Eds.), *Learner autonomy in language learning: Defining the field and effecting change*. Frankfurt, Germany: Peter Lang.

Doise, W., & Mugny, G., (1984). *The social development of the intellect*. Oxford, UK: Pergamon Press.

Durling, R., & Schick, C. (1976). Concept attainment by pairs and individuals as a function of vocalization. *Journal of Educational Psychology*, *68*(1), 83-91.

Eggington, W. G. (1987). Written academic discourse in Korean: Implications for effective communication. In U. Conner & R. B. Kaplan (Eds.), *Writing across languages: Analysis of L2 text*. Reading, MA: Addison-Wesley.

Emig, J. (1971). *The composing process of twelfth graders*. Urbana, IL: The National Council of Teachers of English.

Falchikov, N. (2001). *Learning together: Peer tutoring in higher education*. London: Routledge.

Flower, L., & Hayes, J. R. (1981). A cognitive process theory of writing. *College Composition and Communication*, *32*(4), 365-387.

Foot, H. C., Shute, R. H., Morgan, M. J., & Barron, A. (1990). Theoretical issues in peer tutoring. In H. C. Foot, M. J. Morgan, & R. H. Shute (Eds.), *Children helping children* (pp. 65 - 92). London: John Wiley.

Forman, E. (1994). Peer collaboration as situated activity: Examples from research on scientific problem solving. In H. C. Foot, C. J. Howe, A. Anderson, A. K. Tolmie, & D. A. Warden (Eds.), *Group and interactive learning* (pp. 3-8). Southampton, UK: Computational Mechanics.

Freedman, S. W., & Katz, A. M. (1987). Pedagogical interaction during the composing process: The writing conference. In A. Matsuhashi (Ed.), *Writing in real time: Modeling production processes* (pp. 58-80). Norwood, NJ: Ablex.

Gartner, S., Kohler, M., & Riessman, F. (1971). *Children teach children: Learning by teaching*. New York: Harper and Row.

Goldsmith, D. J., & Fitch, K. (1997). The normative context of advice as support. *Human Communication Research, 23*(4), 454-476.

Goldstein, L. M., & Conrad, S. M. (1990). Student input and negotiation of meaning in ESL writing conferences. *TESOL Quarterly, 24*(3), 443-460.

Graves, D. (1983). *Writing: Teachers and children at work*. Portsmouth, NH: Heinemann.

Harris, M. (1990). Teacher/student talk: The collaborative conference. In S. Synds & D. Rubin (Eds.), *Perspectives on talk and learning* (pp. 149-161). Urbana, IL: The National Council of Teachers of English.

Hartman, H. J. (1990). Factors affecting the tutoring process. *Journal of Educational Development, 14*(2), 2-6.

Heritage, J., & Sefi, S. (1992). Dilemmas of advice: Aspects of the delivery and reception of advice in interactions between health visitors and first time mothers. In P. Drew & J. Heritage (Eds.), *Talk at work: Interaction in institutional settings* (pp. 359-419). Cambridge, UK: Cambridge University Press.

Hinds, J. (1983). Contrastive rhetoric: Japanese and English. *Text*, 3, 183-195.

Hutchby, I. (1995). Aspects of recipient design in expert advice giving on call-in radio. *Discourse Processes, 19*, 219 - 238.

Hyland, K., & Hyland, F. (2012). 'You could make this clearer': Teachers' advice on ESL academic writing. In H. Limberg & M. A. Locher (Eds.), *Advice in discourse* (pp. 53-72). Amsterdam: John Benjamins.

Jenkins, S., & Hinds, J. (1987). Business letter writing: English, French, and Japanese. *TESOL Quarterly, 12*, 327-349.

Kaplan, R. B. (1966). Cultural thought patterns in inter-cultural education. *Language Learning, 16*, 1-20.

Koshik, I. (2002). Designedly incomplete utterances: A pedagogical practice for eliciting knowledge displays in error correction sequences. *Research on Language and Social Interaction, 35*(3), 277-309.

Koshik, I. (2005). *Beyond rhetorical questions*. Amsterdam: John Benjamins.

Kress, G. (1982). *Learning to write*. London: Routledge.

Linell, P., & Luckmann, T. (1991). Asymmetries in dialogue: Some conceptual preliminaries. In I. Markova & K. Foppa (Eds.), *Asymmetries in dialogue* (pp. 1-20). Savage, MD: Barnes & Noble.

McCombs, B. L. (1989). *Self-regulated learning and academic achievement: A phenomenological view*. New York: Springer-Verlag.

McKee, B. (1974). Types of outlines used by technical writers. *Journal of English Teaching Technique, 7*, 30-36.

Moran, C. (1981). A model for teacher training programs in the field of writing. *Journal of Basic Writing, 3*(2), 64-78.

Murray, D. M. (1979). The listening eye: Reflections on the writing conference. *College English, 41*(1), 13-18.

Murray, D. M. (1985). *A writer teaches writing* (2nd ed.). Boston: Houghton Mifflin.

Nunan, D. (1988). *The learner-centered curriculum*. Cambridge, UK: Cambridge University Press.

Ochs, E., & Schieffelin, B. B. (1984). Language acquisition and socialization: Three developmental stories. In R. A. Shweder & R. LeVine (Eds.), *Culture theory: Mind, self, and emotion* (pp. 276-320). Cambridge, UK: Cambridge University Press.

Park, Y-Y. (2007). The use of questions in EFL writing tutorial discourse. *Discourse and Cognition, 14*(2), 73-98.

Park, Y-Y. (2011). Advice giving in college EFL writing tutorials. *Discourse and Cognition, 18*(3), 139-167.

Park, I. (2012a). Asking different types of polar questions: The interplay between turn, sequence, and context in writing conferences. *Discourse Studies, 14*(5), 613-633.

Park, I. (2012b). Seeking advice: Epistemic asymmetry and learner autonomy in writing conferences. *Journal of Pragmatics, 44*, 2004-2021.

Patthey-Chavez, G. G., & Ferris, D. R. (1997). Writing conferences and the weaving of multi-voiced texts in college composition. *Research in the Teaching of English, 31*, 51-90.

Pianko, S. (1979). A description of the composing processes of college freshman writers. *Research in the Teaching of English, 13*, 5-22.

Pintrich, P. R. (2000). An achievement goal theory perspective on issues in motivation terminology, theory, and research. *Contemporary Educational Psychology, 25*, 92-104.

Ponton, M. K., Derrick, M. G., & Carr, P. B. (2005). The relationship between resourcefulness and persistence in adult autonomous learning. *Adult Education Quarterly, 55*(2), 116-128.

Raimes, A. (1985). What unskilled ESL students do as they write: A classroom study of composing. *TESOL Quarterly, 19*, 229-238.

Reid, J. (1994). Responding to ESL students' texts: The myths of appropriation. *TESOL Quarterly, 28*, 273-292.

Régent, O. (1985). A comparative approach to the learning of specialized written discourse. In P. Riley (Ed.), *Discourse and learning* (pp. 105-120). London: Longman.

Rivers, W. P. (2001). Autonomy at all costs: An ethnography of metacognitive self-assessment and self-management among experienced language learners. *Modern Language Journal, 85*(2), 279-290.

Rogoff, B. (1990). *Apprenticeship in thinking: Cognitive development in social context*. Oxford, UK: Oxford University Press.

Schunk, D. H. (2005). Self-regulated learning: The educational legacy of Paul R. Pintrich. *Educational Psychologist, 40*, 85-94.

Sideridis, G., Utley, C., Greenwood, C., Delguadri, J., Dawson, H., Palmer, P., & Redd, S. (1997). Classwide peer tutoring: Effects on the spelling performance and social interactions of students with mild disabilities and their typical peers in an integrated instructional setting. *Journal of Behavioral Education, 7*, 435-462.

Spack, R. (1984). Invention strategies and the ESL college composition student. *TESOL Quarterly, 18*, 649-670.

Sperling, M. (1990). I want to talk to each of you: Collaboration and the teacher student writing conference. *Research in the Teaching of English, 24*(3), 279-321.

Stallard, C. K. (1974). An analysis of the writing behaviors of good writing. *Research in the Teaching of English, 8*, 206-216.

Sternberg, R. J. (1985). *Beyond I.Q.* Cambridge, UK: Cambridge University Press.

Stivers, T. (2005). Parent resistance to physicians' treatment recommendations: One resource for initiating a negotiation of the treatment decision. *Health Communication, 18*(1), 41-74.

Thompson, I. (2009). Scaffolding in the writing center: A microanalysis of an experienced tutor's verbal and nonverbal tutoring strategies. *Written Communication, 26*(4), 417-453.

Thonus, T. (2004). What are the differences? Tutor interactions with first-and second-language writers. *Journal of Second Language Writing, 13*, 227-242.

Topping, K. (1996). The effectiveness of peer tutoring in further and higher education: A typology and review of the literature. *Higher Education, 32*, 321-345.

Topping, K., & Ehly, S. W. (1998). *Peer-assisted learning*. Mahwah, NJ: Lawrence Erlbaum.

Ulichny, P., & Watson-Gegeo, K. (1989). Interactions and authority: The dominant interpretive framework in writing conferences. *Discourse Processes, 12*, 309-328.

Vehviläinen, S. (2009). Problems in the research problem: Criticism and resistance in academic supervision encounters. *Scandinavian Journal of Educational Research, 6*(2), 185-201.

Vehviläinen, S. (2012). Question-prefaced advice in feedback sequences in Finnish academic supervision. In H. Limberg & M. A. Locher (Eds.), *Advice in discourse* (pp. 31-52). Amsterdam: John Benjamins.

Walker, C. P. (1992). Teacher dominance in the writing conference. *Journal of Teaching Writing, 11*(1), 65-87.

Waring, H. Z. (2005). Peer tutoring in a graduate writing centre: Identity, expertise, and advice resisting. *Applied Linguistics, 26*(2), 141-168.

Waring, H. Z. (2007). The multi-functionality of accounts in advice giving. *Journal of Sociolinguistics, 11*(3), 367-391.

Waring, H. Z. (2012). Yes-no questions that convey a critical stance in the language classroom. *Language and Education, 26*(5), 451-469.

Webb, N. M. (1982). Peer interaction and learning in cooperative small groups. *Journal of Educational Psychology, 74*(5), 642-655.

Williams, J. (2005). Writing center interaction: Institutional discourse and the role of peer tutors. In K. Bardovi-Harlig & B. S. Hartford (Eds.), *Interlanguage pragmatics: Exploring institutional talk* (pp. 37-65). Mahwah, NJ: Lawrence Erlbaum.

Zamel, V. (1985). Responding to student writing. *TESOL Quarterly, 19*, 79-102.

Zimmerman, B. J. (1989). A social cognitive view of self-regulated academic learning. *Journal of Educational Psychology, 81*(3), 329-339.

제20장

비판적 담화분석의 영어교육학적 활용*

이문우 한양대학교

1. 서론

최근 들어 영어교육 학계에서 주목을 받고 있는 비판적 담화분석이란 기존의 담화분석에서 초점을 맞추었던 언어학적인 분석이 아니라, 그러한 언어의 사용과 사회현상의 관계에 초점을 맞추고자 하는 담화분석을 지칭한다 (Paltridge, 2006). 즉, 비판적 담화분석은 그 이름에서 지칭하는 담화분석이라는 성격과 비판적이라는 성격이 모두 효과적으로 드러나야 하는데, 이것을 위해서 주어진 텍스트에 근거하여 언어의 사용을 분석하고 그것과 더불어 그러한 언어의 사용에 투영되어 있는 사람들의 무의식적인 이데올로기나 부지불식간에 가지고 있던 사상과 편견 등을 드러내어 평상시 당연하다고 여

* Lee, Mun Woo (2014). Utilizing critical discourse analysis in English language education. In O. Kwon (Ed.), *New horizons in English education research* (pp. 493-517). Seoul: Seoul National University Press.

겨지던 것들에 대한 재고를 가능하게 해 준다. 그렇기 때문에 비판적 담화분석에서 주로 다루고 있는 텍스트는 성(性), 인종, 문화 간 차이, 이데올로기, 또는 정체성과 관련된 사회적 이슈를 포함하고 있는 것들이 대부분이며, "담화는 사회를 반영하기도 하고 사회를 구성하기도 한다"라는 기본 전제를 가지고 있다(Rogers, 2004, p. 5).

이렇듯 비판적 담화분석이 가지는 다분히 사회학적인 특성 때문에 비판적 담화분석은 종종 사회언어학의 한 부분으로 인식되기도 한다. 하지만 지역적인 차이, 성(性), 세대, 사회계층과 같은 다양한 사회적인 변인들과 그에 따른 언어적인 요소들을 분석하는 사회언어학과 다르게 비판적 담화분석은 그러한 변인들과 언어적인 요소들 사이에 내재되어 있는 (윤리적) 판단을 포함한다는 측면에서 사회언어학과 구별되는 특성을 가지고 있다. 또한, 비판적 담화분석이 가지는 이러한 사회 비판적인 특성 때문에 비판적 담화분석은 정치학, 사회학, 외교학, 신문방송학을 비롯한 다양한 사회과학 분야에서 두루 사용되고 있다. 특별히, 이 글에서는 비판적 담화분석이 영어교육학 분야에서 어떻게 적용될 수 있는지 비판적 담화분석의 이론적 배경과 주요 연구 분야에서 이루어진 선행 연구들을 살펴봄으로써 알아보고자 한다. 이것을 통해, 우리나라에 아직까지 많이 알려지지 않은 비판적 담화분석에 대한 이해를 증진시키고 향후 비판적 담화분석을 활용한 영어교육학 관련 연구의 확산을 도모하는 데 일조할 수 있을 것으로 기대한다.

2. 이론적 배경

1) 비판적 담화분석의 배경

많은 이들에게 비판적 담화분석이라는 개념이 아직 생소한 이유는 비판적 담화분석이라는 학문 분야 자체가 등장한 지 그리 오래되지 않았기 때문이다. 비판적 담화분석이라는 이름은 1970년대 영국의 East Anglia 대학을 중심으로 활동하던 언어학자들에 의해 처음 사용된 이래 주로 영국과 호주를 중심으로 활발한 논의가 계속되어 오다가 90년대 이후부터는 미국을 비롯한 인도, 유럽 등 다수의 지역으로 그 영역을 점차 확대하게 되었다. 비판적이라는 용어가 처음 사용될 당시에는 비판적 담화분석이라는 용어 자체에 대한 동의가 아직 이루어지지 않아 비판적 언어학(critical linguistics)이라는 용어와 비판적 담화분석(critical discourse analysis)이라는 용어가 혼용되었으나, 최근 들어서는 후자가 일반적으로 사용되는 용어로 인정받고 있는 추세다 (Wodak & Meyer, 2009).

사실, 비판적 담화분석이라는 용어 자체에 있어 어느 정도의 통일이 이루어졌다고 할지라도, 비판적 담화분석은 그것을 연구하는 학자에 따라 조금씩 다른 형태로 나타난다. 이러한 경향은 Roger Flower, Bob Hodge, Gunther Kress 등으로 대변되는 초기의 비판적 언어학자들을 거쳐 1990년대 초반 네덜란드의 암스테르담에서 있었던 심포지엄을 통해 서로 간의 네트워크를 형성하게 된 Ruth Wodak, Teun van Dijk, Norman Fairclough 등에 의해 조금 더 심화되었다. 이것은 다시 말하자면, 비판적 담화분석은 앞서 언급한 것처럼 언어와 사회구조의 상호작용을 기본 전제로 하고 있지만, 구체적으로 언어와 사회구조가 어떻게 상호작용하는지 알아보는 데에는 학자마다 조금씩 다른 방법을 적용한다는 뜻으로 해석될 수도 있다.

2) Wodak의 담화-역사적 접근법

이들 세 학자들의 이론은 각기 다른 특징을 가지고 있는데, 각 학자들의 이론을 조금 더 자세히 살펴보자면 다음과 같다. 우선, 전반적인 연구 책략에서 귀납적이고 상세한 묘사를 중요하게 생각하는 사례 연구에 주로 사용되는 Wodak의 담화-역사적 접근법(Discourse-Historical Approach)은 1980년대 후반 오스트리아에서 횡행했던 반유대주의(anti-Semitism)와 민족주의적 담론에 대한 비판적 시각과 함께 등장하게 되었다. 그렇기 때문에 담화-역사적 접근법이 등장한 초기에는 이러한 반유대주의, 민족주의적 시각을 비롯한 인종차별 문제나 외국인 혐오(xenophobia) 문제를 주요 주제로 다루었으나, 2000년 이후 유럽연합(European Union) 산하 여러 기구에서 정책을 결정하는 과정이나 국가 간 외교 분쟁을 해결하는 과정에서 드러나는 힘의 논리 등으로 주제의 폭이 상당히 넓어졌다.

이렇듯 태생적으로 사회적, 정치적인 이슈들과 함께 등장한 Wodak의 담화-역사적 접근법은 연구하고자 하는 사건을 둘러싼 담화를 분석함에 있어서 담화 자체를 독립된 하나의 데이터로 보는 것이 아니라, 그러한 담화가 위치한 역사적인 맥락을 살펴보자는 것이 이 접근법의 가장 중요한 논지다. 그리고 담화와 맥락을 연결시키기 위해서 거쳐야 할 네 가지 단계를 제시하였다. 첫째, 언어 자체에 대한 고찰, 둘째, 텍스트 간 혹은 텍스트와 특정 사건 사이의 관계에 대한 고찰, 셋째, 그러한 특정 사건이 일어나고 있는 구체적인 정황에 대한 고찰, 넷째, 좀 더 넓은 의미의 정치적, 사회적, 역사적 맥락에 대한 고찰이 바로 그것이다(Wodak, 2001).

Wodak은 이러한 단계를 거치면서 직접적으로 사용할 수 있는 책략들도 같이 소개하였는데, 그러한 책략들은 주로 연구자가 할 수 있는 질문의 형태로 이루어져 있다. 예를 들어, 지명(nomination) 책략에서는 인물, 대상, 현상 등이 언어적으로 어떻게 지칭되고 있는가?, 예측(prediction) 책략에서는 그것들은 어떠한 특징을 가지고 있다고 여겨지는가?, 논증(argumentation) 책략에서는 그러한 특징화가 어떻게 정당화되는가?, 관점화(perspectivation) 책략에서는 어떠한 관점에서 이러한 과정들이 행해지는가?, 강화/완화(intensification/mitigation) 책략에서는 각각의 주장을 강화하거나 완화하기 위하여 책략이 사용되었는가?라는 질문을 일회적 혹은 반복적으로 던짐으로써 연구자로 하여금 인터뷰, 포커스 그룹 자료, 정치적 연설 등 다양한 장르에 걸친 담화 자료의 비판적인 분석을 가능하게끔 해 준다(Wodak et al., 2009).

담화-역사적 접근법이 가지는 또 하나의 특징은 바로 평론(critique)에 대한 구체적이고도 다른 접근법들과 구별되는 분류법이다. Reisigl과 Wodak(2001)은 텍스트나 담화의 내적 모순이 있는 것에 대한 문제를 제기하는 것을 내재적 평론(immanent critique), 특정 사건이나 현상에 대한 새로운 시각을 제시하는 것을 사회 진단적 평론(socio-diagnostic critique), 그리고 마지막으로 현재의 상태를 개선시키는 것을 목적으로 하는 회고적 평론(retrospective critique)으로 분류하였다. 이러한 Wodak의 담화-역사적 접근법은 독일 프랑크푸르트 학파, 특히 Habermas의 비판적 이론과 시카고 학파의 상징적 상호주의(symbolic interactionism) 이론에 그 근간을 두고 있다.

3) van Dijk의 사회인지적 접근법

Wodak과 Fairclough 사이에 위치하지만 약간 더 Fairclough 쪽으로 치우쳐 있는 van Dijk는 수년간 인종차별 문제에 천착하여 왔는데, 그중에서도 특히 인종적 편견과 불합리한 권력 구조가 세대를 거쳐 재생산되는 데에 사회 지도층이 미치는 역할에 대해 심도 있는 논의를 주도해 왔다. van Dijk가 Wodak보다 Fairclough 쪽에 가깝다는 뜻은 그의 연구 책략이 좀 더 연역적이고 일반적인 관점을 지지한다는 뜻이다. 그는 비판적 담화분석이라는 이론적 틀 안에 인지적인 요소를 반드시 포함시켜야 한다고 주장하였으며 이것을 사회인지적 접근법으로 명명하였다. 사회인지적 접근법이란 다층적이고 복합적인 인간의 인지구조는 사회적 담화 활동과 그리고 그것을 에워싸고 있는 맥락적 특성들 사이의 접점으로 작용할 수 있다는 관점이다. 즉, 지극히 사회적인 담화 텍스트와 그것을 둘러싼 지극히 객관화된 맥락도 van Dijk의 사회인지적 접근법에서는 모두 주관적인 인지능력 아래에 들어가게 된다. van Dijk에 따르면, 텍스트 자체에 대한 해석은 개개인의 인지터널을 거치게 되면서 주관적으로 바뀌게 되며, Wodak의 담화-역사적 접근법에서 객관적 영속성을 가지고 있다고 정의된 맥락이라는 것도 결국은 "개개인의 일상적인 경험을 통해 완성된 매우 주관적인 형태의 인지 모형"이라는 것이다(van Dijk, 1998, p. 193).

하지만 van Dijk(1998)에 따르면, 이러한 사회인지적 비판적 담화 접근법은 우리가 만들어 내는 담화가 얼마나 사회적 혹은 맥락적으로 적합한 것인지에 대해 객관적으로 설명할 수 있다. 그는 이것의 대표적인 예로 이데올로기(ideology)를 들고 있는데, Wodak(2001)의 담화-역사적 접근법이나 이후 다루어 볼 Fairclough(2010)의 변증법적 상관 접근법에서 이데올로기를 복잡다단한 사회적 관계에 대한 자기중심적인 표상쯤으로 묘사하고 있는데 반해서 van Dijk는 이데올로기를 "특정 집단 사이에서 공유되는 사회적인 표상들"(van Dijk, 1998, p. 8)이라는 비교적 중립적인 정의를 들어 설명하고 있다. 즉, 담화 자체가 사회적 행위이기 때문에 담화를 통해 드러나는 이데올로기는 기본적으로 사회적인 성격을 가질 수밖에 없으며, 이데올로기 자체가 그 사회에 속하는 개개인과 사회의 접점에서 그들이 가지고 있는 인지를 통해 공유되는 것이므로 주관적인 성격과 동시에 어느 정도의 일반성 혹은 객관성을 가질 수 있게 된다. 이러한 van Dijk의 사회인지적 접근법은 Moscovici의 사회심리학의 영향을 받았다.

4) Fairclough의 변증법적 상관 접근법

비판적 담화분석 연구에서 자주 인용되는 학자인 Fairclough는 van Dijk보다 더 연역적이고 일반적인 관점에서 연구를 진행한다. 그의 연구들은 사회문화적 변화와 관련하여 담화를 분석하는 것인데, 그중에서도 특히 새로운 자본주의의 등장에 관한 담화를 주로 다루곤 한다. 그는 사회문화적 변화가 더 이상 외부로부터 강압에 의해 이루어지는 것이 아니라 담화적 변화에 의해서 일어난다고 주장하였다. 즉, 앞서 말한 두 학자들과 마찬가지로 Fairclough 역시 담화란 지극히 사회적인 행위라는 입장을 취하고 있으며 더 나아가 담화적인 변화와 사회적인 변화는 그 맥을 같이한다는 점이다.

그리고 이러한 변화들은 단순히 담화라는 텍스트 차원 안에서만 일어나는 것이 아니라 "담화의 순서"(Fairclough, 2010, p. 232) 안에서도 일어난다. 담화의 순서란 의미를 만들어 각기 다른 방법들, 즉 다양한 담화들 사이의 일반적이고 상식적으로 받아들여지는 순서를 지칭하는 것으로, 예를 들자면 최근에 이루어지고 있는 재산(property)에 대한 다양한 담화들 중 가장 우선 순위로 여겨지는 담화는 다름 아닌 개인 재산(private property)이라는 것을 들 수 있겠다. 하지만 Fairclough는 여기서 그치지 않고, 이러한 담화의 텍스트적인 측면이 묘사된 후에는 반드시 텍스트와 담화행위 자체의 관계, 그리고 더 나아가서는 담화행위 자체와 더 큰 사회·문화적 틀과의 관계에 대해서 동시다발적으로 분석이 이루어져야 한다고 주장하였다. 텍스트, 담화행위, 사회문화의 이러한 유기적인 관계 때문에 Fairclough의 변증법적 상관 접근법은 자연히 관계적일 수밖에 없으며, 그것들 간의 상호작용을 분석하는 것이므로 변증법적 성격을 지니게 되는 것이다.

변증법적 상관 접근법은 Wodak의 담화-역사적 접근법이나 van Dijk의 사회 인지적 접근법과 비교하였을 때, 비판적 언어학의 영향을 가장 많이 받았으며(Fowler, 1996), Fairclough와 그의 동료들은 비판적 담화분석을 Anthony Giddens, Antonio Gramsci, Chantal Mouffe, Ernesto Laclau, Jurgen Habermas, Karl Marx, Louise Althusser, Michel Foucault, Pierre Bourdieu와 같은 학자들이 주장한 사회 이론과 체계적으로 접목시키려고 하는 노력을 거듭해 왔다. 변증법적 상관 접근법은 특히 Foucault와 Marx, 그리고 체계기능주의 언어학자(systemic functional linguist)인 Halliday와 밀접한 연관성을 가지고 있다.

3. 비판적 담화분석을 활용한 영어교육학 관련 연구 분야

앞서 살펴본 바와 같이, 비판적 담화분석은 기본적으로 담화라는 언어학적 정보와 사회구조라는 큰 틀 사이의 연관성에 기초하기 때문에 다양한 사회과학 분야에서 활발하게 활용되고 있다. 이러한 비판적 담화분석이 교육학, 특히 영어교육학에 활용된 역사는 그리 오래되지 않았지만, 최근 들어 영어교육학과 관련된 다양한 주제의 연구들이 속속 등장하고 있는 추세다. 영어교육학과 관련된 비판적 담화분석은 그것을 구체적인 연구 방법으로 사용한 것도 있지만, 기본적으로 특정 주제에 대해서 비판적으로 접근하는 방향성을 가진 것들이 많으며 기본적으로 비판의 대상이 될 만한 문제점 혹은 이슈를 내포하고 있는 주제들이 주를 이룬다. 안타깝게도 아직까지 우리나라에서는 비판적 담화분석을 활용한 영어교육학 관련 연구의 숫자가 많지 않으므로 여기에서는 외국의 연구를 중심으로 살펴보되 국내 연구가 있는 경우 그것을 함께 언급하도록 하겠다. 비판적 담화분석을 활용한 영어교육학 관련 연구 세부 분야는 아래와 같다.

1) 영어교육 정책 관련 연구

(1) 영어 이데올로기 관련 연구

한 사회가 영어라는 언어와 관련해서 취하고 있는 정책, 규제, 법률 등에 대해 살펴보는 연구는 비판적 담화분석을 활용한 영어교육 정책 관련 연구들 중 사회적인 이슈와 가장 밀접한 연관을 가지고 있는 연구 분야다. 이러한 연구들이 주목하는 주제들은 영어의 국가 공식 언어 채택 여부라든지 그와 더불어 야기되는 그 밖의 언어들의 지위와 역할에 대한 논의와 영어가 왜 한 사회에서 특권적 언어로서의 지위를 가지게 되었고, 그것이 어떻게 정치적, 경제적 가치와 연계되어 유지되는지에 대한 것들이다(Mahboob & Paltridge, 2013). 영어의 권력화를 처음으로 공론화시킨 Phillipson(1992)은 요즘과 같은 탈식민주의 시대에 영어가 권력 구조의 중요 요소로 떠오르게 된 데에는 영어를 모국어로 사용하고 있는 국가들이 국제 관계에서 우위를 차지하고 있고 그에 따라 영어라는 언어가 단순히 하나의 언어로서 기능하는 것이 아니라 영어라는 권력으로서 기능하고 있다는 것을 역설하였다. 다시 말해 Phillipson에 따르면 영어가 세계어가 된 것도 영어를 모국어로 사용하고 있는 국가들이 정치적, 경제적 우위를 이용해 세계적으로 팽창해 나간 것에서 비롯되어 최근까지도 그러한 국가들이 그렇지 않은 국가들에 비해 비교 우위를 가지고 있는 것과 깊은 연관이 있다는 것이다. 나아가 Phillipson은 이것을 언어제국주의(linguistic imperialism)라고 명명하였다.

이러한 Phillipson(1992)의 주장은 과열화된 영어교육 현상으로 몸살을 앓고 있는 최근의 한국 상황을 비판하는 연구에 이론적인 틀로서 자주 언급되고 있다. 예를 들어 Park(2008, 2009, 2010)은 세계화 현상과 더불어 영어교육 열풍이 불고 있는 한국에서 영어가 단순히 외국어로서의 의미가 아니라, 그것을 가진 자와 그렇지 못한 자의 계층을 나누고 있는 권력으로서 작용하고 있음을 비판하고 있다. 그는 특히 2010년 연구에서 한국 상황에서 영어가 하나의 상품(commodity)으로서 작용하는 현실을 자녀들의 조기 유학을 위해 싱가포르로 건너간 가족들을 중심으로 살펴보았다. 그들은 자녀들이 영어를 잘 할 수 있게끔 만드는 것이 조기 유학의 가장 큰 목표였는데 그 이유는 영어를 잘 하면 한국뿐만 아니라 세계 어느 곳에서든지 직업을 가지고 생계를 유지하는 데 유리한 입장을 가질 수 있을 것이라는 영어 이데올로기를 가지고 있었기 때문이다. 또한, 그는 영어를 좇아 국제적으로 움직일 수 있는 이 가족들이야말로 신자유주의(neoliberalism)적인 영어의 성격을 가장 잘 반영하는 표상이라고 비판하고 있다.

이 밖에 Lee(2011), Shin(2012), Song(2010) 등도 모두 조기 유학이라는 한국적 사회현상과 결부된 영어 이데올로기에 대한 연구를 실시하였다. Lee(2011)와 Song(2010)은 미국 조기 유학생을 자녀로 둔 학부모들을 대상으로 하였고, Shin(2012)은 캐나다 토론토로 조기 유학을 떠난 한국인 학생들을 그 대상으로 하였다. 비록 대상은 다르지만 모두 상품화된 영어 이데올로기를 공유하고 있었다는 점에서 다르지 않다고 할 수 있는데 이러한 관점은 특히 Gee(2005)의 비판적 담화분석 절차를 연구에 적용한 Lee(2011)의 연구에서 두드러지게 나타났다. Lee에 따르면, 자녀를 미국으로 조기 유학 보낸 학부모들은 영어가 자녀들의 미래 직업을 보장해 줄 것이며, 그러한 직업은 돈을 많이 벌 수 있는 직업으로 생각하고 있는 것으로 나타났다. 또한, 그들은 자녀를 미국으로 조기 유학을 보내는 것은 현재 자신들이 가지고 있는 사회, 경제적 지위를 나타내는 수단이라는 생각과 미국이 세계에서 가장 좋은 나라라는 생각을 공유하고 있었다.

사실, Phillipson(1992)의 언어제국주의는 지나치게 결정론적인 입장 때문에 Canagarajah(1999)와 Pennycook(2001) 같은 학자들에 의해 또 다른 비판을 불러오기도 하였다. 하지만 그것은 영어를 외국어로 배우고 있는 많은 나라들에서 불고 있는 영어 열풍 현상을 비판적 시각으로 접근하는 데 큰 역할을 한 것이 사실이다. 한국을 비롯하여 영어를 외국어로 배우는 많은 국가들 사이에서 뜨겁게 논의되고 있는 영어 공용화 논란이라든지 공교육에서 몇 살부터 영어를 가르칠 것인가 하는 논쟁 역시 결국은 모두 영어 이데올로기에 관한 고찰에서부터 시작한다는 것을 지각할 필요가 있다. 이와 더불어 영어교육과 관련한 다양한 사회적인 이슈들이 이러한 시각을 바탕으로 접근할 수 있다는 점이 특히 주목할 만하다.

(2) 영어교육과정 관련 연구

영어 자체에 대한 이데올로기에 관한 연구와 더불어 영어교육정책과 맞닿아 있는 연구가 바로 영어교육과정 관련 연구다. 흔히 커리큘럼이라 일컬어지는 교육과정에 관한 비판적인 연구들은 주로 교육과정이 어떻게 정치적 혹은 사상적 가치와 결부되고 그 결과 중립적이어야 하는 교육과정이 힘의 논리로 재편성되는 과정에 집중하고 있다. 이러한 연구들은 또한 교육과정이 구체적으로 어떻게 특정한 이데올로기를 반영하는지에 대해서도 비판적으로 바라보고 있다. 가장 대표적인 예로 우리나라뿐만 아니라 세계 여러 국가에서 시행 중인 특수목적 영어(English for Specific Purposes)를 들 수 있다. 특수목적 영어란 비즈니스 영어(business English)로 대변되는 만큼 이윤 창출을 목적으로 하는 기업에서 주로 사용하는 영어를 가르치는 것을 의미하는데, Benesch(2001)는 이러한 특수목적 영어를 가르치는 이면에 사실 영어를 모국어로 사용하는 국가에 근간을 두고 있는 대다수 다국적 기업들이 자신들의 기업적 이윤 추구에 어울릴 만한 내용과 목적을 가지고 영어교육과정을 구성하고 있음을 비판하고 있다. Benesch에 따르면 이러한 현상은 1970년대 초반 세계적인 오일쇼크 이후 미국과 영국의 거대 자본이 대다수 산유국으로 유입된 정황에서 가장 두드러진다. 이러한 자본의 유입은 필연적으로 기업별 영어의 교수를 동반하였는데, 그 당시 기업별 영어 관련 교육과정을 살펴보면 모국어와 자국 문화는 뒷전으로 밀려나 있고 영어와 기업적 가치가 과학, 기술, 무역 등 현대화된 이데올로기와 연관되어 영어를 모국어로 쓰지 않는 직원들에게 교수되고 있음을 알 수 있다.

이러한 교육과정의 편향성은 학문목적 영어(English for Academic Purposes)에서도 드러난다. 하지만 기업별 영어의 교육과정이 영어를 수단으로 사용하여 다국적 기업의 이윤 창출을 이끌어 내는 목표에 맞춰 계획되고 실행에 옮겨졌다면, 영어를 외국어로 배우는 학생들을 대상으로 한 학문목적 영어의 교육과정은 학문 분야에 대한 편견을 재생산하고 영어를 외국어로 배우는 학생들의 글쓰기 능력에 대한 선입견을 조장하는 측면이 두드러진다(Hyland, 1996). Hocking과 Toh(2010)에 따르면 대부분 대학교 이상 레벨에서 이루어지고 있는 학문목적 영어 교수는 전문성을 기른다는 목표 아래 지나치게 언어적, 구조적인 요소들에만 집중하고 있으며 영어를 외국어로 배우는 학생들에게 그러한 영어식 글쓰기와 사고의 틀을 가질 것을 강요하고 있다. 이러한 기계적 연습을 바탕으로 한 제2언어로서의 영어 글쓰기 교육과정의 전제이자 문제는 영어식 글쓰기를 전문성과 결부시키고 영어와 영어식 글쓰기가 아직 부족한 학생들로 하여금 그들이 무엇인가 부족한 상태에 있다는 사고를 하게끔 만든다는 것이다. 하지만 이 학생들에게 진정으로 필요한 것은 자신들이 이미 가지고 있는 문화적 배경과 다양한 글쓰기 방식이 영어식 글쓰기와 충돌하지 않게끔 그 접점을 찾는 것이기 때문에 학문 목적 영어의 교육과정이 이것을 제대로 반영할 필요성이 있다는 것이다.

영어교육과정은 영어교육 관련 정책을 실현하는 데 가장 실질적인 역할을 하는 것이다. 일반적으로 영어교육과정 자체는 매우 중립적이라고 생각하는 경향이 많은데, 위에서 살펴본 바와 같이 영어교육과정 또한 기득권 층의 요구에 바탕을 둔 이데올로기가 반영될 수 있음을 알 수 있다. 이러한 비판적인 시각을 가지고 한국의 영어교육과정에 접근하는 연구는 아직 미진하나 외국어로서 영어를 가르치는 환경에서 교육과정의 중요성을 생각해 볼 때, 앞으로 많은 연구가 이루어져야 하는 분야다.

(3) 학교와 커뮤니티 관련 연구

마지막으로 살펴볼 영어교육정책 관련 연구는 주로 소수 혹은 소외 계층을 대상으로 학교나 커뮤니티에 얽혀 있는 다양한 집단들이 취하고 있는 입장에 대한 비판적 연구다. 이러한 종류의 연구들은 이민자, 이민자 가정의 아이들, 외국인 노동자, 혹은 난민 등을 주요 연구 대상으로 하여 이들이 학교와 커뮤니티를 지배하고 있는 권력 구조에 의해 어떤 식으로 소외되며, 그것을 극복하기 위해 무엇이 우선시되어야 하는지에 대해 그리고 있다. 특히, 영어교육정책과 관련해서는 호주에서 이루어진 연구들이 많은데, 그 이유는 호주가 뿌리깊은 이민의 역사를 가지고 있고 최근 들어 자국으로 유입되는 난민의 숫자가 눈에 띄게 증가한 국가이기도 하기 때문이다. 또한, 호주에서 이루어진 연구들은 상당수가 비판적인 입장을 취하고 있는데, 그것은 20세기 초 · 중반 인종차별주의적인 백호주의를 유지하기 위해 악용되었던 문식력(literacy) 테스트를 통해 보았던 언어 관련 정책의 중요성에 대해 학자들이 적극적으로 반응하는 것으로 볼 수 있다(Taylor & Sidhu, 2012).

Matthews(2008)와 Woods(2009)는 호주 정부가 육체적, 정신적 트라우마와 더불어 상당한 교육 공백기를 가지고 있는 난민 학생들에게 그들의 상태를 충분히 고려하지 않은 영어교육 프로그램을 운용하고 있는 것을 비판적으로 바라보고 있다. Matthews는 호주 정부에서 실시하고 있는 제2언어로서 영어를 가르치는(English as a second language) 프로그램 자체가 매우 빈약하다는 현실을 강력히 비판하면서 난민으로 호주에 들어온 학생들에게 이후의 삶을 개척해 나갈 수 있도록 개인적인 수준의 심리 치료 프로그램과 더불어 학교 수준에서 이루어질 수 있는 문식력 강화 프로그램이 병행되어야 함을 강조하였다. Woods 역시 현재 이루어지고 있는 난민 학생들을 위한 영어교육 프로그램은 학생들의 모국어로 된 어떠한 형태의 도움도 없이 너무 단시간에 이루어진다는 점을 지적하면서 이것이 다수의 난민 학생들이 기초적인 영어 지식도 없이 학교를 그만두거나 그들의 능력을 훨씬 뛰어넘는 교육과정을 견뎌내야 하는 환경을 만들어 내고 있음을 비판하였다. Ferfolja와 Vickers(2010)는 한 발 더 나아가 호주 정부에서 난민 학생들이 그들만을 대상으로 만들어진 집중영어센터(Intensive English Centres)에서 교육을 받은 이후, 일반 교실(mainstream classroom)로 돌아갈 때 겪는 어려움에 초점을 맞추었다. 주로 아프리카에서 온 난민 학생들이 학교생활에 정상적으로 적응할 수 있도록 난민 학생 보조(Refugee Actions Support, RAS) 프로그램을 통해 교육학을 전공하고 있는 예비 교사(pre-service teachers)들이 학교로 파견되어 난민 학생들을 개인교수(tutoring)하였고, 이 프로그램에 연관되었던 다양한 학교 관계자들의 관점에서 이러한 프로그램이 가지는 효과와 나아갈 방향에 대해 논의하고 있다.

이와 같은 연구는 영어를 모국어로 사용하지 않는 한국적 상황에는 해당하지 않는다고 생각할 수 있지만, 최근 들어 급격히 다문화화하고 있는 한국에서도 충분히 고려해 볼 만]한 가치가 있는 연구 분야다. 귀화자, 외국인 노동자, 결혼이주자, 탈북자 등 현재 한국 사회에서도 소수 혹은 소외 계층으로 불리는 사람들의 숫자가 급격히 늘고 있으며, 그에 따라 학교에서 이러한 배경을 가지고 있는 학생들을 마주칠 일도 잦아질 것이다. 이러한 학생들이 한국 사회에서 국어만큼이나 중요하게 생각되는 영어를 배우는 데 있어서 소외되지 않게끔 도와주는 데에는 이와 같은 연구가 선행되어야 한다.

2) 영어 교수 관련 연구

(1) 영어 교재 관련 연구

영어를 어떻게 가르칠 것인가 하는 문제 역시 비판적 담화분석을 활용하여 활발하게 연구가 이루어지는 분야 중에 하나다. 이러한 주장을 뒷받침하는 연구들 중 특히 문어 텍스트(written text)에 초점을 맞춘 연구가 바로 영어 교재 관련 연구다. 다른 과목의 교재도 마찬가지지만, 특히 영어 교재는 영어라는 외국어 교수에 있어서 필수불가결한 요소이며, 문화, 인종, 성(性), 이데올로기, 계층 간 격차 등 다양한 사회적 이슈에 대해서 독해 지문 및 기타 연습 문제를 통해 학생들에게 전달할 수 있는 매우 강력한 힘을 지니고 있다(Toh, 2013). 그렇기 때문에 영어 교재에 대한 비판적인 분석은 주로 독해 지문에 나오는 등장인물들이나 사건들이 어떠한 방식으로 묘사되고 있는지 그 관점을 비판적으로 분석하는 것들이 다수를 차지한다.

Dendrinos(1992)는 영어를 외국어로 가르칠 때 사용하는 교재가 가지는 특수성에 대해서 설명하고 있다. Dendrinos에 따르면, 많은 수의 영어교재들은 교재가 사용되는 환경이 아닌 영어를 모국어로 사용하는 환경에서 수입해 온 것들이며, 이것은 국제적으로 사업의 영역을 확장하려는 다국적 출판사의 이해관계와 영어권 국가 중심의 문화와 이데올로기를 전파하는 데 일조하고 있음을 간과할 수 없다. 또한, 이러한 교재를 사용하여 영어를 외국어로 배우는 환경에서는 학생은 물론 그것을 가르치는 교사조차 외부로부터 주어진 합법적 지식에 따를 것이 강요되기 때문에 주도적인 교수-학습을 하는 데 지장을 받을 수밖에 없게 된다. 교재 자체가 그것이 사용되는 영어를 외국어로 배우는 환경에서 제작되었다고 하더라도, 영어 교재에 사용되는 그림을 포함한 모든 문어 텍스트는 필연적으로 영어권 국가의 문화와 이데올로기를 반영할 수밖에 없기 때문에 Dendrinos는 이것을 매우 심각한 문제로 받아들여야 한다고 주장하고 있다.

한국 상황에서 영어 교재에 대한 비판적인 분석을 한 연구는 Baik(1994)

의 연구가 대표적이다. 그는 남북한의 영어 교과서 각각 두 세트씩을 비교하여 그에 대한 텍스트적, 사회적, 역사적, 해석적인 분석을 통해 두 나라의 각기 다른 환경, 문화, 그리고 주요 이데올로기에 대하여 비판적으로 분석하고 있다. 남북한의 영어 교과서 모두 특정 권력 관계를 반영하고 있었는데, 그것은 개개인으로 하여금 소속감을 고취시키는 긍정적인 역할도 하고 있는 반면에 주도권을 가진 특정인이나 특정 집단이 그렇지 못한 사람들을 대상으로 권력을 행사하는 것에 대해 당연시하는 부정적인 역할을 하기도 하였다. 이와 더불어 보다 최근의 연구로는 Fitzgibbon(2013)을 들 수 있는데, 그녀는 Fairclough(1992)의 비판적 담화분석 틀에 근거하여 다국적 출판사에서 한국을 포함하여 영어를 외국어로 배우는 학생들을 대상으로 출판한 교재를 선정하여 영어 교재에서 그려지고 있는 이상적인 삶에 대해 분석하고 있다. Fitzgibbon에 따르면 영어 교재에서 그려지고 있는 이상적인 삶이란 좋은 곳에서 저녁 식사를 즐기고, 때때로 여행을 다니며, 박물관 방문 등 문화 여가 생활을 즐기는, 젊고 날씬하며 매력 있는 백인 중산층의 모습으로 대변된다.

영어 교재에 숨어 있는 이러한 이데올로기적 요소들은 비록 직접적으로 드러나지는 않지만, 이러한 교재로 영어를 배우는 학생들은 물론 그것을 가르치는 교사들에게도 미묘하게 숨겨진 가치관과 메시지를 전달할 수 있다는 점에서 비판적 담화분석이 적절하게 활용될 수 있는 연구 분야다. 한국 상황에서는 원서라고 불리는 외국 출판사 교재는 물론 한국 내에서 출판되고 있는 영어 교재도 많은 만큼, 다양한 관점에서 영어 교재에 대한 비판적 분석이 이루어져야 할 것이다.

(2) 교수법 및 교실 내 상호작용 관련 연구

영어 교재에 대한 비판적인 연구와 깊은 연관을 맺고 있는 것이 바로 이러한 교재를 어떻게 가르칠 것인가, 그리고 실제로 교실에서는 이러한 교재가 어떻게 실현되는가에 관한 연구들이다. Pennycook(1989)은 언어 교수법들은 절대로 가치중립적이지 않으며 "특정한 세계관이나 불평등한 권력 구조를 반영"(p. 589)하고 있다고 주장하였는데, 실제로 영어를 모국어로 사용하지 않는 나라에서 연구를 진행하는 많은 수의 학자들이 주로 영국, 호주, 북미 지역에서 개발되어 전 세계에 퍼져 나가는 영어 교수법들 중 상당수가 그들의 특화된 환경에 알맞지 않다고 지적하고 있다. 일례로 Chick(1996)은 근래에 대표적인 영어 교수법으로 각광받는 의사소통중심 교수법(communicative language teaching)을 아프리카에서 아무런 비판적 성찰 없이 사용하는 것은 유럽이나 미국에서 좋은 것이 아프리카에서도 당연히 좋을 것이라는 식의 영어권 국가의 단순화된 자민족 중심주의(ethnocentrism)적 사고를 정당화하려는 행위라고 비판하였다.

또한, 이러한 교수법을 구체화시켜 주는 대상인 교사, 그리고 그러한 교사와 학생들의 상호작용을 중심으로 한 비판적 연구들도 있다. 그러한 연구들은 앞서 언급한 교수법과 마찬가지로 좋은 교수에 대한 인식도 매우 가치편향적임을 역설하면서 진정으로 좋은 교수란 유행하고 있는 교수법에 맞추어 학생을 바꾸려고 하는 것이 아니라 학생 개개인이 가진 고유의 특성에 맞추어 제2언어로서 영어 학습을 도와주는 것이라는 의견을 제시하고 있다(Kumaravadivelu, 2006). 그렇기 때문에 학생을 인종적, 학습책략적, 사회·문화적 배경에 따라 미리 단정짓고 그 학생들과 사용하고자 하는 교수법 사이의 괴리를 정형화시켜 판단하는 것은 매우 위험하고 오류가 있는 사고라는 지적이다. Canagarajah(1999) 역시 스리랑카의 외딴 지역에 있는 학교에서 영어교사와 학생들이 어떻게 하면 좀 더 자신들의 환경, 요구, 자원을 활용하면서 좀 더 창의적인 영어 교수를 할 수 있는지에 대해 보여 주고 있다. 그는 이렇게 영어교육에서 소외된 지역에서 이러한 자생적 움직임을 통해 얻을 수 있는 것은 비단 영어라는 언어뿐만 아니라, 자신들에게 불리하게 작용하는 정치적 권력 구조에 대해 반대할 수 있고 나아가 그들 자신의 언어, 문화, 정체성을 그들의 입장에서 재구성할 수 있는 의식(awareness)을 갖게 되었다는 점을 강조하고 있다.

그 밖에 Martin과 Rose(2008)와 같은 호주의 장르(genre) 중심 교육자들도 장르 중심 교육의 궁극적인 목적으로 소외 계층 학생들의 지위를 향상시켜주는 것을 언급하고 있다. 그들은 한 사회에서 문화적, 경제적인 이유로 소외되는 학생들에게 매우 직접적으로 권력에 대한 담화를 가르칠 필요가 있다고 주장하는데, 왜냐하면 권력과 관련된 분야의 문어 텍스트를 생산해 내는 데에는 이러한 소외 계층 학생들이 쉽게 접하지 못하는 기술을 많이 필요로 하기 때문이다. 따라서 이러한 학생들이 계속해서 현존하는 권력 구조로부터 소외받은 힘없는 계층으로 머물러 있는 것을 방지하기 위하여 특정 장르를 가르칠 필요가 있다는 것이 이들의 주장이다.

아직까지 한국에서는 교수법 자체나 교사와 학생 간의 상호작용 혹은 장르 중심 교육을 비판적인 시각에서 바라본 연구는 거의 없는 실정이다. 이것은 영어교육에 대한 지나친 과열이라는 사회현상만 있고, 실제로 그것을 어떻게 가르쳐야 하는가에 대한 진지한 고민은 없는 것과 마찬가지다. 이제는 한국에서도 단순히 외국에서 들여온 영어 교수법과 교수 기준을 따라가는 것을 넘어선 한국적 영어 교수법이 필요한 시점임을 깨닫고 관련 연구 분야에 많은 관심이 주어졌으면 하는 바람이다.

(3) 평가 관련 연구

영어 평가와 관련한 연구는 전통적으로 측정 도구의 정당화나 신뢰도, 타당도 등을 검증하고자 하는 연구가 대부분이었으나 비판적 시각의 영향을 받아 평가가 어떠한 방식으로 사람들의 삶에 영향을 미치고, 어떻게 하면 더 책임감 있는 방향으로 사용될 수 있는지에 관해 연구의 전환점이 마련되었다(Shohamy, 2001). 비판적 영어 평가 관련 연구들은 주로 평가가 그것을 시행하는 측과 그들이 정해놓은 규칙에 따라 평가를 받아야 하는 측의 불평등한 구조에 대해 살펴보거나 평가 항목 자체가 얼마나 탈맥락적(decontextualized)이고 지엽적인 요소들을 다루고 있는지에 대해 지적하고 있다. 이러한 연구들은 시민권, 이민, 혹은 망명자 보호시설에서 사용되는 언어능력 평가와도 관련이 깊은데(McNamara & Shohamy, 2008), 이러한 연구들은 단순히 그 평가들이 어떻게 사용되고 있는지에 대한 묘사를 뛰어넘어 그것들이 앞으로 어떻게 개선되어야 하는지에 대한 제안을 포함한다는 점에서 기본적으로 비판적 담화분석과 그 맥을 같이한다(Pennycook, 2001).

영어 평가가 기득권의 이익을 대변하고 소외 계층을 양산하는 도구로 사용된 대표적인 예는 바로 앞서 언급한 호주의 백호주의 정책의 일환이었던 문식력 테스트를 들 수 있다. McNamara(2009)는 호주 정부가 백인 위주의 선택적 이민을 실행하기 위해 1930년대까지 영어 받아쓰기 시험을 실시했던 사실과 그 후 새롭게 실시된 호주 시민권 테스트에서도 상당한 수준의 영어능력 평가가 필수적으로 포함되어 있는 사실을 지적하면서 언어능력 평가가 단순히 언어적인 면을 평가하는 것이 아니라 기득권층의 이데올로기를 반영하여 한 나라의 정책을 결정하고 더 나아가 그 나라 안에 살고 있는 개개인의 삶의 모습을 결정지을 수 있다는 엄청난 효과에 대해서 주목하고 있다. 그리고 이러한 언어 평가와 관련된 문제는 비단 호주만의 문제가 아니라 미국과 영국 등 기타 영어권 국가와 네덜란드, 스웨덴, 덴마크, 프랑스, 독일, 에스토니아, 라트비아 등의 비영어권 국가에서도 공통적으로 고찰해 볼 문제임을 지적하고 있다.

하지만 언어 평가라는 것이 이렇게 큰 사회의 권력관계와 얽혀 있기 때문에 그것을 바꾸는 것은 결코 쉽지 않음을 보여 주고 있는 연구도 있다. Murphy(2004)의 연구가 그러한 예인데, 그는 일본의 대학 입학 영어 시험이 새롭게 바뀌고 있는 의사소통 중심의 교수법을 제대로 반영하고 있지 못하며, 수십 년간 변하지 않고 그 형태를 유지해 오고 있는 현상을 참여자의 입장에서 비판하고 있다. 그는 외국인 교수로서 일본 대학에서 근무하며 교육과 지역사회와 소통하면서 많은 일본인들이 공통적으로 암기 위주의 일본 대학 입학 영어 시험을 강하게 비난하면서도 실제로 그가 전문가로서 그의 의견을 대학입학관리본부에 전달하는 데에는 너무나 큰 벽이 있음을 깨닫고 스스로 교수 자리에서 물러나기까지 한다. 그는 현재의 일본 대학 입학 영어 시험은 대학 입장에서는 수지가 맞는 장사이며, 관리가 상대적으로 용이하다는 매우 실용적인 입장에서만 지지될 수 있다고 지적하고 있다.

이러한 Murphy(2004)의 비판은 한국의 상황에도 그대로 적용될 수 있다. 또한, 영어 평가가 대학 입학뿐만 아니라 대학 편입 시험, 입사 시험, 승진 시험 등 여러 분야의 객관적인 평가 지표로써 사용되고 있는 한국에서 McNamara(2009)의 연구 또한 또 다른 방향으로 발전시킬 여지가 충분하다. 아직까지 영어 평가에 대한 비판적인 연구가 많이 부족하지만, 한국적 상황의 특수성을 감안한 비판적 연구들이 많이 이루어져야 할 것이다.

3) 영어 학습자 관련 연구

(1) 학습자 정체성 관련 연구

마지막으로 비판적 담화분석이 영어 학습자 관련 연구와 어떤 관련이 있는지 살펴볼 필요가 있다. 이러한 분야의 연구들은 주로 사회적인 권력관계가 학습자의 영어 학습에 어떠한 영향을 미쳤으며, 좀 더 구체적으로 학습자의 자아 정체성에 어떠한 영향을 미쳤는지 살펴보고 있다(Ellis & Barkhuizen, 2005). 영어 학습, 사회구조, 학습자의 정체성과 관련된 가장 대표적인 연구는 Norton(1995, 2000)의 연구인데, 그녀는 캐나다로 이민을 간 다섯 명의 여성을 대상으로 2년 넘게 자료를 수집하였다. 그 결과, 이 여성들의 정체성은 그들을 둘러싸고 있는 다층적인 사회구조와 그에 따라 개인에게 주어진 위치에 의해 결정되는 특성을 보였다. 다시 말해, 그들이 아무리 영어를 배우고자 하는 의지와 노력이 충분하다 할지라도, 그들은 단순히 언어능력이 부족한 제2언어 학습자로 규정되었는데, 이것은 영어가 모국어인 주변 사람들과 그것을 묵인하는 사회구조에서 기인한 것이라고 Norton은 지적하였다. 즉, 연구 대상이 된 여성들에게 영어는 단순히 외국어를 넘어서서 물질적이고 상징적인 자본이기 때문에 이들에게 영어 학습은 일종의 투자(investment)이지만, 그러한 투자가 빛을 발하기 위해서는 그것에 대한 사회적인 이해와 노력이 병행되어야 함을 알 수 있다.

Skilton-Sylvester(2002)와 Gordon(2004) 역시 동남아시아 출신의 미국 이민자 여성을 대상으로 비슷한 연구를 수행하였다. Skilton-Sylvester는 필라데피아에 거주하는 네 명의 캄보디아 출신 여성들을 대상으로 영어 학습과 정체성 형성에 관한 민족지학적(ethnographic) 연구를 3년간에 걸쳐 실시하였는데, 이들 여성들이 배우자, 엄마, 딸, 자매, 노동자로서 가지고 있는 다양하고 유동적인 정체성이 영어를 제2언어로 배우는 교실에서 서로 상호작용을 하는 데 커다란 영향을 미치고 있음을 확인했다. 그들은 영어를 매개체로 새로운 환경에서 새로운 정체성과 씨름하고 있었는데, 이것은 Gordon의 연구에서 보다 자세히 그려지고 있다. Gordon은 필라델피아에 거주하는 라오스 출신의 여성 두 명을 대상으로 연구를 했는데 그녀들은 모두 20대에 미국으로 건너와 남편 대신 가족의 생계를 책임지고 있었기 때문에 누구보다도 영어 학습에 대한 열의가 강했지만, 여전히 남성 중심, 영어 중심의 사회에서 가장 소외된 계층이었다. 그러한 그들에게 영어 학습은 사회의 일원이 될 수 있게끔 도와주는 열쇠이자 새로운 정체성 형성을 위한 필수 요건이었다.

우리나라 영어 학습자를 대상으로 한 연구는 Lee(2010)의 연구를 들 수 있는데, Lee는 중 · 고등학교 때 미국으로 조기 유학을 가서 연구 당시 미국에서 대학을 다니고 있던 한국인 유학생들을 대상으로 그들이 영어 학습과 관련하여 어떠한 정체성을 가지고 있는지 살펴보았다. 22명의 조기 유학생과 심층 인터뷰를 실시하고, 그들 중 선정된 4명의 포커스 그룹 활동을 통해 드러난 결과는 조기 유학생들 모두 영어를 유창하게 사용하고 그들 중 몇몇은 한국어보다 영어를 더 편하게 느낄 정도였지만 영어 중심 사회에서 여전히 영어를 제2외국어로 말하는 사람들이며, 심지어 그러한 사실에 대해 일종의 열등감을 보이고 있었다. 하지만 역으로 그들이 한국에 있을 때에는 그들의 영어 실력은 다른 사람들이 부러워하는 자본이 되었고, 그들도 그러한 사실을 인정하고 있었다.

이렇듯 영어 학습, 사회구조, 학습자의 정체성 간의 상호관계에 대한 연구는 학습자를 교실 상황뿐만 아니라 교실 밖 상황과도 연계하여 보다 전인적인 관점에서 이해함으로써 궁극적으로 학습자 자체에 대한 이해를 증진시켜 주고 더불어 보다 거시적인 차원의 해결책을 제시하는 데 초점을 둘 수 있게끔 도와준다. 그렇기 때문에 점점 더 많은 관련 연구들이 Lee(2010)의 후속 연구로 수행되어야 하겠다.

4. 요약 및 향후 전망

1) 요약

이상에서 살펴본 바와 같이, 비판적 담화분석이 영어교육에 활용될 수 있는 분야는 매우 다양하다. 비판적 담화분석의 이론적 배경 자체가 사회적 이슈와 다층적 사회구조와 직결되는 만큼, 영어교육정책과 관련한 연구들은 비판적 담화분석을 가장 적절하게 활용할 수 있는 분야이기도 하다. 실제로 영어라는 언어에 대해 사람들이 가지고 있는 이데올로기는 눈에 직접적으로 보이지는 않지만 정책, 규제, 법률 등으로 구체화되어 다시 사람들의 삶을 규정지을 수 있는 잠재력을 가지고 있다. 영어를 제2언어로 배우는 학습자들을 위한 교육과정이나 학교, 커뮤니티에서 이루어지고 있는 영어교육도 그 사회에서 지배적으로 받아들여지고 있는 이데올로기가 반영된 가치편향적인 모습을 띠기도 하는데, 이러한 영어교육정책의 내면에 대한 연구를 진행할 때 비판적 담화분석은 매우 적절하게 활용될 수 있다.

마찬가지로 영어 교재, 교수법, 평가 부분에서도 기존의 연구와 조금 다른 방향으로 비판적 시각에 바탕을 둔 연구들을 실행할 수 있다. 이와 같이 영어교수 전반에 걸친 연구들은 전통적으로 한국 영어교육 분야에서 가장 연구가 활발한 분야이지만, 외부로부터 이미 주어진 교재나 교수법 혹은 평가의 틀에 대한 원론적인 질문은 배제한 채 그것들의 효용성에 치중했던 경향이 있었다. 이러한 실용적인 관점에서 탈피한 비판적 담화분석은 좀 더 한국적 실정에 맞는 영어교수를 이끌어 내는 데에 기초적인 발판을 마련해 줄 수 있을 것으로 기대된다. 마지막으로 비판적 담화분석은 영어를 제2언어로 배우는 학습자의 정체성과 관련한 연구에도 유용하게 사용될 수 있다. 영어권 국가에서든지 비영어권 국가에서든지 영어를 제2언어로 배운다는 것은 단순히 언어를 배우는 차원을 넘어서서 학습자의 자아 정체성이 재정립될 수 있는 가능성이 열려 있는 행위라는 점을 감안해 볼 때, 해당 분야의 비판적 담화분석의 활용은 매우 적절한 것이라고 볼 수 있다.

2) 향후 전망

영어교육 분야에서 비판적 담화분석이 활용된 역사는 상대적으로 짧고, 특히 한국에서 이것을 활용한 연구는 아직 걸음마 단계다. 하지만 각 장의 마지막에 언급된 것처럼, 비판적 담화분석을 활용한 연구들은 영어교육이 사회적 이슈와 결부되고 있는 현재 한국 상황에서 매우 적절하게 사용될 수 있을 것이다. 향후 비판적 담화분석을 활용한 영어교육 연구들은 불평등한 사회구조와 지배적인 이데올로기를 문제화할 수 있는 깊이 있는 성찰과 나아가 그 안에서 영어를 배우는 학습자가 좀 더 능동적이고 주도적인 주체가 될 수 있도록 거시적인 사회의 틀을 바꾸는 데 일조할 수 있는 사회참여적인 학문 분야로 정착했으면 하는 바람이다.

참고문헌

Baik, M. J. (1994). *Language, ideology, and power: English textbooks of two Koreas*. Seoul, South Korea: Thaehaksa.

Benesch, S. (2001). *Critical English for academic purposes: Theory, politics and practice*. Mahwah, NJ: Erlbaum.

Canagarajah, A. S. (1999). *Resisting linguistic imperialism in English teaching*. Oxford, UK: Oxford University Press.

Chick, K. J. (1996). Safe-talk: Collusion in apartheid education. In H. Coleman (Ed.), *Society and the language classroom* (pp. 21-39). Cambridge, UK: Cambridge University Press.

Dendrinos, B. (1992). *The EFL textbook and ideology*. Athens, Greece: Grivas.

Ellis, R., & Barkhuizen, L. (2000). Social, professional and individual responsibility in language testing. *System, 28*, 579-591.

Fairclough, N. (2010). *Critical discourse analysis: The critical study of language*. London: Longman.

Ferfolja, T., & Vickers, M. (2010). Supporting refugee students in school education in Greater Western Sydney. *Critical Studies in Education, 51*(2), 149-162.

Fitzgibbon, L. (2013). The representation of the 'Ideal Life' in an English language textbook: A critical discourse analysis. *Journal of the Korea English Education Society, 12*(1), 161-189.

Fowler, R. (1996). On critical linguistics. In C. Caldas-Coulthard & M. Coulthard (Eds.), *Texts and practices: Readings in critical discourse analysis* (pp. 481-492). London,: Routledge.

Gee, J. P. (2005). *An introduction to discourse analysis: Theory and method* (3rd ed.). London: Routledge.

Gordon, D. (2004). "I'm tired. You clean and cook." Shifting gender identities and second language socialization. *TESOL Quarterly, 38*(3), 437-457.

Hocking, D., & Toh, G. (2010). EAP writing: Reflections on divergent perceptions and expectations among tutors and students. *AJELT, 20*(1), 161-184.

Hyland, K. (1996). *Second language writing*. New York: Cambridge University Press.

Kumaravadivelu, B. (2006). TESOL methods: Changing tracks, challenging trends. *TESOL Quarterly, 40*, 59-81.

Lee, M.-W. (2010). *Between two languages and two worlds: Identity of Korean early study-abroad undergraduates in the U.S.* Unpublished doctoral dissertation, Indiana University, Bloomington.

Lee, M.-W. (2011). Beneath the "English Fever" phenomenon: The perspectives of Korean early study-abroad undergraduates' parents. *Bilingual Research, 46*, 191-214.

Mahboob, A., & Paltridge, B. (2013). Critical discourse analysis and critical applied linguistics. In C. A. Chapelle (Ed.), *The encyclopedia of applied linguistics* (pp. 1446-1452). Oxford, UK: Wiley-Blackwell.

Martin, J. R., & Rose, D. (2008). *Genre relations: Mapping culture*. London: Equinox.

Matthews, J. (2008). Schooling and settlement: Refugee education in Australia. *International Studies in Sociology of Education, 18*(1), 31-45.

McNamara, T. (2009). Australia: The dictation test redux? *Language Assessment Quarterly, 6*(1), 106-111.

McNamara, T., & Shohamy, E. (2008). Language tests and human rights. *International Journal of Applied Linguistics, 18*, 89-95.

Murphy, T. (2004). Participation, (dis-)identification and Japanese university entrance exams. *TESOL Quarterly, 38*(4), 700-710.

Norton, B. (2000). *Identity and language learning: Gender, ethnicity and educational change*. Harlow, UK: Longman.

Norton Peirce, B. (1995). Social identity, investment, and language learning. *TESOL Quarterly, 29*(1), 9-31.

Paltridge, B. (2006). *Discourse analysis*. London: Continuum.

Park, J. S. (2008). Two processes of reproducing monolingualism in South Korea. *Sociolinguistic Studies, 2*, 331-346.

Park, J. S. (2009). *The local construction of a global language: Ideologies of English in South Korea*. Amsterdam: Mouton de Gruyter.

Park, J. S. (2010). Naturalization of competence and the neoliberal subject: Success stories of English language learning in the Korean conservative press. *Journal of Linguistic Anthropology, 20*, 22-38.

Pennycook, A. (1989). The concept of method, interested knowledge, and the politics of language. *TESOL Quarterly, 23*, 589-618.

Pennycook, A. (2001). *Critical applied linguistics: A critical introduction*. Mahwah, NJ: Erlbaum.

Phillipson, R. (1992). *Linguistic imperialism*. Oxford, UK: Oxford University Press.

Reisigl, M., & Wordak, R. (2001). *Discourse and discrimination: Rhetorics of racism and anti-semitism*. London: Routledge.

Rogers, R. (2004). Setting an agenda for critical discourse analysis in education. In R. Rogers (Ed.), *An introduction to critical discourse analysis in education* (pp. 237-254). Mahwah, NJ: Laurence Erlbaum.

Shin, H.-J. (2012). From FOB to cool: Transnational migrant students in Toronto and the styling of global linguistic capital. *Journal of Sociolinguistics*, *16*(2), 184-200.

Shohamy, E. (2001). *The power of tests: A critical perspective on the uses of language tests*. New York: Longman.

Skilton-Sylvester, E. (2002). Should I stay or should I go? Investigating Cambodian women's participation and investment in adult ESL programs. *Adult Education Quarterly*, *53*(1), 9-26.

Song, J.-Y. (2010). Language ideology and identity in transnational space: Globalization, migration, and bilingualism among Korean families in the U.S.A. *International Journal of Bilingual Education and Bilinguialism*, *13*(1), 23-42.

Taylor, S., & Sidhu, R. K. (2012). Supporting refugee students in school: What constitutes inclusive education? *International Journal of Inclusive Education*, *16*(1), 39-56.

Toh, G. (2013). Critical analysis of discourse in educational settings. In C. A. Chapelle (Ed.), *The encyclopedia of applied linguistics* (pp. 1408-1415). Oxford, UK: Wiley-Blackwell..

Van Dijk, T. A. (1998). *Ideology: A multidisciplinary approach*. London: Sage.

Wodak, R. (2001). What is CDA about? A summary of its history, important concepts and its developments. In R. Wodak & M. Meyer (Eds.), *Methods of critical discourse analysis* (pp. 1-13). Los Angeles: Sage.

Wodak, R., de Cillia, R., Reisigl, M., & Liebhart, K. (2009). *The discursive construction of national identity* (2nd ed.). Edinburgh, UK: Edinburgh University Press.

Wodak, R., & Meyer, M. (2009). *Methods of critical discourse analysis*. London: Sage.

Woods, A. (2009). Learning to be literate: Issues of pedagogy for recently arrived refugee youth in Australia. *Critical Inquiry in Language Studies*, *6*, 81-101.

V. 제2언어 평가 연구

제21장

주요 공인 영어 표준화 시험 국내연구 20년사*[1]

김정현 서울신학대학교

1. 서론

국내에서 일반적으로 시행되어 수많은 수험자를 확보하고 있는 공인 영어 표준화 시험에는 미국 ETS(Educational Testing Service)가 주관하는 TOEIC과 TOEFL, 영국의 IELTS, 그리고 국내에서 개발된 TEPS와 NEAT 등이 있다. 이런 공인 영어 표준화 시험은 국내에서 많은 기업들의 입사 자격조건으로, 각종 국가고시 인증 자격으로, 대학의 입시 자료로 끊임없이 요구되고 있다. 따라서 많은 젊은이들이 TOEIC과 TEPS 같은 영어 시험에서 높은 점수를 받기 위해 많은 시간과 천문학적인 돈을 투자하고 있는 것이 우리

* Kim, Jung-Hyun (2014). Twenty-year history of research on English language tests in Korea. In O. Kwon (Ed.), *New horizons in English education research* (pp. 521-544). Seoul: Seoul National University Press.

1 이 글에서 분석된 논문들은 한국학술정보 원문 검색 시스템(Korean studies Information Service System, KISS), 누리미디어, 교보문고 스콜라, 그리고 해외 저널인 *Language Testing*에서 검색된 1990년대부터 현재까지 출간된 연구 논문들 중에서 국내 학자들이 수행한 연구 중심으로 기술되었다.

의 현실이다. 이 글은 각 공인 영어 표준화 시험에 관한 연구들을 고찰해서 그 시험의 사회적 · 학문적 위치를 파악하고, 각 시험들 간의 관계와 중요성을 알아보고자 한다. 이 글의 구성은 다음과 같다. 첫째, 각 영어 시험의 구성, 유형, 채점 방식 등을 설명하면서 사회적 · 학문적 영향을 간략하게 알아보고자 한다. 둘째, 각 영어 시험 관련 연구 경향과 연대별 특성을 설명하고자 한다. 마지막으로 요약하고 향후 전망을 기술하고자 한다.

2. 시험 소개 및 사회적 · 학문적 영향

1) TOEIC(Test of English for International Communication)

TOEIC은 1979년 미국 ETS가 개발한 시험으로 우리나라에는 1982년에 도입되었으며, 전 세계적으로 해마다 약 600만 명 이상이 응시하고 있다.[2] 영어가 모국어가 아닌 사람들을 대상으로 언어의 본래 기능인 커뮤니케이션에 중점을 두고 일상생활 또는 국제 업무 등에 필요한 실용 능력을 평가하는 시험으로서 주로 비즈니스 현장에서 필요한 영어능력 측정을 목표로 하고 있다. 전 세계적으로 TOEIC 시험을 보는 인구의 90%가 한국인과 일본인이며, 국내에서 응시하는 영어 표준화 시험 중에서 가장 많은 수험자를 확보하고 있다(Choi, 2008). 그 예로 1982년부터 2008년도까지 국내 누적 응시 인원은 17,677,366명이며, 해마다 전체 영어시험 인원의 1/3정도의 인원이 TOEIC 시험을 보는 것으로 알려져 있다.[3] 따라서 국내에서 시행되는 고부

2 August 16, 2013, from the World Wide Web: http://upsisa.ybmsisa.com/si/exam_ybmsisa_com/newsletter/pdffile/52_sub66.pdf.

3 August 16, 2013, from the World Wide Web:http://kssedu.tistory.com/1323
August 16, 2013, from the World Wide Web: http://upsisa.ybmsisa.com/si/exam_ybmsisa_com/newsletter/pdffile/52_sub66.pdf.

표 1. TOEIC의 시험 구성

구성	부분	부분별 내용	문항 수	시간	배점
듣기	1	사진 묘사	10	45분	495점
	2	질의 응답	30		
	3	짧은 대화	30		
	4	설명문	30		
읽기	5	단문 공란 메우기(문법/어휘)	40	75분	495점
	6	장문 공란 메우기	12		
	7	지문 1개	28		
		지문 2개	20		
계	7 부분		200 문제	120분	990점

담 시험(high-stakes test)들 중에서 TOEIC이 가져다 주는 환류 효과(washback effect)가 가장 크다고 할 수 있다. 2006년 새로 개정된 TOEIC의 구성은 표 1과 같다.[4]

이 글에서 분석 대상으로 삼은 연구의 상당수(총 58개의 논문 중에서 30개)가 TOEIC과 관련된 것이며, 직접적인 연구 대상으로 사용하지 않더라도 대다수 연구들이 TOEIC 점수를 기반으로 하는 것으로 보아 TOEIC의 학문적인 영향이 크다고 할 수 있다. 그러나 취득 점수와 실제 영어 능력 사이에 큰 차이가 있는 것은 TOEIC이 가지고 있는 가장 큰 단점이다(이완기, 2012). 이에 대하여 몇몇 연구들은 TOEIC의 신뢰도(reliability)와 타당도(validity)를 다른 시험과 비교하며 입증 또는 비판하기도 했다(예: 이현우 · 이소영, 2003; 이효웅 · 박기표, 2003).

4 August 10, 2013, from the World Wide Web:http://exam.ybmsisa.com/toeic/info/composition.asp

2) TOEFL(Test of English as a Foreign Language)

TOEFL은 미국, 캐나다 등 영어권 국가의 대학이나 대학원에서 외국 유학생을 선별하는 시험으로 학문적 특성을 가지기 때문에 한국 시장에서는 TOEIC보다 훨씬 수험자 수가 적고, 그 영향 또한 적다는 인상을 주는 시험이다(Choi, 2008). 1964년 ETS에 의해서 지필기반 시험(paper-based test, 677점 만점)이 개발된 이후, 2000년도에는 단선형 평가(linear testing)와 컴퓨터적응 시험(computer-adaptive testing) 방식의 컴퓨터기반 시험(computer-based test, 250점 만점)으로 바뀌었다. 2005년부터 현재까지는 단선형 평가인 TOEFL iBT(internet-based test, 120점 만점)가 이용되고 있다(이완기, 2012). 다음의 표 2는 TOEFL iBT의 영역별 시험 구성을 기술한 것이다.

특히 iBT TOEFL은 한국에서 2007년 4월에 TOEFL 응시생들이 인터넷으로 시험 신청을 하지 못하는 사건이 발생하였는데, 당시 대중매체들이 이 문제를 대란으로 공론화함으로써 사회적인 비판을 받기도 하였다(신동일, 2012).

표 2. TOEFL iBT의 구성

영역(만점)	문제 수	문제 수	시간
읽기 (30점)	700단어 내외의 지문 3-5개 각 지문당 12-14문제	36-70	60-100분
듣기 (30점)	강의 4-6개 (강의당 6문제) 대화문 2-3개 (대화문당 5문제)	34-51	60-90분
말하기 (30점)	독립형 2문제 통합형 4문제	6	20분
쓰기 (30점)	독립형 1문제 통합형 1문제	2	20분 30분

3) IELTS(International English Language Testing System)

영국의 UCLES(University of Cambridge Local Examination Syndicate)가 개발한 IELTS는 영어권 국가로 이민, 취업을 희망하는 사람들의 영어 능력을 측정하기 위한 시험으로 UCLES와 영국문화원(British Council)에서 공동으로 관리 · 운영하고 있는 시험이다.[5] IELTS는 전체적으로 10단계(0-9)의 평가척도를 사용하며, 만점은 9점이다. 네 가지 언어능력을 고루 측정하는데 듣기(40문항, 30분), 일반적 읽기/학문적 읽기(40문항, 60분), 일반적 쓰기/학문적 쓰기(2문항, 150-250단어, 60분), 말하기(3과제, 11-14분)로 구성되었다. 국내에서 IELTS 수험자가 꾸준하게 증가함에도 불구하고, 관련 연구는 TOEIC이나 TOEFL 시험과 같은 고부담 시험들(high-stakes tests)에 비하여 국내에서 거의 이루어지지 않고 있는 실정이다.

4) TEPS(Test of English Proficiency developed by Seoul National University)

TEPS는 서울대학교 어학연구소에서 다년간 국내 학자들이 참여하여 1999년 이후에 일반적인 영어 능력을 평가하기 위한 시험이다. TEPS의 채점 방식은 문항별 난이도를 고려한 문항반응이론(Item Response Theory, IRT)에 근거한 채점 방식을 도입하고 있으며, 총 10개의 등급으로 나누어서 성적을 제공하고 있다. 듣기, 문법, 어휘, 독해 네 가지 영역에 걸쳐 총 200문항이며 990점을 만점으로 출제되고 있다. 시험은 듣기(60문항, 55분), 문법(50문항 30분), 어휘(50문항 20분), 독해(40문항, 50분)로 구성되어 있다.[6] 이완기(2012)는

5 August 16, 2013, from the World Wide Web: http://www.ieltskorea.org/?NVKWD=IELT&NVADKWD=IELT&NVAR=PL&NVADID=279045226+0CC1000sF0Pg64ac00iO

6 August 28, 2013, from the World Wide Web:

TEPS가 시행된 이후에 실제 문제와 답안 등을 공개한 적이 없기 때문에 그러한 자료를 바탕으로 한 연구가 없다는 문제점을 지적하고 있다.

5) NEAT(The National English Ability Test)

국가영어능력평가시험(NEAT)은 2008년 정부의 영어 공교육 강화 정책의 일환으로 추진되었으며, 인터넷을 기반으로 읽기, 듣기, 말하기, 쓰기의 4 기능을 평가할 목적으로 도입되었다. NEAT 1급 시험은 대학생과 일반인을 대상으로 TOEIC을 대체하기 위해서 개발되었으며 국립국제교육원이 주관하고 있다. NEAT 2급과 3급은 고등학교 3학년을 위해서 개발되었으며 한국교육과정평가원이 관리하고 있다(이은정, 2012). NEAT 2급은 수능과 동일한 성취 기준을 지향하며 기본학술영어(basic academic English)를 측정하고 있으며, NEAT 3급은 기본학술영어(basic academic English)를 기반으로 실용영어(practical English)와 생활 영어를 측정하고 있다. 특히, 2급과 3급 시험은 2013년 이후에 수능 시험을 대체하기 위해서 개발되었으나, 그 실행은 현 정부에 와서 백지화된 상태이다.[7] NEAT 1급의 구성을 보면 표 3과 같다.

표 3. NEAT 1급의 구성

계	듣기	읽기	말하기	쓰기
89 실제 94문항 (142분)	40 문항 선택형 및 과업수행 (40분)	40문항 선택형 및 과업수행 (45분)	50문항 실제 11문항 녹음 (20분)	3문항 (42분)

http://joongang.joins.com/article/aid/2013/08/28/12048325.html?cloc=olink|articl|default

7 August 28, 2013, from the World Wide Web:
http://joongang.joins.com/article/aid/2013/08/28/12048325.html?cloc=olink|articl|default

3. 국내 주요 공인 영어 표준화 시험 관련 연구 경향

지금까지 살펴본 바에 의하면 국내에서 사회적 · 학문적으로 가장 큰 영향력을 가지고 있는 공인 영어 표준화 시험은 TOEIC이다. 관련 연구도 다른 영어 시험에 비해 상대적으로 많으며, 그 주제는 1) 책략 사용 또는 그 훈련 효과에 관한 연구, 2) TOEIC의 타당도, 신뢰도, 객관도, 변별도 등에 관한 연구, 3) 실제 TOEIC 수업의 효과 및 그 관련 연구, 4) TOEIC 시험과 다른 영어 표준화 시험의 연계 또는 연관성을 묻는 연구, 5) TOEIC의 환류 효과 등 사회적인 단면 또는 영향 등에 관한 연구, 6) TOEIC 시험과 정의적 요인들(affective factor) 또는 그에 대한 반응에 관한 연구 등으로 다른 공인 영어 표준화 시험에 비해 다양하다.

TOEFL은 국내에서 중시되는 공인 영어 표준화 시험이지만 학문적인 특성을 가지고 있기 때문에 관련 연구의 수는 TOEIC에 비해서 상대적으로 적다. 1) 문항 분석 등 시험 분석에 관한 연구(신동일, 1997; Kim, 2011; Lee, 2006), 2) TOEFL의 실제 학습 효과 또는 환경에 관련된 연구(길인숙, 2000; Lee & Kim, 2010), 3) GPA(Grade Point Average, 학업평균성적) 또는 다른 영어 시험과의 상관관계에 관한 연구(이현우 · 이소영, 2003, 2004; Kim, 2004; Shin, 2005), 4) 구조 부분(Structure Section: Section 2)의 타당도에 관한 연구(박영, 2003; Hwang, 1996), 5) iBT TOEFL의 타당도 또는 TOEFL의 환류 효과에 관한 연구(신동일, 2012; Yoon, 2009) 등의 연구가 행해져 왔다.

IELTS는 영국, 호주 등의 해외에서는 관련 연구가 매우 활발하게 이루어지는 데 반하여, 국내 학자에 의한 연구는 극소수에 불과하다(이은혜 · 김성아, 2007; Kim, 2011).

TEPS 또한 앞의 시험 소개 부분에서 언급한 것과 같이 TOEIC이나 TOEFL처럼 시험이 시행된 이후에 문제와 답안이 공개된 적이 없기 때문에 관련 연구가 적다(이준용, 2008; 이현우 · 이소영, 2003, 2004; 조동완, 2000).

NEAT에 관련된 연구는 초기에 시험의 구성 원칙이나 문항 유형과 분석에 관한 연구(김용명, 2010a, 2010b; 이은정, 2012; 진예근 · 고명희, 2012), NEAT의 학교 현장 도입에 따른 선행 조사 및 인식과 교육 현황에 관한 연구(김은정, 2012; 김현주, 2009; 박지선 · 이문복, 2012; 이승철 · 유호정, 2012) 등 다양하게 시도되었다. 그 일례로 NEAT의 교실 수업 효과(Cheong, 2012a), 원어민 · 비원어민 간의 NEAT 채점자 차이 분석(Cheong, 2012b), NEAT 쓰기에 있어서 코퍼스 분석(Im & Choi, 2013) 등의 연구들이 행해졌다.

다음은 각 시대별로 전체적인 영어 표준 시험의 경향을 보고, 그 주요 관련 연구들을 살펴보고자 한다.

1) 1990년대의 연구들(–1999)

1990년대에는 Hwang(1996)의 TOEFL 관련 연구를 시작으로 주로 TOEIC과 TOEFL 관련 연구들만 있었을 뿐, 다른 공인 영어 표준 시험과 관련된 연구들은 없었다.

Hwang(1996)은 TOEFL 시험의 섹션 2가 의사소통능력을 제대로 측정하지 못하고, 시험을 시행하는 동안에 수험자들에게 제공되는 맥락 · 상황 등이 제대로 제공되지 않음을 비판하여 이에 대한 문항 형식의 수정 보완이 필요하다고 주장하였다. 연구자는 또한 이러한 특징이 수험자들에게 미치는 영향도 알아보고자 했다. TOEFL에 관련된 이 시기의 또 다른 연구로 신동일(1997)은 1991년 5월에 시행된 TOEFL 데이터를 기반으로 다차원 문항반응이론 모형을 이용하여 청취 시험 문항을 분석하였다. 그는 또한 일차원적인 문항반응이론이 동형 검사지 개발이나 컴퓨터를 이용한 적응검사에 적절하지 못하다는 이유를 들어 다차원적인 문항반응이론 모형을 이용해서 분석해야 한다고 주장했다.

1990년대의 TOEIC에 관련된 연구들은 듣기 시험을 보는 동안에 책략 사용에 관한 연구들이 주를 이루고 있는데, 이에 관련된 연구의 특징은 책략 훈련 효과들을 체계적으로 규명하지 못하고 있다는 점이다. 예를 들어

Jung(1998)은 대학생들을 대상으로 TOEIC의 듣기 책략과 듣기 점수의 관계, 그리고 TOEIC 책략 훈련 효과에 관하여 연구하였는데, TOEIC 듣기 책략 사용을 훈련받은 그룹과 받지 않은 그룹 사이에 차이가 없었다. 그러나 학생들의 책략 사용 양과 듣기 점수는 통계적으로 유의미한 관계가 있다는 것을 증명함으로써 듣기 책략의 실제 수업 가능성을 열어 놓은 연구로 평가될 수 있다. D. Kim(1999)도 대학생들의 TOEIC 시험에 있어서 듣기 책략의 실제 사용과 성취도를 알아보았는데, 한국 학생들은 번역 책략(translation strategy)을 주로 사용하였고, 사회적 책략(social strategy)은 잘 사용하지 않는 것으로 나타났다. 마지막으로 이수정(1999)은 책략이 아닌 다른 주제를 가지고 연구하였는데, 최초로 우리나라 수험자들을 표본으로 TOEIC의 타당도를 측정하였다. 연구자는 3개월 간격으로 재검사 신뢰도, 내적 합치도 등을 측정하였으며, 문항 분석 결과 TOEIC은 적당한 난이도(difficulty)와 변별도(discrimination)를 가지고 있는 것으로 결론을 내리고 있다.

2) 2000년대의 연구들(전성기: 2000–2009)

2000년대에는 TOEIC 관련 연구 주제가 다양해지고 연구의 수도 증가하였으며, TOEFL관련 연구도 여전히 활발하게 이루어졌다. 이 시기의 가장 두드러진 특징은 TOEIC이나 TOEFL 관련 연구뿐만 아니라, IELTS, TEPS, 그리고 NEAT와 같이 상대적으로 적은 영향력을 가진 다른 공인 영어 표준화 시험 관련 연구도 진행되기 시작했다는 것이다.

TOEIC은 앞서 1990년대와 같이 여전히 듣기 시험에서 듣기 책략의 사용(이정아, 2009)과 TOEIC의 타당도, 신뢰도 등을 입증하는 주제를 가진 연구들이 나타나고 있다(김영서, 2007; 김용석, 2003; 김은상 · 최연희, 2004; 이효웅 · 박기표, 2003; Mun, Yu, & Shin, 2009). 이정아(2009)는 176명의 대학생을 대상으로 듣기 점수 향상에 있어서 듣기 책략의 사용이 미치는 영향에 관하여 조사하였다. 책략의 사용보다 학습자가 가지고 있는 내재적 동기(성취도)가 자율적으로 공부하는 사람에게 효과적이라고 결론 짓고 있다. 김용석(2003)은 TOEIC 시험 읽기 부분의 문항 난이도가 설명 변수나 지문의 중복 설명 변수에 의해서 얼마나 적절하게 설명되고 있는지 살펴보았다. 결론적으로 그는 TOEIC 읽기 부분의 선다형 문항들이 전체적으로 구인 타당성을 가지고 있다고 주장했다. 이효웅과 박기표(2003)는 166명의 대학생들을 대상으로 한국의 에듀케이엘씨(eduklc)에서 개발한 TOEIC 시험의 타당도를 조사하였다. 이를 위해서 TOEFL, MATE, 수능 점수를 기반으로 청해(listening comprehension, LC)와 독해(reading comprehension, RC)로 나누어서 분석했는데, TOEIC은 전반적으로 신뢰도가 높은 시험이며, 청해가 독해보다 신뢰도와 타당도가 높은 것으로 결론을 내리고 있다. 김은상과 최연희(2004)는 TOEIC의 예측 타당도를 조사하였다. 그들은 TOEIC의 읽기와 듣기 영역이 실질적인 업무상 듣기 능력을 측정하는 데 도움을 주지 못하고, 말하기 · 쓰기 능력에 있어서도 거의 측정이 불가능한 것으로 지적하며, 4가지 능력을 고루 측정할 수 있는 평가 도구의 도입이 시급하다고 주장하고 있다. 김영서(2007)는 TOEIC의 신뢰도와 타당도를 기존의 연구와 다른 방식으로 연구하고 있는데, TOEIC이 평가하는 7가지 영역(사진 묘사, 응답문, 대화문, 설명문, 어휘 및 문법, 틀린 문장)에 대한 신뢰도를 알아보았다. 그 결과 설명문을 제외한 6가지 영역 모두에 있어서 상관관계가 있으며, 타당도 부분에 있어서 영어 학습 기간만이 6가지 영역 모두에서 상관관계가 있음이 입증되었다. Mun, Yu와 Shin(2009)은 6가지 TOEIC의 영역 중에서 듣기 부분의 사진 묘사 부분의 타당도를 대학생을 대상으로 조사하였다. 그들은 사진 묘사 부분이 예측 가능성에 의해서 결정됨에도 불구하고, 타당도가 단순히 예 또는 아니오 식의 문제로 결정될 수 있는 성격의 것이 아니기 때문에 순히 타당하다 또는 타당하지 않다로 결론 내릴 수 없음을 지적하고 있다.

2000년 대의 TOEIC과 관련된 연구들의 가장 커다란 특징은 이전의 연구들보다 연구 영역이 다양해졌다고 말한 바 있는데, 또 다른 큰 특징은 TOEIC이 의사소통능력을 제대로 측정하고 있는지에 대한 비판 또는 입증을 위한 관련 연구들이 나왔다는 것이다(차경애, 2006; Bae, 2005; Ryoo, 2009). Bae(2005)는 TOEIC이 한국에서 대표적인 표준 영어 시험으로서 역할을 하고 있음에도 불구하고, ETS에서 주장하는 각 점수대에 상응하는 수준으로 실제 수험자들이 말하기를 구사하지 못한다고 비판하였다. 그는 3주 동안의 성인을 대상으로 몰입 캠프(immersion camp)를 시도하여 원어민들로 하여금 그들을 가르쳤을 때, 평균 점수가 67점이 올랐으며 인터뷰 결과 42%의 수험자들이 증가되었다. 이런 성적 상승의 경향은 상위 그룹과 하위 그룹 모두에게서 나타났다. 차경애(2006)는 TOEIC 성적을 이용하여 1,000명이 넘는 학생들에게 실제 영어 구사 능력의 실태를 알아보고자 했다. TOEIC 읽기 성적이 듣기 성적보다 조금 높게 나타났고, 듣기 성적과 읽기 성적은 유의미한 수준의 높은 상관관계를 가지고 있는 것으로 나타났으며, 회귀분석을 통해서 TOEIC 성적의 상관관계를 알아본 결과 모든 영역에서 통계적으로 유의미한 영향이 있는 것으로 나타났다. 이에 반해 Ryoo(2009)는 말하기 능력이 아닌 쓰기 능력과 TOEIC 성적의 상관관계를 알아보려고 했다. TOEIC 성적을 기반으로 학생들의 언어 수준을 4단계로 나눈 뒤에 그들의 영작문에 나오는 오류를 분석하였는데, 결과는 학생들의 TOEIC 성적이 영어작문실력(productive skills)을 제대로 반영하지 못하고 있는 것으로 드러났다.

TOEIC과 관련된 이 시기 연구의 또 다른 특징은 다른 시험들과 연관성을 입증하여 시험의 타당도를 알아보고자 하는 연구들이(이현우 · 이소영, 2003, 2004; Lee, 2005) 있었다는 것이다. 이현우와 이소영(2003)은 TOEFL, TOEIC, TEPS, 수능 시험과 상관관계를 연구하였다. 특히, 그들은 이러한 과정을 통해서 대학생들의 입학 전형 자료로서 어떤 공인 영어 표준화 시험이 더 타당한지를 보고자 했는데, TOEFL만이 입학 전형 자료로서 타당성을 가지고 있었다. 이현우와 이소영(2004)은 TOEFL, TOEIC, TEPS가 의사소통 능력을 제대로 측정하고 있는지를 각각의 영역을 서로 비교함으로써 알아보고자 했다. 그들은 다른 두 공인 영어 시험에 비해서 TOEFL이 타당도 면에서 다른 시험보다 우월해서 영어 구사력의 측정 도구로서 TOEFL이 TOEIC이나 TEPS보다 신뢰할 만한 시험이라고 주장했다. Lee(2005)는 두 그룹의 학생들(5차 교육과정에서 교육을 받은 그룹과 6차 교육과정에서 교육을 받은 그룹)에게 TOEIC, TEPS, TOEFL 중에서 공인영어시험을 선택해서 보게 했을 때, 다른 시험들에 비해서 TOEIC이 비용적인 측면과 시험 신청이 용이하고 공부하기 쉽다(독해와 청취력만 측정)는 이유로 학생들에게 선호된다고 보고하였다. 수업을 받은 지 1년 후에 학생들의 GPA 성적과 TOEIC 성적을 비교했을 때, 두 그룹 사이에 통계적으로 유의미한 차이가 없었으며, 학생들의 높은 TOEIC 점수나 TOEFL 점수가 GPA의 높은 성적을 대변해 주지 못했다.

마지막 이 시기의 TOEFL 관련 연구로 고보라와 김남순(2009)은 컴퓨터를 기반으로 하는 TOEIC 시험에서 영어 읽기 불안(reading anxiety)과의 관계를 조사했다. 그 결과, 외국어 불안(foreign language anxiety)은 읽기 불안과 관계가 있었다. 새로운 시험 방식과 맞물려서 시험 불안(test anxiety)과 읽기 불안이 생긴 것으로 결론을 내리고 있다.

이 시기의 TOEFL 관련 연구들을 이전 시기와 같이 TOEFL 문항 분석에 관련된 연구(차경환 · 유윤희, 2000), 학습환경과 TOEFL 성적의 관계(길인숙, 2000), 구조 부분(섹션 2)의 타당성 비판에 관한 연구들(박영, 2003), GPA나 다른 영어 시험의 상관관계에 관한 연구들(Kim, 2005; Shin, 2005)이 있었고, 2006년도에 TOELF iBT가 도입된 이후에는 시험의 정당성을 묻는 연구들(Yoon, 2009)이나 새로운 시험 구성에 관련된 연구(Lee, 2006) 등이 시도되었다. 차경환과 유윤희(2000)는 듣기 수험을 한 한기 동안 받은 학생들을 대상으로 3회의 모의 TOEFL 시험을 응시한 결과 듣기의 어떤 영역이 듣기 지도 효과가 있는지 알아보았다. 시험에 사용된 듣기 문항의 문항반응도와 문항의 형태를 통해서 분석한 결과 학생들은 Part A에서 정답 상승률이 높은 것으로 드러났다. 길인숙(2000)는 11개국의 아시아 국가 학생들의 학습 환경(학습시간, 학습방법)이 그들의 TOEFL 성적과 어떤 관계를 가지고 있는지 알아보았다. 그 결과 청해는 학습자들이 보낸 시간과 관련이 있고, 구조 부분(섹션 2)과 독해는 학생들의 학습 방법과 직접적으로 관계가 있는 것으로 나타났다. 연구자는 EFL 환경에서 교사가 수업 시간에 영어를 사용하는 것이 효과적이라고 주장하고 있다. 박영(2003)은 CBT TOEFL에 있어서 구조 부분(섹션 2)을 PBT와 비교하는 연구를 하였다. CBT TOEFL은 컴퓨터 적응형 방식으로 운영되기 때문에 섹션 2에서 좋은 성적을 얻기 위해서는 맨 처음 출제되는 4-5문제에 가장 심혈을 기울어야 하며, 새로이 도입된 쓰기 시험은 섹션 2와 연결될 뿐만 아니라 최종 점수를 결정하는 데 큰 비중을 차지하므로 이에 대한 대책이 시급하다고 주장하고 있다. T. Kim(2004)은 TOEFL 성적과 GPA의 상관관계를 연구하였다. TOEFL 성적이 미국에서 공부하는 외국인 대학생과 대학원생들이 성적을 예측하는 기능을 가지고 있지 못하는 것으로 결론을 내리고 있으며, 연구의 정확성을 높이기 위해서는 더 많은 데이터 확보가 필요하다고 주장하고 있다. Shin(2005)은 TOEFL과 SPEAK(Speaking Proficiency in English Assessment Kit)에 있어서 수험자의 언어 능숙도와 구조 부분의 관계를 다중그룹동형모형(Multi-group Equation Modeling)을 사용하여 분석하였는데, 두 시험이 부분적으로 동등한 것으로 나타났다. Y.-W. Lee(2006)는 G-이론(G-Theory)에 입각하여 iBT TOEFL에서 도입되고 있는 말하기 영역의 통합 과제와 독립 과제를 채점하는 데 있어서 과업 수행 정도와 채점 효과를 조사하였다. 그는 과제의 효과적인 구성과 적절한 과제 수를 정하기 위해 G-이론에 입각하여 신뢰도를 최적화하기 위한 합산 점수(composite scores)를 찾는 것이 중요하다고 밝혔다. 또 다른 iBT TOEFL 관련 연구로 Yoon(2009)은 iBT TOEFL에 있어서 학생들의 시험에 대한 인식을 조사하였다. 연구자는 시험에 대한 정당성은 수험자의 개인 특성에 따라 여러 가지 이면을 보여 준다고 결론을 내리고 있다.

앞에서 말한 것과 같이 무엇보다도 2000년대의 공인 영어 표준화 시험 관련 연구의 가장 큰 특징은 TOEIC과 TOEFL 이외의 다른 영어 시험에 관한 연구들이 나왔다는 것이다(IELTS-이은혜 · 김성아, 2007; TEPS-이준용, 2008; 조동완, 2000; NEAT-김현주, 2009). 이은혜와 김성아(2007)는 말하기 평가를 가지고 있는 IELTS와 MATE를 비교하였다. IELTS로 평가한 경우에는 실험 집단의 말하기 능력이 통계적으로 유의미하게 향상되었으나, MATE로 평가한 경우에는 실험 집단과 통제 집단 간의 유의미한 결과를 볼 수가 없었다. 두 시험의 평가 결과를 기준으로 동형 검사 신뢰도와 재검사 신뢰도를 검증했을 때, 두 검사의 결과 사이에는 높은 상관관계를 보이지만, 정확성과 발음 두 항목에 있어서는 평가자들 사이에 의견이 달랐으며, 이는 MATE의 평가기준표가 상대적으로 애매한 것에 기인한다고 결론을 내리고 있다. 조동완(2000)은 TEPS가 한국의 영어교육과 영어 평가에 상당한 영향을 미치고 있음에도 불구하고, 다른 시험에 비해서 시험의 질이나 타당도를 연구한 논문이 없다는 것을 비판하여 TEPS의 각 영역들이 개인의 언어소통을 적절하게 측정하고 있는지를 알아보았다. TEPS의 각 영역은 언어능력을 적절하게 측정하고 있지 못할 뿐만 아니라, 몇몇 문항의 시험 타당도를 측정하는 데 부적절한 것으로 드러났다. 그는 시험의 몇몇 곳을 수정하고, 추후에 지속적인 연구의 필요성을 주장했다. 이준용(2008)은 TEPS 성적을 이용하여 사관생도들의 한국어 성취 수준이 영어 수업의 성취도 수준과 어떤 관계가 있는지 살펴보았다. 그 결과, 한국어 과목, 영어 강독 수업, 그리고 TEPS 성적과 서로 연관이 있는 것으로 나타났다. 김현주(2009)는 NEAT에 대한 중등 영어교사들과 학생들이 어떤 인식을 가지고 있는지 조사했다. 하지만 초기의 NEAT 관련 연구라 그 방법이나 기술에 있어서는 상세함이 부족했다.

3) 2010년대의 연구들(발전기: 2010–2013)

2010년도의 TOEIC 관련 연구들의 가장 큰 특징은 많은 대학들이 TOEIC 과목을 당당하게 취업을 목적으로 공식적인 교양 필수 과목으로 도입함에 따라 이와 관련된 연구들이 많이 나왔다는 것이다(박지영 · 오준일 · 이인규,

2012; 신광인 · 오치성, 2012; 오희정, 2012; 이명관, 2011; 정영애, 2013; 차민영 · 주미란, 2012; Klemsen & Seong, 2012; Park, 2012; Shin, 2012). 여전히 듣기 시험의 책략 효과에 관련된 연구(오희정, 2011; 임운, 2012; 정영애, 2013)들이 성행하면서 TOEIC을 단순한 영어 시험이 아니라 하나의 사회현상으로 받아들여서 TOEIC이 가지고 있는 사회적 측면을 조사하는 연구들이 나온 것(신동일 · 김주연, 2012; 이동명 · 홍광희 · 황규홍, 2013; 정행, 2010)도 이 시기 TOEIC 관련 연구의 특징이라고 할 수 있다.

대학 TOEIC 수업과 관련하여 박지영, 오준일과 이인규(2012)는 수준별 TOEIC 수업에 대한 만족도에 관하여 연구하였다. 그 결과 수준별 TOEIC 수업의 만족도는 전반적으로 높은 만족도를 보였으며, 초급반 학습자들의 만족도가 중급반과 고급반에 비해 높은 것으로 드러났다. 신광일과 오치성(2012)은 대학 교양 필수 과목으로서 TOEIC 수업의 효과를 조사하였다. 한 대학의 전체 신입생이 2학기 만에 평균 100점 가까이 성적이 향상되는 결과를 가져오는 것과 듣기 부분의 점수 향상이 전체 점수의 향상을 이끌었다는 점에서 무엇보다도 200-400점대 하위 학생들의 점수 향상이 두드러진 점에서 TOEIC 수업의 효과를 입증하였으나, 교양과목으로서의 당위성에 대해서는 TOEIC 수업의 도입이 여전히 공격받을 것으로 예상된다. 차민영과 주미란(2012)은 충남의 대학에서 대학 교양 영어로 3주간의 TOEIC 몰입 학습 프로그램을 운영한 뒤 스키마 활성화가 어떠한 결과를 보이고 있는지 알아보고자 했다. 상위 그룹과 하위 그룹의 차이는 유의미하지 않았으나, 듣기·읽기 수업 후에 스키마 활성화를 실시한 반에서 더 큰 점수의 향상을 보였다. Park(2012)은 대학 교양 수업으로 TOEIC 수업을 다시 들은 경우에 한하여 대학생들이 가지고 있는 정의적 요인(affective factor)을 조사하였다. 대부분의 학생들이 수업에 대한 태도, 학업에 대한 동기 유발, 언어 불안(language anxiety), 그리고 도구성(instrumentality)에 있어서 차이가 없었다. 미시적인 분석을 했을 때 상대적으로 여학생들이 남학생들에 비해서 높은 언어 불안과 도구적인 동기를 보였고, 이것은 여학생들의 최종 언어 성취도

(final language achievement)에 있어서 긍정적인 영향을 주는 것으로 나타났다.

TOEIC 책략과 성취도를 알아보고자 오희정(2011)은 책략 사용과 관련하여 통합적인 파트별 분석을 시도하였다. 그 결과 언어 능숙도는 TOEIC 책략의 사용과 관계가 없으며, 시험을 볼 때 무조건 책략을 많이 사용하는 것만으로는 TOEIC 성적을 올릴 수 없다고 주장하고 있다. 임운(2012)은 2011년도에 TOEIC 모의 시험을 치른 학생들을 대상으로 듣기 점수 200점을 기준으로 상위 그룹과 하위 그룹으로 나누어 듣기책략의 사용 정도와 성취도 간의 상관관계를 알아보고자 했다. 28개 항목에 대하여 조사한 결과, 상위 집단이 하위 집단보다 학습을 계획하고 평가하는 상위인지 책략을 사용한다는 기존의 연구와 같은 결과가 나왔다. 연구자는 듣기 책략은 초기 단계부터 체계적인 지도가 필요하다고 주장한다. 정영애(2013)는 대학의 교육역량 강화 사업의 일환으로 개설된 영어듣기 수업을 수강한 대학생들을 대상으로 약 6주간 주 4회 매일 한 시간씩 총 24시간 동안 듣기 책략 지도를 했을 때의 효과를 조사하였다. 모의 TOEIC 500점을 기준으로 기초반과 중급반으로 나누었으며, 즉시 회상 보고와 면담, 설문 조사를 통해서 어떤 책략을 구체적으로 사용했는지 알아보았다. 학생들은 대체적으로 초인지 책략을 빨리 습득하였고, 몇 번의 연습을 통하여 다양한 인지 책략들을 활용하고 있는 것으로 나타났다.

TOEIC 시험이 가져다주는 사회적 영향을 기존의 연구들은 양적인 접근으로 조사한 것에 반하여 신동일과 김주연(2012)은 소수의 참여자들을 대상으로 심층면접을 실시하여 보다 질적으로 접근하여 연구하였다. 취업을 위해서는 학벌과 TOEIC 점수가 문지기(gate keeper) 역할을 하는 사회성을 그대로 반영하여, TOEIC의 영향 때문에 영어 공부=시험 공부라는 논리와 파워 테스트로서의 TOEIC에 대한 견해를 기술했다. 이동명 · 홍광희 · 황규홍(2013)은 부산 소재 625명의 대학생을 대상으로 하여 TOEIC에 대한 학생들의 인식을 조사하였다. 절반이 넘는 학생들이 TOEIC을 본 경험이 있었으며, 대부분의 학생이 평균 0-2 시간 TOEIC 공부를 하고 있으며 혼자서 공부하는 것보다 학원이나 그룹 스터디를 통해서 학습하는 것이 효과적이라고 응답하였다. 학생들은 단순히 TOEIC을 자신의 객관적인 영어 능력을 측정하기 위한 수단이라고 생각하지 않고, 사회 · 문화적인 측면까지 반영된 여러 가지 요소들을 TOEIC의 연장선이라고 생각했으며, 사회나 기업에서 요구하기 때문에 이를 충족시키기 위한 대상으로 TOEIC을 이해하고 있었다.

주춤한 경향은 있지만 여전히 TOEFL과 관련된 연구들은 TOEFL 성적에 영향을 미치는 요인에 관련된 연구(Lee & Kim, 2010), iBT TOEFL 문항의 검사 항목에 관한 연구(Kim, 2011), 그리고 TOEFL 대란과 관련된 연구(신동일, 2012)와 같이 꾸준히 있었으며, 소수의 IELTS 관련 연구(Kim, 2011)도 있었다. Y. Kim(2011)은 iBT TOEFL 문항 480개를 ESL 교사들에게 간략화된 검사 모델을 이용하여 경험에 의하여 기술된 진단검사항목(Empirically-derived Descriptor-based Diagnostic checklist)을 통하여 측정하도록 하였다. 신동일(2012)은 2007년에 한국에서 발생한 TOEFL 대란과 관련된 신문 기사들을 분석하여, 그것들이 어떻게 담론화되었는지 분석하였다. IELTS와 관련하여 Y. Kim(2011)은 IELTS 시험을 준비하고 있는 학생들이 작문 수업을 준비하기 위해서 가지고 있는 어려움을 조사하고 영어 쓰기를 개선하기 위한 여러 가지 제언들을 개방형 설문지(open-ended surveys)와 인터뷰를 기반으로 조사하였다. 학생들이 적절한 어휘와 문법을 구사하는 데 어려움을 가지고 있는 것으로 드러났으며, 학생들의 작문 연습과 작문 경험이 IELTS의 과제를 성공적으로 완성하는 데 중요하게 작용하는 것으로 드러났다.

2010년도의 공인 영어 표준화 시험 관련 연구의 또 다른 특징은 NEAT의 수능 대치 가능성과 더불어 상당수 NEAT 관련 연구들이 쏟아져 나왔다는 것이다. NEAT 시험 구성 원칙과 관련하여 김용명(2010a, 2010b)은 NEAT의 읽기와 듣기 시험을 구성하는 데 있어서 5개의 구성 원칙과 4개의 구성 기준에 입각하여 어떻게 문항 유형이 확정되었는지 보여 주었다. 또한,

그는 수능을 위한 제언과 연계성, 실제성, iBT로 인한 환류 효과성, 상보성, 통합성 등 시험의 여러 가지 성격도 더불어 기술하였다.

NEAT 관련 연구의 주를 이루는 것은 무엇보다도 시험 도입에 따른 교사들이나 학생들의 인식에 관련된 연구들이다(김연희, 2013; 김은정, 2012; 박지선 · 이문복, 2012; 이승철 · 유효정, 2012). 김은정(2012)은 58명의 경남 지역 중등 교사들을 대상으로 NEAT에 대한 인식을 조사하였다. 설문 결과, NEAT는 높은 타당도와 진정성(authenticity)을 가지고 있지만 신뢰성과 실용성에 있어서는 낮은 수치를 가지고 있는 것으로 드러났다. 학생들에게는 언어의 4기능의 강화, 교사들에게는 다양한 수업 모형과 교수법의 개발과 같은 긍정적인 환류 효과도 있지만, 사교육 증가와 교사들의 업무 증가와 같은 부정적인 면도 언급되었다. 연구자는 시험을 위해서 교사들을 신뢰할 만한 채점자로 만드는 것보다 NEAT에 관한 기본 지식을 가르치는 것이 중요하다고 주장하고 있다. 이승철과 유효정(2012)도 대학수학능력 외국어 시험의 대안으로서 NEAT에 대한 중등 교사들과 학생들의 인식을 알아보았다. 평가 방향이나 목표는 결과적으로 NEAT에서 추구하는 방향과 일치하지만, 학생들에게는 실제 수업과의 괴리, 교사들에게는 읽기와 쓰기 수업에 대한 인프라가 구축되어 있지 않다는 문제점을 지적하였다. 박지선과 이문복(2012)은 전국 12개의 영어 중점 학교의 교사와 학생들을 대상으로 실제 교육에서 말하기와 쓰기 수업이 어떻게 실시되고 있는지, 또한 이러한 수업들이 NEAT 시험 도입을 위해서 제대로 대비되고 있는지 알아보았다. 의사소통 중심의 말하기 · 쓰기 수업을 위해서 학생들의 수준을 고려한 분반과 교재 활용, 영어 교사의 의사소통능력 향상, 그리고 학교별 특색을 고려한 영어 말하기 쓰기 교수 학습 모형의 개발과 보급이 필요한 것으로 결론을 내리고 있다. 김연희(2013)는 NEAT 시험 도입에 따른 학교 현장의 영어 쓰기 교육 실태를 네 가지 영역에서 알아보았다. 상당수 교사(67.3%)들이 NEAT가 궁극적으로 바람직한 방향으로 영어교육에 이바지할 것이라는 예상과 달리 사교육비의 증가, 영어 공교육에 대한 불신 등의 부작용을 우려하는 것으로 조사되었다.

또한 상당수 교사들이 본인의 영어 쓰기 능력에 대한 자신감 부족을 호소하고 있었다. 따라서 본격적인 쓰기 교육 연수와 보조 교사 인력 배치 등이 시급한 것으로 나타났다.

그 외에 이 시기의 NEAT 관련 연구들은 시험의 성격을 설명하는 연구(이은정, 2012), NEAT의 문항 분석(진예근 · 고명희, 2012), NEAT 쓰기 시험에 대비하여 학생들에게 L1과 L2 작문 구조의 차이를 가르치는 것에 대한 효과에 관한 연구(Cheng, 2012a), NEAT 원어민, 비언어민 채점자 간에 차이를 알아본 연구(Cheung, 2012b), 그리고 NEAT 쓰기 연습에 있어서 코퍼스 분석을 사용한 연구(Im & Choe, 2013) 등 다양한 주제의 연구가 시도되었다. 이은정(2012)은 여러 가지 자료와 문헌 등을 사용하여 NEAT 1급, 2급, 3급 시험을 설명했다. 또한, NEAT 2급과 3급 시험 간의 차이가 분명하지 않은 점을 지적하였다. 진예근과 고명희(2012)는 NEAT 쓰기 문항 분석을 위한 여러 가지 제언을 하였다. 그들은 특정한 쓰기 유형에만 치우치는 현상을 막기 위해 유동적이어야 하고, 다양한 의사소통 기능과 언어 형식을 평가하도록 고안이 되어야 하며, 검정 과정(piloting)과 문제 은행 관리를 통해 체계적인 개발을 주장했다. Cheong(2012a)은 영어 쓰기 교육에 있어서 학생들에게 모국어(L1)와 영어(L2)의 작문 구조의 차이를 가르치는 효과를 위 점검하기 위해서 NEAT 쓰기의 세 가지 영역을 분석하였다. L1과 L2의 작문 구조를 학습하는 것이 학생들의 영어 작문 질을 높이는 것으로 드러났다. Cheong(2012)의 또 다른 연구에서는 NEAT 영작문 채점에 있어서 원어민과 비원어민의 채점자 간의 차이를 연구하였다. 네 가지 영역의 채점에 있어서 원어민은 내용(content), 조직(organization), 언어 사용(language use)에 있어서 엄격하였고, 비원어민은 모든 영역에 대해 관대하였다. 마지막으로 Im과 Choe(2013)는 중 · 고등학생들의 NEAT 쓰기에 있어서 그들이 도입어(stance)와 개입어(engagement)를 어떻게 사용하는지 코퍼스를 기반으로 분석하였다.

4. 요약 및 향후 전망

1) 요약

지금까지 국내에서 시행되는 공인 영어 표준 시험인 TOEIC, TOEFL, IELTS, TEPS, NEAT에 관련하여 각 시험에 관해서 간략하게 소개하고 그와 관련하여 국내 학자들에 의해서 출간된 연구 논문을 분석하였다. 1990년대에는 TOEIC과 TOEFL에 대한 연구만 있었다. 2000년대 와서는 다양한 주제, 많은 수의 연구들이 행해졌을 뿐만 아니라 IELTS와 TEPS 등 다른 공인영어시험 관련 연구들이 나왔다. 2010년도 이후에는 TOEIC 관련 연구가 이전과 마찬가지로 많이 나왔으며, 특이할 만한 점은 사회적 흐름을 반영하여 상당수의 NEAT 관련 연구들이 나왔다.

2) 향후 전망

국내 주요 영어 시험 연구는 앞으로도 지금과 같이 TOEIC과 TOEFL에 집중될 것으로 예상된다. TEPS는 앞에서 지적한 것과 같이 국내에서 상당한 수험자의 수와 영향력을 가지고 있음에도 불과하고 이에 관한 연구가 상대적으로 적은 것에 대하여 국내 학자들의 적극적인 연구가 향후 필요할 것으로 여겨진다. 최근에는 NEAT와 관련하여 국내 학자와 교육자들에 의해서 시험에 대한 인식, 시험의 당위성 · 실효성 등에 관련된 연구가 행해졌으나 현 정부에 들어와서 NEAT 2급과 3급의 수능 대치가 불투명해진 것과 관련하여 연구가 주춤할 것으로 여겨진다. 국내 주요 공인 영어 표준화 시험 관련 연구는 향후에도 사회적, 정치적 흐름과 관심에 따라서 그 숫자와 흐름 또한 달라질 것으로 보인다.

참고문헌

고보라 · 김남순(2009). 컴퓨터 기반 TOEIC 시험에서의 영어 읽기 불안. 『현대영어영문학』, *53*(1), 19-40.

길인숙(2000). 영어학습환경과 TOEFL 점수와의 관계. 『영어교육』, *55*(4), 295-313.

김연희(2013). 국가영어능력평가시험 도입에 따른 학교 현장의 영어 쓰기 교육 실태 연구. 『영미어문학』, *107*, 185-211.

김영서(2007). 토익시험에 나타난 수용기능의 신뢰도와 타당도 연구. *STEM Journal*, *8*(1), 169-185.

김용명(2010a). 국가영어능력평가시험(NEAT)의 검사지 구성 원칙과 절차: 문항 유형 확정 모델. 『영어어문교육』, *16*(4), 153-184.

김용명(2010b). 국가영어능력평가시험(NEAT)의 문항 유형의 개발과 선별 원리 및 검사지 구성의 원칙. 『영어교육』, *65*(4), 313-342.

김용석(2003). 토익읽기 선다형 문제의 구인타당성과 문항난이도 예측 연구. 『영어교육연구』, *15*(4), 191-214.

김은상 · 최연희(2004). 비즈니스 영어 업무 능력에 대한 TOEIC의 예측 타당도 검증과 델파이 연구. 『영어학』, *4*(2), 229-255.

김은정(2012). 국가능력평가시험(NEAT)에 대한 중등교사들의 인식. 『영어교육연구』, *24*(2), 205-224.

김현주(2009). 국가영어능력인증시험에 대한 선행조사연구. 『현대영어교육』, *10*(2), 45-48.

박지선 · 이문복(2012). NEAT 말하기 · 쓰기 평가 도입에 대비한 고등학교 영어 말하기 쓰기 교수 · 학습 현황 분석. 『현대영어교육』, *13*(2), 121-149.

박지영 · 오준일 · 이인규(2012). 대학의 수준별 토익 수업에 대한 학습자의 만족도에 관한 연구. 『영어교육연구』, *24*(3), 257-276.

박영(2003). TOEFL CBT의 연구: Section 2를 중심으로. 『영어교육연구』, *27*, 7-24.

신광인 · 오치성(2012). 대학교양필수과목으로서의 토익수업의 효과. 『언어학연구』, *24*, 125-137.

신동일(1997). 다차원 문항반응이론모델을 이용한 TOEFL 청취력시험 데이터 분석. 『영어교육』, *52*, 4, 287-302.

신동일(2012). '토플대란'에 관한 신문기사 분석: 비판적 담론 분석을 기반으로. 『외국어교육』, *19*(1), 187-210.

신동일 · 김주연(2012). 토익 수험자의 인식연구: 비판적인 언어평가론 관점에서. 『영어영문학21』, *25*(2), 125-157.

오희정(2011). 토익 듣기 전략과 성취도의 관계. 『영어교육연구』, *23*(3), 151-169.

오희정(2012). 자기효능감과 토익 성취도의 관계. 『영어교육연구』, *24*(3), 299-319.

이동명 · 홍광희 · 황규홍(2013). 한국 대학생 영어학습자들의 토익 응시에 대한 반응연구. 『새한영어영문학』, *55*(2), 233-248.

이명관(2011). 토익 독해 수업에서 문법 강조와 어휘 강조의 효과. 『현대영어영문학』, *55*(2), 155-177.

이수정(1999). 한국인을 대상으로 한 TOEIC 타당화 연구. 『한국심리학회지: 사회문제』, *5*(2), 49-58.

이승철 · 유호정(2012). 대학수학능력 외국어시험 대안으로서 NEAT에 대한 인식: 사례연구 중심으로. 『외국어교육』, *26*(2), 93-112.

이정아(2009). 듣기 전략 사용 선호도가 TOEIC 듣기 성취도에 미치는 영향과 매개 변인과의 관계. 『영어어문교육』, *15*(4), 345-364.

이준용(2008). 영어와 한국어의 학업성취도 상관관계 분석. 『현대영미어문학』, *26*(4), 193-209.

이완기(2012). 『영어 평가 방법론(3판)』. 서울: 문진미디어.

이은정(2012). 국가영어능력평가 시험의 개발과 선행과제 연구. 『언어학연구』, *23*, 167-188.

이은혜 · 김성아(2007). 영어 말하기 평가 도구 IELTS와 MATE 비교분석. 『언어연구』, *24*(1), 1-23.

이현우 · 이소영(2003). TOEFL, TOEIC, TEPS 시험 점수와 대학 수학 능력과의 연관성 연구. 『영어어문교육』, *9*, 155-171.

이현우 · 이소영(2004). 의사소통 능력 측정 도구로서의 공인 영어 표준화 시험 타당도. 『영어어문교육』, *10*(3), 191-210.

이효웅 · 박기표(2003). TOEIC의 신뢰도와 타당도. 『영어교육』, *58*(4), 27-42.

임운(2012). TOEIC 성취도와 듣기전략 사용정도간의 상관관계에 관하여. 『영어영문학 연구』, *54*, 2,195-216.

조동완(2000). TEPS(Test of English Proficiency developed by Seoul National University)의 타당도에 대한 연구. 『응용언어학』, *16*(1), 197-213.

정영애(2013). 듣기전략지도가 대학생들의 TOEIC 듣기이해에 미치는 영향. 『현대영미어문학』, *31*(2), 1-27.

정행(2010). 개정된 토익(NEW TOEIC)이 한국 대학생들의 영어 교수 · 학습에 미치는 역류효과. 『영어영문학 21』, *23*(3), 183-207.

진예근 · 고명희(2012). 국가영어능력평가시험(NEAT) 쓰기평가 문항분석. 『외국어교육』, *19*(4), 271-321.

차경환 · 유윤희(2000). TOEFL의 듣기문항 분석을 통한 한국대학생 듣기 학습효과. 『음성과학』, *7*, 157-175.

차경애(2006). TOEIC 테스트를 통하여 나타난 대학생의 영어 구사 능력 연구. 『외국어교육』, *13*(1), 275-295.

차민영 · 주미란(2012). 스키마 활성화 활동이 토익성적에 미치는 영향 연구. 『현대영어영문학』, *56*(1), 283-304.

Bae, D. (2005). A proposal for the development of TOEIC score and communicative competence for Korean university students. *Studies in Modern Grammar, 41*, 201-224.

Cheong, S. H. (2012a). The effectiveness of instruction L1 and L2 rhetorical difference in the NEAT writing section. *Modern English Education, 13*(1), 19-41.

Cheong, S. H. (2012b). Native-and nonnative-English-speaking raters' assessment behavior in the evaluation of NEAT essay writing samples. *English Language Teaching, 24*(2), 49-73.

Choi, I.-C. (2008). The impact of EFL testing on EFL education in Korea. *Language Testing, 25*(1), 39-62.

Hwang, Y.-J. (1996). Some doubts about TOEFL: On the basis of the structure and written expression section. *Korean Journal of Applied Linguistics, 11*, June, 47-58.

Im, J., & Choe, H. (2013). Stance and engagement in Korean secondary EFL students' NEAT writing. *Modern English Education, 14*(2), 47-76.

Jung, Y. S. (1998). The effect of TOEIC listening strategy instruction on students' TOEIC listening scores. *English Teaching, 53*(4), 135-153.

Klemsen, K. M., & Seong, M.-H. (2012). Who is more effective in teaching TOEIC, Korean or native English teacher? *English Language & Literature Teaching, 18*(1), 133-151.

Lee, E. (2005). A study of TOEIC Results and College Recruiting Policy. *English Language & Literature Teaching, 11*(3), 57-69.

Lee, Y., & Kim, S. J. (2010). Linguistic and educational factors affecting TOEFL scores: Focusing on three OECD countries in EFL contexts. *International Journal of Contents, 6*(2), 33-40.

Lee, Y.-W. (2006). Dependability of scores for a new ESL speaking assessment consisting of integrated and independent tasks. *Language Testing, 23*(2), 131-166.

Kim, D. (1999). Listening comprehension strategies and their relationship with students' performance on the TOEIC listening tests. *Korean Journal of the Applied Linguistics, 15*(2), 39-61.

Kim, T. (2004). Observation of the correlation between TOEFL scores and students' GPAs. *Studies in English Education, 9*(2), 175-182.

Kim, Y. (2011). Investigating performance and difficulty of Korean University students' L2 writing on IELTS tests. 『영어영문학 21』, *24*(1), 265-290.

Kim, Y.-H. (2011). Diagnosing EAP writing ability using the reduced reparameterized unified model. *Language Testing*, *28*(4). 509-541.

Mun, C.-Y., Yu, K.-A., & Shin, S.-K. (2009). Construct Validation of Picture Description Items on the TOEIC Listening Section. *Korean Journal of Applied Linguistics*, *25*(3), 391-417.

Park, E. (2012). Affective factors in retaking TOEIC-based EFL classroom contexts. *Modern Studies in English Language and Literature*, *56*(3), 279-302.

Ryoo, M.-L. (2009). The relationship between written English proficiency and TOEIC score revealed by Korean EFL students' written error correction. *English Language Teaching*, *21*(4), 129-148.

Shin, M.-H., & Lee, E. (2012). The importance of learning language culture integration; Focused on TOEIC reading comprehension. *English Language & Literature Teaching*, *18*(3), 207-221.

Shin, S.-K. (2005). Did they take the same test? Examinee language proficiency and the structure of language tests. *Language Testing*, *22*(1), 31-57.

Yoon, S.-Y. (2009). A study on Korean test-takers' perceptions of test fairness in iBT TOEFL. 『인문학연구』, *14*, 141-167.

제22장

언어 평가의 준거 설정*

신상근 이화여자대학교

1. 서론

언어 평가 도구를 제작하거나 평가 결과를 적절하게 해석하기 위해서는 어떤 방식으로든 준거(standards)를 설정해야 한다. 예를 들어 1급, 2급, 3급이나 초급, 중급처럼 급수를 나누기 위해서는 각 급수에 속하는 사람들의 언어 구사력이 어느 정도인지 자세하게 정의되어 있어야 평가 도구를 제작하는 사람이나 채점하는 사람, 나아가 결과를 해석하고 사용하는 사람들이 참조할 수 있을 것이다.

언어 평가의 준거 설정은 단지 평가만의 문제는 아니다. 언어 교육 프로그램의 경우 대부분 수준별로 강좌를 개설하는데 각 수준이 해당 언어를 어느 정도로 구사하는 학생들을 위한 강좌인지 설정하는 작업이 제일 먼저 이

* Shin, Sang-Keun (2014). Standard-setting in Language Testing. In O. Kwon (Ed.), *New horizons in English education research* (pp. 545-571). Seoul: Seoul National University Press.

루어져야 한다. 대상으로 하는 수강생의 언어 구사력 수준이 정확하게 기술되어 있어야 평가 결과를 바탕으로 개별 학생이 어느 강의를 수강해야 하는지 판단할 수 있기 때문이다. 배치 고사를 제대로 제작하기 위해서도 개설되는 강좌의 수준과 교수 내용이 결정되어 있어야 할 것이다. 물론 각 급수를 구분하는 분할 점수(cut score)도 설정되어 있어야 한다.

언어 평가나 언어 교육 분야에서 준거 설정(standard setting)에 대한 연구는 2000년 초반부터 활발하게 이루어지기 시작하였는데 이는 교육과 평가의 책무성(accountability)을 강조하는 기준기반평가(standards-based assessment)의 등장에 기인하는 바가 크다. 국내에서는 수험자를 A, B, C, F 네 등급으로 나누는 국가영어능력평가시험이 도입되면서 준거 설정 혹은 수준 설정 작업이 체계적으로 진행되기 시작하였다. 최근 들어 중고등학교 성취도 평가를 준거참조평가[1](criterion-referenced testing)로 전환하는 과정에서 성취도 평가의 준거 설정이 더욱더 중요한 이슈로 부각되고 있다. 학교마다 준거 설정의 기준이 다를 수 있고 설정되는 점수에 따라 학생들의 내신 등급이 달라지기 때문에 매우 민감한 문제이기 때문이다.

이 글에서는 언어 평가의 준거 설정에 대한 주요 이론을 먼저 살펴보고 이어서 언어 평가 분야에서 발표된 준거 설정과 관련된 대표적인 연구를 고찰해 본다. 마지막으로 향후 연구 전망에 대해서 논의하고자 한다.

1 엄격한 의미에서 우리나라 교육현장에서 사용되는 절대평가를 준거참조평가라고 보기 힘들다. 성취 기준을 구체적으로 설정해서 달성 여부를 확인하기보다는 총점을 기준으로 등급을 나누기만 하기 때문이다.

2. 이론적 배경

1) 준거의 개념

준거라는 개념은 영어의 standards에 해당되는 개념으로 언어 평가와 교육 분야에서 준거라는 개념은 크게 세 가지 의미로 사용된다. 먼저 요즘 가장 많이 사용되는 의미는 학생들이 각 과목에서 성취해야 할 목표에 해당되는 내용 준거(content standards)를 지칭한다. 교육의 책무성을 강조하면서 매년 학생들의 학업 성취도를 평가해서 학생들의 성취 목표 달성 정도를 보고해야 하는 아동낙오방지법(No Child Left Behind, NCLB) 정책이 미국에서 실시되면서 성취 기준의 중요성이 더욱 부각되었다.

이 법에 따르면 미국의 모든 주는 매년 수학과 영어 시험을 학기 말에 실시해서 학생의 성취 정도를 세 등급으로 판정해야 하는데 각 학년별로 두 과목에서 학생들이 성취하여야 할 학습 목표와 내용이 명확하게 정해져 있어야 교사들이 가르쳐야 하는 내용과 평가 내용을 알 수 있고 시험 결과를 보고 학생들이 도달한 성취 목표와 도달하지 못한 성취 목표를 판정할 수도 있을 것이다. 예를 들어 캘리포니아 주교육위원회(California State Board of Education, 1997)가 설정한 캘리포니아 주 초등학교 3학년 영어 과목의 쓰기 영역 성취 기준은 다음과 같다.

2.1. 서사글 쓰기:

a. 발생한 사건의 상황이 제시되어 있다.

b. 구체적이고 생생하게 글이 전개된다.

c. 선정된 사건이 왜 기억에 남는 사건인지 잘 드러난다.

2.2. 묘사하고 있는 사람이나, 장소, 사물 혹은 경험에 대해 글쓴이의 일관된 인상이 전달될 수 있도록 글쓴이의 느낌이나 감정이 구체적으로 나타나 있다.

2.3. 개인적인 편지나 공식적인 편지, 감사의 글, 그리고 초청장을 쓸 수 있다:

a. 상대방의 배경 지식이나 흥미를 고려하고 목적과 상황에 적절하게 쓸 수 있다.

b. 날짜, 적절한 인사말, 본문, 마무리, 서명 등 필요한 요소가 다 포함되어 있다.

이런 식으로 각 학년별로 도달하여야 하는 성취 수준이 아주 자세하게 정의되어 있어야 위에서 설명한 것처럼 내용 준거가 교육과 평가의 기초가 되기 때문이다.

두 번째 개념은 학습자의 수준에 대한 등급별 혹은 수준별 기술을 의미한다. 예를 들어 NCLB의 경우 개별 주별로 영어와 수학 시험을 실시해서 그 결과로 학생을 기초(basic), 능숙(proficient), 그리고 우수(advanced) 단계로 구분한다. 물론 기초 단계에 도달하지 못한 아동은 미달 판정을 받는다. 시험 결과로 이런 판단을 하기 위해서는 먼저 기초, 숙달, 우수 단계의 학생이 알고 있는 지식이나 수행해 낼 수 있는 과업의 수준을 자세하게 정의해야 한다. 위에서 소개한 첫 번째 의미인 성취 목표를 내용 준거에 따라 어느 정도 달성하면 기초 수준이고 어느 정도 달성하면 능숙, 그리고 우수 수준인지 기술한다는 의미다.

이를 위해서는 크게 두 가지 준거가 설정되어야 한다. 먼저 각 과목별로 수준별 성취 수준을 기술하는 진술로 이를 수행준거(performance standards)나 수행수준기술(performance level descriptors)이라고 부른다. 각 등급이 내용 준거를 어느 정도 달성한 수준인지 정의하는 데 아래에 캘리포니아 교육부(California Department of Education, 2009)가 설정한 수행준거의 예가 있다.

상급 - 매우 뛰어난 수준이다. 해당 과목에서 학년 말에 성취해야 하는 모든 지식과 기술을 탁월하게 습득한 수준이다.

능숙 - 우수한 수준이다. 해당 과목에서 학년 말에 성취해야 하는 모든 지식과 기술을 충분히 습득한 수준이다.

기초 - 실력이 부족한 수준이다. 해당 과목에서 학년 말에 성취해야 하는 모든 지식과 기술을 부분적으로만 습득하여 제대로 이해하지 못하고 있는 수준이다.

물론 수행준거를 설정하는 일은 쉬운 일이 아니다. 아래에서 설명하겠지만 성취도 성격의 시험에서는 그나마 이미 가르친 교수 내용이 있기 때문에 설정 근거가 있지만 능숙도 시험의 경우에는 언어능력이나 언어 발달에 대한 이론에 기초해야 하기 때문에 매우 어려운 작업이다.

두 번째 구성 요소는 분할 점수이다. 시험 점수는 대개 0점에서 최고점까지 연속된 점수로 산출된다. 예를 들어 iBT TOEFL은 0점에서 120점 사이의 점수가 부여된다. 이처럼 연속 함수인 시험 점수에서 각 성취 수준을 구분하는 분할 점수를 설정하여야 한다. 예를 들어 68점까지가 초급, 84점까지가 중급, 그 이상은 상급으로 분할하는 것처럼 급수를 구분하는 마법의 숫자를 결정해야 한다. 예를 들어 미국 대학의 응용언어학 박사과정 프로그램에서 영어가 모국어가 아닌 유학생에게 요구하는 iBT TOEFL의 최소 점수는 100점, 106점, 심지어 111점까지 다양하다. 각 학위 프로그램에서 요구되는 영어의 성격과 수준이 얼마나 다른지 모르지만 학교마다 다른 점수를 요구하고 있다. 물론 왜 이런 분할 점수가 어떻게 도출되었는지 근거를 제시한 프로그램은 없다. 그럼에도 불구하고 이 점수가 지원 자격이 있는 사람과 지원 자격이 없는 사람을 구분하는 분할 점수가 된다. 단 1점의 차이로 합격, 불합격처럼 판정이 달라지기 때문에 1점 높은 점수도 아니고 1점 낮은 점수도 아닌 바로 해당 점수에 경계선이 설정되어야 하는지 설명할 수 있어야 하므로 매우 전문적인 판단이 요구되는 과업이다.

세 번째로 언어 교육과 평가 분야에서 standards는 언어 교육을 담당하는 사람이나 언어 교사나 평가자가 준수해야 하는 윤리 강령(code of ethics)이나 평가 도구, 교사 및 교육 프로그램이 갖추어야 하는 세부 기준을 뜻하기도 한다. 예를 들어 미국 교육 연구 협회(American Educational Research

Association), 미국 심리협회(American Psychological association), 그리고 미국 국가 교육 측정 위원회(National Council of Measurement in Education)이 공동 출판한 교육 심리 평가 준거(*The Standards for Educational and Psychological Testing*)(1999)는 평가를 고민하는 모든 사람들이 준수해야 할 여러 가지 기준을 담고 있는 매우 중요한 자료다. 준거 설정과 관련된 기준이 여러 개 나오는데 대표적인 기준을 소개하면 아래와 같다.

> 준거 4.19.
> 시험 결과를 해석하기 위해 두 개 이상의 분할 점수를 설정하는 경우 분할 점수를 설정한 근거와 절차를 분명하게 제시해야 한다.

> 준거 4.20.
> 분명하게 차이가 난다고 해석되는 등급을 구분하기 위해 분할 점수가 도출하는 경우, 되도록 목표 수준과 수험자의 성취 수준을 실증적으로 분석하여 도출해야 한다.

두 기준 모두 분할 점수가 설정될 경우 그 근거와 절차를 명확히 제시하여야 하고 적절성에 대한 증거를 제시하여야 한다고 규정하고 있다.

언어 평가 분야에서는 국제언어평가협회(International Language Testing Association)가 제정한 윤리 강령이 있다(ILTA, 2013). 언어 교육 분야에서도 기준을 설정하여 언어 교수의 수준을 유지하고자 하는데 대표적으로 국제 TESOL 협회(TESOL International Association)가 제정한 여러 가지 기준이 있다. 이 글에서는 첫 번째와 두 번째 의미의 준거에 대해서 살펴본다.

2) 준거 설정의 중요성

언어 교육과 언어 평가 분야에서 준거 설정이 제대로 이루어져야 하는 이유를 실제적인 측면과 이론적인 측면에서 나누어 살펴보기로 한다. 먼저 언어 교육 프로그램을 운영하기 위해서는 언어 구사력 측면에서 출발 지점과 도달 지점을 분명하게 설정하여야 한다. 중급반이라는 명칭은 같더라도 개설된 프로그램에 따라 수준의 차이가 나는 경우가 많다. 따라서 정확하게 해당 외국어를 어느 수준으로 구사하는 학생들이 수강할 수 있는 강좌인지, 그리고 해당 강좌를 수강하면 어느 수준으로 영어를 구사할 수 있게 되는지 강좌의 목표를 제시할 수 있어야 한다. 물론 강좌의 내용이나 교재도 해당 수준에 맞게 설계되고 제작되어야 할 것이다.

이런 결정을 내리기 위해서는 당연히 언어능력이 수준별로 정의되어야 하고 개별 학생의 언어 구사력 수준을 판단할 수 있는 평가 도구도 개발되어 있어야 한다. 물론 위에서 설명한 대로 학생들을 여러 수준으로 나누는 분할점수도 설정되어야 할 것이다. 실제로 이런 과정을 가치면서 교육을 실시하는 교육기관이 많지 않은데 교육의 책무성 관점에서 보면 무책임하게 교육 프로그램을 운영한다는 비판을 피하기 어렵다.

언어 평가에서도 준거는 필수적인 요소다. 평가 도구를 제작하기 위해서는 먼저 측정 목표인 언어능력을 정의해야 하는데 성취도 검사의 경우 교수 요목(syllabus)에 따라 구인(construct)이 정의되겠지만 능숙도 평가의 경우에는 기본적으로 의사소통능력에 관한 이론에 기초해야 한다(Bachman & Palmer, 1996). 시험 결과로 수험생의 수준을 판정하기 위해서는 다양한 수준의 문제가 골고루 출제되어야 하고 평가 결과에 기초해서 수험생의 수준을 정확하게 판정하기 위해서는 판단 근거가 되는 준거가 설정되어 있어야 한다. 언어 교육에서보다 언어 평가에서 준거가 더 중요한 이유는 평가 결과가 가지는 영향 때문이다. 평가 결과에 근거해서 수험자의 삶에 영향을 미치는 여러 가지 결정이 내려지기 때문이다.

이론적인 측면에서 살펴보면 설정된 준거의 적절성은 평가의 타당도(validity)와 직결된다. 평가의 타당도란 "평가 결과에 근거해서 내리는 각종 결정이나 수험자의 언어능력에 대한 추론의 적절성"(Messick, 1989)을 뜻한다. 아무리 잘 제작된 시험이라도 평가 결과의 해석, 예를 들어 등급 판정이 잘못되면 평가 도구의 사용이 타당해질 수 없게 된다. 설정된 준거가 평가 결과 해석의 중요한 기반이 되어 평가 결과 사용의 적절성을 좌우하므로 준거는 평가의 타당도를 결정하는 요소라고 볼 수 있다.

안타깝게도 언어 평가 분야에서는 국내는 물론이고 국외에서도 최근까지 준거 설정에 큰 관심을 가져오지 않았는데 그 이유는 아무래도 수험자의 상대적인 서열로 시험 결과를 해석하는 규준지향평가(norm-referenced testing)가 주를 이루기 때문일 것이다. 물론 말하기나 쓰기 시험의 경우 채점 기준이 개발되어 사용되고 있고 ACTFL 능숙도 척도와 같은 척도가 개발되어 사용되고 있지만 문제는 지금까지 이런 채점기준과 척도가 얼마나 정확한지, 이론적 기반은 있는지, 수험자의 언어능력이 제대로 판정되고 있는지에 관한 관심과 연구가 절대적으로 부족했다는 점이다. 이러한 무관심은 시험 결과가 정확하다는 수험자의 무비판적인 수용과 전문가의 판단에 의문을 제기하지 않는 언어 평가 분야의 관행에 기인하는 바 크다고 판단된다.

3) 준거 설정의 자의성

언어 능숙도에 준거를 설정하는 작업은 이론적인 근거에서나 실제적인 부분에서 매우 어려운 작업이다. 아무리 과학적이고 체계적인 절차를 거쳐 설정하더라도 자의적(arbitrary)인 측면이 있기 때문이다. 먼저 이론적인 측면의 어려움을 살펴보면 준거를 설정하기 위해서는 수험자가 어떤 능력을 어느 수준으로 가지고 있는지 정의해야 하는데 어떤 능력에 해당되는 의사소통능력을 정의하기가 쉽지 않다. 준거 설정의 목표는 해당 수준의 학습자가 해당 언어로 무엇을 어느 정도로 할 수 있다고 기술하는 데 있다. 문제는 무엇에 해당되는 의사소통능력을 정의하기가 쉽지 않다는 점이다.

우리가 가르치고 평가하고자 하는 대상인 의사소통능력(communicative competence)이 무엇인지에 관한 수없이 많은 논의가 이루어져 왔지만 아직 그 실체를 정확하게 파악하였다고 보기는 힘들다. 발표된 지 이미 20년이 넘은 Bachman(1990)의 의사소통언어능력모형이 지금도 가장 많이 인용되는 것을 보면 의사소통능력을 정의하는 작업이 얼마나 어려운 과제인지 짐작할 수 있다.

의사소통능력에 대한 지금까지의 연구를 개관하는 것은 이 글의 범위를 넘어서지만 지금의 논의는 크게 Canale와 Swain(1980)과 Bachman(1990)의 모형에 기초한 의사소통능력모형과 언어능력이 한 사람의 머리 속에 있다기보다는 의사소통하는 과정에서 만들어진다는 상호작용능력(interactional competence)모형(Jacoby & Ochs, 1995; Kramsch, 1986; McNamara, 1997)으로 양분된다.

의사소통능력모형으로는 언어 평가 도구를 제작하기 힘들고 상호작용능력 모형은 한 사람의 언어능력을 판단하고자 하는 시도 자체가 무모한 시도라고 보기 때문에 아직도 언어의 네 기능별 하위 능력을 설정하는 관행이 많이 채택된다(신상근, 2010). 물론 언어를 네 기능으로 나누어 하위 기술을 정의하는 접근법이 가장 많이 사용되고 있지만 이 접근법은 언어가 통합되어 사용된다는 언어 사용의 실제와 거리가 먼 한계가 있다. 또한 실제 과업을 보면 네 기능의 경계가 분명하지 않은 경우가 많아서 적절하지 않은 접근법이라고 비판하는 사람들이 많다. 예를 들어 온라인 채팅에서 산출되는 쓰기 결과물을 보면 쓰기보다는 말하기에 더 가까운 특성을 보이기도 한다. 마지막으로 각 기능마다 하위 기능을 설정하고 있지만 실증적인 기반이 없다는 문제도 있다.

준거 설정의 또 다른 어려움은 준거를 설정하기 위해 평가하고자 하는 대상인 언어능력 혹은 의사소통능력을 어떤 식으로든 정의했다고 하더라도 수험자가 해당 지식이나 능력을 어느 정도 알고 있고 수행할 수 있는지 기술해야 한다는 점이다. 물론 각 수준별로 언어 구사력을 기술하기 위해서는 언어 발달에 대한 지식이 선행되어야만 한다. 언어 발달 단계에 대한 구체적인 정보가 있어야 초급 학습자는 어느 단계까지 수행할 수 있고 중급 학습자는

표 1. iBT TOEFL 쓰기 영역 채점기준

Score	Task Description
5	**An essay at this level largely accomplishes all of the following**
	• Effectively addresses the topic and task
	• Is well organized and well developed, using clearly appropriate explanations, exemplifications and/or details
	• Display unity, progression and coherence
4	**An essay at this level largely accomplishes all of the following**
	• Address the topic and task well, though some points may not be fully elaborated
	• Is generally well organized and well developed, using appropriate and sufficient explanations, exemplifications, and/or details
	• Display unity, progression and coherence, though it may contain occasional redundancy, digression, or unclear connections
3	**An essay at this level marked by one or more of the following**
	• Addresses the topic and task using somewhat developed explanations, exemplifications, and/or details
	• Display unity, progression and coherence, though connections of ideas may be occasionally obscured.

어느 단계까지 할 수 있다는 정보를 제공할 수 있을 것이다. 안타깝게도 언어 습득을 공부해 본 사람이라면 아직까지 제2언어 발달에 대한 지식이 이에는 많이 못 미친다는 사실을 알게 된다. '무엇을'과 '어느 정도로'의 두 가지 기본 요소를 제대로 알지 못한 상태에서 준거를 설정해야 하는 어려움에 직면하는 것이다.

이런 어려움은 수행평가의 채점기준을 보면 알 수 있는데 등급 간의 차이를 형용사나 부사의 차이로 설명하는 경우가 많다. 표 1에 일부 제시된 iBT TOEFL 시험 쓰기 영역의 채점기준(ETS, 2013)이 좋은 예이다. 예를 들어 5점대의 effectively address the topic and task와 4점대의 address the topic and task well이 각각 어느 정도 잘 쓸 수 있다는 의미이고, 두 수준의 차이가 정확히 어느 정도인지 정확하게 정의되어 있지 않다. 유일한 차이는 effectively와 well이라는 부사의 차이이다.

마지막으로 분할 점수를 설정해야 하는 어려운 과제가 남아 있다. 예를 들어 대부분의 중고등학교에서 100점 만점으로 시험을 출제하는데 이처럼 연속된 점수에서 몇 지점을 설정해서 초급, 중급, 고급으로 나누는 일은 쉬운 일이 아니다. 앞에서 예로 들었던 유학생들에게 요구하는 최소 영어 점수를 111점에 설정한 대학의 경우 110점을 받은 사람에게는 지원 자격을 부여하지 않고 1점이 높은 111점을 받은 학생에게는 지원 자격을 부여한다. 110점을 받은 학생과 111점을 받은 학생의 영어 구사력에 지원 자격을 좌우할 정도의 차이가 난다고 판단하는 것이다. 그렇게 판단하는 근거가 무엇인지 제시할 수 있는 대학은 많지 않을 것이다. 그런 점에서 분할 점수를 설정하는 일은 자의적일 수밖에 없다(Glass, 1978). 그렇다고 해서 자의적인 판단이 반드시 변덕스럽거나 뒤죽박죽인 판단은 아니라는 점에 유의해야 할 것이다(Popham, 1978). 이처럼 수행준거와 분할 점수를 설정하는 작업은 불완전한 이론과 지식에 기반해서 그 타당성을 변호할 수 있는 준거를 설정해야만 하는 힘든 과업이다.

3. 언어 평가 준거 관련 연구 경향

1) 언어 능숙도 척도와 관련된 연구

준거 설정과 직접적으로 연관되어 연구가 진행된 것은 아니지만 언어 능숙도 척도(proficiency scale) 개발과 타당도 검증은 준거 설정과 관련하여 중요한 연구 분야이다. 언어 능숙도는 준거 설정 측면에서 보면 수행준거에 해당된다. 각 수준에 해당되는 수험자가 해당 구인을 어느 정도로 구사할 수 있는지 기술한 진술이기 때문이다. 시험 도구를 개발하고 결과를 채점하고 해석하는 준거가 되기 때문에 매우 중요한 준거이다.

언어 교육과 언어 평가 분야에서 가장 많이 활용되고 있는 척도는 ACTFL 척도라고 할 수 있다. 읽기, 쓰기, 듣기, 말하기 네 영역에 걸쳐 초급(Novice) 상, 중, 하, 중급(Intermediate) 상, 중, 하, 상급(Advanced) 상, 중, 하에서 최상급(superior) 단계까지 해당 등급에 해당하는 수험자의 언어 특성을 기술하고 있다. 특히 ACTFL이 실시하는 구두면담시험(oral proficiency interview)이 대표적인 수행평가 방식의 말하기 시험으로 자리잡으면서 ACTFL 척도의 영향력은 더욱 커졌다고 할 수 있다.

ACTFL 척도의 타당성 문제를 제기한 대표적인 논문은 Bachman(1988)이다. 이 논문에서 Bachman은 의사소통능력이 여러 개의 하위 요소로 구성되어 있고 언어 평가의 방식이 평가 결과에 영향을 미친다는 두 가지 기존 연구 결과를 들어 ACTFL 척도가 전혀 고려하지 않고 있다고 지적하였다. 또한 총괄적 채점으로 최종 판정을 하는 방식도 이론적 근거를 찾아볼 수 없는 방식이라고 비판하였다.

최근 들어 유럽연합에서 유럽공통참조기준(Common European Framework of Reference for Languages(CEFR))이 언어교육과 평가 분야에서 널리 활용되면서 CEFR의 타당성에 관한 논의도 활발히 이루어지고 있다. 이 척도의 기반을 제시한 North(2000)의 연구는 기본적으로 여러 평가 기관의 언어능력평가척도를 수집하여 교사들이 난이도를 추정하게 한 다음 Multi-Facet Rasch 모형으로 척도화한 자료이기 때문에 사람들이 생각하는 것처럼 제2언어습득 단계에 근거하고 있지 않다.

이들 척도에 대한 비판의 핵심은 이론적 근거가 전혀 없다는 점이다(Fulcher, 2003; Hulstijn, 2007). 물론 이 비판은 위에서 소개한 ACTFL 척도에도 해당되는 비판이다. 언어 발달 단계에 근거하고 있지 않고 아래 단계가 상위 단계보다 더 습득하기 쉽다는 증거도 전혀 없다. 또한 구체적이지 않아서 시험 개발의 기준으로 사용하기도 어렵고 의사소통에서 요구되는 중요한 능력 중에 포함되지 않은 능력도 많다는 문제점이 있다. 척도상에 존재하는 여러 가지 능력이 모든 언어에서 동일한 수준의 난이도를 갖는다고 보기 힘들다는 주장을 펴는 학자도 있고 성인 중심이어서 아동의 언어 발달 단계를 측정하기에는 적합하지 않다는 비판도 있다. 이러한 비판에도 불구하고

CEFR이 유럽 전역에서 언어 평가와 교육 프로그램 준거로 점점 더 많이 활용되고 있는 실정이다.

2) 분할 점수 설정 관련 연구

준거 설정과 관련하여 가장 많은 연구가 이루어진 분야는 분할 점수 설정과 관련된 연구다. 이 분야의 연구는 특정 방법에 대한 연구와 서로 다른 방법으로 도출된 분할 점수의 일치도를 살펴보는 연구로 나뉜다. 먼저 분할점수 설정 방법에 대한 연구를 살펴보고 이어서 일치도에 관한 연구를 살펴보기로 한다.

앞에서 밝힌 것처럼 연속 함수인 시험 점수에서 두 수준을 구분하는 하나의 점수를 설정하는 일은 숫자만으로 해결되지 않고 전문가의 판단이 요구되는 작업이기 때문에 지금까지 분할 점수를 설정하는 여러 가지 방법이 제안되었다. 분할 점수를 설정하는 구체적인 방법은 Cizek(2001)과 Cizek과 Bunch(2007)를 참고하면 도움이 되고 설정 전반에 대한 개괄은 Hambleton과 Pitoniak(2006)이 좋은 출발점이다.

분할 점수를 설정하는 방법은 크게 시험 중심 방법, 수험자 중심 방법, 그리고 통계분석 방법으로 나뉜다. 시험 중심 방법은 시험 문제를 분석해서 분할 점수를 도출하는 방법이고 수험자 중심 방법은 서로 다른 등급에 속한 수험자에게 시험을 보게 한 다음 그들의 점수로 분할 점수를 도출하는 방법이다. 마지막으로 통계적 분석 방법은 통계분석으로 수험자를 비슷한 그룹으로 나눈 다음 분할 점수를 도출하는 방법이다. 수없이 많은 방법이 존재하고 새로운 방법들이 계속 제안되어 모든 방법을 다 소개하기는 힘들지만 가장 많이 사용되는 방법을 중심으로 분할 점수 도출 방법을 소개하고 이어서 분할 점수와 관련하여 이루어진 연구를 살펴보기로 한다.

(1) 시험 중심 방법

시험 중심 방법은 각 수준의 학생들의 특성에 익숙한 평정자가 시험 문항을 보면서 각 수준별로 학생들의 예상 수행 정도를 추정하는 방식으로 진행된다. 가장 많이 사용되는 방식이 Angoff 방식이다. 이 방식은 Angoff(1971)가 Thorndike가 편집한 교육 측정 책에 쓴 3페이지에 불과한 챕터에 소개된 방법인데 지금까지 가장 많이 사용되는 방식이다.

Angoff 방식은 대개 다음과 같은 절차로 진행된다. 먼저 모든 수준의 수험자를 가르쳐 본 경험이 있는 패널을 모집한다. 각 수준의 수행준거를 같이 살펴보면서 다시 한 번 각 수준의 학생들의 특성에 대해 정리한다. 이어서 각 평정자는 문제별로 각 수준의 최저 수준에 위치한 학습자가 맞힐 확률을 추정해서 적는다. 이렇게 1차 평정이 끝나면 평균, 최소값, 최대값, 중앙값과 같은 정보와 함께 모든 평정자의 점수를 공개한다. 제공된 자료를 바탕으로 평정자들이 평정 결과에 대해 토론하는 시간을 갖는다. 가장 높은 점수를 준 평정자와 가장 낮은 점수를 준 평정자에게 왜 그렇게 평정하였는지 설명하는 기회를 주기도 한다. 또한 예비 시험 결과 자료를 제공해 주기도 하는데 실제 수험자들의 시험 점수 분포를 공개해서 자신들의 평정과 비교해서 수정할 수 있는 기회를 주는 것이다. 실제로 수험자가 어느 정도 점수를 받았는지를 보여 주는 실질적 정보(reality information)를 제공해서 자신들의 평정이 어느 정도 현실성이 있는지 파악할 수 있게 도와준다. 물론 평정자가 반드시 자신의 평정을 수정해야 하는 것은 아니다.

이렇게 토론과 조정이 끝나면 2차 평정을 개별적으로 실시하고 이어서 다시 한 번 기술 통계자료와 함께 모든 평정자의 채점 결과를 공개해서 다른 평정자의 평정 결과와 비교할 수 있는 기회를 제공한다. 평정을 수정한 평정자가 있으면 그 이유를 설명하게 할 수도 있다. 이런 작업이 끝나면 마지막 평정을 실시한다. 대개 평정 과정에 대한 설문 조사를 실시한다.

이렇게 평정이 끝나면 각 문항별로 평정 결과의 평균이나 중앙값을 구한 다음 해당 문항의 배점을 곱한다. 이렇게 도출된 각 문항별 예상 점수를 더

하면 해당 급수의 분할 점수가 도출되는 것이다.

Angoff 방법으로 분할 점수를 성공적으로 추정하기 위해서는 기본적으로 모든 수준의 학생을 가르쳐 본 경험이 있어서 해당 수준에 다 익숙한 충분한 수의 평정자를 확보할 수 있어야 한다. 또한 이들이 각 수준의 최저 지점에 위치한 수험자를 머릿속에 그릴 수 있어야만 한다. 해당 수준에 해당되는 학생이 아니라 그 수준에 배정받을 수 있는 최소한의 능력이 있는 수험자들의 정답률을 예상해 낼 수 있어야 하는데 실제로 이 작업이 교사들이 흔히 하는 작업이 아니어서 교사들에게 매우 생소한 작업이기 때문에 제대로 수행하기 어렵다는 비판도 있다. 마지막으로 토론 과정이 자유롭고 누구나 다 자기 의견을 피력할 수 있는 민주적인 분위기가 되어야 한다.

최근 들어 시험 중심 방법인 책갈피 방법(bookmark method)(Mitzel et al., 2001)이 많이 사용되고 있다. 이 방법은 우선 시험을 실시한 후 문항 분석을 실시하여 문항의 난이도를 추정해 낸다. 대개 문항반응이론을 이용하여 난이도 계수(b parameter)를 추정해 낸다. 이어서 문항을 가장 쉬운 문항에서부터 가장 어려운 문항 순서로 배열하여 한 페이지에 한 문항씩 인쇄하여 문항순서집(ordered item booklet)을 제작한다. 대개 3라운드로 진행되는데 제1라운드에서는 문항의 난이도에 초점을 맞추어 토론한다. 문항이 점점 더 어려워지는 이유를 같이 분석해 보는 것이다. 실제로 문제를 풀어 보고 채점을 해 보기도 한다. 이어서 수행 수준 기술에 대해 논의하고 마지막으로 경계선상에 있는 학생들에 초점을 맞추어 수행 수준 기술을 정리한다.

이렇게 평정할 준비가 끝이 나면 매 페이지에 나와 있는 문항과 해당 문항을 2/3 확률로 맞힐 수 있는 수준의 수험자의 능력에 관한 정보를 참조하여 각 수준의 경계가 되는 점에 책갈피를 설정한다. 책갈피 앞의 문항은 해당 수준의 학생들이 적어도 67%의 확률로 수행할 수 있는 마지막 문항이다. 제2라운드에서는 모든 평정자의 책갈피를 보면서 평정 결과에 대해서 논의한다. 이어서 소그룹으로 다시 평정을 실시한다. 마지막 라운드에서는 평정자들이 설정한 분할 점수로 수험자를 분류했을 때의 판정 결과, 즉 각 수준으로 분류되는 학생의 비율과 분할 점수에 해당되는 능력을 갖춘 학생이 받을 예상 점수인 영향 정보(impact information)를 제공해 준다. 평정자들은 이 정보를 바탕으로 다시 한 번 토론하는 과정을 거치고 이어서 개별적으로 최종 책갈피를 선정한다. 최종 분할 점수는 평정 결과의 중앙값으로 한다. 이 방법의 가장 큰 약점은 왜 67%의 확률인가라는 점이다. 연구자나 문항반응이론 모형에 따라 50%에서 80%까지 다른 확률을 사용하는 경우도 있다.

(2) 수험자 중심 방법

수험자 중심 방법은 위에서 소개한 시험 중심 방법이 평정자들이 시험 문제의 정답률을 추정해야 하는 다소 생소한 과업이 아니라 평소에 하는 것처럼 실제 학생의 수준을 평가한다는 점에서 평정자의 부담이 훨씬 줄어든다. 가장 대표적인 수험자 중심 방법은 경계선집단 방법(borderline group method)이라고 볼 수 있다. 경계선집단의 학생이란 두 수준의 경계에 있는 학생을 의미한다. 예를 들어 중급이라면 초급의 최상 수준의 학생으로 중급으로 어쩌면 갈 수도 있을 수준의 학생과 중급의 최하위 그룹에 속한 학생으로 어쩌면 초급에 더 적합할지도 모르는 수준의 학생을 의미한다. 경계선집단 방법의 경우 교사들에게 경계선상에 위치한 학생들을 추천하게 한 다음 이들 학생들에게 실제로 시험을 보게 해서 이들 수험자들이 받은 점수의 평균이나 중앙값을 두 수준 사이의 분할 점수로 설정한다.

경계선집단 방법으로 분할 점수를 설정하기 위해서는 우선 학습자들의 수준을 정확하게 파악할 수 있는 교사가 있어야 하고 이들이 경계선상에 위치한 수험자를 잘 구별해서 추천할 수 있어야 한다. 이들의 추천에 결과가 좌우되기 때문이다. 또한 경계선상의 수험자 수가 충분해야 안정된 분할점수를 구할 수 있다. 경계선상에 위치한 수험자가 많지 않을 경우 몇 명의 수험자의 점수로 분할 점수를 구해야 하는 위험이 따르기 때문이다.

(3) 통계적 방법

통계적 방법은 지금까지 논의한 방법과 달리 순수하게 수험자의 평가 결과를 통계적으로 분석해서 비슷한 특성을 가진 수험자 그룹으로 나누어 분할 점수를 설정하는 방식이다. 통계분석 방법 중에서 가장 많이 사용되는 분석 방법은 군집분석(cluster analysis)이다. 최근 들어 구조방정식모형의 한 유형인 잠재적 집단분석(latent class analysis)을 실시하여 분할 점수를 구하는 경우도 있지만 아직도 군집분석이 가장 많이 사용된다. 이 방법의 목적 자체가 군집을 찾아내는 데 있기 때문에 수험자 그룹을 비슷한 수준을 가진 군집으로 나누어 분할 점수를 설정하는 데 활용될 수 있다.

군집분석을 활용한 분할 점수 설정은 수험자들의 여러 영역에 걸친 점수를 토대로 비슷한 그룹끼리 묶어 내어 분할 점수를 설정한다. 이 방법을 사용하여 분할 점수를 찾는 과정은 다음과 같다. 우선 다양한 수준의 수험자가 응시한 시험 결과 자료를 구한 다음 군집분석을 실시하는데 보통 몇 개의 군집이 있을지 알 수 없기 때문에 계층적 군집 분석(hierarchical cluster analysis)을 먼저 실시해서 자료에서 몇 개의 군집을 추출하는 것이 적절한지 파악한 다음 K-means 군집분석을 실시해서 최종 군집을 도출해 낸다.

군집이 도출되면 도출된 군집을 구분하는 점수를 산출해 내면 되는데 군집 사이의 점수가 중첩되는 경우와 중첩되지 않는 경우가 발생할 수 있다. 먼저 두 군집 사이의 점수가 중첩되지 않을 경우에는 위 군집의 최하 점수와 아래 군집의 최상 점수 사이의 중앙값으로 분할 점수를 선정한다. 만약 두 군집의 점수가 중첩될 경우에는 로지스틱 회귀분석(logistic regression)을 실시하여 두 집단에 속할 확률이 .05인 점수를 추정해 낸다.

군집분석은 글자 그대로 통계 프로그램이 학생들의 시험 점수만을 바탕으로 군집을 도출해 내는 방법이므로 주어진 목적에 적합한 군집이 도출된다는 보장이 없다. 또 적절한 수의 군집을 도출하는 과정도 자의적인 측면을 배제하기 어렵다. 따라서 군집분석을 이용한 준거 설정을 체계화한 Sireci, Robin과 Patelis(1999)는 군집분석만으로 수준을 설정하기보다 다른 방법으로 설정된 준거의 외적 타당성을 확보하는 자료로 사용하는 것이 더 바람직하다고 제안하였다.

(4) 분할 점수 설정에 관한 연구

분할 점수와 관련하여 가장 많이 이루어지는 연구는 물론 분할 점수 설정에 관한 연구일 것이다. 다양한 상황에서 다양한 유형의 평가 도구에 분할 점수를 설정하는 연구는 위에서 설명한 것처럼 평가 결과 판정의 적절성을 좌우하는 매우 중요한 연구다.

O'Neill, Buckendahl, Plake와 Taylor(2007)는 IELTS 시험을 미국에 취업하고자 하는 비원어민 간호사에게 요구되는 최소한의 영어 구사력을 파악하기 위한 준거 설정 연구를 진행하였다. 듣기와 말하기 영역은 Impara와 Plake(1997)가 제안한 Angoff 방식의 변이형인 예, 아니오(yes, no) 방법으로 준거를 설정하였다. 이 방법은 평정자들이 각 문항마다 최소 능력을 소지한 수험자가 해당 문항을 맞힐 수 있다고 판단하는지 그 여부를 예, 아니오로 판정하는 방식을 취한다. 또 쓰기와 말하기 영역의 경우 Plake와 Hambleton(2000)이 제안한 방식인 분석적 판단(analytical judgment) 방식을 사용하여 설정하였는데 다양한 수준의 말하기와 쓰기 샘플을 제시한 후 최소 능력을 갖춘 수험자가 가장 잘 보지 못한 수준의 비디오와 최소 능력을 갖추지 못한 수험자가 가장 잘 볼 수 있는 수준의 샘플을 각각 두 개씩 고르게 하는 방식으로 준거를 설정하였다.

Xi(2007)는 iBT TOEFEL 말하기 시험을 미국 대학교에서 강의할 비원어민 조교 지원자의 말하기 능력 평가를 위해 사용할 수 있는지 조사하였다. 이를 위하여 네 개 대학에서 실시하고 있는 자체 말하기 시험 결과와 일치 정도를 분석해 공인 타당도를 확인하였고 이어서 로지스틱 회귀분석을 실시하여 준거 설정을 시도하였다. 각 대학에서 두 시험을 동시에 다 응시한 수험자의 수가 많지 않은 한계가 있고 연구 결과 네 학교에서 설정된 분할 점수가 일치하지 않았지만 이 연구는 크게 두 가지 점에서 주목할 만한 연구다. 첫 번째는 실제 해당 대학에서의 판정 결과를 바탕으로 설정된 분할 점수의 교차타당화(cross-validation)을 시도했다는 점과 이항 및 다항 로지스틱 회귀분석을 실시하여 수험자를 합격, 불합격, 예비 합격 세 그룹으로 나누어 분할 점수를 도출하는 방법을 시도하였다는 점이다.

Bechger, Kuijperd와 Maris(2009)는 네덜란드에서 외국인 구직자가 업무를 수행하는 데 요구되는 최소한의 네덜란드어 구사력이 있는지 판단할 수 있는 유럽언어공통참조기준의 수준을 알아보기 위한 준거 설정을 시도하였다. 이 연구는 크게 두 부분으로 구성되었는데 첫 번째 연구의 목적은 대학이나 고등 교육기관에서 공부하는 데 요구되는 최소한의 네덜란드어 구사력에 해당되는 유럽 언어 공통 참조 기준 레벨을 파악하는 데 있었다. 이들은 교육기관에 근무하는 평정자들을 대상으로 유럽언어공통참조기준에 나오는 다양한 수준의 네덜란드어로 …를 할 수 있다(can-do) 진술문을 주고 입학생들에게 요구되는 언어능력 인지 여부를 판정하도록 하였고 그 결과를 종합한 결과 B1 수준으로 결론 내렸다. 한편 두 번째 연구의 목적은 연구는 수험자가 최소한으로 요구되는 수준인 B1이나 B2 수준에 도달하였다는 것을 알 수 있는 STEX 시험 점수를 결정하는 데 있었는데 연구자들은 대조집단방법(contrasting group methods)을 사용하였다.

Kozaki(2010)는 의료 분야 번역사 양성 프로그램에서 의학 분야 학술 논문 번역 능력을 갖춘 번역사를 선발하기 위한 준거 설정 연구를 진행하였다. 일본어 논문을 영어로 번역한 논문을 평가해서 1급 번역사, 2급 번역사, 그리고 불합격으로 구분하는 분할 점수를 설정하였다. 의사, 통역사, 학자로 구성된 8명의 평정자가 11명의 학생과 4명의 전문 번역사가 번역한 결과물로 수준 설정을 시도하였다. 서론, 연구 자료 및 방법, 결과, 논의 영역별로 7가지 채점 영역에 1-4점으로 점수를 부여하였다. 이어서 번역물의 순위를 부여한 다음 출판할 수 있는 수준의 번역물의 경계선을 설정하도록 하였다. 1급 번역사 판정을 받기 위해서는 4명의 평정자 중 세 명으로부터 합격 판정을, 2급 번역사 판정을 받기 위해서는 두 명의 평정자로부터 합격을 받아야 했다. 이렇게 통과한 수험자 중 가장 낮은 점수를 받은 수험자의 Rasch 모형으로 추정한 수험자의 능력을 분할 점수로 설정하였다.

Powers와 Stansfield(1983)는 ETS에서 제작한 Test of Spoken English(TSE) 시험의 준거 설정을 시도하였다. 미국에서 의료 분야에 종사하게 될 비원어민 의료 인력이 갖추어야 할 최소한의 말하기 능력을 의사, 간호사, 수의사, 약사, 그리고 의료 소비자로 구성된 평정자들이 준거 설정에 참여하였다. 각 평정자들은 자기 분야에서 가장 중요한 의사소통 과업 세 개를 먼저 고른 다음 수험자들의 말하기 샘플을 들으면서 해당 수험자가 각 과업을 수행할 수 있는 최소한의 능력이 있다, 없다로 판정하였다. 네 그룹의 평정자 집단이 도출한 최종 분할 점수에는 약간의 차이가 있었지만 TSE 판정 기준과는 거의 일치하는 것으로 드러났다.

(5) 분할 점수 일치도에 관한 연구

분할 점수의 타당성을 알아볼 수 있는 한 가지 방법은 다른 방법으로 도출된 분할 점수가 일치하는지 알아보는 방법이다. 만약 다른 방법으로 설정하였지만 거의 유사한 분할 점수가 도출된다면 분할 점수의 타당성을 지지해주는 하나의 증거로 볼 수 있기 때문이다. 이런 이유로 심리학이나 교육학 분야에서는 다른 방법을 통해 도출된 분할 점수의 일치도를 비교해 보는 연구가 많이 진행되고 있다. 물론 평가 방법의 영향을 알아보는 것처럼 준거 설정 방법의 특성을 더 깊이 알아보고자 하는 이유도 준거 설정 방법에 따른 차이를 알아보는 이유이기도 하다.

제2언어 평가와 관련하여 분할 점수의 일치도를 알아본 연구로는 Shin(2004)이 있다. 새로 개발되는 배치 고사의 수준 설정을 시도한 연구에서 연구자는 Angoff 방법, 경계선집단 방법, 그리고 군집 분석을 사용하여 분할 점수를 도출한 다음 분할 점수의 일치 여부를 살펴보았다. 이어서 도출된 준거의 타당성을 알아보는 연구를 진행하였다.

Hsieh(2013)는 대만에서 실시된 초등학교 6학년 국가 영어 성취도 검사 결과를 바탕으로 기초, 능숙, 우수 세 단계로 분할하는 분할 점수 설정을 예, 아니오 Angoff 방법과 책갈피 방법을 사용하여 도출하는 연구를 진행하였다. 총 32명의 평정자가 준거 설정에 참여하였는데 연구 결과 예, 아니오 Angoff 방법이 기초와 능숙 수준에서는 더 낮은 분할 점수를 도출했지만 우수 단계에서는 더 높은 분할 점수를 도출하였다고 보고하였다.

서로 다른 분할 점수 설정 방법을 통해 도출된 분할 점수의 일치도를 살펴본 선행 연구 결과들을 분석해 보면 방법에 따라 도출되는 분할 점수가 차이가 나는 경우가 대부분이다. 이러한 결과는 특정 방법이 다른 방법보다 더 뛰어난 방법이라고 보기 힘들다는 점을 알려준다. 상황에 따라 달라지기 때문에 한 마디로 최고의 분할 점수 설정 방법은 없다고 보아야 한다. 따라서 한 가지 방법에만 의존하는 것은 매우 위허하다고 하겠다. 두세 가지 다른 방법을 사용하여 분할 점수를 도출해서 그 결과를 비교해 보고 최적의 분할 점수를 도출해야 할 것이다.

3) 준거 설정의 타당성에 관한 연구

마지막 연구 분야는 준거 설정의 타당성에 관한 연구다. 위에서 설명한 것처럼 준거를 설정하는 전 과정에 전문가의 판단이 요구되기 때문에 설정된 준거가 적절한지에 대한 논란이 일 수 있고 준거가 언어 평가에서 차지하는 중요성 때문에 준거가 제대로 설정되었다라는 증거를 제시할 수 있어야 한다. 위에서 계속해서 살펴본 것처럼 준거 설정은 과학적이고 체계적으로 이루어져야 하지만 많은 부분에서 전문가의 판단이 요구되고 정책적인 판단도 개입된다. 따라서 그만큼 정당성을 변화할 있는 증거 수집이 중요하다.

준거의 타당도는 세 가지 유형의 증거를 수집해서 확보한다(Hambleton & Pitoniak, 2006; Kane, 1994; Shin, 2004). 가장 중요한 증거는 절차적 증거(procedural evidence)로 준거 설정의 전 과정을 기록해서 일련의 서류(paper trail)를 남기는 것이다(Carson, 2001; Kane, 2001). 이해 당사자들에게 준거가 체계적이고 과학적인 절차를 통해 설정되었다는 점을 기록으로 보여 줄 수 있어야 한다는 것이다. 준거 설정을 실시하기 전에 준거 설정 전 과정에 대한 상세한 계획이 수립되어 있었고 이 계획에 따라 충실하게 실시되었다는 점을 보여 줄 수 있어야 한다. 또한 준거 설정에 참여한 평정자들이 평정 절차와 결과에 대한 만족도도 중요한 증거가 될 수 있다. 두 번째 증거는 내적 증거로 주로 분할 점수의 신뢰도와 관련된 증거다. 평정자 내 신뢰도와 평정자간 신뢰도를 보고해야 한다. 마지막 증거는 외적 증거로 위에서 살펴본 것처럼 다른 방법으로 도출된 분할 점수의 일치도와 관련된 증거이다. 또 분할 점수에 기초한 판정 결과의 적절성을 판단할 수 있는 자료를 수집해서 분석한 결과를 제시할 수도 있다. 예를 들어 배치 고사에 설정된 분할 점수라면 각 강좌에 배치된 학생들의 수준이 적절한지 담당 교수의 의견을 수집해서 확인해 볼 수도 있을 것이다.

4. 요약 및 향후 전망

1) 요약

지금까지 언어 평가의 준거 설정과 관련된 이론과 연구들을 살펴보았다. 준거 설정은 제대로 된 언어교육을 실시하고, 평가 도구를 개발하고 그 결과를 제대로 해석하는 데 필수적인 요소라는 점을 강조하였다. 특히 교육과 평가의 책무성이 강조되는 현실을 고려할 때 더욱더 중요한 연구 문제로 부각될 것이다. 학생들이 도달하여야 하는 목표를 설정하였고, 수행준거와 분할 점수를 합리적으로 설정하였고, 잘 가르친 후에 평가를 실시해서 판정해 본 결과 학생들이 성취 목표를 달성하였다고 다양한 이해 당사자들(stakeholders)에게 증명해 보여야 할 의무가 언어 교육자나 평가자에게 있기 때문이다.

앞에서 살펴보았듯이 준거 설정은 단순히 시험에서 분할 점수를 설정하는 문제가 아니라 의사소통능력과 언어 발달에 대한 지식을 요구하는 과제이다. 준거 설정의 기본이 되는 수행준거를 설정해야 하기 때문이다. 가르치고자 하는 능력이나 평가하고자 하는 능력을 정의해야 하고 그 능력이 수준별로 어떻게 차이가 나는지 명확하게 기술하여야 제대로 가르칠 수 있고 제대로 평가할 수 있을 것이다. 그런 점에서 준거 설정은 언어교육과 언어 평가의 가장 기본이 되는 연구 주제라고 할 수 있다.

2) 향후 전망

준거 설정과 직접적인 관련은 없지만 가장 기본이 되는 연구는 역시 의사소통능력에 대한 연구일 것이다. 준거 설정의 기본이 되는 내용 준거와 수행 준거를 개발하기 위해서는 의사소통능력에 대한 이해가 필수적이기 때문이다. 평가 도구를 개발하거나 채점기준을 개발하는 데 의사소통능력모형을 직접 활용하는 것은 아직 어려운 실정이다. 다만 이런 연구를 통해 밝혀진 요소들을 평가 도구 개발이나 척도 개발에 활용하려는 시도가 많이 이루어질 필요가 있다. 많은 시험에서 아직까지 평가하지 못하고 있는 언어능력이나 채점에 반영되고 있지 않은 요소들도 많기 때문이다. 물론 언어 발달 단계에 대한 연구도 계속 진행되어야 할 것이다. 이런 연구 결과가 축적될 때 언어 교육과 언어 평가의 기본이 되는 준거 설정의 수준이 제고될 수 있을 것이다.

두 번째 중요한 연구 주제는 언어 능숙도 척도에 대한 연구라고 하겠다. ACTFL 척도에 대한 연구도 진행되지만 요즘 가장 많은 연구의 대상은 CEFR이다. 유럽에서 제공되는 언어교육 프로그램이나 평가는 요즘 대부분 CEFR과 연계되도록 요구되고 있다. 이론적으로 여러 가지 한계가 있지만 언어 평가와 언어 교육 프로그램을 언어능력평가척도와 연계하라는 요구는 갈수록 높아질 것이다. 언어능력척도의 타당성, 즉 문제점이나 한계에 대한 지적도 중요하지만 그 대안을 마련해 나가는 작업도 중요하다. 이 연구는 수행평가의 채점기준 설정과도 연계될 수 있다. 특히 분석적 채점을 위한 채점

척도 개발도 매우 중요한 연구 분야라고 하겠다.

한편 국내 영어 학습자를 대상으로 하는 척도 개발도 장기적으로 추진할 필요가 있다. 학교마다 프로그램마다 같은 이름으로 개설되는 강좌의 수준이 달라서 학습자의 영어 구사력의 수준을 객관적으로 비교하기 힘들기 때문이다. 유일한 대안은 표준화 시험의 점수를 비교하는데 실제로 특정 시험의 점수로 수험자의 언어능력에 대해 판단하는 것은 거의 불가능하다.

세 번째는 분할 점수 설정에 대한 연구가 활성화되어야 한다. 지금까지 체계적인 과정을 거치지 않은 채 분할 점수가 설정된 경우가 많다. 선다형 시험뿐만 아니라 수행평가의 분할 점수를 설정하는 작업이 많이 이루어지고 그 결과가 공개되어야 한다. 구체적인 수준 설정 절차를 간결하고 쉽게 정리해서 보급해서 현장에서도 누구나 타당한 분할 점수를 설정할 수 있는 토대를 마련해야 할 것이다. 또한 새로운 유형의 평가 방식에 활용할 수 있는 분할 점수 설정 방법이 개발되고 실제 활용 사례가 많이 보고되어야 현장의 언어 교육자나 평가자가 참고할 수 있을 것이다.

마지막으로 설정된 준거의 타당도를 확보하는 방법과 절차에 대한 연구가 시급하게 이루어져야 한다. 앞에서 소개한 것처럼 다른 방법으로 도출된 분할 점수를 비교해서 일치 정도를 분할 점수의 타당도를 확인하는 한 가지 증거를 수집할 수 있다. 이외에도 준거 설정 절차나 설정된 준거의 타당성을 검증하는 여러 가지 통계 방법에 대한 연구가 이루어질 필요가 있다. 교육과 평가의 책무성이 강조되면서 설정된 준거의 적절성에 대한 증거를 제시하라는 요구가 점점 더 많아질 것으로 예상되기 때문에 준거 설정의 타당성 확보 방법에 대한 연구 필요성은 점점 더 커진다고 하겠다.

언어 평가를 실시하는 목적은 시험 점수를 근거로 여러 가지 중요한 결정을 내리기 위해서다. 그 결정이 타당하기 위해서는 준거 설정 과정이 체계적으로 진행되어야 한다. 아무리 잘 제작된 시험이라고 하더라도 준거 설정이 잘못될 경우 적절하게 활용될 수 없기 때문이다. 위에서도 계속 강조한 것처럼 준거 설정은 단순히 평가만의 문제는 아니고 제대로 교육하기 위해서도 필수적으로 제대로 설정하여야 하는 요소이기 때문에 따라서 준거 설정에 관한 연구가 활발하게 진행되어야 할 것이다.

참고문헌

신상근(2010). 『외국어 평가의 이론과 실제』. 서울: 한국문화사.

Alderson J. C. (2007). The CEFR and the need for more research. *The Modern Language Journal, 91*(4), 659-663.

Angoff, W. H. (1971). Scales, norms, and equivalent scores. In R. L. Thorndike (Ed.), *Educational measurement* (pp. 508-600). Washington, DC: American Council on Education.

Bachman, L. F. (1988). Problems in examining the validity of the ACTFL oral proficiency interview. *Studies in Second Language Acquisition, 10*(2), 149-164.

Bachman, L. F., & Palmer, B. (1996). *Language testing in practice*. Oxford, UK: Oxford University Press.

Bechger, T. M., Kuijper, H., & Maris, G. (2009). Standard setting in relation to the Common European Framework of reference for languages: The case of the state examination of Dutch as a second language. *Language Assessment Quarterly, 6*(2), 126-150.

Buckendahl, C. W., Smith, R. W., Impara, J. C., & Plake, B. S. (2002). A comparison of Angoff and bookmark standard setting methods. *Journal of Educational Measurement, 39*(3), 253-263.

California Department of Education (2009). "Standardized testing and reporting". Retrieved on August, 30, 2013 from World Wide Web: http://starsamplequestions.org/about.html

California State Board of Education (1997). English-language arts content standards for California public schools: Kindergarten through grade twelve. Retrieved on August, 30, 2013 from World Wide Web: http://www.cde.ca.gov/be/st/ss/documents/elacontentstnds.pdf.

Canale, M., & Swain, M. (1980). Theoretical bases of communicative approaches to second language teaching and testing. *Applied Linguistics, 1*(1), 1-47.

Carson, J. D. (2001). Legal issues in standard setting for licensure and certification. In G. J. Cizek (Ed.), *Standard setting: Concepts, methods, and perspectives* (pp. 427-444). Mahwah, NJ: Erlbaum.

Cizek, G. J. (Ed.). (2001). *Setting performance standards: Concepts, methods, and perspectives.* Mahwah, NJ: Erlbaum.

Cizek, G. J., & Bunch, M. B. (2007). *Standard setting: A guide to establishing and evaluating performance standards on Tests*. Thousand Oaks, CA: Sage.

ETS (2013). iBT/next generation TOEFL test independent writing rubric. Retrieved on August, 30, 2013 from World Wide Web: http://www.ets.org/Media/Tests/TOEFL/pdf/Writing_Rubrics.pdf

Fulcher, G. (2004). Deluded by artifices? The Common European Framework and harmonization. *Language Assessment Quarterly, 1*(4), 253-266.

Glass, G. V. (1978). Standards and criteria. *Journal of Educational Measurement, 15*, 237-261.

Hambleton, R. K., & Pitoniak, M. J. (2006). Setting performance standards. In R. L. Brennan (Ed.), *Educational measurement* (4th ed.) (pp. 433-470). Washington, DC: American Council on Education.

Hsieh, M. (2013). Comparing Yes/No Angoff and bookmark standard setting methods in the context of English assessment. *Language Assessment Quarterly, 10*(3), 331-350.

Hulstijn J. A. (2007). The shaky ground beneath the CEFR: Quantitative and qualitative dimensions of language proficiency. *The Modern Language Journal, 91*(4), 663-667.

ILTA (2013). "Code of ethics". Retrieved on August 30, 2013 from the World Wide Web: http://www.iltaonline.com/images/pdfs/ILTA_Code.pdf.

Impara, J. C., & Plake, B. S. (1997). Standard setting: An alternative approach. *Journal of Educational Measurement, 34*(4), 353-366.

Jacoby, S., & Ochs, E. (1995). Co-construction: An introduction. *Research on Language and Social Interaction, 28*, 171-183.

Kane, M. (1994). Validating the performance standards associated with passing scores. *Review of Educational Research, 64*, 425-461.

Kane, M. (2001). So much remains the same: Conception and status of validation in setting standards. In G. J. Cizek (Ed.), *Standard setting: Concepts, methods, and perspectives* (pp. 427-444). Mahwah, NJ: Erlbaum.

Kozaki, Y. (2010). An alternative decision, making procedure for performance assessments: Using the multifaceted Rash model to generate cut Estimates. *Language Assessment Quarterly, 7*(1), 75-95.

Kramsch, C. (1986). From language proficiency to interactional competence. *The Modern Language Journal, 70*(4), 366-372.

Lim, G. S., Geranpayeh, A., Khalifa, H., & Buckendahl, C. W. (2013). Standard setting to an international reference framework: Implications for theory and practice. *International Journal of Testing, 13*(1), 32-49.

McNamara, T. F. (1997). Interaction in second language performance assessment: Whose performance? *Applied Linguistics, 18*, 446-466.

Messick, S. (1989). Validity. In R. J. Linn (Ed.), *Educational measurement* (pp. 13-103). New York: American Council on Education/Macmillan.

Mitzel, H. C., Lewis, D. M., Patz, R. J., & Green, D. R. (2001). The bookmark procedure: Psychological perspectives. In G. J. Cizek (Ed.), *Setting performance standards: Concepts, methods, and perspectives* (pp. 249-281). Mahwah, NJ: Erlbaum.

North, B. (2000). *The development of a common framework scale of language proficiency*. New York: Peter Lang.

O'Neill, T. R., Buckendahl, C. W., Plake, B. S., & Taylor, L. (2007). Recommending a nursing, specific passing standard for the IELTS examination. Language *Assessment Quarterly, 4*(4), 295-317.

Plake, B. S., & Hambleton, R. K. (2000). A standard, setting method designed for complex performance assessments: Categorical assignments of student work. *Educational Assessment, 6*(3), 197 - 215.

Popham, W. J. (1978). As always, provocative. *Journal of Educational Measurement, 15*, 297-230.

Powers, D. E., & Stansfield, C. W. (1983). *The test of spoken English as a measure of communicative ability in the health professions: Validation and standard setting*. TOEFL Research Report. ETS.

Shin, S.-K. (2004). *How much is good Enough?: Setting and validating performance standards and cut scores for the web-based English as a second language placement exam at UCLA*. Unpublished doctoral dissertation, University of California, Los Angeles.

Sireci, S. G., Robin, F., & Patelis, T. (1999). Using cluster analysis to facilitate standard setting. *Applied Measurement in Education, 12*(3), 301-325.

Xi, X. (2007). Validating TOEFL® iBT speaking and setting score requirements for ITA screening. *Language Assessment Quarterly, 4*(4), 318-351.

제23장

문항반응이론과 언어 평가*

최익규 Educational Testing Service

1. 서론

문항반응이론(Item Response Theory)은 현대 심리측정학(psychometrics)을 대표하는 이론이다. 문항 분석, 문항 편향 탐색, 척도 개발, 척도 점수 추정, 동등화 등 교육심리평가의 다방면에 걸쳐 사용되며, 꾸준한 이론적 발전을 통해 그 활용 범위를 넓혀 가고 있다. 이에 언어 평가 연구자들 역시 다양한 연구 문제에 문항반응이론을 적용해 왔다. 이 글에서는 문항반응이론의 개념적 소개와 함께, 문항반응이론을 활용한 언어 평가 연구 사례를 제시할 것이다. 또한 언어 평가 연구에 적용 가능한 최근의 문항반응이론 연구 동향을 선별하여 소개함으로써 향후 연구에 도움이 되고자 한다.

* Choi, Ikkyu (2014). Item response theory in language testing. In O. Kwon (Ed.), *New horizons in English education research* (pp. 573-598). Seoul: Seoul National University Press.

2. 언어 평가 도구의 구인

언어 평가 도구는 다양한 관련 분야에서 이론적으로 제시되는 언어능력[1]을 측정하는 것을 그 목표로 한다. 언어능력에 대한 다양한 관점이 존재하고 기준이 되는 언어 사용 영역(language use domain)에 차이가 있기에, 언어 평가 도구마다 측정하고자 하는 언어능력, 즉 구인(construct)이 다르다. 예를 들면, 서울대학교에서 시행하는 TEPS가 수험자의 내재화된 실전영어능력을 평가하는 것[2]을 목표로 하는 반면, International English Language Testing System (IELTS)의 경우 교육, 이민, 그리고 직업적 환경에서 실제로 사용하는 영어 의사소통능력(true-to-life ability to communicate in English for education, immigration and professional accreditation[3])을 그 구인으로 삼고 있다.

하지만 다양한 언어 평가의 구인이 공유하는 특성이 있는데, 이는 바로 직접 관찰될 수 없다는 것이다. 언어 평가의 구인은 키나 몸무게처럼 직접적인 측정이 가능한 실체와 본질적으로 다르다. 앞에서 예로 든 내재화된 실전 영어 능력이나 실생활에서의 영어 의사소통능력을 직접 보고 잴 수 없기 때문이다. 언어 평가 도구의 구인은 이론적, 실질적 필요에 의해 만들어진 개념이다. 이처럼 직접 관찰이 불가능한 개념을 측정하고자 하는 경우, 평가 도구의 결과가 모두 그 구인에 의해 결정된다고 단언할 수 없으며, 측정 결과에 필연적으로 불확실성이 내포된다.

직접 관찰이 불가능한 구인을 측정하고자 하는 노력은 언어 평가 외에도 다양한 분야에서 찾아볼 수 있다. 예를 들어, 제2언어습득 연구에서 중요하게 여기는 학습 동기의 강도 역시 직접 관찰할 수 없는 구인이다. 나아가 대부분의 교육적, 심리학적, 사회과학적 개념은 직접 관찰할 수 없으며, 다수의

---

1 이 글에서는 언어능력을 언어 능숙도와 구별하지 않고 같은 의미로 사용하였다.

2 http://www.teps.or.kr/

3 http://www.ielts.org/about_us.aspx

의학적, 생물학적 개념 또한 마찬가지다. 직접 관찰할 수 있는 실체와 관찰이 불가능한 개념을 동시에 연구의 변인(variable)으로 사용하는 경우에는 혼동되지 않도록 서로 다른 용어를 쓸 필요가 있다. 먼저, 직접 관찰할 수 없는 변인을 잠재변인(latent variable)이라 한다. 반면 관찰을 통해 측정치를 직접 얻을 수 있는 변인을 관찰변인(observed variable)이라 부른다.

언어 평가의 중요한 화두는 관찰변인(예: TEPS 듣기 1번을 맞히었음)을 통해 잠재변인(예: 내재화된 실전 영어 능력)을 추정하는 것이다. 이를 위해 먼저 잠재변인과 밀접한 관련이 있는 관찰변인을 선택하는 것이 필요하다. 언어 평가 도구의 진정성(authenticity)을 높이려는 연구나 말하기/쓰기 수행평가(performance assessment)와 같이 언어 사용의 다양한 측면을 직접 평가하는 문항[4]을 도입하는 등의 시도는 잠재변인을 가장 잘 반영하는 관찰변인을 얻으려는 노력으로 볼 수 있다. 또한 관찰변인 중 잠재변인과 관련없는 부분을 줄이려는 노력도 필요하다. TEPS를 예로 들면, 수험자의 시험 불안이나 스트레스는 내재화된 실전 영어 능력과 관계가 없으므로 이를 최소화할 수 있는 환경을 만드는 것으로 관찰변인과 잠재변인의 관계를 공고히 할 수 있다.

잠재변인을 반영하는 관찰변인을 마련한 후에는 관찰변인이 가진 정보를 최대한으로 활용하여 잠재변인을 추정해 내고 그 추정과정에 내포된 불확실성을 계량화하는 과정이 필요하다. 잠재변인을 다루는 통계기법으로는 요인분석(Factor Analysis)과 그 확장인 구조방정식모형(Structural Equation Modeling)이 대표적이다. 다만 요인분석과 구조모형방정식이 등간척도(interval scale) 수준의 관찰변인을 다루기에 최적화된 반면 평가도구에서 각 문항의 채점결과는 거의 모든 경우 서열척도(ordinal scale)[5] 수준이라는 점이 문제가 된다. 문항반응이론은 서열척도 수준의 관찰변인을 통해 잠재변인을

4 이 글에서는 논의의 편의상 문항(item)과 과업(task)의 의미를 구별하지 않으며, 이들을 문항으로 통칭한다.

5 일반적인 맞거나 틀리거나의 이분법적 채점의 경우 0과 1의 서열척도 변인을 낳는다.

추정하기 위해 만들어진 모형[6]으로, 평가 문항의 채점 결과에서 목표로 하는 구인(내재화된 실전 영어 능력)을 추정하기에 적합하다.

3. 문항반응이론 개관

문항반응이론에 대한 소개는 일반적으로 수학적 모형의 제시를 통해 이루어져 왔다. 이러한 소개 방식은 문항반응이론이 통계적 모형임을 고려하면 자연스러운 선택이지만, 한편으로는 언어 평가 및 응용언어학 연구자들에게 진입 장벽이 될 수 있다. 따라서 이 절은 문항반응이론에 대한 개념적 소개를 통해 그 수학적 모형의 전반적 이해를 고취하는 것을 목표로 한다.

1) 기본 가정

모든 통계적 모형은 몇 가지 중요한 가정(assumption)으로부터 시작되며, 문항반응이론 역시 예외가 아니다. 문항반응이론의 이해와 활용을 위해서는 그 가정에 대한 이해가 선행되어야 한다. 이 절에서는 문항반응이론의 기반이 되는 가정을 소개한다.[7] 문항반응이론은 개별 문항에 대한 수험자의 반응을 수학적으로 모형화하며, 이 모형은 가정에 의해 설정된다. 모든 문항반응이론 모형의 기저에는 문항이 측정하고자 하는 수험자의 능력(즉, 문항의 구인)이 수험자의 문항에 대한 응답(response)을 지배한다는 가정이 있다. 여기서의 구인은 앞서 알아본 바와 같이 직접 관찰할 수 없는 잠재변인이다. 다시 한 번 TEPS의 예를 들면, 문항반응이론은 수험자의 내재화된 실전영

6 문항반응이론은 관찰변인이 서열척도인 경우의 요인분석모형과 매우 유사하며, 모수추정과정에 차이가 있을 뿐이다(Bolt, 2005; Takane & De Leeuw, 1987).

7 이들은 매우 중요한 가정들이나, 수학적 모형을 도출하기 위한 충분가정은 아니다. 문항반응이론의 가정에 대해 더 자세한 내용은 Baker와 Kim(2004)를 참고하면 된다.

어능력이 문항에 대한 반응을 지배한다고 가정한다. 이를 요약하면 아래와 같다.

- 기저 가정: 수험자들의 문항에 대한 반응은 해당 문항이 측정하는 능력(구인)에 따라 지배된다.

위의 기저 가정은 모형을 위한 배경을 제공한다. 수험자의 문항반응을 수학적으로 모형화하기 위해서는 더 세부적인 가정이 필요하다. 구체적으로 위 기저 가정에서 제시하는 지배라는 개념이 무엇인지가 명시되어야 한다. 이에 문항반응이론은 지배의 개념을 확률적인 것으로 보며 수험자의 능력과 문항의 난이도 및 변별도에 의해 달라진다고 가정한다. 편의를 위해 수험자의 문항반응이 맞거나 틀리거나로 채점되는 이분문항(dichotomous item)에 논의를 한정하면 이 가정을 아래와 같이 제시할 수 있다.

- 기본 가정 1: 수험자가 갖추고 있는 구인의 수준이 높을 수록, 문항의 난이도가 낮을 수록, 그리고 문항의 변별도가 높을 수록, 문항에 맞게 반응할 확률이 높아진다.
- 위의 기본 가정 1은 관찰변인(문항의 맞고 틀림)과 잠재변인(수험자의 구인 수준)을 연결하는 역할을 한다. 수험자의 구인 수준과 문항의 특성이 문항을 맞출 확률을 결정한다는 표현에 주의할 필요가 있다. 이는 문항반응이론이 결정론적 모형이 아닌 확률적 모형임을 보여 주며, 아래에서 제시할 수학적 모형에 직접적인 영향을 미친다. 이같은 확률적 가정은 높은 구인 수준을 갖춘 수험자라 하더라도 문항을 맞추지 못할 가능성이 있다는 점을 인식할 수 있게끔 한다.
- 기본 가정 1은 하나의 문항에 대한 수험자의 반응을 통해 수험자의 특성(구인 수준)과 문항 특성(난이도 및 변별도)에 대한 정보를 얻을 수 있음을 보여 준다. 일반적인 평가 도구는 다수의 문항으로 이루어지며, 따라서 개별 문항에서 얻

은 정보를 통합하기 위한 모형이 필요하다. 문항반응이론에서는 흔히 국부 독립성(local dependence)이라 불리는 아래 가정을 통해 각 문항으로부터 정보를 쉽게 모을 수 있게끔 한다.

- 기본 가정 2 (국부 독립성): 다수의 개별 문항에 대한 수험자의 반응은 그 문항이 공통적으로 측정하는 잠재 능력이 주어진 경우 확률적으로 독립되어 있다.

확률적 독립은 수학적 개념으로 이 글에서는 이의 기술적 정의를 제시하지 않겠다.[8] 일반적으로 평가 도구를 구성하는 다수의 문항은 같은 구인을 측정하기 위해 설계되므로 한 문항을 맞힌 수험자가 다른 문항도 맞힌 경우가 많다. 기본 가정 2가 이러한 문항반응 간 상관관계 자체를 부인하는 것이 아님에 주의할 필요가 있다. 기본 가정 2는 문항반응 간 상관관계가 오로지 수험자가 지니고 있는 잠재변인의 수준에 의해 나타나며, 잠재변인(즉 평가 도구가 측정하고자 하는 구인)의 영향을 제외하면 서로 다른 문항에 대한 수험자의 반응을 독립적이라 본다.

2) 문항반응이론 모형

앞에서 제시한 가정을 바탕으로 문항반응이론의 수식을 개념적으로 제시할 수 있다. 먼저 수험자가 문항의 정답을 맞힐 확률은 아래와 같이 모형화된다.

정답 확률= 척도함수[문항 변별도 ×(수험자 구인수준- 문항 난이도)]   (1)

식(1)의 모형은 기본 가정 1을 수식으로 옮긴 것이다. 식(1)에서 기본 가정 1에 언급되지 않은 유일한 항목은 척도 함수인데, 이는 수험자 구인 수준

8 확률적 독립에 관한 기술적 정의는 기초확률론 입문서를 참고하면 된다.

과 문항 난이도 및 변별도 간의 상호작용 결과를 확률의 범위인 0에서 1사이로 옮기는 도구 역할을 한다. 식(1)의 개념적 모형이 실제 수식으로 표현되면 척도함수의 형태에 의해 복잡해지기도 하나 이는 수학적 도구를 사용한 결과일 뿐이다. 문항반응이론이 제시하는 개념적 모형은 식(1)에서 볼 수 있듯 단순하다.

식(1)에 제시된 모형은 흔히 2모수(parameter) 모형이라 불린다. 문항 난이도와 변별도 두 개의 문항모수를 포함한다는 점에서 붙은 이름이다. 사지선다형 문항 등의 선택형 응답(selected response) 문항의 경우, 정답을 모르더라도 불구하고 답을 추측하여 점수를 얻을 확률을 무시하기 어려울 수 있다. 이 경우 각 문항의 추측도를 모수로 추가하여 식(1)의 모형을 확장할 수 있고, 이를 흔히 3모수 모형으로 부른다. 반대로 식(1)의 모형을 단순화하는 것도 가능하다. 평가 도구 내의 모든 문항이 동일한 변별도를 가진다는 가정을 통해 문항변별도를 모수에서 제외하는 것이 가장 대표적인 사례로, 문항 난이도만이 모수로 남기에 1모수 모형이라 불린다. Rasch(1960)는 1모수 모형과 수학적으로 동일한 모형을 독립적으로 도출해 냈고, 이 모형을 통해 얻을 수 있는 특성을 깊이 연구하였다. 따라서 1모수 모형은 Rasch 모형으로 불리기도 한다.

1모수/Rasch 모형이 평가 도구를 구성하는 모든 문항의 변별도가 같다는 가정을 바탕으로 도출되었음에 주의할 필요가 있다. 일반적인 평가 도구의 경우 이를 충족시키기가 쉽지 않다. 따라서 1모수/Rasch 모형을 사용하는 연구자들은 문항 수준의 모형 적합도에 많은 주의를 기울이며, 모형에 맞지 않는 문항들을 제외하는 등의 노력이 필요하다. 반면 1모수/Rasch 모형은 모형이 적합하다는 가정하에 2모수 혹은 3모수 모형에 비해 모수 추정이 단순하며 부가적인 이론적 특성을 갖는다 (Wright, 1997). 1모수/Rasch 모형과 2/3모수 모형의 차이점은 이를 연구하고 사용하는 이들 간의 대립을 불러오기도 하였다. 2모수 혹은 3모수 모형을 중심으로 바라본 문항반응이론의 역사는 Bock(1997)에 정리되어 있다.

앞서 설명한 바와 같이 식(1)의 척도함수는 수험자의 구인 수준과 문항 특성 간의 상호작용 결과를 확률의 범위로 옮기기 위한 도구다. 문항반응이론에서는 주로 두 종류의 척도 함수를 사용해 왔다. Lord 와 Novick(1968)에 먼저 소개된 함수는 표준 정규 분포를 따르는 무선 변수의 누적 분포 함수로 흔히 정규 오자이브(normal ogive) 함수라 불린다. 표준 정규 분포는 거의 대부분의 통계 모형의 기초로 사용되기에 이는 자연스러운 선택이다. 하지만 정규 오자이브 함수는 계산이 쉽지 않다는 단점이 있다. 이에 정규 오자이브 함수와 유사하면서 계산이 편리한 로지스틱(logistic) 함수가 대안으로 제시되었다. 오늘날 문항반응이론 모형의 대부분은 로지스틱 함수를 척도 함수로 사용하고 있다.

식(1)의 모형은 개별 문항 단위의 모형이다. 앞에서 언급하였듯 일반적인 평가 도구는 다수의 문항으로 이루어져 있다. 문항반응이론은 수험자가 평가 도구의 모든 문항에 대해 반응하는 패턴을 통해 수험자의 구인 수준과 문항 모수를 함께 추정한다. 예를 들어 5문항으로 구성된 평가 도구의 경우 정답을 1, 오답을 0으로 표기하면 모든 문항을 틀리는 경우(00000)부터 모든 문항을 맞히는 경우(11111)까지 총 32가지의 반응 패턴이 가능하다. 이러한 패턴은 기본 가정 2에 의해 아래와 같이 모형화될 수 있다.

$$\begin{aligned} &00000\text{의 확률} = \text{문항1 오답확률} \times \cdots \times \text{문항5 오답확률} \\ &\qquad\qquad\qquad\qquad \cdots \\ &11111\text{의 확률} = \text{문항1 정답확률} \times \cdots \times \text{문항5 정답확률} \end{aligned} \tag{2}$$

식(2)는 기본 가정 2에 의해 도출되며, 각 문항으로부터 얻어진 수험자의 구인 수준과 문항 모수에 대한 정보를 통합한다.

식(1)과 (2)의 모형은 Lord와 Novick(1968)에 의해 체계화된 형태로 소개되었고, 오늘날에 이르기까지 다양한 방식으로 확장되어 많은 분야에 적용되어 왔다. van der Linden과 Hambleton(1997)은 많은 연구자들에게 사용된 문항반응이론 모형을 정리하여 제시하였다. 이 글에서는 언어 평가 영역에서 자주 사용된 두 가지의 확장 모형을 간략히 다루도록 하겠다. 두 모형 모두 말하기 혹은 쓰기 수행평가와 밀접한 관련이 있다.

(1) 서열척도 점수 자료를 위한 모형

식(1)과 (2)의 모형은 수험자의 문항반응이 정답 혹은 오답으로 이분될 수 있다는 가정하에 얻어졌다. 하지만 많은 언어 평가 도구에 채점 시 점수가 3가지 이상인 다분문항(polytomous item)이 포함되곤 하며, 쓰기 및 말하기 수행평가 문항은 대부분 다분문항이다. 다분문항을 다루기 위해서는 식(1)과 (2)의 모형을 확장할 필요가 있다.

다분문항을 위한 문항반응이론 모형의 확장 방식에는 크게 두 가지가 존재한다. 두 방식 모두 다분문항의 채점 결과를 다수의 이분할로 나누고 식(1)을 적용한다는 공통점이 있으나, 구체적인 과정에서 차이가 있다. 이 절에서는 논의의 편의를 위해 수험자의 반응에 0, 1, 2의 총 세 가지 점수 중 하나가 주어지는 다분문항을 예로 들어 두 방식을 간략히 기술할 것이다. 세 가지 이상의 점수가 주어지는 경우에도 동일한 과정이 사용된다.

첫 번째 확장 방식은 위의 다분문항 점수를 0과 1 사이, 그리고 1과 2 사이의 두 단계로 나누는 것에서부터 시작한다. 여기에 이렇게 나뉜 단계별로 다른 난이도[9]가 존재한다는 가정이 더해진다. 일반적인 다분문항의 경우 대부분 이 가정을 충족시킨다. 이후 각 단계별로 식(1)을 적용하고, 문항에서 0점을 받을 확률, 1점을 받을 확률, 그리고 2점을 받을 확률까지를 모두 더해야 1이 된다는 사실을 감안하면 수험자가 0과 1 사이에서 1점을 받을 확률과, 1과 2 사이에서 2점을 받을 확률을 구할 수 있다. 이 같은 확장 모형은 Masters(1982)에 의해 부분점수모형(Partial Credit Model)이라는 이름으로 제안되었다. 부분점수모형은 1모수/Rasch 모형을 확장하여 도출되었기에 문

9 흔히 범주 난이도 혹은 범주한계(category cutoff)라 불린다.

항 변별도를 고려하지 않는다. 이후 Muraki(1992)는 부분점수모형에 문항 변별도 모수를 더한 일반화부분점수모형(Generalized Partial Credit Model)을 제시하였다.

다분문항을 다루는 두 번째 모형은 0부터 2까지의 범위를 2 이상/2 미만, 1 이상/1 미만의 두 단계로 나눈다. 이 같은 단계 구분은 각 단계별 확률의 합이 1이 된다는 점에서[10] 앞서 알아본 부분점수모형의 단계 구분 방식과 다르다. 하지만 단계별 난이도가 존재한다는 가정을 추가하는 점에서는 부분점수모형과 같으며, 2 이상과 2 미만을 나누는 난이도가 1 이상과 1 미만을 나누는 난이도보다 높다는 가정도 더해진다. 이제 각 단계별로 식(1)의 모형을 적용하면 수험자가 2 이상/미만의 단계에서 2 이상을 받을 확률과, 1 이상/미만의 단계에서 1 이상을 받을 확률을 구할 수 있다. 가능한 점수 중 1보다 작은 수는 0뿐이므로, 1 미만의 점수를 받을 확률은 0점을 받을 확률과 동일하다. 또한 2점을 초과하는 점수는 없으니, 2 이상의 점수를 받을 확률은 2점을 받을 확률과 동일함을 알 수 있다. 1점을 받을 확률은 1점 이상을 받을 확률에서 2점 이상을 받을 확률을 차감하여 얻을 수 있다. 이같은 다분문항반응모형은 Samejima(1969)가 등급반응모형(Graded Response Model)이라는 이름으로 제안하였다. 등급반응모형은 식(1)의 직접적인 확장으로 문항변별도를 모수로 포함한다. 따라서 일반화부분점수모형과 등급반응모형은 동일한 모수를 가지지만, 다른 과정을 통해 도출되었기에 서로 다른 모형으로 분류된다.

다분문항을 포함하는 평가 도구의 경우 식(2)를 직접 확장하여 수험자 구인 수준 및 문항모수에 대한 정보를 통합한다. 앞에서와 같이 0, 1, 2로 채점되는 다분문항이 5개 있다고 생각하면 이론적으로 00000부터 22222 까지 총 243개의 반응 패턴이 존재하며, 특정 반응 패턴의 확률은 아래의 식(3)과

10 0, 1, 2 중 어떠한 점수를 받건 간에, 그 점수는 2점 이상이거나 미만임에 유의하라. 1 이상/미만의 단계 역시 마찬가지다.

같다.

(3)

00000의 확률= 문항1 0점확률 ×⋯ × 문항5 0점확률

⋯

22222의 확률= 문항1 2점확률 ×⋯ × 문항5 2점확률

(2) 문항 난이도의 세부 분할

식(1)의 문항 난이도는 각 문항이 가지는 고유의 특성으로 문항 분석에서 가장 작은 단위다. 문항의 구성요소가 난이도에 미치는 영향을 알지 못하는 상황에서는 이보다 더 세부적인 분석 단위가 필요하지 않다. 하지만 문항을 이루는 개별 요소들이 명확히 구분되며, 이의 변화가 난이도의 변화를 부른다는 것이 알려져 있는 경우, 문항의 개별 요소가 난이도에서 차지하는 역할을 별도로 모형화할 수 있다.

수험자의 반응이 채점자[11]에 의해 평가되는 쓰기 혹은 말하기 문항은 문항 난이도에 영향을 미치는 요소가 명확히 구분되는 대표적인 예이다. 많은 경우 채점자들은 엄격한 훈련 과정을 거치지만, 채점 과정에서 주관을 완전히 배제하는 것은 현실적으로 어렵다. 또한 한 명의 채점자가 모든 수험자의 반응을 채점하기가 불가능한 경우가 많다. 따라서 채점자 간의 엄격도 차이가 수험자의 정답 확률에 영향을 미칠 수 있다. 만약 이 문항이 이분문항인 경우, 식(1)의 문항 난이도를 분할하여 아래와 같은 모형으로 나타낼 수 있다.

정답 확률 = 척도 함수[변별도×(구인 수준−문항 난이도− 채점자 엄격도)]　(4)

11　최근 컴퓨터를 사용하는 자동채점(automated scoring)에 대한 연구가 늘어나면서 채점자가 자동채점을 담당하는 컴퓨터(및 그 프로그램/알고리즘)를 의미하는 경우도 있다. 이 글에서의 채점자는 모두 수험자의 문항반응을 듣거나 읽고 점수를 부여하는 사람을 뜻한다

식(4)에 포함된 모든 모수를 추정하는 것은 일반적으로 어렵다. 하지만 문항 변별도를 모형에서 제외하면 그 외의 모수를 추정하는 것은 어렵지 않다. Fischer(1973)는 식(4)의 모형을 선형로지스틱평가모형(Linear Logistic Test Model)이라는 이름으로 제시하였다. 식(4)는 이분문항을 대상으로 하는 모형이나, 앞서 설명한 바와 동일한 방식으로 다분문항을 위해 확장하는 것이 가능하다. Linacre는 이 모형을 위한 소프트웨어 패키지 FACETS(Linacre, 2013a)를 만들어 연구자들이 손쉽게 활용할 수 있도록 하였다. Linacre는 또 난이도에 영향을 미치는 요소를 국면(facet)이라 부르고, 식(4)의 모형에 다국면라쉬모형(Many-facet Rasch Model; 이하 MFRM)이란 이름을 붙였다. 이후 FACETS를 사용하는 많은 연구자들에 의해 Linacre의 용어가 사용되었다.

3) 문항반응이론 모형의 모수 추정과 소프트웨어 패키지

문항반응이론의 모수 추정에 있어 중요한 문제는 독립 변인인 수험자의 구인수준과 문항의 특성이 모두 알려져 있지 않다는 사실이다.[12] 만약 수험자의 구인 수준이 알려져 있다면 문항에 대한 수험자의 반응을 통해 문항 변별도와 난이도를 추정할 수 있다. 반대로, 문항 변별도와 난이도를 알고 있다면 이를 바탕으로 수험자들의 구인 수준을 추정할 수 있다. 하지만 문항반응이론은 이들을 모두 모르는 상태에서 시작하기에 복잡한 계산에 의존해야 한다. 이같은 계산의 어려움은 과거 문항반응이론의 보급에 있어 큰 장애물이었다.

효율적인 모수 추정 방법을 위한 연구자들의 노력과 고성능 컴퓨터의 보급으로 인해, 일차원(unidimensional) 문항반응이론 모형의 모수 추정은 더 이

12 수험자의 구인 수준을 직접 관찰할 수 있다면 문항반응이론은 프로빗 혹은 로지스틱 회귀분석과 동일한 모형이 되어 모수 추정이 매우 간편해진다.

상 어려운 문제가 아니다. 현재 가장 보편적으로 활용되고 있는 주변최대우도법(marginal maximum likelihood)은 다음의 과정을 거쳐 모수를 추정한다. 먼저 수험자의 구인 수준이 알려진 확률 분포[13]를 따른다는 가정하에 이를 적분하여 추정식에서 문항 모수의 주변 분포(marginal distribution)만을 남긴다. 이후 최대우도법(maximum likelihood)을 이용하여 문항 모수들을 추정해 내고, 이렇게 추정된 문항 모수들을 이용하여 수험자의 구인 수준을 다시 추정한다. Bock과 Aitkin(1981)은 이 과정에 기대치 최대화 알고리즘(Expectation-Maxmization algorithm; Dempster, Laird, & Rubin, 1977)을 적용하여 필요한 계산을 효율적으로 수행할 수 있게끔 하였다.

문항반응이론을 위한 많은 소프트웨어 패키지는 Bock과 Aitkin(1981)의 주변최대우도추정법을 사용하여 모수를 추정해 낸다. BILOG-MG (Zimowski, Muraki, Mislevy, & Bock, 2003)는 다양한 분석을 안정적으로 수행할 수 있어 오랫동안 문항반응이론 패키지의 표준으로 받아들여져 왔다. 최근에 발표된 IRTPRO(Cai, Thissen, & du Toit, 2011)는 BILOG-MG에 비해 더욱 다양한 기능을 제공한다. 1모수/Rasch 모형에 특화된 소프트웨어 패키지로는 WINSTEPS(Linacre, 2013b)와 FACETS(Linacre, 2013a)가 대표적이다.[14] 최근에는 일반 통계분석 프로그램을 활용하여 문항반응이론의 모수를 추정하는 경우도 많아졌다. SAS의 PROC NLMIXED가 대표적이며, R의 ltm 패키지(Rizopoulos, 2006)도 많은 연구자들에 의해 사용된다.

4. 문항반응이론을 활용한 언어 평가 연구

서열척도 수준의 관찰변인으로부터 잠재변인에 대한 정보를 얻고자 하는 문

13 일반적으로 표준정규분포를 가정하나, 다른 확률 분포를 사용하는 것도 가능하다.

14 이들은 Bock과 Aitkin(1981)의 주변최대우도추정법이 아닌 다른 모수 추정법을 활용한다.

항반응이론은 직접 관찰할 수 없는 구인을 측정하는 언어 평가 도구를 분석하기에 적합한 기법이다. 이에 더해 고전검사이론과 대비되는 문항반응이론의 강점(예: Hambleton & Swaminathan, 1985) 역시 언어 평가 연구자들에게 큰 매력이었다. 이에 많은 언어 평가 연구자들이 문항반응이론 모형을 활용하여 연구를 수행해 왔다. 이 절에서는 언어 평가 연구를 위한 문항반응이론 모형의 활용 사례를 선별하여 소개한다.

1980년대는 언어 평가 연구자들에게 문항반응이론이 알려지기 시작하던 시기였다. 당시 문항반응이론은 새로운 분석 기법이었으므로 자연히 기존의 고전검사이론(Classical Test Theory)과 비교되었다. Henning(1984)은 문항반응이론이 고전검사이론이 답을 주지 못했던 연구 질문에 적용될 수 있을 것이라 기대했다. Perkins와 Miller(1984)는 동일한 자료를 고전검사이론과 문항반응이론에 의해 각각 분석하여 그 결과를 비교하고, 문항반응이론이 제공하는 추가적인 정보를 사용하는 과정을 보고하였다.

1모수/Rasch 모형은 상대적으로 간편한 모수 추정 과정과 이론적인 강점으로 많은 언어 평가 연구자들에게 주목받았다. 앞서 소개한 Henning(1984)과 Perkins와 Miller(1984)는 모두 1모수/Rasch 모형을 사용하였다. 1모수/Rasch 모형의 다분문항을 위한 확장은 자가언어능력진단을 위한 척도 분석(예: Davidson & Henning, 1985), 쓰기 수행평가 채점 결과 분석(예: Pollitt & Hutchinson, 1987) 등에 사용되었다. McNamara와 Knoch(2012)는 언어 평가 연구자들에 의해 사용된 1모수/Rasch 모형을 역사적 관점에서 고찰하였다.

앞서 살펴본 1모수/Rasch 모형의 또 다른 확장인 MFRM은 언어평가 연구에서 가장 인기 있는 분석기법 중 하나라 하여도 과언이 아니다. Bachman, Lynch와 Mason(1995)은 말하기 수행평가 채점 과정에서 나타나는 채점자 간 엄격도 차이를 분석하기 위해 MFRM을 사용하였다. Lynch와 McNamara(1998)는 MFRM이 일반화가능성이론(Generalizability Theory)과 함께 채점자 연구에 효과적임을 보였고, Weigle(1998)은 채점자 훈련의 효과를 MFRM을 사용해 연구하였다. 채점자 이외에도 다양한 평가 도구 국면의 연구에 MFRM이 사용되었는데, 집단 말하기 시험(group oral test)에서 제시문의 역할(Bonk & Ockey, 2003)이나 말하기평가에서의 직접평가와 준직접평가 간 비교(Kiddle & Kormos, 2011) 등을 예로 들 수 있다.

문항반응이론의 적용 결과로 얻은 수험자의 구인수준과 문항 난이도 및 변별도를 연구에 사용한 사례도 많이 있었다. Papageorgiou, Stevens와 Goodwin(2012)은 듣기기능평가에서 주어지는 지문 형식이 문항 난이도에 미치는 영향을 연구하기 위해 1모수/Rasch 모형을 사용하여 문항 난이도를 추정하였다. 또한 Carr(2006)는 읽기기능 평가문항의 다양한 구성 요소가 문항 난이도에 미치는 영향을 연구하기 위해 문항반응이론을 적용하였다. 수험자의 구인 수준을 필요로 하는 문항편향 탐색 연구에서도 문항반응이론의 사용이 두드러졌으며, Pae(2004)나 Ockey(2007) 등을 예로 들 수 있다.

문항반응이론을 통해 평가 도구의 차원성을 연구하고자 하는 연구들도 많이 있었다. Adams, Griffin과 Martin(1987)이나 McNamara(1990)는 문항반응이론을 이용하여 평가 도구의 차원성 및 구인 타당도를 직접적으로 연구할 수 있음을 보였다. 언어능력이 다차원적인 것이라 보는 오늘날의 관점에 비추어 보편적으로 사용되는 일차원 문항반응이론의 적합성을 고찰하려는 연구도 많이 있었다. Henning, Hudson과 Turner(1985)는 1모수/Rasch 모형을 사용해 언어 평가 도구를 일차원적인 것으로 볼 수 있는지에 연구하였고, Henning(1992)은 시뮬레이션 연구를 통해 차원성 파악에 대해 방법론적인 접근을 하였다. 반면 Buck(1994)은 원론적인 관점에서 다차원적인 언어능력과 일차원 문항반응이론이 양립하기는 어렵다는 입장을 보였다.

5. 언어 평가 연구에 적용 가능한 문항반응이론의 최근 발전

90년대 이후 본격화된 다양한 평가 도구의 등장은 문항반응이론에 새로운 기회와 도전을 동시에 제공했다. 많은 심리측정학 연구자들이 기존의 모형을 확장하거나 새로운 모형을 개발하여 다각화된 평가 도구를 분석하고자 하였으며, 그 결과 문항반응이론을 기반으로 한 분석 기법은 빠르게 늘어갔다. 이 절에서는 최근 문항반응이론의 발전 동향 중 언어 평가 연구에 밀접한 관련이 있는 다차원(multidimensional) 문항반응이론과 채점자 모형을 소개하고자 한다.

1) 다차원모형

McNamara와 Knoch(2012)가 지적했듯, 문항반응이론에 대한 언어 평가 혹은 응용언어학 연구자들의 비판 중 상당수가 문항반응이론의 일차원성(unidimensionality)에 집중되어 있다. 문항반응이론의 차원 수는 평가 도구의 구인 수와 같다. 많은 언어 평가 도구가 다수의 구인(예: 말하기/듣기/쓰기/읽기)을 측정하기 위해 설계된 것을 고려하면 하나의 구인(예: 언어능력)을 상정하는 일차원 문항반응이론이 언어 평가 도구의 분석 기법으로 적합하지 않다는 비판은 타당하다 볼 수 있다. 하지만 문항반응이론 모형이 일차원이어야 하는 이론적 이유는 없다. 연구에 사용된 문항반응이론 모형이 대부분 일차원 모형이었던 것은 모수 추정 과정에서 기인하는 계산의 어려움 때문이다.

앞에서 다루었듯, 주변최대우도법은 추정식에서 수험자의 구인 수준을 적분하여 문항 모수들만의 주변 분포를 얻는 과정을 포함한다. 이때 필요한 적분의 차원 수는 구인의 수와 같다. 즉 구인이 하나인 일차원 문항반응모형의 경우에는 일차원 적분만이 필요하나, 여러 개의 구인이 존재하는 경우 다차원 적분이 필요하다. 차원의 수가 늘어남에 따라 필요한 계산의 수는 급격히 늘어난다. 예를 들어, 차원당 50회의 계산이 필요하다고 가정할 경우,[15] 하나의 구인을 상정하는 일차원 모형은 50회의 계산이 필요하지만 네 개의 구인을 가지는 4차원 모형을 위해서는 50×50×50×50=6,250,000회의 계산이 필요하다. Bock과 Aitkin(1981)은 이를 고려하여 5차원 이상의 모형은 현실적으로 사용되기 어려울 것이라 예측하였는데, 오늘날의 고성능 컴퓨터로도 다차원 적분은 여전히 어려운 문제다. 하지만 많은 연구자들이 이를 해결하기 위해 노력해 왔고, 그 결과 다차원 문항반응이론의 사용은 점점 더 보편화되고 있다. 오늘날 사용되는 다차원 문항반응이론 모형은 크게 세 가지 방법으로 계산상의 어려움을 극복한다.

첫 번째 방식은 각 차원에서 수행하는 계산의 수를 줄이는 것이다. 앞서 든 예에서는 차원당 50회의 계산이 필요했기에 차원이 늘어날수록 계산의 수가 매우 빠르게 증가하였다. 하지만 차원당 필요한 계산의 수를 5회로 줄이면 4차원 모형의 경우에도 천 회 미만의 계산이 필요하다는 것을 알 수 있다. 하지만 차원당 계산의 수는 계산의 정확함과 직접적으로 연결되므로 단순히 계산의 수를 줄이는 것은 정확성을 떨어뜨리는 문제점을 안고 있다. Schilling과 Bock(2005)은 정확성의 손실을 최소화하면서 계산의 수를 줄이는 조정 구적법(adaptive quadrature)을 제시하여 다차원 문항반응이론의 모수 추정을 가능케 하였다.

두 번째 방식은 주변최대우도추정법이 아닌 시뮬레이션 기반의 모수추정 방식을 활용하는 것이다. 이 기법은 수험자의 구인 수준을 추정식에서 적분하여 제외시키지 않고, 모든 모수를 포함하는 확률 분포를 마코프체인(Markov Chain)을 통해 얻어 낸다. 목표로 하는 확률 분포를 얻은 후에는 해당 분포에서 난수를 생성하는 방식으로 쉽게 모수 추정치를 얻을 수 있다.

15 실제로 50회의 계산이 필요한 것이 아니며, 필요한 계산의 수가 차원 수의 증가에 따라 지수적(exponential)으로 늘어나는 것을 보이기 위해 선택한 예이다.

이러한 방식의 모수 추정은 마코프체인 몬테카를로[16](Markov Chain Monte Carlo; 이하 MCMC)라 불리며 주로 베이지안 통계학(Bayesian Statistics)에서 사용되었다. MCMC를 활용한 문항반응이론의 모수 추정은 Albert(1992)의 논문을 통해 문항반응이론 연구자들에게 소개되었고, 이후 Patz와 Junker(1999a, 1999b)에 의해 널리 알려졌다. Edwards(2010)는 다차원 문항반응이론모형의 모수 추정을 위해 MCMC를 사용하는 과정을 자세히 제시하였다.

마지막으로 다차원 적분을 2차원 적분의 연속으로 바꾸어 계산 수를 줄이는 방법이 있다. 앞서 예로 든 4차원 적분의 경우, 하나의 4차원 적분을 세 번의 2차원 적분으로 바꾸는 것이다. 차원당 50회의 계산을 가정하면 세 번의 2차원 적분을 위해 필요한 계산은 (50×50)×3=7,500회로, 원래 필요한 600만 회 이상의 계산 수와 비교하면 매우 효율적임을 알 수 있다. 이 방법의 가장 큰 장점은 계산 정확성의 손실이 없다는 것이다. 조정 구적법이 계산 수를 줄이기 위해 정확성을 줄여야 했던 것을 고려하면 이는 큰 매력이다. 이 방법은 Gibbons와 Hedecker(1992)에 의해 제시되었다.

Gibbons와 Hedecker(1992)의 방법은 모든 모형에 적용가능한 것은 아니라는 단점이 있다. 이 기법을 적용하기 위해서는 평가 도구의 구인들이 위계적 요인구조(hierarchical factor structure)를 가져야 한다. 이러한 위계적 구조를 가지는 대표적인 사례는 긴 지문에 다수의 문항이 포함되는 경우로, 듣기 및 읽기평가도구에서 자주 볼 수 있는 형태다. 각 10문항씩을 포함하는 긴 지문이 세 개 있는 읽기기능 평가 도구를 떠올려 보자. 30문항 전체에 공통되는 구인은 수험자의 읽기능력일 것이며, 이 구인은 일반 차원(general dimension)이 된다. 반면 같은 지문에 속한 문항들은 특정 지문의 이해도라는 부수적인 구인을 공유하며, 따라서 총 세 개의 지문이해도 구인을 상정할 수 있다. 각

16 확률 분포로부터의 난수생성을 사용하는 시뮬레이션 연구를 몬테카를로 연구라 한다. 이는 몬테카를로가 카지노로 유명했기에 붙은 이름이다.

각의 지문이해도 구인은 읽기능력과 독립된, 특정 지문에만 존재하는 구인임에 주의할 필요가 있다. 이처럼 특정 문항들 간에만 공유되며 다른 구인들과는 독립된 구인을 특정 차원(specific dimension)으로 볼 수 있다. 위계적 요인구조가 성립하기 위해서는 단 하나의 일반 차원만이 존재해야 하며, 모든 구인들은 서로 독립적이어야 한다는 제약이 존재한다.

앞서 든 예에서 알 수 있듯, Gibbons와 Hedecker(1992)의 해법은 긴 지문과 그에 종속되는 여러 문항으로 구성된 언어 평가 도구를 분석하는 데 있어 매우 효과적일 수 있다. 지문 중심으로 구성된 언어 평가 도구의 분석에 일차원 문항반응이론 모형을 적용하는 것에 대한 위험은 이미 지적된 바 있다(예: Lee, 2004). 하지만 각각의 지문을 모두 구인으로 취급하여 모형화하기 위해서는 상당히 높은 차원의 모형이 필요하기에, 문항 단위의 분석이 아닌 지문 단위의 분석을 위해 지문 내 문항 점수를 모두 더하는 문항다발(item bundling) 등 정보 손실을 감수하는 방식을 사용한 분석이 보편적이었다. Gibbons와 Hedecker의 방법은 정보의 손실 없이 문항 단위의 분석을 위한 다차원 모형을 손쉽게 사용할 수 있도록 하였다. So(2010)의 논문은 이를 바탕으로 지문 중심의 언어 평가 도구를 일차원 모형과 다차원 모형으로 각각 분석하고, 분석 기법의 차이가 수험자 언어능력의 추정치에 미치는 영향을 연구하였다.

최근에는 Gibbons와 Hedecker(1992)의 방법에 부과되는 구조적 제약을 완화하여 연구자들로 하여금 다양한 다차원문항반응이론을 비교적 쉽게 사용할 수 있도록 하려는 노력이 있었다. Rijmen(2009)은 그래프모형(Graphical Model)을 바탕으로 Gibbons와 Hedecker의 방법을 적용 가능한 모형을 찾을 수 있음을 보였다. Cai(2010)와 Cai, Yang과 Hansen(2011)은 Gibbons와 Hedecker의 연구를 확장하여 둘 이상의 일반차원을 허용하면서도 효율적인 모수 추정을 가능하게 하였다. Choi(2012)는 Cai(2010)의 모형이 다양한 섹션으로 구성된 언어 평가 도구에 적합함을 보이고, 이를 듣기와 읽기 섹션으로 구성된 평가 도구의 분석에 활용하였다.

2) 채점자모형

말하기와 쓰기 기능을 평가하는 문항의 경우 일반적으로 수험자의 반응을 듣거나 읽고 미리 정해진 기준에 의거하여 점수를 부여하는 채점자가 필요하다. 한 명의 채점자가 모든 수험자의 반응을 채점하는 경우, 혹은 수험자 집단을 나누어 채점자별로 다른 집단을 채점하는 경우에 수험자는 문항 당 하나의 점수만을 받게 된다. 이렇게 주어진 점수는 앞서 살펴본 (일반화)부분점수모형이나 등급반응모형을 사용하여 분석하는 것이 보편적이다. 하지만 이 경우, 채점자의 성향이나 오류가 없다는 가정이 필요하다는 점에 주의할 필요가 있다. 채점 과정이 주관적이며, 상당한 시간과 훈련을 요하는 작업이라는 것을 감안할 때, 오류를 범하지 않는 무성향의 채점자를 가정하는 것은 현실과 거리가 있다. 따라서 두 명 이상의 채점자로 하여금 수험자의 반응에 점수를 매기게 한 후, 이를 종합하여 수험자에게 점수를 부여하는 것이 권장된다(예: Luoma, 2004; Wiegle, 2002).

두 명 이상의 채점자가 있을 때에는 동일한 수험자의 반응에 대한 채점자들의 점수가 다를 수 있다. 이러한 채점자 간 의견 불일치를 통해 다양한 채점자의 성향을 추정할 수 있는데, 대표적인 것으로 채점자 엄격도를 들 수 있다. MFRM이 언어 평가 연구자들에게 주목받은 이유는 바로 채점자 엄격도를 모수로 추정할 수 있기 때문이다. 채점자 엄격도를 비롯한 채점자의 성향은 수험자의 구인 수준에 대한 정보를 제공하고 검사 도구 전체의 신뢰도에 영향을 미칠 뿐 아니라, 채점자 훈련에 있어서도 매우 중요한 역할을 할 수 있다.

MFRM은 간편한 모수 추정과 채점자 엄격도의 중요성으로 인해 많이 사용되어 온 분석 기법이지만, 발전 여지가 없는 것은 아니다. 가장 많이 지적된 문제점으로는 문항과 채점자를 동일한 단계로 상정하는 것이다. 예를 들면, MFRM은 하나의 에세이를 열 명의 채점자가 채점하는 경우와 열 개의 에세이를 한 명의 채점자가 채점하는 경우에 추정되는 수험자의 구인 수준이 동일한 불확실성을 가지고 있다고 본다(Patz, Junker, Johnson, & Mariano, 2002). 이는 사실상 적합하지 않은 가정인데, 채점자의 수가 아무리 많다 해도 하나의 문항에서 얻을 수 있는 정보는 한정되어 있기 때문이다. 모든 채점자의 변별 능력을 동일하게 본다는 점 역시 MFRM의 한계점으로 지적될 수 있다.

Patz 등(2002)은 MFRM의 한계점을 지적하며, 그 대안으로 위계채점자모형(Hierarchical Rater Model)을 제시했다. 이들은 채점 과정이 위계적 구조로 이루어져 있다고 가정했다. 이 위계 구조는 수험자의 구인 수준과 채점자들이 제공하는 점수 사이에 채점자의 오류가 포함되지 않는 이상적인 문항 점수를 가정하여 만들어진다. 위계채점자모형은 두 단계에 거쳐 모수를 추정하는데, 먼저 채점자들의 점수를 바탕으로 이상적인 문항 점수를 추정하는 과정이 필요하다. 이 과정은 신호검출이론(Signal Detection Theory)을 사용하여 수행되며 채점자들의 엄격도 및 변별도를 추정할 수 있다. 두 번째 단계는 이상적인 문항 점수로부터 구인 수준을 추정하는 것으로, 저자들은 부분점수모형을 사용하였다. 위계채점자모형은 이후 Mariano와 Junker(2007), DeCarlo, Kim과 Johnson(2011)에 의해 확장되었다.

위계채점자모형은 이상적인 문항 점수가 실제 문항의 점수와 같은 서열척도 수준의 변인이라고 보았다. 반면 이상적인 문항 점수를 수험자의 구인 수준과 같은 등간 척도 수준의 변인으로 보고, 등급반응모형을 확장하여 채점과정을 모형화하려는 시도도 있었다. Johnson(1996)은 베이지안 통계학의 관점에서 등급반응모형을 사용하여 채점자의 엄격도와 변별도를 추정하였다. Baldwin, Bernstein과 Wainer(2009) 역시 유사한 모형을 사용하여 의사들의 엑스레이 판독 결과를 분석하였다. Johnson(1996)과 Baldwin 등(2009)은 모두 문항이 하나이고 채점자가 여럿인 경우를 모형화하였는데, 대부분의 언어 평가 도구는 둘 이상의 문항을 포함하기에 이들의 모형을 직접 적용하기는 어렵다. Choi(2013)는 등급반응모형을 상위구조(higher-order structure)로 확장하여 다수의 문항을 두 명 이상의 채점자가 채점한 결과를 분석할 수 있도록 하였다.

6. 요약 및 향후 전망

문항반응이론은 직접 관찰할 수 없는 수험자의 언어능력을 추정하는 데 적합한 통계모형이다. 이 글은 문항반응이론의 기본 모형이 몇 개의 중요한 가정에 의해 도출될 수 있음을 보였고, 이렇게 얻어진 기본 모형에 새로운 모수를 추가하거나 가정을 완화시킴으로써 다양한 확장이 가능함을 알아보았다. 언어 평가 분야에는 1980년대부터 본격적으로 문항반응이론을 활용한 연구가 소개되었으며, 1모수/Rasch모형과 그의 확장형인 MFRM이 많은 주목을 받아왔다. 하나의 구인을 가정하는 일차원 문항반응이론 모형이 다양한 요소로 이루어진 언어능력을 측정하는 도구를 분석하는 기법으로 적합한지에 대한 고찰과 비판적 접근도 있었으나, 최근의 다차원 문항반응이론 모형의 발전은 이에 대한 단계적인 해결책을 제시하고 있다. 또한 MFRM을 보완할 수 있는 다양한 채점자 모형의 발전은 언어 평가 연구자들에게 새로운 분석기법을 제공한다.

문항반응이론의 발전은 모형의 가정을 완화하여 다양한 구조의 자료를 분석하고, 새로운 모수를 추가하여 의미 있는 정보를 얻을 수 있게끔 하는 방향으로 이루어져 왔다. 새로운 평가 도구 및 평가 방식의 도입에 맞추어 문항반응이론은 계속해서 확장되고 있으며, 컴퓨터 기술의 빠른 발전은 연구자들이 손쉽게 복잡한 모형을 사용할 수 있도록 하였다. 다양한 수험자 내 변인을 고려하고 수험자 간 상호작용에 주목하는 언어 평가의 최근 추세는 문항반응이론 연구자들에게 새로운 도전을 제공하고 있다. 지문중심의 평가 도구를 위한 모형이나 채점자 모형의 발전으로 미루어 보아, 앞으로도 언어 평가도구의 분석에 적합한 문항반응이론 모형이 계속 소개될 것이라 전망할 수 있다. 언어 평가 연구자들은 문항반응이론의 기본가정을 이해하고, 분석하고자 하는 자료의 구조를 명확히 파악하여 기존의 모형을 비판적으로 평가 및 적용함으로써 언어 평가 구인에 대한 이해를 넓힐 수 있을 것이다.

참고문헌

Adams, R. J., Griffin, P. E., & Martin, L. (1987). A latent trait method for measuring a dimension in second language proficiency. *Language Testing, 4*(1), 9-27.

Albert, J. H. (1992). Bayesian estimation of normal ogive item response curves using Gibbs sampling. *Journal of Educational Statistics, 17*, 251-269.

Bachman, L. F., Lynch, B. K., & Mason, M. (1995). Investigating variability in tasks and rater judgments in a performance test of foreign language speaking. *Language Testing, 12*(2), 238-257.

Baker, F. B., & Kim, S. H. (2004). *Item response theory: Parameter estimation techniques* (2nd ed.). New York: Dekker.

Baldwin, P., Bernstein, J., & Wainer, H. (2009). Hip psychometrics. *Statistics in Medicine, 28*, 2277-2292.

Bock, R. D. (1997). A brief history of item response theory. *Educational Measurement: Issues and Practice, 16*(4), 21-33.

Bock, R. D., & Aitkin, M. (1981). Marginal maximum likelihood estimation of item parameters: An application of an EM algorithm. *Psychometrika, 46*, 443-459.

Bolt, D. M. (2005). Limited and full information IRT estimation. In A. Maydeu-Olivares & J. McArdle (Eds.), *Contemporary psychometrics* (pp. 27-71). Mahwah, NJ: Erlbaum.

Bonk, W. J., & Ockey, G. J. (2003). A many-facet Rasch analysis of the second language group oral discussion task. *Language Testing, 20*(1), 89-110.

Buck, G. (1994). The appropriacy of psychometric measurement models for testing second language listening comprehension. *Language Testing, 11*(2), 145-170.

Cai, L. (2010). A two-tier full-information item factor analysis model with applications. *Psychometrika, 75*, 581-612.

Cai, L., Thissen, D., & du Toit, S. H. C. (2011). IRTPRO: *Flexible, multidimensional, multiple categorical IRT modeling* [computer software]. Chicago, IL: Scientific Software International.

Cai, L., Yang, J. S., & Hansen, M. (2011). Generalized full-information item bifactor analysis.

Psychological Methods, 16(3), 221-248.

Carr, N. T. (2006). The factor structure of test task characteristics and examinee performance. *Language Testing, 23*(3), 269-289.

Choi, I. (2012). *Modeling the structure of passage-based tests: An application of a two-tier full information item factor analysis*. Paper presented at The 34th Language Testing Research Colloquium, Princeton, NJ.

Choi, I. (2013). *Statistical profiling of academic oral English proficiency based on an ITA screening test*. Unpublished doctoral dissertation, University of California, Los Angeles.

Davidson, F., & Henning, G. (1985). A self-rating scale of English difficulty: Rasch scalar analysis of items and rating categories. *Language Testing, 2*(2), 164-179.

DeCarlo, L. T., Kim, Y. K., & Johnson, M. S. (2011). A rater model for constructed responses, with a signal detection rater model. *Journal of Educational Measurement, 48*(3), 333-356.

Dempster, A. P., Laird, N. M., & Rubin, D. B. (1977). Maximum likelihood from incomplete data via the EM algorithm (with discussion). *Journal of the Royal Statistical Society, Series B, 39*, 1-38.

Edwards, M. C. (2010). A Markov chain Monte Carlo approach to confirmatory item factor analysis. *Psychometrika, 75*, 474-497.

Fischer, G. H. (1973). The linear logistic test model as an instrument in educational research. *Acta Psychologica, 37*, 359-374.

Gibbons R. D., & Hedeker, D. (1992). Full-information item bifactor analysis. *Psychometrika, 57*(3), 423 - 436.

Hambleton, R. K., & Swaminathan, H. (1985). *Item response theory: Principles and applications*. Boston: Kluwer.

Henning, G. (1984). Advantages of latent trait measurement in language testing. *Language Testing, 1*(2), 123-133.

Henning, G. (1992). Dimensionality and construct validity of language tests. *Language Testing, 9*(1), 1-11.

Henning, G., Hudson, T., & Turner, J. (1985). Item response theory and the assumption of unidimensionality for language tests. *Language Testing, 2*(2), 141-154.

Johnson, V. E. (1996), On Bayesian analysis of multirater ordinal data. *Journal of the American Statistical Association, 91*, 42-51.

Kiddle, T., & Kormos, J. (2011). The effect of mode of response on a semidirect test of oral proficiency. *Language Testing, 8*(4), 342-360.

Lee, Y.-W. (2004). Examining passage-related local item dependence (LID) and measurement construct using Q3 statistics in an EFL reading comprehension test. *Language Testing, 21*(1), 74-100.

Linacre, J. M. (2013a). Facets: Computer program for many-facet rasch measurement (Version 3.71.2) [Computer software]. Beaverton, OR: Winsteps.com.

Linacre, J. M. (2013b). *Winsteps®* (Version 3.80.0) [Computer software]. Beaverton, OR: Winsteps.com.

Lord, F. M., & Novick, M. R. (1968). *Statistical theory of mental test scores*. Reading, MA: Addison-Wesley.

Luoma, S. (2004). *Assessing speaking*. Cambridge, UK: Cambridge University Press.

Lynch, B. K., & McNamara, T. (1998). Using G-theory and many-facet Rasch measurement in the development of performance assessments of the ESL speaking skills of immigrants. *Language Testing, 15*(2), 158-180.

Mariano, L. T., & Junker, B. W. (2007). Covariates of the rating process in hierarchical models for multiple ratings of test items. *Journal of Educational and Behavioral Statistics, 32*(3), 287-314.

Masters, G. N. (1982). A Rasch model for partial credit scoring. *Psychometrika, 47*, 149-174.

McNamara, T. (1990). Item response theory and the validation of an ESP test for health professionals. *Language Testing, 7*(1), 52-76.

McNamara, T., & Knoch, U. (2012). The Rasch wars: The emergence of Rasch measurement in language testing. *Language Testing, 29*(4), 555-576.

Muraki, E. (1992). A generalized partial credit model: Application of an EM algorithm. *Applied Psychological Measurement, 16*, 159-176.

Ockey, G. J. (2007). Investigating the validity of math word problems for English language learners with DIF. *Language Assessment Quarterly, 4*(2), 149-164.

Pae, T.-I. (2004). DIF for examinees with different academic backgrounds. *Language Testing, 21*(1), 53-73.

Papageorgiou, S., Stevens, R., & Goodwin, S. (2012). The relative difficulty of dialogic and monologic input in a second-language listening comprehension test. *Language Assessment Quarterly, 9*(4), 375-397.

Patz, R. J., & Junker, B. W. (1999a). A straightforward approach to Markov chain Monte Carlo methods for item response models. *Journal of Educational and Behavioral Statistics, 24*, 146-178.

Patz, R. J., & Junker, B. W. (1999b). Applications and extensions of MCMC in IRT: Multiple item types, missing data, and rated responses. *Journal of Educational and Behavioral*

Statistics, 24(4), 342-366.

Patz, R., Junker, B. W., Johnson, M. S., & Mariano, L. T. (2002). The hierarchical rater model for rated test items and its application to large-scale educational assessment data. *Journal of Educational and Behavioral Statistics, 27*(4), 341-384.

Perkin, K., & Miller, L. D. (1984). Comparative analyses of English as a second language reading comprehension measurement. *Language Testing, 1*(1), 21-32.

Pollitt, A., & Hutchinson, C. (1987). Calibrating graded assessments: Rasch partial credit analysis of performance in writing. *Language Testing, 4*(1), 72-92.

Rasch, G. (1960). *Probabilistic models for some intelligence and attainment tests*. Copenhagen, Denmark: Danish Institute for Educational Research.

Rijmen, F. (2009). *Efficient full information maximum likelihood estimation for multidimensional IRT models* (ETS Research Rep. No. RR-09-03). Princeton, NJ: ETS.

Rizopoulos, D. (2006). ltm: An R package for latent variable modelling and item response theory analyses, *Journal of Statistical Software, 17*(5), 1-25.

Samejima, F. (1969). Estimation of ability using a response pattern of graded scores. *Psychometrika Monograph*, No. 17.

Schilling, S., & Bock, R. D. (2005). High-dimensional maximum marginal likelihood item factor analysis by adaptive quadrature. *Psychometrika, 70*(3), 535-555.

So, Y. (2010). *Dimensionality of responses to a reading comprehension assessment and its implications to scoring test takers on their reading proficiency*. Unpublished doctoral dissertation, University of California, Los Angeles.

Takane, Y., & de Leeuw, J. (1987). On the relationship between item response theory and factor analysis of discretized variable. *Psychometrika, 52*, 393-408.

van der Linden, W. J., & Hambleton, R. K. (Eds.). (1997). *Handbook of modern item response theory*. New York: Springer.

Weigle, S. C. (1998). Using FACETS to model rater training effects. *Language Testing, 15*(2), 263-287.

Weigle, S. C. (2002). *Assessing writing*. Cambridge, UK: Cambridge University Press.

Wright, B. D. (1997). A history of social science measurement. *Educational Measurement: Issues and Practice, 16*(4), 33-45.

Zimowski, M. F., Muraki, E., Mislevy, R. J., & Bock, R. D. (2003). *BILOG-MG 3 for Windows: Multiple-group IRT analysis and test maintenance for binary items* [Computer software]. Skokie, IL: Scientific Software International, Inc.

제24장

영어 능숙도 평가에서의 통합형 과업 활용*

소영순 Educational Testing Service

1. 서론

통합형 과업(integrated task)이란 과업의 성공적인 수행을 위해 두 개 이상의 언어기능(language skills)을 함께 사용하는 것이 요구되는 과업으로서, 주어진 제시문을 바탕으로 그에 대해서 말하거나 쓰게 하는[1] 문제 형식을 가리킨다. 특히, 이 용어는 통합형 과업에 대한 논의가 활발하게 이루어지기 이전에 주로 사용되던 독립형 과업(independent task)과 차별화되는 문항을 가리킬 때 주로 사용된다.[2] 구체적으로는 (i) 어떤 제시문(읽기, 듣기, 혹은 읽기와 듣기 모

---

* So, Youngsoon (2014). Use of integrated tasks in assessing second language proficiency. In O. Kwon (Ed.), *New horizons in English education research* (pp. 599-622). Seoul: Seoul National University Press.

1 이론적으로는 수용 기능(receptive skills), 즉 읽기와 듣기만을 통합하는 과업도 가능하지만, 언어 평가에서 통합형 과업이라는 용어는 최소 한가지 이상의 표현 기능(productive skills)을 포함시키는 문항 형식을 가리키는 것이 일반적이다.

2 독립형 과업은 비교적 짧은 지시문을 제시한 후, 수험자들에게 이에 대해서 말하거나 쓰게 하는 방식으로서, 통합형 과업이 활발히 사용되기 이전에 대규모 표준화 평가(large-scale standardized assessment)의 말하기와 쓰기 평가에서 주로 사용되었다. 예를 들어, 인터넷 기반 토플(TOEFL® iBT™)의 독립형 쓰

두)이 주어지는지 그리고 (ii) 어떤 결과물(말하기 혹은 쓰기)이 요구되는지에 따라서 다양한 조합의 통합형 과업이 만들어질 수 있다. 예를 들어 읽기-쓰기, 읽기-말하기, 듣기-말하기, 혹은 듣기-읽기-말하기 등의 통합형 과업 문항들이 언어 평가에서 사용되고 있다. 또한, 제시문의 장르(설명문, 논설문 등)나 수행해야 할 결과물의 구체적 성격에 따라서 통합형 과업들을 더 세분화할 수 있다. 예를 들어 동일한 읽기 제시문이 주어진 경우에도, 내용을 단순히 요약하는 쓰기 과업의 형식을 띨 수도 있고, 내용에 대한 수험자의 의견을 개진해야 하는 응답형 에세이(response essay) 과업의 성격을 띨 수도 있다.

통합형 과업이 이처럼 언어 평가에서 다양한 조합으로 활용될 수 있음에도 불구하고, 제2언어 평가에서 통합형 과업 사용에 대한 논의가 활발히 이루어지기 시작한 것은 비교적 최근의 현상이다. Lewkowicz(1997)는 통합형 과업의 사용이나 그와 관련된 연구가 학술지에 많이 출간되지 않는 경향이 있음을 지적하면서, 이에 대한 연구가 보다 많이 수행되고 그 결과들이 더 활발히 논의될 때, 제2언어 능숙도 평가 방법으로서 통합형 과업의 유용성에 대한 더 체계적인 이해가 가능할 것이라고 조언했다.

Lewkowicz(1997)의 논문 이후 지난 20년간, 특히 통합형 말하기, 쓰기 과업을 포함시킨 인터넷기반 토플이 개발 · 시행되기 시작한 2005년 이후에는 통합형 과업에 대한 연구들이 학술지나 학회 등에서 훨씬 더 활발히 논의되고 있다. 통합형 과업에 대한 최근의 관심을 반영하듯, 언어 평가 분야의 대표적 학술지 중 하나인 *Language Assessment Quarterly*는 2013년에 제2언어 평가에서의 통합형 과업 사용에 대한 특별호를 발간하기도 하였다.

기 과업에서는 "Do you agree or disagree the following statement?'A teacher's ability to relate well with students is more important than excellent knowledge of the subject being taught.'" 등과 같은 짧은 지시문에 대해서 수험자의 의견을 쓰도록 하고 있다. 반면, 같은 쓰기 영역의 또 다른 문항인 통합형 쓰기 과업에서는 듣기와 읽기 지문이 각각 하나씩 주어지고, 수험자들은 주어진 질문에 대해 두 지문의 내용을 바탕으로 대답해야 한다. 이처럼, 통합형 과업에서는 읽기 혹은 듣기 능력이 주어진 과업 수행에 기반이 되어야 하며, 따라서 여러 언어기능 간의 통합이 과업의 성공적인 수행에 중요한 영향을 미치게 된다.

이 글에서는 먼저 통합형 과업 사용의 장점과 유의점을 최근의 언어 평가 이론의 관점에서 논의한 후, 통합형 과업에 대한 연구 경향을 살펴볼 것이다. 마지막으로, 앞서 논의된 언어평가이론의 관점에서 비추어 향후 연구 전망을 논의할 것이다. 특히 통합형 과업 사용 시 유의점에 대한 논의는 향후 연구 방향을 제시하는 데 중요한 시사점을 제시해 줄 수 있을 것이다.

2. 이론적 배경

이 절에서는 제2언어 능숙도를 평가하는 방법으로서 통합형 과업을 사용하는 것의 장점과 유의점을, Bachman과 Palmer(2010)의 평가사용이론(Assessment Use Argument)의 틀을 이용해서 논의해 볼 것이다.

1) 능숙도 평가 방법으로서의 통합형 과업 사용의 장점

(1) 평가사용이론과 진정성(Authenticity)

제2언어 평가에서의 통합형 과업 사용에 대해 연구해 온 학자들(Cumming, 2013; Feak & Dobson, 1996; Gebril & Plakans, 2013; Lewkowicz, 1997; Yu, 2013b)은 공통적으로 높은 진정성을 통합형 과업의 가장 큰 장점으로 꼽고 있다. 진정성이란 시험 문항들이 실생활에서의 언어 사용과 얼마나 유사한 것인지를 나타내는 용어로써(Bachman & Palmer, 1996), 진정성이 높은 시험 문항은 실생활에서의 언어 사용과 유사한 문항이라고 할 수 있다. 이러한 기준에서 볼 때 통합형 과업은 독립형 과업보다 더 높은 진정성을 띠게 된다. 예를 들어 Feak와 Dobson(1996)은 기존에 주로 사용되어 온 독립형 쓰기 문항은 대학생들이 대학에서 쓰게 되는 전형적인 학술 작문과 성격이 다르다는 문제를 제기하면서 통합형 과업을 독립형 쓰기 과업의 대안으로 제시한다. 그들은 대학생들에게 요구되는 글쓰기는 읽기와 불가분의 관계에 있다는 점을 강조하고, 읽기-쓰기 통합형 과업이 기존의 독립형 과업보다 실생활에서의 언어 사용을 더욱 적절히 반영할 수 있는, 즉 진정성이 더 높은 문항 형식이라고 주장한다. 실제로 Feak와 Dobson(1996)의 연구에 참가한 대학생들은 통합형 쓰기 과업이 수업 시간에 요구되는 작문과 유사하다는 점에 대해서 긍정적인 반응을 보였다.

통합형 과업의 높은 진정성은 통합형 과업을 통해서 얻은 시험 결과를 실생활에서 요구되는 언어능력의 지표로 해석하는 것을 용이하게 해 준다. Feak와 Dobson(1996)의 연구를 예로 보면, 대학에서 실제로 읽기를 바탕으로 한 작문 과업을 많이 요구한다면, 읽기-쓰기 통합형 과업을 사용해서 얻은 시험 결과가 독립형 과업을 사용해서 얻은 시험 결과에 비해서, 수험자들이 대학 수학 과정에서 요구되는 글쓰기를 얼마나 잘 수행할 수 있는지를 보여 주는 더 정확한 지표가 될 수 있다는 것이다.

이와 같은 시험 문항의 진정성과 추후의 점수 해석 간의 관계에 대해서는 Bachman과 Palmer(2010)가 논의한 평가사용이론의 틀을 이용해 설명할 수 있다. 이 이론의 핵심은 평가가 평가 자체로 끝나는 것이 아니라, 평가 결과를 바탕으로 수험자의 능력에 대한 해석을 내리고, 그 해석을 기반으로 입학 · 입사 등과 같은 결정을 내리며, 더 나아가 그 결정이 개인이나 사회에 미치는 영향에 대해서 논의하는, 보다 거시적인 관점에서 이해되어야 한다는 것이다. 평가의 개발과 사용의 중요 단계와 각 단계에서 내리게 되는 추론들은 그림 1에 정리되어 있으며, 각 단계에 대한 보다 자세한 설명은 Bachman과 Palmer(2010)의 5장에 제시되어 있다.

이 이론에 따르면, 그림 1에 제시된 다섯 단계는 서로 밀접하게 관련되어 있고, 평가 개발자(test developer)와 평가 사용자(test user)는 한 단계에서 그 다음 단계로 넘어갈 때마다 그 단계에서 요구되는 추론을 내리게 된다. 이 추론 과정에서 평가 개발자와 사용자는 다른 해석 · 추론의 가능성을 염두에 두면서 자신이 내리는 추론의 정당성을 뒷받침할 수 있는 증거를 확보해야 한다. 이처럼 각 단계에서 확실한 증거를 바탕으로 정당한 추론을 내려

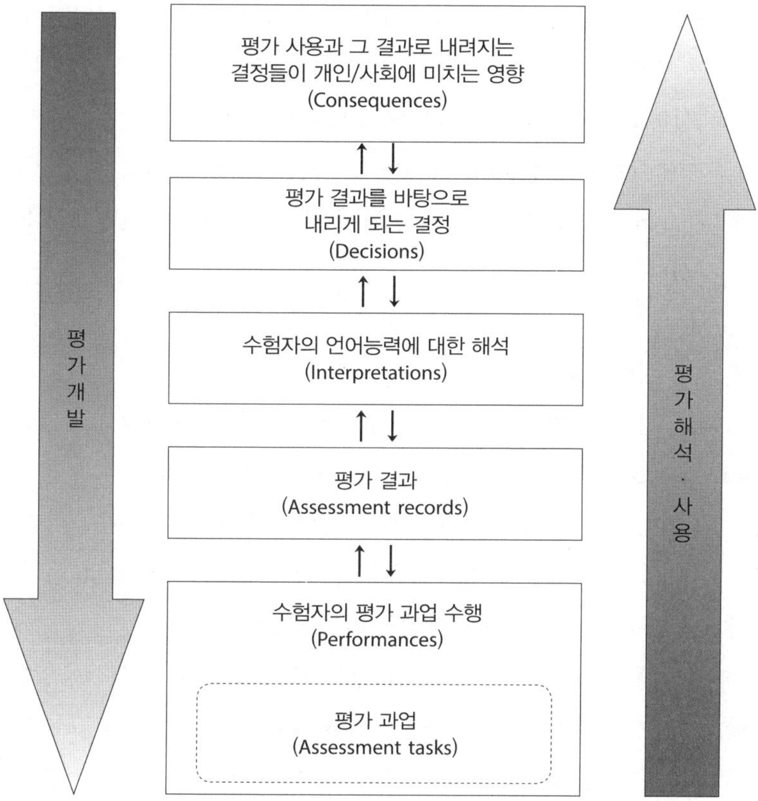

그림 1. 평가 수행에서 평가가 미치는 영향에 이르는 추론 과정
(Bachman & Palmer, 2010, p. 91)

가는 일련의 과정을 통해서, 평가 결과가 타당하게 해석되고, 그 해석이 타당하게 사용될 수 있다는 것이 Bachman과 Palmer(2010)의 평가사용이론의 핵심이다.

그렇다면 이 평가사용이론은 앞서 논의한 통합형 과업이 독립형 과업에 비해서 더 높은 진정성을 띤 문항 형식이라는 점이 왜 중요한지에 대해 거시적 시각에서 설명할 수 있다. 앞서 설명한 바와 같이 진정성이 높은 과업은 실생활에서 수행해야 하는 과업과 유사하고, 이러한 유사성은 평가 결과를 수험자의 언어능력에 대한 해석으로 연결하는 추론 단계에 정당성을 부여하게 된다. 다시 말해 통합형 과업이 독립형 과업에 비해서 진정성이 높다는 것은 그 자체로서 중요한 가치일 뿐 아니라, 더 나아가 평가 결과를 더 타당하게 해석하고 사용하게 하는 기반을 마련해 주는 것이다.

다음 절에서는 통합형 과업 사용의 또 다른 장점으로 여겨지는 긍정적인 환류 효과(positive washback)에 대해서 역시 평가사용이론의 관점에서 논의해 보도록 하겠다.

(2) 긍정적인 환류 효과

환류 효과란 평가가 언어 교수 · 학습에 미치는 영향을 포괄적으로 가리키는 용어다(Alderson & Wall, 1993). 환류 효과는 주로 긍정적, 부정적 측면으로 나뉘어 논의되며, 긍정적 환류 효과란 한 평가의 도입이 언어 교수 · 학습에 긍정적인 변화를 유발하는 매체로 작용하여, 궁극적으로 학생들의 언어 능력 향상에 도움을 줄 수 있는 촉매 역할을 하는 것을 의미한다.

그렇다면 독립형 과업 사용과 비교했을 때, 통합형 과업을 사용함으로써 기대할 수 있는 긍정적 환류 효과는 평가를 준비하는 학생들과 그들을 가르치는 교사들에게 네 개의 언어기능, 즉 듣기, 읽기, 말하기, 쓰기는 별개의 영역이 아니라, 서로 밀접하게 관계를 맺고 있다는 것을 직간접적으로 깨닫게 도와주는 것이다. 다시 말해 진정성이 높은 통합형 과업이 평가에 많이 포함되어 있을 경우, 학생들이 평가를 준비하는 과정에서 실생활에서의 언어 사용에 직접적으로 도움을 줄 수 있는 활동들을 더 많이 활용하게 될 것이라고 기대할 수 있으며, 따라서 그 평가가 제2언어 교수 · 학습에 긍정적인 환류 효과를 불러올 것이라고 예상할 수 있다는 것이다.

이러한 긍정적 환류 효과는 앞서 논의된 Bachman과 Palmer(2010)의 평가사용이론에서의 평가의 사용이 개인과 사회에 미치는 영향(그림 1 참조) 단계와 관련해서 논의할 수 있다. 새로운 평가를 개발하거나 기존의 평가를 개정한다고 할 때, 평가 개발자는 이러한 변화가 언어 교수 · 학습에 어떤 영향을 미칠지 숙고해 보고, 되도록이면 긍정적인 영향을 미칠 것으로 예상되는 평가를 만들고자 노력해야 한다. 예를 들어 기존의 토플을 인터넷기반 토플로 개정하는 과정에서 통합형 과업을 포함시킨 것은 이러한 결정이 언어 기능을 통합시킨 교수 · 학습 활동을 유도하여 결과적으로 수험자들의 영어 능숙도 향상에 긍정적인 환류 효과를 가져올 수 있을 것이라는 평가 개발자의 의도가 반영된 것이라고 하겠다.

그러나 이러한 평가의 진정성이나 긍정적인 환류 효과와 같은 통합형 과업의 장점을 충분히 살리기 위해서는 통합형 과업 사용 시 유의해야 하는 점에 대한 충분한 이해가 선행되어야 할 것이다. 따라서 다음 절에서는 통합형 과업 사용 시 유의점에 대해서 논의해 볼 것이다.

2) 통합형 과업 사용 시 유의점

Lewkowicz(1997)가 지적하듯, 통합형 과업이 대규모 표준화 평가에서 많이 사용되지 않았던 것은 통합형 과업을 사용해서 얻은 평가 결과를 심리측정학적(psychometrics) 관점에서 설명하는 것이 쉽지 않다는 점과 큰 관련이 있다. 이 절에서는 통합형 과업 사용 시 논의되어야 할 심리측정학적 특성에는 어떤 것들이 있는지 살펴보고자 한다. 이와 같은 논의를 바탕으로 제3절에서 최근의 연구 경향을 살펴봄으로써, 이 글의 마지막 절에서 통합형 과업에 대한 향후 연구를 전망해 보는 데 시사점을 얻을 수 있을 것이다.

(1) 채점기준(scoring rubrics)과 점수 해석

2. 1) (1)절에서 논의한 바와 같이, 통합형 과업은 진정성이 높기 때문에 통합형 과업을 성공적으로 수행할 수 있는 수험자는 실제 언어 사용 상황에서도 유사한 과업을 잘 수행할 수 있을 것이라고 해석하기가 용이하다. 그러나 그 반대의 경우, 즉 수험자가 통합형 과업을 제대로 수행하지 못한 경우에는 그 원인을 추론하기가 쉽지 않다(Lewkowicz, 1997; Mislevy, Steinberg, & Almond, 2002). 예를 들어 한 수험자가 독립형 말하기 과업에서 낮은 점수를

받았을 때는 이 수험자의 말하기 능력이 낮아서 이런 결과가 나왔다는 해석 · 추론을 비교적 쉽게 내릴 수 있으나, 듣기-말하기 통합형 과업에서 낮은 점수를 받은 경우에는 그 원인이 말하기 능력이 낮기 때문이라고 단정짓기 어렵다. 이러한 해석의 어려움은 듣기-말하기 통합형 과업을 성공적으로 수행하기 위해 듣기와 말하기 능력이 동시에 요구된다는 사실과 밀접한 관계가 있다. 즉, 듣기-말하기 평가에서 낮은 점수를 받은 경우에는, 듣기 능력이 낮아서 주어진 제시문을 제대로 이해하지 못했을 수도 있고, 아니면 제시문은 제대로 이해했으나 그 내용을 표현하는 데 필요한 말하기 능력이 부족했을 수도 있고, 혹은 그 두 능력이 모두 부족했을 수도 있다는 것이다. 따라서 통합형 과업의 성공적인 수행을 위해 여러 다양한 능력이 동시에 요구된다는 점은 평가 문항의 진정성이나 평가의 긍정적 환류 효과라는 측면에서는 큰 장점이 되기도 하는 동시에, 평가 개발자에게는 평가 결과의 해석을 어떻게 정당화할 수 있는가라는 쉽지 않은 문제를 안겨주기도 한다. 이러한 어려움과 관련해서 통합형 과업 사용에 대한 많은 연구들이 통합형 과업의 수행에 요구되는 다수의 능력들을 채점기준에 어떻게 포함시킬지에 대해서 살펴보고 있다(이에 대해서는 연구 동향에서 더 자세하게 논의할 것이다).

예를 들어 현재 인터넷기반 토플에서는 통합형 말하기, 쓰기 과업의 채점 기준에 제시문의 이해 정도가 고려 사항의 일부로 포함되어 있다.[3] 구체적으로는 통합형 말하기 과업의 경우, 발음, 강세, 억양, 유창성(fluency) 등을 포괄하는 전달(delivery), 문법과 어휘를 고려하는 언어 사용(language use), 그리고 내용의 정확성과 이 내용의 논리적 전개를 포함하는 주제 전개(topic development)라는 세가지 항목에 따라서 채점이 되고 있으며, 제시문의 내용을 제대로 이해했는지의 여부, 즉 제시문의 이해를 위해 필요한 듣기, 혹은

3 인터넷기반 토플의 통합형 말하기 과업과 쓰기 과업의 채점기준은 각각 http://www.ets.org/Media/Tests/TOEFL/pdf/Integrated_Speaking_Rubrics_2008.pdf와 http://www.ets.org/Media/Tests/TOEFL/pdf/Writing_Rubrics.pdf에서 찾아볼 수 있다.

읽기능력은 주제 전개 항목의 일부분으로서 평가 결과에 반영된다.

그러나 이처럼 채점기준에 제시문의 이해 정도를 포함시키는 방법은 여러 능력들이 평가 결과에 미치는 상대적인 영향을 보여 주는 데 한계가 있다. 이러한 문제점을 해결할 수 있는 방안으로, 통합형 과업 수행에 영향을 미치는 여러 영역 간의 관계를 수(數)적으로 밝혀줄 수 있는 심리측정 모형의 필요성에 대한 논의가 2000년대 초반부터 있어왔으며(Mislevy et al., 2002), 이러한 모형이 개발되고 실제로 사용된다면 수험자들이 통합형 과업들을 제대로 수행하지 못하는 원인을 보다 정확하게 진단할 수 있고, 그 결과를 바탕으로 수험자들에게 앞으로 제2언어를 배우는 과정에서 어떤 점에 더 집중해야 하는지에 대한 정보를 제공해 줄 수 있을 것이다. 이러한 연구 방향은 여러 학자들이 관심을 보이기 시작한 인지진단모형(Cognitive Diagnostic Model)의 관점과도 일맥상통한다(von Davier, 2008).

(2) 평가 결과의 일반화(generalization)의 어려움

일반화란 소수의 평가 과업을 사용해서 수집한 자료를 바탕으로 수험자가 실생활에서 다양한 언어 사용 과업을 수행할 수 있는 능력을 얼마나 정확하게 추론할 수 있는가를 나타내는 개념으로, 통합형 과업을 사용했을 경우 뿐 아니라 모든 평가 상황에서 항상 고려해야 하는 문제다. 그러나 통합형 과업을 사용했을 때 일반화가 더 문제가 되는 이유는 평가 시행 시간 등 여러 현실적인 여건을 고려했을 때, 한 평가에 포함시킬 수 있는 통합형 과업의 수가 독립형 과업을 사용했을 경우와 비교해서 상대적으로 적기 때문이다. 따라서 통합형 과업을 사용했을 때는 훨씬 적은 수의 평가 과업 수행을 기반으로 수험자의 언어능력에 대한 추론을 내려야 하기 때문에 평가 결과를 일반화하는 어려움이 더 커진다는 것이다(Lewkowicz, 1997).

이러한 일반화의 어려움은 평가 개발자와 사용자가 유념하고 있어야 하는 것으로, 쉽게 해결될 수 있는 것은 아니다. 다만, 인터넷기반 토플처럼 통합형 쓰기, 말하기 과업 이외에도 듣기, 읽기 등 다른 언어 기술을 평가하는 문항들이 한 평가에 함께 포함되어 있는 경우에 앞서 논의한 통합형 과업 수행에 미치는 여러 다른 능력들 간의 관계를 설명해 줄 수 있는 심리측정학적 모형을 적용할 수 있다면, 통합형 과업을 통해 얻은 결과를 일반화하는데 필요한 추가 정보를 얻을 수 있을 것이다.

3. 연구 동향

이 절에서는 통합형 과업의 사용에 대한 최근의 연구들을 통합형 쓰기 과업과 통합형 말하기 과업에 대한 연구로 나누어 살펴볼 것이다. 표 1은 이 절에서 논의될 선행 연구들의 목록과 각 연구에서 다루고 있는 통합형 과업들을 제시문(읽기, 듣기, 혹은 둘 다)-결과물(쓰기 혹은 말하기)의 조합에 따라서 정리한 것이다. 제시문이나 요구되는 결과물의 장르에 대한 정보가 논문에서 언급된 경우에는 그 정보들도 함께 정리해 두었다.

표 1을 통해서 통합형 쓰기 과업에 대한 연구가 통합형 말하기 과업에 대한 연구보다 더 많이 이루어졌다는 것을 알 수 있다. 더구나 통합적 쓰기 과업과 관련해서 더 다양한 주제의 연구들이 보고되었으며, 이들 다양한 연구 주제에 대해서는 아래에서 더 자세하게 논의될 것이다.

1) 통합형 쓰기 과업에 대한 연구

앞에서 지적한 대로 통합형 쓰기 과업을 대상으로 비교적 많은 연구들이 이루어졌으며, 이 연구들은 주제에 따라서 (i) 통합형 쓰기 과업을 통해서 수집된 결과물 분석, (ii) 제시문, 요구되는 결과물의 성격이 통합형 과업 수행에 미치는 영향, (iii) 통합형 과업 결과의 심리측정학적 분석, (iv) 통합형 과업 수행 과정에 대한 연구들로 나눠 볼 수 있다.

표 1. 통합형 과업 사용에 대한 선행 연구들

선행 연구	제시문–결과물
통합형 쓰기 과업에 관한 연구	
Asención Delaney (2008)	(i) 읽기(논설문)–쓰기(요약)
	(ii) 읽기(논설문)–쓰기(응답형 에세이)
Cho, Rijmen, & Novák (2013)	듣기–읽기–쓰기
Cumming et al. (2005)	(i) 읽기–쓰기
	(ii) 듣기–쓰기
	(iii) 독립형 쓰기 과업
Gebril & Plakans (2013); Plakans & Gebril (2012)	읽기(논설문)–쓰기(논설문)
Ohkubo (2009)	듣기–읽기–쓰기
Plakans (2008); Plakans (2009)	(i) 읽기–쓰기
	(ii) 독립형 쓰기 과업
Sawaki, Quinlan, & Lee (2013)	듣기–읽기–쓰기
So (2013)	듣기(설명문)–쓰기(요약)
Watanabe (2001) (Plakans & Gebril (2012)에서 재인용)	읽기–쓰기
Yu (2009); Yu (2010)	읽기(설명문, 서사문, 논설문)–쓰기(요약)
Yu (2013a)	(i) 읽기–쓰기(요약)
	(ii) 독립형 쓰기 과업
통합형 말하기 과업에 관한 연구	
Brown, Iwashita, & McNamara (2005); Iwashita, Brown, McNamara, & O'Hagan (2008)	(i) 읽기–말하기,
	(ii) 듣기–말하기
	(iii) 독립형 말하기 과업
Frost, Elder, & Wigglesworth (2012)	듣기(논설문)–말하기(요약)
Inoue (2009)	듣기–말하기(요약)
So (2013)[4]	듣기(설명문)–말하기(요약)

4 이 논문은 통합형 쓰기와 통합형 말하기를 동시에 다루고 있으나, 여기에서는 중복을 피하기 위해 한 번만 논의하도록 한다.

(1) 통합형 쓰기 과업을 통해서 수집된 결과물 분석

이 절에서 살펴볼 선행 연구들은 통합형 과업을 통해서 얻어진 결과물, 즉 수험자 작문을 여러 기준에서 분석함으로써 통합적 쓰기 과업의 결과물의 질적 차이를 가장 잘 설명할 수 있는 특성들을 찾고자 하며, 이와 같은 연구는 궁극적으로 통합형 과업의 채점기준에 어떤 항목을 반영해야 하는지에 대한 시사점을 제시할 수 있다.

Cumming 등(2005)은 독립형 과업과 통합형 과업을 통해서 수집된 학생들의 영어 작문을 어휘적, 통사적, 수사적, 그리고 화용론적 측면에서 비교하고 있다. 연구자들은 과업의 유형(독립형, 통합형)에 따라서 결과물의 성격이 달라진다는 것을 발견했으며, 통합형 쓰기 과업을 통해서 이끌어 낸 작문들은 독립형 과업을 사용했을 때와 비교해서 어휘적 복잡도(작문의 길이, 사용된 단어의 길이, 유형 출현 비율[type-token ratio]), 통사적 복잡도(t-unit 당 단어 수, t-unit 당 절의 수), 수사적 측면(주장, 근거, 반대 견해 등의 표현 방법), 그리고 화용론적 측면(제시문의 증거를 나타내는 방법, 전하고자 하는 내용을 주장, 환원[paraphrase] 혹은 요약 등으로 표현하는 방식) 등에서 차이가 나타났다고 보고하고 있다. 구체적으로는 수험자들이 통합형 쓰기 과업에서 더 다양한 어휘를 사용하고, 더 긴 문장들을 사용하는 경향을 보였으며, 자신의 선행 지식보다 제시문에 담긴 내용을 활용해서 글을 쓴다는 것을 발견했다. 특히 연구자들은 화용론적 측면에서 발견된 차이에 주목하면서, 제시문의 내용을 작문에서 표현해 내는 방식을 통합형 쓰기 과업의 채점기준의 하나로 포함시켜야 한다는 함의를 도출하고 있다.

Gebril과 Plakans(2013)와 Ohkubo(2009)의 연구는 학습자의 영어 능숙도에 따라서 통합형 과업의 결과물의 질이 어떻게 달라지는지 살펴보고 있다. Gebril과 Plakans(2013)는 작문의 길이가 상 · 중 · 하위 학습자들을 구별해 주는 요인이며, 능숙도 하위–중위 집단 간에는 문법적 정확성이나 간접인용 방식에서 차이가 있었으나, 능숙도가 높은 두 집단(중위–상위) 간에는 이러한 차이가 유의미하지 않다고 보고하고 있다. 반면에 Ohkubo(2009)는 학습자의 능숙도(상 · 하위)에 따라서 작문의 내용이 제시문에 있었던 내용임을 밝히는 방식에서 차이가 있다는 것을 찾아냈다. 그러나 제시문의 내용을 바꾸어 표현하는 방식에 있어서는 능숙도 간 차이가 나타나지 않았다.

Yu(2013a)는 결과물의 여러 특성들 중 어휘다양성(lexical diversity)에 초점을 맞추어 두가지 비교를 실시했다. 첫 번째는 영어 원어민과 제2언어 영어 학습자들이 같은 제시문을 읽고 작성한 요약문의 어휘다양성을 비교한 것이고, 두 번째는 영어 학습자들이 통합형 과업과 독립형 과업을 바탕으로 작성한 작문의 어휘다양성을 비교한 것이다. 연구 결과, 전반적으로 원어민의 요약문이 학습자들의 요약문에 비해서 어휘다양성이 높게 나타나긴 했지만, 원어민들의 작문 간에도 큰 편차가 발견됐다. 또한, 학습자들의 작문을 과업 형태에 따라 비교한 결과, 통합형 과업이 주어졌을 때에 어휘다양성이 더 높은 작문을 작성하는 경향을 보이기는 했지만, 이 경향은 통계적으로 유의미한 수준은 아닌 것으로 나타났다. 그리고 학습자들의 요약문 점수와 각 작문의 어휘다양성 간에도 유의미한 상관관계는 없는 것으로 나타났다. 이 같은 결과들은 어휘다양성이 적어도 그 자체만으로는 통합형 과업 수행의 질을 평가하는 좋은 기준이 아니라는 시사점을 주고 있다.

(2) 제시문, 요구되는 결과물의 성격이 통합형 과업 수행에 미치는 영향

이 절에서는 통합형 과업에서 주어지는 제시문이나 요구되는 결과물의 성격이 통합형 과업 수행 결과에 미치는 영향을 연구한 논문들을 살펴본다. 한가지 주목할 점은, 요구되는 결과물의 성격 차이가 통합형 과업 수행에 미치는 영향을 살펴본 Asención Delaney(2008)의 연구를 제외한 다른 연구들은 모두 제시문의 조건 변화가 통합형 과업 수행에 미치는 영향에 대한 연구들이라는 점이다.

Cho, Rijmen과 Novák(2013)의 연구는 인터넷기반 토플의 듣기-읽기-쓰기 통합형 과업의 평균 점수가 일정하게 유지되지 않는 현상을 읽기와 듣기 제시문의 난이도를 통해서 설명하고 있다. 이 연구에서 연구자들은 설문지를 통해서 읽기, 듣기 제시문 각각의 난이도, 두 제시문의 내용 사이의 관계를 이해하는 것의 난이도를 수집했다. 이렇게 수집된 난이도와 듣기-읽기-쓰기 통합형 과업의 평균 점수 간 관계를 살펴본 결과, (i) 듣기 지문에 포함된 내용들 간의 차별성, (ii) 읽기 지문의 난이도 등 두 가지 요인들이 토플 통합형 쓰기 과업의 평균 점수 차이에 유의미한 영향을 미친 것으로 나타났다.

Yu(2009)는 읽기 제시문의 장르(설명문, 서사문, 논설문)가 통합형 쓰기 과업 수행에 미치는 영향에 대해서 살펴보고 있다. 연구 결과, 똑같은 결과물(요약)이 요구되는 경우에도 주어지는 제시문의 장르에 따라서 수험자들의 평균 점수가 달라지는 것으로 나타났다. 특히, 제시문의 성격은 참가자들의 제2언어(영어) 요약보다 모국어(중국어) 요약에 더 큰 영향을 미쳤으며, 참가자들의 언어 능숙도보다 제시문의 성격이 그들의 요약 과업 수행에 더 큰 영향을 보였다. 이 연구는 제시문의 구체적인 성격이 통합형 과업 결과에 유의미한 영향을 미칠 수 있다는 것을 보여 줌으로써 추론을 내리고자 하는 언어 사용 환경이 어떤 것이냐에 따라서 적절한 제시문을 선택할 필요가 있고, 평가 결과를 해석함에 있어서도 이것을 고려할 필요가 있다는 시사점을 주고 있다.

Yu(2010)는 읽기 제시문을 제시하는 매체의 종류(컴퓨터, 종이)가 요약 과업 수행에 미치는 영향을 살펴보고 있다. 이 연구에서는 그의 이전 연구인 Yu(2009)에서 사용된 세 장르의 제시문(설명문, 서사문, 논설문)이 제시되었으며, 제시문의 장르에 따라서 읽기 매체가 요약에 미치는 영향이 달라지는 것으로 나타났다. 이와 같은 읽기 매체와 제시문의 장르 간 상호작용 효과(interaction effect)가 나타난 원인에 대해서 Yu(2010)는 읽기 지문의 장르에 따라서 지문의 요약 용이도(summarizability)가 달라지며, 요약이 어려운 지문일수록, 제시 매체의 효과가 더 두드러지기 때문일 것이라고 설명하고 있다.

So(2013)는 제시문의 난이도가 통합형 과업 수행에 미치는 영향을 연구했으며, 기존의 연구들과 달리 통합형 쓰기와 통합형 말하기 과업을 동시에 연구에 포함시키고 있다. 듣기 제시문에 포함된 요점(main points)의 수가 달라졌을 때, 중학생들의 통합형 쓰기, 통합형 말하기 점수가 어떤 영향을 받는지 살펴본 이 연구에서는, 제시문의 조건 변화가 통합형 말하기 과업 수행에는 영향을 미치지 않았으나 통합형 쓰기 과업 수행에는 유의미한 영향을 미친 것으로 나타났다. 더구나 예상했던 것과는 반대로 수험자들은 더 복잡한(즉, 요약해야 하는 요점의 수가 더 많은) 제시문이 주어졌을 때 통합형 쓰기 과업에서 더 높은 점수를 받은 것으로 나타났다. 이 연구는 제시문의 조건 변화가 통합형 쓰기와 통합형 말하기 과업에 서로 다른 영향을 미칠 수 있으며, 제시문의 조건이 통합형 과업의 난이도에 미치는 영향은 예상과 달라질 수 있다는 시사점을 제공해 준다.

위에서 살펴본 선행 연구들이 제시문과 관련된 변인들이 통합형 과업 수행에 미치는 영향을 살펴본 것들이라면 Asención Delaney(2008)는 통합형 과업에서 요구되는 결과물의 성격이 통합형 과업 수행에 미치는 영향을 연구했다는 점에서 다른 연구들과 차별된다. 이 연구에서는 똑같은 읽기 지문을 제시했다고 하더라도 요구되는 작문의 성격이 (i) 요약인지 (ii) 응답형 에세이인지에 따라서 다른 결과가 나온다는 것을 발견했다. 또한 학습자의 영어 능숙도 · 교육 수준과 작문 점수 사이의 관계를 살펴본 결과, 요약 과업에서는 능숙도나 교육 수준과 작문 점수 사이의 상관관계가 유의미하지 않았으나, 응답형 에세이에서는 능숙도가 높을수록, 교육 수준이 높을수록 양질의 작문을 쓰는 것으로 나타났다. 저자는 각 과업에서 요구되는 인지 과정의 차이로 이와 같은 상이한 결과를 설명할 수 있을 것이라고 해석하고 있다. 다시 말해 요약문보다는 응답형 에세이를 수행할 때 더 높은 인지과정이 요구되며, 따라서 높은 인지 과정이 요구되는 과업을 수행할 때, 영어 능숙도와 교육 수준의 차이가 더 두드러지게 나타난다는 것이다.

(3) 통합형 과업 결과의 심리측정학적 분석

언어 평가 연구에서 다변량 통계분석(multivariate statistical analysis)이 일반적으로 사용되기 이전 연구들로는 Watanabe(2001) [Plakans와 Gebril(2012)에서 재인용]와 Asención Delaney (2008)의 연구가 있으며, 이 두 연구는 공통적으로 통합형 쓰기 과업 점수와 독립형 쓰기 과업 점수, 읽기 시험 점수 간 상관관계를 분석하고 있다. 흥미로운 것은 두 연구에서 다른 결과가 발견되었다는 점이다. Watanabe(2001)는 읽기 점수보다 독립형 쓰기 과업 점수가 읽기-쓰기 통합형 과업 점수에 더 많은 영향을 미친다는 결과를 얻은데 반해, Asención Delaney(2008)는 통합형 과업 점수는 읽기 점수와 작지만 유의미한 상관관계를 보이지만 독립형 쓰기 과업 점수와는 유의미한 관계가 없다는 결과를 얻었다. 이와 같은 상이한 결과들은 제시문의 성격, 요구되는 결과물의 성격 등의 차이에서 기인한 것일 수 있으며, 따라서 선행 연구의 결과를 해석하는 데 있어서 이러한 요인들을 염두에 두어야 한다.

Sawaki, Quinlan과 Lee(2013)는 Watanabe(2001)나 Asención Delaney(2008)가 사용한 것보다 더 복잡한 통계 방법인 확증적 요인분석(confirmatory factor analysis)을 통해서 듣기, 읽기, 쓰기의 세 언어기능이 통합된 인터넷기반 토플의 통합형 쓰기 과업 점수를 심리측정학적 관점에서 살펴보았다. 여러 요인구조(factor structure)들을 비교한 결과, Sawaki 등(2013)은 (i) 활용 어휘(productive vocabulary), (ii) 문장구조(sentence convention), (iii) 내용(content)의 세 요인(factor)들이 서로 연관되어 있는 요인구조가 통합형 쓰기 과업을 가장 잘 설명하는 구조라고 밝혀 내고 있다. 또한 이 요인구조에 인터넷기반 토플의 듣기과 읽기 영역 점수를 포함해 확장시킨 요인분석에서는 내용 요인이 상위 요인인 이해(comprehension) 요인의 영향을 받는 것으로 나타났다. 이러한 결과는 통합형 쓰기 과업의 성공적인 수행을 위해서는 읽기와 듣기에 필요한 것과 같은 이해 능력이 필요하다는 것을 실증적으로 보여 주고 있는 것으로 해석될 수 있다. 더 나아가서 Sawaki 등(2013)은 수험자들의 언어 능숙도가 세 요인(활용 어휘, 문장구조, 이해)에 미치는 영향을 분석하면서 고득점자들이 저득점자와 비교해서 이 세 요인 모두에서 유의미하게 높은 점수를 받았다고 밝혀 냈다. 이러한 분석 결과를 바탕으로 Sawaki 등(2013)은 토플 저득점자들의 경우는 통합형 쓰기 과업의 제시문을 이해하는 능력이나 제시문에서 필요한 정보를 선별해서 구조화하는 능력, 혹은 이 두 능력이 모두 아직 충분히 발달하지 않았을 수 있다고 해석하고 있다.

(4) 통합형 과업 수행 과정에 대한 연구

이 절에서 살펴볼 연구들은 이전 절에서 논의된 연구들과 달리 정성적 연구 방법(qualitative research method)을 이용해서 수험자들이 어떤 과정을 통해서 통합형 쓰기 과업을 수행하는지 연구하고 있다. Plakans(2008)는 사고구술 기법(think-aloud protocol)과 면접 등의 방법을 이용해서, 제2언어 영어 학습자가 통합형 쓰기 과업과 독립형 쓰기 과업을 수행하는 과정을 비교하고 있다. 연구 결과, 학습자들은 독립형 과업을 수행할 때, 통합형 과업을 수행할 때에 비해서 사전 준비를 더 많이 하는 경향을 보였다. 그러나 학습자들 개인 간 차이는 통합형 과업을 수행할 때 더 많이 두드러졌는데, 특히 쓰기에 경험이 많거나 관심이 많은 학습자들은 읽기 제시문을 더 적극적으로 활용하는 경향을 보였다.

Plakans(2009)는 Plakans(2008)와 같은 연구 방법을 사용해서 제2언어 사용자들이 읽기-쓰기 통합형 과업을 수행할 때 거치는 과정에 대해서 살펴보았다. 연구 결과, 학습자들은 제시문의 내용을 종합하는 과정을 거치는 것으로 나타났으며, 이러한 발견에 대해서 Plakans(2009)는 이와 같이 읽기 지문의 내용들을 종합하는 능력은 학문목적 영어(English for academic purposes)를 사용하는 상황에서 요구되는 과정이며, 따라서 통합형 과업이 실생활에서 영어를 사용하는 데 필요한 능력을 이끌어 낸다는 해석을 도출해 냈다.

Plakans와 Gebril(2012)은 사고구술 기법, 면접, 설문지 등을 활용해, 제2언어 학습자들이 통합형 과업을 수행하는 데 있어서 읽기 제시문을 어떻게 활용하는지에 대해서 연구했다. 이러한 결과를 바탕으로 연구자들은 학습자들이 다양한 방식, 특히 (i) 주어진 주제에 대한 정보원 그리고 (ii) 활용 가능 언어목록(language repertoire)으로 제시문을 활용한다는 것을 밝혀 냈다.

지금까지 살펴본 것처럼 통합형 쓰기 과업에 대한 선행 연구들은 (i) 통합적 과업의 여러 변인들(예: 제시문의 장르, 요구되는 결과물의 장르 등)이 수험자의 통합형 쓰기 과업 수행에 어떤 영향을 미치는지(3. 1) (2)), (ii) 수험자들은 구체적으로 어떤 과정을 거치면서 과업을 수행하는지(3. 1) (4)), 그리고 (iii) 이렇게 수집된 결과물의 성공 여부는 어떤 기준으로 채점을 하는 것이 가장 타당한지(3. 1) (1)), 마지막으로 (iv) 통합형 과업 수행에 미치는 여러 요인들 간의 관계를 통계적으로 어떻게 설명할 수 있는지(3. 1) (3)) 등 다양한 관점을 다루었다. 이런 다각적인 관점의 연구 성과들은 통합형 과업 사용에 정당성을 부여하고, 통합형 과업 결과의 타당한 해석을 도와주며, 나아가 그 해석을 바탕으로 수험자에 대한 올바른 결정을 내리게 도와줌으로써 그림 1에 제시되었던 평가사용이론의 각각의 단계에서 내리게 되는 추론에 대한 경험적 증거를 제시할 수 있다는 점에 주목해야 한다.

2) 통합형 말하기 과업에 대한 연구

앞서도 언급했듯이, 제2언어 평가 도구로서의 통합형 말하기 과업에 대한 연구는 통합형 쓰기 과업에 대한 연구에 비해서 출판된 논문의 수가 상당히 적다. 논문의 수가 적을 뿐 아니라 논문에서 다룬 주제도 제한되어 있는데, 그간의 통합형 말하기 과업에 대한 연구는 통합형 말하기 과업의 결과물을 분석하여 채점기준에 포함되어야 할 특성들을 살펴보는 연구들이 대부분이었다.

Brown, Iwashita와 McNamara(2005)의 연구는 두 부분으로 나누어진다. 첫 번째 부분에서 연구자들은 제2언어 전문가들이 독립형, 통합형 말하기 과업의 질을 결정하는 과정에 대한 정성적 연구를 실시하고 있다. 이 과정을 통해서 전문가들이 중요하다고 생각하는 요인을 밝혀 낸 후, 논문의 후반부에서 첫 번째 부분에서 밝혀진 주요 요인들이 제2언어 학습자들의 언어에 실제로 반영되어 있는지 살펴보고 있다. 이 논문에서 Brown 등은 독립형 과업과 통합형 과업에서 얻어진 수험자의 말하기 결과물을 통사적 복잡도와 정확성, 어휘, 발음, 유창성과 내용 등의 기준에서 비교한 결과, 내용이 독립형 말하기 과업과 통합형 말하기 과업에서 얻어진 수험자 결과물의 차이를 보여 주는 가장 두드러진 특성임을 밝혀 냈다. 이 결과를 바탕으로 Brown 등은 다른 항목들(통사적, 어휘적, 음운론적 고려 사항들)은 독립형, 통합형 말하기 과업에 공통적으로 적용할 수 있으나, 내용 항목만은 과업의 성격에 따라 별도로 규정될 필요가 있다는 결론을 도출했다.

Brown 등(2005)의 후속 연구인 Iwashita, Brown, McNamara와 O'Hagan(2008)의 연구에서는 5단계의 수행 수준(performance level)에서의 독립형, 통합형 말하기 결과물이 어떻게 다른지 분석하고 있다. 언어 사용(문법적 정확성, 통사적 복잡도, 어휘), 음운론적 특성(발음, 억양, 리듬), 유창성(휴지[pause], 수정[repair], 속도 등)의 요인들이 말하기 과업의 수행 수준을 설명해 주는 정도를 살펴본 결과, 어휘와 유창성 요인들이 수행 수준 차이를 가장 잘 보여 주는 요인들이라고 밝히고 있다.

Frost, Elder와 Wigglesworth(2012)의 연구는 수험자들이 통합형 말하기 과업을 수행할 때, 제시문의 내용을 결과물에 어떻게 포함시키고 있는지 분석하고 있다. 이 논문에서는 수험자들의 언어 능숙도가 높아질수록 말하기 결과물에 제시문의 중요 사항들을 더 많이, 더 정확하게 포함시킨다는 경향을 발견했으며 수험자들의 담화구조도 이상적인 모형에 더 가까워졌다고 보고하고 있다. 이를 바탕으로 Frost 등(2012)은 통합형 말하기 과업의 채점기준에 내용 항목이 포함되어야 하는 근거가 발견되었다는 결론을 내리고 있으며, 이는 앞서 논의한 Brown 등(2005)의 결론과도 일맥 상통한다.

마지막으로 Inoue(2009)의 연구는 하위, 중위, 상위 세 수준의 수험자들의 통합형 말하기 과업 수행 결과물을 분석해서, 수행 수준이 높아질수록 더 많은 내용이 포함되고, 담화구조도 이상적 모형에 더 가까워진다는 Frost 등

(2012)의 연구 결과와 아주 비슷한 결과를 얻었다. Inoue(2009) 또한 자신의 논문 결과가 통합형 말하기 과업의 채점기준에 내용 항목을 포함시키는 것이 타당하다는 것을 보여 준다고 해석하고 있다.

이상에서 살펴본 연구들은 공통적으로 통합형 말하기 과업 채점기준의 한 항목으로 내용을 포함시켜야 하는 정당성에 대한 근거들을 제시하고 있다고 할 수 있다. 그러나 통합형 쓰기 과업에 대한 선행 연구들과 비교해 보았을 때, 통합형 말하기 과업에 관련해서는 아직 다양한 주제에 대한 연구가 이루어지지 않았다는 것을 알 수 있다. 따라서 통합형 말하기 과업 사용과 관련해서는 앞으로 더 많은 연구가 이루어져야 할 것이라고 생각하며, 이에 대해서는 향후 연구 전망을 논의하는 다음 장에서 더 자세하게 다루도록 하겠다.

4. 향후 전망 및 제언

Yu(2013b)가 *Language Assessment Quarterly* 특별호의 마지막 장에서 지적하고 있듯이, 제2언어 평가 방법으로서의 통합형 과업에 대한 연구는 비교적 최근 들어 활발히 논의되기 시작한 분야로서 앞으로 더 많은 연구들이 이루어질 것이라고 예상할 수 있다. 이 절에서는 제2절에서 논의된 평가사용이론의 관점에서 통합형 과업의 유용성과 타당성과 관련해서 어떤 주제들이 연구자들의 관심을 끌게 될지 전망하도록 하겠다.

제2절에서 자세히 설명했듯이, 평가사용이론의 핵심은 언어 평가 개발자와 사용자들이 실증적 증거들을 기반으로 평가의 각 단계에서 내리게 되는 추론(그림 1 참조)의 타당성을 입증해야 한다는 것이다. 이와 관련해서 강조되어야 할 것은 모든 상황 · 목적에 유용하게 사용될 수 있는 최고의 평가라는 것은 허구의 존재일 뿐이며, 평가가 사용되는 특정 상황에서 가장 필요로 하는 정보가 어떤 것인지에 따라서 그 정보를 가장 잘 제시할 수 있는 평

가 과업을 개발하거나 사용해야 한다는 것이다. 따라서 이미 특정 목적에 적절하다고 알려진 평가 도구의 경우에도 그 평가 결과가 사용되는 상황과 그 상황에서 요구되는 주요 목적이 달라질 때마다 그 평가를 사용하는 것의 정당성을 Bachman과 Palmer(2010)의 평가사용이론의 틀을 활용해서 증명할 필요가 있다는 것이다.

이러한 관점에서 본다면 제2언어 평가개발자나 사용자들은 표 1에서 정리된 선행 연구들 중 어떤 것이 자신이 평가를 사용하고자 하는 상황에서 필요한 증거를 가장 잘 뒷받침해 줄 수 있으며, 기존의 연구에서 아직 연구되지 않았으나 그 상황에서 꼭 필요한 증거는 어떤 것인지 신중하게 살펴보는 과정을 통해서 어떤 연구가 부족한지 판단할 수 있을 것이다. 표 1에서 정리된 선행 연구들에서 볼 수 있듯이, 포괄적으로는 통합형 과업이라는 범주로 묶이는 과업들이라고 하더라도 제시문의 성격과 요구되는 결과물의 특성에 따라서 더 세분화될 수 있다. 또한 다수의 선행 연구들은 통합형 과업의 구체적 특성들이 수험자들의 과업 수행 결과에도 유의미한 영향을 미친다고 밝혀 냈다. 따라서 선행 연구의 결과를 해석하는 데 있어서는 그 연구에서 사용된 제시문과 결과물이 자신이 추론을 내리고자 하는 언어 사용에 적합한 것인지 비교해 보는 과정이 꼭 필요하다.

또한 통합형 과업 수행에 요구되는 언어기능 간의 관계를 설명해 줄 수 있는 심리측정학적 모형의 개발과 관련해서 Mislevy 등(2002)이 제안하는 연구가 필요할 것이라고 예상된다. Mislevy 등은 제시문과 결과문의 조건을 다양하게 변화시켜 보면서 각각의 조건에서 통합형 과업 수행이 어떻게 달라지는지 살펴봄으로써 통합형 과업의 수행에 필요한 여러 언어기능 사이의 관계를 통계적으로 설명할 수 있을 것이라고 주장한다. 이와 같은 맥락에서 통합형 과업 수행에 영향을 미칠 것으로 예상되는 변인의 영향에 대해서 보다 더 체계적인 연구가 이루어질 필요가 있다. 예를 들어 읽기 · 듣기 제시문에 시각 자료의 제공 여부나 시각 자료의 성격(사진, 동영상), 사용된 문장구조의 복잡도(syntactic complexity) 등이 읽기나 듣기 평가의 결과에 영향을 미친다는 선행 연구들은 있으나, 이런 제시문의 조건들이 통합형 과업 수행에 미치는 영향을 살펴본 연구는 아직까지 보고되지 않았다. 따라서 읽기, 듣기 평가에서 밝혀진 제시문의 난이도가 통합형 과업 수행에 미치는 연구들이 앞으로 이루어져야 할 것이라고 전망된다.

또한, 제3절에서 살펴본 선행 연구의 예에서 볼 수 있듯이 통합형 쓰기 과업에 대한 연구에 비해서 통합형 말하기 과업에 대한 연구는 수적, 양적으로 적게 이루어졌다. 통합형 쓰기 과업에 대한 선행 연구들이 어떤 주제로 이루어졌고, 이 주제들 중 어떤 것들이 통합적 말하기 과업을 대상으로는 이루어지지 않았는지 살펴봄으로써 통합형 말하기 과업에 대해서 향후 어떤 연구들이 필요한지에 대한 시사점을 얻을 수 있을 것이다.

참고문헌

Alderson, J. C., & Wall, D. (1993). Does washback exist? *Applied Linguistics, 14*(2), 115-129.

Asención Delaney, Y. (2008). Investigating the reading-to-write construct. *Journal of English for Academic Purposes*, 7(1), 140-150.

Bachman, L., & Palmer, A. (1996). *Language testing in practice: Designing and developing useful language tests*. Oxford, UK: Oxford University Press.

Bachman, L., & Palmer, A. (2010). *Language assessment in practice: Developing language assessments and justifying their use in the real world*. Oxford, UK: Oxford University Press.

Brown, A., Iwashita, N., & McNamara, T. (2005). *An examination of rater orientations and test-taker performance on English-for-academic-purposes speaking tasks*. TOEFL Monograph Series, MS-29. Princeton, NJ: Educational Testing Service.

Cho, Y., Rijmen, F., & Novák, J. (2013). Investigating the effects of prompt characteristics on the comparability of TOEFL iBT™ integrated writing tasks. *Language Testing, 30*(4), 513-534.

Cumming, A. (2013). Assessing integrated writing tasks for academic purposes: Promises and perils. *Language Assessment Quarterly, 10*(1), 1-8.

Cumming, A., Kantor, R., Baba, K., Erdosy, U., Eouanzoui, K., & James, M. (2005). Differences in written discourse in independent and integrated prototype tasks for next generation TOEFL. *Assessing Writing, 10*(1), 5-43.

Feak, C., & Dobson, B. (1996). Building on the impromptu: A source-based academic writing assessment. *College ESL, 6*(1), 73-84.

Frost, K., Elder, C., & Wigglesworth, G. (2012). Investigating the validity of an integrated listening-speaking task: A discourse-based analysis of test takers' oral performances. *Language Testing, 29*(3), 345-369.

Gebril, A., & Plakans, L. (2013). Toward a transparent construct of reading-to-write tasks: The interface between discourse features and proficiency. *Language Assessment Quarterly, 10*(1), 9-27.

Inoue, M. (2009). Health Science Communication Skills Test: The development of a rating scale. *Melbourne Papers in Language Testing, 14*(1), 55-91.

Iwashita, N., Brown, A., McNamara, T., & O'Hagan, S. (2008). Assessed levels of second language speaking proficiency: How distinct? *Applied Linguistics, 29*(1), 24-49.

Lewkowicz, J. A. (1997). The integrated testing of a second language. In C. Clapham & D. Corson (Eds.), *Encyclopedia of Language and Education, vol. 7: Language Testing and Assessment* (pp. 121-130). Dortrecht, The Netherlands: Kluwer.

Mislevy, R. J., Steinberg, L. S., & Almond, R. G. (2002). Design and analysis in task-based language assessment. *Language Testing, 19*(4), 477-496.

Ohkubo, N. (2009). Validating the integrated writing task of the TOEFL internet-based test (iBT): Linguistic analysis of test takers' use of input material. *Melbourne Papers in Language Testing, 14*(1), 1-31.

Plakans, L. (2008). Comparing composing processes in writing-only and reading-to-write test tasks. *Assessing Writing, 13*(2), 111-129.

Plakans, L. (2009). The role of reading strategies in integrated L2 writing tasks. *Journal of English for Academic Purposes, 8*(4), 252-266.

Plakans, L., & Gebril, A. (2012). A close investigation into source use in integrated second language writing tasks. *Assessing Writing, 17*(1), 18-34.

Sawaki, Y., Quinlan, T., & Lee, Y.-W. (2013). Understanding learner strengths and weaknesses: Assessing performance on an integrated writing task. *Language Assessment Quarterly, 10*(1), 73-95.

So, Y. (2013, July). *Impact of the complexity of stimulus materials on* TOEFL® Junior™ *comprehensive integrated task performance*. Paper presented at the 35th Language Testing

Research Colloquium (LTRC), Seoul, Korea.

von Davier, M. (2008). A general diagnostic model applied to language testing data. *British Journal of Mathematical and Statistical Psychology*, *61*(2), 287-307.

Yu, G. (2009). The shifting sands in the effects of source text summarizability on summary writing. *Assessing Writing*, *14*(2), 116-137.

Yu, G. (2010). Effects of presentation mode and computer familiarity on summarization of extended texts. *Language Assessment Quarterly*, 7(2), 119-136.

Yu, G. (2013a). The use of summarization tasks: Some lexical and conceptual analyses. *Language Assessment Quarterly*, *10*(1), 96-109.

Yu, G. (2013b). From integrative to integrated language assessment: Are we there yet? *Language Assessment Quarterly*, *10*(1), 110-114.

제25장

제2언어 듣기 평가에서 노트의 역할*

송민영 고려사이버대학교

1. 서론

학술적 내용의 강의를 들으면서 노트를 하는(note-taking) 행위는 분야에 상관없이 강의에 대한 집중도를 증진시키고 그 내용을 더 잘 기억하거나 추후에 복습하기 위한 책략으로 널리 사용된다. 이전 연구들에 따르면 미국 대학생 99%가 강의 중 그 내용을 노트하고(Palmatier & Bennett, 1974) 94%가 강의 내용을 완전히 이해하는 데 필수적인 책략으로 노트를 활용한다고 한다(Dunkel & Davy, 1989). 뿐만 아니라 대학 교수들도 학생들이 강의 내용을 노트하고 그 내용을 나중에 다시 복습하는 것이 성적에 중요한 역할을 하는 것으로 본다(Power, 1986)고 한다. 즉, 학생들과 교수자들 모두 강의를 듣고 주

* Song, Min-Young (2014). Roles of note-taking in second language listening assessment. In O. Kwon (Ed.), *New horizons in English education research* (pp. 623-647). Seoul: Seoul National University Press.

요 내용을 노트할 수 있는 능력을 학문적 성공의 주요 요소로 보고 있다.

이와 같이 학술적 맥락에서 노트하기는 중요한 학습책략의 하나인데 모국어로 전달되는 강의의 주요 내용을 노트하는 것도 어느 정도 훈련과 연습이 필요한 쉽지 않은 일이다. 따라서 강의 전달 언어가 학습자의 제2언어인 경우에는 그 어려움이 훨씬 클 것이라 예상할 수 있다. 하지만 1980년대 초반까지는 노트의 역할, 노트하기 훈련의 효과, 노트의 질을 판단할 수 있는 기준, 노트와 시험 수행과의 관계 등의 주제와 관련된 연구가 모국어 맥락에 국한되어 있었고 1980년대 후반 이후에야 비로소 제2언어 맥락에서 노트하기에 대한 연구들이 나타나기 시작했다(예: Chaudron, Loschky, & Cook, 1994; Dunkel, 1988a; Dunkel & Davy, 1989; Dunkel, Mishra, & Berliner, 1989). 특히, TOEFL이나 IELTS와 같은 공인된 학술적 듣기 시험(academic listening test)에서 축소된 강의(mini-lecture) 형식의 비교적 긴 입력 자료를 듣고 문제를 푸는 문항들이 포함되고 수험자들에게 노트를 허용하기 전까지는 시험 상황에서 제2언어 학습자들의 노트하기와 관련된 연구가 그리 활발하지 않았던 것이 사실이다.

이 글에서는 최근까지 이루어진 제2언어 학습자들의 노트하기에 관련된 연구들 중에서도 특히 시험 상황에서의 노트의 역할에 대한 연구들을 중심으로 그 주요 내용과 동향을 정리하고 향후 연구 과제를 탐색해 보기로 한다.

2. 이론적 배경

1) 제2언어 학술적 강의 이해

모국어가 아닌 제2언어로 진행되는 학술적 강의를 듣고 내용을 이해하기 위해서는 우선 강의 주제와 관련된 내용적 지식이 필요하다. 뿐만 아니라 언표내적(illocutionary) 또는 대인간(interpersonal) 의미 이해가 중요한 일상 회화체 언어를 이해하는 것과 달리 발화의 명제적 의미(propositional meaning)를 이해하는 것이 중요하고(Brown & Yule, 1983), 이는 내용 중 강의 주제와 관련된 명제적 지식과 그렇지 않은 내용을 구분해서 파악할 수 있는 능력(Richards, 1983)이 요구된다는 것을 의미한다. 이처럼 많은 학자들이 제2언어 강의를 이해하는 데 필요한 능력이 무엇인지에 대해 연구하였고 서로 일치하지 않는 결과를 보였지만 Powers(1986)가 제시한 아홉 가지 능력, 즉 주요 내용 파악하기, 주요 내용 간의 관계 파악하기, 강의 주제 파악하기, 노트를 통해 정보 저장하기, 노트 보고 정보 기억해내기, 정보 간의 관계 추론하기, 주요 어휘 이해하기, 강의의 구어적 형식 따라가기, 세부 내용과 예시 파악하기 등을 학술적 강의 이해의 구인들(constructs)로 볼 수 있을 것이다.

또한 학술적 강의에서는 교수자와 학습자들 간에 오가는 대화가 많지 않기 때문에 학습자들은 긴 호흡의 강의에 집중할 수 있는 능력과 계속 이어지는 내용을 이해할 수 있는 능력이 필요하다. 하지만 Flowerdew(1994)가 지적하였듯이 미국 대학의 강의들이 그 구조와 내용 전달 방식에 있어서 비격식적인 요소와 언어 사용이 늘고 있는 추세이고 이는 영어가 모국어가 아닌 학습자들이 강의 구조와 내용을 분명하게 이해하기 힘든 주요 원인이 되기도 한다.

강의의 언어적 특징에 대해 연구한 학자들 중 일부는 강의의 흐름과 구조를 보여 주는 언어적 장치를 명시적으로 사용하는 것이 제2언어 학습자들이 강의를 이해하는 데 도움이 된다(예: Chaudron & Richards, 1986; Hron et al., 1985)고 하지만 Dunkel과 Davis(1994)는 이런 언어적 장치의 사용이 제2언어 학습자들의 이해를 별로 증진시키지 못한다고 하였다. 또한 강의자의 발화 속도가 이해에 영향을 주기 때문에 제2언어 학습자들의 능숙도에 따라 의식적으로 발화 속도를 달리할 필요가 있지만 실제 강연자들은 발화 속도 조절을 효과적으로 하지 못하는 것으로 나타났다(Griffiths & Beretta, 1991).

이와 같이 제2언어 학습자들의 학술적 강의 듣기에 관련된 연구 결과는 제2언어 학술적 듣기 시험을 개발하는 데 중요한 정보를 제공한다. 제2언어 학술적 듣기 시험을 개발하는 주요 목적은 학습자들이 해당 언어를 사용하는 국가의 학교에서 학업을 수행할 능력이 되는지 가늠하기 위해서이다. 예를 들어 TOEFL이나 IELTS는 미국과 영국 문화권에 속하는 영어 사용 국가에서 학술적 과업을 수행할 수 있는 능력을 측정하기 위한 시험들이기 때문에 축소된 강의 형식의 문항이 전체 듣기 평가에서 차지하는 비중이 크다. 따라서 이들 시험의 듣기 입력 자료는 실제 강의의 구조나 언어적 특징을 가급적 많이 반영해야(Buck, 2001)할 뿐만 아니라, 실제 강의의 언어외적 특징도 반영하도록 그림이나 동영상과 함께 듣기 자료를 들려주는 것을 강조하는 추세이고 관련 연구도 활발히 진행되어 왔다(예: Ginther, 2002; Gruba, 1997; Ockey, 2005; Progosh, 1996). 특히, Gruba(1997)는 듣기 시험에 그림이나 동영상 자료가 포함되는 것은 시험의 구인에 대한 재정의가 필요하다는 점을 지적하였다. 즉, 음성 자료만 제공되는 듣기 시험이 측정하는 능력과 음성 자료와 시각적 자료가 함께 제공되는 듣기 시험이 측정하는 능력에는 차이가 있고 음성 자료만 듣는 활동보다는 시각적 정보와 함께 듣는 활동이 더 실제 언어 사용 환경과 가깝다는 것이다.

2) 노트의 역할

학자들은 강의를 들으면서 노트를 하는 데 있어 노트의 주요 기능을 크게 두 가지로 구분한다(예: Carrier & Titus, 1979; DiVesta & Gray, 1972; Rickards & Friedman, 1978). 그 한 가지는 노트를 하는 과정 자체가 강의 내용을 해석하고 이해하는 것을 돕는다는 인코딩(encoding) 과정으로서의 기능이고 다른 한 가지는 기억력의 보조 수단으로서 나중에 강의 내용을 다시 참조할 수 있도록 돕는 리뷰(review) 기능인데, 노트 후 이해도 측정을 통해 이 두 가지 기능이 어떻게 작용하는지에 관해 많은 연구가 있었다. 일반적으로 학자들은 이 두 가지 기능 중 리뷰 기능이 인코딩 기능보다 더 우세하다는 데 동의한다(Kiewra, 1985a, 1985b). Kiewra(1985b)는 자신이 검토한 실험 연구의 75%에서 자신의 노트 내용을 다시 볼 수 있는 조건의 참가자들이 그렇지 않은 조건의 참가자들보다 사후 이해도 테스트에서 더 잘했다고 보고한다. 즉, 이론상으로는 인코딩 과정으로서의 노트를 통해 학생들이 강의 내용을 해석하고 내용 간의 연상(association)과 유추를 더 쉽게 할 수 있다고 하지만(예: DiVest & Gray, 1972), 학생들이 노트를 하면서 개념을 통합시켜 이해하려는 시도를 적극적으로 하지 않는 한 인코딩 과정으로서의 노트 효과는 보장할 수 없다는 것이다(Kiewra, 1985a). 반면에 이와 같이 노트의 인코딩 과정으로서의 기능이 리뷰 기능보다 효과적이지 못하다는 실험 결과가 연구자들이 실험에서 사용한 시험 도구가 학습자들 내면의 인코딩 정도를 제대로 측정할 만큼 정교하지 못하기 때문이라는 비판도 있다(예: Chaudron et al., 1994).

한편, 노트의 리뷰 효과에 대한 연구들 중에는 노트의 형식(format)이나 사후 이해도 측정에 사용되는 과업의 종류(task type)에 따라 그 효과가 어떻게 다른가를 조사한 경우들이 있다. 예를 들어 Kiewra(1985c)는 강의를 하는 교수가 제공한 요약 노트를 검토한 경우가 학생 스스로의 노트를 다시 본 경우보다 사후 이해도 테스트에서 더 잘 한 것으로 보고하고 단순히 노트를 다시 검토하는 것으로 충분한 것이 아니라 노트의 완성도와 정확성이 관건이라는 결론을 내렸다. 한편, Annis(1981)나 Kiewra, DuBois, Christensen, Kim과 Lindberg(1989)는 전체 강의 내용의 구조(outlines)를 보여 주는 미완성 노트(partial notes)를 제공하는 것이 교수자의 완전한 노트나 학생 자신의 노트보다 더 효과적이라고 하였다. 비슷하게 Armbruster(2000)는 전체 강의 내용의 구조를 제공하면 이것이 전체 내용에 대한 조직도로서의 역할을 하여 학생들이 어떤 내용에 주의를 기울여 노트를 해야 하는지에 대한 지침이 된다고 하였고, Kiewra, Benton, Kim, Risch과 Christensen(1995)은 전체 강의 내용의 구조를 제공하는 경우 노트의 완성도와 개념들 간의 연결성이 향상된다고 하였다. 즉, 노트의 형식에 따라 노트의 질이 달라질 수 있다는 결론이다. 한편 다양한 이해도 측정 과업에 따른 노트의 효과를 조사한 연구들에 따르면 노트의 리뷰 효과는 주로 사실적이고 세부적인 이해를 요구하는 과업에만 국한되어 추론(inferencing), 적용(application), 또는 통합(synthesis)과 같은 상위 수준의 인지 과정을 수반하는 과업에 대해서는 반드시 의미있는 것은 아니라고 하였다(예: Kiewra, 1985a; Kiewra & Benton, 1985, 1987; Slotte & Lonka, 1999).

요약하면, 대체적으로 노트의 기능은 인코딩 기능보다 리뷰 기능이 더 우세하고 다양한 노트의 형식 중에서도 전체 강의 내용의 구성을 보여 주는 미완성 형식의 노트를 제공하는 것이 아무런 지침없이 학생들 스스로 노트를 하도록 하는 것보다 더 효과적인 것으로 보인다. 하지만 이제까지 논의한 노트의 역할에 대한 연구는 거의 대부분 모국어 강의 상황에서 이루어진 것이기 때문에 그 결과를 제2언어 강의 상황에 그대로 적용하기는 어렵다. 예를 들어 Cushing(1991)에 따르면 제2언어 학습자들의 경우에는 노트에 대한 지침으로 제공한 전체 강의 구조를 제공하였을 때 상위 학습자들은 이를 잘 활용하여 더 완성도 있는 노트를 하는 반면 하위 학습자들은 그렇지 못하고 오히려 제공된 구조의 빈칸을 잘못된 정보로 채우기도 한다. 즉, 모국어 상황에서는 노트에 대한 안내를 제공하면 학생들이 그것을 잘 활용하여 전반적으로 노트의 질을 향상시키지만 제2언어 상황에서는 학습자의 해당 언어 능숙도에 따라 그 효과가 다를 수 있다는 것이다.

3) 노트의 질을 판단하는 기준

모국어이든 제2언어이든 강의를 듣고 노트를 하는 것이 학업 또는 시험 수행에 어떤 효과를 갖는지에 대한 연구에서는 필수적으로 학습자의 노트의 질(quality of notes)에 대한 판단이 수반되어야 한다. 이제까지 많은 연구자들이 노트의 질을 어떤 기준(criteria)으로 판단할 것인가, 그리고 여러 기준들 중 특히 어떤 것들이 학습자의 시험 수행과 관련되어 있는지에 대해 연구하였다. 예를 들어, 노트에 적혀 있는 단어 수(number of words in notes)

(예: Fisher & Harris, 1973; Norton, 1981), 정보 단위의 수(number of information units) (예: Dunkel, 1988b), 총 단어 수에 대한 정보 단위 수의 비율로 정의되는 노트의 효율성(efficiency of notes) (예: Aiken, Thomas, & Shennum, 1975), 노트에 포함된 시험 문항 관련 정보 단위 수로 정의되는 시험 답변 가능성(test answerability) (예: Baker & Lombardi, 1985; Dunkel, 1988b; Tsai, 2004) 등이 대표적으로 많이 사용된 노트의 질 판단 근거들이다. 이 중 Fisher와 Harris(1973)나 Norton(1981)의 연구에 따르면, 노트에 적혀 있는 총 단어 수(total number of words in notes)가 장기 회상 과업(long-term recall task)과 긍정적인 상관관계가 있다고 한다. 하지만 Dunkel(1988a, 1988b)은 총 단어 수가 오히려 시험 점수와 부적(inverse) 상관관계가 있고 노트의 절대량보다는 내용을 압축해서 간결하게 적은 정도(terseness)와 시험 문제와 관련된 내용이 포함된 정도, 그리고 노트에 적힌 정보 단위(information unit)의 수와 긍정적인 관계가 있다고 하였다.

이와 비슷하게 많은 연구들이 노트에 포함되어 있는 시험 답변 가능성 척도가 시험 수행과 긍정적인 상관관계가 있다고 한다(예: Baker & Lombardi, 1985; Tsai, 2004). 단, 모국어 화자를 대상으로 한 Baker와 Lombardi(1985)의 연구에서는 노트에 시험 문항 관련 정보가 포함되어 있으면 학생들은 틀림없이 관련 문제를 맞히지만 문제를 맞힌다고 해서 꼭 관련 내용이 노트에 포함되어 있는 것은 아니라고 했다. 즉 시험 문항 관련 정보가 노트에 포함되어 있는 것은 관련 문제를 맞히는 데 충분조건이긴 하지만 필요조건은 아니라는 것이다. 하지만 영어를 제2언어로 배우는 학생들을 대상으로 한 Tsai(2004)와 Song(2007)은 하위 수준 학습자들에게서 그 반대로 문항을 맞힌 경우는 관련 내용이 노트에 포함되어 있지만 노트에 내용이 포함되어 있다고 해서 관련 문항을 꼭 맞히는 것은 아니다, 즉 노트에 관련 내용을 포함하는 것이 문항을 맞히는] 데 충분조건은 아니지만 필요조건이긴 하다고 하였다. 즉, 언어능력 수준에 따라서 노트의 질을 판단하는 기준과 시험 수행 사이의 관계가 다를 수 있다는 것이다.

강의 내용을 분석하여 정보를 수준별(hierarchical level)로 구분하고 노트에 포함되어 있는 각 수준 정보의 수로 노트의 질을 판단하기도 한다. Kiewra, Benton과 Lewis(1987)은 강의 내용을 수준 1에서 수준 4까지, 즉 수준 1의 주요 내용(main points)에서 시작하여 수준 2에서 4로 갈수록 좀 더 세부적이고 덜 중요한 내용으로 구분하여 학습자들의 노트의 질을 판단하였다. 그들의 연구에서 학습자들은 상위 수준의 정보, 즉 주요 내용은 거의 노트를 하지만 세부 내용으로 갈수록 노트를 덜하는 경향이 있었고 노트에 포함된 주요 내용의 수는 노트 후 바로 이어진 시험(short-term test)이나 기말시험(long-term course examination) 모두에서 학습자들의 시험 수행과 관련이 없는 것으로 나타났다. 하지만 노트에 포함된 수준 4 정보의 수는 단기 시험에서는 상관이 없고 장기 시험에서는 의미있는 상관이 있는 것으로 나타났다. 이에 대해 연구자들은 세부적인 내용을 포함한 노트의 효과가 당장 이어지는 시험에서보다는 장기적으로 더 효과적이라고 결론지었다. Clerehan(1995)의 연구에서는 강의의 내용상 위계 구조를 분석하여 노트에 포함되어 있는 정보를 수준 1(제목: headings), 수준 2(제목 관련 명제: propositions related to the headings), 수준 3(구체적인 예시)으로 구분하였는데, 모국어 학습자들에 비해 제2언어 학습자들은 수준 1 정보를 더 적게 노트하고 하위 수준으로 갈수록 강의 내용에서 중요한 부분을 놓치는 것으로 나타났다.

한편, 대체적으로 학자들은 효과적인 노트의 특징으로 분명한 구조(clear organization), 즉 주요 내용과 이를 뒷받침하는 내용 간의 관계가 분명하게 드러나는 것을 꼽는다(William & Eggert, 2002). 노트가 얼마나 잘 구조화되어 있는지를 판단할 수 있는 간단한 방법은 강의 내용에 익숙하지 않은 타인이 노트만을 보고 전체적인 구조 및 내용 간의 관계를 파악할 수 있는가를 보는 것이다.

이와 비슷하게 Song(2007, 2008, 2010, 2012)의 연구에서는 강의 내용의 위계 구조를 다섯 가지의 수준으로 구분하였다. 수준 1의 정보는 강의의 주

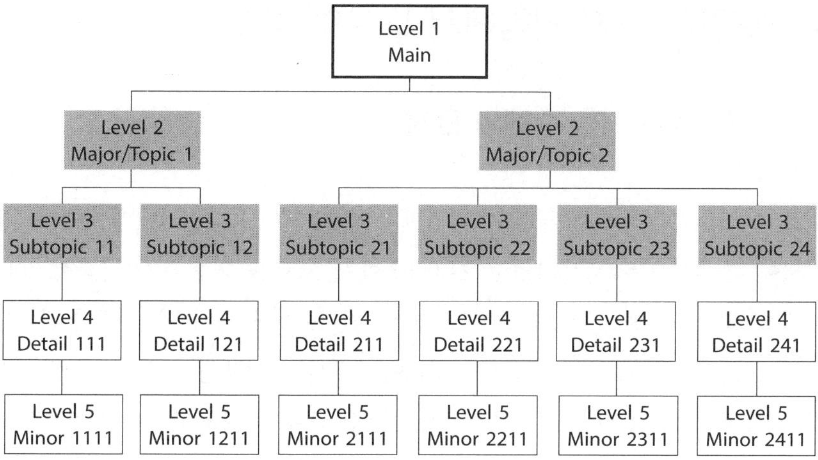

그림 1. 강의 내용의 위계 구조 (Song, 2008, p. 31 발췌)

제(main topic), 수준 2는 그 강의 주제를 위해 제시한 주요 주제(major topics), 수준 3은 그 주요 주제를 설명하기 위해 들여온 하위 주제(sub-topics), 수준 4는 각 하위 주제를 설명하는 주요 세부 정보(supporting details), 수준 5는 각 세부 정보를 위해 들여온 각종 세부 정보(minor details)를 말한다(그림 1 참조). 그리고 이 다섯 가지 수준 각각이 아니라 수준 1부터 수준 3까지의 정보 숫자를 합쳐 주제 관련 정보(topical ideas), 수준 4 정보의 숫자를 주요 세부 정보(major details), 그리고 수준 5의 정보를 기타 세부 정보(minor details)로 구분하여 노트 전체의 조직성(organization)과 함께 노트의 질 판단 기준으로 삼고 있다.

요약하면, 노트의 질을 판단하는 기준으로 무엇을 사용할 것인지에 대해 학자들마다 다른 근거에 의해 다른 척도를 사용하였지만 대체적으로 시험 답변 가능성, 노트의 구조, 내용 구조 분석에 따른 수준별 정보의 수 등이 많이 선택되어 왔고 강의 이해도 테스트 결과와 긍정적인 관계가 있는 것으로 보인다.

3. 제2언어 듣기 시험에서 노트의 역할

1) 노트와 듣기 시험 수행의 관계

제2언어 강의 상황에서 노트의 역할에 관련된 연구는 1980년대 후반이 되어서야 본격적으로 시작되었고 TOEFL에서 노트를 허용하기 시작한 2000년대 중반 이후 매우 활발해졌다고 할 수 있다. 가장 초기 연구 중의 하나인 Chaudron, Cook과 Loschky(1988)의 연구에서는 선택형 시험과 빈칸 채우기 시험에서 제2언어 수험자 자신이 노트한 내용을 참조할 수 있는 조건과 보지 못하는 조건을 비교하였다. 결과는 노트를 참조하는 것과 그렇지 않은 조건의 차이가 시험 결과에 영향을 미치지 않았다. 뿐만 아니라 실험에 사용된 세 개의 강의 중 한 개에서만 선택형 시험 점수와 긍정적인 관계가 있는 노트의 질 판단 척도로 기호(symbols), 약자(abbreviations), 총 단어 수(total words)가 확인되었고 나머지 두 개 강의에서는 아무런 척도가 확인되지 않았다.

Dunkel(1985)은 원어민과 영어 학습자들을 비교 연구하였는데 두 집단 모두에서 노트의 질과 시험 수행 간에 의미 있는 상관관계를 발견하지 못했다. 대신 노트의 질에 상관없이 단기기억력이 좋은 학생들이 그렇지 않은 학생들보다 내용 상기 과업(recall task)에서 더 좋은 결과를 얻었고 노트 유무에 상관없이 원어민들이 제2언어 학습자들보다 강의 내용을 훨씬 더 잘 파악하였다. Hale과 Courtney(1994)는 TOEFL에 포함되는 짧은 대화문을 듣고 답하는 듣기 시험 문항에 대해 노트의 효과를 조사하였는데 역시 노트를 하는 것과 시험 수행 간의 정적인 상관관계를 얻지 못했다. 하지만 연구자들 스스로가 설명하듯이 TOEFL의 짧은 대화문을 듣고 문제를 푸는 유형은 수험자의 기억에 가급적 부담을 주지 않도록 고안된 시험 유형으로 노트의 효과가 나타나지 않는 것은 어느 정도 예상 가능한 결과라 할 수 있다. 비슷하게 Chaudron, Loschky와 Cook(1994)의 연구에서는 ESL 수험자의 노트의 질과 두 가지 유형의 시험(선택형, 빈칸 채우기) 수행 간의 상관관계를 조사하였는데, 두 가지 시험 유형 모두에 대해 노트의 질과의 시험 수행 간의 상관관계를 발견하지 못했다. 특히 자신의 노트를 볼 수 있는 경우와 볼 수 없는 경우 시험 결과에 유의미한 차이를 얻지 못했다.

Dunkel(1988a, 1988b)과 Dunkel 등(1989)의 연구에서는 제2언어 학습자들의 강의 노트의 내용과 시험 수행의 관계를 조사하였는데, 시험에서 높은 점수를 받은 학습자들의 노트에는 그렇지 않은 학습자들의 노트보다 더 많은 정보가 통합되어 있고 더 많은 시험 문항 관련 정보가 기록되어 있었다. 하지만 총 단어 수는 오히려 시험 수행 결과와 부적인 상관관계가 있어서 결국 노트의 총 양보다는 노트의 효율성(terseness)이 더 의미 있는 지표가 된다고 하였다. 특히, 제2언어 학습자들의 노트에 포함된 총 단어 수(total words)는 강의의 전반적인 개념(general concepts) 이해도와 부적 상관관계가 있고 정보 단위의 수(number of information units)는 전반적인 개념 이해뿐만 아니라 세부 내용 이해도와도 긍정적인 상관관계가 있다고 하였다. 또한 하위 학습자들은 노트에 구조를 나타내는 단어들(structure words)을 많이 적기 때문에 상대적으로 정보 단위가 적게 포함되어 효율적이지 못한 노트를 한다고 하였다. 최근 Yang, Kim과 Cha(2010)의 연구에서는 62명의 한국 영어 학습자들의 노트와 듣기 시험 수행 간의 관계를 조사하였는데 노트가 허용된 집단과 허용되지 않은 집단 간에 통계적으로 의미 있는 듣기 시험 점수의 차이를 발견하지 못했다.

이제까지 살펴본 연구들은 노트의 유무 또는 노트의 질과 시험 수행 간에 유의미한 관계를 찾지 못한 경우인데, 이와는 달리 노트와 시험 수행 간에 긍정적인 관계를 얻은 연구들을 살펴보겠다. Carrell, Dunkel과 Mollen(2002, 2004)의 연구에서는 TOEFL 듣기 시험에 포함되는 형식의 다른 길이(2.5-5분)와 다른 주제(인문학 또는 자연과학)의 강의를 노트를 허용한 상태로 듣고 난 후 문제를 푸는 동안 자신의 노트를 볼 수 있도록 허용한 집단과 노트를 허용하지 않은 집단의 시험 수행을 비교하였다. 실험 결과는 노트의 유무와 강의의 길이, 그리고 강의 주제 요인들 사이에 복잡한 상호작용이 있긴 하지만 노트를 한 집단이 하지 않은 경우보다 더 나은 시험 점수를 얻었다.

Liu(2001)는 중국 영어 학습자들을 대상으로 세 가지 조건으로 집단을 나누고 노트 직후(immediate) 선택형 시험을 치르고 일정 시간이 지난 후(delayed) 다시 한 번 선택형 시험을 치른 후 결과를 분석하였다. 세 가지 조건은 각각 노트가 허용되지 않은 집단, 노트는 허용하되 문제를 푸는 동안 노트를 참조하지 못하도록 한 집단, 노트와 노트 참조가 모두 허용된 집단이었다. 결과는 노트를 참조할 수 있었던 집단이 세부 내용을 묻는 문항들에서 노트 직후 치러진 시험과 나중에 치러진 시험 모두에서 다른 두 집단보다 더 좋은 결과를 얻었다. 하지만 전반적인 내용을 묻는 문항들에서는 두 시험 모두에서 집단 간 차이가 나타나지 않았다.

Liu는 같은 연구에서 중국 영어 학습자들의 노트에서 발견된 세 가지 특질, 즉 노트에 포함된 내용어(content words)의 수, 완전한 철자로 기록된(fully-spelled) 단어의 수, 그리고 노트에 사용된 기호(notation)의 수와 시험 수행 간의 관계를 분석하였다. 결과는 노트에 포함된 내용어의 수와 세부 사항 문항 수행 간에는 정적인 상관관계가 있지만 반대로 완전한 철자로 기록된 단어의 수와 세부 사항 문항 수행 간에는 부적 상관관계가 있음을 보여 준다. 이에 대해 Liu는 제2언어 학습자들은 내용어를 중심으로 노트를 하고 철자를 완전하게 쓰느라 중요한 내용을 놓칠 수 있기 때문에 자신만의 속기 책략을 개발하도록 지도해야 한다는 결론을 내리고 있다. Faraco, Barbier와 Piolat(2002)도 프랑스 원어민과 제2언어 학습자들의 노트를 인지적 부담과 작업기억(working memory)이라는 관점에서 비교하였는데, 프랑스 원어민과 제2언어 학습자 모두 노트에서 사용한 약자나 기호의 수와 이해도 시험 점수 간에 정적 상관관계가 있는 반면 강의 내용을 자신의 언어로 재구성(reformulation)한 것과 시험 점수 간에는 부적 상관관계가 나타났다. 이에 대해 연구자들은 강의를 들으면서 노트를 할 때 내용을 재구성하거나 표현을 바꿔서 쓰는 것(paraphrase)은 강의의 내용을 놓치는 원인이 되기 때문에 시험 수행에 부정적인 영향을 미치는 것으로 해석한다. 결국, 노트를 하는 데 소위 공을 들이는 것은 내용 이해에 방해가 되므로 노트는 간단하게 빨리 하는 것이 중요하다는 것이다.

Song(2007, 2008, 2012)의 연구에서는 노트 유무와 듣기 시험 수행 사이의 관계를 본 것이 아니라 두 가지 다른 노트의 조건, 즉 노트를 빈 종이(blank paper)에 하는 경우와 강의의 구조를 보여 주는 노트지(outlined paper)에 하는 경우 시험 수행에 다른 영향을 미치는지를 연구하였다. Song(2007, 2008)의 연구에서는 강의 구조를 포함한 노트지에 노트를 한 집단이 그냥 빈 종이에 노트를 한 집단보다 강의 내용의 주제 관련 정보(수준 1-수준 3 정보)와 기타 세부내용(수준 5 정보)을 더 많이 적었고 사후 듣기 시험 문항 중 세부 내용을 묻는 문항에서 더 높은 점수를 받았다. 또한 Song(2008, 2012)의 연구에서는 구조방정식모형을 이용한 분석을 통해 노트의 질을 판단하는 기준들 중에서도 특히 노트에 적힌 주제 정보의 수(number of topical ideas)와 노트의 구조(organization of notes)가 제2언어 학습자들의 듣기 능력에 대한 좋은 척도가 될 수 있고 오히려 듣기 능력을 측정하기 위해 개발된 시험 문항들보다 더 정확한 척도 역할을 할 수 있기 때문에 노트하기를 제2언어 듣기 시험 과업 유형으로 포함시키는 것을 제안하였다.

이제까지 살펴본 연구 결과들을 종합하면, 제2언어 수험자를 대상으로 하는 많은 연구들에서 노트를 하는 것과 시험 수행 간에 일관성 있는 결과를 얻지 못하였다. 즉, 일부 연구들은 노트의 유무 또는 노트의 질과 시험 수행 간에 의미 있는 관계를 찾지 못하였지만 또 다른 연구들에서는 둘 사이에 긍정적인 관계가 있는 결과를 얻었다.

2) 제2언어 시험 상황에서 학습자 노트의 특징

제2언어 시험 상황에서 학습자들이 듣기 입력 자료를 들으면서 노트를 할 때 어떤 조건이 주어지느냐에 따라, 그리고 학습자의 영어 능숙도에 따라 다른 특징을 가진 노트가 나올 수 있다. Faraco 등(2002)의 연구에서 상위 수준의 제2언어 학습자들은 하위 수준 학습자들뿐만 아니라 오히려 프랑스어 원어민 대학생들보다 더 많은 내용어를 노트한 것으로 나타났다. Cushing(1991, 1993)은 미국의 한 대학에서 외국인 학생들에게 제공하는 영어 프로그램 배치 고사(placement test)인 English As a Second Language Placement Examination(이후 ESLPE)의 듣기 시험에서 수험자들에게 강의의 구조(skeletal outlines)를 포함한 노트지(note-taking sheet)를 제공했을 때 학습자들의 영어 능숙도와 학생 신분에 따라 노트지에 제공된 정보를 어떻게 다르게 활용하는지를 연구하였다. 그 주요 결과를 요약하면 다음과 같다: 1) 상위 수준 수험자들이 하위 수준 수험자들보다 더 완전한(complete) 노트를 한다. 2) 상위 수준 수험자들이 제공된 강의 구조를 더 잘 이용한다. 3) 하위 수준 수험자들은 제공된 강의 구조의 빈칸에 잘못된 정보를 적기도 한다. 4) 하위 수준 수험자들은 상위 수준 수험자들에 비해 관련성 있는 내용과 그렇지 않은 내용을 잘 구분하지 못한다. 5) 대학원생들이 학부나 수료 과정(noncredit program) 학생들보다 제공된 강의 구조를 더 잘 이용한다. 6) 효과적인 노트는 최소한의 단어로 최대한 많은 양의 정보를 담는 것이다.

하위 수준 수험자들이 제공된 강의 구조를 제대로 이용하지 못하고 잘못된 정보를 적기도 하는 것은 Cushing과 같이 ESLPE를 활용하여 실험을 한 Tsai(2004)와 Song(2008, 2010)의 연구에서도 확인된 결과다. 즉, ESLPE를 개발하고 시행을 책임지는 관련자들은 긴 강의를 듣고 이해하는 데 어려움이 있는 외국인 수험자들의 시험 수행에 도움이 되려는 목적으로 강의 구조를 포함한 노트지를 제공하고 그 위에 가급적 노트를 많이 하도록 권장하지만 이는 상위 수준 수험자들에게는 원래 의도한 바대로 강의의 내용을 파악하고 노트하는 데 도움이 될 수 있고 결과적으로 더 완성도 있는 노트를 하도록 유도하지만 하위 수준 수험자들에게는 제공된 구조가 오히려 방해 요소가 될 수 있다는 것이다(Song, 2008, 2010). 만약 제공된 강의 구조를 따라서 강의 내용을 이해할 수 있다면 구조를 미리 알고 있는 것이 도움이 되지만 강의 내용을 제대로 따라가면서 이해하지 못하는 수준의 수험자들에게는 오히려 혼돈을 가져오는 요인이 될 수 있고 주어진 구조의 빈칸을 뭔가 알맞은 내용으로 채워야 한다는 강박관념이 생기기도 하여 심리적으로 부담이 될 수 있다(Song, 2008). 이처럼 학습자의 제2언어 능숙도뿐만 아니라 학습자 개인의 노트 스타일에 따라서도 세부적인 내용을 많이 적는 스타일인 경우 강의의 구조를 제공하는 것이 자유로운 노트를 방해하여 내용 이해도까지 떨어뜨릴 수 있는 부정적인 역할을 할 수 있는 것으로 보인다(Song, 2010). 이와 관련하여 Song은 해당 시험 관계자들이 수험자들에게 노트지로 빈 종이(blank sheet)를 제공하는 것과 강의 구조를 담은 노트지(outlined sheet)를 제공하는 것 중 하나로 결정해야 한다면 하위 수준의 학습자들에게 불리한 상황이 생기지 않도록 매우 신중한 접근이 필요하다고 하였다.

Song(2007, 2008)의 연구에서는 상위 수준 영어 학습자들과 하위 수준 영어 학습자들이 두 가지 다른 유형의 노트지에 적은 노트의 내용을 비교하였는데, 상위 수준 학습자들은 강의의 구조를 제공한 경우에 이를 잘 활용하여 빈 종이에서 보다 모든 수준의 정보를 더 많이 적는데 반해 하위 수준 학습자들은 백지의 조건에서 더 많은 세부 정보를 적는 경향이 있다고 하였다. 또한 상위 수준 학습자들은 노트에 적은 내용이 시험 문제와 관련이 있을 경우 그 문항을 맞힐 수 있지만 하위 수준 학습자들은 노트에 적은 내용이 시험에 나왔더라도 그 문항을 반드시 맞히는 것은 아니었다. 이는 하위 수준 학습자들은 자신이 노트한 내용 간의 관계를 제대로 파악하지 못한 채로 그냥 낱개의 정보로 적을 수도 있기 때문에 하위 수준 학습자들의 경우에는 노트의 질이 강의 이해도와 그리 상관이 없을 수 있다는 것을 시사한다.

3) 노트 책략 훈련이 시험 수행에 미치는 영향

노트를 하는 것이 강의에 대한 집중력을 향상시킬 수 있기 때문에 많은 연구자들이 노트를 하도록 학습자를 훈련시키는 것이 효과가 있는가에 대해 연구를 해 왔고 최근까지도 노트 관련 연구의 다수가 노트 책략 훈련(note-taking strategy training)의 효과에 관한 것이다.

Carrell(2007)의 연구에서는 TOEFL을 이용하여 노트 책략을 지도하기 전과 지도한 후의 노트 특징, 세 가지 유형의 시험 과업에 대한 점수 변화, 그리고 노트에 관한 학습자들의 태도 변화를 비교하였다. 결과는 노트 하기 책략을 지도받은 후에도 수험자들은 배운 노트 책략을 거의 사용하지 않았고 시험 점수에서도 변화가 없었다. 즉, 노트 책략을 배우기 전에 자신이 사용하였던 노트의 책략이나 시험 수행 수준이 노트 책략에 관한 지도 후에도 그대로 유지되는 결과를 보였다. 한편으로 노트의 질과 시험 수행 간에는 어느 정도의 연관성이 있었는데 노트에 포함된 내용어의 수와 시험 문제 답의 수가 세 가지 시험 과업 모두에서 정적 상관관계를 보였다. Carrell은 강의를 들으면서 효율적인 노트 책략을 사용하는 것이 제2언어 학습자들에게는 추가적인 인지적 부담이 될 수 있음을 언급하였다.

최근 Aminifard와 Aminifard(2012)는 하위 수준(high-beginner)의 이란 영어 학습자들을 대상으로 노트 책략을 지도하고 시험 중 노트를 허용한 집단과 시험 중 노트를 허용하지 않은 집단을 구분하여 대화와 짧은 강의로 구성된 듣기 평가 결과를 비교하였다. 이들이 사용한 노트 방식은 문장 방식(the Sentence Method)으로 긴 문장을 끊어서 듣고 이해하고 가급적 기호나 약어를 많이 사용하도록 권장하였다. 결과는 노트 책략을 지도하고 시험 중 노트를 허용한 집단과 허용하지 않은 두 집단 간에 듣기 평가 점수에서 의미 있는 차이가 나타나지 않았다. 또한 설문지를 통해 시험 중 노트를 하는 것에 관한 학습자들의 태도를 조사한 결과 75% 이상이 노트보다는 자신의 기억에 의존해서 문제를 푼다고 답했고 58% 이상이 듣기 입력 자료를 들으면서 노트를 하는 것이 불편하고 부담스럽다고 답하였다. 따라서 연구자들은 문장 방식이 그리 효과적인 노트 책략이 아니라고 결론짓고 있다.

또 다른 최근 연구인 Kim(2012)에서는 우리나라 대학생들에게 노트 책략을 지도하고 그것이 영어 듣기 시험의 수행에 미치는 영향을 파악하고자 하였다. 학습자들을 세 개의 집단으로 나누어 노트 책략에 관한 훈련을 받았고 시험 중 노트가 허용된 경우, 노트 책략에 관한 훈련은 받지 않았지만 시험 중 노트가 허용된 경우, 그리고 노트 책략에 관한 훈련도 없고 시험 중 노트가 허용되지 않은 경우로 배정하였다. 노트 책략 훈련은 2개월에 걸쳐 총 60분 분량의 지도를 제공하였다. 실험 결과는 노트 책략 훈련이 학생들이 작성한 노트의 질과 양에 영향을 미쳤고 대부분의 학생들이 노트하기와 그 훈련의 필요성에 대해 인식하는 것으로 드러났다. 하지만 노트 책략 훈련을 받은 집단이 그렇지 않은 집단에 비해 듣기 시험에서 더 나은 수행을 보이지는 못했다. 즉, 노트 책략 훈련이 학습자들의 태도에는 긍정적인 영향을 주었지만 시험 수행에는 효과가 없었다.

Hayati와 Jalilifar(2009)는 영어를 외국어로 배우는 학습자들을 세 개의 집단으로 나눈 후 TOEFL 듣기 모의 시험을 치르고 그 결과를 비교하였다. 세 개의 집단은 노트 책략에 대한 사전 지도 없이 시험에서 노트를 허용하는 경우, 코넬 방식(Cornell Method)[1]의 노트 책략을 지도하고 시험에서 노트를 허용한 경우, 그리고 노트를 허용하지 않은 경우다. 결과는 코넬 노트 방식에 대한 사전 지도를 받은 집단의 듣기 시험 점수가 노트 책략 지도를 받지 않고 자신의 방식대로 노트를 한 집단보다 높은 점수를 얻었다.

코넬 방식을 지도하고 그 효과를 검증한 또 다른 연구인 Tsai와 Wu(2010)의 연구에서는 타이완의 영어 학습자들을 네 개의 집단으로 나눠 두 개 유형의 듣기 시험 과업에 대한 수행을 비교하였다. 네 개의 집단은 1) 노트 책략을 지도받고 시험 중 영어로 노트를 하는 경우, 2) 노트 책략을 지도받고 시험 중 모국어로 노트를 하는 경우, 3) 노트 책략을 지도받지 않고

1 코넬 방식(Cornell Method)은 1950년대 코넬 대학교 교수인 Walter Pauk가 고안하였는데, 노트지를 두 개의 칸으로 나누고 왼쪽에는 질문이나 키워드를 적고 그 오른쪽 칸에는 이와 관련된 주요 내용을 짧은 문장, 단어, 약어, 기호 등을 사용하여 적는 방식이다.

시험 중 영어로 노트를 하는 경우, 4) 노트 책략을 지도받지 않고 모국어로 노트를 하는 경우이다. 결과는 노트 언어의 종류에 관계 없이 노트 책략을 지도받은 집단들이 지도를 받지 않은 집단들보다 두 가지 듣기 시험 과업 모두에서 더 높은 점수를 받았고, 노트 책략을 지도받고 영어로 노트를 한 집단이 다른 세 개 집단보다 더 높은 점수를 받았다. 결론적으로 노트 책략에 대한 명시적이고 자세한 지도가 사후 이해도 측정 시험에 긍정적인 영향을 가져오며 모국어로 노트를 하는 것보다 목표어로 노트를 하는 것이 내용 이해에 더 효과적이라는 것이다.

노트 책략을 지도하는 것이 과연 효과가 있는지에 관한 연구들 역시 노트 자체의 효과에 관한 연구들과 마찬가지로 일관성 있는 결과를 내지 못하였다. 그것은 아마도 대상으로 한 학습자 집단의 목표어 능숙도나 사용된 듣기 과업의 유형, 사용된 노트 책략 방식, 그리고 노트 책략 지도의 분량 및 효율성 등이 서로 다르기 때문인 것으로 볼 수 있다.

4. 요약 및 향후 전망

1) 요약

이 글에서는 제2언어 시험 맥락에서 노트의 역할과 노트의 특징, 그리고 노트 책략 훈련의 효과를 다룬 연구 결과를 정리하였는데, 그 내용을 요약하면 다음과 같다. 첫째, 제2언어 수험자들을 대상으로 한 많은 연구들에서 시험 중 노트를 허용하는 것과 허용하지 않는 경우로 집단을 나누어 집단 간 듣기 시험 수행을 비교하였지만 일관성 있는 결과를 얻지 못했다. 일부 연구들은 노트의 유무 또는 노트의 질과 시험 수행 간에 의미 있는 관계를 얻지 못한 반면, 다른 연구들에서는 둘 사이에 정적인 관계가 있는 결과를 얻었다. 그럼에도 불구하고 제2언어 학습자들의 노트의 질을 판단하는 기준 중 노트에 포함된 내용어의 수, 노트에 포함된 시험 문제 답의 수, 노트에 포함된 각 수준의 정보의 수, 노트의 구성 등은 노트의 질을 판단하는 기준으로서 듣기 시험 수행과 정적인 상관관계가 있는 것들로 볼 수 있다.

둘째, 제2언어 시험 상황에서 학습자의 목표언어 수준에 따라 노트의 특성을 분석한 연구들을 보면 상위 수준 학습자들은 오히려 모국어 학습자들보다 더 노트를 많이 하고 노트를 돕기 위해 주어지는 강의 구조에 대한 정보를 효율적으로 활용함으로써 더 완벽한 노트를 할 수 있다. 반면에 하위 수준 학습자들은 강의 구조에 대한 정보를 제대로 활용하지 못하고 오히려 학습자들이 강의를 들으면서 노트를 하는 데 방해 요소가 될 수도 있다. 결과적으로 제2언어 능숙도에 따라 강의를 들으면서 노트를 하는 것이 매우 부담스러운 또 하나의 인지적 과업이 될 수 있기 때문에 노트를 하도록 강요할 수는 없을 듯하다.

마지막으로 제2언어 시험 상황에서 노트의 효과를 높이기 위해 노트 책략을 훈련시키는 것에 관한 연구들 역시 결과가 일관되지 못하다. 노트 책략을 훈련시키는 것이 사후 듣기 시험에 긍정적인 영향을 주지 못한다는 연구들도 있고 반대로 노트 책략을 지도하는 것이 시험 수행에 긍정적인 영향을 미친다는 연구들도 있다.

이처럼 연구 결과가 일관되지 않은 이유는 노트와 시험 수행에 영향을 주는 여러 요인들에 대해 각 연구들이 다른 조건 상황에서 진행되었기 때문일 수 있다. 노트의 기억력 보조 장치로서 리뷰 기능이 인코딩 기능보다 더 중요하다면 노트 후 이해도를 측정하는 시험이 바로 주어지는 실험 상황에서는 노트의 기억력 보조 기능의 효과가 제대로 나타나지 않을 수 있다. 또한 노트의 질을 판단하는 여러 가지 기준들 중 어느 것을 실험에 사용했는가에 따라서도 그 결과가 일치하지 않을 수 있다. 뿐만 아니라 이해도 측정 과업으로 주어진 시험 유형이 주로 선택형, 빈칸 채우기, 내용 상기 과업인데 과업의 유형에 따라서도 노트의 리뷰 기능의 효과가 달라질 수 있을 것이다. 즉, 노트와 시험 수행 간의 관계를 연구하는 데 작용할 수 있는 변수들이 이처럼 다양한 데 이전 연구들이 그 면에서 서로 다른 조건들을 사용하고 있기 때문에 서로 일치하는 결과를 얻기 힘든 것이 사실이다. 노트 책략 훈련의 효과에 대한 연구 결과가 다른 것도 각 연구들이 대상으로 하고 있는 학습자들의 목표 언어 능숙도가 다르고 노트 책략 훈련 기간과 방법이 다르고 사용된 노트 책략의 종류가 상이하다는 것이 하나의 이유가 될 수 있을 것이다.

2) 향후 전망

제2언어 듣기 시험 상황에서 노트의 질과 시험 수행의 관계를 보다 정확하게 연구하기 위해서는 시험 과업 유형과 노트의 질을 판단하는 기준을 통일시킬 필요가 있다. 따라서 가장 일반적으로 쓰이는 듣기 시험 과업들(예: 선택형, 통합형 에세이, 단답형)을 중심으로 하고, 노트의 질은 이제까지의 연구들을 통해 어느 정도 인정되는 기준들, 즉 노트에 포함된 내용어의 수, 노트의 구성, 노트에 포함된 시험 문제 관련 정보의 수 등을 사용하여 그 수준을 판단한 후 노트의 질과 시험 수행의 관계를 조사하는 것이 바람직하다. 또한 제2언어 학습자의 목표언어 수준이 관건이 될 수 있으므로 이 또한 TOEFL과 같이 공인된 시험 점수를 기준으로 능숙도에 따른 집단을 구분하여 실험을 하는 것이 필요하다. 이는 노트의 질과 시험 수행 간의 관계에 대한 연구뿐만 아니라 노트 책략 지도에 관한 연구에서도 마찬가지로 실험이 일어나는 조건에 대한 표준화가 필요하기 때문이다.

둘째, 노트의 질이 제2언어 학습자의 목표 언어 능숙도와 매우 밀접한 관계가 있을 것으로 예상되고 실제 Song(2012)의 연구에 따르면 오히려 듣기 시험 문제보다 노트의 질 판단 기준들이 영어 능숙도에 대한 더 정확한 척도로서의 역할을 할 수 있다고 한다. 따라서 노트하기를 제2언어 듣기 시험에 포함될 수 있는 과업 유형으로 발전시킬 수 있는 방안과 그 효과에 대한 연구가 필요하다. 실제 미국의 UCLA에서 외국인 학생들을 대상으로 시행하는 배치 시험에서는 미완성 강의 구조(incomplete outlines)를 듣기 시험의

한 과업으로 발전시키기 위해 여러 차례 파일럿 시험을 진행하기도 하였다. 이와 비슷하게 노트하기를 기본으로 하되 좀 더 단순화된 형태의 듣기 평가 과업을 개발하기 위해서는 좀 더 체계적인 사전 연구가 필요할 것이다.

마지막으로 노트 책략을 훈련하는 것이 사후 시험 수행에서 그 효과를 내기 위해서는 어떤 방식으로 얼마만큼의 시간을 투자하여 어떤 조건에서 훈련을 제공해야 하는지, 목표 언어 능숙도가 다른 집단에 대해 어떤 다른 방식의 훈련이 필요한지 등의 주제에 관하여 더 많은 후속 연구들이 필요하다.

참고문헌

Aiken, E. G., Thomas, G. S., & Shennum, W. A. (1975). Memory for a lecture: Effects of notes, lecture rate, and informational density. *Journal of Educational Psychology*, *67*(3), 439-444.

Aminifard, Y., & Aminifard, A. (2012). Note-taking and listening comprehension of conversations and mini-lectures: Any benefit? *Canadian Social Science*, *8*(4), 47-51.

Annis, L. F. (1981). Effect of preference for assigned lecture notes on student achievement. *The Journal of Educational Research*, *74*(3), 179-182.

Armbruster, B. B. (2000). Taking notes from lectures. In R. R. Flippo & D. C. Caverly (Eds.) *Handbook of college reading and strategy research* (pp. 175-199). Mahwah, NJ: Erlbaum.

Baker, L., & Lombardi, B. R. (1985). Students' lecture notes and their relation to test performance. *Teaching of Psychology*, *12*(1), 28-32.

Brown, G., & Yule, G. (1983). *Discourse analysis*. New York: Cambridge University Press.

Buck, G. (2001). *Assessing listening*. Cambridge, UK: Cambridge University Press.

Carrell, P. L. (2007). *Notetaking strategies and their relationship to performance on listening comprehension and communicative assessment tasks* (TOEFL Monograph Series No. MS-35). Princeton, NJ: ETS.

Carrell, P. L., Dunkel, P. A., & Mollaun, P. (2002). *The effects of notetaking, lecture length and topic on the listening component of The TOEFL 2000* (TOEFL Monograph Series No. MS-23). Princeton, NJ: ETS.

Carrell, P. L., Dunkel, P. A., & Mollaun, P. (2004). The effects of notetaking, lecture length and topic on a computer-based test of ESL listening comprehension. *Applied Language Learning, 14*(1), 83-105.

Carrier, C. A., & Titus, A. (1981). Effects of notetaking pretraining and test mode expectations on learning from lectures. *American Educational Research Journal, 18*(4), 385-397.

Chaudron, C., Cook, J., & Loschky, L. (1988). *Quality of lecture notes and second language listening Ccomprehension* (Tech. Rep. No. 7). Honolulu, HI: University of Hawaii at Manoa, Center for Second Language Classroom Research.

Chaudron, C., Loschky, L., & Cook, J. (1994). Second language listening comprehension and lecture notetaking. In J. Flowerdew (Ed.), *Academic listening: Research perspectives* (pp.75-92). New York: Cambridge University Press.

Chaudron, C., & Richards, J. C. (1986). The effect of discourse markers on the comprehension of lectures. *Applied Linguistics, 7*(2), 113-127.

Clerehan, R. (1995). Taking it down: Notetaking practices of L1 and L2 students. *English for Specific Purposes, 14*(2), 137-155.

Cushing, S. T. (1991). *A qualitative approach to the study of notetaking in UCLA's English as a second language placement examination*. Unpublished manuscript, University of California, Los Angeles.

Cushing, S. T. (1993). *L2 proficiency, academic status, and lecture note content*. Paper presented at TESOL, Atlanta, GA.

DiVesta, F. J., & Gray, G. S. (1973). Listening and notetaking: II. Immediate and delayed recall as functions of variations in thematic continuity, note-taking, and length of listening-review intervals. *Journal of Educational Psychology, 64*(3), 278-287.

Dunkel, P. (1985). *The immediate recall of English lecture information by native and non-native speakers of English as a function of notetaking*. Unpublished doctoral dissertation, University of Arizona, Tucson.

Dunkel, P. (1988a). Academic listening and lecture notetaking for L1/L2 students: The need to investigate the utility of the axioms of good notetaking. *TESL Canada Journal/Revue TESL du Canada, 6*(1), 11-26.

Dunkel, P. (1988b). The content of L1 and L2 students' lecture notes and its relation to test performance. *TESOL Quarterly, 22*(2), 259-281.

Dunkel, P., & Davis, J. N. (1994). The effects of rhetorical signaling cues on the recall of

English lecture information by speakers of English as a native or second language. In J. Flowerdew (Ed.), *Academic listening: Research perspectives* (pp. 55-74). Cambridge, UK: Cambridge University Press.

Dunkel, P., & Davy, S. (1989). The heuristics of lecture notetaking: Perceptions of American & international students regarding the value & practice of notetaking. *English for Specific Purposes*, *8*(1), 33-50.

Dunkel, P., Mishra, S., & Berliner, D. (1989). Effects of notetaking, memory, and language proficiency on lecture learning for native and nonnative speakers of English. *TESOL Quarterly*, *23*(3), 543-549.

Faraco, M., Barbier, M.-L., & Piolat, A. (2002). A comparison between notetaking in L1 and L2 by undergraduate students. In S. Ransdell & M. Barbier (Eds.), *Studies in writing, volume 11: New directions for research in L2 writing* (pp. 145-167). Amsterdam: Kluwer.

Fisher, J. L., & Harris, M. B. (1973). Effects of notetaking and review on recall. *Journal of Educational Psychology*, *65*(3), 321-325.

Flowerdew, J. (1994). Research of relevance to L2 lecture comprehension: An overview. In J. Flowerdew (Ed.), *Academic listening: Research perspectives* (pp. 7-29). Cambridge, UK: Cambridge University Press.

Ginther, A. (2002). Context and content visuals and performance on listening comprehension stimuli. *Language Testing*, *19*(2), 133-167.

Griffiths, R., & Beretta, A. (1991). A controlled study of temporal variables in NS-NNS lectures. *RELC Journal*, *22*(1), 1-19.

Gruba, P. (1997). The role of video media in listening assessment. *System*, 25(3), 335-345.

Hale, G., & Courtney, R. (1994). The effect of notetaking on listening comprehension in the TOEFL. *Language Testing*, *11*(1), 29-47.

Hayati, A. M., & Jalilifar, A. (2009). The impact of note-taking strategies on listening comprehension of EFL learners. *English Language Teaching*, *2*(1), 101-111.

Hron, A. J., Kurbjuhn, I., Mandl, H., & Schnotz, W. L. (1985). Structural inferences in reading and listening. In G. Rickheit & H. Strohner (Eds.), *Inferences in text processing* (pp. 221-245). Amsterdam: North-Holland.

Kiewra, K. A. (1985a). Examination of the encoding and external storage functions of notetaking for factual and higher-order performance. *College Student Journal*, *19*, 394-397.

Kiewra, K. A. (1985b). Investigating notetaking and review: A depth of processing alternative. *Educational Psychologist*, *20*(1), 23-32.

Kiewra, K. A. (1985c). Learning from a lecture: An investigation of notetaking, Review and attendance at a lecture. *Human Learning, 4*, 73-77.

Kiewra, K. A., & Benton, S. L. (1985). The effects of higher-order review questions with feedback on achievement among learners who take notes or receive instructor's notes. *Human Learning, 4*, 225-231.

Kiewra, K. A., & Benton, S. L. (1987). Effects of notetaking, the instructor's notes, and higher-order practice questions on factual and higher-order learning. *Journal of Instructional Psychology, 14*(4), 186-194.

Kiewra, K. A., Benton, S. L., & Lewis, L. B. (1987). Qualitative aspects of notetaking and their relationship with information-processing ability and academic achievement. *Journal of Instructional Psychology, 14*(3), 110-117.

Kiewra, K. A., Benton, S. L., Kim, S., Risch, N., & Christensen, M. (1995). Effects of notetaking format and study technique on recall and relational performance. *Contemporary Educational Psychology, 20*(2), 172-187.

Kiewra, K. A., DuBois, N. F., Christensen, M., Kim, S., & Lindberg, N. (1989). A more equitable account of the notetaking functions in learning from lecture and from text. *Instructional Sciences, 18*(3), 217-232.

Kim, J. H. (2012). *Effects of note-taking strategy training on Korean college students' perceptions and performance on academic English listening tests*. Unpublished doctorial dissertation, Seoul National University, Seoul.

Liu, Y. (2001). *A cognitive study on the functions of notetakking and the content of notes taken in a context of chinese EFL learners*. Unpublished M.A. thesis, Guangdong University of Foreign Studies, People's Republic of China.

Norton, L. S. (1981). The effects of notetaking and subsequent use on long-term recall. *Programmed Learning & Educational Technology* (Journal of AETT), *18*(1), 16-22.

Ockey, G. (2005). *Construct implications of including still image or video stimuli in web-based listening tests*. Unpublished Ph.D. qualifying paper, University of California, Los Angeles.

Palmatier, R. A., & Bennett, J. M. (1974). Notetaking habits of college students. *Journal of Reading, 18*(3), 215-218.

Powers, D. E. (1986). Academic demands related to listening skills. *Language Testing, 3*(1), 1-38.

Progosh, D. (1996). Using video for listening assessment: Opinions of test-takers. *TESL Canada Journal, 14*(1), 34-43.

Richards, J. C. (1983). Listening comprehension: approach, design, Procedure. *TESOL Quarterly, 17*(2), 219-39.

Rickards, J. P., & Friedman, F. (1978). The encoding versus the external storage hypothesis in notetaking. *Contemporary Educational Psychology*, *3*(2), 136-143.

Slotte, V., & Lonka, K. (1999). Review and process effects of spontaneous notetaking on text comprehension. *Contemporary Educational Psychology*, *24*(1), 1-20.

Song, M. (2007). The effect of the notetaking format on L2 test takers'note quality and listening performance. *English Language Teaching*, *19*(4), 75-103.

Song, M. (2008). *The effect of the notetaking format on the quality of second language test takers' notes and their performance on an academic listening test*. Unpublished doctoral dissertation, University of California, Los Angeles.

Song, M. Y. (2010). The effect of the notetaking format on L2 learners' note-taking process and strategy use. *Korean Journal of Applied Linguistics*, *26*(3), 351-380.

Song, M. Y. (2012). Note-taking quality and performance on an L2 academic listening test. *Language Testing*, *29*(1), 67-89.

Tsai, T-F., & Wu, Y. (2010). Effects of note-taking instruction and note-taking languages on college EFL students' listening comprehension. *New Horizons in Education*, *58*(1), 120-132.

Tsai, Y. O. (2004). *The role notetaking plays in an English for academic purposes listening test*. Unpublished M.A. thesis, University of California, Los Angeles.

William, R. L., & Eggert, A. C. (2002). Notetaking in college classes: Student patterns and instructional strategies. *The Journal of General Education*, *51*(3), 173-199.

Yang, J.-S., Kim, H.-N., & Cha, K.-W. (2010). The role of note-taking in L2 listening performance. *English Language Teaching*, *22*(3), 99-115.

Ⅵ. 영어교육학 연구 지평의 확장

제26장

영어교육학 연구 지평의 확장을 위한 탐색과 전망*

권오량 서울대학교

1. 서론

이 책에서는 영어교육학의 지평을 탐색하려는 취지로 영어교육학의 세부 전문 분야에서 이루어지는 연구 동향을 심도 있게 다룬 논문들을 포함하였다. 이 장에서는 영어교육학의 지평 확장을 위한 탐색과 전망을 하고자 한다. 이를 위해 먼저 영어교육이 걸어온 길을 간단히 조감하고, 영어교육학의 발전과 변화를 짚어 보며, 마지막으로 학문 연구의 새로운 지평을 탐색하고 전망해 본다.

* Kwon, Oryang (2014). An exploration and prospect for the expansion of horizons in English education research. In O. Kwon (Ed.), *New horizons in English education research* (pp. 651-666). Seoul: Seoul National University Press.

2. 영어교육의 역사적 조감

영국에서 1066년 노르만 정복(Norman Conquest) 이후 1400년 이전까지는 영어가 지배계급의 언어인 프랑스어에 눌려서 300만 이내의 사람들이 사용하는 소수 언어였었다. 그러다가 1400년대에 와서 프랑스어가 영어로 대치되면서 대륙에서 영어 학습에 대한 관심이 조금씩 일어나고, 두 언어를 나란히 제시하는 대역의 형식으로 된 영어 학습 서적이 나오기 시작하였다(Howatt, 2004).

영국에서 제2언어로서의 영어교육이 처음으로 대규모 사람들에게 시행된 것은 1560년 이후, 종교개혁에 대한 천주교의 핍박이 심해지자, 프랑스의 위그노 교도들과 이탈리아, 스페인 등 유럽의 신교도들이 영국으로 대거 망명을 하게 되면서였다. 당시 인구의 약 10분의 1인 30만에서 36만 명의 망명자들이 1570년에서 1588년 사이에 영국으로 이주하였는데, 이들을 대상으로 한 영어교육이 활발히 전개되었다고 한다(Howatt, 2004).

이렇게 시작된 영어교육은 그 후, 유럽은 물론 대영제국의 확장으로 아프리카, 아시아 등의 나라들로 전파되었으며, 1800년 이후 대영제국 및 미국에서와 같은 환경에서의 ESL(English as a Second Language)과 기타 나라에서의 EFL(English as a Foreign Language)로 그 성격이 구분되기 시작하였다. 그리고 20세기의 제2차 세계대전 이후, 확실하게 국제어로서의 지위를 확립한 영어에 대한 교육은 전 세계적인 현상이 되었다.

한편, 영어교수법은 종래에는 라틴어 문법의 틀에 맞춘 영문법 설명과 대역(對譯, collateral translation)을 통한 대화나 텍스트의 학습으로 그 전통이 이어져왔는데, 이런 방법은 대개 라틴어의 문법에 대한 지식이 있는 학습자가 독학이나 개인 교습의 형태로 학습할 때 사용되었다. 그러다가 17세기 말에 독일(프러시아)의 김나지움에서 라틴어 문법의 지식이 없는 어린 학생들을 대상으로 외국어를 간단하고 쉽게 가르치는 방법으로 문법-번역식 교수법이라는 것을 고안하게 되었는데, 이것이 영국으로 건너가서 고전 언어(라틴어, 희랍어) 교육처럼 고품격 교육으로 인식되도록 까다롭고 어려운 문법에 초점을 맞추는 식으로 왜곡되면서 문법-번역식 교수법으로 알려지고 오랜 세월 동안 영어교육의 전통적 교수 방법으로 자리잡게 되었다(Howatt, 2004).

이와 같은 문법-번역식 교수법에 대한 반작용으로 19세기 말에 유럽에서 개혁 운동(Reform Movement)이 일어나게 된다. 개혁 운동은 언어교육에서 문법-번역식 교수법을 대체하는 노력으로 음성 언어를 제1차적인 것으로 볼 것, 교수-학습 과정에서 맥락이 있는 텍스트를 중심으로 할 것, 구두식 교수법을 우선할 것, 문법을 귀납적으로 가르칠 것 등을 기본 원리로 하여, 신 교수법을 대안으로 제시하였다(Richards & Rodgers, 1986).

이런 개혁 운동의 정신을 구체화한 교수법으로 등장한 것이 직접식 교수법(Direct Method)인데, 그 시초는 독일 태생 교사인 Gottlieb Henness가 프랑스어 교사인 Sauveur과 함께 미국의 뉴헤이븐(New Haven)과 후에 보스턴에서 개설한 언어학원에서 사용한 교수법이라고 한다(Howatt, 2004). 이 직접식 교수법은 미국 전체에 알려지기도 하였으나, 여러 현실적 제한으로 교실에서 광범위하게 받아들이지는 못하고 벌리츠(Maximilian Berlitz)의 언어학원을 통해서 벌리츠식 교수법으로 살아남았다.

제2차 세계대전이 끝나면서, 영어교육에 대한 관심이 높아지고, 특히 미국에서 소위 육군특별훈련프로그램(Army Specialized Training Program: ASTP)의 성공적인 성과에 고무된 영어교육계가 청화식 교수법을 발전시키면서, 영어교육은 새로운 지평을 열어 나갔다. 그러면서 미국에서는 Charles Fries의 구두접근법(Oral Approach), 영국에서는 A. S. Hornby의 상황적 접근법(Situational Approach) 등의 교수법을 제안하면서 영어교육의 방법론에 대한 관심도 높아졌다. 그 후 인지주의적 접근법 등을 거쳐 마침내 의사소통적 언어교수법(Communicative Language Teaching)으로 발전하여 오늘에 이르게 된 것이 우리에게 익숙한 최근의 역사다.

3. 영어교육학의 발전

영어교육이 본격적으로 학문적 연구의 대상으로 된 것은, 20세기에 들어와서라고 볼 수 있다. 이전의 영어교육가들이 영어학(주로 음성학)적인 지식과 영어교육을 접목하려는 시도가 있어 왔지만, Howatt(2004)은 Harold Palmer(1877-1949)를 영어교육이 하나의 전문직으로 인정받기까지 어느 누구보다도 중요한 역할을 한 사람으로 평가하고 있다. Palmer는 1917년에 *The scientific study and teaching of languages*라는 책을 펴낸 것을 필두로 오랜 세월 동안 영어 및 언어교육에 대한 방대한 저술을 통하여 영어교육에 과학적인 자료를 제공하였다.

개혁 운동(Reform Movement)의 여파로 외국어 교수법에 혁신의 물결이 높아지고, 아울러 라틴어나 그리스어와 같은 고전어가 아닌 현대어(modern languages)에 대한 관심이 높아지면서 언어교육에 대한 체계적인 학문 연구의 조직적인 결정체로 나타난 것이 학문적 저널의 출현이라고 할 수 있다. 그런 점에서 1916년 10월 *Modern Language Journal* 제1권 제1호가 창간된 것은 영어교육학의 관점에서도 큰 의미가 있다. 제1권 제1호부터가 외국어교육에 대한 관심을 잘 보여 주고 있다. 표 1은 *Modern Language Journal*의 제1권 제1호에서 제3호까지에 게재된 논문들을 정리한 것이다. (제1권은 1917년에도 계속하여 제8호까지 간행하였으나, 여기서는 제3호까지만을 소개한다.) 표 1에서 알 수 있듯이, 당시에 실린 논문들은 프랑스어, 독일어와 같은 언어를 다룬 논문이 많으나, 외국어 교육의 일반론을 다룬 논문들도 눈에 띈다.

한편, 영어교육 연구 발표를 위한 제도적인 마당이 마련된 것은 1946년에 영국에서 *English Language Teaching* (*ELTJ*)이 출범을 하면서부터라고 볼 수 있다. 그 이전에 1900년대에 들어오면서 Daniel Jones나 Palmer 같은 사람들이 음성학을 통한 응용언어학적 접근법으로 영어교육에 접근하면서 영어교육을 위한 연구들이 있어 왔다. 그러나 개별 학자의 노력을 학술적 논문으로 표현하고 이들을 체계적으로 발표하는 장을 만들었다는 점에서 *ELTJ*

표 1. *Modern Language Journal* 제1권(1916년) 1, 2, 3호에 게재된 논문 정보

호	저 자	논문제목	게재쪽
1	Merasa, A.	Possibilities in a reading lesson	10–17
1	Holbrook, R. T.	The editing of French texts for schools and colleges	18–32
1	Krause, C. A.	Literature of modern language methodology in America for 1915: (No.3): Periodicals	33–40
2	Purin, C. M.	The direct teaching of modern foreign languages in American high schools	43–51
2	Deihl, J. D.	Individual difference and note–book work in modern foreign language	52–58
2	Stroebe, L. L.	Das Studium der Geographie und landeskunde Deutchlands	59–71
3	Hervey, W. A.	Oral practice—its purpose, means and difficulties	76–91
3	Laub, A. V.	The review in modern language teaching	92–95
3	Gianella, A. F.	The use of flash cards for drill in French	96–99
3	Wood, C.	Socialization of the modern foreign language recitation	100–104
3	Reichling, B. A.	The correlation between the ability to classify German vocables into their semasiological categories and the knowledge of their exact sifnification	105–110
3	Mersereau, E. B.	How can we create an interest in outside reading in our German classes and how direct it?	111–112
계	12		102

의 역사적 의의는 크다고 하겠다. 그러나 *ELTJ*는 초기에는 연구보다는 실질적인 교수 방법론을 주된 의제로 다루었기 때문에 보다 학문적인 연구는 좀 더 기다려야 했다.

한편 미국에서는 1948년 1월에 저널 *Language Learning*의 제1권 제1호가 출간되면서, 언어학습을 연구하는 논문의 장을 마련하였다. 제1권 제1호에는 20세기에 영어교육 혹은 언어교육에서 중요한 역할을 한 학자들의 논문 네 편이 실려 있다. 저자와 제목들은 표 2와 같다. 표 2에는 Albert H. Mackwardt, Charles C. Fries, Robert Lado와 같이 구조주의 언어학과 대

표 2. *Language Learning* 제1권(1948년) 제1호에 게재된 논문 정보

호	저자	논문제목	게재쪽
1	Mackwardt, A. H.	Motives for the study of modern languages	3–11
1	Fries, C. C.	As we see it	12–15
1	Redd, D. W., Ladd, R., & Shen, Y.	The importance of the native language in foreign language learn. 1. The system of significant sounds	17–23
1	Lado, R.	Pattern practice—completely oral	24–27
계	4		24

조분석 등으로 우리에게 잘 알려진 이름들이 등장함을 볼 수 있다. 그러나 *Language Learning*은 영어가 아닌 다른 외국어를 많이 다루었고, 그 내용도 학습에 국한하지 않고 교수에 관한 논문들도 게재되었는데, 영국의 *ELTJ*에 상응하는 미국 쪽 저널인 *TESOL Quarterly*는 20여 년을 더 기다려서 1967년에 창간되었다.

한편, 1960년 이후, 세계의 영어교육은 양적으로 더욱 팽창하고, 영어교육계가 하나의 직업으로 확실하게 정착하게 되면서 전문가들의 학회 결성이 시작되었다. 영국에서는 ATEFL(Association of Teachers of English as a Foreign Language)이 1967년에 결성되었는데, 이것은 1971년에 국제화되면서 IATEFL(International Association of Teachers of English as a Foreign Language)로 발전하게 되고, 학술대회에 세계의 영어교육 전문가들이 참여하는 학회가 되었다. 영국보다 1년 먼저인 1966년에 미국에서는 TESOL(Teachers of English to Speakers of Other Languages) 학회가 창립되고, 이를 통해서 비원어민 화자를 대상으로 하는 영어교육을 위한 저널 *TESOL Quarterly*가 출간하게 된다. 이렇게 *ELTJ*와 *TESOL Quarterly*는 영어교육 연구의 양대 산맥으로 시작하게 되었는데, 이후 영어교육학계의 폭발적인 성장으로 인하여 많은 저널들이 쏟아져 나오게 된다. 이것은 비단 영어교육에 관한 연구만은 아니고, 예를 들어 제2언어습득(Second Language Acquisition), 언어 평가(language testing)와 같이 언어라는 말로 표현되는 연구이지만, 이와 같은 저널에 실리는 연구의 대상 언어가 영어인 경우가 많고, 논문 작성에 사용된 언어도 영어가 압도적으로 많아지게 되었다.

한국에서 공식적인 영어교육은 1883년 동문학에서 시작하였으니, 그 역사는 이제 130여 년밖에 되지 않는다, 그런데 영어교육학의 시초라고 볼 수 있는 글은 이미 1929년에 보인다. 즉, 연희전문학교의 정인섭 교수가 1929년 11월 17일부터 12월 2일까지 '當面한 英語科 問題를 論함'이라는 주제로 11회에 걸쳐 『조선일보』에 논설을 싣고 있는데, 이 중에는 구미에서의 영어교수법들을 소개하는 글도 있어서 이미 상당한 연구를 하고 있었음을 보여주고 있다.

> 外國語敎授法에 對한 여러 가지 學說 또는 現代英語敎授의 여러 가지 方面이 最近에는 歐洲[구주] 各國에서 表示되어, 或은 『改革된 方法』이란 것, 『新 方法』, 『發音式』, 『自然스런法』, 『心理學的』, 『科學的』, 또는『口傳的』이라든가 『文法的』이라든가 하는 여러 가지 硏究가 잇다. 其中[그중]에도 獨逸과 『스칸디나비아』가 尤甚[우심]하고 英本國과 米國에 잇서서도 前者는 『政府報告』, 後者는 『現代語聯盟』 十二委員의 報告에 依하야 그 顯著[현저]한 發達을 推測할 수 있다. (조선일보, 1928. 11. 28.) (권오량 · 김정렬, 2010, p. 50에서 재인용)

연도만으로 따진다면, 국내의 학회는 영국, 미국과 비슷한 시기에 시작되었다. 즉 1965년에 전국대학어학실습실협회(University Language Laboratory Association: ULLA)가 결성되면서 어학 실습실을 통한 영어교육의 발전을 도모하기 위하여 정기적인 모임을 갖고 토론하는 장을 마련하였는데, 이것이 후에 한국영어교육학회로 이름을 바꾸고, 차츰 세계의 영어교육 연구의 흐름과 함께 발전하여 왔고, 1980년대와 1990년대에 국내에도 많은 영어교육 관련 학회들이 생겨났다. (영어교육 관련 기타 주요 학회의 시작과 저널은 이 책의 제1장에 나온 필자의 글을 참조할 것)

4. 영어교육학 연구의 지평 확장과 심화

영어교육학의 발전은 연구 지평의 확대와 연구 내용의 심화를 통해서 이루어진다. 연구 지평의 확대는 영어교육과 관련이 있는 학문 영역을 새로 개척하는 것을 의미하고, 내용의 심화는 하나의 영역 안에서 더욱 심도 있는 연구를 수행하는 것이다.

1) 연구 지평의 확장

영어교육을 잘 하기 위해서는 영어에 대한 언어학적 지식과 구사 능력이 있어야 하고, 교육학적인 지식과 실천력이 있어야 하며, 인간에 대한 이해와 열정이 있어야 한다. 이런 자질을 갖추기 위해서는 언어학, 영어학, 영문학, 교육학, 심리학, 사회학, 철학, 역사, 공학 등 다양한 분야의 지식과 이해가 필요하다. 그런 점에서 영어교육을 연구하는 영어교육학 또한 다른 어느 학문보다도 학제간 연구가 필요한 분야다. 이런 학제간 연구는 영어교육학 연구의 지평을 확장하는 좋은 방안이 된다.

영어교육학 안에서도 실제로는 매우 많은 세부 전공 분야가 있을 수 있다. 이 책의 제1장에서 필자는 영어교육학의 세부 전공 분야를 나누면서 11개의 중영역과 40여 개의 세부 영역을 표로 제시한 적이 있다(제1장 표 2 참조). 이 영역들은 더 자세하게 세부 범주로 나눌 수 있을 것이다. 예를 들어 그 표에서 영어평가 분야에는 (1) 평가 일반, (2) 언어기능 평가, (3) 기타로만 나누었으나, 영어 평가를 좀 더 자세히 들여다본다면 훨씬 더 많은 세부 전공으로 나눌 수 있다. 실제로 ILTA(International Language Testing Association, 국제언어평가학회)가 2012년의 언어 평가 관련 문헌들을 소개하기 위한 목록을 만들면서 제시한 연구의 범주는 표 3과 같이 19개이다 (http://www.iltaonline.com/images/pdfs/2012_by_category.pdf).

학문 발전의 견인차는 연구자들이다. 학문의 지평을 넓히고 깊이를 파고

표 3. ILTA(국제언어평가학회)의 언어 평가 연구 주제의 범주

번호	주제의 범주
1	General (일반)
2	Testing Listening (듣기 평가)
3	Testing Reading (읽기 평가)
4	Testing Speaking (말하기 평가)
5	Testing Writing (쓰기 평가)
6	Testing Language Elements (언어 요소 평가)
7	Purposes for Testing (평가의 목적)
8	Specific Purposes Testing (특수 목적 평가)
9	Standards and Frameworks (표준과 프레임)
10	Principles of Test Design (평가 설계의 원리)
11	Factors Affecting Test Performance (평가수행에 영향 주는 요인)
12	Rating and Rating Scales (채점 및 채점 척도)
13	Test Reliability and Validity (신뢰도 및 타당도)
14	Washback (환류효과)
15	Ethics (윤리)
16	Classroom-Based Assessment (교실기반 평가)
17	Technology and Language Testing (기술과 언어 평가)
18	Testing Young Learners (유아 학습자 평가)
19	Language Testing Policy (언어 평가 정책)

드는 데는 한 개인의 노력만으로 되는 것이 아니다. 학문의 지평을 넓히기 위해서는 연구자들이 영역을 잘 분담하여서 많은 분야를 개척하는 일이 필요하다. 이미 과거에 비해 많은 분야가 개발되면서 학문의 지평이 넓혀졌다. 이와 같은 추세를 더욱 발전시키면서 더 많은 연구 분야를 개척할 때에 영어교육학은 그 지평이 확대될 것이다.

지평 확장의 또 다른 가능성으로는 일반 교육학의 세부 분야에 영어를 추가하면서 생기는 영역 확대를 들 수 있다. 예를 들면, 교육행정학이 있듯

이 영어교육행정학이 있을 수 있고, 확대하면, 영어교육심리학, 특수영어교육, 영어교육사회학 등이 가능하다. 그리고 교육사도 영어교육사 분야가 가능할 것이고, 역사에 세계사가 있고 한국사가 있듯이, 외국의 영어교육사와 한국의 영어교육사, 그리고 한국의 영어교육사도 일제시대 이전과 해방 이후, 그리고 해방 이후라 할지라도 시대별 영어교육사를 다룰 수 있을 것이다.

비교교육학적인 관점에서 본다면, 우리나라의 영어교육과 특정 국가의 영어교육학을 비교하는 연구도 가능할 것이다. 비교영어교육학을 개척하기 위해서는 지역 연구가 선행 혹은 병행될 필요가 있다. 이런 여러 나라들에 대한 연구를 하는 학자들도 있다면, 우리의 영어교육연구의 지평을 넓힐 수 있을 것이다.

2) 연구 내용의 수직적 심화

영어교육학이 발전하기 위해서는 수평적인 지평 확대도 필요하지만, 연구의 심도를 깊게 하는 것도 중요하다. 다시 말해 각각의 분야를 맡은 연구자가 평생을 자신의 연구 영역에 대해 천착하고 집중하는 노력이 필요하다. 물론 그러기 위해서 그 개인도 인접 학문 분야에 대한 좀 더 폭넓은 이해를 가지고 있음으로써 자신의 전문 분야에 대해 보다 새로운 시각과 성찰, 영감을 얻을 수 있을 것이다. 이것을 땅파기에 비유한다면, 원통형으로 파 들어가는 것보다는 원추형으로 파 들어가는 것이 더 깊게 파 들어갈 수 있다고 할 수 있다.

이 책의 제1장에서 필자는 한국의 영어교육학자들이 자신의 전문 분야에 투자하는 노력이 전체 논문의 약 절반에 불과함을 보였다. 이러한 수치는 앞으로 더 늘어날 필요가 있다. 본인의 전문 분야 이외의 분야에 대한 연구를 전혀 하지 않을 수는 없고, 연구 용역을 받아서 하는 연구는 본인의 전문 분야와 다를 수도 있고, 자신의 전문 분야에 관해 관련 분야에서 영감을 얻기 위해 인접 분야의 연구에 참여할 수도 있을 것이다. 그러나 기본적으로는 자신의 연구 영역 하나를 집중적으로 천착함으로써 지속적인 발전이 가능할 것이다. 이 책의 제2장에서 제25장까지의 글들은 영어교육학 세부 분야 연구의 발전과 경향을 심도 있게 소개하고 있다. 각각의 분야에서 어떤 것이 문제가 되고 어떤 연구가 이루어져 왔는지를 알 수 있는데, 이처럼 하나의 분야에서 축적된 연구 성과를 바탕으로 더 깊은 연구를 할 수 있을 것이다.

3) 영어교육학 연구 사조의 변화에 따르는 연구 영역의 재발견

학문 연구도 유행이 있고 사조의 변화가 있다. 시계추의 흔들림과 같이 어느 한쪽으로 이론이 쏠렸다가 다시 반작용으로 반대쪽으로 가는가 하면, 사라졌다고 생각한 어떤 이론이나 방법이 부활하기도 한다. 영어교육의 실천과 영어교육학에서도 이런 사조의 변화는 많이 있어 왔고, 앞으로도 있을 것이다. 가장 큰 변화는 교수 방법론적인 변화다. 문법-번역식 교수법에 대한 반작용으로 직접식 교수법이 등장하고, 미국에서는 청화식 교수법이 한때 큰 호응을 얻었으나 인지주의 심리학과 생성문법에 이론적 기반을 둔 인지적 교수법이 청화식 교수법에 대한 대안으로 떠올랐고, 다시 의사소통적 교수법이 대세를 이루게 되었다.

문법 교육도 부침을 겪었다. 전통적 문법-번역식 교수법에서 핵심이었던 문법은 직접식 교수법, 청화식 교수법 등에서 연역적 방법이 아니라 귀납적인 문법 교육으로 밀려나기 시작하였고, 의사소통적 교수법이 등장하면서 거의 무시되는 분위기였다. 그러다가 문법 교육의 중요성에 대한 인식이 증가하고 소위 의사소통적 문법 교육이라는 방법이 제안되면서 다시 명시적 문법 교육과 암시적 문법 교육에 대한 논쟁을 불러왔고, 이 부분의 연구들이 많이 이루어지게 되었다.

사조의 변화는 영어교육학 연구의 많은 분야에서 끊임없이 일어났고 일어나고 있다. 여기서는 몇 가지 분야에서의 큰 흐름을 예시한다. 먼저, 대조분석의 경우를 보자. 구조주의 언어학, 행동주의 심리학의 대세 속에서 Robert Lado(1957)가 *Linguistics Across Cultures*를 통해 대조분석의 필요성과 방법론을 제시하면서, 영어교육학도 모국어와 영어 간의 대조분석이 큰 호응을 얻었으나, 그 후 대조분석의 이론적 바탕이 되었던 구조주의 언어학, 행동주의 심리학 등이 비판을 받고, 대조분석의 예측력이 실증적으로 증명되지 않으면서 관심 밖으로 밀려나는 듯하였다. 그러나 전이(transfer)가 언어 간 전이, 언어 내의 전이라는 관점에서 새로운 조명을 받고, 초기의 대조분석의 분석 대상이었던 발음, 어휘, 문법 수준을 넘어서 담화, 화행 등에서는 모국어의 영향이 있음을 밝히는 연구 결과들이 등장하면서 대조분석은 다시 중요한 연구의 한 분야가 되었다. 뿐만 아니라 학습자 코퍼스의 출현과 더불어, 특정 집단 학습자들의 중간언어와 목표어를 대조분석하거나 서로 다른 모국어 배경을 지닌 학습자들의 중간언어를 비교 분석하는 중간언어 대조분석(contrastive interlanguage analysis, Granger, 2008)도 하나의 새로운 연구 분야로 자리잡았다.

제2언어습득 분야의 연구 역시 상당한 변화와 발전을 경험해 왔다. 초기의 제2언어습득 연구들은 주로 자연스러운 언어 사용 환경에서 노출을 통해 제2언어를 습득하는 학습자들을 대상으로 하였기 때문에 한국의 영어교육처럼 교실 수업이나 학습을 통해 제2언어를 배우는 상황과 관련이 적다고 여겨졌다. 그러나 80년대 초 · 중반부터 제2언어습득에 있어서 교수-학습의 역할에 대한 관심이 대두되고 이와 함께 교실 수업 및 학습을 통해 제2언어를 습득하는 학습자들을 대상으로 한 연구들이 활발해지면서 이른바 교수-학습을 통한 제2언어습득 연구가 활기를 띠게 되었다. 이 분야의 초창기 연구들은 습득의 결과에 초점을 맞추어 교수-학습의 효과성을 입증하고자 하였다. 그러나 최근의 연구들은 교수-학습이 습득 과정에 미치는 영향 및 다양한 변인(학습자 변인, 언어 변인, 교수 방식 등)과의 상호작용을 규명함으로써 이론적 설명력을 갖추는 데 주안점을 두고 있다.

외국어 학습자의 언어 및 목표어를 분석함에 있어서도 1970년대와 1980

년대에는 Chomsky 언어학의 영향으로 언어 사용자의 직관(intuition)과 내성(內省: introspection)에 의존하는 연구 경향이 지배적이었으나, 1990년대 이후 컴퓨터 기술의 급속한 발달과 함께 코퍼스를 이용한 실증적(empirical) 접근법이 힘을 얻게 되었다. 이와 함께 실험적 맥락이 아닌 자연적 맥락에서 발생한 담화 자료를 이용한 연구도 점차 증가하였고, 연구자보다는 담화 참여자들 스스로의 관점을 더 중시하는 연구 경향이 확립되었다. 그 결과 최근에는 순수 언어학 및 심리언어학에 기반한 연구뿐만 아니라 사회(언어)학 이론에 토대를 둔 연구들도 활발히 진행되고 있다.

동기 연구의 경우도 마찬가지다. 동기 연구가 교육심리학에서는 중요한 연구 분야인데, 외국어 교육과 관련하여 우리의 주목을 끌기 시작한 것은 Gardner와 Lambert(1959, 1972)가 동기를 도구성(instrumentality)과 통합성(integrativeness)으로 나누어 외국어 학습의 효과를 비교하면서부터다. 그 후 동기 연구는 1970년대와 1980년대에 미국과 캐나다 등 제2언어학습 연구에서 많은 관심을 받았다. 1990년대를 전후로 하여 내재적(intrinsic) 동기와 외재적(extrinsic) 동기의 효과성을 살피는 연구로 관심이 옮겨 갔다가(Ryan & Deci, 2000), 다시 2000년대 이후에는 학습자들의 자아 개념(self-concept)을 정교화한 제2언어 동기적 자아체계에 관심을 갖기 시작하였다(Dörnyei, 2005, 2009). 연구 방법적으로도 심리측정학에 기반한 정량적 설문지법에서 최근에는 면담법을 중심으로 한 정성적 연구와 혼합 연구법이 동기 연구에 접목되고 있다. 또한 우리나라에서 영어를 배워야만 하는 초중등 학생들의 탈동기(demotivation)에 관한 연구도 늘고 있으며, 아울러 교사들의 교수 동기(teaching motivation)에 대한 관심도 배가되고 있는 시점이다. (동기 연구의 발전에 관한 더 자세한 논의는 이 책의 제4장을 참조할 것)

언어 평가의 경우도 TOEFL로 대변되는 대규모 표준화 시험, 그리고 선다형의 듣기, 읽기 시험이 오랫동안 지배를 하였으나, 차츰 수행평가에 대한 관심이 높아지고 이에 대한 연구와 더불어 평가의 실제에서도 말하기, 쓰기 평가의 비중이 높아지는 변화를 겪었다. 이러한 변화의 기저에는 언어 평가가 측정하고자 하는 구인인 의사소통능력에 대한 인식의 변화가 깔려있는데 최근 들어 의사소통능력이 한 사람의 머리 속에 들어 있는 능력이라기보다는 의사소통 순간에 나타나는 상호작용능력(interactional competence)으로 보아야 한다는 주장이 힘을 얻고 있다. 평가 방법 측면에서는 컴퓨터 기반 평가나 인터넷기반 평가의 장점을 살려서 통합형 과제처럼 실제 의사소통 상황과 유사한 평가 과제를 개발하려는 시도가 많이 이루어지고 있다. 또한 언어평가 분야의 연구가 능숙도 평가나 배치 평가 위주로 진행되어 진단 평가가 그간 별로 학계의 관심을 받지 못하였으나, 근래에 와서 DIALANG의 개발과 인지진단모형(cognitive diagnostic model)의 활용으로 진단 평가가 새롭게 주목을 받고 실제적인 연구 영역으로 부상하기도 하였다. 그리고 통계학, 심리측정이론 등에서 차용한 일반화가능도이론, Rasch 모형, 구조방정식 모형, 문항반응이론과 같은 다양한 측정 모형이 언어 평가 연구에 활용되고 있다.

이 책은 실린 논문들도 그 내용은 각각의 분야에서의 사조의 변화를 소개한 것이다. 이처럼 영어교육학 연구도 유행이 있고, 사조의 변화가 있어서 한때 비판이나 소홀한 대접을 받던 분야도 다시 스포트라이트를 받으면서 약간 변형된 형태로 되살아나곤 하였다. 따라서 좀 더 예리한 시각과 후각을 가지고 영어교육학 분야를 살펴본다면 무시하고 지나치는 분야에서도 새로운 연구 영역을 개척할 수 있을 것이다.

5. 결론

이 장에서는 영어교육학의 발전을 위해서 연구의 지평을 확장할 필요가 있다는 것과, 그 확장의 방향을 연구 지평의 확대, 연구 내용의 심화, 그리고 연구 사조 변화에 따르는 연구 영역의 재발견 등의 관점에서 논하였다. 세계적인 차원에서의 영어교육학 발전과 병행하고, 또 세계를 선도할 수 있는 연구가 이루어지기 위해서는 방향 설정이 필요하며, 실제적인 노력이 뒤따라야 할 것이다. 구체적인 연구 주제의 설정에는 이 책에 실린 논문들의 마지막 부분에 제시된 전망과 제언이 도움이 되리라고 본다.

그리고 중요한 것은 영어교육학은 그 성격상 응용언어학이므로 영어교육학의 발전이 순전히 지적 호기심의 충족이나 사변적 유희에 그치지 않고 연구의 결과가 직간접으로 영어교육에 도움을 주어야 한다는 것이다. 국내에서의 영어교육이든 세계 어디에서의 교육이든 간에 영어교육학 연구의 큰 사명 중의 하나는 영어교육의 발전임을 잊어서는 안 될 것이다.

참고문헌

권오량 · 김정렬(2010). 『한국영어교육사』. 서울: 한국문화사.

Deihl, J. D. (1916). Individual difference and note-book work in modern foreign language. *Modern Language Journal, 1*(2), 52-58.

Dörnyei, Z. (2005). *The psychology of the language learner: Individual differences in second language acquisition*. Mahwah, NJ: Lawrence Erlbaum.

Dörnyei, Z. (2009). The L2 motivational self system. In Z. Dörnyei & E. Ushioda (Eds.), *Motivation, language identity and the L2 self* (pp. 9-42). Bristol, UK: Multilingual Matters.

Fries, C. C. (1948). As we see it. *Language Learning, 1*(1), 12-15.

Gardner, R. C., & Lambert, W. E. (1959). Motivational variables in second-language acquisition. *Canadian Journal of Psychology, 13*, 266-272.

Gardner, R. C., & Lambert, W. E. (1972). *Attitudes and motivation in second-language learning*. Rowley, MA: Newbury House.

Gianella, A. F. (1916). The use of flash cards for drill in French. *Modern Language Journal, 1*(3), 96-99.

Granger, S. (2008). Learner corpora. In A. Lüdeling & M. Kytö (Eds.), *Corpus linguistics: An international handbook, volume 1* (pp. 259-275). Berlin: De Gruyter.

Hervey, W. A. (1916). Oral practice: Its purpose, means and difficulties. *Modern Language Journal, 1*(3), 76-91.

Holbrook, R. T. (1916). The editing of French texts for schools and colleges. *Modern Language Journal, 1*(1), 18-32.

Howatt, A. P. R. (2004). *A history of English language teaching* (2nd ed.). Oxford, UK: Oxford University Press.

Krause, C. A. (1916). Literature of modern language: Methodology in America for 1915: (No.3): Periodicals. *Modern Language Journal, 1*(1), 33-40.

Lado, R. (1948). Pattern practice: Completely oral. *Language Learning, 1*(1), 24-27.

Lado, R. (1957). *Linguistics across cultures: Applied linguistics for language teachers.* Ann Arbor, MI: University of Michigan Press.

Laub, A. V. (1916). The review in modern language teaching. *Modern Language Journal, 1*(3), 92-95.

Mackwardt, A. H. (1948). Motives for the study of modern languages, *Language Learning, 1*(1), 3-11.

Merasa, A. (1916). Possibilities in a reading lesson. *Modern Language Journal, 1*(1), 10-17.

Mersereau, E. B. (1916). How can we create an interest in outside reading in our German classes and how direct it? *Modern Language Journal, 1*(3), 111-112.

Palmer, P. E. (1917). *The scientific study and teaching of languages.* London: Harrap.

Purin, C. M. (1916). The direct teaching of modern foreign languages in American high schools. *Modern Language Journal, 1*(2), 43-51.

Redd, D. W., Ladd, R., & Shen, Y. (1948). The importance of the native language in foreign language learning. 1. the system of significant sounds. *Language Learning, 1*(1), 17-23.

Reichling, B. A. (1916). Classify German vocables into their semasiological categories and the knowledge of their exact sifnification. *Modern Language Journal, 1*(3), 105-110.

Richards, J. C., & Rodgers, T. S. (1986). *Approaches and methods in language teaching.* Cambridge, UK: Cambridge University Press.

Ryan, R. M., & Deci, E. L. (2000). Intrinsic and extrinsic motivations: Classic definitions and new directions. *Contemporary Educational Psychology, 25*, 54-67.

Stroebe, L. L. (1916). Das Studium der Geographie und landeskunde Deutchlands. *Modern Language Journal, 1*(2), 59-71.

Wood, C. (1916). Socialization of the modern foreign language recitation. *Modern Language Journal, 1*(3), 100-104.

Webpage: http://www.iltaonline.com/images/pdfs/2012_by_category.pdf (Retrieved on May 10, 2014)

용어목록

academic listening test	학술적 듣기 시험
academic writing (convention)	학문목적 글쓰기 (형식)
acceptability judgment task	허용가능성 판단 과업
accountability	책무성
accuracy	정확성
activation	활성화
adaptive quadrature	조정 구적법
adjacency pair	인접쌍
adjunctive	순접
advising sequence	조언 연속체
affective factors	정의적 요인
age of arrival (AOA)	도착 연령
age of onset (AO)	시작 연령
agent	행위자
ambiguity	모호성
amotivation	무동기
amplifier	강화사
analytic score	분석적 점수
analytical ability	분석력
animacy	유생물성
annotation	주석
annotation scheme	주석체제
APPEARANCE construction	출현 구문
applied cognitive linguistics	응용인지언어학
apprenticeship of observation	관찰견습
argumentation	논증
assessment use argument	평가 사용 이론
association	연상
authenticity	진정성
automated scoring	자동채점

automaticity	자동성
avoidance strategy	회피 책략
balanced distribution	균형 분포
basic academic English	기본학술영어
behavioral profile	행위 프로파일
binding principle	결속법칙
bookmark method	책갈피 방법
borderline group method	경계선집단 방법
bottom-up	상향식
British National Corpus (BNC)	영국국가 코퍼스
Brown Corpus	브라운 코퍼스
business English	비즈니스 영어
Cambridge Learner Corpus (CLC)	캠브리지 학습자 코퍼스
casual collocation	우발성 연어
categorization	범주화
category cutoff	범주한계
causality	인과관계
causative construction	사역구문
c-command	성분통어
chronos	크로노스
clarification request	명료화 요구
classical test theory	고전검사이론
clitic pronoun	접어대명사
closed-class	폐쇄 범주
COBUILD	코빌드
code of ethics	윤리 강령
code switching	언어변환
cognitive diagnostic model	인지진단모형
cognitive linguistics	인지언어학
cognitive mechanism	인지 기제
cognitive resources	인지 자원
cognitive scaffolding	인지적 비계

colligation	문법적 연어
collocate	연어체
collocation	연어
commodity	상품
Common European Framework of Reference (CEFR)	유럽공통참조기준
communicative competence	의사소통능력
communicative dominance	의사소통 우월성
communicative language teaching (CLT)	의사소통중심 교수법
communicative value	의사소통 가치
comparative fallacy	비교 오류
competence	능력
competency-based teacher education	능력기반 교사 교육
complex memory span	복합기억폭
complex NP	복합명사구
composite score	합산점수
comprehensible input	이해 가능한 입력
comprehension tests	이해도 측정
comprehensive feedback	포괄적 피드백
computer-adaptive test	컴퓨터 적응시험
computer-assisted language learning (CALL)	컴퓨터 보조 언어 학습
computer-based test	컴퓨터기반 시험
computer-mediated communication (CMC)	컴퓨터 매개 의사소통
concept-based instruction	개념기반교수
concordance	콩코던스
confirmatory factor analysis	확증적 요인분석
connotation	함축의미
connotational harmony	내연적 조화
consciousness raising	의식고양
constraint satisfaction model	제약충족모형
construct	구인
construct validity	구인 타당도
construction	구문

content	내용
content standards	내용 준거
content words	내용어
content-focused feedback	내용중심 피드백
contrasting group method	대조집단방법
contrastive analysis	대조분석
contrastive interlanguage analysis	중간언어 대조분석
contrastive rhetoric	대조수사법
conversation analysis	대화분석
co-occurrence	공기(共起)
core	핵심
corpus linguistics	코퍼스언어학
Corpus of Contemporary American English (COCA)	현대미국영어 코퍼스
corpus-based approach (CBA)	코퍼스기반 접근방식
corpus-driven approach (CDA)	코퍼스주도 접근방식
corrective feedback	수정 피드백
counting span	숫자세기폭
criteria task	준거과업
criterial feature	준거자질
criterion-referenced testing	준거참조평가
critical linguistics	비판적 언어학
critical pedagogy	비판적 교육학
critical period hypothesis (CPH)	결정적 시기 가설
cross-modal priming	교차양상 점화
cross-sectional	횡단적
cut score	분할 점수
data triangulation	자료 다각화
data-driven learning (DDL)	자료주도학습
dative verb	여격동사
declarative knowledge	선언적 지식
declarative memory	선언적 기억
declarative question	평서 의문문
decontextualized	탈맥락적

delexical	탈어휘적
demotivation	탈동기화
dichotomous item	이분문항
dictogloss	문법받아쓰기
direct feedback	직접 피드백
directive	지시문
discourse analysis	담화분석
discourse marker	담화표지
discourse prosody	담화적 운율
discourse-historical approach	담화-역사적 접근법
discrimination	변별도
disfluency	눌변현상
disjunctive	이접
ditransitive construction	이중목적어 구문
domain-general	영역일반적
domain-specific	영역특수적
double stimulation	이중 자극
dynamic assessment	동적 평가
ecological validity	생태적 타당도
effect size	효과크기
e-learning	이러닝
embedded question	간접 의문문
emic relevance	맥락내적 적절성
Empirically-derived Description-based Diagnostic (EDD) checklist	경험에 의하여 기술된 진단검사항목
English as a Foreign Language (EFL)	외국어로서의 영어
English as a Lingua Franca (ELF)	공용어로서의 영어
English as a Second Language (ESL)	제2언어로서의 영어
English for Academic Purposes (EAP)	학문목적 영어
English for Special Purposes (ESP)	특수목적 영어
English Profile Program (EPP)	영어 프로파일 프로그램
epistemic modality	인식서법
ergative construction	능격 구문

error analysis (EA)	오류 분석
ethnic identity	민족 정체성
ethnocentrism	자민족 중심주의
ethnographic	민족지학적
evaluative harmony	평가적 조화
event-related brain potentials (ERP)	두뇌 활동 관련 기저 영상 기록법
everyday concept	일상적 개념
expectation-maximization algorithm	기대치 최대화 알고리즘
explicit knowledge	명시적 지식
explicit learning	명시적 학습
explicit mediation	명시적 중재
extended lexical units	확장된 어휘 단위
external regulation	외적 조절
extrinsic motivation	외재적 동기
eyetracking	시선추적
face threatening act (FTA)	체면 위협 행동
face-to-face communication (FFC)	면대면 의사소통
facilitator	촉진자
factor analysis	요인분석
factor structure	요인구조
feminism	여성주의
final language achievement	최종 언어 성취도
fixation	응시
fluency	유창성
focus on form	형태초점
focus on forms	형식초점
focus on meaning	의미초점
focused feedback	초점 피드백
form production task	형태 산출 과업
form recognition task	형태 인식 과업
formal linguistics	형식언어학
form-focused feedback	형태중심 피드백

form-focused instruction	형태초점교수
form-focused interaction	형태중심 상호작용
formulaic sequence	정형화된 연결어구
frequency-based language learning	빈도기반 언어 학습
functional magnetic resonance imaging (fMRI)	자기 공명 영상 촬영법
Fundamental Difference Hypothesis	근본적 차이 가설
Gachon Learner Corpus	가촌 학습자 코퍼스
gap	공백
garden-path sentence	오인 문장
general extender	일반 확장자
generalizability	일반화 가능성
Generalizability Theory (G-theory)	일반화가능성이론(G-이론)
Generalized Partial Credit Model	일반화부분점수모형
generative grammar	생성문법
Graded Response Model	등급반응모형
gradience	경계 모호성
grammaticality judgment task	문법성 판단 과업
Graphical Model	그래프 모형
greeting sequence	인사 연속체
group oral test	집단 말하기 시험
head noun	핵어
hedge	완곡표지
hierarchical factor structure	위계적 요인 구조
Hierarchical Rater Model	위계 채점자모형
higher-order structure	상위구조
high-stakes test	고부담 시험
holistic score	총체적 점수
ideal L2 self	이상적 제2언어 자아
identified regulation	확인된 조절
identity	정체성
idomaticity	숙어성
illocutionary meaning	언표내적 의미

immanent critique	내재적 평론
impact information	영향 정보
implicit knowledge	암시적 지식
implicit learning	암시적 학습
implicit mediation	암시적 중재
inchoative construction	기동구문
incidental vocabulary learning	우연적 어휘 학습
independent task	독립형 과업
Indianapolis Business Learner Corpus	인디애나폴리스 비즈니스 학습자 코퍼스
indirect feedback	간접 피드백
individual differences	개인차
individual differences factor	개인차 요인
information unit	정보 단위
inner speech	내적 언어
input	입력
input distribution	입력분포
input enhancement	입력강화
input flood	입력쇄도
input frequency	입력빈도
Input Hypothesis	입력가설
input processing	입력처리
input processing instruction	입력처리 교수
institutional talk	제도적 대화
Instructed SLA (ISLA)	교수-학습을 통한 제2언어습득
instruction	교수
instrumentality	도구성
instrumentality (prevention)	도구성(방어)
Instrumentality (promotion)	도구성(장려)
integrated feedback	통합적 피드백
integrated regulation	통합적 조절
integrated task	통합형 과업
integrativeness	통합성

intensification	강화
intensifier	강의어
interaction effect	상호작용 효과
interactional competence	상호작용능력
interlingual error	언어간 오류
internalization	내재화
International Computer Archive of Modern English (ICAME)	현대영어 국제 컴퓨터 기록집
International Corpus of Learner English (ICLE)	국제 학습자영어 코퍼스
international posture	국제화 지향성
international teaching assistant (ITA)	외국인 조교
internet-based test	인터넷기반 평가
interpersonal meaning	대인 간 의미
interpretive process	해석과정
inter-rater reliability	평가자 간 신뢰도
intersubjectivity	상호주관성
intrinsic motivation	내재적 동기
introjected regulation	부과된 조절
investment	투자
item bundling	문항다발
Item Response Theory (IRT)	문항반응이론
journal writing	일지쓰기
kairos	카이로스
key word	핵심어
Key Word In Context (KWIC)	색인어
L2 learning experience	제2언어 학습 경험
L2 learning motivation	제2언어 학습 동기
L2 Motivational Self System	제2언어 동기적 자아 체계
L2 type-of-instruction research	제2언어 교수유형 연구
Lancaster-Oslo-Bergen(LOB) corpus	랭카스터-오슬로-베르겐 코퍼스
language acquisition device (LAD)	언어습득장치
language anxiety	언어불안
language for specific purposes	특수목적언어

language proficiency	언어능숙도
language repertoire	활용가능 언어목록
language socialization	언어사회화
language use domain	언어사용영역
latent variable	잠재변인
learned helplessness	학습된 무기력
learner corpus (LC)	학습자 코퍼스
learner variable	학습자 변인
learning mechanism	학습 기제
learning strategy	학습책략
lemma	어휘소
lexical bundle	어휘다발
lexical decision task	어휘성 판단 과업
lexical diversity	어휘다양성
lexical priming	어휘점화
lexicography	사전학
life history	생애사
Linear Logistic Test Model	선형로지스틱 평가모형
linear testing	단선형 평가
linguistic imperialism	언어제국주의
literacy	문해(력)
local dependence	국부 독립성
local strategy	지엽적 책략
locality	국지성
London–Lund Corpus (LLC)	런던-룬드 코퍼스
longitudinal	종단적
longitudinal qualitative approach	종단적 정성적 접근법
long-term recall task	장기 회상 과업
Louvain Corpus of Native English Conversation (LCNEC)	루벵 원어민 영어대화 코퍼스
Machiavellian motivation	마키아벨리 동기
magnetoencephalography (MEG)	뇌신경 자기장 측정법
Many-facet Rasch Model	다국면라쉬모형

marginal distribution	주변분포
Marginal Maximum Likelihood	주변최대우도법
Markov Chain Monte Carlo (MCMC)	마코프체인 몬테카를로
Maximum Likelihood	최대우도법
mean length of t-unit (MLTU)	t 단위 평균 길이
meaning negotiation	의미협상
mediation	중재
memory span	기억폭
mental lexicon	심성어휘집
meta-analysis	메타분석
meta-cognitive skill	상위인지 능력
metadiscourse	상위담화
metalinguistic feedback	상위언어 피드백
metalinguistic knowledge	상위언어 지식
Michigan Corpus of Academic Spoken English (MICASE)	미시건 학술구어영어 코퍼스
microteaching	마이크로티칭
minimal attachment	최소부착
misuse	오용
mitigation	완화
mitigation strategy	완화 책략
mixed methods	혼합연구
modal particle	서법 소사
modality	서법
moderator variable	중재변인
modularity	단원성
motivational scaffolding	동기적 비계
move analysis	무브분석
moving-window technique	창문이동식 제시법
Multi-group Equation Modeling	다중그룹동형모형
multimodal corpus	다중모드 코퍼스
multivariate statistical analysis	다변량 통계분석
nativeness	원어민 지위

natural language processing (NLP)	자연언어처리
negative face	소극적 체면
negative linguistic properties	부정적 언어 특징
neoliberalism	신자유주의
Neungyule Interlanguage Corpus of Korean Learners of English (NICKLE)	능률 한국인 영어학습자 중간언어 코퍼스
next turn repair initiator (NTRI)	다음말차례 수정주도
node	핵
nomination strategy	지명 책략
non-cumulative method	비누적 방식
non-null subject	명시 주어
noticeability	주목가능성
Noticing Hypothesis	주목하기 가설
observed variable	관찰변인
off-line technique	오프라인 기법
on-line technique	온라인 기법
open-class	개방 범주
open-ended survey	개방형 설문
operation span task	연속폭 과업
operationalization	조작화
ordinal scale	서열척도
other correction	타인 교정
ought-to L2 self	필연적 제2언어 자아
output enhancement	발화강화
overgenerated	과잉생성
overuse	과다사용
paper-based test	지필기반 시험
parameter	모수
parsing	구문분석
partial credit model	부분점수모형
Participatory Action Research	참여 행동 연구
patient	피행위자
pause	휴지

peer assessment	동료평가
perceptual learning style	지각적 학습 스타일
performance	수행
performance assessment	수행평가
performance level descriptor	수행수준기술
performance standard	수행준거
perspectivation	관점화
phonological representation	음운표상
phonological short-term memory	음운단기기억
phrase structure	구 구조
phraseology	어법
phrase-structure (PS) rule	구절구조 규칙
pidgin	피진(어)
politeness	공손
polytomous item	다분문항
positive face	적극적 체면
positive linguistic properties	긍정적 언어 특징
positive transfer	긍정적 전이
post-interpretive process	해석후 과정
poverty of stimulus	자극 결핍
practice	관행
praxis	프락시스
prediction strategy	예측 책략
preference organization	선호 구조
prepositional verbs	전치사적 동사
pre-service teacher	예비교사
priming effect	점화 효과
problem-solving strategy	문제해결 전략
procedural knowledge	절차적 지식
procedural memory	절차적 기억
procedural relevance	과정적 적절성
proceduralization	절차화

Process Model	과정모형
processing	처리
processing complexity	처리복잡도
processing component	처리요소
processing constraint	처리제약
processing load	처리부담
processing strategy	처리책략
processing task	처리과업
process-oriented approach	과정중심 지도법
production	산출
productive knowledge	생산적 지식
productive language skills	산출적 언어 기술
productive vocabulary	활용어휘
product-oriented approach	결과중심 접근법
proficiency	능숙도
progressivity	진행성
propositional meaning	명제적 의미
pseudolearning	의사(擬似) 학습
psychological reality	심리적 실제성
psychometrics	심리측정학
qualitative research method	정성적 연구방법
quantifier	수량사
quasi-experimental design	유사실험연구 방식
quasi-longitudinal approach	유사종단적 접근법
reaction time	반응시간
reactivation	재활성화
reading anxiety	읽기불안
reading span task	읽기폭 과업
reality information	실질적 정보
reasoning	추리
recall	회상
recast	오류고쳐 되말하기
receptive knowledge	수용적 지식

receptive language skill	수용적 언어 기술
recipient	수혜자
recognition	재인
reflective teaching	반성적 교수
register	언어사용역
relative clause island constraint	관계절 섬 제약
relevance	적절성
reliability	신뢰도
remotivation	재동기화
repair	수정
repair-initiating turn	수정주도 말차례
replication study	재현 연구
representation	표상
response	응답
response essay	응답형 에세이
retrospective critique	회고적 평론
retrospective interview	회고적 면담
Revised Hierarchical Model	수정위계모형
revision strategy	수정 책략
saccade	도약운동
salience	현저성
scaffolding	비계
scientific concept	과학적 개념
scoring rubrics	채점기준
Second Language Acquisition (SLA)	제2언어습득
second language sentence comprehension	제2언어 문장이해
selected response	선택형 응답
selective feedback	선택적 피드백
self-assessment	자기평가
Self-determination Theory (SDT)	자기결정이론
self-evaluation of teacher talk (SETT)	교사발화 자기점검
self-paced reading task	자기조절 읽기 과업
self-report	자기보고

semantic compositionality	의미 합성성
semantic plausibility	의미적 개연성
semantic prosody	의미적 운율
semantic saliency	의미적 현저성
semantic set	의미 집합
Seoul National University Korean-speaking English Learner Corpus (SNUKELC)	서울대학교 한국인 영어학습자 코퍼스
separate resource model	개별자원모형
sequence	연속체
serial processing theory	직렬처리이론
shallow processing	피상적 처리
Shallow Structure Hypothesis	피상적 구조 가설
shell noun	패각명사
short-term memory	단기기억
signal detection theory	신호검출이론
simple memory span	단순기억폭
single resource model	단일자원모형
skewed distribution	왜곡 분포
skewed first distribution	왜곡 우선 분포
skewed random distribution	왜곡 임의 분포
social interaction skill	사회 상호작용 능력
social strategy	사회적 책략
sociocognitive approach	사회인지론적 접근법
Sociocultural Theory (SCT)	사회문화이론
socio-diagnostic critique	사회진단적 평론
Socio-education Model	사회교육모형
sociogenetic law	사회발생 법칙
sound stretch	소리 늘임
spontaneous concept	자연발생적 개념
stance adverbials	견지 부사구
standard setting	준거 설정
standardized assessment	표준화 평가
standards-based assessment	기준기반평가

stimulated recall	자극 회상
storage component	보존 요소
strategy	책략
Structural Equation Modeling (SEM)	구조방정식모형
structural priming	구조적 점화
subcategorization	하위범주화
summarizability	요약용이도
support strategy	지원 책략
Survey of English Usage (SEU)	영어어법조사
symbolic interactionism	상징적 상호주의
synchronous computer-mediated communication (SCMC)	동시적 컴퓨터 매개 상호작용
syntactic complexity	통사적 복잡도
syntactic processor	통사정보처리기
syntactic reanalysis	통사구조 재분석
systemic functional linguistics/grammar	체계기능주의언어학/문법
Systemic Theoretical Instruction (STI)	체계적 이론 교수
tagging	태깅
task demands	과업요구
Task-based Language Teaching (TBLT)	과업기반언어교수
Teachability Hypothesis	교수가능성 가설
teacher cognition	교사인지
teacher identity	교사 정체성
teacher socialization	교사 사회화
teacher-student conference	교사-학생 협의
Teaching English in English (TEE)	영어로 하는 영어수업
teaching journal	교수일지
teaching practicum	교육실습
temporal resolution	시간적 해상도
temporary ambiguity	일시적 중의성
test answerability	시험 답변가능성
test anxiety	시험불안
test-taking strategy	시험수행 책략
think-aloud protocol	사고구술 기법

token frequency	출현 빈도
top-down	하향식
topicalization	주제화
trace	흔적
translation strategy	번역 책략
transmission model	지식전달 모형
trouble source	문제 근원
t-unit	t 단위
turn	말차례
turn constructional device	말차례구성장치
type-token ratio (TTR)	유형 출현 비율
typicality	전형성
unaccusative construction	비대격 구문
underlying principle	기저 원칙
underuse	과소사용
unfocused feedback	비초점 피드백
unidimensionality	일차원성
unit of analysis	분석단위
Universal Grammar (UG)	보편문법
Usage-based Associative Learning Theory	사용기반 연상학습이론
usage-based language learning	사용기반 언어학습
validity	타당도
Vienna Oxford International Corpus of English (VOICE)	비엔나 옥스퍼드 국제영어 코퍼스
visual input enhancement	시각적 입력강화
visual-world paradigm	시각적 장 패러다임
washback	환류효과
word list	단어 목록
word retrieval task	단어 회상 과업
working memory (capacity)	작업기억(용량)
writing conference	쓰기 협의
Written English Corpus of Chinese Learners (WECCL)	중국학습자 문어영어 코퍼스
Yonsei English Learner Corpus (YELC)	연세 영어학습자 코퍼스
zone of proximal development (ZPD)	근접발달영역

찾아보기(영어)

[Q]

[R]

[S]

찾아보기(한국어)

[ㄴ]

[ㄷ]

[ㄹ]

[ㅁ]

[ㅂ]

[ㅅ]

[ㅇ]

[ㅈ]

필자 소개

※ 편저자

권오량: 서울대학교 사범대학 영어교육과에서 학사와 석사학위를 받고, 미국 브리감 영 대학교(Brigham Young University)에서 TESL 석사학위를, 텍사스 대학교(University of Texas at Austin)에서 외국어(영어)교육으로 박사학위를 받았다. 현재 서울대학교 사범대학 영어교육과 교수로 재직하고 있으며, 최근의 관심 분야는 평가, 영어교육 정책 등이다.
Email: oryang@snu.ac.kr

※ 집필진

고현숙: 서울대학교 사범대학 영어교육과에서 학사와 석사학위를 받고, 하와이 주립대학교(University of Hawaii at Mānoa)에서 제2언어습득으로 박사학위를 받았다. 현재 울산대학교 국제학부(영어영문학과) 조교수로 재직하고 있으며, 최근 관심 분야는 영어 문장 이해 및 발화 시 문장 정보처리 과정, 한국인 영어 발화 특성 분석, 교사 교육 내용 개발 등이다.
Email: hyunsko@ulsan.ac.kr

김성우: 서울대학교 사범대학 영어교육과에서 학사와 석사학위를 받고, 펜실베니아 주립대학교(Pennsylvania State University)에서 응용언어학으로 박사학위를 받았다. 서울대학교, 건국대학교, 서울교육대학교 등에서 가르치고 있으며, 관심 분야는 제2언어 쓰기 교육, 응용인지언어학, 사회문화이론, 멀티리터러시 등이다.
Email: socioculturaltheory@gmail.com

김은아: 서울대학교 사범대학 영어교육과에서 학사와 석사학위를 받고, 일리

노이 주립대학교(University of Illinois at Urbana-Champaign)에서 언어학 박사 학위를 받았다. 현재 서울대학교 기초교육원 대학영어 프로그램에서 강의교수로 재직하고 있으며, 관심 분야는 제2언어습득, 외국어교육, 제2언어 문장처리, 심리언어학, 양적 연구 방법론 등이다.

Email: eakim2@gmail.com

김정현: 숙명여자대학교에서 영어교육으로, 템플 대학교(Temple University)에서 TESOL로 두 개의 석사를 받고, 서울대학교 사범대학 외국어 교육과에서 영어교육으로 박사학위를 받았다. 현재는 서울신학대학교 교양학부 조교수로 재직하고 있으며, 최근 관심 분야는 영어교육평가, 코퍼스(언어학습), 영어 쓰기 교육, 영어 읽기 교육 등이다.

Email: selinainse@stu.ac.kr

김태영: 서울대학교 사범대학 영어교육과에서 학사와 석사학위를 받고, 토론토 대학교(University of Toronto)에서 제2언어교육으로 박사학위를 받았다. 현재 중앙대학교 영어교육과 부교수로 재직하고 있으며, 최근 관심 분야는 영어 학습자 요인(제2언어학습/교수 동기 및 탈동기), 영어교육 질적 연구 방법론, 비고츠키 사회문화이론 등이다.

Email: tykim@cau.ac.kr

마지현: 서울대학교 사범대학 영어교육과에서 학사와 석사학위를 받고, 하와이 주립대학교(University of Hawaii at Mānoa)에서 제2언어 연구로 박사학위를 받았다. 현재 전남대학교 영어교육과 부교수로 재직하고 있으며, 최근 관심 분야는 영어교육 연구 방법론, 제2언어 교실 연구, 과업 중심 교수법, 제2언어 어휘 학습법, 제2언어학습 동기 등이다.

Email: jeehyun@jnu.ac.kr

박광현: 서울대학교 사범대학 영어교육과에서 학사와 석사학위를 받고, 펜실베니아 주립대학교(Pennsylvania State University)에서 응용언어학으로 박사학위를 받았다. 현재 명지대학교 영어영문학과 조교수로 재직하고 있으며, 관심 분야는 코퍼스언어학과 자연언어처리 기술을 이용한 외국어 교육과 학습

자 언어 발달 평가다. Email: kpark@mju.ac.kr

박유정: 서울대학교 사범대학 영어교육과에서 학사와 석사학위를 받고, 로스엔젤레스 소재 캘리포니아 대학교(UCLA)에서 응용언어학으로 박사학위를 받았다. 현재 성균관대학교 영어영문학과 조교수로 재직하고 있으며, 최근 관심 분야는 대화분석 방법론을 이용한 기관 대화분석 및 원어민과 비원어민의 문화 간 의사소통 분석, 제2외국어로서의 영어 쓰기 교육 등이다.
Email: yujpark@gmail.com

박인화: 서울대학교 사범대학 영어교육과에서 학사학위를 받고, 로스엔젤레스 소재 캘리포니아 대학교(UCLA)에서 응용언어학으로 석사학위 및 박사학위를 받았다. 현재 미국 펜실베니아 주립대학인 웨스트 체스터 대학교(West Chester University)에서 조교수로 재직하고 있으며, 연구 관심 분야는 대화 분석, 교실 담화, 학습자 발화 등이다.
Email: ipark@wcupa.edu

백순도: 서울대학교 사범대학 영어교육과에서 학사와 석사학위를 받고, 일리노이 주립대학교(University of Illinois at Urbana-Champaign)에서 언어학 박사학위를 받았다. 현재 국민대학교 영어영문학과 조교수로 재직하고 있으며, 제2언어습득, 제2언어 문장처리, 외국어 교육, 심리언어학 등에 주요 관심이 있다.
Email: sdbaek@kookmin.ac.kr

소영순: 서울대학교 사범대학 영어교육과에서 학사와 석사학위를 받고, 로스엔젤레스 소재 캘리포니아 대학교(UCLA)에서 응용언어학으로 박사학위를 받았다. 현재 미국교육평가원(Educational Testing Service) 연구원(Associate research scientist)으로 재직하고 있으며, 최근 관심 분야는 통합형 과업, 어린이 영어 학습자 평가, 테크놀로지를 이용한 영어 평가 등이다.
Email: yso@ets.org

송민영: 서울대학교 사범대학 영어교육과에서 학사와 석사학위를 받고, 로스

엔젤레스 소재 캘리포니아 대학교(UCLA)에서 언어 평가로 박사학위를 받았다. 현재 고려사이버대학교 실용외국어학과 조교수로 재직하고 있으며, 최근 관심 분야는 영어 말하기와 쓰기 지도 및 평가 방법, 말하기와 쓰기 채점자 특성, 듣기 지도 및 평가를 위한 노트테이킹 활용 방안 등이다.

Email: mysong88@cuk.edu

신상근: 서울대학교 사범대학 영어교육과에서 학사와 석사학위를 받고, 로스엔젤레스 소재 캘리포니아 대학교(UCLA)에서 TESOL로 석사, 응용언어학으로 박사학위를 받았다. 현재 이화여자대학교 영어교육과 부교수로 재직하고 있으며, 최근 관심 분야는 영어 평가, 교사 사회화, 멀티미디어 활용 언어평가 및 교수법 등이다.

Email: sangshin@ewha.ac.kr

안경자: 서울대학교 사범대학 영어교육과에서 학사와 석사학위를 받고, 펜실베니아 주립대학교(Pennsylvania State University)에서 응용언어학으로 박사학위를 받았다. 현재 서울교육대학교 영어교육과 조교수로 재직하고 있으며, 최근 관심 분야는 제2언어(영어) 교사 교육, 제2언어 교육정책, 제2언어 교실담화, 제2언어 쓰기 등이다.

Email: kjahn@snue.ac.kr

오선영: 서울대학교 사범대학 영어교육과에서 학사와 석사학위를 받고, 로스엔젤레스 소재 캘리포니아 대학교(UCLA)에서 응용언어학으로 박사학위를 받았다. 현재 서울대학교 영어교육과 교수로 재직하고 있으며, 주 연구 분야는 담화/대화분석과 학습자 코퍼스 연구다.

Email: sunoh@snu.ac.kr

이문우: 서울대학교 사범대학 영어교육과에서 학사와 석사학위를 받고, 인디애나 대학교(Indiana University)에서 언어교육으로 박사학위를 받았다. 현재 한양대학교 영어교육과 조교수로 재직하고 있으며, 최근 관심 분야는 (비판적) 담화분석, 사회언어학적 관점에서 본 제2언어습득, 질적 연구 방법론 등이다. Email: ppohi@hanyang.ac.kr

이상기: 서울대학교 사범대학 영어교육과에서 학사학위와 석사학위를 받고, 하와이 주립대학교(University of Hawaii at Mānoa)에서 제2언어습득으로 박사학위를 취득하였다. 현재 한국교원대학교 영어교육과에서 부교수로 재직하고 있으며, 관심 분야는 제2언어습득, 인지언어학(cognitive linguistics), 개인차 변인, 평가 및 연구 방법론 등이다.
Email: slee@knue.ac.kr

이진화: 서울대학교 사범대학 영어교육과에서 학사와 석사학위를 받고, 미국 하와이 주립대학교(University of Hawaii at Mānoa)에서 제2언어습득으로 박사학위를 받았다. 현재 중앙대학교 영어교육과 부교수로 재직하고 있으며, 최근 관심 분야는 교수-학습을 통한 제2언어습득, 과업중심 교수법, 학습자 개인차(적성, 작업기억) 등이다.
Email: jinhlee@cau.ac.kr

장지연: 서울대학교 대학원 외국어교육과에서 영어교육으로 박사학위를 받았다. 현재 서울대학교 교육연구소에서 객원연구원으로 재직하고 있으며, 최근 관심 분야는 (학술)영작문 교육, 영어교사 교육, 코퍼스 분석, 대화분석 등이다. Email: jchang200@gmail.com

정상섭: 울산대학교 영어영문과에서 학사학위를, 시드니 매쿼리대학교(Macquarie University)에서 응용언어학으로 석사학위를 받은 후, 서울대학교 대학원 외국어교육과에서 영어교육으로 박사학위를 받았다. 현재 울산대학교 외국어교육원의 객원교수로 재직하고 있으며, 최근 관심 분야는 코퍼스를 활용한 언어 연구, 실증의미론, (비판)담화분석, 화용론 등이다.
Email: ssjeong@ulsan.ac.kr

조정순: 서울대학교 사범대학 영어교육과에서 학사와 석사학위를 받고, 텍사스 대학교(University of Texas at Austin)에서 영어교육으로 박사학위를 받았다. 현재 건국대학교 영어교육과 교수로 재직하고 있으며, 최근 관심 분야는 영어 읽기 이론 및 지도, 영어 평가, 정규교육 맥락에서의 영어교육 등이다.
Email: johjs@konkuk.ac.kr

조희연: 서울대학교 사범대학 영어교육과에서 학사와 석사학위를 받고, 일리노이 주립대학교(University of Illinois at Urbana-Champaign)에서 박사학위를 받았다. 현재 서울대학교 기초교육원 대학영어 프로그램 강의교원으로 재직하고 있으며, 관심 연구 분야는 제2언어습득 연구 방법론, 제2언어 문장과 담화 처리, 제2언어습득의 인지적 요인 등이다.

Email: heeyoun.cho@gmail.com

최익규: 서울대학교 사범대학 영어교육과에서 학사와 석사학위를 받고, 로스엔젤레스 소재 캘리포니아 대학교(UCLA)에서 응용언어학으로 박사학위를 받았다. 현재 미국교육평가원(Educational Testing Service)에서 연구원(Associate research scientist)으로 재직하고 있으며, 최근 관심 분야는 언어 평가, 양적 연구방법론 등이다.

Email: ichoi001@ets.org

한혜령: 서울대학교 사범대학 영어교육과에서 학사학위를 받고, 서울대학교 대학원 외국어교육과에서 영어교육으로 석사와 박사학위를 받았다. 현재 서원대학교 영어교육과 부교수로 재직하고 있으며, 최근 관심 분야는 제2언어습득 및 처리, 심리언어학 등이다.

Email: hyerhahn@seowon.ac.kr

황필아: 이화여자대학교 영어영문학과에서 학사학위를 받고, 서울대학교 대학원 외국어교육과에서 영어교육으로 석사와 박사학위를 받았다. 현재 한국교육과정평가원 평가본부 학업성취도 출제 연구실 부연구위원으로 재직하고 있으며, 관심 분야는 멀티미디어를 활용한 영어교육(CMC), 과업기반 언어교육(TBLT), 영어교육 평가 등이다.

Email: pilahh@kice.re.kr